Gudrun Sailer

Monsignorina

Die deutsche Jüdin Hermine Speier im Vatikan

EPIPHANIA

Herausgegeben von
Barbara Hallensleben, Guido Vergauwen, Nikolaus Wyrwoll
in Zusammenarbeit mit dem
Institut für Ökumenische Studien der Universität Freiburg Schweiz
und dem Ostkirchlichen Institut Regensburg Deutschland

Band 6

Gudrun Sailer

Monsignorina

Die deutsche Jüdin Hermine Speier im Vatikan

Aschendorff Verlag

Veröffentlicht
mit Unterstützung des Hochschulrates
der Universität Freiburg Schweiz

www.aschendorff-buchverlag.de

Printed in Germany

Gedruckt auf säurefreiem, alterungsbeständigem Papier ∞

ISBN 978-3-402-13079-7

Inhalt

5. KAPITEL

Lebenswenden: Politik und Geschick

6. KAPITEL

Zuspitzungen: Sentiment und Diktatur

7. KAPITEL

Das Schutzschild: Als Jüdin in Diensten des Papstes

8. KAPITEL

Die braune Macht in Rom

9. KAPITEL

Ende, Anfang, Atmen: Der Neubeginn

10. KAPITEL

Stabilitas Loci: Hermines Wege nach dem Krieg

11. KAPITEL

Der Lebensabend

Ein persönliches Vorwort

„Die erste Frau im Vatikan war eine Jüdin." Dieser Satz, der mich sofort elektrisierte, war meine erste Begegnung mit Hermine Speier. Er fiel im Zug eines Interviews. Ich bereitete einen Radiobeitrag über Frauen vor, die – so wie ich selbst – im Vatikan arbeiten. 1934 sei es gewesen, als diese Hermine Speier, eine Archäologin aus Frankfurt am Main, an den Vatikanischen Museen anfing. Sie habe sich nach dem Krieg taufen lassen, sei den Päpsten als Dienstherren treu geblieben und liege im Vatikan begraben. Ich ging sofort hin, fand den Grabstein, gepflegt und mit frischen Blumen geschmückt. Leben ist Liebe, Dr. Hermine Speier, Archäologin, 1898 bis 1989. Das in wenigen Pinselstrichen hingeworfene Lebensbild dieser Frau begann in mir zu arbeiten.

Erzählenswerte Geschichten liegen im Papststaat unter jedem Pflasterstein. Doch diese schien mir unerhört. Übersprang der Vatikan nicht eine doppelte Hürde, als er 1934 zum ersten Mal eine Person unter Vertrag nahm, die nicht nur kein Mann war, sondern nicht einmal der katholischen Kirche angehörte? Wenn das, was ich gehört hatte, den Tatsachen entsprach, dann widerlegte Hermine Speier gleich mehrere Klischees, die man sich vom angeblich juden- und frauenfeindlichen „Priesterstaat" Vatikan macht, damals wie teils noch heute. Wie also, um Himmels willen, gelangte diese junge deutsche Archäologin in die Dienste des Oberhauptes der katholischen Kirche – und konnte bleiben?

Frauen im Vatikan hat es immer gegeben, wird man einwenden, und nicht zu Unrecht. Als etwa die Petersbasilika in ihrer heutigen Form entstand und bei den Arbeiten fallweise ein Handwerker verunglückte, durften Witwe oder Töchter sein Werk fortführen. So bauten Frauen mit am Petersdom im Vatikan. Während die „Päpstin Johanna" eine schillernde Legende des 13. Jahrhunderts bleibt, war die eine oder andere päpstliche Einflüsterin real und nachweislich am Werk, so Lucrezia Borgia und Olimpia Maidalchini. Auch der abgedankten Königin Christina von Schweden war es als berühmtester Konvertitin des 17. Jahrhunderts ein Leichtes, sich Zutritt zu Papst und Kurie zu verschaffen. Diese Frauen sind freilich nichts anderes als Randerscheinungen einer höfischen Separatwelt, zu der sich der Vatikan in der Renaissance aufgeschwungen hatte. Sein „weiblicher Untergrund" hingegen ist kaum je beachtet worden: das unsichtbare Wirken zahlreicher dienstbarer Geister, Ordensschwestern, die seit jeher und bis heute konkurrenzlos den Haushalt von Kardinälen und Päpsten führen.

Man sieht: Mit einer Figur wie Hermine Speier ist eine neue Ära weiblicher Präsenz im Vatikan eingeläutet. Die Archäologin erhielt in der Direktion der Päpstlichen Museen eine qualifizierte Stelle mit Eigenverantwortung und geregeltem Einkommen, eine Stelle, die nach den geltenden Regeln ein Mann hätte übernehmen müssen. Dass sie dennoch nicht die erste Frau in einer solchen Position im Vatikan war, sondern eine Handvoll italienischer Akademikerinnen, aber auch Arbeiterinnen ihr um etliche Jahre voraus waren, gehört zu den Ergebnissen meiner Nachforschungen, die mich am meisten faszinieren.

Die Spurensuche nach der Jüdin in den Diensten des Papstes begann an ihrem Grab im Vatikan und setzte sich in Rom fort. Die Nadel schlug sofort aus: Die Ewige Stadt ist voller Menschen, die Hermine Speier gekannt und geschätzt, ja verehrt haben. Fündig wurde ich vorrangig unter den so genannten „Rom-Deutschen". Diese recht homogene und nicht kleine Bildungselite germanischer Sprache setzt sich aus dem Personal und Umfeld der in Rom ansässigen deutschen Forschungsinstitute für Archäologie, Kunstgeschichte und Geschichte zusammen. Alle, ausnahmslos alle ab einem gewissen Alter aufwärts kannten Hermine Speier. Viele ehemalige Rom-Deutsche leben heute verstreut über Deutschland und die Schweiz und hatten früher fachlich oder persönlich mit Hermine Speier zu tun. Andere lernten sie noch als Kinder kennen, weil ihre Eltern eherne Freundschaften mit „Spinni" unterhielten. Rede und Antwort stand mir in Rom auch die Tochter von Hermine Speiers großer Liebe Umberto Nobile, Maria, die sich im hohen Alter ein bewundernswertes Gedächtnis erhalten hat. Im Kloster an den Priscilla-Katakomben ging bei meinem ersten Anruf Schwester Giovanna Piccillo ans Telefon. Ja, natürlich habe sie Hermine Speier gekannt, als diese sich hier im Krieg vor den Nazis versteckte. Mein Mikrofon kam nicht so bald zur Ruhe.

Mehr noch als auf die Interviews stützt sich die vorliegende Biografie auf unveröffentlichtes Archivmaterial. Hermine Speiers Nachlass liegt am Deutschen Archäologischen Institut in Rom in 34 sauber beschrifteten Kisten. 13 davon enthalten den sortierten Briefnachlass: rund 2.800 Briefe an die Empfängerin sowie 70 Entwürfe Hermine Speiers, die als Liebhaberin der schönen Form Briefe gerne vorschrieb. An die Sichtung der Korrespondenz knüpfte sich eine Detektivarbeit. Es galt, die Nachfahren jener Menschen aufzuspüren, mit denen Hermine Speier korrespondiert hatte. Lagerten in Kellern und Dachböden womöglich noch Briefe der Archäologin? Oder waren solche in öffentliche Studieneinrichtungen gewandert? Schlussendlich ließen sich in 21 Archiven in Deutschland, im Vatikan, in Italien, der Schweiz, Großbritannien und den USA Briefe Hermine Speiers auffinden. Die Ausbeute blieb hinter den Erwartungen zurück. Insgesamt habe ich rund

300 Briefe und Entwürfe Hermine Speiers zusammengetragen, nicht einmal ein Zehntel dessen, was sie geschrieben haben muss; denn in Rechung zu stellen ist auch, dass der Briefnachlass an Hermine Speier so, wie er vorliegt, einige seltsame Lücken aufweist.

Blind ist dieser umfangreiche Nachlass ausgerechnet an der Stelle des Herzens. Es fehlen die 500 Briefe von Hermines erster Liebe Ernst Langlotz sowie jene von Umberto Nobile. Doch Forscherglück war uns in beiden Fällen hold. Just im rechten Moment machte die Universität Bonn den Nachlass von Ernst Langlotz inklusive 64 Briefen von Hermine Speier zugänglich, und der kanadisch-deutsche Antiquar Bernie Lauser ließ uns am 22. März 2012 in Berlin ein Konvolut von 80 Briefentwürfen Hermine Speiers an Umberto Nobile nicht bloß einsehen, sondern sogar fotokopieren, wofür ihm großer Dank gebührt. Nach einer Versteigerung am 19. oder 20. November 2012 durch das Auktionshaus Ketterer in Hamburg befindet sich die Korrespondenz Speier-Nobile in unbekanntem Privatbesitz. Zwei Anfragen an den Käufer, die das Auktionshaus weiterleitete, blieben ohne Antwort. Uns hätten auch die 180 Briefe Nobiles an Speier interessiert, doch begnügten wir uns an diesem Punkt mit den Fotokopien der Korrespondenz in die andere Richtung.

Für den Inhalt wie für das Erscheinungsbild der Briefe Hermine Speiers gilt: sie sind außerordentlich schön. Die Schreiberin wusste das und versuchte ihr Niveau in jeder Lebenslage zu halten. „Nun müssen Sie mit einem so zerknitterten Geschreibsel im Wartezimmer des Zahnarztes Vorlieb nehmen", heißt es wohlgemerkt nicht in einem Brief, sondern in einem Entwurf, auf den die Reinschrift noch folgte. Ihre klare und bestechend elegante Handschrift entwickelte die angehende Achäologin als Trabant des George-Kreises in Heidelberg. Außer in den Liebesbriefen schrieb sie kaum je über sich selbst, doch verrät gerade dieser Umstand viel über Hermine Speiers Charakter. Ihre Briefe sind durchdacht und durchfühlt, aufrichtig und Anteil nehmend. Warum sich dennoch nur so wenige erhalten haben? Die Dichterin Marie Luise Kaschnitz etwa, eine Freundin Hermine Speiers, hatte nach Aussage ihres Schwiegersohnes Dieter Schnebel die Angewohnheit, Post immer sofort zu beantworten und die an sie gerichteten Briefe danach wegzuwerfen. „Nur Wichtiges oder Briefe von ‚pezzi grossi' [großen Tieren] wurden aufgehoben." (E-Mail von Dieter Schnebel an die Autorin, 2012, 19.12.) Mindestens 2000 Briefe Hermine Speiers an Dutzende Adressaten dürften auf diese oder andere Weise verloren gegangen sein. Die Absenderin schien nicht bedeutend genug.

Die große Unbekannte dieser Biografie ist Hermine Speiers Familie. An Bemühungen, die Leerstelle zu füllen, hat es nicht gefehlt. Acht Großneffen und -Nichten Hermine Speiers leben in den USA, überwiegend jüdisch-orthodoxe Gläubige. Mit einem von ihnen kam es zu einem sehr erfreulichen Austausch. Ich erfuhr von einem Karton mit Briefen Hermine Speiers an ihre Brüder und vice versa: Familienkorrespondenz, die Hermines Nichte Judith nach dem Tod ihrer Tante in die USA mitgenommen hatte. Dass ich diese Briefe schlussendlich nicht einsehen konnte, bedaure ich als Biografin, doch respektiere und verstehe ich das Bedürfnis der Familie nach Diskretion. Ein Religionswechsel kann an tiefste Empfindsamkeiten rühren, besonders in der vorliegenden Konstellation.

Hermine Speiers Leben nachzuzeichnen, ist somit leicht und schwer zugleich. Leicht, weil noch so viel Erinnerung an sie lebt. Schwer, weil manches sich erahnen, aber nicht belegen lässt. Ein Tagebuch hat sie nicht geführt, und was sie schrieb, verrät oft mehr über ihre Haltung als über ihr Geschick. Die vielen Briefe hingegen, die Hermine Speier empfing, lassen sich wie Fotonegative lesen. Einmal rückübersetzt, erweisen sie sich als überraschend reichhaltig. So trage ich zusammen: Archivfunde, Interviews, einige Fotos und nicht zuletzt gedruckte Quellen. Bei Licht betrachtet, ist die Aufgabe der Biografin Hermine Speiers vergleichbar mit jener der Archäologin, die sie selbst war. Aus tausend Fragmenten soll eine Skulptur entstehen, wie sie ursprünglich gewesen ist. Wo ich Teile gefunden habe, die sich zuverlässig ins Ganze fügen, setze ich eines zum anderen. Wo Teile fehlen, ersetze ich sie wie aus Glas oder lasse die Stelle leer. Falsche Ergänzungen möchte ich vermeiden. Und mehr als aufzählen will ich er-zählen.

Hermine Speier hat eine atypische Vita. Vereinzelt mit List, sonst aber kampflos wusste sie als Frau in Welten zu reüssieren, die weithin Männern vorbehalten waren: an der Universität, im George-Kreis, in der Wissenschaft, im Vatikan. Der Mittelpunkt der Biografie ist aus den beiden Themensträngen gewoben, die mich an der Figur Hermine Speiers sofort faszinierten: der Vatikan und die Juden, der Vatikan und die Frauen. Sie haben in der Forschung bisher einen unterschiedlichen Grad an Interesse erfahren. Die Literatur zum Thema Vatikan und Juden ist unüberschaubar geworden, und die Vita Hermine Speiers bietet ein geeignetes Prisma zur Nachzeichnung der Fakten. Für bestimmte rahmende Stellen dieses Buches bin ich die dankbare Endabnehmerin verdienstvoller zeithistorischer Studien. Hingegen liegt, soweit ich sehe, über die Anfänge weiblicher Beschäftigung im Vatikan bisher keine einzige Publikation vor. Hier betritt die Biografie Neuland.

Ob Hermine Speier ein Buch über sie selbst gutgeheißen hätte? Sie zog es vor, im Hintergrund zu wirken. Ihre fachliche Kompetenz floss selten in eigene Artikel ein, sie veröffentlichte wenig. Betrachtet man die rein wissenschaftliche Seite, steckt Hermine Speiers Lebenswerk in Tausenden Fußnoten und Bildnachweisen anderer. Eines Tages fand ich in einer der 34 Kisten ihres Nachlasses eine Serie gedruckter Aufkleber, Namensaufkleber. Sie waren für die Buchrücken einer Editionsreihe gedacht, die Hermine Speier abonniert hatte. Dort standen die Namen jüngerer Archäologie-Kollegen, Leute, für deren Publikationen sie die Fotos organisiert hatte, die von ihr gelernt und sie überflügelt hatten. Da fiel mir etwas auf: Das Buch, das ich schreibe, ist das erste, das den Namen Hermine Speier auf dem Rücken trägt. An ihrer Person ist mehr erinnernswert als ihr Beitrag in der Wissenschaft und ihre Rolle als eine der ersten Frauen im Vatikan. So verstehe ich diese Biografie nicht als öffentliche Zergliederung eines Lebens, das sich absichtlich in Fußnoten versteckte, sondern als Hommage an eine weithin respektierte, menschlich hochstehende und auf ihre Weise enorm einflussreiche Frau, die ich eben auch als Wegbereiterin ansehen darf.

Gudrun Sailer, Rom, Pfingsten 2014

Ich danke dem Institut für Ökumenische Studien und seinem Direktor, Prof. Dr. Guido Vergauwen, für die Anstellung an der Universität Fribourg Schweiz, die mir eine Sabbatzeit von zehn Monaten zur Durchführung meiner Forschung ermöglicht hat. Ohne diese Freistellung wäre das vorliegende Buch nicht entstanden.

1. KAPITEL

Frankfurt: Eine jüdische Bürgerstochter

1. Hermines Kindheit

„Frankfurt zur Zeit Goethes" schmückte bis zuletzt Hermine Speiers Wohnzimmer in der Salita di Sant'Onofrio in Rom. Das Aquarell stand in ungleicher Konkurrenz zum Rom-Panorama, das sich vor dem Fenster auftat, doch Hermine hing zeitlebens an ihrer Heimatstadt, wie sie an Deutschlands größtem Klassiker hing: mit aller Treue.

Als Hermine Speier am 28. Mai 1898 in Frankfurt zur Welt kam, hatte die Stadt ihr äußeres Gepräge seit Goethes Zeiten bereits merklich verändert. Die Main-Metropole ist eine blühende Industrie- und Handelsstadt, sie wächst schnell, vor allem jüngere Zuzügler bereichern das Leben der Stadt. Zwischen 16 und 30 Jahre alt ist jeder dritte Frankfurter zur Jahrhundertwende.[1] Hermine ist das zweite Kind ihrer Eltern, das Brüderchen David Paul ist zweieinhalb, und ein drittes Kind, Erich Julius, wird dem jüdischen Ehepaar 1906 geboren.[2] Beide Eltern sind alteingesessene Hessen. Der Vater Leopold Speier (1866–1950) stammt aus einem Städtchen nordöstlich von Frankfurt, Heldenbergen, in dem eine jüdische Gemeinde von nennenswerter Größe ihr religiöses Leben pflegt. Die Mutter Johanna, geborene Orschel (1869–1930), ist gebürtige Frankfurterin. Hermine Speier wird später nicht ohne Stolz erzählen können, ihre jüdische Familie sei in Frankfurt seit 400 Jahren ansässig.[3]

Ein selbstbewusstes, aufgeschlossenes und wirtschaftlich starkes Judentum ist in Frankfurt heimisch. 1914 werden vor allem jüdische Stifter die Frankfurter Universität gründen, an der Hermine Speier ihr erstes Semester absolvieren wird. Innerhalb Preußens hat einzig Berlin noch mehr jüdische Bürger vorzuweisen. Dagegen ist in Frankfurt ihr Anteil an der Gesamtbevölkerung der höchste: sieben Prozent. Viele von ihnen sind in den freien Berufen zu finden, unter den Ärzten und Rechtsanwälten etwa, und nicht weniger als vier von fünf Frankfurter Privatbanken haben einen jüdischen Geschäftsinhaber. Rund die Hälfte der Frankfurter Juden lebt um die Jahrhundertwende vom Handel, „und zwar nicht mehr vom traditionellen Trödel-

und kleinen Warenhandel, sondern breit differenziert in Einzel-, Zwischen- und Großhandel."[4]

Einer dieser Geschäftsleute ist Hermines Vater. Leopold Speier handelt mit Metall, eine nicht untypische Branche in der Main-Stadt. Mehrere von Familien jüdischer Herkunft gegründete große Metallfirmen sind bereits aktiv, wie etwa Beer, Sondheimer & Co., Frankfurt und Paris. Leopold Speier hingegen ist Teilhaber, später Eigentümer der Firma Altheimer, Speier & Co., Metalle, Berg- und Hüttenprodukte. Offenbar hat das Unternehmen wechselnden Erfolg. Das lässt sich etwa an den Wohnorten der Familie ablesen. Speiers ziehen häufiger um, je nach Geschäftslage in repräsentativere oder bescheidenere Lagen.

Bei Hermines Geburt ist Leopold Speier in der Herderstraße 36 nördlich der Wallanlagen gemeldet, der natürlichen Grenze der Frankfurter Innenstadt, zwei Jahre später wohnt die Familie am Tiergarten im Ostend.[5] 1913 findet man Speiers ins Westend gewissermaßen sozial aufwärts übersiedelt in die Mendelssohnstraße 58. Hermine ist bereits flügge geworden, da zieht die Familie 1920 um in die Klettenbergstraße 27 in das westliche Nordend. 1929 geschieht Einschneidendes für Hermines Eltern: Die Aktenlage im Frankfurter Stadtarchiv lässt auf eine Scheidung von Leopold und Johanna Speier schließen. Der Vater zieht zusammen mit dem jüngeren Sohn – der ältere ist bereits verheiratet – an den Röderbergweg 9 und damit zurück ins billigere Ostend, in dem sich unterdessen viele jüdische Einwanderer aus Osteuropa niedergelassen haben. Die Mutter hingegen bleibt im Nordend und nimmt bei ihren unverheirateten Schwestern Jenny und Lina in der Eschersheimer Landstraße 130 Quartier. Wenn Hermine auf Heimatbesuch ist, wird sie sich auch nach dem Tod der Mutter vorwiegend dort aufhalten, bei den geliebten Tanten.

Hermine wächst in einer Familie auf, die ohne Luxus der gehobenen Mittelschicht angehört. Von ihrem religiösen Leben her muss man sich Speiers als weltlich orientierte Juden vorstellen, die auch am Sabbat allerlei bürgerlichen Beschäftigungen nachgehen. Aus der Art geschlagen sei einzig ihr großer Bruder, erzählt Hermine später vertrauten Freunden. Paul sei schon als Jugendlicher fromm gewesen und „mit dem Schabbesdeckel in der Wohnung rumgelaufen".[6] Die Speier-Sprösslinge einschließlich Hermines genießen zunächst eine streng religiöse Erziehung in der Samson Raphael Hirsch Schule der Israelitischen Religionsgesellschaft, wohl wegen der bequemen Nähe zur Wohnstatt am Tiergarten. Denn Leopold Speier schickt seine Kinder zwar auf die Schule der orthodoxen Separatgemeinde, ist aber nicht deren Mitglied. Er gehört der Mehrheitsgemeinde an, der Israelitischen Gemeinde.

Die Übersiedlung ins Westend setzt Hermines orthodoxer Bildung ein Ende. Sie besucht das beste höhere Mädcheninstitut Frankfurts, die Viktoriaschule in der Hohenzollernanlage.[7] „Die Schule hat von allen Frankfurter

Schulen wohl die schönste Lage", rühmt ein späterer Direktor.[8] Mit ihrem Turm biete sie „einen malerischen Anblick, wenn sie auch eher den Eindruck einer langsam verfallenden Ritterburg oder eines Klosters als den einer Schule macht." Stattliche Bäume wachsen auf der Hohenzollernanlage, eine Fontäne belebt den Teich, und alles zusammen einschließlich der Mädchenschule im Hintergrund bildet ein populäres Postkartenmotiv Frankfurts bis zur Zerstörung im Zweiten Weltkrieg.

Hermine Speier besucht die Viktoriaschule bis Ostern 1916[9] und erhält dort eine solide Grundlage für das Abitur, das sie nach privater Vorbereitung an einem anderen Institut ablegen wird. Im Archiv der Viktoriaschule haben sich keine Unterlagen zu Hermine Speier erhalten. Allgemein lässt sich sagen, dass der Anteil jüdischer Zöglinge an solchen weiterführenden Mädchenschulen mindestens seit Beginn des 20. Jahrhunderts hoch ist, denn das jüdische Bürgertum Frankfurts legt Wert auf die Ausbildung seiner Töchter. Rund jede vierte Schülerin, aber nur jede zwölfte Frankfurterin ist Jüdin.[10] Hermine Speier freundet sich in diesen Jahren mit Lise Salin, Annie Fraenkel und der etwas jüngeren Hedwig Strauss an. Alle drei kommen aus jüdischen Familien.

Auf das Jahr 1912 ist der früheste Brief in Hermine Speiers Nachlass datiert. Annie Fraenkel hat ihn der 14-jährigen Klassenkameradin geschrieben. Wenig später gesellen sich Briefe der anderen beiden Freundinnen dazu, viele Dutzend im Lauf der folgenden Jahre. Die Briefkultur der Zeit spielt den Mädchen bei ihren Fingerübungen schriftlich deklinierter Empfindsamkeit in die Hände; eine vom 19. Jahrhundert nachwirkende Innerlichkeitspose für bürgerliche junge Frauen durchzieht ihre Briefe, deren sprachliche Duftmarken, Adjektive wie „herzlichst", „beglückend", „unaussprechlich" und „inniglich", erst nach dem Ersten Weltkrieg langsam verfliegen. Als biografische Quellen zu Hermine Speier geben diese Backfischbriefe wenig her. Hermines Antwortschreiben sind verloren. Als Lise Salin, Annie Fraenkel und Hedwig Strauss flüchtend Deutschland verlassen, sind abgelegte Briefbündel das letzte, worum sie sich sorgen.

Dennoch erlauben diese frühen Briefe an Hermine Speier Einblicke in die Lebensumstände junger Jüdinnen der mittleren bis gehobenen Schicht in Frankfurt. Man ist bildungsbeflissen, konservativ und kinderlieb, reist zur Sommerfrische mindestens in ein Grandhotel im Taunus, lernt Fremdsprachen, verknallt sich in Lehrer, treibt in gepflegten Maßen Sport, besonders Wandern und Radfahren. Nicht zuletzt erwägt man ein Hochschulstudium, wobei die Neuheit dieses Ansinnens kaum erörtert wird. Erst seit 1908 sind in Preußen Frauen an der Universität zugelassen.

Auch Hermines Familie tanzt in diesem Reigen bürgerlichen Lebenswandels mit. In den Kriegsjahren urlauben Speiers im Sommer zweimal im königlichen Kurhaus Bad Ems und einmal in Jeschkes Grand Hotel in Bad Nauheim. Hermine besichtigt Kirchen und Schlösser und überhaupt alles, was ihr an etablierter Kunst unter die Augen kommt. Unter dem Einfluss eines Lehrers begeistert sie sich namentlich für Romanik und Gotik.[11] In Frankfurt geht sie ins Städel Museum und in die Oper; ein Jugendfreund namens Oskar Kowalski (1894–1984), Oskar Kowal mit dem Tag seiner Einwanderung in den USA, wird sich noch 60 Jahre später ergriffen einer Darbietung von Wagners „Meistersingern" entsinnen, bei der die beiden „auf der Treppe sassen, immer wieder von dem Aufseher fortgejagt wurden, und immer wieder, wie es sich gehoerte, auf die Treppe zurueckgingen."[12] Derselbe Freund erinnert sich an „unsere gemeinsamen Taunuswanderungen, wo wir das von Dir gedichtete und in Musik gesetzte Lied gesungen haben ‚bumbsvalera, die Welt, die Welt ist wunderschoen'."[13] Hermine ist musikalisch, lernt Klavier und bringt es zu einer gewissen Meisterschaft. Einmal spielt sie mit Oskar, dessen großer Bruder Max immerhin Komponist ist, vierhändig eine Mahler-Symphonie, „gar nicht schlecht", wie Oskar urteilt.[14]

Die Freunde dieser Jugendjahre finden für Hermine verschiedene Spitznamen, die sich alle an den Briefen ablesen lassen. Im familiären Umfeld heißt sie Minnie, mit oder ohne -e. Auch einige Freundinnen nennen sie so, Lise Salin beispielsweise bis an ihr Lebensende. Andere reden Hermine mit „Mingo" an, und zwar in der männlichen Form: „Lieber Mingo", beginnen ihre Briefe. Ebenfalls während der Schulzeit hat sie „von Klassenkameraden den Namen ‚Spinni' erhalten, wie sie lächelnd selbst erzählte: Hermine Speier war natürlich Minni Speier, und dann war es zu Spinni Meier nicht mehr weit."[15] Damit ist jener wunderliche Spitzname geboren, unter dem mehrere Generationen deutscher Archäologen Hermine Speier bis heute kennen: Spinni. In ihrer späteren Wahlheimat hingegen wird aus Hermine in den Dokumenten wie auch bei italienischen Freunden „Erminia". Wenn wir in der vorliegenden Biografie bei „Hermine" bleiben, so tun wir das im Bewusstsein, dass niemand sonst sie so nannte, und in der Ahnung, dass es ein Privileg gewesen sein muss, sie „Spinni" zu nennen.

2. Der Erste Weltkrieg

Hermines großer Bruder Paul, der als Prokurist in der Firma des Vaters arbeitet, kämpft wie zahlreiche andere deutsche Juden im Ersten Weltkrieg. Mindestens ein Vetter der Speier-Geschwister ist ebenfalls als Soldat im Dienst. Er fällt im Sommer 1916 an der Front. „In unserer Zeit wird gekämpft, Blut vergossen, um der Schlachten willen, aber nicht um des sichtlichen Erfolges willen", kommentiert eine Freundin in einem Beileidsbrief an Hermine.[16]

Im Übrigen blitzt der „Große Krieg" in diesen Jungmädchenbriefen eher unvermittelt auf. Der Erste Weltkrieg bleibt – im Gegensatz zum Zweiten – draußen auf den Schlachtfeldern, und man könnte höchst kultiviert und gut unterhalten an ihm vorbeileben, wären da nicht persönliche Begegnungen und Berichte.

Hermine Speier erhält über einen verehrten Lehrer Einblick in den Alltag an der Front. Studienrat Robert Gros ist zwölf Jahre älter als seine Schülerin,[17] Jude, verheiratet mit einer ebenfalls promovierten jüdischen Lehrerin, das Paar hat eine kleine Tochter namens Irmgard. Zwischen Mai 1917 und November 1918 schreibt Gros an Hermine 32 Feldpostbriefe, die eine geradezu apokalyptische Spannung zwischen seinem Erleben als Frontsoldat und seiner umfassenden Bildung offenbaren. Hermine Speier bereitet sich bei Gros in Privatunterricht auf die Reifeprüfung vor, gemeinsam mit Lise Salin, die der Lehrer ebenfalls mit Feldpostbriefen versorgt. „Arbeiten Sie tüchtig Latein und schicken Sie mir Übersetzungen", mahnt er die Schülerinnen von seinem Posten an der Westfront.[18]

Gros ist zunächst in Kortryk stationiert, ein „reizendes flämisches Städtchen", das noch 1917 schwere Verwüstungen erleben wird. Er ist ein Mann, der dem Krieg nicht das Geringste abgewinnen kann und sich nach nichts als dem Gebrauch seines Geistes zurücksehnt. Von Hermine lässt er sich mit Plato, Kant und Luther versorgen. Einmal bittet der Lehrer seine Schülerin sympathisch und verschämt um ein Essenspaket. Hermine schickt es prompt auf den Weg nach Flandern und wiederholt diese Geste der Fürsorge von da an ungefragt.

Aus den zeitgleich entstandenen Backfischbriefen geht hervor, dass Hermine in höchsten Tönen von ihrem Lehrer schwärmt. Die Mädchen nennen ihn „Parzival". Heddy Strauss faselt von „dem warmen Band, das jetzt zwischen Euch besteht" und rät dazu, den Offizier unter einem Vorwand beim Heimaturlaub aufzusuchen: „Schütze bei Deinem Vater vor, Du müßtest ihn notwendig wegen des Abiturs sprechen."[19] Hermine himmelt den geistvollen Pädagogen in Jungmädchenmanier an, ihr Herzklopfen ist noch durch die Brechung der Briefe der Freundinnen hindurch spürbar. Gros bleibt das alles nicht verborgen. Aus seinen Schreiben spricht eine geschmeichelte Rührung, im Übrigen verhält er sich als guter Lehrer taktvoll und klug. Bei Gelegenheit flicht er Hinweise auf seine Frau ein oder bittet Hermine, seine Familie zu besuchen und ihm die Streiche seines Töchterchens zu schildern. Gleichzeitig erteilt er ihr großzügigen Rat in der Frage, welche Fächer sie studieren und mit welcher Haltung überhaupt sie ins Erwachsenenleben gehen soll.

Über die Monate entsteht ein echter geistiger Austausch. Hermine diskutiert mit Gros die jüngst im Theater gesehene Komödie „Perleberg" des jüdischen Modeautors Carl Sternheim, lässt sich in ihrer Einschätzung bestätigen, sie neige „zum Persönlichen“, weshalb Kunstgeschichte vielleicht doch nicht das richtige Studienfach für sie sei, und nimmt Tipps zur bürokratischen Seite ihres Abiturs entgegen, das sie nicht in ihrer Heimatstadt, sondern in Offenbach abzulegen plant: „Sicher hat Ihr Vater Bekannte, durch die der Schwindel zu machen ist“, schreibt Gros.[20] Das Abitur für Mädchen ist zwar keine Unerhörtheit mehr, doch andererseits noch längst keine breit akzeptierte Praxis. Über das Fachwissen hinaus bedarf es der List, um als Frau 1918 in Frankfurt eine Reifeprüfung zu bestehen. List, die wiederum Gegenlist hervorruft, wie im Fall Hermine Speiers zu sehen sein wird.

3. Liebe, Krieg und Zionismus

Religion taucht in dieser angeregten Lehrer-Schüler-Korrespondenz recht bald auf. Robert Gros steht der zionistischen Bewegung nahe, die in Palästina einen jüdischen Staat errichten will. Diese Idee Theodor Herzls ist bis zum Ersten Weltkrieg unter deutschen Juden wenig populär, erst mit den Verwerfungen des Krieges gewinnt sie an Fahrt. Frankfurt ist das Zentrum der Bewegung in Deutschland. Radikalere Zionisten halten eine Übersiedlung ins Gelobte Land der Urväter für ihre Pflicht. Ganz so weit hat es Robert Gros 1917/18 gedanklich noch nicht gebracht, doch legt er überzeugend dar, warum ein Leben als Jude in Deutschland ihn und seine Frau mit wachsendem Unbehagen erfüllt.

Auf Hermine Speier macht dies Eindruck, weil es einen Leerraum füllt, der sich zwischen ihrer Selbstsuche und dem Aussparen geistlicher Fragen in ihrem Umfeld aufgetan hat. Den Mädchenbriefen nach zu schließen, bleibt die jüdische Identität der Schreiberinnen bis ungefähr 1917 komplett unreflektiert. Es erstaunt fast zu sehen, wie glatt sich diese jungen Frauen und ihre Familien der christlich grundierten Mehrheitskultur eingepasst haben. Jom Kippur, Pessach und andere jüdische Feste bleiben in den Briefen ungenannt, während ohne weiteres herzliche Ostergrüße entboten und zu Weihnachten Geschenke ausgetauscht werden oder zur Datierung auch einmal Christi Himmelfahrt herhält. In das brachliegende jüdische Selbstverständnis hinein tritt nun bei der 19jährigen Hermine Speier der Austausch mit Robert Gros, dem Intellektuellen, der im Feldlager an der Westfront den Zionismus für sich entdeckt. Ähnlich wird auch der große Bruder Paul „während des ersten Weltkriegs im Feld ganz orthodox jüdisch“,[21] was auf Hermine nicht weiter abfärbt.

Gros empfiehlt der Schülerin die Zeitschrift „Der Jude“, herausgegeben von Martin Buber. Sie werde darin „manche Probleme behandelt sehen, die Sie auch schon bewegt haben“.[22] Er selbst habe in der dort ausgebreiteten

„Stimmungs- und Gedankenwelt" „längst Gefühltes" wiedergefunden. Gros schreibt als Jude, wenn er formuliert:

„Der Widerspruch gegen die westeuropäische Kultur, die wir heute in ihrer Entartung vor uns sehen, das Nichtmitmachenkönnen bei all der Gefühlsmache die wir seit Beginn des Krieges um uns herumkriechen sehen, haben Sie die auch gefühlt oder nicht. ... Man sieht sich einer starken, aufrechten Bewegung gegenüber, Menschen, die nicht mehr Lust haben, geduldet zu sein, die den Kopf aufrecht tragen wollen. Ich kenne die Schwierigkeiten und es soll mich freuen, wenn auch Ihr Denken schon welche entdeckt hat. ... Es muss etwas geschehen. Wir (meine Frau und ich) wollen nicht mehr mitmachen, wollen uns anderswo einen Wirkungskreis suchen. Ob es nicht doch auch für uns eine Heimat gibt?"

Hermine wird neugierig und holt Heddy Strauss mit ins Boot. Die Freundin reist nach Darmstadt, wo, wie sie berichtet, „die zionistische Bewegung mit Eile" anschwillt.[23] Sie sei dort „mitten in den Strudel" geraten, habe aber „am Ende des bewegten Tages mein Herz doch so unberührt von all dem, was man mir geschildert und empfohlen hatte", gefunden. Auch Hermine wird nicht so recht warm mit dem Zionismus als religiöser, kultureller und politischer Bewegung. Gros äußert Verständnis dafür und legt nochmals dar, warum das angepasste und doch missachtete Dasein der Juden in Westeuropa aus seiner Sicht unwürdig ist.

„Sehen Sie, wir haben uns halt seit der sogenannten Emanzipation in diese westeuropäische ‚Kultur' so hineinassimiliert, d.h. hineingelogen, dass wir jetzt nicht herauskönnen. Und zum Unglück ist unsere ganze Existenz als behäbige Bourgeois so tief verankert in diesem ganzen Getriebe, dass ein gewaltiger Ruck dazu gehört, sich davon loszureissen. Ob wir die Kräfte dazu haben werden? Wir leben ja so behaglich, dass wir die Demütigungen gar nicht mehr merken. ... Wie werden einzelne Menschen zu einer idealen Einheit kommen? Dadurch dass sie alles Persönliche verwischen, einander ähnlich werden, oder wohl durch volle Entfaltung ihres tiefsten, eigensten Wesens? Und ist unser tiefstes Wesen entfaltet? Haftet uns nicht vom Ghetto her noch viel Makel an, viel Haften am Geld u.s.w.? Und diese Scheu vor körperlicher Arbeit, dieser Mangel an persönlichem Mut, diese Entfremdung von aller Natur, aller Freude an Kraft und Frische? Wie wollen wir das überwinden, wenn wir nicht auf selbsterarbeitetem Boden wieder Söhne der Erde werden, anstatt ihre Enkel zu sein, um mit Stefan George zu reden!"[24]

Hermine bringt solches Reden in einen Konflikt. Sie fühlt sich vollkommen als Deutsche, zum ersten Mal hört sie von einem möglichen anderen Weg, den ausgerechnet ihr jüdisches Blut sie weisen soll. Die Vorstellung von einem frisch und freudig „selbsterarbeiteten Boden" muss der höheren Tochter Hermine fremd sein. Gewohnt an Oper, schöne Literatur und Kunstausstellungen, fasst sie gerade eine akademische Ausbildung ins Auge, fragt sich nur noch nach dem richtigen Studienfach. Gros hakt hier ein:

„Wenn Sie heute auf eine Universität kommen, wird sich der Kreis solcher Menschen, die nach Befreiung suchen, sehr erweitern. Und auch Ihr Menschheitsideal brauchen Sie nicht aufzugeben. Es liegt tief im Judentum begründet, es ist eigentlich ein Beweis, dass Sie im Grunde eben doch eine echte Jüdin sind. Können wir nicht ... eine Gemeinschaft von freien, edlen Menschen schaffen, die den andern ein Vorbild wird in ihrem Kampf gegen Selbstsucht und Machtgier, gegen die Anbetung des Geldes, gegen alle die furchtbaren Bestien, die heute Europa zerfleischen? Damit kommen Sie nicht weiter, dass Sie die Menschen, die Ihnen verwandt sind, deren Blut auch in Ihren Adern schlägt, von sich stossen. ... Also kurz, es bleibt wohl dabei, der jüdische Mensch kann nur durch sein Judentum hindurch zum freien Menschentum gelangen ... Meine Frau hat dem Irmgärdlein ein Bäumchen in Palästina pflanzen lassen und will das jedes Jahr zu seinem Geburtstag tun. Es ist damit eine kleine Unterstützung der Kolonisten in Palästina verbunden. Möchten wir dereinst im Schatten dieser Bäumchen in unserm fernen Heimatlande wandeln!“[25]

Die 32 Feldpostbriefe an Hermine Speier liegen gebündelt und von einem weißen Band umschnürt in ihrem Nachlass. Fast 100 Jahre sind vergangen, seit Robert Gros sie an der Westfront in Flandern schrieb. Auf den heutigen Leser wirken sie nüchtern und doch wie an der Grenze klirrenden Wahnsinns verfasst. Das Haarsträubende dieser Briefe liegt im Kontrast zwischen der geistig durchformten Rede und dem Umfeld, in dem sie entsteht. Gros scheut sich nicht, das Soldatenleben im Krieg anklingen zu lassen, mit dem Dreck, dem Hunger, dem Blut und den Ratten, wobei er Hermine die schlimmsten Details zweifellos erspart. Die übrigen Offiziere beschreibt er als junge, lustige Menschen, „die täglich unter faulen Witzen in langer Reihe zum Flug aufsteigen und nicht wissen, wer zurückkommt“.[26] An anderer Stelle:

„Die Luft wimmelt von Feinden. Gestern verloren wir wieder zwei unserer besten Piloten. Mit dem einen war ich persönlich befreundet und sah, wie er vor meinen Augen auf der Erde zerschmettert wurde. Wir mussten ihn aus der Maschine heraussägen. ... Bitte schreiben Sie bald mal wieder. Schreiben Sie alles, was Ihnen im Wege steht, was Sie bedrückt, wir wollen getreulich zusammenarbeiten es weg zu räumen. Draussen summt es verdächtig. Ich muss schnell schliessen!“[27]

Das schlimmste Gemetzel, das Gros aus der Nähe erlebt, findet ausgerechnet an dem Tag statt, an dem ihm Hermine eine gewaltige Niederlage zu beichten hat. Sie ist beim Abitur durchgefallen. „Ich bin durch die große Wüste des Entsetzens gekommen“, eröffnet Gros seinen langen Antwortbrief, der ein Trostbrief sein will, aber nicht kann. Das Schreiben ist datiert nicht etwa auf Pessach, sondern auf Karfreitag 1918.[28]

„Vor meinem Beobachtungsstand liegt eine Anhöhe, da liegen vielleicht 200 tote Menschen, Freund und ‚Feind'. Erst jetzt fängt man an, sie zu begraben. Ich sehe sie den ganzen Tag, aber ich darf nicht hinschauen, weil mein Auge klar bleiben muss für meine Pflicht und die ist schwerer als je. ... Und dabei möchte ich jetzt sinnen und dichten, möchte das Grausigste formen, damit es als Schanddenkmal dieser elenden ‚Kultur' dastünde."[29]

4. Das Abitur

Auf einem anderen als dem Schlachtfeld des Krieges ist Hermine gescheitert. Sie trat als externe Abitur-Kandidatin an der Frankfurter Schillerschule an und wurde bei der Prüfung „mit einer Frage hereingelegt: welchen Beruf übte Goethe in Frankfurt aus (Rechtsanwalt)."[30] Hermine wusste es nicht. Aus heutiger Sicht wirkt die Frage nicht besonders knifflig, zumal der Frankfurter Goethe an Frankfurter Schulen sicher mit Eifer durchgenommen wurde. Überdies zirkulierte in jenen Jahren ein breitenwirksames Goethe-Buch des Germanisten Friedrich Gundolf, das auch Hermine kannte. Gerade dieser Bestseller beweist aber, dass im Fokus bürgerlicher Literaturkunde zu Beginn des 20. Jahrhunderts kein derart banaler Sachverhalt wie der Broterwerb des Dichters stand. Vielleicht saß Hermine bei ihrer Reifeprüfung auch einem grundsätzlichen Gegner der höheren Frauenbildung gegenüber, der bei Bedarf auf Fangfragen dieses Kalibers zurückgriff. Jedenfalls kann es „unmöglich gerecht zugegangen sein", resümiert Robert Gros, der sich für das Scheitern seiner Schülerin mitverantwortlich fühlen muss:[31]

„Ihr äusserer Misserfolg ist eine Schande, aber nicht für Sie, sondern für den erbärmlichen Menschen, der daran Schuld ist und die gemeinen Feiglinge, die dabei sassen und es guthiessen. Aber ein Trost bleibt dieser Stein, den Ihnen die Niedrigkeit in den Weg legen will, er wird Ihnen zum Sprungbrett werden. Sie setzen in langsamer, ehrlicher Arbeit Ihren Weg [fort], den solche Menschen Ihnen nicht verlegen können."

Angesichts der Niederlage im Realgymnasium rät Gros seiner Schülerin, eine andere Abiturform anzusteuern, nämlich die humanistische. Dazu müsse sie mit Hochdruck an ihrem Latein arbeiten und Altgriechisch lernen, könne sich aber nebenbei schon an der Universität immatrikulieren. Auf diese Weise verliere sie höchstens ein Semester. Das Nichtbestehen im ersten Anlauf sei nur ein kleines Unglück, „wenn Sie nur eine Stunde hier [am Schlachtfeld] wären, würden Sie sagen: winzige[s] Unglück", das sie „in ihrem Werdegang nicht stören" könne und geradezu den Sinn habe, sie gegen allfällige weitere Unbill im Leben abzuhärten.

Robert Gros behält Recht. Hermine Speier weicht ins nahegelegene Wiesbaden aus, eine mondäne Stadt, die den Töchtern ihrer wohlbestallten Bürger an etlichen privaten Instituten die Reifeprüfung gegen Bezahlung ermöglicht. An einer solchen Studienanstalt in Wiesbaden besteht Hermine Speier ein halbes Jahr nach dem missglückten ersten Anlauf, am 27. September 1918, das Abitur,[32] nicht das humanistische, sondern das des Realgymnasiums.[33] Ihr Abiturzeugnis hat sich in keinem Archiv erhalten, auch in ihrem Nachlass liegt es nicht. Das mag Zufall sein, doch haben wir Grund anzunehmen, Hermine habe nach der endlich bestandenen Prüfung keinen großen Wert auf das Papier gelegt, solange es ihr nur den Weg in die ersehnten Geisteswelten der Hochschule ebnete. Am 29. Oktober 1918 schreibt sie sich an der Universität Frankfurt ein.[34]

2. KAPITEL

Heidelberg: Hermine an der Universität

1. Wanderjahre einer Studentin

„Der lieben jungen Studentin" entbietet Heddy Strauss per Postkarte aus Zürich am 16. Oktober 1918 einen Gruß. Doch was studiert Hermine schlussendlich? Robert Gros empfiehlt ihr von seinem Feldposten aus ein Orientierungssemester nach Lust und Laune, höchstens vier Vorlesungen pro Tag, Lesen, Theater, Musik und Sport, „Turnen, Fechten oder was Sie Lust haben".[1] Hermine allerdings entscheidet anders, vielleicht ein erster Akt der Autonomie nach der bestandenen Reifeprüfung. Sie belegt in Frankfurt Philosophie im Haupt- und Geschichte im Nebenfach. Im letzten Brief von Robert Gros, der im Speier-Nachlass liegt, versucht er der ihm entwachsenden Schülerin Ehrfurcht vor der Philosophie einzuflößen. Der Brief ist auf den Tag des christlichen Totengedenkens an Allerseelen, 2. November, datiert, und der Offizier lässt ihn mit der Beschreibung seines Kriegslagers enden. „Ich habe einen Unterstand dicht an meiner Baracke, dummerweise ist der Eingang nach der Front zu. ... Vielleicht ist es ja gar nicht so gefährlich."[2] Robert Gros überlebt diese Schlacht, überlebt den Ersten Weltkrieg und auch den Zweiten: Er wird mit seiner Familie tatsächlich nach Palästina emigrieren.[3] Ob Hermine Speier und Robert Gros einander noch einmal trafen, ist nicht klar.

Das gedankliche Erbe des Lehrers hat noch ein etwa zwei Jahre währendes Nachleben, das sich in den Briefen Lise Salins an Hermine spiegelt. „Verstehe ich Dich recht, so erkanntest Du das Judentum als Deinen Wesensmittelpunkt an", schreibt Lise ein Jahr nach Gros' letztem Brief der Freundin, als diese bereits in Heidelberg studiert.[4] „Also etwa wenn alles in Trümmer ginge und Du an allem zweifelst – Du weißt immer zuerst daß Du Jude bist." Sie glaube, fährt Lise fort, Hermine habe da etwas „zur Hauptsache gemacht", was es nicht sei, „und diese Erkenntnis wird Dir noch kommen. Mir scheint es ganz anders, ich fühle jüdisches Blut in meinen Adern rinnen; es wegleugnen zu wollen wäre Wahnsinn." Sie könne dieser Tatsache „aber keinen Altar errichten". Ehrlich äußert sie die Einschätzung, Hermine wäre von allein nie auf den Zionismus gekommen, daran sei bloß die Verliebtheit in den Lehrer Schuld.[5] Ob die Freundin sie am Samstag an der Bahn abholen könne, „oder ist die Frommheit zu groß", spöttelt sie an anderer Stelle;[6] orthodoxe Juden unterlassen am Sabbat jede Tätigkeit, die als Arbeit gilt. Ihr, Lise, sei das jedenfalls „alles völlig fremd. .... Kraß: Die Welt des Dr. Gros und Edgars [Lises großer Bruder, der spätere Schweizer Nationalökonom Egar Salin] haben nichts gemein. ... Ob wir uns später, frei von dem Einfluß unserer Sonnen, wandeln werden, weiß ich nicht zu sagen."[7] Der Zionismus, die Frage jüdischer Identität in Europa und jüdischer Zukunft in Palästina, beschäftigt Hermine eine kurze, aber intensive Zeit ihres Lebens. Sie ist ein spirituell suchender Mensch und wird es immer bleiben. Bald aber gerät sie unter den Einfluss einer neuen Sonne, einer, die über dem Reich des Wortes sich erhoben hat: Stefan George.

An der Universität Frankfurt hält es Hermine nur ein Semester. Im Frühjahr wechselt sie an die traditionsreiche, 1607 gegründete Hochschule von Gießen. Mit dem Umzug in das hessische Städtchen verlässt die 21-Jährige für immer das heimatliche Frankfurt und vertauscht ihr Elternhaus zunächst mit einer Gießener Studentenpension in Bahnhofsnähe. Am 9. Mai 1919 trägt Hermine sich handschriftlich in das „Inscriptionsbuch" ein und wird eine Woche später unter der Ordnungsnummer 16896 in die Matrikel der Universität aufgenommen.[8] Sie verzichtet auf Geschichte und inskribiert sich nur noch in Philosophie. Doch hören wird sie, dem Rat von Robert Gros folgend, allerlei anderes, beispielsweise Psychologie[9] und Archäologie. Im Kolleg von Gerhart Rodenwaldt[10] gehen ihr offenbar Augen und Ohren auf. Die Betrachtung antiker Kunst – denn darin besteht Klassische Archäologie zu jener Zeit hauptsächlich – wird für Hermine wie zu einem Traum, den sie vorher quasi in seinen Fragmenten, aber noch nie zusammengesetzt geträumt hat: Das Schöne, das Gute und das Wahre, verwirklicht in den zeitlosen Formen der Kunst an der Wiege europäischer Zivilisation. Hermine ist entflammt, nicht anders ist zu nennen, was ihr in Rodenwaldts Kolleg widerfährt. Auch Gießen genügt ihr bald nicht mehr. So wechselt Hermine Speier nach den Sommerferien erneut die Hochschule. Am 6. Oktober 1919 nimmt sie ihr Studium in Heidelberg auf.[11] Ein Bekannter aus Gießen wünscht ihr zum Abschied, „daß Ihre Sehnsucht nach dem großen Erleben gestillt werde".[12]

Groß ist es tatsächlich, das geistige Erleben, das Heidelberg in den 1920er Jahren aufzubieten hat. Deutschlands älteste Universität, die Ruperto Carola, gilt zur Zeit der Weimarer Republik als wissenschaftlich führend und genießt überdies den Ruf einer liberalen „Musteruniversität". Hier formt sich Hermine Speier in den sechs Jahren bis zur Promotion zu dem Menschen heran, der sie von nun an sein wird. Sie schätzt das offene, zugleich intellektuelle Klima der Heidelberger Universität, und sie bleibt ihrer Maxime treu, in alles hineinzuhören, was sie interessiert. Das sind die Kurse des Germanisten und Georgeaners Friedrich Gundolf, der Philosophen Karl Jaspers und Hans Driesch, der Historiker Karl Hampe und Hermann Oncken sowie des Nationalökonomen Karl Gothein. Neben Max Weber, der aber schon im Juni 1920 verstirbt, bilden Gundolf und Jaspers die anziehungsstärksten Pole, und zu jener Zeit unterscheidet man in Heidelberg die geistig interessierten Studenten danach, ob sie „gundeln" oder „jaspern".[13] Hermine tut zunächst das eine, ohne das andere zu lassen.

Der mit Abstand wichtigste Lehrer ihres Lebens wird der Klassische Archäologe Ludwig Curtius. Er kommt 1920 nach Heidelberg, ein Jahr nach Hermine. Bald schon besucht sie alle Vorlesungen, Kollegien und Seminare des charismatischen Vortragenden. Davon angeregt, lässt sie das „Gundeln" und „Jaspern" und sattelt 1922 von der Germanistik auf die Archäologie um.[14] Sie wird zur Teezeit Gast bei Curtius' Familie sein, seine rauschenden Geburtstage in großer Runde mitfeiern, sich in seinen Assistenten verlieben, sie wird bei Curtius promovieren, sie wird von ihm gefördert, geschützt und nach Rom geholt werden, wo er über alle harten Zeiten hinweg ihr väterlicher Freund bleibt. Im Gegenzug wird Hermine ihren Lehrer ein Leben lang gegen Kritiker verteidigen, die seine Schriften zwar inspiriert, aber auch etwas unseriös finden.

Ludwig Curtius (1874–1954) umweht schon in seiner Heidelberger Zeit die Aura eines leichtfüßigen Genies der Kunstgeschichte. Behäbig an ihm wirkt einzig seine Figur, die den Lebemann offenbart. Ein wacher Geist, behende im Denken, Sprechen und Schreiben, kam der Augsburger Ärztesohn früh mit der akademischen Hochkultur seiner Zeit in Berührung. Er studierte in München Archäologie bei Adolf Furtwängler, dem Vater des Dirigenten Wilhelm Furtwängler und der Märit Furtwängler-Scheler, mit der Hermine Speier später in Rom die Wohnung teilen wird. Als Adolf Furtwängler für den Sohn einen Erzieher suchte, fiel die Wahl auf seinen begabtesten Schüler Curtius. Zwischen dem auch musikalisch gebildeten Privatlehrer und dem zukünftigen Dirigenten von Weltrang entstand eine lebenslange Freundschaft.

Curtius hat homosexuelle Neigungen,[15] ist aber unverdächtig mit der Schriftstellerin Edith, geborene von Fransecki verheiratet, mit der er zwei Töchter hat. Curtius und Curtia, so nennen die Studierenden das Paar, denn über den Hörsaal hinaus bestehen jene freundschaftlichen Kontakte zu den Lehrenden, die für kleinere Universitätsstädte typisch sind. In der überschaubaren, doch geistig hochentwickelten Heidelberger Gesellschaft werden Curtius und Curtia als Schmucksteine gehandelt, die jedes Fest zieren. Vom geistigen Zuschnitt her betrachtet sich der Archäologe als Humanist, politisch gehört er ins konservative bis reaktionäre Lager. Er hängt monarchischen Regierungsformen an, und immer wird er vorbehaltlose Sympathie für Angehörige des Adels hegen, die allein – in seiner Weltsicht – Kultur zu schaffen und zu bewahren imstande sind.

Als Hof haltende Figur nimmt Curtius gerne Huldigungen entgegen, so zu seinem Geburtstag. Am 13. Dezember 1922 darf sich Hermine erstmals bei einer solchen professoralen Feier zeigen, mehr noch, sie hilft mit Freuden bei der Vorbereitung. Die jungen Leute, die bei Curtius studieren, tun sich spontan zusammen und wollen den Lehrer „irgendwie feiern", wie sich Hermine Jahre später erinnert.[16] So wird von den Studentinnen einschließlich Hermines ein großer Nusskranz gebacken, keine leichte Aufgabe bei der rasenden Geldentwertung anno 1922.

„Dass wir alles an Ingredienzien, dessen wir habhaft werden konnten, hineintaten, daran erinnere ich mich wohl, ob er jedoch eigentlich wirklich essbar wurde, das habe ich nie recht erfahren, und ich habe noch heute gewisse Zweifel. Aber das gemeinsame Herrichten im Seminar mit Blumen und griechischem Vers war uns allen eine so riesige Freude und Aufregung und verband uns noch soviel mehr, dass es unserem Verbundensein um Sie einen weiteren grossen Aufschwung gab."

Ähnlich „studentenhaft" geht es im Jahr darauf zu, worauf 1924 die „in ihrem glückvollen Glanze, fast möchte ich sagen, mythische Feier" des 50. Geburtstags von Ludwig Curtius stattfindet. Den Rahmen bildet die Wohnstatt des Professors, das „Schlösschen an der Hauptstrasse über dem Neckar, wo alles ganz unvergesslich erfüllt war von dem ausstrahlenden Geiste Ihrer Frau". Curtia hat ein „graziöses Festspiel"[17] auf ihren Mann verfasst, seine Schüler haben es in den Wochen davor in verteilten Rollen einstudiert und geben es nun im „Empiresälchen" der Villa zum besten. Der Prolog der kleinen Komödie findet sich in einer Abschrift in Hermines Nachlass:

„Schaut her, er ists, so denkt ihr sicher alle
Der uns mit dem Prolog zwei Stunden quält.
Nur keine Angst, heut wird es kurz und schmerzlos.
Der Schauplatz hier auf dieser schönen Bühne
Zum heitren Spiel der Masken hergerichtet..."[18]

Festriten einer fernen akademischen Welt.

Das reizvolle Heidelberg gilt außerhalb Deutschlands bis heute gewissermaßen als die deutscheste Stadt zwischen Alpenhauptkamm und Ostsee. Die Gassen durchweht mit süßem altem Klang die deutsche Romantik. In den lebens- und ichfrohen Memoiren des Ludwig Curtius lässt sich das folgendermaßen nachlesen:

„Da unten, neben der alten Brücke, war noch das Wirtshaus in Betrieb, in dem Jean Paul die Huldigungen der Studentenschaft empfing, als er in Heidelberg zu Gaste war, und jedesmal, wenn ich in den auch heute noch winklig-rau-

chigen Gäßchen der unteren Neckarstadt herumstreunte, war es mir, als müßte ich dem Studentlein Gottfried Keller mit seinen kurzen Beinen und dem dicken Kopfe ... begegnen. Im Sommer beschloß ich manchmal den Seminarabend im Biergarten des ‚Faulen Pelz' und wurde manchmal unaufmerksam, weil ich ins Träumen kam, denn da oben in dem wenig veränderten Hause wohnte Achim von Arnim, als er mit Clemens Brentano die Lieder zu des ‚Knaben Wunderhorn' sammelte."[19]

Ein „besonderer Ruhmestitel" Heidelbergs, schreibt Curtius, war in den 1920er Jahren seine gebildete Weiblichkeit: „bedeutende Frauen, die am geistreichen Männergespräch teilnehmen oder gar dieses veranlassen oder leiten konnten".[20] Eine von ihnen ist die Frauenrechtlerin Marianne Weber, mit der besonders Curtia sich anfreundet. Gleichzeitig mischen sich auch unter die Studenten immer mehr Frauen. In der Archäologie ist Hermine nicht die einzige. Mit ihr studieren bei Ludwig Curtius mindestens drei Kommilitoninnen, und zwar die Freundin Hedwig Strauss, Johanna Josepha Kahn und Edith Unverricht, die „Weiber" des Seminars, wie Curtius sie im Scherz nennt.[21] Der bayerische Professor hält wenig vom Frauenstudium. Hermine bleibt trotzdem bei der Stange.

„Später haben Sie mir oft im Scherz erzählt, wie sie [sic] mich (so ein Weibsbild) eigentlich damals gerne hinausgeekelt hätten, es aber nicht gelang. Ich hatte meinen Weg in Ihrer Gefolgschaft glücklicherweise zu klar erkannt, als dass mich irgend etwas davon hätte abbringen können."

Hermine entwickelt hier eine Hartnäckigkeit, die für eine Frau ihrer Generation überrascht. Sie wird als einzige Frau überhaupt bei Curtius promovieren, die drei Mitstudentinnen werfen in der Archäologie das Handtuch, Heddy Strauss wird ein Psychologiestudium abschließen. In Curtius' Lebenserinnerungen kommen weder männliche noch weibliche Schüler namentlich vor. Den Heidelberger Studierenden allgemein stellt Professor Curtius jedoch ein hervorragendes Zeugnis aus.

„Die Zahl der Studenten, die sie um ihrer geistigen Ausbildung und der Wissenschaft willen aufsuchten, war so groß, daß daneben der bloße Examens- oder der Brotstudent gleichgültig war. Jener kam zur Universität selbst und nicht wie in Freiburg zu ihrer Landschaft. ... Dieser Student wünschte geistig ernst genommen zu werden. In Würzburg, Erlangen, ja noch in Freiburg hatte ich mir manchmal überlegt, wie man propädeutische Vorlesungen allgemein philosophisch-historischen Charakters als ‚Kinderschule' zur Einführung so naiver, unbelesener Seelen einrichten könne. In Heidelberg fielen solche Pläne aus, der Hörer wünschte an dem Knacken harter Nüsse beteiligt zu werden."[22]

Ihre Vorlesungsmitschriften aus Heidelberg hat Hermine Speier zeit ihres Lebens treulich aufbewahrt. Sie reisten mit nach Königsberg und nach Rom. Sie blieben ihre Wegbegleiter von den Jugendjahren im Hörsaal bis hinein ins Alter, als sie sie nicht mehr verstehen konnte. Diese Heidelberger Relikte herzugeben, kam Hermine nicht in den sich trübenden Sinn. Heute liegen die Mitschriften grob vorsortiert in mehreren Kisten ihres Nachlasses und geben Einblicke in ihren Lernalltag. Sie zeigen, dass Hermine dieses Studium gleichzeitig genoss und sehr ernst nahm. Auch sie „wünschte an dem Knacken harter Nüsse beteiligt zu werden".

2. Wie angehende Archäologen 1920 lernen

Latein und Griechisch gehören zum täglich Brot der Studentin Hermine Speier. Altphilologie ist die unverzichtbare Basis der Archäologie. Ein kleines Notizbuch mit der Aufschrift „Mathm.-Formeln Minni Speier" dient ihr als Vokabelheft. Die Sprache der alten Griechen erlernt sie anhand Homers Odyssee und Aesops Fabeln.[23] Im Seminar des Gräzisten Franz Boll lässt Hermine sich einführen in die Paläographie, die Lehre von alten Handschriften;[24] sie lernt, wie Papyrus und Pergament beschaffen sind, erfährt, dass die ersten Bücher Rollen waren, es aber gleichzeitig auch die Buchform gab, und dass die Einteilung eines Werkes in „Bücher" eine Erfindung des fortgeschrittenen Buchhandels war. Solche kulturhistorischen Abhandlungen, die sich ins Bildungswissen des kultivierten Bürgers unmittelbar einordnen, interessieren Hermine. Die Mitschriften sind hier schlüssig und lückenlos.

Ebenfalls bei Boll besucht sie im Lauf der Jahre Vorlesungen über Platon, über griechische und über hellenistische Literaturgeschichte, außerdem Veranstaltungen des Althistorikers Alfred von Domaszewski, etwa zur römischen Geschichte der Gracchenzeit. Im Sommersemester 1921 hört Hermine zusammen mit Lise Salin eine Vorlesung über Vasenforschung des bereits emeritierten Archäologen Friedrich von Duhn, die sie altmodisch findet; Duhn taucht fortan nicht mehr auf. Seinen Part an der Universität Heidelberg übernimmt nun Ludwig Curtius, der 1920 nach Heidelberg gekommen ist.

Curtius' Art des Vortrags muss man sich als sprunghaft, inspiriert und einfallsreich vorstellen. Die meisten seiner Kollegen halten, Hermines Mitschriften nach zu urteilen, Vorlesungen im wörtlichen Sinn, während Curtius abschweift, Querverbindungen herstellt, Einfällen nachgibt. Hermine schätzt diesen aufs Große ausgreifenden Stil. Unter dem Eindruck des beflügelten Redens von den alten Griechen, das Curtius verbreitet, beschließt sie, sich ganz der Archäologie zuzuwenden. Es sind die Stunden im Hörsaal bei diesem Lehrer, die sie in ihre wissenschaftliche Lebenswelt einführen. Curtius schickt seine Studenten im Geist über den Globus, überall dorthin, wo griechische oder römische Kunstwerke in privaten oder öffentlichen Sammlungen lagern, nach Athen, New York, Berlin, Dresden, London, Paris oder Florenz;

aber in erster Linie führt er sie nach Rom und stellt ihnen Werke aus den kapitolinischen Museen, der Villa Borghese und immer wieder aus dem Vatikan vor, denn niemand auf der Welt hat eine größere Antikensammlung als der Papst. Die Lehrveranstaltungen von Ludwig Curtius befeuern die Rom-Sehnsucht der Studierenden. Auch Hermine Speier verzehrt sich mit Goethe nach dem Land, „wo die Zitronen blühn, ... wo Marmorbilder stehn und sehn mich an".

Nicht nur Orte, sondern auch Namen von Gelehrten, die Hermine später persönlich kennen lernen wird, fallen in den Heidelberger Lehrstunden. Bei Curtius ist von Lippold, Buschor oder Amelung die Rede, und als primäres wissenschaftliches Referenzwerk für Kunstwerke in Rom gilt die dritte Auflage des Helbig-Führers, dessen vierte Auflage Jahrzehnte später Hermines wissenschaftliche Lebensleistung werden wird. Bei Bernhard Schweitzer, seit 1921 Privatdozent in Heidelberg, lernt sie, Stilepochen griechischer und römischer Mosaiken zu unterscheiden. Schweitzer zitiert unter seinen Literaturangaben auch das italienische Werk „I mosaici antichi dei Palazzi Apostolici" eines gewissen Bartolomeo Nogara, der neuerdings die Vatikanischen Museen in Rom leitet. Hermine Speier kann nicht ahnen, dass ihr dieser Papst-Mann und überzeugte Katholik zwanzig Jahre später das Leben retten wird, indem er sie vor dem Zugriff ihrer eigenen mörderischen Landsleute schützt.

Mit dem staubigen Abenteuer von Ausgrabungen hat die Klassische Archäologie, wie sie zu jener Zeit an der Universität betrieben und begriffen wird, wenig zu tun. Ein großer Teil der Studierenden des Faches wird niemals draußen im Feld an einer Grabung teilnehmen, nicht einmal zu Übungszwecken. Auch Hermine erwirbt keinerlei Erfahrung bei der Freilegung antiker Stätten. Dies Manko lässt sich aus der Geschichte des Faches erklären: Das 19. Jahrhundert war jenes der sensationellen Ausgrabungen, etwa des antiken Troja, um die berühmteste zu nennen. Eine Reihe von Gründen wie der Geldmangel nach dem Ersten Weltkrieg setzte der goldfiebrigen Schatzsuche ein Ende. Nun bricht die Zeit der Sichtung an: Was an Kostbarkeiten erobert – oder zurückerobert – wurde, verlangt nach Einordnung und Würdigung. So entfaltet sich die Klassische Archäologie der 1920er Jahre grosso modo als Kunstgeschichte. Ihre Objekte entstammen der griechischen, römischen oder etruskischen Antike, und in den Blick nimmt sie nicht so sehr die ausgegrabene Architektur als die ausgegrabenen Gegenstände, bevorzugt Kunstgegenstände wie Skulpturen, Reliefs oder Vasen, denn diese gelten als potentiell „schön" und damit als museums- wie auch wissenschaftswürdig.

Eine so verstandene Archäologie erfordert eine Ausbildung, die sehen lehrt. Ludwig Curtius, ein Kunst-Archäologe par excellence, hat dies erkannt und trainiert in seinen Schülern gezielt die Fähigkeit zur Wahrnehmung.

Nicht nur, dass er die Objekte in seinen Seminaren anschaulich erklärt und dieses anschauliche Erklären zu einer besonderen Tugend verfeinert, die er sowohl in seinen Schriften ausbreitet als auch seinen Studierenden abverlangt. Er schickt sie überdies mit dem Maßband in die Abguss-Sammlung der Universität und lässt sie dort Gipskopien berühmter Skulpturen vermessen. Dies soll den Sinn der angehenden Archäologen für Proportionen schärfen. Eine solche Aufzeichnung hat sich unter Hermines Mitschriften erhalten. Als sie im Sommersemester 1923 eine Curtius-Veranstaltung über „das Antike Porträt" besucht, erhält sie zu Übungszwecken einen Knabenkopf in der Abguss-Sammlung zugewiesen, dessen Maße – Gesamthöhe, Gesichtshöhe bis zum Haaransatz, Stirnbreite – sie auf halbe Zentimeter genau festhält.[25] Zeichnungen dagegen finden sich in ihrem Nachlass so gut wie keine.

Abguss-Sammlungen an Universitäten sind Kinder des 19. Jahrhunderts, jene in Heidelberg wuchs ab 1835. Als didaktisches Anschauungsmaterial gelten Gipskopien von Skulpturen bis heute als unverzichtbar. Generationen Klassischer Archäologen lernten und lernen die Betrachtung antiker Kunst in solchen Abguss-Sammlungen. Mit ihrer leuchtend weißen, zur Verstaubung neigenden Dreidimensionalität entfalten die massig auf engem Raum aufgestellten Gipsabgüsse übrigens auch einen gewissen ästhetischen Reiz, der freilich auf die Begegnung mit dem Original nur vorbereiten kann.

Dasselbe Ziel verfolgen Fotografien und Lichtbilder, die Ludwig Curtius in seinen akademischen Veranstaltungen reichlich einsetzt. Diese Lehrmittel sind im Vergleich zur Abguss-Sammlung moderner, zumal die kunstwissenschaftliche Fotografie dank der kostengünstiger werdenden Technik gerade in einem Entwicklungsschub steckt. Bis ins 20. Jahrhundert hinein reichten die Archäologie-Professoren in ihren Seminaren anstelle von Fotografien reproduzierte Umriss-Zeichnungen herum, um den Studenten die Kunstwerke vozustellen. Curtius beschreibt ein solches wissenschaftliches Corpus an Archäologie-Zeichnungen anschaulich in seinen Lebenserinnerungen. Er stieß an der Universität Erlangen noch auf einen so genannten „Clarac". Der französische Graf Charles Clarac (1777–1847), der sich bei Grabungen in Pompeji für antike Kunst begeisterte, unternahm später das große Unterfangen seines „Musée de sculpture":

„Für dieses ließ er antike Statuen in allen Museen und Privatsammlungen Europas oft unter den größten Schwierigkeiten zeichnen und veröffentlichte diese in mageren linearen klassizistischen Umrißkupfern in seinem in Lieferungen erscheinenden Werke von über tausend Tafeln ... es stellt wenigstens annähernd ein Inventar des ganzen europäischen Antikenbesitzes dar, wie es nach Clarac nie wieder unternommen worden ist und wie es in moderner Form photographischer Abbildung ... ein Desiderat an ein fernes Zeitalter unserer Wissenschaft ist."[26]

Angehende Archäologen aus Heidelberg bei einer Studienreise zur Antikensammlung der Ny Carlsberg Glyptotek nach Kopenhagen 1923. Ganz links im Bild doziert Ludwig Curtius. Hermine Speier sitzt als Dritte von rechts in der ersten Reihe, rechts von ihr die gehassliebte Kommilitonin Heddy Strauss.

Wie hier deutlich wird, begreift Curtius das Potential moderner Fotografie in der Kunstwissenschaft. „Eine gute Photographie [ist] doch unendlich kostbarer als die wunderbarste Zeichnung", ruft Curtis 1923 aus, als er die besonders geglückte Ablichtung einer Vase aus einem Museum in Bologna vor Augen hat.[27] Fünf Jahre später wird er als Leiter des Deutschen Archäologischen Institutes in Rom eine wissenschaftliche Fotothek gründen, eine Neuerung am Puls der Zeit.

Nur das originale Kunstwerk jedoch ist Gegenstand der Wissenschaft. Deshalb organisiert der gesellige Curtius ab und zu Bildungsfahrten an Orte mit nennenswerten Beständen klassischer Kunst. Für die Männer unter den Curtius-Studenten geht es einmal nach Wien, bei einer Reise in die Römerstadt Trier und einer anderen nach Kopenhagen darf auch die Handvoll Studentinnen dabei sein, die sich für Archäologie interessiert. Der Trip nach Dänemark fällt ins Frühjahr 1923, man besichtigt die Ny Carlsberg Glyptotek des gleichnamigen Bierbrauers und Kunstsammlers. Ein großes Gruppenfoto entsteht bei dieser Gelegenheit. Es zeigt den selbstbewusst dozierenden Curtius umgeben von gelehrt aussehenden jungen Menschen, überwiegend Männern, aber auch Frauen, darunter Vilhelmine Brunckhorst (1858–1931), die Bibliothekarin der Kopenhagener Sammlung, sowie weiter rechts in der ersten Reihe eine in elegantes Weiß gekleidete Hermine Speier.

3. Studentenleben in Heidelberg

Hermine Speier wohnt in Heidelberg in der Studentinnen-Pension Rolanda, An der Anlage 26. Man lebt dort in einer Art überwachter Wohngemeinschaft jede für sich, doch mit gemeinsamer Verköstigung. Auch Heddy Strauss hat ein Zimmerchen in „der Rolanda" bezogen, doch leben sich die beiden Archäologie-Studentinnen auf so enger Tuchfühlung bald auseinander. Den gegenteiligen Weg nimmt die Bekanntschaft zwischen Hermine Speier und Lise Salin. Sie reift in Heidelberg zu einer treuen Frauenfreundschaft, die bis zu Lises Tod 1983 andauern wird: die engste und beständigste, die sowohl Hermine als auch Lise jemals unterhalten werden, obwohl sie ab 1922 nicht mehr in derselben Stadt und ab 1928 nicht mehr im selben Land leben.

Lise Salin, den Dokumenten nach Liese Salin, ist Frankfurterin wie Hermine und ein Jahr jünger als diese.[28] Sie besuchten nicht dieselbe Schule, kannten einander aber spätestens seit 1916 von den privaten Abitur-Vorbereitungskursen bei Robert Gros. Gut vorstellbar ist auch, dass die beiden Väter beruflich miteinander zu tun hatten: Leopold Speier handelt mit Metallen, Alfred Salin ist Industrieller, er besitzt gemeinsam mit dem Vater des Schriftstellers Carl Zuckmayer in Nackenheim am Rhein eine 1868 gegründete, ertragreiche Fabrik, die metallene Kapseln für Weinflaschen herstellt und bis heute besteht.

Lise hat einen sieben Jahre älteren Bruder, Edgar, an dem sie sehr hängt. Der spätere Schweizer Nationalökonom Edgar Salin (1892–1974) ist seit 1919 Privatdozent für Wirtschaftswissenschaften in Heidelberg. Dorthin folgt ihm noch im selben Jahr die Schwester, nicht ohne zuvor einen halbjährigen Haushaltungskurs in Frankfurt absolviert zu haben – Betragen „sehr gut", Fleiß, Kochen und Hausarbeit „gut", Waschen und Bügeln „genügend". Lise Salin trifft vor Hermine Speier in Heidelberg ein und kann der Freundin bei der Suche nach einer passenden Unterkunft im Herbst 1919 behilflich sein, wobei sie warnend von einer „Pension Heviné" abrät, „in eine Pension ‚Heviné' zieht man doch nicht", und ihr stattdessen mit Erfolg „verschiedene Pensionen An der Anlage" empfiehlt.[29]

Wahrscheinlich wechselt Hermine deswegen von Gießen nach Heidelberg, weil sie dort in Lise eine treue Freundin weiß und sich Anschluss an eine Wahlfamilie erhoffen kann, die ihr das zerbröckelnde Elternhaus zwar nicht ersetzen, aber in der Entfernung erträglicher machen kann. Dass es mit der Atmosphäre bei Familie Speier nicht immer zum Besten bestellt ist, geht andeutungsweise aus Briefen an Hermine hervor. So lässt sich die etwas unempfindliche Heddy Strauss einmal über „Harmonie" und „Einfluß des Elternhauses" folgendermaßen aus: „Wie zerklüftet, wie entgegengesetzt in sich ist doch unser Milieu in Frankfurt – ich meine nicht den Gegensatz zwischen Deinem und meinem. Nein, keineswegs."[30] Hermine hängt an ihrer Mutter, der leidtragenden Gestalt der Familie. Der früheste von ihren heute erhaltenen Briefen – ein Entwurf an Annie Fraenkel – handelt von einem Besuch ihrer Mutter in Heidelberg.

„Ich habe gesehen, wie neulich von Mama eine Schicht abfiel, und sie in den 2 Tagen ein ganz anderes Wesen war. Wie es ihr jetzt geht, weiss ich leider nicht. Auch hätte sie wohl länger dableiben sollen."[31]

Hermines Vater hingegen scheint streng, und seine Geschäfte laufen seit den Jahren der galoppierenden Geldentwertung schlecht. „Die Not Deiner Familie, besonders Deines tätigen und stolzen Vaters, hat mich sehr betrübt", bekundet Heddy Strauss ihr Mitgefühl.[32] Zunehmend wird Leopold Speier sein berufliches Glück in England versuchen. Auf Durchreise macht auch er ab und zu bei der Tochter in Heidelberg Station, manchmal überraschend. Dann ist der Vater derjenige, der von Hermines Freundinnen über den Verbleib und den männlichen Umgang der Tochter getäuscht werden muss. Hermines großer Bruder Paul ehelicht am 15. Juni in Frankfurt 1922 Rahel Seligmann, drei Jahre später kommt die einzige Tochter Judith zur Welt.[33] Zum jüngeren Bruder Erich hat Hermine den besseren Draht. Er geht 1925 zum Jurastudium nach Freiburg; die Schwester hat zu diesem Zeitpunkt bereits promoviert.

Doch halten wir vorerst noch beim Studienbeginn in Heidelberg und Hermines Umfeld dort. Lise Salin fällt ganz wie ihre Freundin ein Jahr zuvor beim Abitur durch.[34] Sie versuchte es im September 1920 an einer Schule in Heidelberg abzulegen. Dabei war ihr „Einzug vom besten Omen begleitet. Der erste, den ich sah, war St.G. [Stefan George]. Er ist mein Zimmernachbar."[35] Danach holt Lise unter Federführung des inzwischen habilitierten Bruders das letzte Schuljahr am Mädchen-Realgymnasium Heidelberg nach und tritt am 17. März 1921 ein zweites Mal zur Reifeprüfung an, diesmal mit Erfolg. Sie studiert nun zwei Semester in Heidelberg an Hermines Seite, von Mai 1921 bis Mai 1922, wenn auch nach eigener Aussage nicht sehr eifrig:

„Ich war doch keine ernsthafte Heidelberger Studentin wie Du, sondern ging nach Frankfurt, als ich zu studieren anfing, ich meine wirklich. Hab nur ein Jahr an der Heidelberger Universität einige Rosinen rausgepickt."[36]

4. Hermine als Trabant des Heidelberger George-Kreises

Die Geschwister Salin werden Hermines wichtigstes Bezugspunkt in Heidelberg. Beide interessieren sich für Literatur, Kunst, Philosophie und überhaupt für alles Geistige. Edgar Salin ist in jüngeren Jahren auf Einladung seines Onkels mütterlicherseits viele Monate durch Alaska gereist und hat über die wirtschaftliche Entwicklung des US-Staates nach den Goldfunden promoviert. Seine Habilitation von 1920 über „Platon und die griechische Utopie" verknüpft Ökonomie mit Philosophie. Vor allen Dingen aber gehört Edgar Salin dem Heidelberger Kreis um Stefan George (1868–1933) an. Er lässt sich von „DM" – für: Der Meister – sogar Ratschläge über wissenschaftliche Eingebungen erteilen.[37] In noch höheren Sphären des Heidelberger George-Kreises schwebt der bereits erwähnte Literaturwissenschaftler Friedrich Gundolf. Seine Lehrveranstaltungen besuchen sowohl Edgar als auch später Lise und Hermine. Einen „lebendigen Quell des Geistes" nennt ihn Edgar Salin.

„Als ich sein erstes Kolleg gehört hatte und ihn nachher leichten Schrittes, mit leuchtenden Augen und wehendem Haar über den Ludwigsplatz schreiten sah, da erschien er mir wie vielen Kommilitonen als solch hoher Sproß einer schöneren Welt, daß ich nicht den Mut fand, ihn aufzusuchen, anzusprechen. Vielleicht hat auch nicht nur die schlichte Hoheit, die von ihm ausstrahlte, mich und meinesgleichen wochenlang ferngehalten, sondern das beklemmende Wissen, daß aus ihm sein Meister sprach: Stefan George."[38]

Das seltsame Sonnensystem, das hier zutage tritt, bezeichnet den George-Kreis exakt. Schon der Schüler des unnahbaren Meisters ist selbst wiederum unnahbarer Meister. So besteht der George-Kreis in Wirklichkeit aus zahlreichen Unterkreisen, die sich um die Figuren charismatischer Schüler scharen. In ihrem Mittelpunkt Stefan George überschneiden sich alle diese Kreise, ansonsten flottieren sie frei und mit nur flüchtigen Berührungen untereinander. George-Kreise sind in München, Heidelberg, Marburg, Berlin, Wien oder Basel entstanden, und den Meister trifft man pendelnd zwischen diesen Orten an, wobei seine beständige Wanderschaft mehr und mehr auch zur Methode wird, sich der Öffentlichkeit zu entziehen.

„In Heidelberg lebte er Wochen oder Monate des Jahres, in Heidelberg war er so manches Mal Mit-Hörer in Gundolfs Kolleg, in Heidelberg sah man ihn oft einsam, oft umgeben von jungen Freunden, oben durch den Schloßpark oder unten durch die Hauptstaße wandeln, in Heidelberg saßen immer Fremde in Gundolfs Kolleg, in der Hoffnung, den Dichter ein einziges Mal zu Gesicht zu bekommen."[39]

Stefan Georges Dichtung ist anspruchsvoll, rätselhaft, klangvoll und elektrisierend. „Menschen-formende Urkraft" bescheinigt ihr Edgar Salin. Tatsächlich geht es bei George niemals bloß um Lyrik, sondern um eine innere und äußere Formung, eine Lebensschule. Der Lehrplan dieser Lebensschule ist nirgendwo festgehalten, ihre Methode ist Nachahmung und freiwillige Zucht, und besuchen dürfen sie nur eigens Auserwählte. Aus gutem Grund gilt George als „der Meister" und nicht etwa als „der Dichter". Die psychologischen Mechanismen dieses Männerbundes, an dessen Rändern sich allenfalls einige wenige Frauen behaupten können, geben noch zu Georges Lebzeiten Anlass zu Debatten und Spott. Bestimmten Anhängern kündigt George das Recht auf Gefolgschaft. Im Fall von Robert Boehringer, dem späteren großen Mentor Hermine Speiers, ist die Entfernung aus dem Kreis nur vorübergehend. Im Fall Friedrich Gundolfs erweist sie sich als dauerhaft.

Die Entfremdung zwischen Gundolf und George setzt 1919 ein, im Jahr, in dem erst Lise, dann Hermine nach Heidelberg übersiedeln und sich, von Edgar eingewiesen, für den Dichter und den Literaturforscher begeistern. Gundolf hat 1916 ein Buch über Johann Wolfgang Goethe veröffentlicht, das in fünf Jahren nicht weniger als acht Nachdrucke erlebt. Nun ist er der Superstar der Heidelberger Universität. Doch nicht nur Goethes wegen strömen die Massen in Gundolfs Hörsaal, erinnert sich Edgar Salin, sondern auch aus boulevardhaftem Interesse am Zerwürfnis zwischen Gundolf und George.

„Die Aula im Neuen Kollegiengebäude war kaum groß genug, um die Zahl der regelmäßigen Hörer und die der Besucher zu fassen, die bisweilen nur einen Zug überschlugen, um den berühmten Autor zu sehen. Während vor dem Krieg ein jeder gewiß war, in ihm die Stimme seines Meisters zu hören, war jetzt eine neugierige Erwartung spürbar, ob etwa auch eine ‚ketzerische' Meinung vernehmlich werde."[40]

Hermine Speier hört nicht nur die Massenvorlesung Gundolfs. Frischfröhlich und kaum in Heidelberg angekommen, wagt sie sich in sein Seminar, eine Lehrveranstaltung also, in dem offener Austausch herrscht und die Weitergabe von Wissen innerhalb eines kleinen Kreises ausgewählter Studenten organisiert ist. Gundolf lässt Hermine Speier ausdrücklich in sein Seminar zu. Damit ist eine Initiation verbunden, die an Aufnahmeriten im George-Kreis erinnert. Welcher geistigen Leistung genau Hermine ihre Zulassung zum handverlesenen Studentenkreis des Germanisten verdankt, bleibt offen. Doch noch die Spiegelung der Begebenheit in einem Brief Lise Salins lässt erkennen, dass Hermine etwas nicht Alltägliches geglückt sein muss.

„Als ich Deinen Brief las, war Edgar noch im Zimmer. ... Ich las vor. Er war einfach sprachlos. Er sagte, es sei überhaupt nicht besser zu machen gewesen. Er konnte sich gar nicht beruhigen. Du kannst aber jetzt wohl sicher sein, daß Du eine Arbeit bekommst im Seminar. Edgar meinte zwar, Du wirst vom Seminar enttäuscht sein, Gundolf eigne sich dafür nicht. Kind ich freue mich so für Dich und für mich ..."[41]

Trotz dieses fulminanten Einstands kehrt Hermine Speier, wie wir sahen, 1922 der Germanistik zugunsten der Archäologie den Rücken. Gundolfs Vorlesungen aber besucht sie weiterhin. Sie hält ihn für ein Genie des fühlenden Erfassens, für einen von wenigen,

„die die tiefen Gesetze alles Geschehens fühlen, und ... sie zu fassen wissen als Gesetze überhaupt ... Umso unverständlicher ist es mir, dass er [Gundolf] es vor solchen Menschen, wie sie jetzt in dem einstündigen Kolleg ‚Der alte Goethe' sitzen, sagen kann. Ich war jetzt einige Male dort und werde immer zwischen tiefer Bewunderung und Dankbarkeit, dass ein Mensch so hinter die Dinge sehen und sehen lassen kann, und irgend einem Schamgefühl hin und hergezogen. Ich glaube er ist ein wahrhaft tragischer Mensch."[42]

Vor allen Dingen aber bedeutet Hermines Umschwenken zur Archäologie nicht, dass sie die Beschäftigung mit Stefan George aufgegeben hätte. Er bleibt für immer ihr lyrischer Leitstern, gleichrangig allenfalls mit Goethe. Sie liest „den Meister" regelmäßig, weiß viele seiner Schöpfungen auswendig, zitiert sie in Briefen. In den erhabenen Raum der Dichtung Stefan Georges flüchtet sich Hermine einmal nach einer Vorlesung über Rainer Maria Rilke, von dessen Versen sie sich immer „abgestossen" fühlte, wie sie einmal bekennt.

„Fast überall aber bleibt [in Rilkes Dichtung] ein Rest von Peinlichkeit – menschlicher Peinlichkeit möchte man sagen, die ich sofort abschütteln konnte, als ich mir auch nur einen Georgischen Vers vergegenwärtigte. Da ich mir dies zu erklären versuchte, wurde mir so greifbar klar wie vielleicht nie zuvor, wie alle Georgische Dichtung, auch wenn sie Verneinendes Verwerfendes Hartes aussagt, von einer geradezu geheimnisvollen Keuschheit getragen ist, wie sie nur einer ganz grossen Liebefähigkeit [sic] entwachsen kann ..."[43]

Dem Dichteridol selbst ist Hermine Speier persönlich nie begegnet. Doch braucht es das nicht, um als Trabant einem der George-Kreise nahe zu stehen. Aus der Lebensschule „des Meisters" prägen vor allem drei Elemente Hermine für ihren restlichen Weg: das Bewusstsein, einer geistigen Elite anzugehören, die Praxis des gemeinsamen Lesens und die Erarbeitung einer exquisiten Handschrift.

Stefan George versteht sich als Prophet, als Gesandter der Sphäre des Höheren. Ihm schwebt ein „neuer Adel" vor, der die niedrige Welt aus den Angeln zu heben verstünde; seine Dichtung zelebriert Helden, Retter, Heilsfiguren. Demokratie gehört nicht zu Georges Leitideen. Wer Parallelen seines Denkens zu den autoritären Regierungsformen sucht, die das Europa der Zwischenkriegszeit gebiert, der findet sie, wird aber auf mindestens ebensoviele Widersprüche stoßen. Dieser Befund verlängert sich in direkter Linie in die George-Kreise hinein: Dort trifft man Anhänger, Gegner und spätere Verfolgte des Nationalsozialismus Seite an Seite. Georgeaner sind etwa die Brüder Stauffenberg, die das Hitler-Attentat vom 20. Juni 1944 betreiben werden, oder der Jude Karl Wolfskehl. Das Unbehagen am Deutschland der Weimarer Republik ist der Boden, auf dem der Nationalsozialismus wie der George-Kult groß werden können. Doch weder die Methoden noch die Ziele des Umbruchs, den der Dichter-Führer ins Werk setzen möchte, haben viel gemeinsam mit Hitlers krawalligem „Dritten Reich". George denkt an ein „Geheimes Deutschland", ein Zuchtbecken geistiger Eliten, aus dem ein veredelter Staat lautlos von innen wächst.

Die Frage geistiger Führerschaft begleitet Hermine Speier Zeit ihres Lebens. Unausgesprochen fühlt sie sich einer solchen Elite zugehörig. Freilich hat sie weniger die staatsbildende Kraft des georgeanisch geformten Geistes im Blick als vielmehr die Schulung im Persönlichen und Zwischenmenschlichen, die sich in kleineren Wirkungskreisen wie ihrem späteren Salon oder bei den „Helbigianern" bewährt. Immer wird Hermine dankbar sein für die Lektionen des Meisters, „für die durch den Dichter · auch aus der Entfernung erfahrene · Leben bestimmende, Leben formende Kraft."[44] Diese Kraft heißt Bildung, Bildung in einem weit gesteckten Sinn; nicht bloß als aufgelesenes Wissensgut aus bestimmten Feldern, sondern ebenso charakterliche, ästhetische und stilistische Bildung, auch „Manieren" genannt. Noch in Hermines späterem Umgang mit Hausmädchen schimmert George durch. Sie konnte unleidlich werden, wenn so ein junges Ding bei ihr zu Hause im Schneidersitz auf dem Boden saß und las.[45] In Heidelberg lernt Hermine die georgeanische Lektion, wonach Haltung den Unterschied macht.

Das gemeinsame Lesen gehört zu den Praktiken aller Literaturzirkel, und in der Studentenschaft Heidelbergs wird es beflissen gepflegt, zu zweit oder in Gruppen. Für Lehrlinge der Geisteswissenschaften fällt das gemeinsame Lesen ohnehin in die Kategorie der angemessenen Freizeitbeschäftigung, gleichauf mit Oper, Theater und Konzert, und es ist wie diese abendfüllend. Fernsehen muss noch erfunden werden, Kino hat sich 1925 noch nicht als die große Unterhaltungsmaschinerie durchgesetzt. Identitätsstiftend aber wirken der Vortrag und der Genuss von Literatur im George-Kreis. Das gemeinsame Lesen nimmt bei den Happenings der Georgeaner sakrale Züge an. Vortragen, Hören und Empfinden verschmelzen zu einer Liturgie des Wortes. „Besprochen" wird das solcherart Aufgenommene auf keinen Fall: Nach Auffassung der Georgeaner käme das einer Entweihung des geheiligten Wortes gleich.

Robert Boehringer, Mentor Hermine Speiers sowie Erbe des „Meisters", hat noch vor dessen Tod 1933 in einem schmalen Band über „Das Leben von Gedichten" die sieben Säulen solch sakralen Umgangs mit Texten herausgearbeitet:[46] Hören, Lesen, Abschreiben, Auswendiglernen, Hersagen, Deuten und Übersetzen. Zum ersten Punkt etwa empfiehlt der Autor, „das selten Große soll durch immer wiederholtes Hören vollkommener aufgenommen, gekostet und befestigt werden, wie die Messe das ganze Jahr hindurch, nur abgewandelt nach den Festen, immer die gleiche ist."[47] Er schreibt vom formbaren Gehör von „Knaben" und schlägt vor, an Schulen systematisch Gedichte vortragen zu lassen, nicht durch „Lehrer", sondern „von Männern, die ‚des Gottes voll'" sind. Nur lautes Lesen sei wahres Lesen, fährt Boehringer fort:

„Denn das Gedicht ist nicht Benachrichtigung, sondern geformte Auswahl höheren Lebens, und sein gemäßer Ton ist ... der wahrhaftige und gesteigerte, der naturgebundene und überzeitliche des Menschen- und Gottessohnes, des Dichters."[48]

Weiterhin vergleicht Boehringer die Lyrik-Leserunden der Georgeaner mit Mönchen beim Chorgebet „ohne Laiengemeinde". Nicht nur die Vorstellung vom Klausuralen, Abgeschotteten und Quasi-Heiligen „großer", also georgescher Wortschöpfungen wird an solchen Ausführungen deutlich, sondern auch die kompromisslos männliche Orientierung des George-Kreises. Ganz ohne Absicht markiert Boehringer in seinem Büchlein eine Grundbefindlichkeit des elitären Literatur- und Lebenszirkels, dem er angehört. Dass auch manche Mädchen ein formbares Gehör haben und manche Frauen erhebend Gedichte vorzutragen wissen, dass auch Nonnengemeinschaften ihr durch Jahrhunderte tradiertes Chorgebet in sakraler Andacht verrichten, bleibt ungesagt. Das ist symptomatisch: Frauen werden im George-Kreis nicht mitgedacht.

Aussagen von Hermine Speier über Georges Lyrik sind rar, solche über den George-Kreis fehlen ganz, als wäre da ein stiller Vorhof rund um jeden Stern im Sonnensystem. Jedenfalls scheint das Männerbündlerische der Georgeaner die angehende Archäologin nicht weiter gestört zu haben. So wenig, wie sie am Auftreten eines Ludwig Curtius auszusetzen hat, der sie, „so ein Weibsbild", gerne aus seinem Seminar „hinausgeekelt" hätte, so wenig fühlt sie sich von einer Lyrikströmung mit integrierter Lebensschule abgewiesen, an der kein Unterricht für Frauen vorgesehen ist. Wer Hermine Speiers Lebensweg im Rückblick betrachtet, kann nicht umhin, beide Männerzirkel – die akademische Welt und den George-Kreis – als die bestmögliche Vorbereitung auf den Priesterstaat Vatikan zu begreifen. Dabei entwickelte Hermine Speier nicht die mindeste Strategie, um in Männerdomänen zu bestehen. Sie brachte bloß gute Voraussetzungen mit. Provokation und Kampf waren ihre Sache nicht, ebensowenig begriff sie ihre ruhige Anwesenheit in frauen-untypischen Verbänden als Aufgabe etwa in dem Sinn, Verkrustungen aufzubrechen oder eine Bresche für Nachfolgende zu schlagen. Dass Hermine Speier als ganz selbstverständliche Pionierin geradezu serienmäßig in Männerwelten wirkte, nötigt noch heute Respekt ab.

In Heidelberg übt sich Hermine Speier im Hören, Lesen, Abschreiben, Auswendiglernen, Hersagen und Deuten literarischer Texte in georgeanischer Manier. Die Georgeaner, bei denen sie zur Schule geht, sind Gundolf und Salin. „Dem Meister" verschrieben ist auch der in Heidelberg studierende Josef Liegle (1893–1945), mit dem sich Lise Salin verlobt. Andere gehören

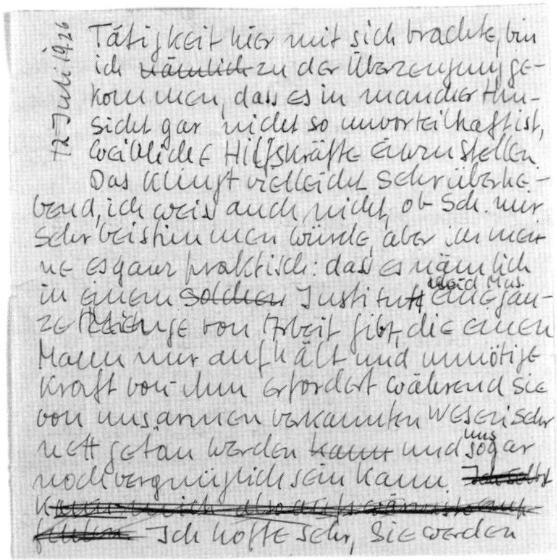

12. Juli 1926

Tätigkeit hier mit sich brachte, bin ich nämlich zu der Überzeugung gekommen, dass es in mancher Hinsicht gar nicht so unvorteilhaft ist, weibliche Hilfskräfte einzustellen. Das klingt vielleicht sehr [illegible], ich weiss auch nicht, ob Sie mir sehr beistimmen würden, aber ich meine es ganz praktisch: dass es nämlich in einem Institut eine Menge von Arbeit gibt, die einen Mann nur aufhält und unnötige Kraft von ihm erfordert, während sie von uns armen verkannten Wesen sehr nett getan werden kann und uns sogar noch vergnüglich sein kann. Ich hoffe sehr, Sie werden

Inwendig wie ein Rockfutter: Ein Erkennungszeichen der Anhänger Stefan Georges ist die Handschrift. Sie muss „einfach und fest und klar" sein. Hermine Speier erarbeitet sich ihre Handschrift in Heidelberg und wird sie immer beibehalten. Sie sitzt sogar in atemlosen Briefentwürfen wie hier an den Lehrer Ludwig Curtius.

so wie Hermine selbst den Rändern der Trabantenkreise an, Ernst Langlotz etwa. Lesen und hören in der auserwählten Gruppe: So wird Hermine es noch in ihrem eigenen Salon in Rom halten, in dem Winckelmann und Dante zum Besten gegeben werden. Ihre Beschäftigung mit dem italienischen Dichter schlechthin, eben Dante, setzt nachweislich in ihrer Heidelberger Zeit im Umkreis der Georgeaner ein. Für Ernst Langlotz schreibt sie einmal eine längere Stelle über Dante aus Gundolfs „Dichter und Helden" ab,[49] und in einer ihrer Mitschriften tauchen unversehens Verse aus Stefan Georges Dante-Übersetzung der „Göttlichen Komödie" auf.[50]

Dass sie abschreibt und auswendig lernt, geht ebenfalls aus ihren Heidelberger Mitschriften hervor. Sobald sich Hermine in einer Vorlesung langweilt, schweift sie ab, aber nicht ins Ungefähre: Sie schreibt aus dem Gedächtnis Gedichte nieder, zumeist aus der Epoche der deutschen Klassik und Romantik. So kann es geschehen, dass auf einer Doppelseite ihrer Mitschrift links die Taten des Sulla und der Sieg des Lucullus referiert werden, während rechts komplett wiedergegebene Goethe-Gedichte stehen, „Über allen Gipfeln ist Ruh", „Auf dem See" oder „Im Atemholen sind zweierlei Gnaden". Die Poeme lassen sich als Gedächtnis- und als Schreibübungen zugleich lesen. Hermine richtet die Verse am rechten Blattrand aus, was einiger Konzentration bedarf. Sie müht sich sichtlich, ihre Handschrift zu reinigen, die Buchstaben voneinander abzusetzen, die Schnörkel zu tilgen. Wie der Ober-Georgeaner Robert Boehringer formuliert, muss „der Verpflichtete" das Gedicht

„... abschreiben in Buchstaben, denen durch leidenschaftliche Anteilnahme wieder magische Kraft verliehen wird wie den ersten mennigfarbenen [sic] Zauberzeichen. ... Da das Große immer einfach ist und stark, so muß auch die Schrift einfach und fest und klar sein, ohne Verzierungen, nur auf das Wesentliche bedacht, dem Großen gemäß. In solchen auf die Grundformen beschränkten, klaren, festen Schriftzeichen bemüht sich der Lesende das Gedicht abzuschreiben.“[51]

In den ersten Semestern ihres Studiums zeigen Hermines Aufzeichnungen noch eine eckige Übergangsschrift, die an Sütterlin erinnert, wenn auch leichter entschlüsselbar ist. Als sie Heidelberg verlässt, weiß sie ihre Wörter in ebenmäßigen, klaren, gut lesbaren Rundungen zu setzen. Nach Rom trägt Hermine Speier eine so genannte George-Handschrift, die sie behalten wird, so lange sie schreibt.

5. Selbstbilder studierender Frauen

Hermine studiert zu einer Zeit, in der Frauen in Hörsälen noch rar sind. Seit die Universitäten im Deutschen Reich überhaupt Frauen zulassen, gehören allerdings die Altertumswissenschaften zu jenen Fächern, die sich des höchsten weiblichen Zuspruchs erfreuen.[52] Das mag damit zu tun haben, dass nur junge Frauen aus wohlhabenden, gebildeten Familien ein Universitätsstudium ins Auge fassen können und die antike Kunst seit jeher zum Bildungskanon dieser Schicht gehört. Von Vorlesungen Adolf Furtwänglers in München Ende des 19. Jahrhunderts existieren jedenfalls Fotos, die ihn umringt von Hörerinnen zeigen; bei Furtwängler studierte etwa die Britin Eugénie Strong, deren Wege Hermine Speier in Rom kreuzen wird. Vor dem Ersten Weltkrieg haben an den deutschen Universitäten fünf Frauen ihr Archäologiestudium mit der Promotion beendet.[53] Nur eine von ihnen, Margarete Bieber, kann sich dauerhaft in ihrem Fach etablieren.

Auch in Heidelberg schreiben sich um 1920 immer mehr Frauen zum Universitätsstudium ein. Zählt man allein jene zusammen, die im Nachlass Hermine Speiers erwähnt oder sogar selbst mit Briefen vertreten sind, kommt man immerhin auf zehn. Demnach studieren zeitgleich mit Hermine nicht nur, wie bereits erwähnt, Johanna Josepha Kahn und Edith Unverricht, Lise Salin und Heddy Strauss, sondern in den übrigen Fächern der philosophischen Fakultät auch Annie Fraenkel und Luise Osteroth, die sie beide ebenfalls noch aus Frankfurter Schultagen kennt, außerdem Emilie Boer, die 1922 in Altphilologie promoviert, Blanche Rosenthal, Rose Zahn und Irmgard Beck von Schubert, die Tochter des in Heidelberg lehrenden evangelischen Theologen und Georgeaners Hans von Schubert.

Besonders mit Heddy Strauss wird Hermine manche Debatte über Sinn und Ziel der Hochschulbildung für Frauen ausfechten. Hermines Briefe an die Studienkollegin sind nicht erhalten, doch wird aus der Gegenüberlieferung klar, dass sie die fortschrittlichere Haltung einnimmt. Heddy hingegen bremst. So gibt es aus Heddys Sicht nur wenige Frauen, „die sich beim Studium echte zarte Weiblichkeit zu wahren wissen."[54] Für sie selbst sei die Gefahr des „Blaustrumpfs" gebannt, habe sie doch während einer kürzlich überstandenen schweren Krankheit begriffen, „daß die richtige Fähigkeit meines Seins sich nur als Frau wird entfalten können". Heddy bringt also die Bildung und die Weiblichkeit der Frau gegeneinander in Stellung. Nichtsdestotrotz legt auch sie das Abitur ab und beginnt ein Studium. Zum 21. Geburtstag wünscht sie Hermine nichts anderes als „eine volle, ausgefüllte Zukunft als Frau und Mensch."

„Frau zu sein in jeder Beziehung – in unserem Denken und Fühlen, Erleben und Erleiden – das ist unsere schönste, unsere einzige Bestimmung. Als Frau beglücken! – Auch als Frau erleiden. Als Frau zu leben und zu sterben. Das wünsche ich Dir. – ... Nicht an trockenem Wissen, nicht an Bücher[-] und Pergamentenweisheit will ich reicher werden – sondern als Mensch – als weibliches Wesen – an Verstehen, Empfinden, an Gestaltung und Rundung. Die Bücher, das Wissen an sich sind meine Erholung. Ich will es beseelen, mit Leben erfüllen."

Hermine fühlt sich unangenehm berührt, vielleicht auch in Frage gestellt. Macht Bildung wirklich unweiblich, schmälert sie die Chancen einer Frau auf dem Heiratsmarkt? Die eine Studentin mutmaßt genau das, während die andere das Gegenteil zu beweisen sucht. Heddy geht noch während ihres Studiums Anfang 1925 eine Ehe ein. Zu diesem Zeitpunkt ist die Freundschaft mit Hermine bereits sehr brüchig. Nicht einmal zum Damenabend vor der Hochzeit kommt Hermine. Auch sie beginnt sich nach einer dauerhaften Verbindung zu sehnen. Und ihre Karten stehen nicht schlecht, Heddys Befürchtungen zum Trotz. Den Funden im Nachlass zufolge muss man Hermines Erfolg bei Männern als überdurchschnittlich bezeichnen.

6. Hermines frühe Männerbekanntschaften

Schon als die Zeit der Teenager-Schwärmereien glücklich überstanden ist, kommt der erste ernsthafte Verehrer ins Blickfeld. Ein Rechtsanwalt, Albert Aaron aus Gießen, schreibt der Studentin aufrichtige, intelligente, gebildete Briefe in formvollendeter Sütterlin-Schrift, in denen er sie mit „Mein liebes Kind" anspricht und selbstverständlich siezt. Erhalten sind zwölf Schreiben zwischen August und Oktober 1919. Das ist die Zeit nach Hermines Semester in Gießen, als sie sich anschickt, nach Heidelberg weiterzuwandern.

Dass es um eine Angelegenheit sentimentaler Natur geht, ist in jeder Zeile klar. Doch Liebesbriefe sind es nicht. Albert Aaron schreibt auf höchst analytische Weise, seine Formulierungen verraten ein an der Rechtskunde geschultes Denken. Keine Rolle spielt in den Briefen, dass es zwei junge Menschen aus jüdischen Familien sind, die hier aneinander Gefallen gefunden haben. Wie es scheint, soll die Möglichkeit für ein Verlöbnis ausgelotet werden.

„Ursprünglich stand ein tiefes Erleben mit noch stark gefühlsmäßiger Bindung zwischen uns", resümiert Aaron an einer Stelle.[55] Dann habe Hermine allzu große Wesensunterschiede zwischen sich selbst und Aaron ausgemacht. Er habe darin „nicht ohne weiteres die Notwendigkeit für die Trennung unserer Wege" gesehen, da er sich „aus ergänzender Differenzierung ... wertvolle Entwicklungsmöglichkeiten versprach". Bei ihrer letzten Begegnung aber sei, von Hermine ausgehend, eine echte Wende eingetreten:

„Sie betrachten nunmehr von vornherein unser Zueinander wissentlich und willentlich als Durchgangserleben, als Episode. Mit diesem Augenblick muß ich zurückstehen, so ich Sie nicht mißverstanden habe."

Auch Hermines Begründung für den Korb, den sie ihm gibt, liefert Aaron mit: „das ... von Ihnen für sich geforderte Recht, noch durch mehrfaches Erleben geformt zu werden, ehe Sie zur endgültigen Bindung schreiten wollen."[56] Wenn das keine Ausflucht ist, ließe sich interpretieren: Hermine hat sich den Zutritt zur Welt des Geistes zu heiß ersehnt und zu hart erstritten, um ihn nach gerade zwei Semestern mit einer Ehe zu verbauen, für die sie sich mit 21 ohnehin zu jung fühlt. Für jene Zeit fraglos, wäre mit einer Ehe der endgültige Abschied von der Universität verbunden.[57] Dann schon lieber Blaustrumpf, sagt sich Hermine, Heddys geburtstäglichen Imperativ „Als Frau beglücken!" noch schallend laut im Hinterkopf.

Zwei weitere Männerepisoden deuten sich in Heidelberg an. Die eine betrifft den Georgeaner und angehenden Historiker Arnold Berney (1897–1943), der aus Mainzer jüdischer Kaufmannsfamilie stammt. Mit einem knappen „Fräulein Speier. Meine Braut" macht Berney in einem überfüllten Schnellzug Hermine mit einem Freund bekannt.[58] Flüchtig registriert dieser „das jüdische schöne Mädchen mit dem Renaissanceprofil und dem tiefen Haarknoten". Bald zieht Berney zum Weiterstudium nach Freiburg. Als Hermine ihn wieder einmal bei sich in Heidelberg erwartet, lässt der überraschende Besuch ihres Vaters das Rendezvous platzen. Blanche Mastbaum muss den Verehrer in Hermines Auftrag „an der Bahn abholen und bei mir aufbewahren", worüber sich die Freundin noch ein Jahrzehnt später amüsiert.[59] Vergleichsweise bitter nimmt sich die ebenfalls in Heidelberg spielende Episode mit einem Arndt aus, von dem nicht auszuschließen ist, dass er mit Arnold identisch ist. In diesem Fall gibt Annie Fraenkel den Postillon d'amour. Arndt beendet via Annie Fraenkel seine wohl einseitige Liebe zu

Hermine, verlangt von dieser ein geliehenes Buch – Nietzsche – zurück und stellt es ihr anheim, ihm auch seine Briefe auszuhändigen.[60] Er hege keinen Groll und habe „verziehen", zitiert Annie Fraenkel aus Arndts Schreiben und rät Hermine noch,

„dass Du dieses mehr oder weniger unreife oder verbohrte und verbitterte Gebahren aus seiner übergrossen Liebe verstehst und es mit stummer Milde erwiderst: Gib mir den Nietzsche und damit sei alles erledigt."

Hermine hat in der Archäologie, wie wir sahen, fast ausschließlich männliche Studienkollegen. Sie sind im Schnitt etwas jünger als sie, da Hermine ihr Abitur erst mit 21 Jahren abgelegt hat; vielleicht erklärt sich durch diesen geringen, aber empfundenen Altersunterschied die scherzhafte Bezeichnung „Großmama", die Hermine für sich selbst findet.[61] Mit vielen dieser Studienkollegen bilden sich Freundschaften heraus, die teils über Jahrzehnte halten. Da sind Otto J. Brendel (1901–1973) und Werner Technau (1902–1941), Friedrich Muthmann (1901–1981) und Wilhelm Kraiker (1899–1987), weiterhin die drei „R.H. Archäologen",[62] nämlich Reinhard Herbig (1898–1961), Robert Heidenreich (1899–1990) und Rudolf Horn (1903–1984) sowie Jan Willem Crous (1902–1945), Hermines späterer Kollege in Rom. In der Heidelberger Archäologie beginnt aber auch Hermines erste wirkliche Liebesgeschichte. Sie gilt Ernst Langlotz, dem Assistenten ihres Lehrers.

Ernst Langlotz (1895–1979) ist drei Jahre älter als Hermine, stammt aus Thüringen und wurde 1921 in Leipzig promoviert. Bei Curtius in Heidelberg wirkt er nur kurze Zeit 1922/23 als Assistent. Hermine bewundert Ernst, sein Wissen, seine Intelligenz, seine Intuition, seinen scharfen Blick und nicht zuletzt seine Empfänglichkeit für Stefan George. Sie blickt zu Langlotz auf. Im Lauf der Zeit aber wächst sie an seiner Seite zu einer Partnerin auf fachlicher Augenhöhe heran, und Langlotz schätzt das. Wohlwollend kritisieren sie gegenseitig ihre Schriften. Ihr wissenschaftlicher Austausch ist breit und aufrichtig, und er überdauert unbeschadet das Ende der Liebesbeziehung im Jahr von Hermines Promotion 1925. Drei Jahre lang sind sie ein Paar. Beide werden bis ins hohe Alter mit Dankbarkeit an diese Zeit zurückdenken, und als Langlotz – recht spät – eine Familie gründet, sorgt auch das nicht für die geringste Trübung der Freundschaft. Im Gegenteil, Hermine schließt Langlotz' Frau und seine Kinder besonders ins Herz. Der Briefwechsel mit Ernst ist der intensivste, den sie geführt hat. Erhalten sind rund 500 Briefe und Karten von Ernst Langlotz an Hermine Speier, aber leider nur 64 in die andere Richtung. Wann, weshalb und von wem die mutmaßlich über 400 fehlenden Briefe Speiers an Langlotz aussortiert wurden, muss offen bleiben.[63]

Es handelt sich um eine Liebe, die seelisch, körperlich und intellektuell gleichermaßen verankert ist. Hermine und Ernst verbringen viel Zeit mit gemeinsamer Lektüre von Stefan George. Sie reisen miteinander nach Lindach, Bamberg, Naumburg, in die Schweiz und in Langlotzens thüringische Heimat. Sie spazieren am Neckar und gehen in die Berge. Sie sitzen fallweise nebeneinander im Hörsaal und in der Bibliothek, unterstützen sich gegenseitig beim Lernen, kreuzen die Klingen in der Debatte über Kunstepochen und Stilmerkmale, festigen ihr Wissen im Austausch. „Hältst Du eigentlich die Würzburger Amphora mit den kelternden Silenen für Amasis?", kann sie ihn dann etwa fragen. „Ich bezweifle es sehr, für mein Gefühl ist es ein viel plumperes Temperament und Körpergefühl als Amasis."[64] Langlotz nimmt seine Freundin in keiner Weise als unbedarftes Weibchen wahr. Das drückt sich bis hin in die Anrede seiner Briefe aus. Er nennt Hermine „mein Minn". Männlichkeit, Noblesse und die stilisierte Reinheit mittelalterlicher Minnesang-Dichtung liegen darin.

Dass dies alles für beide von unerhörter Tiefe und Schönheit ist, wird schon im frühesten erhaltenen Brief Hermines an Ernst Langlotz klar. Sie schreibt von den „Götter(n), die uns so unaussprechlich gnädig sind", von der Gnade zu wissen, „dass man sich unabänderlich gehört und nur, wie Du es sagtest, sich durch den Tod verlieren kann".[65] Sie sehnt den Abwesenden herbei, träumt, er sei am vergangenen Abend bei ihr gewesen, zuerst hätten sie „eine Schale Chianti getrunken", dann aus Stefan Georges „Teppich des Lebens" gelesen, „und dann haben wir uns lieb gehabt. Hast Du es auch gefühlt?" Über den Betrieb am Heidelberger Archäologie-Institut hält sie Langlotz ausführlich auf dem Laufenden, beschreibt etwa, sie habe viel Lob von Schweitzer bekommen – „Bist Du da zufrieden mit Deiner Frau?" – oder referiert, der Professor habe Langlotz in Abwesenheit gewürdigt, andererseits aber die Studenten gewarnt vor dem kunstwissenschaftlichen Begriff des „Zeitstils", an dem Langlotz Urheberrechte beansprucht. Langlotz' Arbeit hat im Urteil der Nachwelt den „Blick für den gemeinsamen Stil geschärft, der gleichzeitige Werke verschiedener Gattungen miteinander vereint",[66] und die Tragweite dieser Neuheit kann Hermine Speier im Unterschied zu Schweitzer erfreut hinnehmen:

„Ich glaub das ist das allerschönste an Dir diese offenen Augen, die nur das Werkzeug des Herzens und der Seele sind. Mir hast Du sie auch aufgemacht, das hab ich heute wieder im Kleinen gesehen, und als ich noch bei Dir im geliebten Land war, da hab ich's im Grossen gesehen."

„Als ich noch bei Dir im geliebten Land war": Hermine hat Langlotz in Italien besucht. Wahrscheinlich mehrere Wochen Ende September bis Anfang November 1923 verbringt Hermine mit ihrem Verlobten, als dieser sich mit dem Reisestipendium des Deutschen Archäologischen Instituts in Italien aufhält. In ihrem Nachlass liegt eine Rechnung vom Albergo Nazionale auf der Piazza Santa Maria Novella in Florenz von 30. September bis 3. Oktober, ohne Jahreszahl, aber in einem Umschlag mit Material von 1923.[67]

Sicher ist, dass sie mit Langlotz am 1. November 1923 in Fiesole bei Florenz war: Davon schreibt sie noch Jahrzehnte später.

Die Hotelrechnung ohne Jahreszahl aber hat Hermine als Schmierzettel benutzt. Sie machte sich darauf Notizen über allerlei in Italien befindliche Kunstwerke, unter anderem aus Pisa und aus Rom: Lateran, Vatikan, Thermenmuseum. Diesen sporadischen Aufzeichnungen zufolge ist Hermine Speier bei ihrer ersten Italienreise mit Langlotz mindestens bis Neapel gekommen. Dort begutachtet sie im Auftrag ihres Studienkollegen Brendel die Farben eines berühmten Mosaiks, das im Museo Archeologico Nazionale aufbewahrt wird. Die Farbfotografie ist zwar schon erfunden, spielt aber in der Forschung noch kaum eine Rolle. So bleibt als einzige Möglichkeit, verlässliche Auskunft über die Farbgebung eines Kunstwerks zu erhalten, hinzureisen und es sich anzusehen, oder jemanden zu entsenden. Auf einer Seite des Zettels beschreibt Hermine das aus Pompeji stammende „Totenkopfmosaik" in seinem Restaurierungszustand, auf der anderen notiert sie aufs genaueste die chromatischen Abstufungen zwischen hellerem und dunklerem Purpur, Braunrot, Lachsrot, mattem Ocker und „ärml. Farben im Gegensatz zum Purpur".

Es ist Hermines erste Italienreise. Alles, was sie bisher in Heidelberg gelernt hat, sieht sie plötzlich ohne Grauschleier, in Farbe und in echt, und sie sieht es an der Seite des italienerprobten Geliebten. Die Gerüche und Klänge, der Wein und das Meer im Oktober, die grünen Hügel der Toskana tun das ihre zur Geburt eines unsterblichen Italienbildes in Hermines Seele. Deshalb leuchten in den ersten Briefen an Langlotz, der zu Studienzwecken im „geliebten Land" geblieben ist, immer wieder halbverstecke Italien-Requisiten wie jene Schale Chianti auf. Die frühesten erhaltenen Briefe Hermine Speiers überhaupt entstammen dieser Serie, sind Sehnsuchtsbriefe nach Italien.[68] „Es ist mir gerade als seien diese himmlischen Tage die Krönung dieses letzten Jahres gewesen", schreibt sie ihm.[69] Das Land und die Liebe zu Ernst verweben sich in ihrer Erinnerung zu diesem Geständnis:

„Nun hat ein neues Leben für mich begonnen. Ich kann es manchmal garnicht fassen, dass es uns Sterblichen wirklich vergönnt ist, das andere Ich zu finden, zu halten, und zu wissen, dass, was auch äußerlich kommen mag, es der Seele unverlierbar ist. Das macht so still und fromm und glücklich, und alles scheint mir die Erfüllung meines Lebens."

Beim Abschied in Florenz schickt ihr Langlotz Blumen nach Heidelberg voraus: „sie sind noch immer frisch und erinnern mich mit ihren herrlich leuchtenden Farben dauernd an das Land, das recht eigentlich die Ergänzung unseres Vaterlandes ist." Noch lange nach der Trennung des Paares steht die Italienreise von 1923 wie ein lebendiger Mythos über beiden. „Ich denke sehr herzlich an diese Tage, in denen sich uns so vieles enthüllt hat und so vieles in die Seele gesenkt hat, was seitdem gewachsen ist", schreibt Ernst acht Jahre später an Hermine.[70]

Beide sind religiös begabte Menschen. Ernst ist evangelisch getauft, wird aber nach dem Krieg zum Katholizismus übertreten. Auch Hermine sucht. Im Franziskanerkloster von Fiesole, einer malerischen Stadt bei Florenz, wird beiden am Allerheiligentag 1923 eine unbestimmte religiöse Empfindung zuteil. Noch nie habe sie „etwas von einer solchen Inbrunst" gespürt, bekennt Hermine.[71] In ihre spätere Königsberger Einsamkeit schickt Langlotz der Freundin drei leere Ansichtskarten aus Fiesole, die das Kloster, seinen Garten und die dort aufgestellte Statue des Franz von Assisi zeigen, dazu die Abschrift eines Segensgebetes des Heiligen.[72] Noch 38 Jahre nach dem Erlebnis in Fiesole wird Hermine Langlotz gegenüber „das Gnadengeschenk des Glaubens" beschwören, „das wir vielleicht schon damals im Geheimen suchten".[73] Ein Eindruck, der sich beim Lesen der Briefe erhärtet: In ihnen leuchten religiöse Reflexe hie und da auf, auch wenn sie sich vorerst nicht auf das Katholische eingrenzen lassen.

Die zionistischen Ideen hingegen sind Hermine entglitten, auch weil niemand da ist, der sie ihr festhalten und neu erschließen würde. In ihren Mitschriften findet sich kein Anhaltspunkt für die Mutmaßung, das Judentum interessiere sie persönlich und nicht bloß historisch. Franz Boll etwa zeichnet bei einer Vorlesung über griechische Literatur der Kaiserzeit die Wellenbewegungen von Judenhetze und Judentoleranz im römischen Reich nach;[74] Hermine lernt das Werk „Über die Ursprünglichkeit des Judentums" von Flavius Josephus kennen, den Boll als „hellenistischen Antisemiten" bezeichnet, sie notiert sich die „Einnahme Jerusalems" im Jahr 70, aber nicht die Zerstörung des Tempels, schreibt von der Lostrennung vom Griechentum im Talmud und vielem anderen mehr: Sie lernt solche Daten wie andere auch, mit Wisseneifer, aber nicht mit dem Gefühl persönlicher Verbundenheit. Dasselbe gilt auf der anderen Seite für die „Confessiones" des Augustinus, ein Schlüsselwerk christlicher Literatur. Die Bekenntnisse des nordafrikanischen Kirchenvaters, der eine erstklassige Kehrtwende vom Hedonisten zum Heiligen vollzog, studiert Hermine ebenfalls im Zug ihrer Beschäftigung mit der Antike.

7. „Ich würde ihr das beste praedicat geben, wenn ...": Hermine promoviert

Im Wintersemester 1923/24 liest Curtius über die „Geschichte der Kunst des IV. Jahrhunderts". Das ist die große Zeit der griechischen Antike, die Klassik. In dieser Vorlesung entsteht Hermines Promotionsthema. Anfang Dezember 1923 schreibt sie dem Geliebten nach Italien, der Studienkollege Technau hoffe mit ihrer Arbeit als veröffentlichter Grundlage für seine eigene rechnen zu können.[75] Das ist optimistisch, spricht aber für Hermines wissenschaftliche Zielstrebigkeit. Angeregt von Curtius hat sie ein Thema gefunden, von dem sie weiß, dass es sie über etwaige Momente der Antriebslosigkeit hinaustragen wird. Hermine arbeitet über „Die Gruppen angelehnter Figuren im V. und IV. Jahrhundert".

Gemeint sind Darstellungen zweier Männer, zweier Frauen oder gemischter Paare auf Reliefs, Terrakotten und Vasen; nicht auf Gemälden oder Fresken, da solche aus der griechischen Antike kaum erhalten sind. Hermines Interesse gilt also der „innere(n) Beziehung zwischen Gestalten".[76] Um ein Paar zu modellieren, das etwas miteinander zu tun hat, beschränken sich die Künstler der griechischen Klassik nicht darauf, zwei Figuren nebeneinander beim Sitzen, Stehen oder Schreiten darzustellen. Zu welchen Mitteln aber greifen sie, um dem Betrachter die innere Verbundenheit der beiden Figuren sichtbar zu machen? Dies aufzuzeigen, tritt Hermine in ihrer Arbeit an. Sie hat ein sauber umrissenes Thema gewählt, das ihre Faszination für seelische Vorgänge und deren äußere Gestalt zeigt: das Paar.

Hermine beginnt ihre Beispiele zusammenzutragen, exzerpiert aus Fachliteratur, beschafft sich Abbildungen, geht an die Sichtung. Wieder und wieder nimmt sie sich die Werke vor, schiebt das, was sie weiß und was sie sieht, in zyklischen Denkbewegungen vom Auge zum Geist und wieder zurück. Ihre wichtigsten Quellen sind neben den gedruckten vor allem die Debatten mit Langlotz über die zeitliche Zuordnung einzelner Werke und die Stilmerkmale klassischer Epochen der griechischen Kunst. So geraten ihre Briefe an den abwesenden Geliebten zu echten Vorarbeiten ihrer Dissertation. Etwa so:

„Das ‚Magische' der Penthesileaschale drückt sich aus in dem Saugenden, das in dem Blick liegt; ich meine aber damit viel allgemeiner die geheime Macht, die die Gestalten in dieser Zeit überhaupt zueinanderdrängt, ganz unkörperlich zuerst, bis schliesslich ‚Gruppen' entstehen ... Ich glaube, dass alle Gruppen, die es vor der Jahrhundertmitte oder sagen wir vor Polygnot gibt, gewissermassen ‚zufällig' sind und mehr einer augenblicklichen Künstlerlaune als einem notwendigen Gesetz unterliegen. Glaubst Du, dass das richtig ist?"[77]

Bald gilt es, Erkenntnisse in eine überzeugende Form zu bringen. Als Georgeanerin achtet Hermine auf den Stil ihres Textes, sie ringt um Sprachbilder und das jeweils passende Adjektiv. „Verlier über dem Wortesuchen nicht die Ursprünglichkeit des Sagens", rät Lise Salin, die eben einen mehrmonatigen USA-Aufenthalt absolviert.[78] Nacheinander und chronologisch fortschreitend beschreibt Hermine Figurengruppen aus Dutzenden Werken, die aus ihrer Sicht das künstlerische Voranschreiten am besten aufzeigen. Dabei geht sie von der nicht weiter hinterfragten Vorstellung aus, Stilepochen durchliefen so wie Lebewesen eine organische Entwicklung von der Geburt bis zum Tod. Dieses Muster gilt – in der damals praktizierten Kunstbetrachtung – auch innerhalb einer Epoche: jede einzelne Entwicklung wachse aus der vorangehenden heraus und veranlasse somit deren Absterben. Hermine Speiers Promotionsschrift kommt aber keineswegs als gelehrte Abfolge von Beispielen daher, die eine vorgefasste These untermauern sollen. Sie geht umgekehrt vor: Zu ihren Bewertungen gelangt sie durch genaues Hinsehen, ja gewissermaßen Nachspüren der in Stein und Ton gebannten Figurengruppen. Ihre kunsthistorische Ausbildung bildet die Grundlage, doch die Schule des Sehens, die sie bei Curtius durchlaufen hat, trägt reichere Frucht.

So erkennt die Autorin das Vorhandensein oder Fehlen von Rhythmus und Spannung zwischen Figuren oder vermag das „einheitliche, gleichsam musikalische Schwingen“ zu diagnostizieren, „das die Körper aller Schwere entledigt“.[79] Hermine Speiers Beschreibungen einzelner Paare sind, wenn man sich auf sie einlässt, hochgradig suggestiv und nachvollziehbar im besten Sinn. Stellvertretend für viele hier ihre Wiedergabe eines „Weihreliefs an Asklepios aus Megara in Berlin“ mit zwei abgebildeten Göttinnen:

„In den Körpern ist das spiralartige Aufsteigen des Kräftestroms erkennbar, am deutlichsten in der Figur ganz links: betont durch die Haltung der Arme, verlaufen die Mantelfalten in den Hauptzügen wie eine Spirale um den Körper (vom rechten Unterschenkel zur linken Hüfte, über der rechten Hüfte wieder erscheinend, und von da hinauf zur linken Schulter). ... Verglichen mit den älteren Gruppen des Jahrhunderts ... wird die Wirksamkeit des neuen Körperbewußtseins schon in dem dichteren Aneinanderschließen der Figuren sichtbar.“[80]

Fachwissen verquickt sich in dieser Arbeit mit Gespür für Zusammenhänge und einem sicheren Auge für das Detail. Das Einzelne führt immer ins Große, und das Übergeordnete verweigert sich nie dem Beispiel. Einer positivistischen Form der Kunstbetrachtung, die rein das Gegebene untersucht, kann Hermine wenig abgewinnen. Ihr Sehen bleibt nicht an der Oberfläche haften, sondern versucht ins Ganze vorzudringen. Am besten ist die Arbeit dort, urteilt später Bernhard Schweitzer, „wo sie aus einer tiefen und weiten Kenntnis der antiken Kunst heraus in schlichter Formdeutung den inneren Gehalt der Kunstwerke wieder zum Tönen bringt.“[81] In den sechziger Jahren, „als unser archäologisches Arbeiten noch sehr stark kunsthistorisch ausgerichtet war, haben wir sie viel benutzt und war sie uns wichtig“, hält der emeritierte Archäologe Dietrich Willers fest. Die Studie sei „auch heute noch ein gehaltvoller Beitrag zur Entwicklung des griechischen Menschenbildes im 5. und 4. Jahrhundert.“[82]

Willers ist ein späterer Mitarbeiter Hermine Speiers am „Helbig“. So führt denn auch eine direkte Linie von der Dissertation zu jenem großen wissenschaftlichen Kunstführer durch die Antikensammlungen Roms, dessen vierte Auflage Hermine Speier als Herausgeberin ab Mitte der 1950er Jahre betreuen wird. Auch der „Helbig" bringt das einfühlende Beschreiben und Einordnen von Kunstwerken zur Perfektion. Die Arbeit an den Zweifigurengruppen scheint überdies Hermine Speiers Wahrnehmungskompetenz für die Befindlichkeit von Paaren überhaupt beflügelt zu haben, Paaren nicht nur der Kunst. Drei Monate nach ihrer Promotion trennt sie sich von Ernst Langlotz, doch ohne ihm ihre Liebe aufzukündigen.

Gut ein Jahr hat Hermine an ihrer Dissertation gearbeitet. Am 21. Januar 1925 beantragt sie ihre Zulassung zur Promotion in den Fächern Klassische Archäologie, Klassische Philologie (Griechisch) und Alte Geschichte.[83] Gleichzeitig legt sie ihre Dissertation vor, einen Lebenslauf und den Nachweis über den Besuch akademischer Vorlesungen in 13 Semestern Studium, davon elf in Heidelberg. Am Samstag, den 21. Februar, um halb elf Uhr vormittags schreitet Hermine Speier zu ihrer mündlichen Prüfung. Dem Zeugnis nach zu schließen, das im Universitätsarchiv Heidelberg liegt, sind 21 Professoren anwesend, darunter Karl Jaspers. Über den Ablauf des Examens sind wir nicht orientiert, doch das Gesamtergebnis kann sich sehen lassen: Magna cum Laude. „Mit großem Lob" ist Hermine Speier promoviert. Sie darf sich jetzt Fräulein Doktor nennen.

Ludwig Curtius hat die schriftliche Arbeit seiner Schülerin „mit teilnehmendem Interesse verfolgt und nie abgelassen mit Rat und Tat der Verfasserin beizustehen", wie diese selbst angibt.[84] Doch in seinem Promotionsgutachten bricht sich nochmals das Unbehagen des Professors an akademischer Frauenbildung Bahn. Zunächst würdigt Curtius die Dissertation seiner einzigen Promovendin als „sorgfaeltige und scharfsinnige Untersuchung" zu den „vielumstrittenen Fragen des Stilwandels im 5. Jahrhundert", wobei er ihre Arbeit lobend abgrenzt von einem jüngst erschienenen Buch seines Konkurrenten Hans Schrader, den Curtius nebenbei der „unmethodischen Willkür" bezichtigt. Der Verfasserin sei sogar ein „ausgezeichnete(r) Fund" geglückt: Sie habe ein bisher auf die Mitte des 5. Jahrhunderts datiertes Votivrelief in Leyden mit Sicherheit auf das Jahr 425/424 datieren können. So zeige Hermine Speiers Arbeit „auf jeder Seite eine reife, selbstaendig forschende Persoenlichkeit." Am Ende des Gutachtens schlägt das Pendel zurück.

„Ich würde ihr das beste praedicat geben, wenn nicht dieses ausgezeichneten Leistungen, die dann doch nur maennlichen Naturen gelingen, vorbehalten bleiben müsste. Ich empfehle die Arbeit also zur Annahme mit einer sehr guten II."[85]

Hermine muss auf die beste Note verzichten, weil ihr als Frau – nach Meinung ihres Lehrers – keine herausragende wissenschaftliche Leistung gelingen kann. Mit einer solchen Urteil ist aus Curtius' Sicht nicht einmal eine besondere Abwertung verbunden. Er schätzt Hermine. Für eine akademische Laufbahn aber kommen aus seiner Sicht ausschließlich männliche Bewerber in Betracht. Langlotz, Brendel, Technau, Crous, Kraiker, Heidenreich, Herbig, Horn: So sie nicht im Krieg umkommen, werden fast alle Studienkollegen Hermines in der Archäologie es zu Lehrstühlen bringen, nur sie nicht. Die meisten werden zuvor auch das renommierte Reisestipendium des Deutschen Archäologischen Instituts erhalten; für sie aber steht nicht einmal ein Antrag darauf im Raum.[86] Ihrerseits hat Hermine keine Schwierigkeiten, eine solche Apartheid der Geschlechter zu akzeptieren. Sie freut sich vielmehr darüber, dass ihr Curtius einen wissenschaftlichen Hilfsposten in Aussicht stellt:

„Auch hat mir Curtia gesagt, ihr Mann denke daran, nach einem einmal von mir geäusserten Wunsch, mich mit der Katalogisierung unserer Sammlung zu beauftragen. Aber ich bin augenblicklich in dem Zustand, wo einen die schönsten Aussichten unberührt lassen und gestehe ich es nur, ich habe ein unaussprechliches Grauen vor der Zukunft.“[87]

Nach der glücklich verteidigten Promotion fällt Hermine tatsächlich in ein Loch der Ungewissheit. Angekündigt hat sich das Unstete bereits, als sie an ihrer Arbeit sitzt. Hermine besucht ein zweites Mal Langlotz in Italien, und im September 1924 reisen sie gemeinsam in die Schweiz, wovon ihre Familie wiederum nichts wissen darf, obwohl Hermine schon Anfang 1924 bei Ernst angefragt hat, ob sie ihr Verlöbnis nicht offenlegen sollen.[88] Nach der zweiten Italienreise kündigt sich der Bruch an. „Deine Schweigsamkeit dieser letzten Wochen, seit ich bei Dir war, macht mich nun auch so stumm", schreibt sie dem Geliebten,[89] und: „Dass Dir mein Glücksgefühl Dein zu sein und Dich mein zu wissen, keine Ruhe zu geben vermag, macht mich traurig und beschämt."[90] Wenige Wochen vor ihrem Studienabschluss zieht Hermine im Januar 1925 innerhalb Heidelbergs noch einmal um. Sie verlässt die Studentinnenpension Rolanda für ein Domizil in der Schlossbergstraße 41. „Du machst Dir damit die doppelte Mühe, oder packst Du schon einen Teil für den Wegzug?“, fragt erstaunt die frühere Mitbewohnerin Annie Fraenkel und sinniert: „ja, es steckt schon ein grosses Stück Jugend und Freude und Leid in der Rolanda.“[91]

Langlotz ist inzwischen aus Italien zurückgekehrt und arbeitet in Würzburg an seiner Habilitation, seiner Befähigung für einen Lehrstuhl als Universitätsprofessor. Er gibt die Arbeit am 28. Mai 1925 ab, Hermines 27. Geburtstag. Einen Tag davor erreicht ihn Hermines bemerkenswerter Trennungsbrief.

„Von ganzem Herzen Geliebter, / so bin ich denn wieder hier, sitze in meinem Zimmer und blicke über das abendliche unbeschreibliche Heidelberg; die wunderbaren Düfte des Jasmin und der Akazien steigen zu mir empor und ich fühle nichts als eine grenzenlose Sehnsucht nach Dir. ... Erst als ich nach Bolo-

gna kam, lernte ich, dass auch die grösste Gnade uns Sterblichen nur bedingt zu Teil wird. Der unbedingte Glaube an die Notwendigkeit alles Geschehens blieb mir und hat mich vor Schlimmem bewahrt, aber dies ist das Fürchterliche, der Glaube an unsere *Notwendigkeit ist seitdem erschüttert, trotz unserer grossen Liebe und unserer innigen Verbundenheit. … An unserer Liebe zweifele ich nicht, aber ich fürchte, unsere Erfüllung, wenn sie es je für Dich, wie für mich war, ist überschritten. … Ich nehme es auf mich, selbst die Trennung von Dir in der Hoffnung, dass es uns vor allem Dir helfen möchte zur Klarheit und Ruhe zu kommen. Möchten uns die Götter beistehen. … Lass uns stark sein und hoffen. Ich bin von ganzer Seele Dein.*"[92]

Gerade zu jener Zeit steht fest, wohin es die frisch promovierte Archäologin verschlägt. Der bisherige Heidelberger Privatdozent Bernhard Schweitzer erhält einen Lehrstuhl in Königsberg und kann sich in seinem Dienstvertrag die gleichzeitige Anstellung einer wissenschaftlichen Hilfskraft aushandeln.[93] So nimmt er Hermine Speier mit nach Ostpreußen. Der abgetrennte äußerste Winkel Deutschlands wird ihr nun drei Jahre lang zur nicht eben wohlgelittenen Wahlheimat.

3. KAPITEL

Königsberg: Die Jahre in „sibirischer Verbannung"

1. Die erste Stelle

Königsberg ist für Klassische Archäologen nicht das attraktivste Pflaster. Hermine hat gezögert mit ihrer Zusage, sich mit den Eltern besprochen, auch bei Langlotz Rat gesucht, der ihr empfiehlt, die Stelle anzunehmen.[1] Die 1544 gegründete Albertus-Universität Königsberg wirkt als geistiger Magnet der Region. Sie ist ziemlich groß und wächst weiter, weil ostpreußische Studierende in der Zwischenkriegszeit verpflichtend für mindestens ein Semester hier lernen müssen. Hermine arbeitet noch an der Königsberger Universität, als 1927/28 ein Erweiterungstrakt im Bauhaus-Stil entsteht. Die Archäologie jedoch hat den Status eines Orchideenfaches. Hermine, die „des Geistes wegen" in das vibrierende Heidelberg gekommen war, empfindet den Wechsel nach Königsberg als Kälteschock.

Dabei ist die ostpreußische Hauptstadt, das heutige russische Kaliningrad, ein umtriebiges Handelszentrum, als Hermine an einem Sommertag 1925 am Bahnhof Königsberg Süd aus dem Zug steigt. Das Deutsche Reich pumpt erhebliche Mittel in die abgeschnittene Provinz, seit der Friedensvertrag von Versailles nach dem Ersten Weltkrieg 1919 einen Riegel polnischen Landes zwischen Ostpreußen und das deutsche Kernland schob. Im Zug des Förderprogramms wachsen Industrie und Handel, begehrtestes Exportgut ist seit jeher Bernstein, der Hafen wird ausgebaut, ein neuer Flughafen ist in Betrieb. Die Lebensqualität der Bürger hebt ein neuer Grüngürtel: Die alten Festungsanlagen wurden geschleift, und auf 600 Hektar sind weitläufige Parks mit Wasserflächen, Promenade und Treppen entstanden, der Stolz ganz Ostpreußens. Wer heute von der majestätischen Anmutung des alten Königsberg schwärmt, das bei der Flächenbombardierung im August 1944 restlos unterging, meint diese unverwechselbaren Grünanlagen.

Auch kulturell macht sich das Königsberg der 1920er Jahre in seiner Insellage einen Namen. Rege ist etwa der Goethebund, der zu Lesungen, Vorträgen und Theaterbesuchen lädt und nach dem Ersten Weltkrieg zeitweise mehrere tausend Mitglieder zählt. Als Königsberger Mythos schlechthin ist der große deutsche Philosoph Immanuel Kant (1724–1804) allgegenwärtig, von dem gesagt wird, er habe die Heimatstadt sein Leben lang nicht verlassen.

Von Anfang an ergibt sich mit Bernhard Schweitzer eine gute Verständigung, besser als zu erwarten war. „Wird der Nöck [Schweitzer] erträglicher? Musst Du noch lange in seiner Nähe bleiben?", will Heddy Strauss wissen.[2] Ihre Sorge ist unbegründet. Schweitzer und seine Mitarbeiterin sind beide neu in der äußersten deutschen Peripherie, was sie enger zusammenschweißt als sonst in solcher Konstellation. Hermine trifft vor Schweitzer in Königsberg ein. Sie sucht sich ein Zimmer zur Untermiete und kommt an der Adresse Hintertragheim 11 unter, unweit der Universität. Obwohl sie sich selbst erst zurechtfinden muss, räumt sie dem Professor vor seiner Ankunft – er übersiedelt erst 1926 endgültig nach Königsberg – allerlei Hürden aus dem Weg. Am Institut übernimmt sie anfangs Stellvertreteraufgaben.[3] Privat hilft sie Schweitzer bei der Herbergssuche und macht sich erbötig, bei künftigem Bedarf seinen Hund Ebbo zu versorgen, weil die Vermieter der perfekten Wohnung keine Haustiere in Abwesenheit ihrer Herren dulden.[4] Dankend nimmt Schweitzer das Angebot an. Diese Form des Beistandes begegnete uns bereits in den Feldpaketen für Robert Gros, und sie ist typisch für Hermines Wesen. Ob Babysitting, Griechisch-Nachhilfe, menschlicher Zuspruch oder wissenschaftliche Betreuung vonnöten sind, Hermine legt in allem nicht bloß Hilfsbereitschaft, sondern Fürsorge an den Tag.

Hermine Speiers Vertrag an der Universität Königsberg beginnt zum 1. Juli 1925. Sie ist als wissenschaftliche Hilfskraft am Archäologischen Seminar und Museum eingestellt und verdient 200 Reichsmark monatlich,[5] ihr erstes eigenes Geld. Das Universitätsinstitut ist bei ihrer Ankunft aber offenbar „nicht im besten Stand".

„Der neue Ordinarius und seine Assistentin mußten erst zum Putzeimer greifen und Stapel verstaubter Pakete öffnen, aus denen, wie Hermine Speier mit Vergnügen erzählt hat, Band um Band des Jahrbuchs des Deutschen Archäologischen Instituts zum Vorschein kam. Um die Wissenschaft hatte sich offenbar niemand mehr gekümmert."[6]

Es gilt also anzupacken. Schweitzer betraut seine Mitarbeiterin mit einer ganzen Palette an Zuständigkeiten. Hermine kümmert sich um die anfangs bescheidene Institutsbibliothek, wobei sie vom Aufschließen über den Saaldienst bis hin zur Anschaffung und Katalogisierung von Büchern alle anfallenden Aufgaben übernimmt. Dabei kommt ihr zugute, dass der traditionsreiche Königsberger Verlag Gräfe und Unzer in seinem „Haus der Bücher" gleich gegenüber der Universität Europas größte Sortimentsbuchhandlung betreibt. Auch bei „Bon's Buchhandlung und Antiquariat" in der Münzstraße kauft Hermine ein. Nicht wenige Werke muss sie aber auswärts organisieren. Nach und nach kommen die wichtigsten Lehrmittel ins Haus. Der neue Lesesaal erhält bequeme Arbeitstische und wird zum Besuch auch durch Lehrer, Kunstschüler und überhaupt alle Interessierte freigegeben. Der „neue Aufschwung“ (Faensen) am Königsberger Lehrstuhl für Archäologie wäre ohne Hermine Speiers Einsatz schwer vorstellbar.

Außerdem entsteht unter Hermines Federführung eine kleine archäologische Fotosammlung an dem Königsberger Institut.[7] Die junge Forscherin erarbeitet sich eine erste Vorstellung davon, wie solche Sammlungen, die an den Universitäten erst im Ansatz vorhanden sind, überhaupt zu organisieren sind - eine Erfahrung, die ihr in Rom von großem Wert sein wird. Zugleich mit dem neuartigen didaktischen Anschauungsmaterial, der Fotografie, will Schweitzer auch das Althergebrachte nicht vernachlässigen: den Gipsabguss. So beauftragt er Hermine damit, das vorhandene kleine Museum mit Gipsabgüssen bedeutender Plastiken und einigen Stücken griechischer Kleinkunst neu zu organisieren. Diese Sammlung soll nach Schweitzers Vorstellungen nicht nur den Studierenden, sondern auch der interessierten Allgemeinheit offen stehen. Auch hier gibt Hermine, ähnlich wie bei den Büchern, das Mädchen für alles. Sogar für die innenarchitektonische Ausgestaltung der Sammlung ist sie zuständig, wovon eine unbeholfene kleine Architekturskizze in ihrem Nachlass zeugt.[8] Bei der Hamburger Firma Eduard Schmidt & Sohn holt sie im Frühjahr 1926 Auskünfte über vorgefertigte Metallschränke für ihr kleines Museum ein.[9] In erster Linie aber zerbricht sie sich den Kopf über die Abfolge und die Beschriftung der Gipsabgüsse.

Das archäologische Museum der Universität Königsberg besitzt zu Hermines Zeit knapp 500 Abgüsse,[10] von denen die Assistentin exakt 303 inventarisiert.[11] Darunter sind beispielsweise die Laokoon-Gruppe und der Apoll von Belvedere in den Vatikanischen Museen, der Ludovisische Thron im römischen Thermenmuseum, „Der grosse Pariser Kameo“,[12] die „Sog. Gemma Augustea“, der „Kolossalkopf des Antinous“ und die Replikate vieler weiterer berühmter Antiken, wobei die drei letztgenannten Stücke sämtlich von einer gewissen Eugénie Strong erforscht wurden, deren Assistentin Hermine Speier für kurze Zeit in Rom werden wird. Nicht alle Werke des Museums entstammen der griechisch-römischen Antike. Unter den entlegeneren finden sich etwa der Abguss eines assyrischen Alabasterreliefs mit der Darstellung einer sterbenden Löwin aus dem Britischen Museum in London oder aus dem Louvre ein altbabylonischer Kopf des Gudea aus Tello-Lagasch im heutigen Irak, von 2500 vor Christus. Einzelne Abgüsse aus dem alten Ägypten sind ebenfalls vorhanden. Hermine ist als Generalistin gefragt.

Ihre Aufgabe ist es, die Stücke mit einer knappen Beschreibung zu versehen, die einerseits wissenschaftlich fundiert, andererseits kurzweilig sein muss. Wieder ist der genaue Blick gefragt, den sie bei Curtius eingeübt hat, aber anders als bei ihrer Dissertation kann sie das, was sie an diesen Kunstwerken sieht, nicht breit darstellen, sondern muss es auf wenige Zeilen eindampfen. Jede Epoche erhält eine eigene Charakteristik, „die auf die jeweilige geschichtliche Situation, die führenden Persönlichkeiten und das Wesen ihres künstlerischen Stiles hinweist", lobt Hermines Nachfolger in Königsberg Rudolf Horn in einem Zeitungsartikel.[13] Zu jedem der sieben Säle und zu jedem Werk schreibt sie einen prägnanten Text, der Auskunft über mythologische Hintergründe, Ergänzungen und Standorte der Originale gibt sowie die jeweils jüngste Forschungsliteratur anführt. Anstelle einer Nummer, die auf einen Katalog verweist, erhält jedes Ausstellungsstück direkt seine Beschriftung. Das ist innovativ, „ein bis heute in keinem anderen archäologischen Museum Deutschlands durchgeführter neuer Versuch", wie Horn 1928 verdeutlicht.

Einen reizvollen Gegensatz zu den Abgüssen großer Antiken im archäologischen Museum bildet eine neu erworbene Sammlung griechischer Kleinkunst. Bernhard Schweitzer arbeitet gleich nach seiner Ankunft in Ostpreußen an deren Ankauf. Zu diesem Zweck lässt er Flugblätter drucken, die sich zu Dutzenden in Hermine Speiers Nachlass befinden, weil sie die Rückseite als Schmierpapier benutzte.[14] Es ist gut vorstellbar, dass die Archäologin immer einen Stoß dieser Zettel bei sich trug, um im geeigneten Moment einem möglichen Interessenten ein Exemplar zu überreichen. Das Flugblatt ist auf Dezember 1925 datiert und wirbt bei „Ew. Hochwohlgeboren" aus Ostpreußen um Gönnermittel zum Erwerb einer „hervorragende(n) und unter fachmännischer Beratung zusammengebrachte(n) Sammlung, die „uns aus deutschem Privatbesitz zu dem niedrigen Preis von 25000 Mark angeboten" werde. Schweitzer rührt eine patriotisch gestimmte Werbetrommel: „Königsberg ist wohl die einzige unter den Großstädten Deutschlands, die noch keine Sammlung antiker Plastik und Kleinkunst besitzt", mahnt der Professor und appelliert an die Großzügigkeit aller, „bei denen wir kulturelles Verantwortungsgefühl und Liebe zu der vom Reich abgeschnittenen nordöstlichen Grenzmark voraussetzen dürfen". Im Frühjahr 1926 wandert die Sammlung des Gesandten Ernst von Falkenhausen in Hermine Speiers museales Reich.[15] Es sind 221 kleine, feine Alltagsgegenstände wohlhabender Griechen, Lampen, Bleigewichte, Nadeln, Spangen, ein paar Ohrgehänge aus Golddraht. Für Schweitzer ist diese Sammlung originalen griechischen Kunsthandwerks, deren Erwerb ihm so glatt gelang, verständlicherweise der „Schmuckkasten im Museum".[16]

Vom Erfolg der Aktion beglückt, startet der Archäologieprofessor gemeinsam mit seiner Hilfskraft Hermine Speier eine zweite Pioniertat in der ostpreußischen Provinz. Abermals über das Medium Flugblatt bittet er Privatleute, ihm Antiken in ihrem Besitz anzuzeigen. Es geht um eine Erfassung zu Studienzwecken. Schweitzer plant, diese Stücke „in geeigneten Abbildungen der wissenschaftlichen Verarbeitung zuzuführen".[17] Die Ausbeute bleibt mager. Abgesehen von einer bereits bekannten Sammlung im Schloss Beynuhnen werden nur vier weitere Stücke angezeigt, alle im Anwesen Waldburg bei Königsberg.[18] Insgesamt kann Schweitzer in einem Büchlein 21 „Antiken in ostpreußischem Privatbesitz" erstmal publizieren. Auch dieses Werk betrifft Hermine Speiers Arbeit: Fotografien zu sammeln und zu ordnen, fällt am archäologischen Seminar in ihre Zuständigkeit. Die rund 50 Abbildungen, die Schweitzers 1929 erscheinende Publikation zieren, gehen teils noch durch ihre Hände.

2. Die Königsberger Lebenskrise

Es ist Hermines erster Job, und beruflich hat sie es gut getroffen. „Ich habe wohl niemehr soviel gelernt als in den drei Jahren bei Ihnen", wird sie ihrem Lehrer rückblickend schreiben.[19] Genau dazu dienen Stellen als wissenschaftliche Hilfskräfte. Sie sollen den Nachwuchs heranbilden. Während die jungen Forscher im akademischen Raum mit diesem und jenem betraut sind, eröffnet sich ihnen ein Freiraum für erste selbständige Arbeit. Aus der Tatsache, dass Hermine einen Vertrag als wissenschaftliche Hilfskraft ergattern kann, lässt sich ableiten, dass zumindest Bernhard Schweitzer der Studienabgängerin eine akademische Laufbahn zutraut. Von ihren promovierten Freundinnen bleibt keine einzige an der Universität, sie kommen in Verlagen, Antiquariaten oder Handelsfirmen unter. Dass Hermine einen ähnlichen Broterwerb gesucht hätte, scheint nirgendwo auf. Sie hat nicht nur das Zeug, sondern zu jener Zeit offenbar auch den Willen zur Wissenschaftlerin. Andernfalls hätte sie die Station in Ostpreußen nicht in Kauf genommen.

So wäre also Königsberg der Ort, an dem Hermine Speier ihre Dissertation zur Druckfassung ausreifen lassen und weitere Aufsätze in Angriff nehmen müsste. Beide Vorhaben peilt sie an, doch keines gelangt in Königsberg zum Abschluss. So beginnt sie eine schöne Arbeit über den Mythos der Geburt Athenas und seine antiken Darstellungen. Auf geviertelten Flugblättern Bernhard Schweitzers legt sie einen Zettelkasten an, den sie noch in Rom benutzen wird im Versuch, den Aufsatz abzuschließen. Er gedeiht weit,[20] wird aber nie publiziert werden. Schleppend geht auch die Arbeit an der Druckfassung ihrer Dissertation voran. Erst 1932, sieben Jahre nach der Promotion, erscheint der Aufsatz über die Zweifigurengruppen in den „Römischen Mitteilungen".

Was ist der Grund für ihren mangelnden wissenschaftlichen Elan? Gebricht es ihr an Ehrgeiz oder an Zeit? Lässt sie sich von Schweitzer allzu sehr für dieses und jenes einspannen, sodass kein Freiraum für die Forschung mehr bleibt? Hermines Aussagen legen einen anderen Grund nahe. Sie fühlt sich in Königsberg rundum unglücklich. Die Kälte und das blasse Licht des Nordens lähmen sie, und sie leidet unter Einsamkeit und Mangel an geistiger Anregung. Hermine hat Heimweh, weniger nach Frankfurt als nach Heidelberg. Das Synonym „Sibirien" für diese Station ihres Lebens zieht sich durch alle Briefe, die auf Ostpreußen anspielen. Später wird sie ihre Zeit dort als „Königsberger Verbannung" brandmarken.[21] Zwar schildet Hermine die Menschen als „freundlich",[22] doch soziale Kontakte tun sich nur spärlich auf. Die junge Archäologin pflegt Umgang mit dem Kunsthistoriker Willi Drost und seiner Frau Erna, und besonders freundet sie sich mit Charlotte an, der witzigen Frau des Zoologen Friedrich Seidel. Zu dritt unternimmt man Ausflüge ins Königsberger Hinterland, hat sich auch über Kunst etwas zu sagen, einmal im Sommer besucht Hermine das Paar in dessen Heimatstadt Berlin, wo Seidel seine Forschung an Libellen vorantreibt.

Ein Netzwerk, das intellektuell wie seelisch tragen würde, will sich ihr dort oben freilich nicht spannen. Jeden Tag fühlt sich Hermine daran erinnert, dass Königsberg nicht Heidelberg ist, wo es ihr an Verlustierungen aller Art nicht gebrach. So wird ihr gar die Landschaft – „unfreundlich nüchtern"[23] – zur Metapher der Öde, die sie empfindet. Die Ostsee gibt ihr nichts. Pfingsten 1926 verbringt sie „in einem kleinen Ort am Meer. Es macht einen schweigen aber es erlöst nicht, wie es die Berge können."[24] In ihrem Zimmer pinnt sie sich eine Fotografie des Athener Parthenonfrieses an die Wand, die Langlotz ihr aus Paris schickt.[25] Der Anblick griechischer Kunst erhebt Hermine über die Kälte Königsbergs. Mit sinkendem Thermometerstand und zunehmender Entfernung wächst auch die Sehnsucht nach dem Schönen, das nur Hellas verheißt.

Sie zieht noch nach, die unerfüllte Liebe zu Ernst Langlotz, der sie doch selbst ein Ende bereitet hat; kein endgültiges Ende, wie es in den Briefen aus Königsberg durchscheint. Der Freundin Lise klagt Hermine im Juni 1926, sie wisse nicht mehr, „was der Sinn" ihres Lebens sei.[26] Sie fühle sich an Ernst gebunden mit dem „unabänderliche(n) Zwang der Seele, der von jeher über alles Sterbliche [sic] Leben hinaus bestimmt ist." Die zeitgleich geschriebenen Briefe an den Verflossenen selbst – wir können nur von den wenigen sprechen, die auf uns gekommen sind – handeln bei aller Liebe überwiegend von Archäologie und Forschung. Langlotz arbeitet an der Druckfassung seiner Habilitation über frühgriechische Bildhauerschulen und vertraut Hermine jeweils die neuesten Versionen seiner Kapitel an. Sie ist eine kritische Leserin, duldet keine nebelige Sprache und kein Hinweghuschen über noch nicht ganz zu Ende Gedachtes. „Was Du sagst ist durchaus gut und oft sehr schön", schreibt sie einmal, „aber es müsste noch gespannter, wesentlicher und vielleicht auch noch etwas reicher dargestellt werden."[27] In demselben Brief zeichnet sie ein Miniatur-Panorama der gesamten inneren Entwicklung griechischer Kunst anhand ihrer Formensprache. Die Stelle zeigt das ungewöhnliche kunsthistorische Talent und die Auffassungsgabe der noch nicht 28-jährigen Archäologin.

„...in den Jahren der frühphidiasischen Epoche [geht] das Geheimnisvollste und Wunderbarste vor sich, was Menschen und Menschlichem geschehen kann: das Erwachen der Seele, das Erwachen aus der Selbstgenugsamkeit [sic]. Das geht mit solch unendlich leisen, scheuen Schritten vor sich. ... 480–50 muss noch diese völlige Selbstgenugsamkeit herrschen, wo das Geheimnis und das Offendaliegende noch völlig eins sind, wo die Seele vollkommen ebensoviel Körper ist, wie der Körper Seele, ganz wie bei den Blumen. Da tragen die Menschen die Köpfe ganz aufrecht, wenn sie sie nicht um der Anmut willen senken; denk z.B. an den Kritiosknaben. In Olympia ist für mein Gefühl noch sehr viel davon; aber wie an frühen Vorfrühlingstagen bei uns manchmal ein Erdgeruch zu verspüren ist, der ahnen lässt, dass im Innern etwas zu erwachen und sich zu regen beginnt, so ist es gleichsam in Olympia. Noch sind die Gestalten ganz in sich beschlossen: aber es ist als käme über sie eine Ahnung davon, dass es etwas wie ‚Fragen' gibt. Die Menschen vorher aber wussten von dem ‚Fragen' nichts. ... Dann kommt, wenn ich das so benennen darf der Schritt des Erstaunens, des beginnenden Selbstbewusstseins; der herrliche weissgrundige Teller in Boston ... hat mir diesen Ausdruck in den Mund gelegt. Etwas davon ist wohl im ludovisischen Thron und vielleicht auch im Casseler Apoll gewissermassen als Culmination. Und dann kommt die Stufe, die sich am sichtbarsten wohl in der Penthesileaschale ausdrückt: das erschütternde Erkennen, das Schauen, das das Wissen mit sich bringt. Danach kommt der Ernst über die Menschen unter dessen Schwere sie die Köpfe senken, und der sie zugleich das Vollkommenste an Harmonie lehrt, dass [sic] jemals Sterblichen zu erreichen vergönnt war."

Das Fachliche ist hier wie in ein persönlich gefärbtes, warmes Lichtbad getaucht. Dieser Gestus ist für Hermines Briefe von Anfang an typisch. Wo ihr Lob angezeigt scheint, hält sie sich nicht zurück. Er ahne wohl kaum, schreibt sie Langlotz über dessen fortschreitende Arbeit, „wie so etwas schlicht und klar Gedachtes und mit der Sprache des leuchtenden reinen Glaubens Gesagtes hier [in Königsberg] eine Erlösung" für sie sei.[28] Dann fügt sie einen Satz hinzu, der ihren persönlichen Zugang zum Geistigen ziemlich realistisch umreißt:

„Die Natur hat die Frau so geschaffen, dass sie eines Mittlers bedarf um ihre Seele dahin zu führen, wohin sie möchte".

Halbherzig und uninspiriert hat sie sich nun alles zurechtgelegt, um die Druckfassung ihrer Promotion anzugehen; sie versucht „die ungestörte Ruhe möglichst zu nutzen".[29] Allerdings sei sie „ohne jegliche Anregung von aussen", bar der geringsten „Möglichkeit sich auszusprechen" und „ganz auf sich angewiesen". Kein gutes Rollfeld für jemanden, der nur mit einem Kopiloten gleicher Frequenz zu geistigen Höhenflügen ansetzen kann. Wirklich kommt ihre Arbeit in drei Monaten nicht vom Fleck. So sehr es sie selber quält: „ich vermag nichts ohne die liebende Nähe eines vertrauten Menschen", gesteht sie Langlotz.[30] An dieser Stelle schwenkt Hermine in ein bedrücktes Fazit ein:

„Wissenschaft und Frauen taugen nicht füreinander; es ist wohl eine billige Weisheit, aber wenn man sie am eigenen Leibe spürt, wiegt sie schwer."

3. Der goldene Strohhalm Rom

Hermine ist derart niedergeschlagen, dass sie den sprichwörtlichen Silberstreifen am Horizont des Königsberger Himmels kaum sieht. Genau zur Zeit der eben zitierten Klagebriefe ist erstmals von einem möglichen Wechsel nach Rom die Rede. Sie selbst hatte sich mit einem entsprechenden Hilferuf an ihren Heidelberger Lehrer Ludwig Curtius gewandt. Dieser hält sich gerade zu Forschungszwecken in Rom am Deutschen Archäologischen Institut auf, das von Walter Amelung geleitet wird. Hermines seufzender Ausruf „Wissenschaft und Frauen taugen nicht füreinander" wirkt wie ein Nachhall dessen, was Curtius ihr aus Rom geschrieben hat. Ungeniert breitet der Professor seine Zweifel an der Wissenschaftstauglichkeit der Frau an sich aus.

„Ich habe gestern gleich nach Empfang Ihres lieben Briefes mit Amelung gesprochen und ihm Ihren Wunsch ans Herz gelegt. – Ich bin gar nicht der geeignete Fuersprecher. Denn Sie wissen ja, dass ich theoretisch der Gegner der Verwendung von Damen auf den wissenschaftlichen Hilfsposten an dem roemischen Institut bin. Meine Erfahrungen hier im Laufe des Winters haben mich nicht eines Besseren belehrt. Denn die drei jetzt hier beschaeftigten Frauen, Frl. Dr. Jastrow, Frl. Dr. Gütschow und Frl. Dr. Frank sind alle drei sehr nette Kameradinnen, widmen sich ihren Aufgaben voller Eifer und haben mich alle durch gelegentliche Hilfe zu Dank verpflichtet. Aber ihnen fehlt eben wissenschaftliche Initiative und Kraft, und es faellt ihnen Nichts ein. Denkt man sich an ihre Stelle drei junge Archaeologen von Talent, dann sieht die wissenschaftliche Atmosphaere des roem. Instituts gleich ganz anders aus. / Aber trotz derlei Vorbehalten habe ich mein Moeglichstes getan und Sie über den Schellenkranz gelobt. Amelung hat mir auch zugesagt, an Sie gegebenen Falls zu denken. Frl. Frank soll in absehbarer Zeit ausscheiden. Ist dann kein maennlicher Anwaerter fuer ihr kleines Amt da, koennten Sie in Betracht kommen." [31]

Nun lösen diese Ausführungen bei Hermine zwei zeitlich voneinander abgesetzte Reaktionen aus: erst abgestumpfte Resignation, dann einen Energieschub. Es habe sie gefreut, dass Curtius sofort geantwortet habe, schreibt sie an Langlotz, ohne auf den frauenfeindlichen Inhalt einzugehen, den sie selbst zu diesem Zeitpunkt womöglich bereits teilt. Und bitter fügt sie hinzu:

„Letzten Endes ist es ja doch ganz gleich, ob ich in Königsberg einen Katalog und ähnliche Dinge mache oder in Rom. Beides ist nicht mein Leben.“ [32]

Das Original des Curtius-Briefes legt sie bei. Langlotz wird das denkwürdige Schreiben aufbewahren, es befindet sich in seinem – nicht in Hermines – Nachlass. Resignation spricht noch aus einem Brief an Lise Salin drei Wochen später. Hermine hat Zeit nachzudenken, denn sie liegt krank zu Bett. Einsamkeit, Heimweh, Liebeskummer und geistige Unfruchtbarkeit setzen ihr zu. Danach aber hofft sie „alles wieder frischer und gereinigter anzufassen“.[33] Und tatsächlich kommt Hermine jetzt in die Gänge. Sie „ermannt“ sich, doch auf weibliche Weise. Sie will weg aus Königsberg. Was sie Curtius antwortet, ist ein kleines Meisterstück fraulicher List.

„Hochverehrter Herr Professor, / ...wie glücklich und erlöst ich wäre, wenn ich nach Rom könnte, brauche ich Ihnen wohl kaum erst zu erzählen; aber ich sehe natürlich, wenn auch schweren Herzens, die Schwierigkeiten und Gegengründe ein. Doch muss ich auch einmal die armen verachteten Weiblein ein bisschen herausstreichen. Nach den Erfahrungen, die bis jetzt meine Tätigkeit hier mit sich brachte, bin ich zu der Überzeugung gekommen, dass es in mancher Hinsicht gar nicht so unvorteilhaft ist, weibliche Hilfskräfte einzustellen. ... ich meine es ganz praktisch: dass es nämlich in einem Institut ... eine ganze Menge von Arbeit gibt, die einen Mann nur aufhält und unnötige Kraft von ihm erfordert während sie von uns armen verkannten Wesen sehr nett getan werden und uns sogar noch vergnüglich sein kann.“[34]

Klug wendet sich Hermine an Curtius wie an einen potentiellen Erlöser. Seine frauenfeindlichen Anstößigkeiten rückt sie nicht zurecht, sondern signalisiert Verständnis, ohne sich wirklich auf seine Seite zu stellen. Um es ihm leicht zu machen, zielt sie tiefer als sie müsste, nämlich auf Hilfsdienste und nicht auf wissenschaftliche Arbeit, wie es Curtius noch tat, als er die Arbeit der drei Archäologinnen am römischen Institut abwertete. Vor allem aber streicht sie heraus, was sie als große weibliche Qualität darstellt: Frauen nehmen Männern anspruchslose Arbeit ab, erledigen sie heiter lächelnd und sorgen so für ein allseits gedeihliches Klima. Der Ertrag männlicher Forscher wird steigen, wenn dienstbare Geister weiblichen Geschlechts das lästige Kleinzeug abfangen. Eine Argumentation, der sich kein vernünftiger Institutsleiter ganz verschließen wird.

Anfang April 1927 gönnt Schweitzer seiner Hilfskraft eine kurze Forschungsreise in die Toskana. Von Königsberg reist Hermine mit der Eisenbahn nach Florenz. Sie wohnt bescheiden, aber zentral in einer Pension an der Piazza Mentana. Und wieder gehen ihr die Sinne auf. „Haec est Italia diis sacra“, das Land, das selbst den Göttern heilig ist: Von der Wirklichkeit überflügelt sind auf einen Schlag alle Italien-Erinnerungen, die sich im gefühlten Permafrost Ostpreußens so vortrefflich frisch erhielten. Hermine realisiert jetzt, dass sie aus „diesem kärglichen Land“[35] weg muss, um nicht zugrunde zu gehen. Rom ist ein goldener Strohhalm, und sie bekommt ihn zu fassen.

Es gelingt ihr, die Promotionsschrift ein gutes Stück zu überarbeiten; Langlotz drängt sie dazu. Im August 1926 verbringen die beiden trotz Trennung zwei gemeinsame Ferienwochen in der Schweiz. Die Erinnerung an Rhonegletscher und Simplonberge trägt Hermine hinweg über Königsberger „Tage von einer Trübe und Lichtlosigkeit, wie man sie bei uns nicht kennt“.[36] Doch diesmal trotzt sie dem Grau, setzt sich hin und arbeitet. Langlotz reist zurück nach Italien, direkt nach Rom. Am Archäologischen Institut erkundet er diskret, wie die Aussichten für seine Freundin stehen.

„[Curtius] ist nett aber kleinlaut. Im Augenblick ist leider nichts hier zu machen. Ich beschwöre Dich bald Deine Arbeit zu vollenden, dann bekommst Du gewiss eine Stelle.“[37]

Hermine nimmt es sich zu Herzen, zumal nun ein weiterer Ansporn kommt. Der junge Archäologe Walter Hahland (1901–1966), der ihr wenig später in Rom auf ziemlich intensive Weise wieder begegnen wird, bittet freundlich, den noch unpublizierten Aufsatz der Kollegin als Grundlage seiner eigenen Promotion verwenden zu dürfen.[38] „Kann ich also wirklich mit meiner Arbeit einen kleinen Nutzen bringen?“, fragt sich Hermine erfreut.[39] Diese Randbemerkung verrät viel von ihrer Einstellung: andere zu übertrumpfen kommt ihr nicht in den Sinn. So wie Hermine Speier allein und ohne anregende Gespräche nicht arbeiten kann, so wenig betrachtet sie ihre Forschungsergebnisse als eifersüchtig zu hütenden Privatbesitz. Ihr Ehrgeiz, sofern sie welchen hat, ist überindividuell. Sie nimmt den Gesamtnutzen in den Blick und ordnet sich einem gemeinsamen größeren Ziel unter. Sie fragt: „Was kann ich bringen?“ und nicht: „Was bringt mir das?“

Günstige Winde ziehen auf, als klar wird, dass Curtius selbst sich Hoffnungen auf Rom machen darf. Im September 1927 verstirbt Walter Amelung, und ein Nachfolger als Leiter des Deutschen Archäologischen Instituts wird gesucht. Über seine Frau lässt Curtius Hermine wissen, dass, „falls er selbst hingeht, er hofft, Sie in irgend einer Form, die noch zu suchen ist, mitzunehmen“.[40] Jetzt legt sich Hermine ins Zeug. Zum einen schließt sie Kapitel um Kapitel ihrer überarbeiteten Dissertation ab. Zum anderen verstärkt sie ihre Kontakte mit Familie Curtius. So schickt sie eine stattliche Ladung Königsberger Marzipan in die Villa des Gourmets und zu Weihnachten per Eilboten eine als besondere Köstlichkeit gepriesene „ostelbische Pute“, die vorab ihres

Mannes „Phantasie unendlich aufgeregt" habe, wie Curtia im Vertrauen mitteilt.[41] Auf diese über-leibliche Art, mit Delikatessen als Platzhaltern, zeigt Hermine im Haus ihres genusssüchtigen Lehrers Präsenz. Curtius soll einen Vorgeschmack darauf erhalten, wie selig es sich leben lässt, hat man nur die rechte weibliche Hilfskraft zur Seite. Sie wollen Pute? Sie kriegen Pute. Ob man hinter Hermines kulinarischer Dienstbarkeit Gerissenheit erkennen will oder eine Form von Bestechung, sei dahingestellt. Jedenfalls geht die Sache auf.

In den ersten Januartagen 1928 informiert Curtius Hermine, seine Berufung als Institutsleiter werde von Tag zu Tag wahrscheinlicher, und bei einer Zusage habe er die Absicht, sie „als Hülfsarbeiterin [sic] an unser Institut zu berufen".[42] Sie solle „die Photographienabteilung übernehmen", die in den vergangenen Jahren „Fräulein Frank" unter sich gehabt habe. Hermine soll zum 1. April anfangen und sich einen Monat lang von Fräulein Frank einarbeiten lassen, der Curtius zum 1. Mai kündigen will. Die Vorgängerin sei nur halbtags beschäftigt, schreibt der Professor. Hermine hingegen sei eine ganze Stelle und ein ganzes Gehalt zugedacht. Inzwischen möge sie Schreibmaschine und gutes Italienisch lernen, damit er ihr Briefe diktieren könne. „Jedenfalls hoffen wir zusammen auf wunderschöne Jahre. Aber Sie werden sehr viel zu tun bekommen." In Heidelberg habe er neulich Langlotz getroffen, für den noch kein Lehrstuhl gefunden sei. „Aber bei dem kolossalen Ruck, den es jetzt in unserer Wissenschaft gibt, wird wohl etwas für ihn herausspringen." Der kolossale Ruck scheint in dieser Darstellung einäugig: er begünstigt nur Männer. Eine promovierte Archäologin mit drei Jahren Berufserfahrung kommt für Curtius als „Hülfsarbeiterin" in Betracht, der er auch die Institutspost diktieren kann. Doch war das Hermines eigener Vorschlag, geäußert in tiefer Königsberger Verzweiflung. Dankend für Marzipan und Pute beschließt der Professor seinen Brief.

„Nun wird's wirklich ernst", eröffnet er sechs Wochen später.[43] Fräulein Doktor Frank sei bereits davon unterrichtet, dass sie „aus ihrem kleinen Amt ausscheiden" werde. Ihm liege daran, mit Hermines Einsatz „den so viele Jahre vernachlässigten römischen Photographienapparat möglichst rasch auf die Höhe zu bringen". Nochmals verdeutlicht Curtius den Charakter des Postens: „eine kleine Hülfsstelle [sic] an unserem römischen Institut, ohne Beamteneigenschaft, jederzeit kündbar, kein Dauerposten." Als Gehalt bietet er Hermine 400 Reichsmark im Monat. Es ist das Doppelte dessen, was sie in Königsberg verdient, dabei aber „wesentlich weniger, als der Normalgehalt des Assistenten" in Rom. Gleichzeitig lobt der Doktorvater Hermines Fortschritte bei der Neufassung ihrer Dissertation. Der zweite Teil enthalte „eine Fülle ausgezeichneter, wertvoller Beobachtungen" und werde in Rom „von den Adepten fleissig gelesen". Der erste Teil hingegen

In Königsberg liegt Schnee, hier blühen die Blumen. Hermine Speier glücklich in Rom, 1928 oder 1929. Wie weiland Goethe fühlt sie sich in der Ewigen Stadt ein zweites Mal geboren. Rom ist ihre Lebensheimat. Nicht einmal tödliche Bedrohung im Krieg wird sie von hier vertreiben.

komme „immer noch zu breit und gefühlsbeladen" daher: darüber sei dann in Rom zu sprechen.

Hermines Jubel kann man sich ausmalen. „Lebensmut und Tatkraft" sprühen wieder aus ihren Briefen.[44] Sie packt ihre Sachen und sagt Königsberg ein von Herzen empfundenes Adieu. Am 10. April 1928, dem Dienstag nach Ostern, kommt Hermine Speier in Rom an.[45] Sie steht an der Stazione Termini und weint vor Freude.[46] Den 10. April wird sie jedes Jahr als kleinen privaten Festtag begehen, so lange ihr Gedächtnis es zulässt. Ein unerhört neues Leben liegt vor ihr.

4. KAPITEL

Rom: Die Lebensheimat

1. Die römische Fotothek: Hermine Speiers Pionierleistung

„Nun bin ich also schon eine Woche hier und fühle mich so vertraut und heimisch, als sei ich schon immer hier gewesen. Es ist ja ein solches Glück, sich all der Fülle ganz hinzugeben und alles, was einem zuvor so schwer und wichtig schien, von sich abfallen zu spüren. Nach den ersten Tagen des Rausches beginnt nun dies ruhige Glücksgefühl, hier bleiben zu dürfen, in diesem Boden, der das Herz unserer Welt ist, Wurzel zu fassen."[1]

So klingt Hermine eine Woche nach ihrer Ankunft, eine junge Frau kurz vor ihrem 30. Geburtstag. Wie Goethe auf seiner Italienischen Reise fühlt Hermine Speier sich in Rom ein zweites Mal geboren. Vieles drängt auf sie ein, und alles entzückt sie. Die Stadt, der Himmel, die Sprache, die Menschen, und wieder und wieder die Kunst.

Ihr erstes Augenmerk aber gilt der neuen Stelle. In Rom warten neben einer Express-Kurznachricht Lise Salins – „Meine innigsten Wünsche begleiten Dich. L."[2] – in einem Raum des Instituts Tausende ungeordnete Fotografien auf die Archäologin.

„Arbeit werd ich alle Hände voll zu tun haben; es ist wirklich ein ziemlicher Zustand mit den Photographien; aber das ist mir ganz recht, ich freu mich, wenn ich tüchtig zupacken kann."[3]

Die Fotothek soll als wissenschaftlich nutzbare Dokumentationsstelle von Grund auf neu erstehen. Curtius wünscht nicht nur Ordnung. Er hat sich vorgenommen, ein „Archiv von Photographien" anzulegen, „das jede überhaupt erreichbare Photographie von Antiken besäße und das vor allem den ganzen Antikenbestand Italiens in eigenen oder fremden Aufnahme umfasse".[4] Curtius träumt von einem „Clarac" mit modernen Mitteln, von einer archäologischen Bildersammlung neuen Zuschnitts, die analog zur Bibliothek des Instituts alle thematisch ähnlichen Fotosammlungen an Umfang und Ordnungsgrad übertrifft. Die öffentlichen Gelder für das Institut reichen zu einem solchen Unterfangen nicht aus, also sucht Curtius Sponsoren und findet sie in Gestalt gebildeter jüdischer Banker. Paul Kempner und Jakob

Goldschmitz gründen eine „Gesellschaft der Freunde des Deutschen Archäologischen Instituts in Rom" und stellen dem Institutsleiter „für einstweilen fünf Jahre jährlich 30.000 Mark zur Verfügung."[5]

Der Bedarf nach einer wissenschaftlich nutzbaren Fotosammlung ist im Grund schon lange vorhanden. Bereits ab 1854 waren einzelne Publikationen des Instituts mit Daguerrotypien, den Vorläufern der Fotografie, ausgestattet. In der ersten Dekade des 20. Jahrhunderts hatte der Archäologe Walter Amelung neue Maßstäbe für kunstwissenschaftliche Publikationen gesetzt. Der „Privatgelehrte und gelegentliche Hilfsarbeiter des Instituts" hatte zwei Kataloge über die Skulpturen der Vatikanischen Museen veröffentlicht und damit modellhaft gezeigt, „wie Publikationen von Museumsbeständen zeitgemäß auszusehen haben." Text und Fotografie fanden erstmals zu einer Verschränkung in diesen beiden Katalogen, die als „Der Amelung" heute noch Gültigkeit haben. Damals aber teilten nicht alle Archäologen seine Entscheidung für das gewählte Bildmedium. Sie beklagten „die Geistlosigkeit der Fotografie und den durch sie hervorgerufenen Niedergang der Berufsgruppen der Antikenzeichner und Reproduktionsstecher."[6] Letztere neigten dazu, das „Bedeutsame" herauszuarbeiten und das „Unwichtige" wegzulassen. Gerade diese subjektive Wiedergabe der Kunstwerke galt bis hinein ins 20. Jahrhundert als Plus.

Doch es war ein Rückzugsgefecht. Archäologie ist eine vergleichende Wissenschaft, sie braucht möglichst objektive Abbildungen; die Fotografie ist hier im Vorteil, was Walter Amelung klar erkannte. Unentwegt unternahm er Reisen, auf denen er nicht nur persönliche Anschauung, sondern auch Bilder sammelte. Dieses private Foto-Konvolut vererbte Amelung bei seinem Tod 1927 dem Institut. Hermine Speiers erste Aufgabe in Rom ist es, die Amelung-Bilder systematisch zu erfassen; ihrer Aussage nach sind es 3.000.[7] Doch das ist nur der Anfang. Amelung, der nach dem Ersten Weltkrieg Direktor der Römischen Abteilung geworden war, hatte die institutionelle Anschaffung von Fotografien überhaupt in neue Bahnen gelenkt:

„Waren es in den ersten Zeiten noch zahlreiche Einzeldesiderate, die bei den Fotokampagnen erfüllt wurden, so verlegte sich ein Teil der Arbeiten ab den 1920er Jahren auf die systematische Erschließung von staatlichen und kommunalen Museumsbeständen in der Hauptstadt und in weiten Teilen Italiens."

All diese Bilder in eine erste Ordnung zu bringen, bleibt Amelungs Nachfolger Ludwig Curtius vorbehalten. Bei seinen wiederholten Forschungsaufenthalten muss ihm der verkannte Schatz der römischen Fotothek ins Auge gestochen sein. Sofort nach Amtsantritt geht er daran, ihn zu heben. Hermine Speier ist die richtige Kraft für dieses kleinteilige und entsagungsvolle Unterfangen. Sie ist Archäologin, zeichnet sich durch Fleiß und Ordnungssinn aus und bringt sogar Erfahrung in einer – wenn auch kleinen – Fotothek mit, jener des archäologischen Seminars von Königsberg. Ein unschätzbarer Vorteil in einer Zeit, in der wissenschaftliche Fotosammlungen in großem Stil noch gar nicht existieren.

Hermine Speier wird „die erste Photothekarin in der Archäologie“.[8] Doch hat die archivalische Systematik, die sie für die Fotos entwickelt, Vorbilder. So schickt Curtius seine Mitarbeiterin wenige Wochen nach ihrer Ankunft auf Dienstreise in die Toskana. In Florenz soll sie sich die Fotosammlung des Kunsthistorischen Instituts ansehen. Hermine hält auf einem Schreibblock technische Einzelheiten wie die Bezeichnungen für die Kästen und die Beschriftung der Fotokarteikarten fest.[9] Sie achtet auf die Beschaffenheit der Katalogständer und der Fächer, auf das Format der Abzüge und die Weise, wie sie auf dem Trägerkarton befestigt sind. Offenbar spricht sie mit dem Verantwortlichen für diese Florentiner Fotosammlung: „Rundschreiben oder persönl. Rücksprache mit Privatsammlern um die Photos unentgeltlich zu kriegen“, notiert sie sich. Zurück in Rom, setzt Hermine die Anregungen um. Das „allgemeine Kaufen, Sammeln und Herstellen von Aufnahmen“ wird von ihr „in ein Ordnungssystem überführt, das einen gezielten Zugriff auf die in den Altertumswissenschaften und darunter vornehmlich der archäologischen Forschung an Bedeutung gewinnenden Fotographien“ ermöglicht.[10]

Konkret entwickelt Hermine ein System, das die Auffindung fotografierter Objekte über drei unterschiedliche Kanäle ermöglicht. In den sogenannten „Fotokästen“ sind die Bilder in Sachkategorien geordnet, wie beispielsweise Plastik, Porträt, Sarkophage, Relief, Architektur, Mosaik, Terrakotten oder Numismatik. Innerhalb dieser Kategorien findet sich eine weitere Unterteilung nach Gattung, Epoche und Standort, ausgehend von Rom bis in die alten römischen Provinzen. Das zweite Ordnungssystem umfasst die „Negativalben“. Hier liegen Aufnahmen, an denen das Institut die Rechte hält; auch diese Bilder sind nach Gattung und Standort geordnet. Die dritte Zugangsmöglichkeit gilt jenen Denkmälern, die sich auf italienischem Boden befinden. Sie sind in den so genannten „Italienkästen“ alphabetisch nach Städten geordnet. Ab 1928 fertigt die Fotothek unter Hermine Speiers Leitung jährliche Inventarbücher mit den essentiellen Angaben zur jeweiligen Fotoaufnahme an.

Das immer weiter wachsende Interesse an fotografischer Dokumentation macht bald die Anstellung eines Institutsfotografen notwendig. Bezahlt mit Mitteln aus einem eigenen Etat, gelangt im Sommer 1929 der Münchner Hanns Felbermeyer (1903–?) ans Haus, der Jahrzehnte lang als sogenannter technischer Assistent tätig sein wird, obwohl sich aus manchen Briefen im Speier-Nachlass leise Unzufriedenheit mit seiner Arbeit lesen lässt.[11] Auch freie Fotografen kommen im Auftrag des Instituts zum Zug, so der erfahrene und allseits geschätzte Cesare Faraglia (ca. 1870–1950), den Hermine bald nach ihrem Dienstantritt kennenlernt. Ende Juni 1928 reist sie mit ihm zum Fotografieren je einen Tag nach Frascati und in die antike Hafenstadt Ostia.[12]

Die Bestände der Fotothek am römischen Institut wachsen in jenen Jahren außerordentlich rasch. Zur Tagesausbeute der entsandten Fotografen addieren sich Ankäufe und Schenkungen, etwa in Form von Nachlässen. 1932 beläuft sich der Gesamtbestand auf 16.000 Negative und 77.000 Fotos.[13] 1936 sind es bereits 23.200 Negative und 102.600 Fotos. Das entspricht einem Zuwachs von bald 50 Prozent in nur vier Jahren. Der Schwerpunkt der abgelichteten Objekte liegt bei der Skulptur, gefolgt von Reliefs und Sarkophagen. Bilder von freigelegter Architektur oder gar direkt von Grabungen spielen eine untergeordnete Rolle.

In kurzer Zeit rücken die archäologischen Fototheken in ihrer Bedeutung tatsächlich zu den Bibliotheken auf. Noch heute gilt die Einrichtung der Fotothek als die unüberbietbare organisatorische Leistung von Ludwig Curtius, erklärt Bernard Andreae, Direktor des römischen Instituts zwischen 1984 und 1995.[14]

„Wer die Photothek leitete, der war gewissermaßen dem Direktor der Bibliothek und den anderen [Abteilungsleitern] mehr oder weniger gleich gestellt. Das war kein Hilfsdienst.“

2. Das Deutsche Archäologische Institut

Die „Abteilung Rom“ des Deutschen Archäologischen Instituts, in dem Hermine anfangs auch lebt, besteht, als sie dort andockt, seit 99 Jahren. Die Anfänge reichen in die Zeit Goethes zurück. 1829 tat sich eine Handvoll Altertumsgelehrter, Künstler und Diplomaten verschiedener Nationalität zusammen und rief einen privaten, aber ehrgeizigen Archäologie-Verein ins Leben, das „Instituto [sic] di corrispondenza archeologica“. Genaues Gründungsdatum war der 21. April, der legendäre Geburtstag Roms, und als Sitz diente der Palazzo Caffarelli, der auch die deutsche Botschaft beherbergte.[15] Der Palazzo lag auf der stillen Südseite des Kapitols, jenes Hügels, der das Zentrum der religiösen und politischen Macht des alten Rom gewesen war. Man wünschte Symbole, die dem gewählten hohen Auftrag entsprächen: Die Gelehrten wollten die antiken Denkmäler, die vor allem der italienische Boden unaufhörlich freigab, erforschen und bekannt machen. Wenige Jahre später verlagerte sich die Leitung des Instituts nach Berlin, weil einer der Gründer, der deutsche Archäologe Eduard Gerhard, einen Ruf dorthin erhielt. 1859 übernahm Preußen die Finanzierung. Damit war die internationale Gründungszeit vorbei. Das Institut stand nun unter deutscher Verwaltung, nicht durch feindliche Übernahme, sondern in der Linie der nationalstaatlich orientierten Politik des fortgeschrittenen 19. Jahrhunderts, die ein transnationales Forschungsinstitut nicht mehr zu denken imstande war.

1928 sitzt das Institut seit etlichen Jahren nicht mehr auf dem Kapitol. Die Lage an so geschichtsträchtigem Ort war ihm zum Verhängnis geworden. Italien hatte den Palazzo Caffarelli kurz nach dem Ersten Weltkrieg enteignet und die Institutsbibliothek, die größte archäologische Literatursammlung auf italienischem Boden, in die Engelsburg abtransportiert. Zähe Verhandlungen brachten die Bibliothek zurück, nicht aber den Palazzo. Der neue Sitz des Instituts ist weitaus bescheidener: das Gemeindehaus der deutschen evangelischen Kirche in der Via Sardegna. „Institutum Archaeologicum Germanicum“ steht auf der kantigen Travertinfassade. Von hier aus ist es gleich nahe zum elegant geschwungenen Boulevard der Via Veneto und zum Park der Villa Borghese mit seinen Schirmpinien und der Pferderennbahn. Zur Spanischen Treppe spaziert man mit Muße eine Viertelstunde. Marie Luise Kaschnitz beschreibt das Deutsche Archäologische Institut um 1925 so:

„Im Erdgeschoß die sogenannte Platneriana [Institutsbibliothek] und die Photographienabteilung, auch das Zimmer des Direktors, der aber nicht Direktor genannt wurde, sondern Erster Sekretar. Der Titel stammt, wie das Wort Adunanz, aus der Gründungszeit des Instituts im 19. Jahrhundert; ... Zu den Adunanzen kommt die gelehrte römische Welt, Angehörige der italienischen und ausländischen Institute, auch einige Botschafter, wenn auch der deutsche damals so gut wie nie. Es kann also die feierliche Begrüßung mit der Anrede ‚Exzellenzen‘ begonnen werden, und ein geistlicher Würdenträger mit Käppchen und purpurner Schärpe ist wohl auch dabei. Eminenzen, Exzellenzen, und nicht nur Amelung, sondern auch sein Nachfolger Ludwig Curtius sprechen diese Titel mit einer Ehrfurcht aus, die mir für das damalige römische Leben charakteristisch erscheint.“[16]

Die Schriftstellerin Marie Luise Kaschnitz (1901–1974) lebt mit ihrem Mann, dem österreichischen Archäologe Guido Kaschnitz von Weinberg (1890–1958), seit 1925 am Institut. Mit beiden tritt Hermine bald in ein Naheverhältnis, das sich noch bestärkt, als das Paar 1932 ausgerechnet nach Königsberg wechselt. „Heute wurde uns Ihre Theetasse gezeigt und wir sahen sie wirklich mit Rührung!“, wird die Schriftstellerin der in Rom verbliebenen Hermine anzeigen.[17]

Ludwig Curtius ist als „Erster Sekretar“ seit kurzem im Dienst, doch weilt er gerade zu einer Forschungsreise in Süditalien, als Hermine eintrifft. „Zweiter Sekretar“ ist Armin von Gerkan (1884–1969), Verwaltungsleiter Edgar Kübber, und vom Hörensagen via Langlotz kennt Hermine Erich Boehringer (1897–1971), der nun zu einem ihrer besten Freunde der ersten römischen

Jahre wird. Boehringer ist ein begabter junger Archäologe, der seit einem Jahr als Assistent am Institut arbeitet. Er gehört zu jenem Grüppchen Beschäftigter, die ihre Wohnstatt im Institut selbst genommen haben, und zu denen nun die neue Fotothekarin stößt. Ein charmanter, weltmännisch auftretender Hüne, hat Erich Boehringer vom italienischen Hauspersonal den Beinamen „il Principe" verpasst bekommen, gegen den er keine Einwände erhebt.

Auch wird „der Prinz" soeben mit einem Gedicht keines Geringeren als Stefan George geadelt, und für solchen Adel ist Hermine höchst empfänglich. Erich Boehringer meldete sich als blutjunger Freiwilliger zum Ersten Weltkrieg und erkämpfte sich mit 18 Jahren durch „Tapferkeit vor dem Feinde" den Rang eines Leutnants. In seinem Poem „Einem jungen Führer im Ersten Weltkrieg" zeichnet George „das Bild des von seiner Mission erfüllten und dennoch durch die Ereignisse erschütterten jungen Soldaten."[18] Es erscheint als Teil der Sammlung „Das Neue Reich" 1928, sodass Hermine dem Gedicht und seinem lebendigen Modell Erich Boehringer im selben Jahr begegnet.

Es war der 14 Jahre ältere Bruder Robert Boehringer (1884–1974), der Erich damals im Krieg mit „dem Meister" zusammenbrachte. Diesen Robert Boehringer lernt Hermine bald darauf kennen. Er ist Georgeaner bis in die letzte Körperfaser und wird nach dem Tod „des Meisters" 1933 sein testamentarisch eingesetzter Erbe. Robert hat unter großen Entbehrungen in Basel Volkswirtschaft, Geschichte, Kunstgeschichte und Literatur studiert.[19] Dort begegnete er 1905 Stefan George und schloss sich ihm an. Der Dichtung und der Kunst wollte er sein Leben verschreiben. Seine jüdische Frau Margrit, geborene Loeb, hatte Jura studiert und erwog die Eröffnung einer Anwaltskanzlei, um die Familie des mittellosen Dichters zu ernähren, ein Plan, der an das jüdisch-orthodoxe Familienmodell erinnert, in dem der Mann sich ganz dem Studium der heiligen Schriften widmet.

Doch es kommt anders. Robert Boehringer hat viele Talente: Manager, Dichter, Kunstarchäologe, Mittler, ein genial vielseitiges intellektuelles Großformat, das auch noch rechnen kann. So leitet er kommissarisch im Ersten Weltkrieg – während sein Bruder im Feld kämpft – anstelle seiner Vettern die Chemiefabrik Boehringer-Ingelheim und wird es nach und nach zu einem ansehnlichen Vermögen bringen. In Hermines Leben spielt Robert Boehringer eine zentrale Rolle. Über ihn kommt sie im Lauf der Jahre mit weiteren Georgeanern in Berührung, mit denen sie in Austausch tritt, etwa mit Georg Peter Landmann in Basel. Boehringer hält ihr die Flamme des George-Kultes entfacht. Darüber hinaus bleibt er ihr lebenslanger Mentor, Ratgeber und Gönner, bezahlt ab 1936 ihre römische Wohnung, schützt sie vor den herbsten Zumutungen des Rassenwahnes. Auf Reisen kommt Robert Boehringer immer wieder in die Ewige Stadt. Umgekehrt wird sein

Das Deutsche Archäologische Institut in Rom, 1929. Hermine Speier ganz links, weiter in der ersten Reihe: Josef Montebaur, Erich Boehringer, Ludwig Curtius, Armin von Gerkan, Jan Willem Crous. Ganz rechts Margarethe Gütschow. In der zweiten Reihe von links Edgar Kübber, Märit Furtwängler-Scheler, Guido Kaschnitz von Weinberg, Elisabeth Jastrow. Direkt über Curtius: Adolf Greifenhagen.

eigenes gastliches Haus bei Genf eine zuverlässige und mehrmals im Jahr frequentierte Anlaufstelle für Hermine Speier.

Nicht nur mit Erich Boehringer, auch mit den übrigen neuen Kollegen in Rom kommt Hermine ausgezeichnet zurecht. Das jüngere archäologische Personal ist im raschen Wechsel begriffen, denn die Forscher sehen in der „Abteilung Rom" eine so unumgängliche wie begehrte Ausbildungsstation ihrer akademischen Laufbahn. Da sind zum einen die glücklichen Empfänger des begehrten Reisestipendiums des Deutschen Archäologischen Instituts, die jeweils einige Monate in Rom Station machen, zum anderen die gelehrten Dauernutzer der Bibliothek. Jeweils zwei Assistenten wirken gleichzeitig am Institut. Als Hermine ankommt, sind das Erich Boehringer für Klassische Archäologe und Josef Montebaur für Christliche Archäologie. Letzterer wohnt als Priester am Campo Santo Teutonico, dem deutschen Friedhof im Vatikan, der 1928 im übrigen noch kein eigener Staat ist.

Neben der neuen Fotothekarin sind drei weitere Frauen an der „Abteilung Rom" beschäftigt, Curtius erwähnte sie in seinen Briefen an Hermine. „Frl.

Dr. Frank" bleibt nur noch wenige Wochen, von ihr ist nie wieder die Rede.[20] Anders Margarethe Gütschow (1871–1951) und Elisabeth Jastrow (1890–1981). Die Ältere arbeitete in früheren Jahren an der Erstellung des „Realkatalogs", die Jüngere löste sie in dieser Aufgabe ab; es ist eine gehobene Tätigkeit in der Institutsbibliothek, die nach ihrer Rückkunft aus der Engelsburg einer Neuerfassung bedarf. Margarethe Gütschow hat ihr Studium nie abgeschlossen, erringt sich aber dessen ungeachtet einen beachtlichen Ruf in der Fachwelt. Ihre Forschungen an antiken Sarkophagreliefs tragen ihr gerade 1928 die Ernennung zum korrespondierenden Mitglied des Deutschen Archäologischen Instituts ein. Elisabeth Jastrow hingegen hat 1916 in Heidelberg bei Friedrich von Duhn promoviert, drei Jahre ehe Hermine Speier dort ihr Studium aufnimmt. Gütschow wie Jastrow sind unverheiratet und werden es bleiben. Dieses Schicksal teilen sie im übrigen mit der bedeutenden Margarete Bieber (1879–1978), Deutschlands erster promovierter Archäologin, die immerhin im Gegensatz zu ihren beiden Fachkolleginnen – und später auch zu Hermine Speier – ein Adoptivkind hat.

Dass unter Curtius das eine oder andere „Frauenzimmer" einen Platz am archäologischen Institut hat, wird indes nicht von allen Zeitgenossen goutiert. Der altösterreichische Antikenhändler Ludwig Pollak (1868–1943), der schon seit Jahrzehnten in Rom lebt, mokiert sich in seinen Memoiren:

„Im alten Institute arbeiteten gewöhnlich nur etwa zehn bis zwanzig Gelehrte. Jetzt sitzen täglich mindestens fünfzig meist junge Leute, darunter viele Mädchen, dort, die ihre mageren Dissertationen vorbereiten und viel schwatzen."[21]

Curtius, in dem wir einen eher durchschnittlich willigen Frauenförderer erblickten, ist im Urteil mancher Zeitgenossen offenbar sogar ein großer Neuerer.

Hermines wichtigste weibliche Bezugsperson am Institut trifft wenige Wochen nach ihr selbst ein. Ihre Arbeitslast an der Fotothek ist von Anfang an enorm. Wie Curtius bald einsehen muss, wird nichts aus dem Plan, Hermine Institutspost zu diktieren. So beschließt der Direktor, sich eine Schreibkraft zu holen. Er denkt dabei an eine Frau, die er seit ihrer Kindheit kennt: Märit Furtwängler-Scheler (1891–1971), die Tochter Adolf Furtwänglers. Dieser engagierte seinerzeit Ludwig Curtius als im Haus verkehrenden Privatlehrer für den Sohn Wilhelm, den seine musikalische Hochbegabung vom Besuch einer regulären Schule abhielt. Märit hingegen wurde gebildet, aber nicht ausgebildet: Ihr Vater habe ihr verwehrt, das Mädchengymnasium zu besuchen, schreibt sie in ihren unpublizierten Erinnerungen, die im Nachlass des Bruders Wilhelm Furtwängler in Berlin liegen.[22]

„Er sagte mir: ‚Geniesse deine Jugend und verdirb dir deine Augen nicht. Du brauchst kein Abitur. Als Tochter eines Universitätsprofessors kannst du alle

Vorlesungen, die dich interessieren, besuchen und brauchst kein Examen dazu.' So wurde beschlossen, dass ich erst mal nach England sollte, um mein Englisch zu vervollkommnen."

Als Märit dort war, starb 1907 der Vater. Die Professorenfamilie geriet in Nöte, die Perspektive, etwas zu lernen, war in Märits Darstellung dahin, und den Rest ihres Lebens muss sie sich irgendwie verdingen. Am 1. Juni 1928 kommt die 37-Jährige „völlig versunken in [ihre] Trauer" in Rom an.[23] Curtius hat sie wohl wohl aus Freundschaft zu ihrem berühmten Bruder in den Süden geholt.

Märit ist nach elfjähriger kinderloser Ehe seit 1923 geschieden. Vor zwei Wochen ist ihr Ex-Mann verstorben, der akademisch anerkannte, aber persönlich verrufene Philosoph Max Scheler (1874–1828). Er hatte Märit damals für eine andere verlassen. Die nunmehrige Witwe Schelers, sie war seine dritte Ehefrau, erwartet bei seinem Tod ein Kind von ihm.[24] Nicht diese dornige Patchwork-Konstellation ist nun für Märit Grund zu Kummer, sondern die Tatsache, dass sie sich als die zwar nicht rechtmäßige, aber wahre Ehefrau Max Schelers empfindet. Eine Haltung, die der Philosoph selbst in ihr bestärkt hat. Hinter dem Rücken der aktuellen Gattin schrieb er in einem seiner häufigen Briefe an die frühere, dass „mein Herz nur und nur Dir gehört – und mit diesem Gedanken in der Brust werde ich sterben."[25] Nun ist er tatsächlich tot, und die labile Ex-Frau droht aus dem Gleis zu springen.

Auch Märit wohnt in Rom anfangs am Institut, und wenn ihr im Büro Curtius nicht gerade diktiert, hilft sie Hermine in der Fotothek.[26] Die beiden so unterschiedlichen Frauen freunden sich an. Hermine, ganz sprühendes Glück nach ihrer Ankunft im Ewigen Rom, trifft auf eine Frau, die sich neu erfinden muss, und berührt sie wie mit dem Zauberstab der Lebensfreude. Das Sonntagskind lässt die niedergeschlagene Märit ihre Blessuren nach und nach vergessen. Trost findet die Scheidungswitwe überdies in einer leidenschaftlichen Liebesbeziehung mit Erich Boehringer, die etliche Jahre hält, aber schon zu Ende ist, als der Archäologe 1933 abrupt eine andere heiratet. Märits Freundschaft mit Hermine dagegen wird mit den politischen Umwälzungen in Hitler-Deutschland auslaufen und 1938 in beidseitig eisiges Schweigen münden.

Vorerst aber entfaltet sich am Institut ein weithin gerühmtes Gesellschaftsleben, dessen Zugpferde die Alphatiere Ludwig Curtius und Erich Boehringer sind. Hermine Speier schreibt Jahrzehnte später in einem Nachruf auf Erich Boehringer:

„Seine strahlend tätige und lebendige Gegenwart war für die Zugehörigen des Instituts – vor allem diejenigen, die dort wohnen durften – dauernd spürbar: Man sollte es so wohlig wie möglich im Institut haben. So lernte ich ihn kennen und so ist er mir durch alle Jahrzehnte ein brüderlich vertrauter Freund

geblieben. Wir hatten im Hause einen gemeinsamen Mittagstisch für dessen Güte, Behaglichkeit und Fröhlichkeit Erich Boehringer gewiß der Hauptverantwortliche war.“[27]

In der archäologischen Arbeit, die schon damals auch aus allerlei Verwaltung besteht, wird der umtriebige und ewig gut gelaunte Assistent zur Stütze für Curtius. Boehringer kennt die Stadt, frequentiert die italienischen Kollegen vom Fach und pflegt auch über den archäologischen Tellerrand hinaus viel geselligen Umgang, so auch mit dem Nordpol-Erforscher Umberto Nobile (1885–1978). Seine Tatkraft trägt ihm bei seinem Vorgesetzten den merkwürdigen Beinamen „mein Fuß“ ein; man kann „Curtius gelegentlich durchs Institut rufen hören: ‚Fuß, wo ist mein Fuß?‘“ Unvergesslich bleibt Hermine auch eine Sommernacht, in der Boehringer, spontan wie er ist, ein paar römische Trattorien-Geiger einlädt und alle zur Party bittet.

„Er rief uns zusammen in sein Arbeitszimmer, Wein und Gläser hatte er auch schon bereit und so begann eine entzückend improvisierte Tanznacht. Es war eine Zauberwelt.“

Hermine, Märit und Erich bilden ein unzertrennliches Trio. Gemeinsam erkunden sie Stadt und Umland, tauchen in die Welt der Antike ein, gehen zum Abendessen oder zur Kunstausstellung und lesen einander vor. Sie teilen den Alltag und das Besondere. Märit, die amtlich Martha Clara Edith heißt,[28] lässt sich von Freunden „Märchen“ nennen. Viele finden sie kompliziert, wehleidig und egozentrisch, was auch in Märits Briefen durchschlägt. Hermine und Erich steuern mit ihrer Umgänglichkeit gegen, sie erkennen in Märit weniger die Schwierige als die Schutzbedürftige, sie geben ihr Halt. Nach einem Jahr wagen die beiden Freundinnen die Loslösung vom Institut und mieten einen Katzensprung entfernt eine möblierte Wohnung im Besitz einer Contessa. Märit erinnert sich:

„Wir ... hielten uns ein Dienstmädchen, das auch für uns kochte. Die Wohn[un]g, Via Campania 31, lag im obersten Stockwerk 78 Stufen hoch ohne Lift, hatte einen schmalen, auch zu den angrenzenden Häusern entlangführenden Balkon, von dem aus wir meist bis auf den Monte Soratte über die Villa Borghese hinweg sehen konnten.“

Eine Katze komplettiert die Wohlfühl-WG, später kommen Vögel dazu. De facto wohnt man zu dritt in der Via Campania, zumindest ist Boehringer dauernd zu Gast. Als er im Sommer 1930 Rom verlässt, vermieten Hermine und Märit ein Zimmer des Appartments an jeweils andere Archäologen auf Durchreise, was zu neuen Freundschaften führt.

Überhaupt stoßen laufend angenehme Kollegen zur Institutstruppe. Der Österreicher Walter Hahland kommt im Sommer 1928 mit dem Reisestipendium. 1929 beginnt Friedrich Krauss (1900–1977) seine Vermessungen an der Tiberinsel. Im selben Jahr tritt Jan Willem Crous, bei Curtius promoviert, sein

Amt als Bibliothekar der „Abteilung Rom" an. Ebenfalls noch aus Heidelberg kennt Hermine den jungen Archäologen Otto J. Brendel und seine jüdische Frau Maria (1902–1994), die kurz vor der Promotion in Archäologie stand, als ihr Vater sie nötigte, aus Anstandsgründen ihren Verlobten zu heiraten, was Studienabbruch bedeutete.[29] Karl Schefold (1905–1999) gelangt 1930 als Hilfsassistent ans Institut und nimmt später mit seiner Braut Marianne von den Steinen vorübergehend im Hause Speier-Furtwängler Quartier. Der Stipendiat Adolf Greifenhagen (1905–1989) aus Königsberg geht Hermine in der Fotothek zur Hand. Hahland, Krauss und Schefold sind Georgeaner, also geistesverwandt mit Hermine.

Bereits kurz vor der Abreise aus Rom steht, als Hermine dort ankommt, der ebenfalls stark von George geprägte Historiker Ernst Kantorowicz (1895–1963). Hermine kennt ihn wohl aus Heidelberger Vorlesungen von Jaspers und Gothein. Als Kantorowicz Rom verlässt, übernimmt Erich Boehringer seinen Wagen, den der davon berauschte Curtius auf den Namen „Zaubermantel" tauft. Es ist ein tannengrüner Fiat 509, und an diese Kennzahl knüpft sich das schöne italienische Wortspiel „cinquecento nove = cinquecento noie", also „500 Störungen".[30] Niemand sonst, erinnert sich Hermine, hat am Institut ein Auto. Sie fühlt sich privilegiert und beschenkt, als Boehringer sie zu einer seiner Übungsfahrten einlädt. Am frühen Morgen des 1. Juli 1928 nimmt er sie

„ganz weit mit hinaus auf der einfach unbeschreiblich schönen Strasse, die von Rom nach Norden führt, wohin man sonst kaum kommt. Und immer von neuem überwältigt mich dann das Glücksgefühl in diesem Lande sein zu dürfen."[31]

3. Rom und nochmals Rom: Stadt-Aneignungen

Nicht nur am Institut und beruflich, sondern auch privat nimmt sich Hermine viel Zeit, um ihre geliebte Wahlheimat kennen zu lernen. Erstes Ziel ihrer Neugier ist naturgemäß Rom selbst, das sie vom Tag ihrer Ankunft mit einer Glückseligkeit erfüllt, für die sie immer neue Wendungen findet. Einen ihrer ersten Rom-Briefe kritzelt sie auf einem Stein vor den „Castorsäulen" des Forum Romanum in der Sonne sitzend.[32] Alle „Schwere und Kleinlichkeit fallen von einem ab unter diesem gnädigen Himmel und in dieser unbeschreiblichen Stadt". Eine Fröhlichkeit hat von ihr Besitz ergriffen, „dass ich jeden Morgen mit neuer Freude erwache und glänzend arbeiten kann".

Museumsbesuche sind anfangs noch hintangestellt, zum einen aus Gründen bewusster Genussverzögerung, zum anderen wegen der Dienstzeiten: Hermine arbeitet von 9 bis 20 Uhr mit einer langen südländischen Mittagspause zwischen 13 und 17 Uhr. Das erste Museum, in das es Hermine mit Macht zieht, ist das Thermenmuseum, wo sie zwei der berühmtesten Werke der griechischen Antike überhaupt wiedersehen will. Beide hat sie damals 1923 an Langlotz' Seite gesehen: den „Ludovisischen Thron" und die „Niobide".

„Davor hört eben doch alles andere auf. Was waren das für Götterhände, die jedem Körnchen des Steines Atem und Seele eingehaucht haben. Es gibt eben doch sonst nichts von Menschen Geschaffenes, wo Leben, Atmen und Form-Sein so vollkommen eines ist und so vollkommen und innig die Seele in sich beschliesst."[33]

Gerade in Rom angekommen, löst dieser Anblick in ihr „grosse Sehnsucht nach Griechenland" aus, das Ursprungsland solcher Kunst. Hermine leitet aus der Vollkommenheit der griechischen Skulptur bezeichnenderweise einen moralischen Auftrag für sich selbst ab.

„Es hat sich auch wie eine grosse Forderung vor mich gestellt, nie das Streben zu vergessen, ganz und rein zu sein. Es ist ein wunderbarer, klarer Maasstab, den man – wie ich schon anfange zu ahnen – hier in dieser unerhörten Stadt braucht. Denn es liegt etwas unbeschreiblich Über-das-Maass-Hinausstrebendes in ihrer Atmosphäre und in ihrem Boden, bei aller Klarheit und selbstgenugsamen [sic] Sicherheit. So empfinde ich es wenigstens oft: St. Peter, das Colosseum, vielleicht ist das groteske ‚Monumento' [das erst 1927 fertiggestellte Marmordenkmal für Vittoriano Emanuele II. an der Piazza Venezia] nur ein Ausläufer davon."

Die römische Antike als Erbin der griechischen sagt Hermine anfangs weniger. Eines Sonntags fährt sie mit Boehringer, den sie als großes „glückliches Kind" beschreibt, nach Ostia, doch die „Fruchtbarkeit der Landschaft" Ende April überwältigt sie mehr als die bedeutenden Ausgrabungen in der alten Hafenstadt. In Frascati lässt sie sich einfangen von dem „unbeschreiblichen geheimen Zauber" der Campagna:[34]

„Eine Kraft und ein Geheimnis liegt in diesen Farben und dieser Luft und lassen ein Ahnen aufkeimen, mit welcher Notwendigkeit aus diesem Boden Unerhörtes gewachsen ist."

Sie fährt in die weiten Ebenen südlich Roms nach Ninfa, wo sich ein verfallener mittelalterlicher Ruinenwald aus der Vegetation hebt, und zu Pfingsten „mit Frl. Jastrow und Hahland" an die nahegelegene tyrrhenische Küste nach Anzio, Nettuno und Torre Astura, ein Kastell aus der Römerzeit im türkisfarbenen Meer. In die Vatikanischen Museen schafft sie es zum ersten Mal ein Monat nach ihrer Ankunft.

„Man muss es mit einiger Bitternis erkaufen: die mit Gekreisch und lautem Geschwätz sich stauenden Menschenmassen in der Sixtina und in den Stanzen sind kaum erträglich."[35]

Was ihr im Vatikan ins Auge sticht, ist weniger der Reichtum der gewaltigen Antikensammlung, die sie drei Jahrzehnte ihres Lebens nahezu täglich sehen wird; sondern es ist ein Fresko von Raffael in den nach ihm benannten Stanzen.

„Und das schönste Bild, das meine Augen je gesehen haben, ist die Schule von Athen. Man hat ja niemals von einer Abbildung einen Begriff wie – bei aller Grossartigkeit – ungeheuer schlicht und klar erschaubar das Ganze ist. Und diese Gewalt der einfachsten Gebärde. Aristoteles mit seinem erhobenen Finger und Platon mit seiner nach unten gestreckten Hand; das Wesen der Welt ist mit diesen beiden Gesten erfasst. Das sind Dinge, wo man das Gefühl hat, die Welt hielte einen Augenblick den Atem an, weil es einem Menschen gelungen ist, Gottes Antlitz ganz zu erschauen."

Überhaupt wird klar, dass sich Rom für Hermine bald nicht länger auf die Antike beschränkt. Zu dem „Gefühl des Beglücktseins" gesellt sich bei ihr schon bald „das des tiefen Ernstes und ergriffenseins [sic] über all das, was hier vor sich gegangen ist".[36] Hermine beginnt sich für das christliche Rom zu interessieren. Und während alles Antike sie „immer wieder mit einer grossen Ruhe und Stille" erfüllt, „erregt das beginnende Christentum und die Sphäre, wo Beide aneinanderrühren, immer stärker und hat etwas aufwühlendes [sic]."

„All das, was hier vor sich gegangen ist", liegt in Rom nicht Seite an Seite, sondern Schicht über Schicht. Einer der großen Orte dieser Durchwachsung ist das Kapitol, auf dem Antike, Christentum, Renaissance und Königreich koexistieren. Anfang Mai sucht Hermine die Kapitolinischen Museen auf und macht sich Notizen zu den dort aufbewahrten antiken Skulpturen; gleich nebenan in der mittelalterlichen Kirche Santa Maria in Aracoeli will sie zum zweiten Mal das „Grabmal des Kardinals Librettus von Bregno" sehen, auf dem der Erzengel Michael den Satan besiegt.[37] Zur selben Zeit besucht sie die am Forum Romanum liegende Kirche SS. Cosma e Damiano und steht mit stockendem Atem vor Mosaiken des sechsten Jahrhunderts: „Christus im goldenen Gewande, [rechts und links] Petrus u. Paulus die beiden Heiligen heranführend. Diese sind in leuchtendes Weiss gekleidet. ... Himmel-Meer-Erde." Die Mosaiken von Cosma e Damiano „sind unerhört". Etwas Ähnliches habe sie bisher nur mit ihm in Ravenna gesehen, schreibt sie Langlotz.

Kurz, Hermine begeistert sich für alles, was alt ist. Zum künstlerischen Schaffen ihrer eigenen Zeit findet sie auch in jungen Jahren keinen Zugang, weder auf dem Gebiet der Literatur noch der Musik noch erst recht auf dem der bildenden Kunst. Ein Thomas Mann, ein Ferruccio Busoni, ein Giorgio de Chirico sprechen sie nicht an. Auch ein Interesse für nicht-museale Kunstformen wie Architektur und Städtebau hat Hermine Speier nie ausgebildet.

In ihrem Nachlass von gut 3.000 Briefen einschließlich ihrer eigenen liegt nicht einer, der die Veränderungen im römischen Stadtbild während des Faschismus mehr als nur streifen würde. Dabei sind die städtebaulichen Maßnahmen für Rom unter Mussolini massiv. Seit er 1922 das Regierungsruder übernommen hat, baut der Faschistenführer an seiner Hauptstadt und „säubert" nebenbei die bedeutendsten Monumente der Antike von den späteren Überbauten, die sich Jahrhundert um Jahrhundert darüber geschoben haben. Hermine übersetzt sogar einen 1933 erschienenen Reiseführer durch die Via dell'Impero von drei italienischen Archäologen ins Deutsche,[38] zweifellos ein Auftrag via Curtius. Diese gewaltige neue Achse zwischen Piazza Venezia und Kolosseum ist als Paradestraße mitten durch die Antike angelegt. Bei vielen Klassischen Archäologen, wenn auch nicht bei allen, findet der faschistische Städtebau Anklang, weil er die antiken Monumente freilegt.

Hermine kommentiert die Änderung im Stadtbild mit keinem Wort. Rom ist 1928 trotz alles „Ewigen" im Wandel, doch sie sieht ihn nicht. Sie liebt es, auf den Spuren großer Romreisender wie Goethe und Jacob Burckhardt staunend durch die Gassen der unvergleichlichen Stadt zu gehen, hier ein korinthisches Kapitell, dort ein Friesfragment, eingebaut ins kleinteilige Miteinander schiefer alter Wohnhäuser. Sie besucht mit Märit deutsche Buchhandlungen, von denen es in Rom dank der Schar deutscher Gelehrter mehrere gibt; und noch Jahre später werden Freunde sich mit Wehmut daran erinnern, wie es war, mit Hermine durch die Läden und Magazine der Antikenhändler zu streifen, die Augen offen für den einen oder anderen schönen Fund. In Rom besteht bis zur Mitte der 1930er Jahre ein blühender Handel mit Antiken, die teils direkt aus privaten Grabungen stammen. Hermine ist gerade acht Wochen in Rom, als sie einen antiken männlichen Hermenkopf erwirbt. Stolz schickt sie Langlotz ein Foto.

„Ich habe ihn – hoffentlich schimpfst Du nicht – für 800 L. gekauft und bin ganz selig damit. Er hat trotz aller Zerstörung eine Kraft des Ausdrucks besonders der Augen, dass ich zuerst sogar an ein [griechisches] Original geglaubt habe."[39]

4. Griechenland: Mythos und „Dreck des Daseins"

Hermines Sehnsucht nach „dem Original" schlechthin, das heißt nach Hellas, braucht auf Erfüllung nicht lange zu warten. Ende August 1928 reist sie für zwei Wochen gemeinsam mit Märit Furtwängler-Scheler, Erich Boehringer und Ernst Langlotz nach Griechenland. Für die beiden Frauen ist es das erste Mal, Hermine hat sogar ein wenig Neugriechisch gelernt, um sich verständigen zu können.[40] An einem Hochsommerabend besteigen sie in Bari das Schiff. Märit wird sich an eine Episode bei der Hinreise erinnern:

„Im Sommer [1928], während der Reinigung der Bibliothek des Instituts, fuhren Erich B., E. Langlotz, Frl. Speier und ich nach Griechenland, trotzdem in Athen sogar [eine Fieberseuche] herrschte. Daher wollten wir nur bis Patras mit dem Schiff, dann nach Delphi und zuletzt Athen. Da wir kaum Geld hatten, nahmen wir auf dem Schiff IV. Klasse, d.h. ganz unten beim Vieh etc. bei unerträglichem Gestank. Erich kannte den Kapitän von einer früheren Fahrt und ermöglichte es uns, daß wir die Nacht auf dem Deck I. Klasse auf dem Boden liegend zubringen durften – nie werde ich diese herrliche Nacht mit den hellen leuchtenden Sternen vergessen. Erich ... und Langlotz fuhren später nach Pergamon weiter."[41]

Was Hermine und die anderen in Griechenland sehen, ist uns nicht bekannt. Doch verläuft die Reise gruppendynamisch unglücklich. Wie Langlotz nun erst realisiert, hat er die Freundin verloren; schon zuvor hat sie ihm angedeutet, sie sei „verstrickt in eine Gemeinsamkeit mit Hahland", wenngleich „das Unsere" davon „unangetastet" bleibe.[42] Es knirscht zwischen Märit und Ernst, die einander gerade erst kennen lernen, und auch die beiden Männer sind sich trotz aller Wertschätzung in diesen griechischen Sommerwochen nicht ganz grün. Die rechte Figur, solch leise Misstöne zu harmonisieren, wäre Hermine. Doch bei ihr gelangt just zu Beginn der Reise ein Leberleiden zum Ausbruch, das sie für den Rest ihres Lebens Jahr um Jahr zu einem Kuraufenthalt veranlassen wird, meist in Chianciano Terme in der Toskana.

Den ersten Kuraufenthalte nach ihrer Rückkehr aber verbringt Hermine mit der Diagnose „Para-Typhus" an der Amalfiküste.[43] Das Archäologische Institut übernimmt die Kosten, offenbar war Griechenland eine Dienstreise. Hermine liegt „im November den ganzen Tag zwischen Blüten und Duft im Sommerkleid im Freien",[44] und bei der Gelegenheit fällt ihr ein, sie könnte wieder einmal einen Gruß ins kalte Königsberg zu Bernhard Schweitzer schicken. Das tut Hermine, indem sie ihre Eindrücke aus Griechenland reflektiert. „Alles, was ich bis jetzt von Italien sah, verblasst doch schliesslich vor Griechenland", schreibt sie dem Archäologen.

„Ich war nur 14 Tage da und in der schlimmsten Fieberzeit – sodass ich mich in Athen nur 3 halbe Tage aufgehalten habe. ... Wenn man schon je eine Ahnung davon hatte, dass sich in Griechenland menschliches Wesen am vollkommensten geoffenbart hat, so weiss man es, wenn man dort war mit ganzer Bewusstheit, besitzt es durch diese Landschaft."

Gleichzeitig erschrak Hermine vor der Lebensrealität, die sie vorfand. Sie wird immer „zagend" von Griechenland sprechen, und bei aller Bewunderung für die Kunst würde sie „dort zu leben nicht wagen".[45] Schweitzer gegenüber formuliert sie es ziemlich drastisch:

„Die Kluft zwischen dem was ‚Hellas' ist und dem jämmerlichen menschenunwürdigen Dreck des Daseins in allem, was heutiges Griechenland heisst – so ohne jegliche auch nur haarbreite Berührungsmöglichkeit, dass es mich wirklich erschüttert hat und mich wie noch nie in meinem Leben zu einem Hass anreizt gegen alles heutig-Griech., besonders aber gegen dieses Athen, [das] ein wahrer Hohn der Götter ist."

Hermine war nicht vorbereitet auf das, was sie sah. Ihre Liebe zu Griechenland ist entzündet an den Schöpfungen eines Phidias, eines Kritios, eines Apollodoros und vieler namenloser Künstler, die zweieinhalb Jahrtausende früher ihre Werke schufen; unfassbar vollkommene Werke, an denen Hermine ihren Blick auf die Welt schulte. Wie auf derselben Erde, die einst solche Kunst hervorbrachte, ein solcher Unrat gedeihen kann, ist ihr ein Rätsel. Das ist nicht unbedingt Hermines Schuld. Sie selbst schreibt an Schweitzer, er werde jetzt wohl „lachen" über sie und ihren „zu grossen Idealismus". Was meint sie damit?

Hermines Vorstellungen sind schief, weil sich in ihrer Heimat seit den Klassikern Winckelmann und Goethe – die übrigens beide nie im Land ihrer Sehnsucht waren – das Bild von Griechenland zu evidenter Überhöhung emporgeschraubt hat. Dabei geht es um weit mehr als um Ebenmaß und Ästhetik. Die Klassiker des 18. und 19. Jahrhunderts setzen das Griechenland, das ihnen so erhaben in Kunst und Dichtung entgegentritt, mit Humanitas in eins, mit dem Menschsein in seiner reinsten Form. Der dort vorgestellte Mensch ist mit Winckelmanns berühmtem Diktum von „edler Einfalt und stiller Größe", er ist ein Ideal an Reife, Ethos, innerem Adel und Identität. Zu diesem Menschenideal gilt es aufzuschließen, lautet der humanistische Anspruch an die Gebildeten, der in der Weimarer Klassik aufkommt und bis ans Ende der Weimarer Republik trägt. „Griechenland" ist kein geographischer Begriff, sondern ein Behälter für äußere Schönheit und innere Vervollkommung. „Griechenland" ist ein Auftrag.

Hermine hat diese Form der Humanismus bei Ludwig Curtius gelernt. „Nie das Streben zu vergessen, ganz und rein zu sein", diese Anforderung hat sich ihr beim Betrachten der beiden griechischen Originale im Thermenmuseum aufgedrängt. Nun steht sie fiebernd in Griechenland und riecht den „Dreck des Daseins", der den Menschen erniedrigt und sein Streben nach Integrität und Reinheit mit Gestank verhöhnt. Doch die Entzauberung wird ihr zur Lehre. Hermine fixiert ihre Vorstellung von griechischer und römischer Kunst, von Original und Kopie neu.

Bis zum Tag ihrer Ankunft in Athen hatte Hermine den Trennstrich verinnerlicht, den die Klassische Archäologie seit Winckelmann zwischen Schöpfungen der griechischen und der römischen Plastik zog. Generationen von Antiquaren und Archäologen neigten dazu, griechischen Originalen hohe Qualität zuzubilligen und die römische Skulptur selbst in ihrer entwickelten Phase als Massenware und mehr oder minder gute Kopie abzutun. Es ist eine Spreu-und-Weizen-Archäologie. Curtius nennt die in Hellas entstandenen Bildwerke der klassischen Periode ohne jede Nuance „die größte Kunst, die es je gegeben hat".[46] Auch wenn Hermine diesem Urteil selbst nie ganz abschwört, hat sie nun auf griechischem Boden die Denkfigur nachvollzogen, wonach Rom der sachlich legitime Erbe Griechenlands sei und auf ideale Weise für sein Fortleben sorgte. Sie erkennt,

„dass die Continuität des geschichtlichen Geschehens und Werdens, die in Rom zu beglückend zu erkennen ist und von da nach dem übrigen Mitteleuropa ausstrahlt, in Griechenland nicht da ist. Es scheint mir keinen absoluteren Tod zu geben als den alles altgriech. auf griech. Boden. Und da muss man schliesslich einsehen, dass es so wohl ganz richtig ist, denn was so absolut gelebt hat, muss auch absolut sterben. / Als ich wieder nach Italien zurückkam ... schien mir beinahe alles kleiner, verdünnter, ein Spiel gegen Griechenland zu sein und doch war es auch etwas bereicherndes [sic] zu sehen, dass hier das Leben weitergegangen ist, das, was zu bewahren war, sich hierher gerettet hat, und so wird man wohl erst den Römern gerecht."

Noch zwei weitere Male vor dem Krieg wird sie Richtung Athen aufbrechen, kurz und unglücklich zum Jahreswechsel 1929/30, um Hahland zu sehen,[47] sowie im Sommer 1931, wobei sie Gerda Bruns in Pergamon besucht.[48] Ihre letzte Visite stattet sie Griechenland 1957 ab. Doch die erste Berührung mit dem Land ihrer Ideale, das sie wie Goethes Iphigenie „mit der Seele" sucht, wird die einschneidendste bleiben. Hermines Liebe zur Kunst der alten Griechen ist unter dem Eindruck der primitiven Lebensrealität sogar gewachsen.

Öfter bereist Hermine in ihren ersten italienischen Jahren die sogenannte Magna Grecia. „Großgriechenland" liegt überwiegend in Süditalien und auf Sizilien: Griechische Siedler begannen bereits im 8. Jahrhundert vor Christus, sich an den Küstenstreifen Süditaliens niederzulassen. Neapel ist eine solche griechische Gründung, Paestum in Kampanien oder Tarent und Gallipoli in Apulien, um nur einige von jenen zu nennen, die Hermine im Lauf der Zeit ansteuert. Kunst und Architektur in Großgriechenland sind jener im Mutterland ähnlich, entwickeln sich aber doch zu einer gewissen Eigenständigkeit.

Zehn Tage im April und Mai 1930 macht sie sich mit Märit Furtwängler-Scheler und deren Freundin Elisabeth Fischer auf den Weg nach Sizilien, das Hermines Worten zufolge „so anders als Griechenland und doch auch Griechenland" ist.[49] Die drei Frauen sehen Palermo, Segesta, Selinunt und Agrigent.

„Von dort fuhr uns B. [Erich Boehringer] in seinem Auto den unerhörten Weg über Henna und Agyrion zum Aetna bis Acireale. Von dort nach Leontini und

Syrakus. Diese Fahrt in die Ebene von Syrakus hinter der sich der Aetna mit seiner majestätischen Grösse und geheimniserfüllten Stille erhebt, in die sich das Meer in seiner Bläue schmiegt, gehört für mich zu dem schönsten, was das menschliche Auge an Landschaft erschauen kann, in der noch das Leben nachzittert, das vor mehr als tausend Jahren erblüht war."

Der nicht unfehlbare „Zaubermantel" eröffnet den Beschäftigten am Archäologischen Institut auch die Epoche der „unvergesslichen sonntäglichen Excursionen mit Curtius",[50] die nach Boehringers Weggang mit einem institutseigenen Wagen fortgesetzt werden. Eine der größeren Bildungsfahrten mit dem Professor führt im Juli 1930 nach Umbrien. Mit dabei ist der frisch in Rom angekommene Karl Schefold. In seinen Erinnerungen erzählt der George-Anhänger:

„Der erste gewaltige Eindruck in Umbrien war der Palazzo von Gubbio, der mich an die Strenge Georges erinnerte, wie Gundolf ihn in Heidelberg geschildert hatte. ... als wir durch eine alte Straße von Spello gingen, fragte ich die mir bisher unbekannte Hermine Speier, ob nicht heute der 12. Juli sei – Georges Geburtstag? Aus ihrem Ja wurde eine lebenslange Freundschaft."[51]

Das „Spello-Erlebnis" kennzeichnet Umgangsriten von George nahe stehenden Zeitgenossen auf typische Weise. Wer sich „dem Meister" zugehörig fühlt, trägt seine Formung nicht wie ein Banner vor sich her. Die geistige Blutsverwandtschaft in der großen Familie der Georgeaner tritt einzig im Zwiegespräch zutage und bedarf, einmal festgestellt, keiner weiteren Erörterung. Karl Schefold und Hermine Speier werden viel miteinander lesen, denken und korrespondieren und sich dabei gerne einer antikisierenden Höflichkeitsform bedienen. Für beide bleibt „Spello" ein immer abrufbares Codewort, das mit der Gründungslegende dieser georgeanischen Freundschaft auch auf deren Nenner, George selbst, verweist.

Eine weitere Exkursion mit Curtius führt im Mai 1931 für zwei Wochen nach Apulien. Karl Schefold und Marianne von den Steinen sind dabei, der junge Kunsthistoriker Harald Keller, Curtius und Curtia sowie Hermine. Über Capua, Caserta, Benevent und Tarent gelangt man zum Castel del Monte, der geheimnisvollen achteckigen Burg des Stauferkaisers Friedrich II. Barbarossa; man fährt nach Leuca an die südlichste Spitze des „Hackens" der italienischen Halbinsel, danach über Monte Sant'Angelo und den Gargano wieder zurück.[52] Für notizwürdig erachtet Hermine fast ausschließlich Sehenswürdigkeiten aus dem Mittelalter, darunter viele sakrale Werke. In Melfi werden die „Grotten der Santa Barbara und Santa Lucia mit Malereien des 13. Jh. aus der Heiligengeschichte" angesteuert, und es entsteht, wie Hermine notiert, ein „Gespräch über die Düsternis und Unheiterkeit der Zeit". In Otranto bewundert sie eine „ganz herrliche 5schiffige Kirche aus dem Ende des 14. Jh. mit wunderbar erhabenen Fresken, die die ganze Kirche wie

Auf den Spuren der Grand Tour: Bildungsausflüge gehören zum Leben der deutsch-römischen Archäologen unter Ludwig Curtius. Rast auf einer Piazzetta in Gallipoli bei der Rundfahrt durch das süditalienische Apulien 1931. Auf der Bank sitzen Curtius (vorn) und Karl Schefold, auf der Lehne Hermine Speier.

mit geheimnisvoll bunten Teppichen schmücken". In Bari sieht man die berühmte Basilika „San Nicola (erbaut 1087–1105) zur Beisetzung des Gebeine des hlg. Nikolaus", in Monte Sant'Angelo das in die Tiefe sich schraubende Grottenheiligtum des Erzengels Michael, dessen „Unterweltseingang" Hermine sofort auffällt. Wie immer ist sie auch empfänglich für das Kulturhistorische, das Ludwig Curtius so gewinnend zu präsentieren weiß, und notiert sich einiges von seinen Ausführungen über Land, Leute und seit Jahrtausenden berühmte Ölberge. Auch badende Schafe unter einer antiken Brücke, die Fahrt durch Buchenwälder und der unvermittelte Blick aufs Meer sind Erinnerungen, die Hermine festhalten möchte.

5. Allein und unbegleitet: Eine Dienstreise durch Spanien

Zu Hermines Aufgaben am Institut gehört nicht nur der passiv-verwaltende Umgang mit Fotografien. Curtius peilt die annähernden Vollständigkeit seiner Fotothek an: möglichst alles, was die Museen und Sammlungen nicht nur Italiens an antiker Kunst hergeben, soll in der Abteilung Rom als hochwertiges Bild erhältlich sein. So erstaunt es nicht, dass Curtius seine Fotothekarin dienstlich auch ins Ausland schickt. „Wissenschaftliche Reisen nach Paris, Spanien, Griechenland und die Türkei durch das DAI“ vermerkt Hermine Speier unter ihren Meriten, als es 1954 darum geht, die Deutsche Forschungsgemeinschaft für die Neuausgabe des „Helbig“ zu begeistern.[53]

Über die Reise nach Paris ist nicht viel mehr herauszubekommen, als dass sie im April 1929 stattfand.[54] Besser ist die Quellenlage bei der Dienstreise nach Spanien 1930. Curtius schickt Hermine hin, weil er im Jahr davor bei einem Kongress in Barcelona viele Kontakte knüpfen konnte. Im Mai 1930 entsendet er Hermine, die sich rund um ihrem Geburtstag in der Heimat aufhält, auf Institutskosten nach Erlangen, wo sie mit dem Archäologen und Spanien-Spezialisten Adolf Schulten sprechen soll.[55] Hermine wird immer neugieriger auf Iberien, sie nimmt ein paar Sprachstunden, legt ein schwarzes Vokabelheft an, links Spanisch, rechts Italienisch: „trabajar – lavorare“, „viaje – viaggio“, und schreibt kurze spanische Sätze nieder, die ihre Lehrerin ihr offenbar diktiert.[56]

Gründlicher ist ihre inhaltliche Vorbereitung. Hermine liest ein stattliches Konvolut an Fachliteratur: ein Packen von gut 100 abgetippten Seiten liegt, noch mit Band verschnürt, in ihrem Nachlass.[57] An Hermines Lektüreliste gedruckter Werke überrascht ihre Vielsprachigkeit. Spanische, englische und französische Titel sind darunter, so Emil Hübners „La arqueología de España" (1888), Rhys Carpenters „The Greeks in Spain“ (1925), Pierre Paris' „Essai sur l'art et l'industrie d'Espagne primitive“ (1903) und die 1923 erschienenen „Spanischen Reisebriefe“ des Bonner Kunsthistorikers Carl Justi.[58] Das maurische Spanien interessiert Hermine privat, und so führt sie sich Albert Verweys symbolistische Dichtung „Nacht in der Alhambra“ zu Gemüte, die Stefan George meisterlich aus dem Niederländischen übersetzte. Aber auch den gängigen Spanien-Baedeker verschmäht sie nicht.

Reichlich versorgt mit Empfehlungsschreiben, reist Hermine Mitte September 1930 nach Genua, wo sie sich nach Barcelona einschifft. Ihr Reiseplan für Spanien, schwungvoll mit Bleistift auf Papier hingeworfen, hat sich im Nachlass erhalten. Demnach hat sie fünf bis acht Tage für Barcelona veranschlagt, je zwei für Tarragona und Numantia sowie zehn Tage für Madrid. Von da aus geht es in den Süden: zwei Tage Córdoba, fünf Tage Sevilla, je drei Tage Granada und Valencia. Es folgen fünf bis sechs Tage auf Ibiza und zurück auf dem Festland zwei Tage Mérida, ein Tag Segovia, zwei Tage Gerona. Ein Programm, das keinen Raum für Müßiggang lässt.

Sechs Wochen wird sie buchstäblich kreuz und quer durch Spanien reisen. Allem Anschein nach ist Hermine allein unterwegs, hat aber in jeder Stadt ein reserviertes Hotelzimmer und eine Anlaufstelle, bei der sie angekündigt ist. Diese Museumsleiter und Archäologieprofessoren stellen ihrer reisenden Kollegin bewährte Fotografen zur Seite und versorgen sie auch sonst mit Tipps. „Ahì en Sevilla no deje de ver la colección de la Marquesa de Lebrija, el Museo Municipal y la Necropoli de Carmona", sie müsse in Sevilla unbedingt die Sammlung der Gräfin Lebrija, das Stadtmuseum und die Carmona-Nekropole sehen, schreibt ihr „El Director General de Bellas Artes" von Madrid, Manuel Gómez Moreno, hinterher; auch möge sie mit Grüßen seinerseits beim Leiter des Sevillaner Archäologie-Museums vorstellig werden.[59]

Mindestens eine privaten Besorgung hat Hermine in Madrid abzuwickeln. Es handelt sich um den Folgeauftrag von Marzipan und ostelbischer Pute: Eine „Frau Dir. Fritz Marcuse Paseo Castellana 37" ist die „Quelle des span. Cognac für Prof. [Curtius]".[60] Ihren Vorgesetzten hält Hermine im übrigen mit Briefen bei Laune, in denen sie ihm Fährnisse und Fortgang ihrer Arbeit schildert.[61] Curtius lässt ausrichten, er finde es „ganz reizend", dass Hermine „mit weiblichem Charme über südliche Faulheit und passiven Widerstand" siegt, und er sei „sehr gespannt die Berge von Photographien zu sehen", die ihr „spanische Galanterie zu Füßen gelegt hat". Die spanische Galanterie hat freilich auch ihre Tücken. Märit Furtwängler-Scheler schreibt der Freundin, sie wäre gerne mit ihr, um sie „gegen die ‚feurigen Spanier' zu beschützen, mir täten sie nichts und trauten sich dann auch nicht an Dich heran".[62] Eine unbegleitete junge Archäologin auf Dienstreise muss 1930 im rückständigen Spanien ein eher singuläres Ereignis gewesen sein.

Ein Notizblock dient Hermine als Reisetagebuch. Dort listet sie hunderte Antiken auf, die sie an jedem Tag ihrer Reise aufspürt und fotografieren lässt. Die meisten sind römischer Provenienz, seltener verzeichnet sie frühchristliche Werke wie Sarkophage; darum hat sie Pater Johann Peter Kirsch gebeten, der Direktor des Päpstlichen Instituts für Christliche Archäologie.[63] Immer wieder steht Hermine vor Antiken und staunt. In Sevilla begeistert sie ein „vorzüglicher später Togatus IV. Jh. Anton.-hadrian.?", in Córdoba, wo sie sich vom wissenschaftlich geschulten Kustoden des Museo arqueológico führen lässt, bewundert sie eine „ausgez. Bronze: Hephäst" und bemerkt eine umfangreiche Sammlung von „Tonformen für Kuchen". In Barcelona, Museo de la Ciudade, ortet sie ein möglicherweise hellenistisches Original, einen Statuetten-Torso der Artemis, „sehr feine Arbeit". Im Archäologischen Museum von Tarragona notiert sich Hermine: „2 Torsen von Togati; ganz herrliche wohl august. Arbeit, fast wie griech. Originale in der Zartheit und Lebendigkeit jedes einzelnen Faltenzuges." Vereinzelt transkribiert sie Inschriften, Letter für Letter, wie im Fall zweier Mosaiken in der Tabakfabrik in Tarragona.

Noch aus der Distanz der Jahrzehnte spricht der Enthusiasmus der jungen Forscherin, die in teils entlegenenen spanischen Museen im Entdecker-Modus von Exponat zu Exponat huscht, wechselnden Fotografen in wer weiß welchem Sprachgemisch Anweisungen erteilt und sich auf ihrer Dienstreise ganz allein bestens behauptet. Anders als in Griechenland, gehen Hermine in dieser Spanienreise die Augen und das Herz auf; ihre Erwartungen werden bei weitem übertroffen. Überall, wo sie ist, ersteht sie Ansichtskarten, am liebsten gleich im Dutzend als vorgefertigte Büchlein. Daneben finden sich in ihrem Nachlass gut 100 winzige Spanien-Fotos. Es sind Schnappschüsse mit dem Charme privater Bilder, teils schlecht belichtet, verwackelt und mit zufälligem Bildausschnitt. Sie dienen als Anker der persönlichen Erinnerung: es sind Souvenirs. Málaga, der Blick von erhöhter Warte auf Stierkampfarena und Meer; Córdoba, ein Dächermeer und ein Spontanbild aus dem Fenster eines Musems auf die Bäume des Boulevards, Granada, eine vollkommen menschenleere Alhambra: Hermine wollte diese Momente festhalten. In ihrer Zeit muss es ein Privileg gewesen sein, simple Reiseerinnerungen so großzügig fotografieren zu können.

Eine „Überfülle" an Eindrücken „bedrängt" sie, „wie überhaupt diese Reise nicht leicht ist", doch ist Hermine „von Tag zu Tag glücklicher darüber".[64] In Barcelona besucht sie zum Abschied „noch einmal all die Köstlichkeiten der Altstadt rund um den Dom" und findet das Zusammenspiel von Gotik und Römerzeit überwältigend. Saragossa gehört seiner Lage im Ebrotal wegen „zum Unheimlichsten", was sie je sah. Hart wirkt das Verdikt, das Hermine für Spanien insgesamt findet: Es sei „auf diesem Boden aus eigener Wurzel nichts erwachsen". Römer, Goten, Franken und Mauren hätten das ihre ausgesät, „und schliesslich musste der Boden sehen was er daraus machte". Madrid hingegen „tut gut und ist ein wenig zum Ausruhen, denn es ist ausser dem Prado fast nichts als grosszügige, saubere, wohllebige und einladende moderne Großstadt." An der Südküste unternimmt Hermine eine kleine Bergbesteigung, sogar zu einem Stierkampf lässt sie sich hinreißen.[65]

Im Rückblick sind es zwei Entdeckungen, die Hermine Speier an Spanien fesseln: El Greco und die maurische Kunst. Auf El Greco, den Maler der spanischen Mystik um 1600, stößt sie schon im Madrider Prado-Museum. Sofort ersteht sie ein Postkartenbuch mit Reproduktionen seiner ausdrucksstarken Gemälde, auf denen feine, gewundene, surreal belichtete Heiligen- und Heldengestalten wie aus der Zeit fallen. Die Stadt, in der El Grecos Bilder in höchster Dichte hängen, ist Toledo. Dort lernt ihn Hermine „in seiner ganzen gewaltigen Grösse und als den Einzigen vielleicht" kennen, „der für Spanien eine leibhafte Form fand".[66]

„Doch wird alles übertönt von der Ergriffenheit über die Begegnung mit dem Morgenland", fährt sie fort. Noch in Toledo setzt ihre Faszination für die islamischen Architekturen ein, die sich in den maurischen Palästen Südspaniens in einer Pracht wie nirgendwo in der arabischen Welt zeigen. In Málaga kommt sie nach „Tagen grosser Erregung" einen Augenblick zur Besinnung. In einem „Garten hoch über dem Meer unter Dattelpalmen, Pfefferbäumen und Koniferen“ sitzend, schreibt sie ihre Erkenntnis über die „Begegnung von Morgenland und Abendland“ nieder:

„Man muss einmal dem hinreissenden Zauberbann des Morgenländischen hingegeben gewesen sein, ... um schliesslich die Kirche als Erbin der Antike in ihrem Siege staunend zu bewundern, wenn sich auch eine Trauer nicht unterdrücken lässt, dass sie so viel Zauber zerstören musste. Und man muss einmal an die geheime Rätselhaftigkeit der Weisheit morgenländischen Wesens gerührt haben, um zu erkennen, warum der ... Weisheit suchende Blick sich immer wieder nach Osten gerichtet hat; warum die drei weisen Könige, die als erste den Knaben der neuen Religion anbeteten, aus dem Morgenland kommen; warum Friedrich II. sich von östlichen Gelehrten beraten liess; warum Goethe den West-östlichen Diwan geschrieben [hat] und Nietzsche den Zarathustra ersann.“

Diese Synthese habe sich ihr „in den kurzen Stunden“ erschlossen, die sie im maurischen Alcázar-Palast von Sevilla und in der Moschee von Córdoba verbrachte. Sie sah dort „die Ornamente sich tausendfach verschlingen und lösen“, unmöglich, „auch nur eines im Gedächtnis zu behalten, wie sie von Buntheit und Reichtum schimmern und doch ganz unwirklich sind“: genau so ist aus ihrer Sicht „das ganze Wesen“ dieser Kultur, die sie kaum kennt, aber wegen ihrer Ästhetik, wegen ihrer „unergründbare(n) Weisheit und Gesetzerfülltheit“ bereits bewundert. Einordnend fügt sie in diesem Brief an den Georgeaner Schefold hinzu: „Es ist alles so wie in dem ‚Teppich‘“, also Stefan Georges Lyrikband „Teppich des Lebens“. Und auch wenn Hermine nie wieder mit islamischer Kunst und Gedankenwelt befasst sein wird, stellt sie in Spanien fest:

„Mir ist als habe sich meine Welt um ein Grosses erweitert; es ist eine Gegenwelt, aber es ist keine feindliche Welt.“

6. Hermines Forschungsarbeit

Ludwig Curtius behandelt seine Fotothekarin „wunderschön herzlich nett“,[67] aber er schont sie nicht, noch ebnet er ihr Wege in die akademische Forschung. Klug versteht er Hermines Fleiß und ihren Hang zur Perfektion zu kanalisieren, um das Institut ins beste Licht zu rücken. Kaum ist sie zurück aus Spanien, besucht „der Präsident“ aus Berlin die Abteilung Rom: Gerhart Rodenwaldt, Generalsekretär des Deutschen Archäologischen Instituts, den Hermine noch von ihrem Semester in Gießen kennt. Rodenwaldt begutachtet auch die Fotothek und spricht Hermine „besonderes Lob“ aus.[68] Die Wochen der spanischen Schwerarbeit waren ertragreich, die gesammelten Bilder überzeugen. Mit ihrer Forschung aber gerät Hermine Speier immer mehr ins Hintertreffen. „Geht die eigene Arbeit immer noch völlig in den Pflichten der Assistentin unter?“, sorgt sich kurz vor Hermines Abreise nach Spanien die Königsberger Freundin Lotte Seidel.[69] Damit trifft sie ins Schwarze. Fünf Jahre nach der Promotion ist Hermines Dissertation über die Zweifigurengruppen in ihrer Druckfassung noch immer nicht fertig. Ernst Langlotz mahnt mehrfach dazu, die Arbeit abzuschließen.

„Ich wiederhole eindringlich: Du mußt sie in den nächsten Monaten drukken lassen, denn das ist jetzt eine Existenzfrage für Dich. Wenn Du nicht etwas gutes gedruckt vorweisen kannst, verfällst Du dem gleichen Schicksal wie die übrigen Archäologinnen. Außerdem aber enthält die Arbeit so viel gutes und richtiges, daß es unverantwortlich ist sie vergilben zu lassen. Also bitte schließe sie ab und schick sie mir.“[70]

Diesmal kann Hermine für ihre Schreibblockade nicht das schiere kalte Unglück und den Mangel an klugen Gesprächspartnern haftbar machen. Im Gegenteil ist es des Glücks und der Anregung in Rom zu viel. Notfalls liest sie Goethe und immer wieder Goethe, etwa zur Leberkur in Chianciano, obwohl sie dort die Einleitung ihres Aufsatzes schreiben wollte. „Aber nach der Einleitung fragen Sie nicht; Dichtung und Wahrheit hält mich gefangen. Es ist halt einmal nichts mit der Weiberarbeit“, formuliert Hermine in abgeklärter Selbstironie.[71]

Langlotz aber bleibt streng mit seiner Freundin. Er hat scheinbar als einziger die Lebenswege der wenigen wissenschaftlich arbeitenden Frauen des Faches vor Augen, wie wir sie oben skizzierten. „Deine Arbeit *muß* nun endlich gedruckt werden“, droht er im November 1930, „sonst geht es Dir wie [Elisabeth Jastrow]!“[72] Als Hermine ihren Text endlich einreicht, verzögert sich seine Publikation in der dafür vorgesehenen Fachzeitschrift. Langlotz beschwört Hermine, sich von ihrem Chef nicht aufs Abstellgleich schieben zu lassen, verdächtigt Curtius, er wolle „Brendels Tiraden und ich weiss nicht was noch alles“ vor ihrer Arbeit in den Druck geben und bezweifelt, „ob Rodenwaldt bei dieser Finanzlage Geld zu einer neuen Publikation bewilligt“, von der die Rede ist und als deren Herausgeber Josef Montebaur fungieren soll. Um seiner Freundin zu helfen, will er an einem Punkt sogar die Druckkosten ihres Aufsatzes übernehmen. „Dass Deine Arbeit nun wieder nicht gedruckt wird, finde ich unerhört“, empört er sich Monate später und mutmaßt „Quertreibereien“.[73] Die neue Verzögerung gefährde die Publikation diesmal ernsthaft, „denn uns stehen barbarische Sparmassnahmen bevor. Bitte schreibe mir doch, warum Du nun erst ins übernächste Heft kommen sollst!“

Ohne das Insistieren von Ernst Langlotz wäre Hermine Speiers Dissertation womöglich nie erschienen. Anderen in den Ohren zu liegen, entspricht nicht ihrem Temperament. Vom beständigen Mahnen und Drängen ihres

Freundes aber sickert schließlich ein Teil nach außen und in die richtigen Kanäle. Weil ein Quälgeist wie Langlotz später fehlt, wird Hermine mehr als eine Forschungsarbeit versanden lassen. Um produktiv zu sein, braucht sie nicht nur anregenden Austausch, sondern auch etwas Druck.

Hermines überarbeitete Promotionsschrift erscheint 1932 in den „Römischen Mitteilungen", der Hauszeitschrift der Abteilung Rom des Deutschen Archäologischen Instituts. Bernhard Schweitzer schickt aus Königsberg eine begeisterte Reaktion. Hingegen meint der Kölner Klassische Archäologe Andreas Rumpf (1890–1966) eine „Verunglimpfung" von Hermines Arbeit vornehmen zu müssen, über die wir freilich nur durch eine Erwähnung von Ernst Langlotz Kunde haben.[74] „Als Positivist kennt er den Begriff Raumgefühl nicht", versucht Langlotz das Verdikt zu relativieren. Von weiteren Rückmeldungen erfahren wir nichts, können aber davon ausgehen, dass sie in Hermines Umfeld positiv waren.

Noch träumt Hermine davon, weitere Forschungsarbeiten in Angriff zu nehmen. Da ist zunächst ihre Studie über griechische Darstellungen der Geburt der Athena, die sie schon in Königsberg begonnen hat. Kaum ist die Druckfassung der Dissertation abgegeben, bittet sie Anfang 1932 den Basler Altphilologen und Georgeaner Georg Peter Landmann um Rat in der Athena-Studie.[75] Diese aus freien Stücken unternommene Arbeit fasziniert Hermine, bringt sie zugleich an ihre Grenzen und inspiriert sie zu weiteren Forschungen, wie sie in einem Entwurf möglicherweise an Robert Boehringer schreibt.

„Einen stillen Sonntag habe ich mit der Athenageburt verbracht. Wie innig nah stehen sich tiefstes Rätsel und leuchtende Klarheit. Ob ich mir nicht zuviel zugetraut habe mit der Wahl dieser Frage. Mein alter Wunsch einmal den Versuch einer Kunstmythologie zu machen, ist wieder ganz wach geworden. Aber das kann man nicht allein; wir müssten uns zu mehreren zusammen tun und man muss erst noch älter und erfahrener werden."[76]

Ende 1932 ist Hermine einem wissenschaftlichen Fund auf der Spur: Sie meint, im Thermenmuseum eine Platon-Büste identifiziert zu haben. Das bärtige Antlitz des Philosophen wurde oft dargestellt und hat eine ziemlich einheitliche Ausformulierung erfahren. „Sind Sie Ihrer Sache auch ganz gewiss? Stimmen die wesentlichen Merkmale?" fragt aufgeregt aus Genf Robert Boehringer.[77] Hermine hat bereits versucht, ihre Mutmaßungen über die Herkunft des Kunstwerkes zu verifizieren und sich dabei an den erfahrenen Antiquar Ludwig Pollak gewandt, jenen, der die vielen Frauen am römischen Institut missbilligt. Sie meint, der Kopf könne aus dem Magazin der Galleria Borghese stammen, wo vielleicht noch ein ähnliches Fragment liege, doch Pollak winkt ab: „Als ich nach Rom kam (1893), war das ‚Magazin' schon leer", antwortet er.[78] Es sei zwar „möglich, dass in den Kellern noch einige Fragmente herumliegen, aber alles halbwegs Gute ist schon längst weg". Hermines Spürsinn hat sie für diesmal betrogen. Von einer erfolgreich identifizierten Platon-Büste aus dem Thermenmuseum ist nicht wieder die Rede. Doch ihre Kenntnisse über Platon-Darstellungen und vor allem ihre Hilfsdienste werden in Robert Boehringers 1936 erschienenes Werk über „Das Antlitz des Genius – Platon" einfließen.

In ihrem eigenen Besitz hat Hermine einige wenige Stücke aus dem Kunsthandel, an deren Publikation sie ebenfalls denkt. Die Liste ihrer Schätze scheint in einem Testament auf, das die 33-jährige Hermine Speier in Rom als Brief an die Mitbewohnerin Märit verfasst.[79] Den 1928 erworbenenn Hermenkopf, von dem bereits die Rede war, soll im Fall ihres Todes Walter Hahland erben;

„die Syrakusaner Münze soll der Principe [Erich Boehringer] haben, das schwarze attische Kännchen Schefold und das Tarentiner Relieffragment Curtius."

Die sizilianische Münze und das attische Kännchen scheinen nie wieder auf. Das Fragment des tarentinischen Tonreliefs behandelt sie selbst in einem Aufsatz, der erst 1955 erscheinen kann.[80] Den Hermenkopf wird Jahrzehnte später auf Hermines Einladung Dietrich Willers publizieren.[81]

Im Grunde steht bereits 1932 fest, dass aus einer wissenschaftlichen Laufbahn für die Frankfurter Archäologin nichts wird. Den ersten Fachartikel im Alter von 34 Jahren zu veröffentlichen und dann eine akademische Karriere darauf zu satteln, gelingt zu jener Zeit nur noch Quereinsteigern mit besonders zähem und methodischem Geist wie Friedrich Krauss, der gelernter Schiffbauingenieur ist, sich aber 1941 mit einer exzellenten Arbeit über Paestum in die erste Reihe der Bauforschung schreibt. Schon in den 1920er Jahren hat die Figur des gelehrten Antiquars das Feld endgültig dem Archäologen überlassen: Die Beschäftigung mit antiker Kunst ist von der adelig-bürgerlichen Passion zur akademischen Disziplin ausgereift. Wer deren Gesetze, allen voran das Publikationsgebot, umgeht, muss sich mit einer Bestallung im Speckgürtel der Wissenschaft zufrieden geben. Hermine Speier wird Ausflüge in die Wissenschaft unternehmen, aber immer Fotothekarin und Museumskraft bleiben.

7. Umberto Nobile I: Der Nordpolfahrer

Die deutsche Archäologin lebt seit zwei Jahren in Rom, als sie einem berühmten Mann begegnet: General Umberto Nobile, Luftschiffpionier und Nordpolüberflieger. Nobile entwickelt von Berufs wegen den italienischen Bruder des „Zeppelin", wobei das deutschen Fabrikat in seiner Bauart ein starres, das

Umberto Nobile mit seiner Tochter Maria 1928, nach der gescheiterten Nordpol-Expedition. Der 43 Jahre alte Luftschiffpionier ist sichtlich gezeichnet von den Strapazen des Abenteuers. Er ist bei Mussolini in Ungnade gefallen und muss sich gegen den Vorwurf wehren, er habe seine verunglückte Mannschaft in der Arktis im Stich gelassen.

italienische hingegen ein halbstarres Luftschiff ist. Mit den auf die schönen Künste geeichten Kreisen, in denen Hermine sonst verkehrt, hat der italienische General wenig gemein, will es scheinen. Doch pflegt er schon lange Umgang mit deutschen Gelehrten, darunter Archäologen. Einer seiner Kollegen bei der Luftfahrt ist der Chemieprofessor Demetrio Helbig (1873–1954), Sohn des deutsch-römischen Archäologen Wolfgang Helbig, dessen wissenschaftliches Erbe Hermine Speier später in ihrem Leben antreten wird. Auch Erich Boehringer gehört zu Nobiles Kreisen. Nicht auszuschließen ist daher, dass die junge Frankfurterin in eine quasi ererbte Bekanntschaft Nobiles mit der Kolonie deutsch-römischer Archäologen eintritt.

Auf welchen Wegen genau man einander kennen lernt, darüber gibt es freilich je nach konsultierter Quelle verschiedene Varianten. Erfreulicherweise widersprechen sie einander nicht. Hermine Speier weiß vom Geschick des abgestürzten Nordpolfahrers aus Zeitungen und Gesprächen, soviel kann vorausgesetzt werden. In der Erinnerung von Nobiles Tochter Maria (*1917) war es Hermine, die aus eigenem Antrieb ins Haus des Generals ging, um ihn kennen zu lernen.

„Frau Doktor Speier kam beim ersten Mal zu uns nach Hause in die Via Ferrari ... Ich erinnere mich vage an sie, ich war damals ein ganz junges Mädchen, wie sie mit einem großen, schönen Hut auftauchte. Kurz und gut, man sah, dass sie vom Namen meines Vaters und seiner Unternehmung angezogen war. Sie kam, glaube ich, zu einem Höflichkeitsbesuch.“[82]

Angemerkt sei, dass diese Art der Kontaktanbahnung zur zurückhaltenden Hermine Speier nicht recht passen will. Mündlicher Überlieferung zufolge erteilte sie dem Luftfahrtpionier Deutschunterricht,[83] und ein Brief von Märit Furtwängler-Scheler an die zu ihrer Familie nach Frankfurt gereiste Hermine scheint das zu bestätigen: „Unser Freund [Umberto Nobile] kam 2 mal und er wiederholte fast nur was er mit Dir gelernt hatte. Er will Dir jetzt einen Brief schreiben.“[84] Nobile selbst hat andere Erinnerungen. Ohne die sentimentale Natur ihrer Beziehung anzudeuten, führt er die Archäologin in seinen 400 Seiten starken, in den 1960er Jahren niedergeschriebenen Memoiren folgendermaßen ein:

„Ich hatte [Hermine Speier] 1930 gemeinsam mit Frau Märit Scheler kennengelernt, die Schwester des Musikers Furtwängler, als beide am Deutschen Archäologischen Institut arbeiteten, das von Professor Curtius geleitet wurde. In jener Zeit halfen mir die beiden Frauen sehr in meinen Kontakten mit [dem deutschen] Kapitän Willy Meyer, der sich wegen Informationen für sein Buch ‚Der Kampf um Nobile‘ an mich gewandt hatte.“ [85]

Märit Furtwängler-Scheler hat, wie so oft, ihre eigene und durchaus aufschlussreiche Version der Dinge beizusteuern. In ihren Erinnerungen an den 1971 verstorbenen Erich Boehringer schildert die frühere Schreibkraft am DAI den italienischen General als wiederkehrenden Gast am Institut, der mit den dort tätigen Archäologen einen zwanglosen Umgang pflegt.

„Eines Tages kam General Umberto Nobile zu Erich B. [Boehringer] und bat ihn, die Übersetzung seines Buches über seine mißglückte Luftschiff-Fahrt zum Nordpol, die sein deutsches Dienstmädchen (!)[86] *angefertigt hatte, auf eventuelle Fehler zu kontrollieren. Da dies Erich B. allzu lästig und zeitraubend war, bat er mich, das für ihn zu übernehmen, da das Deutsche [Archäologische] Institut dem General gefällig sein wollte. Leider war die Überset-*

zung schon gedruckt und steckte voller zahlloser zum Teil sinnentstellender Fehler, sodaß ich nur ein Verzeichnis davon anfertigen konnte, um es dem Buch beizulegen.“[87]

Auch die hier geschilderte Episode muss um 1930 stattgefunden haben. Vorausgegangen war ein Nordpol-Überflug mit tödlichen Folgen für zwölf Männer und eine beispiellose öffentliche Demontage General Nobiles durch Mussolinis Helfer.

Der gefallene Nationalheld

Als Hermine Speier 1928 nach Italien übersiedelte, war Umberto Nobile ein gefeierter Held, ja geradezu ein Nationalheiliger im rotweißgrünen Himmel der Technik. 1926 war es ihm als erstem Piloten geglückt, mit einem – von ihm selbst konstruierten – Luftschiff den Nordpol zu überfliegen. Dem faschistischen Italien kam diese Pioniertat gelegen, und Nobile erhielt freie Hand für ähnliche Unternehmungen, solange sie dazu angetan waren, den Ruhm der Nation in der Welt zu mehren. Am 15. April 1928 bricht der General mit 15 ausgewählten Männern von Mailand zu seinem zweiten Nordpol-Überflug auf.

Die Zeitungen ergehen sich in Lobpreisungen seines Genies und Wagemutes, diskutieren die zu erwartenden physikalischen Forschungsergebnisse der Expedition und ergötzen sich an dem abermals von Nobile entwickelten Luftschiff „Italia“. So kann man mit Fug vermuten, dass Hermine Speier, vor wenigen Tagen in ihrem gelobten Land Italien angekommen und erpicht darauf, es kennenzulernen, Nobile zunächst über die Medien wahrnimmt, ehe sie ihm persönlich begegnet. Sobald sie in ihren ersten römischen Tagen eine Zeitung aufschlägt, prangen dort Fotografien eines zigarrenförmigen Luftschiffs und eines untadeligen Generals.

Mehr als einen Monat lang hält sich die Nobile-Expedition Tag für Tag in den Schlagzeilen. Die größte römische Tageszeitung „Il Messaggero“ etwa berichtet vom 15. April bis Ende Juni 1928 täglich mit nur zwei Ausnahmen auf ihrer Titelseite. So erfährt das Land, dass die „Italia“ mit Nobile, seiner Mannschaft und seinem Hündchen Titina an Bord am 24. Mai kurz nach Mitternacht glücklich den Nordpol erreicht. Der General wirft ein von Papst Pius XI. gesegnetes Holzkreuz, verknüpft mit einer italienischen Flagge, in die Dämmernacht des Pols hinab. Funktelegramme werden abgesetzt und wissenschaftliche Daten gesammelt. Ähnlich wie 40 Jahre später bei der Mondlandung nimmt die ganze Welt Anteil an dieser Pioniertat der Menschheit; Italien jubelt und sonnt sich im Ruhm seiner Helden.

Doch unterdessen hat sich über dem Pol das Wetter gewendet. Den Plan, dort zu landen, durchkreuzen Nebel, Sturm und Vereisungen an der Außenhülle. Am 26. Mai melden die Zeitungen, der Funkkontakt zur „Italia" sei abgerissen. Zu diesem Zeitpunkt ist die Katastrophe bereits geschehen. Auf dem Rückflug nach Spitzbergen verliert das Luftschiff am Vormittag des 25. Mai plötzlich an Höhe, prallt aufs Eis und bricht entzwei.[88] Ein Mann stirbt auf der Stelle, neun werden aufs Pack geschleudert, darunter Nobile. Die übrigen sechs reißt die Außenhülle des Luftschiffes mit sich in die Höhe. Sie sind bis heute vermisst.

Die Gestrandeten hätten keine Überlebenschance, wäre nicht zugleich mit ihnen ein für die Landung vorgesehener Sack aus dem Luftschiff geschleudert worden. Darin befinden sich 70 Kilo Proviant, ein Zelt, ein Sextant, etwas Werkzeug und ein Kurzwellenradio. Wenig später gehen die ersten SOS-Rufe der Überlebenden der „Italia"-Havarie durch den Äther. Doch erst neun Tage darauf, am 3. Juni, hört sie ein russischer Radioamateur. Eine internationale Rettungsaktion läuft an. Ein schwedischer und ein finnischer Suchtrupp setzen sich in Marsch, beide mit Flugzeugen, letzterer mit Hundestaffeln an Bord. Italien schickt seltsam zögerlich zwei Wasserflugzeuge, Russland den Eisbrecher Malyghin, Deutschland sagt Männer und Maschinen zu.

Doch die Verunglückten zu finden, ist keine leichte Aufgabe. Nobile und seine Männer treiben auf einer großen Eisscholle. Ihre Koordinaten verändern sich laufend, und ihr rotes Zelt ist von oben betrachtet ein winziger Punkt im Eis. Am 24. Juni entdeckt der schwedische Militärpilot Einar Lundborg das Camp der Verunglückten und kann in der Nähe landen. Er hat Weisung, zuerst Nobile auszufliegen, damit dieser hilft, den verschollenen Rest der „Italia" mit Besatzung zu orten. Der am Bein und am Arm verletzte General akzeptiert nur zögernd, dann kommt er mit. Tatsächlich wird es weitere 15 Tage dauern, bis seine Kameraden aus dem Zelt geborgen werden. Im Zug dieser Aktion verunglücken fünf Retter tödlich, darunter der norwegische Polarforscher Roald Amundsen, pikanterweise ein Rivale Nobiles.[89] Der sowjetische Eisbrecher Krassin dringt schließlich zum roten Zelt vor und rettet die übrigen Verunglückten. Sieben Wochen haben sie im Eis überlebt. Der Ausgang des Abenteuers war jederzeit offen.

Nobile aber wird Jahrzehnte lang der Ruf des Kapitäns anhaften, der seine Mannschaft im Stich ließ: ein Beispiel für die Langlebigkeit ideologisch aufgeladener, lange unhinterfragter Urteile. Mussolini ruft eine Untersuchungskommission ins Leben. Sie steht unter dem Einfluss des Luftfahrt-Staatssekretärs Italo Balbo, der ein Intimfeind Nobiles ist. Einer der Kommissäre soll gar für die Hinrichtung des eben aus dem Eismeer geretteten Generals plädiert haben.[90] Nobiles Büro in der riesigen Luftschiff-Werft in Rom-Prati wird versiegelt. Er darf die Stadt nicht verlassen, muss sich ständig zur Verfügung halten, erhält aber weder Aufträge noch Informationen. Die faschistische Geheimpolizei bespitzelt ihn auf Schritt und Tritt.

Im März 1929 kommt die Kommission zu dem Schluss, Nobile habe die „Italia“ schuldhaft durch ein falsches Manöver ins Eis gesetzt. Einzig seine schlechte körperliche und psychische Verfassung könne erklären, wenn auch nicht entschuldigen, weshalb er dazu bereit war, sich gegen alle Regeln militärischen und zivilen Anstands als erster retten zu lassen. Nobile verliert die Gunst der gleichgeschalteten faschistischen Medien seines Landes. Für sie wird er vom Superhelden zum Verräter der Nation. Einen Tag nachdem die vernichtenden Untersuchungsergebnisse der Kommission in der Zeitung stehen, verzichtet Nobile auf den Titel „General“ und damit auf seine Stellung. Solange Mussolini das Sagen hat, wird Nobile in Italien beruflich nicht mehr Fuß fassen.

Dennoch halten anfangs viele Italiener „ihrem“ General die Treue. Sie wollen sich ihren Helden nicht so plötzlich schlechtmachen lassen. Die Solidarität mit dem gescheiterten Pionier insbesondere durch einfache Menschen brandet nach Bekanntwerden des Unglücks spontan auf, und der faschistischen Stimmungsmache zum Trotz wird sie auch später nie ganz verebben. Maria Nobile ist elf Jahre alt, als das Luftschiff ihres Vaters am Nordpol verunglückt. Sie erinnert sich:

„Von den unendlich langen Tagen nach dem Schweigen der ‚Italia‘, die im Polarhimmel verschollen war, bleibt mir meine Mutter mit ihrem ernsten, niemals verzweifelten Gesicht in lebhafter Erinnerung, die bewegte Menschenmenge, die in die Kirchen strömte, die hunderten entzündeten Kerzen, die tausenden Briefe und Telegramme aus Italien und dem Ausland, die sich auf dem Tisch stapelten, Briefe von Menschen jeder Klasse und Schicht, von Unbekannten und illustren Persönlichkeiten, Forschern und einfachen Frauen, Bürgern und Arbeitern, Kriegsinvaliden, Häftlingen, Greisen und vielen, vielen Kindern… [Bei Nobiles Rückkehr nach Rom] hatte man am Bahnhof den Zeitpunkt seiner Ankunft absichtlich unklar gelassen … Dann fuhr ein geschlossener schwarzer Wagen durch die Menge, auf dessen Trittbrettern vier Faschisten in Uniform standen und brüllten: Zur Seite, zur Seite! … Als sich herumsprach, dass er in diesem Wagen war, kochte Empörung hoch, und die Masse marschierte protestierend zu unserer Wohnung. Eine Menschenmenge im Delirium, die Stunde für Stunde die Neuigkeiten der Expedition mitverfolgt hatte, die mitgelitten hatte in der Angst der Stille, im Schmerz des Wartens, in der Ungewissheit der Rettung. Er musste sich am Fenster zeigen. Stumm und fast abwesend blickte er auf die bewegte und applaudierende Menge.“[91]

Nobile ist zum Zeitpunkt der Tragödie am Nordpol ein verheirateter Familienvater. Seine zehn Jahre ältere Frau Carlotta hat er 1916 geheiratet, im selben Jahr kam die Tochter Maria zur Welt.[92] Er stammt aus Lauro bei Neapel, und als er 1922 die seinen nach Rom nachholt, übersiedeln offenbar auch die ehernen Gesetze Süditaliens mit in die Hauptstadt. Häufig abwesend, dirigiert Nobile seine Familie nach Patriarchenart, wobei er sich selbst als unantastbares Zentrum der Großfamilie begreift. Zeitlebens wird er sich für unversorgte Schwestern, Schwägerinnen, Nichten und Neffen verantwortlich fühlen. Die Weiblichkeit ist im Hause Nobile für die Küche zuständig, das Familienoberhaupt bringt oft überraschend Gäste zum Essen mit. „Der General", so nennen ihn Gattin, Tochter, Personal und Verwandte nicht immer scherzhaft, wenn er abwesend ist. Aus den Erinnerungen Maria Nobiles tritt uns in Umberto Nobile der Typus des charmanten Tyrannen entgegen, der seinem Haushalt inklusive drei Hunden und fünf Katzen ganz spontan eine Sommerfrische mit sofortiger Abreise verordnet oder seiner Tochter seltsame Möbel kauft und in die Wohnung stellt, ohne vorzufühlen, ob seine Großzügigkeit auch auf ein wenig Gegenliebe stößt.[93]

Nun sieht sich dieser extrem autoritäre, erfolgsverwöhnte, erst 43 Jahre alte Ex-General diffamiert und kaltgestellt. Freilich ist er nicht der Mann, eine solche Schmach auf sich sitzen zu lassen. Eine Privatindustrie der Luftfahrt, in der Nobile neue Herausforderungen hätte finden können, ist erst im Werden, bietet ihm auch nicht die Art von Betätigung, die er sich wünscht. So sieht er einzig die Möglichkeit, sich öffentlich reinzuwaschen, um im italienischen Militär wieder Aussicht auf Arbeit und Erfolg zu erhalten.

General Italo Balbo wird das zu verhindern wissen. Seit dem „Marsch auf Rom", mit dem 1922 in Italien das autoritäre Regime einsetzte, ist er ein Mitstreiter Mussolinis, ein Faschist der ersten Stunde. Zum Zeitpunkt des „Italia"-Unglücks wirkt Balbo als Staatssekretär im Verteidigungsministerium. Schon zuvor hat er versuchte, den populären Rivalen Nobile auszuschalten. Als dieser glücklich über dem Nordpol die italienische Flagge und das Papst-Kreuz abgeworfen hat, startet Balbo eine mediale Gegenoffensive.

So drängen sich auf den Titelseiten der italienischen Zeitungen neben der Nobile-Erfolgsmeldung Berichte über eine spektakuläre Luftshow, die Balbo mit 60 staatlichen Wasserflugzeugen im West-Mittelmeer starten wird. Dann verunglückt die Nobile-Expedition im Eismeer, und Balbo wittert seine Chance: Der Faschistengeneral will die enttäuschte Bezwingersehnsucht der Massen auf seine eigene Aktion umleiten. Tatsächlich gerät das dröhnende Flugzeug-Ballett am Himmel zum Triumph, während die still und unsichtbar über das Eismeer entschwebte „Italia" verschollen bleibt. Das Flugzeug hat das Luftschiff überholt, ein für alle Mal. Wie siegreiche römische Feldherren werden Balbos Piloten nach der Flugschau zu Hause empfangen. Als wenig später Nobile gerettet vom Nordpol zurückkehrt, ein gescheiterter Held, kann Balbo hoffen, seinem Rivalen in der Arena der Öffentlichkeit den Todesstoß zu versetzen.

Nobile ist kein Politiker und kein Taktiker. Aber er ahnt, dass er das Ruder wenn überhaupt, dann nur mittels klug gesteuerter Gegeninformation herumreißen kann. An diesem Punkt treten die deutschen Archäologen-Freunde auf den Plan.

Rettungsaktion auf dem Eis der Public Relations

Hermine Speier und das Pärchen Märit Furtwängler-Scheler und Erich Boehringer bilden ab 1930 etwas wie ein informelles PR-Büro für Anfragen deutschsprachiger Journalisten und Publizisten in Sachen Nobile. Soviel lässt sich den Briefen jener Zeit entnehmen, auch wenn der schriftliche Informationsfluss naturgemäß nur dann reichlich sprudelt, wenn eine der beiden Freundinnen gerade nicht in Rom weilt: Da sie dieselbe Wohnung teilen, tauschen sie sich mündlich aus.[94]

Im Frühjahr 1930, bald nach dem Kennenlernen, ist der Kontakt der Frauen-WG mit dem um Gerechtigkeit ringenden General bereits intensiv. Ihr Vater sei oft zu der Wohnung der beiden gegangen, erinnert sich Maria Nobile,[95] und das untermauern die Briefe. „Gestern Abend war ich kurz bei unserem Freund [Umberto Nobile], da ich ihn 1 Woche nicht gesehen hatte um mich zu erkundigen wie es geht",[96] berichtet Märit ihrer Mitbewohnerin Hermine, die gerade ihren 32. Geburtstag zu Hause in Frankfurt feiert. Anfang September 1930 hält sich Märit mit Erich Boehringer zum Urlaub in Andermatt auf. Auch dort ist von Nobiles Geschick die Rede, zumal just in jenen Tagen Zeitungen vermelden, in der Arktis sei die Leiche des schwedischen Polarforschers Salomon August Andrée entdeckt worden, der 33 Jahre zuvor bei einem Nordpol-Überflugversuch im Heißluftballon abgestürzt war. Märit schickt der in Rom verbliebenen Hermine einen entsprechenden Zeitungausschnitt, und in Sachen Nobile gibt sie ihr eine Bitte weiter:

„Dr. Hildebrandt aus Goslar (Flieger) empfiehlt [in einem beiliegenden Brief] den Redakteur Dr. Stuart der Kölnischen Zeitung, ... der [Nobile] gerne kennen lernen möchte und für ihn zu gewinnen sein soll. Also komme ihm bitte sehr entgegen und hilf ihm. Ich schrieb ihm, dass Dr. Stuart sich an Dich wenden möge, Du würdest [Nobile] ... schreiben und ihn bitten nach Rom zu kommen. [Die] Kölnische Zeitung ist ein sehr einflussreiches grosses Blatt. Wenn Du auch Aversion gegen die Presse hast, so musst Du N. wenigstens Mitteilung von der Ankunft und dem Wunsch ihn zu sehen von Herrn Stuart machen."[97]

Erich Boehringer fährt fort:

„Ausserdem kommt Mitte des Monats ein Dr. Karl Wittmann nach Rom, der der Literatur-Referent in der Deutschen Versuchsanstalt für Luftschiffahrt ist. Es ist glänzend informiert, wird sich in Rom melden und will sich mit Umbert [sic] länger unterhalten."[98]

Hermine verpasst den ungarischen, übrigens vom Judentum konvertierten Luftfahrtingenieur in Rom. An ihrer Stelle versorgt ihn jedoch die mittlerweile zurückgekehrte Märit mit Tee und Informationen.[99]

Im Rückblick betrachtet, ist die deutsche Öffentlichkeit ein Hauptschauplatz für den publizistischen Krieg um die „Italia"-Expedition. So erschien das erste Buch, das Nobile zu seiner Rechtfertigung veröffentlichte, zuerst in deutscher Sprache. Der traditionsreiche Verlag Perthes in Gotha publizierte 1929 „Die Vorbereitungen und die wissenschaftlichen Ergebnisse der Polarexpedition der ‚Italia'"; Nobile und der junge tschechische Physiker František Běhounek, der dabei war, zeichneten als Herausgeber. In der italienischen Originalsprache konnte das Werk erst neun Jahre später erscheinen. Ebenfalls noch 1929 veröffentlichte Běhounek die deutsche Übersetzung seines Erlebnisberichtes über die Expedition: „Sieben Wochen auf der Eisscholle. Der Untergang der Nobile-Expedition." Auch Nobile-Retter Lundborg publizierte und unternahm Vortragsreisen in den USA und Europa,[100] in denen er den Expeditionsleiter verteidigte. Während Nobile in Italien unter faschistischem Dauerbeschuss stand, nahm man ihn überall sonst eher in Schutz.

Diese Disparität trieb ihn am Ende ins Ausland, und zwar in das ideologisch entgegengesetzte Lager. 1932 wird Nobile einen Ruf nach Moskau annehmen und dort seine Luftschiffe nicht für Mussolini, sondern für Stalin bauen. Doch die Jahre davor sind für den degradierten General die schwierigsten seines Lebens. So zielgerichtet, fordernd und sicher, wie Umberto Nobile sich nachträglich in seinen Memoiren darstellt, war er in jener Zeit nicht. Erich Boehringer, ein Mann klarer Worte, diagnostiziert beispielsweise einen übermächtigen Einfluss des häuslichen Umfelds auf Nobile:

„Die Unbestimmtheit Umbertos beruht nicht auf einer fraglichen Einstellung einer Kampfschrift gegenüber, sondern auf der Hemmung durch seinen Weiberpark. Er allein hätte schon längst und ganz anders losgezogen. Wenn er heute so radikal ändern oder unterbinden will, wie Du *schreibst (*er *schrieb es mir nicht), kann er es nur durch sein persönliches Erscheinen in Berlin tun. Auf jede andere Weise verärgert er sich restlos die, die bisher für ihn gewirkt haben."*[101]

Da die frühen Briefe Hermine Speiers an Erich Boehringer sämtlich verloren sind, lässt sich nicht mehr feststellen, welche publizistischen Pläne Nobiles genau hier angesprochen sind. Zwei Dinge hingegen scheinen klar auf: zum einen die Vermittlerrolle des deutschen Archäologentrios zur Publizistik ihres Sprachraums, zum anderen ihre Gewissheit, dass dem General Unrecht widerfährt. In einer ähnlichen Lage wird Hermine Speier rund 15 Jahre und einen Krieg später den letzten Botschafter Hitlerdeutschlands beim Heiligen Stuhl, Ernst von Weizsäcker, gegen alle Anschuldigungen der Nürnberger Prozesse verteidigen.

Man trifft sich regelmäßig in Rom, meist bei den Damen in der Via Campania 31, seltener zu Hause bei Nobile in der Via Sabotino 45, wo dessen „Weiberpark", bestehend aus Ehefrau, Schwestern, Schwägerin, Tochter und bayerischem Hausmädchen diese Besuche wohl nicht sonderlich schätzt. An einem Sommerwochenende 1930 besuchen die beiden Freundinnen und der Archäologe den degradierten General mit Boehringers Wagen, dem „Zaubermantel", in Neapel.[102] Die Lagebesprechungen sind intensiv. Nobile wirkt gezeichnet, seine Existenz steht auf dem Spiel. Überdies ist seine Frau Carlotta schwer erkrankt. Irgendwann im Lauf dieser wiederkehrenden Begegnungen und Beratungen entdeckt Hermine, dass sie für den deutlich älteren, verheirateten General mehr empfindet, als angemessen erscheint. In ihrer Not bittet sie Erich Boehringer um Rat, den dieser ihr nicht geben kann.

„Überrascht wurde ich durch Deine persönlichen Nachrichten. Du fragst mich nach meiner Meinung. ... Tue, was Du für richtig hältst – ich kann da wenig dazusagen, fürchte aber auch, dass Du wenig wirst ändern können. Umberto wünschte ich, dass Du etwas Unordnung stiften mögest, Dir nicht, denn italienische Weiber sind bees [sic]."[103]

Als Hermine im Herbst 1930 auf Dienstreise in Spanien unterwegs ist, hält Märit sie über die Entwicklungen in Rom auf dem Laufenden; „Zukunftssorgen" quälten Nobile sehr, schreibt sie nach Madrid. Er würde gerne arbeiten, müsse aber in seiner Lage sehen, „wie ihm nur die Theorie ohne Praxis bleibt"; „über Dich sprachen wir nichts Näheres".[104] Deutlichen Rat unter Frauen erteilt sie Hermine wenig später nach Sevilla:

„Du hast so völlig recht, wenn Du in Deinem Leben mit allen Fasern nach dem Hellen und Klaren streben willst – aber dass N. zu dem ‚Dunklen, das Dich an sich reissen will' gehört, das ist es eben, was mich an Eurer Beziehung zu traurig macht. Er ist ein Mensch, der mit Recht den Anspruch erheben darf zum Hellen und Reinen zu gehören, und dass er das für Dich nicht sein kann, tut mir um seinetwillen so tief leid. Dies ist der tiefste Grund unserer inneren Verschiedenheit in unserem Verhältnis zu N. Und wenn es so *in Dir aussieht, was ich zwar geahnt, aber doch nicht glauben wollte, so kann ich Dir auch nur noch zu einer reinen* völlig *platonischen Freundschaft zureden."*[105]

Fernab von Seelenauslotungen dieser Art beginnt der Luftschiffbauer sich jetzt im Ausland nach neuen beruflichen Möglichkeiten umzusehen, nimmt Einladungen zu Reisen und Vorträgen an. Wieder beraten und vermitteln die deutsch-römischen Archäologenfreunde. Als Hermine zur Beerdigung ihrer verstorbenen Mutter im Dezember 1930 nach Frankfurt reist, schreibt ihr Märit:

„Nachmittags war [Nobile] gekommen und ich habe nach Berlin abtelegraphiert und gestern einen eingehenden Begründungs[?]brief geschrieben. ... Nach der Adunanz [gestern] war ich noch bei N., der mich drum gebeten hat-

te, und übersetzte ihm nochmals diesen deutschen Aufsatz, den Du ihm schon übersetzt hattest. ... Dann behielt er mich zum Abendessen da, seine Frau und Maria lagen krank zu Bett. Er hat Dir geschrieben, war aber unsicher ob er den Brief auch eingeworfen habe.... hast Du Deine liebe Mutter noch einmal sehen dürfen? Und komm heim, zu mir, zu uns hier – N. braucht Dich auch so!"[106]

Von seiner Grabung in Pergamon aus meldet sich Erich Boehringer gewohnt kryptisch bei Hermine:

„Märchen schrieb mir von Meyers [Willy Meyer, ‚Der Kampf um Nobile'] Plan. Ich sehe darin was Gutes wie was Riskantes. ... Sollte Umberto sich doch entschliessen zu gehen – und vielleicht wird er es (er soll doch Behounek und Berson befragen) – und sollte er mich dort benötigen, wie ich vermute – so bin ich am fünften Januar zur Stelle. Sag ihm, ich gehöre zu den Fremden, die sich seltener äusserten, aber lebendig blieben."[107]

Publizistisches Anrennen gegen die infame, politisch gesteuerte Verleumdung, erzwungene Untätigkeit, Existenznot, bevorstehendes Exil: Nobile befindet sich im Wellental seines Lebens. Verschnaufpausen gönnen in Rom nur die wenigen Freunde, die ihm über das deutsche Archäologentrio hinaus noch geblieben sind. Unter ihnen ragt der norwegisch-amerikanische Bildhauer Hendrik Christian Andersen (1872–1940) hervor, der in einer Gründerzeitvilla vor der Piazza del Popolo sein Atelier hat. 1928, als Nobile noch ein nationaler Held war, fertigte Andersen eine Porträtbüste des Generals.[108] Später hielt er ihm die Treue. „[Nobile] war 8 Tage im Gebirge bei Andersens gewesen und ist ein anderer Mensch geworden dadurch – heiter, fröhlich und frei von allem Gedrückten. Es war die helle Freude ihn so zu sehen", berichtet Märit. [109]

Unterdessen hält die Sowjetunion den Moment für gekommen, ihr Werben um Nobile zu verstärken. Bereits im Herbst 1929 hatte ihn ein russischer General bei einem Hausbesuch in der Via Sabotino gefragt, ob er sich vorstellen könnte, nach Moskau zu kommen und Luftschiffe für die Sowjetunion zu bauen.[110] Im Juni 1931 empfängt Nobile, der sich gerade mit seiner Tochter in Berlin aufhält, ein Telegramm aus Moskau. Es ist die Einladung zu einer Fahrt auf dem russischen Eisbrecher „Malyghin", der drei Jahre vorher ausgerückt war, die „Italia"-Besatzung zu retten; diesmal soll er Kurs auf Franz-Josef-Land im nördlichen Eismeer nehmen. Anschließend ist der Italiener nach Moskau eingeladen, um für einige Wochen russische Ingenieure bei der Konstruktion von Luftschiffen zu beraten, so das Angebot.

Nobile zögert nicht. Schon die Aussicht, wieder nützlich zu sein, beflügelt ihn, ganz zu schweigen von der Perspektive einer Rückkehr ins Eismeer, um nach Spuren der sechs Verschollenen seiner Expedition zu fahnden. Allerdings hält er die Sache vorerst unter Verschluss. Nicht nur seine Frau will er schonen, auch die deutschen Freunde lässt Nobile diesmal im Dunkeln tappen. Wo Nobile steckt, erfahren beide Freundinnen schlussendlich aus der Zeitung. „Das ist zwar sehr wenig, aber immerhin besser wie nichts", kommentiert Märit und schickt Hermine einen Artikel der „Vossischen Zeitung".[111] Einen Monat später reicht sie ihr einen Abschlussbericht über die Expedition aus den Leipziger Neuesten Nachrichten[112] weiter, den ihr im Institut der Priester und Christliche Archäologe Josef Montebaur gegeben hat. Nobile hoffte umsonst, zusammen mit den Expeditionsleitern der „Malyghin", in der angesteuerten Eismeer-Region auf die Überreste der „Italia" zu stoßen. Im September 1931 bringt die „Frankfurter Zeitung" eine Artikelserie über die Expedition: „Die rote Arktis: ‚Malygins' sentimentale Reise", gezeichnet von Friedrich Sieburg. Hermine Speier sammelt diese Reporterberichte. Sieben von ihnen liegen in ihrem Nachlass, versehen mit dem Erscheinungsdatum, das die Archäologin penibel darauf vermerkte.[113]

Mit der Arktisfahrt auf der „Malyghin" beginnt das Vorspiel zu Nobiles russischem Abenteuer. „An U.N. [Umberto Nobile] kann man noch nicht schreiben, erst in einigen Tagen. Ich lasse mir dann die Adresse geben und schicke sie Dir", informiert Märit im August 1931 Hermine.[114] Ende September trifft der Italiener eine Vereinbarung mit den Russen, hält aber fest, die Sache sei erst dann spruchreif, wenn die faschistische Regierung keine Einwände erhebe.[115] Nobiles Darstellung zufolge ist Mussolini erleichtert, ihn loszuwerden; möglicherweise spielt auch eine „private Bewunderung" des Regierungschefs für Nobile eine Rolle.[116] So übersiedelt der italienische Ex-General mit einer Handvoll bewährter Mitarbeiter, doch ohne seine Familie, nach Moskau. Im Mai 1932 nimmt er seine Tätigkeit in Russland auf. Bis Weihnachten 1936 wird er dort leben und im Auftrag Stalins halbstarre Luftschiffe bauen. In Nobiles Abwesenheit stirbt im Sommer 1934 in Rom seine Frau Carlotta.

5. KAPITEL

Lebenswenden: Politik und Geschick

1. Die Entlassung

Schon vor der nationalsozialistischen Machtübernahme Anfang 1933 ist Hermines Lage am römischen Institut wegen fehlender Mittel unsicher geworden. Wie wir sahen, waren es private Gönner, die Curtius seit seinem Amtsantritt 1928 seine ehrgeizigen Pläne zum Aufbau der Fotothek ermöglichten. Nach dem Ausbruch der Weltwirtschaftskrise von 1929 können die Sponsoren ihre Zusagen nicht mehr einhalten. Im Februar 1931 unterschreibt Hermine eine Vereinbarung, wonach ihr bereits zum 31.1.1931 gekündigter Arbeitsvertrag in Kraft bleibt, sofern sie einer Gehaltskürzung zustimmt.[1] Am 30. Juni 1932 läuft auch diese Übergangsregelung aus. Curtius ist politisch ein heller Kopf. Dass mit den Nazis nicht zu scherzen ist, hat er bereits bei einer unangenehmen Begegnung 1923 in Heidelberg erkannt. Er will seine jüdische Mitarbeiterin halten, weil er absehen kann, auf welches Szenario Deutschland zusteuert, und beschäftigt sie vorerst weiter.

Im selben Maß, wie Hermines Sorge um Deutschland wächst, intensivieren sich ihre Kontakte zur Familie in Frankfurt. Wie es um ihre engsten Verwandten steht, weiß sie aus erster Hand. Schon im Mai 1929 ist der geliebte kleine Bruder Erich zum ersten Mal nach Rom gekommen[2] und hat von beruflich wie wirtschaftlich wechselhafter Lage erzählt. Er versuchte damals gerade sein Jurastudium abzuschließen und arbeitete nebenbei in Frankfurt am Gericht. Dafür bekam er „keinen roten Heller“[3] und musste sich „bei den nicht gerade glänzenden Verhältnissen zu Hause jede Mark sozusagen erbetteln“; bei einem Rechtsanwalt unterzukommen, bestand „gar keine Aussicht“. Mit dem Vater ist Erich innerhalb Frankfurts Anfang 1930 umgezogen, von der Klettenbergstraße ins bescheidenere Ostend an den Röderbergweg. Die neue Wohnung hat „kein fließendes Wasser und keine Heizung“. Unter dem Haus fährt die Tram, „dafür ein dementsprechender Lärm. Doch auch hieran gewöhnt man sich.“ Am 7. Dezember 1930 verstirbt an einem Herzschlag die Mutter, die zuletzt vom Vater getrennt lebte. Hermine eilt bestürzt nach Frankfurt, schließt Brüder, Vater und Tanten in die

Arme. Johanna Speier ist 61 Jahre alt geworden. Sie wird am Neuen Jüdischen Friedhof in der Eckenheimer Landstraße beigesetzt.

Das nächste Mal reist Hermine im Sommer 1932 nach Hause. Die Leute kommen ihr verändert vor, das Land verarmt und innerlich rastlos. Die Luft vibriert von düsterer Zukunft. Am 31. Juli 1932 wählt Deutschland einen neuen Reichstag. Vorab liefern sich Nationalsozialisten und Kommunisten Straßenschlachten. Es „wird gejagt, gehetzt, geschlagen und gemordet", berichtet Erich Boehringer aus Greifswald.[4] Dutzende Todesopfer sind in Deutschland zu beklagen. Zugleich absolviert Adolf Hitler einen aufwändigen Wahlkampf. Im Flugzeug lässt er sich von Rede zu Rede fliegen. Am 28. Juli 1932 schwingt er nacheinander in Aachen, Köln, Frankfurt und Wiesbaden das große Wort. Hermine Speier hält sich während Hitlers Rede in ihrer Heimatstadt Frankfurt auf. Drei Tage später gibt sie bei der Wahl ihre Stimme ab. Die NSDAP wird mit Abstand stärkste Partei im Reich, verfehlt aber die absolute Mehrheit. „Deutschland hat mich tief ergriffen und lässt mich nicht mehr los", fasst Hermine ihre Eindrücke von jenem Sommer zusammen.[5] Sie ist „unruhig".

„Es ist so unerhört, was in Deutschland vor sich geht, was an Kraft, Spannung, zitterndster Erregung, tiefstem Ernst und beispielloser Haltung in diesem von Not überbelasteten Volke lebt, dass alle Verheissungen aus dem Boden zu wachsender Wirklichkeit zu werden scheinen."

Es ist, als ob Hermine sich vorsätzlich weigerte, ins allgemeine Klage- und Kampflied ihrer Landsleute einzustimmen. Stattdessen steuert sie in den Ferien mit Lise Salin zwei geistige Kraftorte Deutschlands an, die für Goethe und für Stefan George stehen, jene beiden Dichter, die Georgeaner stets im selben Atemzug nennen.

„Und dieses göttliche Land, gerade da wo ich war: Maintal und Taunus. Vom Wall des Altkönigs sah ich an einem etwas verhangenen Tag sich plötzlich im Westen die Wolken lichten und den Rhein wie ein breites gewundenes Band aufleuchten und das Mächtigste was mich ergriff und festhält war ein Abschiedssonntag, wo ich mit meiner Freundin am Nachmittag durch den Rheingau fuhr und den Sonnenuntergang von der Burg in [Stefan Georges Geburtsstadt] Bingen sah. ‚Ist es nicht der Fest-Saal Deutschlands' sagte [Robert Boehringer] zu mir als ich davon sprach; ‚nicht umsonst die Heimat der zwei grössten Dichter Deutschlands.'"

Zurück in Rom, verscheucht Hermine ihre deutschen Eindrücke und widmet sich vorübergehend praktischen Dingen. Im November 1932 zieht sie mit Märit in eine größere Wohnung in der Via Savoia 41,[6] die Tapezierer rücken an, das Mobiliar kauft man gewitzt bei Versteigerungen. Die Fenster des neuen Quartiers gehen zur Villa Albani, in der einst ausgerechnet Winckelmann wirkte, der Begründer der wissenschaftlichen Archäologie. Märit liebt es, auf dem Balkon zu sitzen und dem Prinzen Torlonia in seinen verschlossenen Park zu blicken, in dem beständig Gärtner die Blumenrabatten jäten und den Buchsbaum stutzen.[7] Ende des Jahres erhält Hermine zum zweiten Mal Besuch von ihrem Bruder Erich. Weihnachten geht sie, die formal immer noch Jüdin ist, mit Curtius bei den Benediktinern in S. Anselmo zur Mitternachtsmette, am 26. Dezember ist sie mit Erich in Perugia verabredet; die Geschwister verbringen vier Tage in Umbrien, Hermine zeigt dem Bruder die Schätze der mittelalterlichen christlichen Kunst in Assisi. Nobile ist in Russland und Hahland in die Wüste geschickt, da beginnt Hermine Anfang 1933 eine neue Liebelei mit einem frisch eingetroffenen Mitarbeiter an der Fotothek, Max Wegner.[8] „Hier geht es nicht immer leicht, fast immer aber schön", bekundet sie im März 1933 in einem Brief, der den Machtwechsel in Deutschland nicht streift.[9]

Am 30. Januar 1933 ist in Berlin Adolf Hitler als Reichskanzler vereidigt worden. Die zwölf Jahre der nationalsozialistischen Diktatur, die nun folgen, sind für Europa die folgenschwersten des 20. Jahrhunderts. Nach dem Reichstagsbrand Ende Februar werden im Deutschen Reich die Grundrechte faktisch aufgehoben. Am 1. April kommt es zu ersten gesteuerten Boykottaktionen gegen jüdische Geschäfte. Das am 7. April veröffentlichte „Gesetz zur Wiederherstellung des Berufsbeamtentums" ermöglicht es mit seinem „Arierparagraphen", Bedienstete jüdischer Herkunft aus dem Staatsdienst zu entfernen. Damit rollt auf alle öffentlichen Einrichtungen im Reich wie Universitäten, Schulen, Krankenhäuser und Behörden eine gewaltige „Säuberungswelle" zu. Sie wird auch das Deutsche Archäologische Institut, das zum Auswärtigen Amt gehört, und alle seine Niederlassungen erfassen.

„Ich habe in den letzten Wochen oft Deiner gedacht und wünsche Dir von Herzen, dass Du in Rom bleiben kannst", schreibt Langlotz aus Würzburg an Hermine.[10] Nur Tage später bittet er die frühere Verlobte in Rom um Hilfe für seine Freundin Käte Bruckmann, eine Säuglingsschwester.[11] Den „Arierparagraphen" erwähnt der vorsichtige Langlotz nicht, ihm zufolge sind es „einschneidende Sparmassnahmen", durch die Käte demnächst „ihre Stelle verlieren" werde; das Geschäft ihrer Eltern sei „in Liquidation". Er bittet Hermine sich zu erkundigen, ob Käte „nicht am deutschen, oder einem isr. Krankenhaus in Rom unterkommen könnte". Diese Anfrage ist die erste einer ganzen Serie, die Hermine in den kommenden fünf Jahren erreichen werden. Der Exodus bedrängter Juden und Oppositioneller aus Deutschland beginnt schlagartig mit Hitlers Machtübernahme, und Italien ist ein oft ins Auge gefasstes Zielland, obwohl auch hier ein Diktator herrscht.[12]

Noch mehr setzt Hermine das Schicksal ihres kleinen Bruders zu. Erich ist Anfang Mai 1933 in einer verzweifelten Fahrt abermals nach Rom gereist und steht plötzlich bei der Schwester vor der Tür; Hermine schilt ihn dafür, die beiden Tanten allein in Frankfurt zurückgelassen zu haben.[13] Doch muss sie ihm irgendwie helfen: Wie die meisten übrigen Juden in Deutschland sieht sich Erich in der Heimat keine Zukunft. Juristen, die den Bruder mit einem Job versorgen könnten, kennt Hermine nicht. So schreibt sie nach Genf an Robert Boehringer, den Mann mit den vielen Talenten. „Steht es fest, dass Ihr Herr Bruder in Frankfurt nicht als Anwalt tätig sein kann?", erkundigt sich dieser.[14] Die Schweiz habe gerade eine Verordnung erlassen, „wonach jeder, der sich binnen 48 Stunden nach seiner Ankunft als politischer Flüchtling bei der Behörde bezeichnet, in der Schweiz bleiben darf." Boehringer nennt Hermine den Strafgerichtspräsidenten Hans Oettinger in Basel, einen „Vetter von Gundolf. Ob Ihr Herr Bruder einmal an den schreibt und nach den Möglichkeiten in Basel fragt?" In Rom empfiehlt er Erich Speier, einen gewissen Dottore Tedaldi aufzusuchen, „Syndicus des Weinsäuresyndikates", den Boehringer wohl von seiner Managertätigkeit in der chemischen Industrie kennt. Vielleicht könne Tedaldi „einen Hilfsarbeiter, der deutsches Recht kennt, brauchen".

Dass Hermine selbst sich in Rom halten kann, „sei es im Institut oder sonst", scheint Robert Boehringer bei der Gelegenheit „ausser Zweifel". Er täuscht sich. War die Abteilung Rom vor 1933 laut Ludwig Curtius eine „glückliche Insel" der humanistischen Forschung, auf der Politik „keine Rolle spielte", so treten die Bekenner des Nationalsozialismus „nun auch gleich in dem Schwarz oder Braun ihrer Uniformen in Rom mit mir feindlichen Mienen im Institut selbst auf".[15] Die Luft wird dünn für Wissenschaftler ohne „arische" Abstammung oder mit jüdischem Ehepartner. Otto Brendel, bekommt im Juli „die Anfrage der Universität nach dem arischen Blut seiner Frau".[16] Ein Mann, der sich „Curt Speier" nennt, erkundigt sich in Hermines Abwesenheit im römischen Institut nach ihrer Adresse.[17] „Ein helfenwollender Verwandter oder ein Spitzel?", fragt Märit und rät Hermine, im Zweifel lieber den Verwaltungsleiter Kübber antworten zu lassen als selber zu schreiben.

Dass die Dinge auf einer übergeordneten Ebene massiv aus dem Lot geraten, realisiert Hermine Speier somit im Lauf des Frühjahres 1933. Am 25. Juni legt sie ein Bekenntnis ab:

„All das furchtbare Zerrissensein über Deutschland, das mir wie nie etwas zuvor bis in die Wurzeln des Daseins griff, ist beendet seit meinem klaren Wissen, dass ich zu Deutschland gehöre, was auch geschehen mag und ich habe zum ersten Mal ganz begriffen, was es heisst, das Vaterland auf Leben und Tod zu lieben."[18]

Was aber folgt aus solcher Liebe, wenn ihr Objekt, das Vaterland, zur Diktatur geworden ist? Noch versteht Hermine es selbst nicht. Ihr Gefühl liegt mit ihrer Vernunft im Widerstreit: „was wir eigentlich wünschen" scheine sich gerade zu verwirklichen – ihr Gefühl aber, ihre „Gewissheit für Deutschland“, sagt ihr das Gegenteil. Jedenfalls werde sie im August nach Deutschland reisen, weil sie „mit eigenen Augen sehen möchte“. Nur eines weiß, fühlt und schreibt sie sofort: Der neue deutsche Machthaber ist ihr zuwider.

„Ich kann nicht glauben, dass die Erfüllung so *aussehe: so bar aller wahren Würde, und so voller erschreckender Hybris (ich hörte Hitlers Rede vom 1. Mai am Radio und war lange verstört davon).“*

Binnen kurzer Zeit wird in Deutschland der Nationalsozialismus zur Bruchlinie im sozialen Geflecht der Beziehungen, was sich an Hermine Speier geradezu exemplarisch zeigt. Ausgenommen das kurze Interesse am Zionismus, hat ihre Herkunft bisher keine tragende Rolle in Hermines Leben gespielt. Das ändert sich nun. Die Frankfurter Archäologin steht im 35. Lebensjahr, als sie zur „Volljüdin“ erklärt wird, weil sie einer jüdischen Familie entstammt. Umgang mit ihr zu pflegen, bringt zunehmend Schwierigkeiten. Die Mehrzahl der Freunde hält ihr weiterhin die Treue, ja bekennt sich sogar ausdrücklich zu ihr. Andere aber rücken von Hermine ab. Eine neutrale Haltung einzunehmen, ist nicht mehr möglich. Einer versucht es Hermine gegenüber – und scheitert.

2. Die braune Bruchlinie

Werner Körte (1905–1945) ist Assistent an der Bibliotheca Hertziana, dem deutschen kunsthistorischen Institut in Rom. Er und Hermine sind einander gewogen, sie kennen sich von Besprechungsabenden mit Curtius, unter anderem einem in den Katakomben von San Pretestato an der Via Appia.[19] Hermine hat dem Kollegen ihre endlich gedruckte Dissertation zugesandt, die Körte mit überschwänglichem Lob quittiert. Im November 1933 schickt er ihr aus Oberbayern einen Brief, den er mit folgendem Bekenntnis einleitet:

„Kein Dritter soll Ihnen die Nachricht zutragen, mit der ich ehrlich und offen zu Ihnen kommen will: heute bin ich in die S.A. [Sturmabteilung] und damit in die Nationalsozialistische Partei eingetreten.“[20]

Er habe es nicht „tatenlos mit ansehen“ wollen, wie sich im Kern des Staates und der Partei „ein opportunistisches Überläufertum breit macht“, begründet Körte seinen Entschluss, der ihm „so schwer geworden ist wie noch kein anderer“. Das „geistige Gesicht des neuen Deutschland“ werde von „dieser“ Generation „geformt“, und so könne er die Verantwortung, die ihm „daraus aufspringt“, nicht von sich abwälzen. Auf den Vorwurf, er habe sich „für das Leben, aber gegen den Geist entschieden“, stelle er sich ein. Doch wolle er in der Partei seine hohen Maßstäbe nicht preisgeben, sondern sie im Gegenteil hineintragen „in die Reihen, in die ich mich stelle". Die judenfeindliche Rhetorik der braunen Regierung und ihre ersten handfesten „Säuberungsaktionen" hat Körte beim Schreiben sicherlich vor Augen. Er könne Hermine nicht bitten, seinen Schritt zu billigen, wisse aber, dass sie ihn „nicht mit den gemeinen Überläufern verwechseln" werde, „von denen es in Deutschland heute wimmelt". Zu guter Letzt ersucht er Hermine, seinen Eintritt in die Hitler-Partei den eventuell interessierten Kolleginnen und Kollegen am Archäologischen Institut mitzuteilen. Körte nennt die Namen Brendel, Klauser, Krauss, Crous, Scheler und Gütschow.

Hermine kommt der Bitte nach. Besonders eingehend tauscht sie sich über Körtes denkwürdige Mitteilung mit Friedrich Krauss aus. Er ist neben Crous und Brendel einer jener Kollegen, die kompromisslos und aus tiefer Überzeugung für Hermine Partei ergreifen. Krauss schreibt Körte eine lange Entgegnung und setzt ihm auseinander, warum er den Nationalsozialismus als Weg für Deutschland ablehnt. Auch Hermine antwortet Körte schriftlich.[21] Sie würde ihm nie den Vorwurf machen, er habe sich „für das Leben, gegen den Geist" entschieden. Hermine zitiert einen Vers Goethes, der in Kurzform auf ihrem Grabstein stehen wird: „Denn das Leben ist die Liebe und des Lebens Leben Geist". Bei ihm, Körte, sei sie gewiss, dass Geist und Leben „miteinander verbündet" seien. Sie begreife auch seine Sorge um den Staat, „die höchste, die wir alle haben, die uns heute ja fast an die Grenzen des Todes bringen und bis zum Wahnsinn zerreissen kann". Körtes Eintritt in Hitlers Nationalsozialistische Deutsche Arbeiterpartei jedoch kann sie „weder verteidigen noch rechtfertigen".

„Man kann darüber, glaube ich, nicht streiten, weil es an die Bereiche rührt, wo sich das eine menschliche Dasein von dem anderen schicksalhaft scheidet. ... Und eines glaube ich auch sagen zu dürfen, da ich mich immer wieder prüfe: ich kann, wenn ich die Dinge bedenke von dem Jüdischen und meiner persönlichen Betroffenheit absehen; mein Nein ist kein persönliches Nein in diesem Sinn, dazu ist mir Deutschland viel zu wichtig. Ich sage Nein, weil ich an ein Deutschland Hölderlins [Hölderlin durchgestrichen] glaube, das wie kein anderes Volk Schätze der Innerlichkeit und Lauterkeit, Kräfte des Willens und der Zucht besitzt und zu verwalten hat, nicht aber an eines der verführten Massen, des künstlichen Rausches und der lärmenden, aufgeblasenen Worte. Denn das hat Deutschland nicht nötig. Das ist sein Verderben, wenn es sich dann auch tausendmal mit scheinbar Richtigem verbindet."

Bei allem Vorbehalt gegen Körtes Eintritt in die Nazi-Partei: Hermine verstößt den abtrünnigen Freund nicht. Nein, im Gegenteil, die „Volljüdin" verabredet sich mit dem „Parteigenossen" und seiner Frau, um gemeinsam in Museen der Stadt ausgewählte Werke griechischer Bildhauerkunst zu bewundern.[22] Nach Humanistenart schreibt Hermine der Kunst der alten Griechen eine moralisch reinigende Kraft zu. Ist es ein kleiner Exorzismus, dem sie den Nationalsozialisten dort in den Museumsräumen unterziehen will?

Wenn ja, zeigt er keine Wirkung; denn die in ihren Formen so kultivierte Auseinandersetzung mit Werner Körte kommt an ein Ende, das wir, den Entwicklungen vorausgreifend, hier unmittelbar anschließen. Der „Showdown" ist eine stumme kleine Szene im öffentlichen Raum, auf der Piazza Colonna, in deren Mitte die prachtvolle antike Mark-Aurel-Säule sich in den römischen Himmel schraubt. Ein Jahr ist vergangen, seit Körte der Hitler-Partei beitrat und Hermine ihm eine halbe Lossprechung erteilte. An einem Tag im Herbst 1934 flaniert das deutsche Ehepaar Körte, ins Gespräch vertieft, an der Säule vorbei, als Hermine Speier die Piazza betritt, ihre Landsleute sieht, von ihnen gesehen wird – und dennoch ungegrüßt weitergeht. Hermine ist in tiefster Seele verletzt. Als Nationalsozialist hat Körte ihr, der Jüdin, den Gruß versagt, so interpretiert sie die Szene.

Eindringlich bittet der Kunsthistoriker nun um Abbitte. Er habe sie zu spät erblickt, beteuert er in einem Brief, er sei im Begriff gewesen, ihr „nachzurufen und zu -eilen", wäre da nicht die Überlegung gewesen, dass „sich das bei einer Dame nicht gehöre".[23] Sie wisse doch, dass er immer alles getan habe, um auch „andersdenkenden Freunden" den Glauben an seine „aufrichtige Ritterlichkeit zu erhalten". Keineswegs habe er eine „plötzliche Charakteränderung" durchlaufen. Hermine hat an diesen Beteuerungen offenbar gezweifelt. Weitere Kommunkationsversuche Körtes liegen nicht in ihrem Nachlass. Es scheint das Ende der Freundschaft gewesen zu sein, Werner Körte starb 1945.

Möglicherweise blieb Hermine deshalb stumm und unversöhnlich, weil die Szene auf der Piazza Colonna sich in eine flächigere Kulisse politisch grundierter Entfremdungen einordnet. Bezeichnenderweise eröffnete Körte seinen Entschuldigungsbrief an Hermine mit einem Verweis auf Märit Furtwängler-Scheler. Diese habe ihn gefragt, „ob neuerdings dem Nationalsozialisten bestimmte Grußbeschränkungen auferlegt seien"; da erst sei ihm die grußlose Begegnung mit Hermine wieder eingefallen. Als sich die Episode auf der Piazza Colonna zuträgt, leben Märit und Hermine schon seit mehreren Monaten getrennt.

Die Entzweiung der beiden Frauen hat sich lange ankündigt. Es war ein beständiges Ringen in mehreren Disziplinen, hauptsächlich aber auf dem Feld der Politik. Märit hegt innige Bewunderung für „starke Männer". „Ich bin tief beeindruckt von der Persönlichkeit von Mussolini, er ist unglaublich faszinierend, hat wirkliche Grösse", gesteht sie der Freundin bereits im Sommer 1929,[24] als sie und Erich Boehringer am Nemisee südlich Roms zufällig auf Mussolini treffen und sich mit dem Faschistenführer über die zwei römischen Kultschiffe unterhalten, die Ausgräber gerade aus dem See bergen. Als Hitler in Deutschland schon an der Macht ist, legt Märit eine seltsame Fühllosigkeit für Hermines Lage an den Tag. Unbeschwert plappert sie vom Horst-Wessel-Lied, das nun dank Kübbers Import einer entsprechenden Grammophonplatte laut durch die Gänge des Instituts schallt;[25] das Lied gilt als braune Parteihymne. Der Freundin, die in jenem Sommer 1933 ihre verunsicherte, verarmte und die Emigration erwägende jüdische Familie in Frankfurt besucht, rät Märit ohne ein Wort der Anteilnahme, sich zu erholen und dabei nicht auf die Kosten zu achten, weil es ihrer Familie nicht helfe, „wenn Du Dir ein paar Mark absparst und sie ihnen gibst".[26] Sie wisse wohl, schreibt sie wenig später, wie sehr Hermine „durch das in Deutschland Geschehene und Gesehene" leide, und dieses Leiden sei wohl der Grund für ihre Kühle ihr, Märit, gegenüber.[27] Offen fragt sie, „ob es Sinn hat wenn wir weiter zusammen leben". Sie selbst habe „Sehnsucht wieder in voller, reiner und ganzer Freundschaft und Nähe" mit Hermine zu sein.

Der gute Wille ist beiderseits vorhanden. Doch addieren sich zu den weltanschaulichen Differenzen entlang der braunen Bruchlinie weitere Faktoren, darunter Märits Lebensuntüchtigkeit und Hermines Eifersucht rund um ihr persönlich wie politisch verunglücktes Techtelmechtel mit Max Wegner. Später skizziert Märit den Blick von ihrer Warte folgendermaßen:

„Leider wurde unsere Freundschaft in der ... Zeit, die Frl. Speier das Institut verlassen musste, dadurch getrübt, dass sie sich in einen Hilfsassistenten [Max Wegner], der nicht nur aussergewöhnlich archäol. begabt, sondern auch literarisch gebildet, dann auch gross, schlank, hellblond u. blauäugig, also sehr anziehend war, sehr verliebte und ihm dies leider allzu sehr zeigte. Er kam hilfesuchend öfters zu mir u. bat mich, ihr verständlich zu machen, wie sehr er sie schätze und verehre, dass er sie aber nicht lieben könne. Meine Versuche, dies zu tun, bestärkten sie in der Überzeugung, dass ich ihn für mich gewinnen wolle u. daher war sie voll Misstrauen u. Eifersucht auf mich. Dazu kam dann noch, dass dieser junge Mann ... gesinnungsmässig Nazi war, in der Form [?] wie so viele junge Deutsche damals die Versprechungen Hitlers für ein neues Deutschland unter Bagatellisierung seiner antijüdischen Ideen, ernst nahm[en]. Ich selbst fiel auch auf diese Ideologie herein."[28]

„Als Jüdin" habe Hermine Speier das Archäologische Institut verlassen müssen, referiert Märit im selben Text, und so entschuldigend wie verräterisch fügt sie hinzu: „auch wir durften nicht mehr zusammen wohnen." Im Februar 1934 zerbricht nach fünf Jahren die Wohngemeinschaft der beiden Frauen. Sie habe keine echte Wahl mehr gehabt, schreibt Hermine in einem langen traurigen Brief an Märits einzige Freundin Liesel Fischer, die in Köln mit einem jüdischen Mathematikprofessor verheiratet ist. Aus Hermines Sicht war es tatsächlich die unterschiedliche „Haltung", die der Freundschaft den Garaus machte.

„Denn mir scheint nach diesem Jahr die einzige Aufgabe, die ein so getroffenes Leben wie das meine noch hat, die zu sein: so eindeutig wie nur irgend möglich zu leben, so rein und ungestört wie möglich, das, was man als geistig Unantastbares erkannt hat und glaubt, zu bewahren und zu Ende zu leben. Das geht so aufs letzte und ums letzte, [dass] jede andere zu Halbheit führende Rücksicht daneben aufhören muss."[29]

Hermine zieht in ein Zimmer mit Balkon in der Via XX Settembre 98 c. Die ersteigerten Möbel werden auseinander dividiert, zwei sauber erstellte und unterfertigte Inventare verzeichnen jedes Stück und seinen Wert auf die Lira genau. Die meisten Möbel bleiben bei Märit, die bis Sommer 1936 das Apartment in der Via Savoia halten kann, ehe sie in bescheidenere Verhältnisse übersiedeln muss. Hermine schafft es zur selben Zeit dank ihres reichen Mentors Robert Boehringer, eine atemberaubende Wohnung auf dem Gianicolo-Hügel zu ergattern, die alle ihre Ansprüche übertrifft: von mittlerer Größe, mit Dachterrasse und Blick auf Tiber, Kuppeln und Dächer. Generationen von Archäologen und Rombesuchern erinnern sich noch heute an die Salita di Sant'Onofrio 23, in der Hermine Speier vier Jahrzehnte lang lebte, las, schrieb und viele Gäste empfing.

Doch zurück an die Abteilung Rom nach der nationalsozialistischen Wende. Anfang März 1934 steht fest, dass Hermine zum 1. April ausscheiden wird. „Alle Versuche, die Curtius noch gemacht hat, Geld aufzubringen sind gescheitert", schreibt sie an Schefold.[30] Ein Krisengipfel der Freunde tritt zusammen: Langlotz, Robert Boehringer und Erich Boehringer mit seiner Frau Ruth kommen nach Rom, um Hermine gemeinsam mit Curtius „Hilfe und Rat" zu bieten und „die notwendigsten Entschliessungen für die nächste Zukunft" zu fassen.

Die wichtigste Weiche stellt Ludwig Curtius. Schon Ende 1933 hat er einen einflussreichen vatikanischen Kollegen auf Hermine Speier aufmerksam gemacht. Curtius gehört seit Januar 1932 als Mitglied der Päpstlichen Römischen Akademie für Archäologie an. Deren Vizepräsident ist Bartolomeo Nogara, Direktor der Vatikanischen Museen und persönlicher Freund des regierenden Papstes Pius XI. Beim Heimgang nach einer Akademiesitzung legt Curtius dem Vatikanmann die Nöte seiner Fotothekarin dar.[31] Offen schildert er, wo das Problem liegt: Hermine Speier ist Jüdin, und er, Curtius, ist gezwungen sie zu entlassen. Er habe in Berlin versucht, diesen Schritt hinauszuzögern, doch sei ihm beschieden worden, Speiers Nachfolger werde schon bald in Rom eintreffen. Biete sich ihr keine andere Verdienstmöglichkeit in Rom, so müsse die übrigens sehr tüchtige Fotothekarin wohl nach Deutschland zurückzukehren, ein Land, in dem die seit einem Jahr regierende Partei eine wahre „Jagd auf Juden" veranstaltet, wie Curtius sich ausdrückt. Dass im Papststaat weder Frauen noch Juden so ohne weite-

Bartolomeo Nogara, Direktor der Vatikanischen Museen von 1920 bis zu seinem Tod 1954. Mit Einwilligung von Papst Pius XI., mit dem er befreundet ist, holt Nogara 1934 die Jüdin Hermine Speier ans Haus und verteidigt ihre Anwesenheit im Vatikan klug und souverän gegen alle Kritik.

res ein Amt erlangen, ist ihm sicher klar. Dennoch fragt er Nogara, ob dieser Hermine Speier nicht eine Stelle im Vatikan bieten könne.

Nogara ist von der Sache „tief erschüttert". Er hat Mitleid mit der deutschen Jüdin und ist sofort entschlossen, ihr zu helfen. Sorgfältig prüft der Museumsdirektor seine Möglichkeiten im Haus und legt sich Argumente zurecht, die er angesicht der erwartbaren Widerstände gegen die Anstellung einer Jüdin im Vatikan zücken kann. Da ihre Religion und ihr Frausein Gegebenheiten sind, gegen die – im Setting der Zeit und des Ortes – jedes Argument verstummen muss, verlegt sich Nogara ganz auf die fachliche Seite.

Die Vatikanischen Museen brauchen eine professionell aufgebaute Fotothek. Das ist dem Direktor soeben neu klargeworden, als er die bisher umfangreichste fotografische Dokumentation der Fresken in der Sixtinischen Kapelle eingeleitet hat.[32] Bei der neuen wissenschaftlichen Ausrichtung der vatikanischen Museumsarbeit kann es die Dringlichkeit einer Fotothek stichhaltig begründen. Unstreitig braucht es eine erfahrene Kraft zum Aufbau einer solchen Einrichtung. Ebenso unstreitig hat das Deutsche Archäologische Institut die größte und bestsortierte kunstwissenschaftliche Fotothek Italiens.

Wäre Hermine nicht im Begriff entlassen zu werden, Nogara müsste sie glatt abwerben. Nur kurze Zeit nach dem denkwürdigen Gespräch mit Curtius ruft Nogara den Kollegen an und stellt Hermine Speier eine Stelle in den Vatikanischen Museen in Aussicht. Es ist seine eigene Entscheidung, und sie ist kühn. Doch der Museumsdirektor ist zuversichtlich, sein Wort halten zu können. Hermine Speier ist ihm aufgrund ihrer Qualifikation willkommen, und dank ihrer Qualifikation kann Nogara die Beschäftigung einer Jüdin verteidigen. Vorrangig aber handelt der Katholik Bartolomeo Nogara aus „cristiana carità", aus christlicher Nächstenliebe, unterstreicht sein Sohn Antonio.[33]

Indes verzögert sich die Zusage aus dem Vatikan. In ihrer Not beginnt Hermine, indirekte Bettel- und Bewerbungsbriefe zu verschicken. Sie wendet sich an Gerhart Rodenwaldt, den nunmehrigen Vizepräsidenten des Deutschen Archäologischen Instituts in Berlin; Rodenwaldt, der sie damals in Gießen für die Archäologie gewann, Rodenwaldt, der „Magier", der ihre Einstellung in Rom ermöglichte,[34] Rodenwaldt, der sie vor kaum drei Jahren noch für ihre saubere Arbeit in der Fotothek lobte. Hermine könne, antwortet der Vizepräsident aus Berlin, „das Glück empfinden", dem Institut mit der Gestaltung der Fotothek „einen Dienst erwiesen zu haben, der unabhängig von allen menschlichen Einzelschicksalen weiterwirken wird."[35] Selbstverständlich stehe er ihr „für jede Unterstützung gern zur Verfügung". Freundliche, doch hilflose Zeilen. Ähnlich die Reaktion des Superintendenten für antike Monumente in Neapel, Amedeo Maiuri. Mit „lebhaftem Bedauern" habe er Hermines Nachricht über ihre „Entfernung vom Institut" aufgenommen; er hoffe, sie könne weiterhin in Rom arbeiten und „so gelassen wie möglich" ihrem „edlen Beruf der Gelehrten" nachgehen, mit freundlichen Grüßen.[36]

Auch Curtius lässt die „Causa Speier" keine Ruhe. So geht er noch andere Mitglieder der Päpstlichen Römischen Akademie für Archäologie um Hilfe für Hermine an. Zwei von ihnen melden tatsächlich Bedarf an ihrer Arbeitskraft an: Gaetano De Sanctis und Eugénie Strong. De Sanctis (1870–1957) ist seit 1930 Präsident der Akademie.[37] Papsttreu bis zum Punkt, den italienischen Staat abzulehnen, und legendärer Antifaschist, war er 1925 unter den Unterzeichnern des „Manifestes der antifaschistischen Intellektuellen" von Benedetto Croce. Ein verweigerter Treueschwur auf den Duce hat ihn vor gerade drei Jahren seinen Lehrstuhl an der römischen Universität gekostet. Der erblindende Althistoriker sucht eine Hilfskraft, die ihm gegen Honorar deutsche Fachliteratur vorliest. Robert Boehringer rät Hermine Speier ausdrücklich, diesen Dienst zu übernehmen: Der Name De Sanctis habe „so guten Klang, dass ich nicht ablehnen würde, selbst wenn eigene Arbeit nun nicht möglich wird."[38] Der Kontakt mit dem großen italienischen Gelehrten muss für Hermine auf wissenschaftlicher wie auf menschlicher Ebene bereichernd gewesen sein und setzt sich bis mindestens in die ersten Kriegsjahre fort.

Als kurz und intensiv erweist sich Hermine Speiers Zusammenarbeit mit Eugénie Strong (1860–1943).[39] Der Name der britische Archäologin ist Hermine schon in Heidelberg aufgefallen: Sie war die einzige Frau, die nicht als Name einer Statue, sondern als Autorin von Fachliteratur aufschien. Namentlich ihre beiden 1907 und 1923 herausgekommenen Bücher über römische Skulptur galten als Standardwerke. Nach Rom kam die verwitwete Eugénie Strong 1909 als Vizedirektorin der British School, des geisteswissenschaftlichen Forschungsinstitutes ihres Landes, warf aber 1925 im Streit hin. 1922 wurde die britische Katholikin erstes weibliches Mitglied der Päpstlichen römischen Akademie für Archäologie.

Gerade in der Zwischenkriegszeit gilt sie als herausragende Gestalt der römischen Gelehrtenwelt. In ihrer Wohnung in der Via Balbo 35 auf dem Viminal, in Sichtweite des Innenministeriums, führt Eugénie Strong einen internationalen Salon. Studiert hatte die als große Schönheit ihrer Epoche geltende Britin als Postgraduate in München bei Adolf Furtwängler. Seit dieser Zeit kennt sie auch Ludwig Curtius, den sie in Rom wiedertrifft. Curtius frequentiert ihre Salons, die er in seinem Nachruf auf die Kollegin rühmt.[40] Nicht auszuschließen ist, dass auch Hermine Speier gelegentlicher Gast in der Via Balbo ist. Persönlich kennt sie Eugénie Strong seit spätestens Oktober 1929, die Britin kann die junge deutsche Kollegin „gut leiden".[41] So engagiert sie sie nach Curtius' Hilferuf 1934 als Teilzeit-Assistentin.

Als „Vermittlerin und Versöhnerin" charakterisiert Curtius die Britin in seinem Nachruf. Zu ihren Lebzeiten aber neigt man überwiegend zu der Ansicht, dass mit Eugénie Strong nicht immer gut Kirschen essen ist. Insbesondere hat sie einen hohen Verschleiß an Assistentinnen. Eine von Hermines Vorgängerinnen an dieser Stelle ist Joan Yeo Marsh. Sie erinnert sich folgendermaßen an ihre Tätigkeit:

„Ich musste Briefe schreiben und hochgestellte Persönlichkeiten verschiedener Nationen korrekt adressieren (etwas Deutsch waren für die Stelle verlangt, und Französisch wurde vorausgesetzt). Ich muss gestehen, manchmal fand ich einen zerrissenen Umschlag mit Korrekturen darauf, wenn mich mein Wissen und meine Phantasie über einen Titel hatte stolpern lassen. Mrs. Strong war manchmal explosiv, aber grundsätzlich sehr geduldig mit mir. Als ich mich für die Stelle bewarb, wurde mir gesagt, dass keine Sekretärin bei Mrs. Strong lang durchhielt, und so trug mich der Abenteuersinn über Höhen und Tiefen."[42]

Selbstaussagen Hermine Speiers über ihr Tätigkeit an der Seite Eugénie Strongs sind nicht überliefert. Im Freundeskreis nennt man die Britin „Witwe Stark" oder „Witwe Hurtig", deutlicher nur Marianne Schefold: „zermürbende Hexe".[43] Hermine erwägt mehrmals, ihr Engagement in der Via Balbo auslaufen zu lassen, doch allem Anschein nach bleibt sie der Gelehrten bis mindestens Oktober 1935 treu, also über ihren Dienstantritt am Vatikan hinaus. Auch im Nachhinein betrachtet scheint Hermine nicht übermäßig unter Strongs starkem Auftritt gelitten zu haben. Gerade in den letzten Lebensjahren der Britin wird Hermine die mittlerweile verarmte Greisin schätzen und unterstützen; und unter Lebensgefahr wird sie sich 1943 bei ihrem Requiem blicken lassen. Doch davon später.

3. Der erste Arbeitstag beim Papst

Am 15. September 1934, einem Samstag, tritt Hermine Speier ihren Dienst in den Vatikanischen Museen an.[44] Das Portal, das sie an ihrem ersten Arbeitstag durchschreitet, hat Papst Pius XI. erst im Vorjahr feierlich eingeweiht und gesegnet. Es liegt an der Nordseite des Vatikanstaates. Hermine hat den Petersplatz überquert, ist hügelan die hohe Mauer entlang bis zu diesem neuen Eingangstor gegangen, über dem das Wappen des regierenden Papstes Pius XI. prangt, flankiert von Michelangelo und Raffael in Travertin. Hinter dem Tor führt eine ebenfalls neue, große spiralförmige Bronzerampe in die Höhe der päpstlichen Sammlungen wie in einen Himmel der Kunst.

Der Norditaliener Bartolomeo Nogara wirkt schon seit gut drei Jahrzehnten im Vatikan, wo er mit seiner Familie auch wohnt. Die Leitung der päpstlichen Museen hat der anerkannte Etruskerforscher seit 14 Jahren inne. Mit der deutschen Fotothekarin hatte er beruflich schon zu tun: Bei der Vorbereitung eines Referats am Deutschen Archäologischen Institut rief er sie im Februar 1934 wegen Fotomaterial an,[45] und es ist nicht auszuschließen, dass sie ihm wegen ihrer Effizienz auffiel. Der vielbeschäftigte Museumsdirektor ist am ersten Arbeitstag seiner neuen Mitarbeiterin nicht im Haus, lässt sich aber von seinem „Alter Ego" berichten. „Am Samstag, den 15. hat Fräulein Speier ihren Dienst aufgenommen. Sie setzt jeden Tag ihre Arbeit im Fotoarchiv fort", meldet Verwaltungsleiter Francesco Quadrani dem Chef.[46] Quadrani dürfte es auch gewesen sein, der Hermine Speier mit dem vertraut macht, was in den Museen die Stätte ihres Wirkens sein wird.

Das Fotoarchiv ist direkt der Generaldirektion angeschlossen, Nogara und Hermine Speier werden eng zusammen arbeiten. In den Räumen, die die Archäologin an ihrem ersten Arbeitstag sieht, riecht es wohl noch ein wenig nach Farbe: erst im April war die Generaldirektion an ihren neuen Sitz gezogen.[47] Waren die Büros früher verteilt auf einige enge Dienstzimmer über der Stanze des Torso vom Belvedere mit Blick auf die römische Piazza del Risorgimento, so liegt die Führungsetage der päpstlichen Museen nun etwas bequemer im zweiten Stock der neuen vatikanischen Pinakothek und hat immerhin zwölf Räume, darunter einen Konferenzsaal. Nogara erwähnt diesen Umzug in seinem Vierjahresbericht 1930–1934 für die Päpstliche Römische Akademie für Archäologie. Sein Rechenschaftsbericht ist auch mit Blick auf die Fotothek aufschlussreich, weil er deren Bestände zusammenfasst und nebenbei, wenngleich ohne ihren Namen zu nennen, die ordnende Arbeit Hermine Speiers erwähnt:

„Zusammen mit den Büroräumen der Generaldirektion wurden eine kleine Präsenzbibliothek und ein Fotoarchiv eingerichtet, das bereits mehr als 20.000 Negative enthält und derzeit in einer eigenen Kartei erfasst wird. Rund 15.000 dieser Negative stammen aus der Sammlung des bekannten römischen Fotografen Romualdo Moscioni: 5.957 wurden von der Päpstlichen Zentralkommission für Sakrale Kunst in Italien erworben und den Museen zur Aufbewahrung überlassen, und alle betreffen sakrale und profane Monumente Mittelitaliens, aber besonders Roms: Kirchen, Basiliken, Paläste und päpstliche Einrichtungen.“[48]

Den Grundstock des Fotoarchivs bildete also die 1931 und 1932 in zwei Schüben angekaufte[49] Teilsammlung von Romualdo Moscioni (1849–1925). Mit Bildern dieses Fotografen war Hermine Speier bereits am Deutschen Archäologischen Institut in Berührung gekommen. Moscioni war einer der besten seines Faches in der Archäologie-, Architektur- und Kunstfotografie, auf die er sich in den 1880er Jahren spezialisiert hatte. Unter seinen Auftraggebern als freier Fotograf fanden sich italienische Ministerien, Roms zahlreiche Akademien und ausländische Institute sowie Museen in ganz Europa. Moscioni lieferte nach Berlin, Kopenhagen und Sankt Petersburg.

24.900 Bilder verzeichnet Moscionis letzter Werkkatalog, den der Fotograf selbst 1921 veröffentlichte. Von den Negativen dieser Bilder befanden sich rund drei Fünftel im Vatikan, als Hermine Speier dort anfing: 15.077 Fotonegative von Romualdo Moscioni auf Glasplatten in drei verschiedenen Formaten, 13x18, 21x27 und 30x40.[50] Die Fotos bildeten, wie Nogara schrieb, die bedeutendsten römischen und vatikanischen Objekte ab: nicht weniger als 70 Mal hatte Moscioni zwischen 1872 und 1923 in den Vatikanischen Museen fotografiert, wie aus den Autorisierungsregistern hervorgeht.[51]

Abbildungen wie diese sind unerlässlich für Publikationen. Doch Nogaras Vision seines neuen Fotoarchivs geht über eine bloß statische Dokumentation der Kunstwerke hinaus. Der Museumsdirektor will seine Bilddatenbanken ausdrücklich auch für konservatorische und wissenschaftliche Zwecke angelegt wissen, eine Vision, die in die Zukunft weist.

„Der Rest des Archivs, das von Tag zu Tag wächst, betrifft besonders die Päpstlichen Sammlungen [d.h. die Vatikanischen Museen] und ist dazu bestimmt, wertvolle Dienste für deren Geschichte und Konservierung zu leisten,

weil hier die fotografischen Reproduktionen, Negative wie Positive, aller Monumente vor und nach der Restaurierung bewahrt werden, als notwendige Dokumentation ihres Konservierungsstandes und als wertvolle Bezugsdaten für sämtliche Untersuchungen, die man in Zukunft durchführen will."[52]

Dokumentation der Eingriffe bei Restaurierungen, Vorher-Nachher-Fotos: Auch in diese Richtung soll das Archiv wachsen. Nogara selbst hat die ersten Schritte bereits getan. Deshalb findet Hermine Speier als jüngste Neuzugänge im Fotoarchiv rund 300 Negative und Abzüge großer Michelangelo-Fresken vor: des „Jüngsten Gerichtes" in der Sixtinischen Kapelle und der Spätwerke Michelangelos in der Paulinischen Kapelle.[53] Es handelt sich um die ersten erschöpfenden Fotodokumentationen der beiden Kapellen überhaupt. Und schon im Vorjahr hat Verwaltungsdirektor Quadrani 100.000 Karteikarten „für die Transkription der zu den Fotografien gehörigen Daten" angekauft, nebst vier Archivschränken aus Stahl und einer Schreibmaschine.[54]

Zunächst gilt es, Ordnung in die planlos gewachsene Fotosammlung zu bringen. Damit ist Hermine Speier vertraut: Nichts anderes hat sie gemacht in ihren sechs Jahren am Deutschen Archäologischen Institut. Auch dort war ihre ordnende Hand die erste, auch dort war die Sammlung sehr umfangreich. Eine bessere Fachkraft als die junge Deutsche hätte der Vatikan für diese Augias-Aufgabe in den Museen nicht finden können. Hermine bleibt unbeeindruckt. Sie verschafft sich einen Überblick über das Material, sichtet Glasplatten und Abzüge, hört sich die Ideen ihres Chefs an. Dann erstellt sie einen Arbeitsplan in vier Punkten. Dieses eine maschinschriftliche Blatt hat sich im Historischen Archiv der Vatikanischen Museen und als Durchschlag in Speiers Nachlass erhalten.[55] Es trägt kein Datum, keine Unterschrift und keine Anrede, ist aber als „Gründungsdokument" des Fotoarchivs ein wertvolles Zeugnis, wie Rosanna di Pinto in ihrem gut belegten Aufsatz zu Recht festhält.[56]

In ihrem soliden, aber nicht fehlerfreien Italienisch unterbreitet Hermine Speier folgende Vorschläge: Erstens das Identifizieren, Ordnen und Erfassen der vorhandenen Glasplatten nach einem doppelten Ablagesystem, zum einen nach dem Standort des abgebildeten Objektes, zum anderen nach dem Aufbewahrungsort der Glasplatte. Zweitens das Kopieren der Glasplatten, um daraus nach Epochen und Unterkategorien geordnete Fotoalben der Kunstwerke anzufertigen. Drittens schlägt Speier vor, die neu entstehenden Negative gleich in diese von ihr entworfene Ordnung miteinzubeziehen, sodass sie sofort nutzbar sind. Und viertens sind die Abzüge zu ordnen, von denen keine Glasplatten vorliegen.

Hermine Speier weiß, dass dieser Arbeitsplan über ihre Zukunft entscheidet. Um es dem Vatikan zu erleichtern, ihr als gewissermaßen doppeltem Fremdkörper, als Frau und als Jüdin, die Stelle zu geben, muss sie sich so kompetent, so nützlich und so bescheiden wie möglich präsentieren. Es ist anzunehmen, dass sie sich bei Ludwig Curtius Rat geholt hat. Und sie verarbeitet diesen Rat gut. So fasst sie in diesem knappen Text über das Grundthema „Ordnung und Benutzbarkeit des Archivs" hinaus zwei Horizonte ins Visier: Wissenschaft und Geld.

Zum einen suggeriert sie, ihre Arbeit könne später zur Grundlage eines gedruckten Katalogs aller Bilder der vatikanischen Museumsfotothek werden. Nun sind Kataloge von Museen und Sammlungen bereits damals ein unerlässliches Handwerkszeug für die akademische Kunstbetrachtung. Allen voran die wissenschaftlich ausgerichtete Archäologie und Kunstgeschichte in Deutschland braucht Kataloge und ist zugleich führend im mühsamen Geschäft ihrer Erstellung. Italiens Kunstsammlungen sind bei der Katalogisierung bereits auf einem guten Weg, die päpstlichen Sammlungen hingegen hinken nach. Für die Vatikanischen Museen wird beispielsweise erst zwei Jahre später, 1936, ein Katalog der im Magazin verwahrten Skulpturen erscheinen, der österreichische Archäologe Guido Kaschnitz von Weinberg arbeitet daran, und Hermine Speier weiß von diesem Vorhaben ihres Kollegen am DAI.[57] Kurz, einen Katalog der reichen vatikanischen Fotothek als Hilfsmittel der Wissenschaft in Aussicht zu stellen, ist geschickt. Ein solches Vorhaben muss den Geschmack Nogaras treffen, der in den Vatikanischen Museen ein wissenschaftliches Regiment eingeführt hat und sich darin von seinem höchsten Vorgesetzten, dem früheren Kardinalbibliothekar und jetzigen Papst Pius XI., unterstützt weiß.

Ebenfalls nicht ohne List weist Hermine Speier in ihrem Arbeitsplan zweimal darauf hin, dass ein wohlgeordnetes Fotoarchiv Einnahmen verschafft. Die von ihr angeregten, nach Epochen geordneten Postkarten-Alben etwa präsentiert sie den vatikanischen Oberen als hilfreich für die Wissenschaft und interessant für den Verkauf. Nicht nur Gelehrte, sondern auch die viel größere Gruppe der Gebildeten macht sie als Zielgruppe ihrer Arbeit in der Fotothek aus. Die Geschichte der Vervielfältigungsindustrie, die in den 1930er Jahren noch in den Kinderschuhen steckt, wird Hermine Speier Millionenmal recht geben.

Als letzter Punkt des Papiers findet sich ein Vorschlag über ihre Arbeitszeit. „Es scheint mir nötig, jeden Tag mindestens vier Stunden hintereinander zu arbeiten", schreibt Hermine. „Da ich die genaue Menge des zu ordnenden Materials nicht kenne, kann ich die Dauer der Arbeit nicht exakt angeben, meine sie aber nach einigen Monaten Arbeit präzisieren zu können." Die Ordnung des Fotoarchivs ist also ein Projekt auf Jahre, wie allen Beteiligten klar sein muss. Honorarvorstellungen äußert Hermine Speier keine. Von einer Halbtagsbeschäftigung, zumal auf Stundenbasis, kann sie jedenfalls nicht leben. Warum sie nicht auf eine ganze Stelle drängt? Wieder liegt die Mutmaßung nahe, sie vermeidet es aus Klugheit, ihren potentiellen Arbeitgeber und Retter in der Not zu überfordern. Hermine Speier braucht diesen Job wie ein Stück Brot. Sie weiß, dass sie im Papststaat ein zweifaches Handicap hat. Sie kann nicht hoch pokern.

Gleichzeitig scheint die Aufgabe, die vor ihr liegt, groß wie ein Berg. „Die Magazine und Bestände an schon vorhandenen Glasplatten sind wenig geordnet und identifiziert", erklärt Hermine. Das ist eine sachlich korrekte Umschreibung von Chaos. Drei Monate zuvor musste Francesco Quadrani dem Metropolitan Museum of Art in New York eingestehen, er könne die von dort angefragten Fotografien nicht finden, und das sei der Tatsache geschuldet, „dass wir die Fotografien mit den Moscioni-Nummern in einem sehr schlechten Ordnungszustand ankauften".[58] In anderen Worten, die Fotosammlung der Vatikanischen Museen, einer der bedeutendsten Kunstsammlungen Europas, ist zu diesem Zeitpunkt praktisch unbenutzbar.

Dabei waren erste Ordnungsarbeiten im Fotoarchiv schon zwei Jahre davor angelaufen. Von Juli bis Dezember 1932 waren drei Museumsbedienstete zusätzlich zu ihren gewöhnlichen Tätigkeiten damit beauftragt, ein Foto-Inventar zu erstellen.[59] Einer von ihnen hatte diese Knochenarbeit bereits 1928 für sechs Monate getan. Es handelte sich um ungelernte Kräfte, darunter ein Museumswärter, und sie erledigten diese Inventarisierung in Überstunden. Es war ein bescheidener Anfang, der einen Mann vom Schlag Nogaras nicht zufriedenstellen konnte. Rosanna di Pinto schreibt:

„Im Januar 1933 schlug der Generaldirektor der Museen, Bartolomeo Nogara, dem Grafen Camillo Serafini [Leiter des vatikanischen Governatorates] die Anstellung von Deoclecio Redig de Campos, eines Kunsthistorikers brasilianischen Ursprungs, der 1918 nach Rom gekommen war, als Assistent für das Fotoarchiv der Generaldirektion vor. Das Ansuchen wurde per Beschluss des Gouverneurs rasch genehmigt; doch der sofortige Aufstieg Redig de Campos' zum Assistenten der Abteilung für byzantinische, mittelalterliche und moderne Kunst mit der damit verbundenen Erweiterung seiner Kompetenzen schuf die Notwendigkeit, einen anderen Mitarbeiter zu bestimmen, der sich ausschließlich der Ordnung des Archivs widmen könne, mit besonderer Berücksichtung der Sammlung Moscioni. Diese neue Kraft wurde gefunden in der Person von Frau Dr. Hermine Speier ... Curtius empfahl sie Nogara, der sie mit der Genehmigung des Heiligen Vaters in den Museen aufnahm und ihr die Ordnung des Archivs anvertraute."[60]

Auf einige Punkte dieser Zusammenfassung wird zurückzukommen sein, namentlich auf die Frage, wie es sich mit der „Genehmigung des Heiligen Vaters" zur Beschäftigung der Jüdin Hermine Speier im Vatikan verhielt.

Exkurs: Der Vatikanstaat seit 1929

An dieser Stelle öffnen wir einen längeren Exkurs. Um zu verstehen, welchen Stellenwert die Beschäftigung einer deutschen Jüdin ab 1934 in den päpstlichen Kunstsammlungen hat, muss man wissen, was eigentlich gemeint ist, wenn vom „Vatikan" die Rede ist.

Als Hermine Speier in die Dienste des Papstes trat, war der „Staat der Vatikanstadt", wie er korrekt heißt, erst fünf Jahre alt. Er entstand 1929 und war letzter Rest und Nachfolger des 1870 untergegangenen Kirchenstaates, den italienische Truppen assiert hatten. Dem Papst blieb nur der winzige Vatikanhügel mit dem Grab des Apostels Petrus, und selbst um dieses Refugium musste er fürchten. Alle Päpste der folgenden sechs Jahrzehnte zogen sich auf den Vatikanhügel zurück und verließen ihn nie wieder bis ans Ende ihrer Tage. Erst die Lateranverträge von 1929 zwischen dem Heiligen Stuhl und Italien setzten der so genannten „römischen Frage" ein Ende.

1922 bestieg der norditalienische Kardinal Achille Ratti, der für die Zukunft Hermine Speiers so bedeutend werden sollte, den Papstthron. Er gab sich den Namen Pius XI. Mit ihm war ein Papst im Amt, der eine rasche und pragmatische Beilegung des lähmenden Konflikts mit Italien wünschte.[61] Nur wenige Monate später wurde Benito Mussolini Italiens Regierungschef. Der Faschistenführer war ebenfalls an einer Lösung der „römischen Frage" interessiert, weil er sich davon internationales Prestige erhoffte. Daher trug der Faschismus der ersten Jahre eine betont kirchenfreundliche Politik zur Schau. Seine Marschrichtung war allerdings bereits zu jenem Zeitpunkt in Ansätzen totalitär und antidemokratisch, was sich bald weiter verschärfen sollte. In der Tat sollten die Beziehungen zwischen Mussolini und Papst Pius XI. schon bald nach dem Abschluss der Lateranverträge empfindlich abkühlen.

Am 11. Februar 1929 setzten beide Parteien ihre Unterschrift unter die Dokumente: Benito Mussolini für Italien, Kardinalstaatssekretär Pietro Gasparri für den Heiligen Stuhl. Die Lateranverträge setzen sich aus drei Abkommen zusammen: Erstens der Vertrag, mit dem der Vatikanstaat unter Verzicht auf den Kirchenstaat geschaffen wird, zweitens ein Konkordat zur Regelung des Verhältnisses von Kirche und Staat im Königreich Italien, drittens ein Finanzabkommen im Sinn eines Ausgleichs für den verlorenen Kirchenstaat. Erst mit den Lateranverträgen war die grundsätzliche Unterscheidung zwischen Heiligem Stuhl und Vatikanstaat ausformuliert. Der Heilige Stuhl ist das Zentrum der katholischen Weltkirche, der Vatikanstaat hingegen das kleine Stück Land, auf dem der Heilige Stuhl gleichsam steht. Der Vatikanstaat umfasst 44 Hektar, im wesentlichen Petersdom und Petersplatz, vatikanische Gärten und Papstpalast inklusive Kunstsammlungen, zuzüglich einige exterritoriale

Gebiete in Rom und Umgebung wie die päpstlichen Basiliken und die Sommerresidenz Castelgandolfo. Absoluter Herrscher über beide Einheiten, Vatikanstaat und Heiliger Stuhl, ist der Papst. Mit der Geburt des Vatikanstaates wurde die katholische Kirche von weltlichen Mächten unabhängig. Der 11. Februar ist bis heute Staatsfeiertag im Vatikan.

Für die enteigneten Besitztümer erhielt der Papst eine Milliarde und 750 Millionen Lire Entschädigung. Das war erheblich weniger als der reale Wert der 1870 kassierten Kirchenbesitzungen, dennoch eine schöne Summe Geld, die dem Papst fürs erste ausreichende Mittel bot, um aus dem Nichts einen funktionierenden Kleinstaat zu schaffen. In den vorangegangenen 60 Jahren nämlich hatte die Ungewissheit der römischen Frage zu Lähmungserscheinungen im Vatikan geführt, denn wer dauernd eine Beschlagnahme fürchten muss, investiert kein Geld in seine Güter. Die Bausubstanz im Vatikan war heruntergekommen, die Infrastruktur rückständig. Was nun geschah, war wie ein Luftschöpfen nach 59 Jahren angehaltenem Atem.

Bei ihrem Dienstantritt in den Vatikanischen Museen 1934 fand Hermine Speier einen in weiten Teilen neu gebauten Staat vor. Die Lateranverträge lösten auf dem Vatikanhügel einen beispiellosen Bauboom aus, der sich geradezu an Vorbildern aus der Renaissance messen ließe, gälte er nicht ausschließlich Nutzgebäuden. Europa steckte in den Fängen der Weltwirtschaftskrise, die noch im Jahr der Lateranverträge einsetzte, der Papst hingegen plante, schuf und baute, den Entschädigungszahlungen sei Dank. Die Versöhnung mit dem früheren Feind und Nachbarn Italien war noch in zähen Verhandlungen, da entwarf der umtriebige Pius XI. schon von eigener Hand einen Bebauungsplan für den Vatikanhügel.[62] Aus einem schwierigen, unebenen Gebiet von 44 Hektar ohne Wasserquellen galt es einen unabhängigen Staat zu machen, einen souveränen Standort für den Heiligen Stuhl. Als Baumeister berief der Papst den Turiner Giuseppe Momo, dem er fast alle wichtigen Bauvorhaben übertrug.

Die kleineren Architekturen auf dem Vatikanhügel überlebten den 11. Februar 1929 nicht lange. Das erste und zentrale Gebäude des neuen Papststaates war der Palast des Governatorates, das einer Stadtverwaltung entspricht. Bereits 1931 war es bezugsbereit. Das zweite sofort in Angriff genommene Gebäude war möglicherweise noch bedeutungsmächtiger: der Bahnhof. Er symbolisierte den technischen Fortschritt, für den der Papst seinen Staat endlich geöffnet sehen wollte. In wenigen Jahren entstanden das neue Tribunal, die Sendezentrale von Radio Vatikan, die Druckerei der Vatikanzeitung „L'Osservatore Romano", der Lebensmittelmarkt, die Post, die Kaserne der Schweizergarde. Die Gärten erhielten erstmals eine Planung, der Geruch nach Nutzgarten, Weinbergen und Olivenhainen verdunstete, eine Bewässerungsanlage und viele Zierbrunnen entstanden, und alle neuen Gebäude erhielten eine Ausrichtung auf den Petersdom, das Herz des Vatikanstaates. Ein einheitliches, geordnetes, funktionales Gesicht bekam dieser Staat, das die zufällig entstandene Abfolge historischer Schichtungen ablöste.

An den Vatikanischen Museen gingen Bauboom und innere Neuausrichtung ebenfalls nicht spurlos vorüber. Papst Pius XI. erweiterte die päpstlichen Sammlungen um eine Pinakothek, also einen eigenen Trakt für Gemälde, in dem, wie erwähnt, auch die Fotothek ihren Sitz erhielt. Noch einschneidender war das neue Portal der Museen, das aufwändigtste Bauvorhaben des Vatikanstaates überhaupt.[63] Eine mit Erde gefüllte Bastion aus dem 16. Jahrhundert am Nordrand der Museen wurde ausgehöhlt, um ihr eine monumentale doppelte Wendeltreppe einzupflanzen. Das neu entstandene Portal erhielt als Bekrönung eine Skulpturengruppe von Raffael und Michelangelo. Von hier aus führt eine Galerie zur Doppelschraube der Wendeltreppe. Diese öffnet ihre Spiralen sanft nach oben und ist mit einer Glasdecke überwölbt, sodass der natürliche Lichteinfall das Auf- und Absteigen effektvoll in Szene setzt.

Die gut ausgebildete deutsche Archäologin Hermine Speier kam den päpstlichen Museen auch deshalb gelegen, weil dort seit wenigen Jahren ein – für den Vatikan – neuer wissenschaftlicher Geist herrschte. Das umliegende Italien bemühte sich schon seit zwei Jahrzehnten, sein Kunsterbe zu schützen und zu erforschen. Kataloge waren entstanden und Restaurierungen mit fortschrittlichen Methoden angelaufen. Als der Vatikan sich 1929 auf Italien hin öffnete, fand er sich im Rückstand: Seine Kunstschätze waren unermesslich, aber verstaubt präsentiert, Statuen waren falsch ergänzt, Fresken und Gemälde verrußt und Wandteppiche brüchig. Um all dem abzuhelfen, fehlte eine Bestandsaufnahme mit zeitgemäßen Methoden. Ein Sachverhalt, den Pius XI. sofort änderte. Er ließ in den Museen wissenschaftliche Labors, Restaurierungswerkstätten und die Fotothek einrichten, und persönlich überwachte er die Hängung der Bilder in seiner neuen Pinakothek. Die Gemälde wurden dort nach ihrer Entstehungszeit gruppiert, sodass der Betrachter bei einem Museumsrundgang „mehr lernen“ konnte. Das war neu. Zuvor hingen die Raffaels, Peruginos und Caravaggios einfach dort an der Wand, wo sie am dekorativsten aussahen.

Hand in Hand mit dem neuen wissenschaftlichen Geist gingen Neubesetzungen. Bisher war eine Kommission aus Kardinälen zuständig gewesen, mit der Geburt des Staates hingegen wanderten die Kunstsammlungen unter die Verantwortung des Governatorates. Das öffnete neue Horizonte, denn am Governatorat wirkten nicht etwa Priester oder Kardinäle, sondern fast ausschließlich Laien bis hinauf zum Gouverneur selbst, Graf Camillo Serafini. Damit verbunden war eine Professionalisierung und Verwissenschaftlichung der Museumsarbeit, klug geleitet von Hermine Speiers Vorgesetztem Bartolomeo Nogara. Vor seiner Zeit hatten jeweils Künstler die Museen der Päpste befehligt, nun wanderten die Kunstsammlungen unter die Leitung von Archäologen und Wissenschaftlern.

4. Hermine Speiers beruflicher Neuanfang im Spiegel der Briefe

In diesem Rahmen werden die Vatikanischen Museen zu Hermine Speiers neuer beruflicher Heimat. Sie ist 36 Jahre alt, studierte Archäologin, Jüdin, Frau. Sie arbeitet für den Papst im bedeutendsten Museum auf der italienischen Halbinsel, dessen Antikenbestände ihr seit ihrer Heidelberger Studienzeit bekannt sind. Sie weiß, dass sie es in ihrer Lage schlechter hätte treffen können: 1934 sind einige ihrer jüdischen Freunde und Studienkollegen bereits mit unsicheren Perspektiven nach England oder Übersee emigriert. Hermine hingegen darf im geliebten Rom bleiben und weiß vorerst, was sie hat.

Aber strahlend glücklich macht die Arbeit als Fotothekarin im Vatikan sie nicht. Dies Balancieren zwischen Erleichterung und Ernüchterung klingt aus den wenigen Briefen, die sich von dieser Zeit ihres Lebens erhalten haben. Abgeklärt schreibt Hermine Speier nach Königsberg an ihren alten Lehrer Bernhard Schweitzer in einer Art Bilanzbrief des Jahres 1934:

„Dass ich ziemliches Glück im Unglück hatte, haben Sie ja gehört. Ich bin nun schon den vierten Monat bei der Direktion der Vatikanischen Museen tätig, wo ich das Photographien-Archiv ordnen soll. Es sind dort etwa 30.000 Platten, die dem Gebrauch zugänglich gemacht werden sollen und noch weit mehr Abzüge. Es ist eine recht interessante, wenn auch grossenteils mechanische Arbeit, denn vorerst müssen einfach einmal die Plattendepots ausgemistet werden. Dabei sehe ich natürlich viele schöne Dinge aus den unglaublichen päpstlichen Schätzen und ich lerne sehr viel neuere Kunstgeschichte. Auch das Ambiente ist sehr angenehm und freundlich, Nogara von aussergewöhnlicher Güte und Vornehmheit. Und natürlich macht es auch Spass, sich in solch einem grossen Museum gewissermassen zu Hause zu fühlen. Es ist aber nur halbtägige Arbeit und ich muss noch etwas anderes ausserdem tun, was ich bisher durch Mrs. Strong fand, indem ich ihr bei ihren Arbeiten behilflich bin. Wie das im neuen Jahr weitergeht, weiss ich im Augenblick noch nicht. An Arbeit fehlt es mir also nicht, aber dass mich doch manchmal das Heimweh nach dem früheren sinnvoll eingegliederten Dasein und Tätigkeitsbereich überkommt, werden Sie gewiss verstehen. Den inneren freudigen Sinn, den die Arbeit früher für mich hatte, hat sie nun nicht mehr. Aber ich fürchte fast, man muss fragen, für wen hat sie es noch? Wer darf noch an sein eigenes kleines Schicksal denken, wo es so ums Ganze geht?“[64]

Was die Arbeitszeit anlangt, sind Hermine Speiers Vorgesetzte also auf die Vorschläge ihrer Mitarbeiterin eingegangen. Die Frage des Honorars wurde ebenfalls gelöst; das schreibt Speier selbst eine Woche vor ihrem vatikanischen Dienstantritt aus Genf, wo sie sich bei Robert Boehringer und seiner Familie noch rasch etwas erholt, an Ludwig Curtius,[65] dem sie die Stelle verdankt. Für täglich vier Stunden Arbeit werde sie 700 Lire im Monat bekommen. Es sei ein etwas komischer „Kuhhandel" gewesen.

Wie sich herausstellt, meint die Summe von 700 Lire bloß einen ungefähren Wert. Denn Hermines Honorar ist ein Stundenlohn, keine Monatspauschale. Wenn sie sommers Urlaubt macht, sinken ihre Einnahmen manchmal auch auf Null. In ihrer Personalakte liegen nur zwei Abrechnungsjahrgänge, nämlich 1936 und 1937. Daraus geht hervor, dass Hermine vom Vatikan pro Monat meist zwischen 600 und 650 Lire netto bezieht. Außerdem beantragt die Museumsdirektion ab 1936 für die Fotothekarin weniger Mittel beim Governatorat als bis dahin.

Der Vatikan muss nämlich ab 1936 den Gürtel enger schnallen, ein Sparprogramm läuft an. Für die Bediensteten mit unbefristetem Vertrag kommt im März dieses Jahres ein neues Gehaltsschema heraus.[66] Im Vergleich wird klar, dass Hermines Honorar nicht eben großzügig, aber auch kein Hungerlohn ist. Die Tischler und Gärtner im Papststaat verdienen ab 1936 brutto 700 Lire im Monat, allerdings für eine Vollzeitbeschäftigung. Ein Autowäscher erhält 650 Lire, ein Postbeamter 800 bis 1000 Lire, und der Leiter der vatikanischen Bäckerei 1.100 Lire, wohl wegen des frühen Aufstehens. 30 Lire zusätzlich gibt der Papst als Arbeitgeber für jedes Kind. 500 Lire nehmen die Hilfskustoden der Museen, die in der sommerlichen Ferienzeit eingestellt werden.[67] Die wenigen weiblichen Kräfte, die abgesehen von Hermine Speier im Vatikanstaat arbeiten, werden deutlich schlechter entlohnt als diese. So verdienen die Frauen, die in der Wandteppich-Werkstatt der Museen Tapisserien restaurieren, pro Stunde 2,50 bis 3,50 Lire,[68] also bestenfalls die Hälfte. Gearbeitet wird von Montag bis Samstag, der bezahlte Urlaub für die Angestellten beträgt zwölf bis fünfzehn Tage pro Jahr, zuzüglich die häufigen Feiertage im Papststaat.

Auch anderen Freunden und Bekannten schreibt Hermine über ihre neue Beschäftigung beim Papst, und man kann es bedauern, dass diese Briefe nicht auf uns gekommen sind. Erhalten haben sich immerhin mehrere Antwortschreiben. Eugénie Strong, die als bekennende Katholikin und langjähriges Mitglied der Päpstlichen Römischen Akademie für Archäologie selbst beste Kontakte in den Vatikan unterhält, schreibt ihrer Teilzeitsekretärin Hermine Speier aus Neapel, wo sie sich gerade zu einer Fango-Behandlung aufhält:

„Ich erinnere mich dankbar an all die Hilfe, die Sie mir in einem wirklich kritischen Moment zuteil werden ließen, und ich wünschte, die Entlohnung wäre

besser gewesen... Ich bin sicher, der Vatikan fühlte sich gezwungen, dieselbe Entlohnung wie meine bescheidene Person zu offerieren.“[69]

Nebenbei teilt die Britin in ihrem entschlossenen Stil mit, sie zähle auf Hermine Speier und ihre Dienste auch im kommenden Winter, wahlweise zweimal drei oder dreimal zwei Stunden pro Woche, dafür müsse sie aber noch „proficient in the English language“ werden, also besser in Englisch. Hermine wird ihren Dienst bei Mrs. Strong im Herbst 1935 quittieren, nicht ohne sich den Kopf über eine Nachfolgerin zerbrochen zu haben.

Dass ihre Beschäftigung am Vatikan tatsächlich einer Rettung aus der Not gleichkommt, formulieren Hermines Freunde allenfalls zwischen den Zeilen. Am meisten für die Lage sensibilisiert ist Karl Schefold, der mit seiner halbjüdischen Verlobten Marianne von den Steinen wenig später in der Schweiz Zuflucht vor den nationalsozialistischen Zumutungen finden wird. Nach vielen Nachrichten Hermines, die Anlass zu Sorge gegeben hätten, freue er sich nun mit ihr „über die entrückung in den Vatikan“.[70] Marianne von den Steinen selbst findet in ihrer munteren Art zu schreiben für Hermine die originelle Wortschöpfung „Monsignorina“. Das wäre das junge, weibliche Gegenstück zum „Monsignore“, einem verbreiteten Ehrentitel für Priester, den diese, dem italienischen Brauch zufolge, nach einer bestimmten Zahl von Dienstjahren etwa im Vatikan erhalten. Marianne scheint eine Aussage von Hermine selbst aufzugreifen, wenn sie andeutet, dass die frühere Mitbewohnerin sich an der neuen Stelle nicht übermäßig zu verausgaben braucht:

„Wie bin ich froh dass die Arbeit im Vatikan sich so ruhig anlässt und sich wirklich mit dem halben Tag begnügt denn das muss ich schon sagen die Berichte über Ihre Gesundheit sind unter aller Kanone – um Verzeihung für den Ausdruck ... Ich bitte Sie gar sehr Spinni sich recht gut zu pflegen und der ja wohl angeborenen Neigung zur Bequemlichkeit ohne moralisches Bedenken freien Raum zu geben. Womöglich sogar Ihr gefeiertes Monsignorinatum dahin auszunutzen dass man Ihnen noch einmal Urlaub gibt. Wer wohl auf Sie aufpasst wo ich nicht da bin?“[71]

Hermine Speier als Frau in der Männerwelt Vatikan: Dieses Feld betritt, und mit leiser Ironie, einzig der deutsch-jüdische Dichter Karl Wolfskehl. Der Münchner lebt seit 1933 in Florenz, bis ihn Mussolinis Rassengesetze 1938 ins zweite Exil nach Neuseeland vertreiben. Wolfskehl ist ein Fixstern des George-Kreises und lose mit Hermine Speier bekannt.

„Dass Sie erstmalig an so bedeutender Stelle die allgemeinen und ewigen matriarchalen Ansprüche dartun und in Tat und Arbeit umsetzen dürfen, zeugt freilich vor allem für Ihre männlichen Tugenden, behält aber in jedem Falle seinen Symbolwert und ist mir daneben für Sie wie für die Sache, der Sie dienen, Befriedigung und Freude! Dass Sie daneben noch Zeit und Möglichkeit haben,

Ihre Kräfte zu betätigen, ist sehr schön ... Hoffentlich bleibt Ihnen bei alle dem noch genügend Zeit fürs Eigne und für Rom, Rom, Rom!"[72]

Aus Berlin meldet sich Spinnis Jugendfreund Michael Kowal: „Unsere Freude über Ihre neue Tätigkeit beim Vatikan war so groß, als hätte mich selbst diese Auszeichnung getroffen", schreibt der Kaufmann, der in Frankfurt derselben jüdisch-säkularen Schicht wie Hermine angehörte, und möchte wissen, wie es ihr an ihrer neuen Stelle geht und ob sie „auskömmlich" verdient.[73] Besonders herzlich reagiert die beste Freundin, Lise Salin. Sie habe die große Freude gleich mit ihrem Bruder Edgar und mit anderen Bekannten geteilt, schreibt sie aus Basel.

„Du weißt gar nicht wie froh ich bin dass Du wieder an ein Institut kommst und dass es gerade dieses ist. Ist ja wohl in keiner Weise zu übertreffen. Denn so sehr ich mich freute, dass Du sofort Tätigkeiten fandest die Dir ein selbständiges Leben sicherten, so ist das persönliche Assistentin sein (das ist falsches Deutsch, aber du verstehst schon) doch nur vorübergehend möglich und richtig, und gerade für Dich eigentlich nicht für allzu lange Zeit. Edgar meinte, jetzt würde dann bald nur mehr die vatikanische Sammlung existieren – und das sei auch ganz in der Ordnung!"[74]

Neben Erich Boehringer, Friedrich Krauss und Ernst Langlotz äußern sich noch zwei weitere Archäologenfreunde in Briefen an die neuerdings im Vatikan untergeschlüpfte Freundin, Theodor Klauser und Joseph Montebaur, beide Priester, beide als christliche Archäologen ehemals am DAI in Rom beschäftigt. Eines aber fällt auf: Niemand von den Freunden, auch keiner von den jüdischen und keiner von den Priestern, verliert ein Wort darüber, dass die Jüdin Hermine Speier ausgerechnet beim Arbeitgeber Papst Aufnahme fand. So liegt die Mutmaßung nahe, auch sie selbst habe in ihren Briefen an die Freunde nicht daran gerührt. Warum war dieser Sachverhalt, der uns heute ins Auge springt, damals nicht der Rede wert? Oder war er das im Gegenteil so sehr, dass man allenfalls darüber sprach, nicht aber schrieb? Sind wir erst nach den Gräueln des Holocaust auf die Frage jüdischer Religionszugehörigkeit sensibiliert, oder muss für 1934 schon von einer Zensurpraxis in Deutschland ausgegangen werden, von der man wusste, weswegen man sich vorsorgliche Selbstbeschränkungen beim Austausch schriftlicher Informationen auferlegte? Oder war, was die naheliegendste Hypothese scheint, Hermines jüdische Identität zu dem Zeitpunkt bereits derart in den Hintergrund getreten, dass andere einschließlich ihrer selbst sie nicht als Jüdin wahrnahmen? Die Frage gibt Rätsel auf, deren Lösung nicht in den Briefen gesucht werden kann.

5. „Col nulla-osta del S. Padre": Pius XI. und Hermine Speier

Papst Pius XI. weiß über die Beschäftigung einer Jüdin in Vatikanstaat Bescheid und billigt sie. „Col nulla-osta del S. Padre", mit dem Einverständnis des Heiligen Vaters, sei Hermine Speier in den „vorübergehenden" Dienst der Museen getreten, schreibt Bartolomeo Nogara 1939 an Kardinal Nicola Canali.[75] Wie aber überzeugt Nogara Seine Heiligkeit Pius XI.? Der Vatikan muss schließlich zweimal über seinen Schatten springen, eine Frau und Jüdin in seinen Diensten zuzulassen. Zwischen November 1933 und Dezember 1934 trifft Nogara sich mit Pius XI. nachweislich zu 14 Besprechungen, im einzelnen elf Audienzen und drei dienstliche Besuche.[76] Ob dabei die Rede von Hermine Speier ist, bleibt offen, zumindest hält Bartolomeo Nogara nichts dergleichen schriftlich fest. Dass er das „nulla-osta del S. Padre" einholt, ist klar, doch wann er es tut, ist nirgendwo dokumentiert.

Nogara hat freilich einen direkten Zugang zum Papst. Die beiden Norditaliener sind seit gemeinsamen Mailänder Jahren befreundet und haben manche Bergtour miteinander gemeistert.[77] Nogara gelangte bereits 1900 in den Vatikan, wo er in der Päpstlichen Bibliothek Scriptor wurde, was in etwa mit „Hausgelehrter" zu übersetzen ist. Er wohnte bei einem Arbeitskollegen, dem Münzforscher Stanislas Le Grelle. Der belgische Priester gab in seinem stattlichen Haus beim Kinderkrankenhaus Bambino Gesù auf dem Gianicolo-Hügel – nahezu gegenüber von Hermine Speiers späterer Adresse – auch den beiden Brüdern Giovanni und Angelo Mercati Quartier. Dann gesellte sich Achille Ratti dazu, der zukünftige Papst. Alle fünf Männer wirkten somit im Gelehrtenkreis der vatikanischen Bibliothek, Nogara als einziger Nicht-Priester. In der distinguierten Herren-WG wurden Verbindungen fürs Leben geschmiedet. Ratti wirkte 1911 bis 1818 zunächst als Vizepräfekt, dann als Präfekt der Bibliothek. Ausgerechnet Nogara war es, der zur rechten Zeit den alten Freund Ratti an den Vatikan empfohlen hatte, weiß der altösterreichische, in Rom wirkende Kunsthändler Ludwig Pollak zu berichten.

„Als [der deutsche Kardinalbibliothekar Franz Ehrle sich] von der Leitung der vatican. Bibliothek zurückzog, fragte er den Generaldirector [der Vatikanischen Museen] Nogara, wen er als seinen Nachfolger vorschlage. Nogara schlug seinen Landsmann, den Lombarden Historiker Achille Ratti, der Praefect der Ambrosiana in Mailand war, vor. Das geschah u. diese Berufung war der Beginn der fabelhaften Carriere Ratti's, der später Erzbischof von Mailand, Cardinal u. schließlich Papst Pius XI. wurde. Pius XI. vergaß das Nogara nie. Er musste mit seiner Familie im Vatican dicht bei den Privaträumen des Papstes wohnen u. man erzählte sich, dass, wenn sie meist Abends allein waren, der Papst Nogara duzte."[78]

Umgekehrt hat Nogara „molta influenza sul papa", viel Einfluss auf den Papst. Das steht so nachzulesen in einem Dokument der unsympathischen

Papst Pius XI. kurz vor seinem Tod 1939. Der Norditaliener war in seiner Jugend Extrembergsteiger und gilt als entscheidungsstarkes Temperament. Pius ist vernarrt in Bücher und Technik. Der Faschismus ist ihm ein Graus. Er hat seine jüdische Mitarbeiterin Hermine Speier nie persönlich getroffen, schützte sie aber, indem er sie in aller Stille anstellte.

Textsorte Spitzelbericht. Nogara wurde von der faschistischen Geheimpolizei beschattet, ebenso wie sein Bruder Bernardino, der Finanzverwalter des Heiligen Stuhles. Vom 3. Februar 1930 datiert ein Bericht, in dem der anonyme Spitzel das Verhältnis Bartolomeo Nogaras zu Papst Pius XI. beleuchtet.

„Mit Rattis Aufstieg zum Papst erwarb Nogara – ein intimer Freund desselben – neue Macht und festigte seine Basis im Vatikan. Er ließ sich eine herrliche Wohnung in der Dritten Loggia [des Apostolischen Palastes im Vatikan] zuweisen, in der vorher ein Prälat gelebt hatte, um der Wohnstatt des Papstes näher zu sein, zu dem er sich abends fast gewohnheitsmäßig begibt, um mit ihm zu plaudern. Nogara hat viel Einfluss auf den Papst, und so ließ er seinen Bruder, einen Ingenieur, zum Verwalter des Sondervermögens des Heiligen Stuhles er-

nennen, also der ‚Goldstücke', die die italienische Regierung nach der Versöhnung [durch die Lateranverträge dem Papst] zukommen ließ. Nogara wird vom Papst in allen Fragen literarisch-künstlerischer Art zu Rate gezogen, und er ist der Mensch, der möglicherweise seine Meinung bei dem dickköpfigen Pontifex durchsetzen kann."[79]

Aus heutiger Sicht überrascht der unbeschwerte Ton dieser Polizeiberichte. Sie greifen Anschuldigungen und Geschwätz auf, dessen Wahrheitsgehalt auch zur Entstehungszeit kaum überprüfbar gewesen sein kann. Wie auch immer, unser Erkenntnisinteresse ist ein anderes als jenes, das ein Polizeibericht aus einer Epoche der Diktatur verfolgt. Filtert man die textsortentypischen Gehässigkeiten heraus, bleibt als Kern, dass der Museumsdirektor und der Papst in einem nicht alltäglichen Freundschaftsverhältnis zueinander stehen. Dieses macht Schriftverkehr überflüssig und ermöglicht überhaupt erst manch heikle Entscheidung. Die Causa Hermine Speier 1934 nimmt ohne jeden Zweifel den hier umrissenen „kleinen Dienstweg".

Die Aussage des Spitzels zur Wohnstatt ist grosso modo korrekt. Nogaras leben in einem 1.000 Quadratmeter großen Apartment im Apostolischen Palast auf der Ebene der Papstwohnung, der „Terza Loggia".[80] Allerdings sind sie dort bereits 1921 eingezogen, als Kardinal Achille Ratti noch die Geschicke der Erzdiözese Mailand lenkt; erst im Jahr darauf wird er Papst. Das stattliche Quartier der Familie Nogara zieht sich quer durch den Palazzo bis zum Innenhof des Cortile del Triangolo, wo nordseitig die Schlafzimmer liegen. Im Apostolischen Palast zu wohnen, ist zumal für eine Familie ein außerordentliches Privileg. Denn mit einem vorchristlichen Bild gesprochen, ist die „Terza Loggia" der Olymp des Heiligen Stuhles.

Das umfangreiche kirchlich-diplomatische Büro des Papstes, das Staatssekretariat, liegt im Westflügel, im Ostflügel wohnt der Pontifex und nebenan Bartolomeo Nogara mit Frau, Sohn und Personal. Ein nicht ganz so großzügig geschnittenes Apartment auf der Terza Loggia ist einem hohen Beamten des Staatssekretariats zugewiesen, dem sogenannten Substituten, der annähernd das Amt eines „Innenministers" des Heiligen Stuhles ausübt. Dieses Amt hat ab 1937 der intelligente und fähige junge Priester Giovanni Battista Montini inne. Er wird 1963 als Paul VI. den Papstthron besteigen. Nogaras einziger Sohn Antonio kann sich aus seiner Jugendzeit noch gut an die Wohn- und Nachbarschaftsverhältnisse in der Terza Loggia erinnern. Der Historiker Hartmut Benz, den eine langjährige Forscherfreundschaft mit Baron Nogara verbindet, fasst zusammen:

„Wenn das Staatssekretariat zu hatte, war es dort sehr leer, da wohnten nur Nogaras und Montini. Die beiden haben sich oft getroffen. Und im Vatikan musste man damals um 21 Uhr 30 zu Hause sein, ein brutaler Zapfenstreich. Nogara war sehr intim mit Monsignore Montini. Und hat dadurch,

wenn es Probleme gab, und es gab viele, nicht nur was die Verfolgung von Flüchtlingen angeht, sondern die normale Museumsarbeit, die Infrastruktur, an Material zu kommen, dann hat er das in der Regel über Montini gelöst oder über Monsignore dell'Aqua, der seit 1938, auch ein Mailänder, am Staatssekretariat war."

Museumsdirektor Nogara kann es in den sich ankündigenden Zeiten wagen, Sorgen, die der Hilfe der päpstlichen Diplomatie bedürfen, unbürokratisch aus der Welt zu schaffen. Das verdankt er zum einen seiner früheren, zum anderen seiner gegenwärtigen Nachbarschaft. Die Effizienz der beiden vatikanischen Männernetzwerke Nogaras, des gelehrten und des diplomatischen, wird auch im Fall Hermine Speier erprobt werden.

Wie heikel aber war nun überhaupt die Beschäftigung einer jüdischen Frau im Vatikan ab 1934? Hier gilt es, nach Epochen und nach Attributen zu unterscheiden. Vorab: Ein allgemeines Beschäftigungsverbot in der Kirche für Juden oder für Frauen, das sich etwa auf das 1917 promulgierte Kirchenrecht stützen könnte, gibt es nicht.

Das Attribut „weiblich" unserer Vatikan-Bediensteten gerät eher mit gesellschaftlichen Traditionen in Konflikt als mit kirchlichen. Dass in den Museen des Papstes plötzlich auch einmal eine Frau am Telefon antwortete – in einer Zeit, in der es Priesteramtskandidaten waren, die in der vatikanischen Telefonzentrale Dienst taten –, mag durchaus für Irritation gesorgt haben, einfach weil es neu war. Doch können sich diese Irritationen nicht auf kirchliche oder rechtliche Normen, sondern nur auf Gewohnheit berufen. Sie sind atmosphärischer Natur und spiegeln diffuse „Anstandserwägungen", wie sie auch auf anderen Gebieten gesellschaftlichen Nebeneinanders der Geschlechter vorhanden sind, beispielsweise in der Erziehung und im Sport.

Vielschichtiger verhält es sich mit dem Attribut „jüdisch". Hier sind eine religiöse und eine politische Komponente zu unterscheiden. Da uns beide Themen später noch begegnen werden, belassen wir es hier beim Nachzeichnen der großen Linien.

Dass Juden in Deutschland nunmehr eine unerwünschte Kategorie der Bevölkerung sind, wird unmittelbar nach Hitlers Machtergreifung 1933 klar. In Italien hat die politische Ächtung der deutschen Juden zunächst nur insofern Auswirkungen, als das Land zu einem bedeutenden Emigrationsziel für Flüchtlinge aus Deutschland wird. Der Vatikan versorgt in etlichen Fällen verfolgte jüdische Forscher mit Aufträgen. Diplomatische Schriftstücke aus Berlin, die diesen Sachverhalt tadeln, sind nicht bekannt; die Sache wäre wohl auch unverhältnismäßig gering angesichts der Kirchenverfolgung in Deutschland und der massiven politischen Auseinandersetzungen mit dem Heiligen Stuhl. Kurz, Hermine Speier und andere deutsche Juden am Vatikan hatten vorerst Grund, sich sicher zu fühlen.

Die Lage ändert sich im Herbst 1938 mit der Einführung der antijüdischen Gesetze des Faschismus. Italien verweist ausländische Juden des Landes. Ab diesem Zeitpunkt ist die Beschäftigung deutscher Juden, gar einer Jüdin, im Vatikan nicht länger bloß intern und „atmosphärisch" heikel, sondern sie steigt zum zwischenstaatlichen Politikum auf. Hermine Speiers Fall wird auf vatikanischer Seite den Kardinalstaatssekretär und den Nuntius in Italien, auf italienischer Seite die Quästur, das Innen- und das Außenministerium beschäftigen.

Die religiöse Komponente im Hintergrund der „Causa Speier" gehört in einen gut erforschten Kontext: Über offenen und versteckten Antijudaismus in der katholischen Kirche zur Zeit des Nationalsozialismus und Faschismus gibt es heute eine unüberschaubar gewordene Anzahl verdienstvoller Studien. Das Fazit, soweit es den Vatikan betrifft, lautet: Die Bandbreite der Ansichten am Heiligen Stuhl über das Judentum und seine Gläubigen war erschreckend groß. Pius XI. aber fand im Lauf seines Lebens zu einer kompromisslosen, keinen Konflikt scheuenden Verteidigungshaltung gegenüber den Juden, wovon noch die Rede sind wird.

An dieser Stelle sei ein ausdrücklich „atmosphärischer" Seitenblick auf die religiöse und moralische Befindlichkeit des Personals an den Päpstlichen Museen zu Hermine Speiers Zeiten erlaubt. Der Vatikan hatte offenbar ein hellwaches Auge auf das Privatleben seiner Mitarbeiter.

Im März 1935 wird dem Hilfskustoden Giorgio Innocenzi der Aufstieg ins feste Kustodenteam verwehrt „aus Gründen delikater Natur, die die Familie seiner Verlobten betreffen".[81] Im Dezember 1935 reicht der Portier Umberto Vietti die Kündigung ein, weil die Vatikan-Gendarmerie gegen ihn ermittelt; Vietti lebt angeblich mit einer Frau zusammen, obwohl er verheiratet und nicht offiziell getrennt ist.[82] Im Mai 1936 schwärzt der Vize-Chefkustode Herzog den Kustoden Aldo De Marchi an, weil dieser Umgang mit „protestantischen Personen und Kreisen" gepflegt haben soll.[83] Und Verwaltungsleiter Quadrani referiert dem Museumsdirektor in dessen Sommerurlaub ausführlich den Fall des Hilfskustoden Enrico Reggi, der früher eingestandenermaßen „der protestantischen Sekte der Via della Scrofa" angehört habe, in dessen Personalakte aber die Empfehlungsschreiben dreier katholischer Priester lägen. Gewissenhaft zitiert der Verwaltungsleiter Quadrani sie alle. „Soweit ich sehe, ist mir in den drei Jahren, in denen er hier sommers Dienst tat, keine Beschwerde untergekommen. Ich informiere Sie aber zu Ihrer Kenntnisnahme und der Vorschriften wegen."[84]

Wenn schon das möglicherweise protestantische Bekenntnis eines Vatikan-Bediensteten ein solches Unbehagen auslöst, wie müsste es erst um ein jüdisches bestellt sein, dessen Inhaber nicht etwa von oben gedeckt ist? Und wenn ein Bediensteter schon für irgendein ungenanntes moralisches Delikt in der Familie seiner Verlobten haftbar gemacht wird, wie steht es „atmosphärisch" mit der Beschäftigung einer ledigen Frau Mitte Dreißig in einem kirchlichen Männerbetrieb?

Hermine Speiers Berufstätigkeit an den Vatikanischen Museen gab und gibt Fragen auf. „Sie selbst erzählte mir", referiert eine spätere Bekannte, die deutschrömische Historikerin Eva-Maria Jung-Inglessis, „wenn Veranstaltungen waren, zum Beispiel eine Audienz beim Papst oder eine Messe oder Einkehrtage für das Personal des Vatikans, dann durfte sie nicht erscheinen, damit es nicht offensichtlich wird, dass es auch eine Frau gibt unter den Angestellten. Sie hatte also frei an den Tagen."[85]

Keine der befragten archivalischen Quellen erwähnt für den fraglichen Zeitraum ab 1934 eine Audienz des Museumspersonals beim Papst. In den gewissenhaft geführten Monatsberichten wäre sie sicher wiedergegeben. So liegt die Vermutung nahe, eine solche Audienz habe nicht stattgefunden; sie wäre für jene Zeit auch unüblich gewesen. Wahr ist, dass Pius XI., wenngleich selten, seine Museen besucht, etwa zur Eröffnung der Sala Guglielmi im November 1937. Auf Fotos von diesem Anlass scheint Hermine Speier nicht auf, und in Briefen der Zeit ist nicht davon die Rede. War sie trotzdem dort? Oder „durfte" Hermine Speier wirklich nicht dabei sein, wenn der Papst kam?

Wenn die Aussage der Zeitzeugin stimmt, dann hat der kluge Chef Nogara seiner Mitarbeiterin zu einer solchen Vorsichtmaßnahme wohl mit Blick auf das übrige Personal geraten, nicht mit Blick auf den Papst, der ihre Anwesenheit ja guthieß. Möglicherweise handelt es sich bei der kolportierten „Abwesenheitspflicht" aber auch um eine von mehreren Legenden, die sich um Hermine Speiers Tätigkeit am Vatikan ranken. Eine weitere dieser Legenden, die ebenfalls von Jung-Inglessis als Fakt weitergegeben wird, ist leichter zu entkräften. Weil keine Frau offiziell und bezahlt in päpstlichen Diensten arbeiten durfte – so hieß es – habe der Vatikan Hermine in den Personalakten als „Herminius" geführt. Speiers Personalakte, die wir im Governatorat einsehen durften, umfasst mehrere Dutzend Blätter. Alle beziehen sich auf eine „Erminia", keines auf einen „Herminius". Das Foto auf ihrem dort befindlichen Vatikan-Ausweis vom März 1938 zeigt eindeutig eine Frau: „Sig.a Dr.ssa Erminia Speier". Im Päpstlichen Jahrbuch hingegen scheint die Archäologin von 1934 bis zum Jahr ihrer Pensionierung überhaupt nicht auf, weil dort nur die Leitung der Museen und der einzelnen Abteilungen angeführt sind. Das Jahrbuch 1965 umfasst rund 1750 Seiten, wovon bloß eine halbe Seite – zwölf Namen – den Museen gilt.

6. Vatikanische Museen: Die neue berufliche Heimat

Einen Arbeitsplatz an den Vatikanischen Museen hat sich Hermine Speier wohl nie träumen lassen. Die Sammlungen der Päpste sind von Weltrang. Sie decken wie kein anderes Museum Europas und Amerikas eine gewaltige Bandbreite künstlerischen Schaffens ab, sie überspannen Kontinente und Jahrtausende. Mit der neuen missionarisch-ethnologischen Sammlung, die Pius XI. soeben ins Leben gerufen hat, haben sich den Werken der Antike, des Mittelalters und der Neuzeit auch solche außereuropäischer Kulturen hinzugesellt.

Den unbestrittenen Kern der Museen bildet die Antikensammlung. Mehr als 4.000 Skulpturen in Bronze, Stein oder Terrakotta aus der Hand griechischer und römischer Bildhauer haben die Päpste im Lauf der Zeit zusammengetragen, kein anderes Antikenmuseum der Welt kann sich damit messen. Die Geburtsstunde der Museen lässt sich benennen. Man schrieb den 14. Januar 1506. Dem Papst wurde berichtet, in einem Weinberg bei der Basilika Santa Maria Maggiore auf dem römischen Esquilin-Hügel sei eine wunderbare Skulptur ans Licht gekommen. Julius II., ein besonders macht- und repräsentationsbewusster Papst der Renaissance, schickte sofort einen Reitknecht zu seinem Architekten Giuliano da Sangallo, der möge zu der Stelle eilen und sich den Fund ansehen, und da zu jener Zeit in Sangallos Haus auch Michelangelo Buonarroti weilte, solle er diesen gleich mitnehmen. „Zu dritt", so erinnert sich Sangallos Sohn später in einem Brief, „gingen wir hin und stiegen zu dem Fundort hinunter. Beim Anblick der halb ausgegrabenen Statue rief mein Vater aus: Das ist der Laokoon, den Plinius erwähnte!"

Genau einen Monat später stand die Laokoon-Gruppe beim Papst im Belvedere-Hof: ein würdiger Grundstein der Vatikanischen Museen. Die berühmteste Skulptur der Antike ist eine römische Marmorkopie nach einer nicht erhaltenen griechischen Bronze und zeigt den trojanischen Priester Laokoon mit seinen beiden Söhnen im Todeskampf gegen zwei mächtige Seeschlangen. Die Gruppe gesellte sich zum nicht minder ausdrucksstarken Apoll vom Belvedere, den Julius schon mitgebracht hatte, als er drei Jahre davor auf den Papstthron gelangt war. Herrlichkeiten wie der Torso des Herakles und der Hermes des Bildhauers Praxiteles folgten. Jahrhunderte lang kamen die Künstler und Gelehrten und in ihrem Gefolge die Bildungsreisenden in erster Linie in den Vatikan, um die Schätze der päpstlichen Antikensammlung zu bewundern. Die antike, nicht die christliche Kunst ist der Kern der Vatikanischen Museen. Erst später avancierten die an der Heiligen Schrift und der Kirchengeschichte gesättigten Fresken Michelangelos und Raffaels zu den großen Attraktionen.

Im Lauf der Jahrhunderte vervielfachten sich die Kunstbestände im Vatikan auf rund 50.000 Werke. Nicht zu Unrecht heißen sie in der Langform „Päpstliche Monumente, Museen und Galerien", stehen also schon grammatikalisch im Plural. Die Sixtinische und die Nikolinische Kapelle, die Galerie der Wandteppiche, assyrische Reliefs, ägyptische Mumien und die Prunkgemächer des düsteren Borgia-Papstes Alexander VI. gehören ebenso zu den Museen wie die Galerie der Landkarten, die exquisite Sammlung frühchristlicher Sarkophage und Inschriften, die hunderten Büsten römischer Staatsmänner im Museo Chiaramonti oder die Stanzen des Raffael: Die dort verewigte „Schule von Athen" hält Hermine für „das schönste Bild, das meine Augen je gesehen haben"[86]. Möglicherweise fühlt sie sich an den George-Kreis erinnert, in dessen innere Zirkel sie nie vordrang. Die Georgeaner vergleichen sich gerne mit Platons Akademie. Das Raffael-Fresko zeigt gut 50 Figuren, alles Männer.

Wenige Jahrzehnte nach ihrer Gründung droht die Kunstsammlung aus ihren vatikanischen Nähten zu platzen. Doch räumliche Enge kennt das Papsttum noch nicht: Ganz Rom und der Kirchenstaat gehören ja dem Pontifex Maximus. Hermine Speier schrieb 1957, ihrer journalistischen Unlust trotzend, einen Aufsatz über das Werden der Vatikanischen Museen für ein Rom-Heft der Reihe „Merian". Darin heißt es:

„Durch den Reichtum an antiken Skulpturen, den der stadtrömische und kirchenstaatliche Boden unaufhörlich schenkte, wurden die Räume und Gärten des Vatikans allmählich so angefüllt, daß Papst Pius IV., 1566, einen großen Teil auf das Kapitol – in den Konservatorenpalast – bringen ließ. Erst am Ende des 18. Jahrhunderts kann man von dem Beginn des Museums in unserem heutigen Sinne sprechen. Es wurden Teile des Palastes ausgebaut und erweitert, um dort die antiken Skulpturen aufstellen zu können: ein Wandel der Anschauung. Denn bisher hatten Skulpturen den Hauptzweck, vorhandene Räume und Bauten zu schmücken; nun wird für die Werke, die man liebt, schätzt und erforscht, eine Stätte gebaut."[87]

1816 öffneten die Päpste ihre Sammlungen für das allgemeine Publikum, Mitte des 19. Jahrhunderts entstanden das etruskische und das ägyptische Museum, 1930 erhielt die Gemäldesammlung einen eigenen Bau, und im Lateranpalast, am Sitz des Bischofs von Rom, entstand als vorerst jüngstes Kind das missionarisch-ethnologische, also völkerkundliche Museum.

Hermine Speiers Aufgabe als Fotothekarin bringt es mit sich, dass sie sich durch alle diese Sammlungen frei bewegen kann, ja muss. Es ist ein Parcours von mehreren Kilometern durch den weitläufigen Palast der Päpste, mit Prunktreppen und Saalfluchten, hoch gewölbten Decken, Schleichwegen und Höfen. Wie in den meisten Museen ist im Vatikan nur ein kleiner Teil der Bestände ausgestellt, und so führt ihre Arbeit die deutsche Archäologin auch in die Magazine. „Dabei“, schreibt Hermine an ihren Königsberger Lehrer, „sehe ich natürlich viele schöne Dinge aus den unglaublichen päpstlichen Schätzen und ich lerne sehr viel neuere Kunstgeschichte.“

7. Kollegen, Kunst und Arbeitsklima

Die Vatikanischen Museen sind ein eingespieltes Werk, als Hermine Speier dort anfängt, aber das sind sie noch nicht lange. Die Lateranverträge von 1929 hatten Auswirkungen auf die päpstlichen Museen und Galerien, insofern sie Teil des neuen Organismus des Staates der Vatikanstadt wurden. Da gibt es zunächst die schlanke Generaldirektion, bestehend aus Nogara, Redig de Campos, Magi, Quadrani und Vizedirektor Guido Galli. Letzterer, ein Bildhauer, wirkt wie ein Relikt aus früheren Jahrhunderten, in denen es Künstler waren, die die Geschicke der Museen lenkten. Ferner gibt es an den Museen das Personal der Restaurierungswerkstätten und deren Leiter, ausgewiesene Fachleute ihrer im Werden begriffenen Disziplinen. Chefrestaurator ist Biagio Biagetti. Das Rückgrat des Museums in seinem Alltagsbetrieb bilden die Kustoden, die in den weitläufigen Saalfluchten der Sammlungen nach dem Rechten sehen. 54 Kustoden sind es Mitte der 1930er Jahre, außerdem zwölf Arbeiter und ein Portier.[88] Alles in allem leitet Nogara also ein Team von beachtlicher Größe.

Weibliches Personal ist ebenfalls vorhanden, bleibt aber gewissermaßen unsichtbar. Eine Handvoll hochspezialisierter Restauratorinnen kümmert sich um die Wandteppiche der Päpste. Ihre Werkstatt liegt nicht in den Museen, sondern in einiger Entfernung hinter der Kirche Sant’Anna im „Geschäftsviertel“ des Vatikanstaates. 1926 hat Pius XI. die Restaurierung der Tapisserien aus den päpstlichen Beständen einem Frauenorden anvertraut, den Franziskaner-Missionsschwestern Mariens. Zuvor unterhielt der Vatikan eine eigene Teppichmanufaktur,[89] auch zu Schulzwecken, bis klar wurde, dass die Kunstfertigkeit der dort beschäftigten Frauen bei der Restaurierung der kostbaren alten Wandbehänge sinnvoller eingesetzt wäre als bei der Anfertigung neuer.

Teppichweberei und –Restaurierung ist, zumindest was das Handwerkliche betrifft, von jeher eine weibliche Domäne. In der vatikanischen Tapisserie-Werkstatt arbeiten Schwestern, aber auch Frauen ohne Ordensgelübde, die, wie wir sahen, einen außerordentlich bescheidenen Lohn erhalten. Ein Personalverzeichnis der Museen von 1933, das unter anderem Familienstand, Nationalität und das Jahr der Einstellung vermerkt, belehrt uns, dass zu Hermines Zeit sechs Teppich-Restauratorinnen, alle unverheiratet, ihren Dienst für die Museen des Papstes versehen.[90] Die Leiterin heißt Emilia Campori, geboren 1885, eingestellt 1926. Die Ordensfrauen sind offenbar im Personalverzeichnis gar nicht aufgenommen, vermutlich deshalb, weil sie kein eigentliches persönliches Anstellungsverhältnis haben. Sie leben in ihrer kleinen Gemeinschaft innerhalb der Vatikanmauern, haben sogar die vatikanische Staatsbürgerschaft[91] und gelten mithin als dauerhaft verfügbar. Außerdem bilden die Restauratorinnen keine selbstverwaltete Einheit. Über ihre Arbeit wacht der frühere Leiter der Schulmanufaktur Silvio Grossi, dem Titel nach „capo arazziere", also „Teppich-Chef". Dieser wiederum ist gegenüber dem Chefrestaurator der Museen Biagetti verantwortlich. Beide Männer haben ihren Arbeitsplatz in den Museen, während die Frauen in ihrer Werkstatt beim Färben der Wolle, Unterfüttern, Nachknüpfen, Verstärken, kurz: beim Restaurieren der Tapisserien meist unter sich bleiben. Alles in allem ein sprechendes Bild.

Das genannte Personalverzeichnis von 1933 bietet auch sonst hilfreiche Einblicke in den Mikrokosmos der Museen. In den päpstlichen Sammlungen arbeiten fast ausschließlich Italiener. Nogara, Quadrani und mehrere Kustoden sind vatikanische Staatsbürger, obschon italienischer Herkunft. Danach kommen bereits die Deutschen. Zwei deutsche Steyler-Patres wirken seit 1929 am Lateranmuseum, Guglielmo Schmidt und Michele Schulien. Der Gepflogenheit der Zeit entsprechend wurden ihre Vornamen italianisiert, so wie aus „Hermine" in Italien „Erminia" wurde. Der holländische Franziskaner Pancrazio Maarschalkerweerd ist am Lateranmuseum Zweiter Assistent. Auch im Fall der Ordensmänner gilt: Das Lateranmuseum ist zwar Teil der päpstlichen Sammlungen, doch die räumliche Trennung bewirkt, dass man einander kaum wahrnimmt. Hingegen trifft Hermine an ihrem Arbeitsplatz häufig den stellvertretenden Chefkustoden der Vatikanischen Museen, Lorenzo Herzog, einen Schweizer. Der russische Maler Leonida Brailowksy wirkt für einige Zeit ab November 1935 als Gemälderestaurator an den Museen. Deoclecio Redig de Campos hat einen brasilianischen Pass, ist aber in Berlin aufgewachsen. Alle anderen Bediensteten stammen aus Italien, die meisten wiederum aus Rom: Der Vatikan hat einen stark lokalen Zungenschlag. Hermine Speier wird die erste Deutsche am vatikanischen „Mutterhaus" der päpstlichen Sammlungen. Mit ihr beginnt die bis heute ungebrochene Tradition, wonach zumindest ein Angehöriger der Führungsriege der Vatikanischen Museen aus Deutschland stammt.[92]

Das Arbeitsklima in der Generaldirektion der Museen muss unter Nogara gut gewesen sein. Das zumindest legt die Korrespondenz nahe, die er in seiner Abwesenheit aus Rom mit seinen Mitarbeitern führte. Der norditalienische Adelige verbringt seine Sommerfrische jedes Jahr mit Frau und Sohn auf dem Familienanwesen in Bellano am Comer See. Per Post lässt er sich getreulich über alle Vorkommnisse an den Museen unterrichten und erteilt die eine oder andere dienstliche Anweisung. Nogaras erster Ansprechpartner in Abwesenheit ist sein kongenialer Verwalter Francesco Quadrani, den Hermine sehr schätzen lernen wird.

Exakt einen Monat nach Hermines Einstellung findet im Vatikan eine Adelshochzeit statt, über deren Vorbereitung Quadrani den Chef ins Bild setzt.[93] Es ist derselbe Brief, in dem er schreibt, „Fräulein Speier" habe am 15. September ihren Dienst aufgenommen. Vor den Traualtar schreitet der Neffe des Papstes, Graf Franco Ratti. Ein Teil der anschließenden Festlichkeit findet in den Vatikanischen Museen statt, und so werden an jenem 15. Oktober 1934 die Raffael-Loggien und das Appartamento Borgia fürs Publikum geschlossen.[94] Die Bediensteten erhalten einen Feierzuschlag in der Höhe von 20 Lire, was sie mit Begeisterung quittieren. Im Gegenzug will man sich nicht lumpen lassen und spendiert der Braut den Schleier, der nicht weniger als 11.000 Lire kostet; das entspricht dem Jahresgehalt des Bäckermeisters im Papststaat. Drei Vatikan-Bürgerinnen seien eigens nach Venedig gereist, um das gute Stück auszusuchen, schildert Quadrani und nennt mit unterschwelliger Missbilligung die Namen der Damen. Nogara wundert sich über „die Art und das Maß des Geschenks, nicht so sehr unseretwegen als wegen der Masse des Personals, und das sage ich besonders mit Blick auf die Höhe des Beitrags".[95] Darauf rechnet Quadrani ihm in stiller Beipflichtung vor, wie viel jeder Bedienstete für den Brautschleier berappt: Nogara pauschal 300 Lire, den Angestellten werde vier Prozent und den Kustoden zwei Prozent ihres Nettogehaltes abgezogen, den Restauratoren und Arbeitern je zehn Lire: „Insgesamt haben wir 2.776 Lire überwiesen!"[96]

Beide, der Direktor und der Verwaltungschef, zeigen sich in dieser Episode als Männer, die in der höfischen Gesellschaft des Papststaates Vernunft und Augenmaß bewahren. Nogara ist auch sonst ein Vorgesetzter, der hohe moralische Maßstäbe an sein Tun anlegt, sich um jeden kümmert und bei noch so verwickelten Problemen mit salomonischen Lösungen aufwartet. Auch Quadrani verliert bei allem Geschäftlichen nie das Menschliche aus dem Blick. Das äußert sich exemplarisch in seinen Monatsberichten.

Auf vier eng beschriebenen Seiten hält der Verwaltungsleiter für Nogara und die Nachwelt Monat für Monat fest, was immer in den Museen Berichtenswertes vorfällt. Es geht um große, Jahre währende Projekte wie Restaurierungen, um Ankäufe und Schenkungen, um die Erprobung neuer Methoden in den wissenschaftlichen Museumswerkstätten, um Eröffnungen und Sonderschließtage, wie etwa während des Hitlerbesuchs in Rom; es geht aber auch um neue Schuhe, die den Kustoden verpasst werden, Kinder von Schweizergardisten, die beim Spielen eine Glasvitrine zerbrochen haben, oder eine Rattenplage in einem bestimmten Bereich des Museums; um Todesfälle in den Familien von Arbeitern und Belohnungen für besondere

Leistungen, die der Papst genehmigt; um den Austausch saftiger Unhöflichkeiten zwischen Kustoden und Reiseführern, um kaputte Aufzüge, bröseligen Stuck und allzu blank polierten Marmor. Kurz, die Monatsberichte bilden das Alltagsleben der päpstlichen Museen getreulich im Großen und im Kleinen ab, und zur Freude des heutigen Lesers legt der Verwaltungsmann einen bemerkenswerten Sinn für das treffende Detail an den Tag. Seine Texte ermöglichen es uns, wie in das offenliegende Uhrwerk der Vatikanischen Museen zu schauen. Die folgenden Seiten sind Quadrani zu großem Dank verpflichtet.

8. Alltag an den Museen des Papstes

In den Museen des Papstes wurden soeben die Eintrittspreise erhöht, als Hermine Speier dort ihre Arbeit aufnimmt. Ab September 1934 kostet ein Billet sechs Lire, ermäßigt drei, statt wie bisher fünf und zweieinhalb Lire.[97] Glücklich überstanden ist das Heilige Jahr 1933, in Erinnerung an die 33 Lebensjahre Jesu vor seinem Tod am Kreuz und seiner Auferstehung. Es bescherte den Museen sehr viel Zustrom, 424.630 Besucher,[98] sowie einen neuen Eingang; weil dieser für Altgewohnte schwer zu finden war, ließ die Museumsleitung an den Staatsmauern jene Travertintafeln „Musei Vaticani" mit Pfeil anbringen,[99] die heute noch den Weg in die päpstlichen Sammlungen ausschildern. Der neue Eingang erweist sich noch im Jahr seiner Eröffnung als zu klein: „inadeguato", ungeeignet, urteilt Quadrani mit merklichem Ärger. Links vom Eingang kommen also drei alte Kioske zum Verkauf der Eintrittskarten zu neuen Ehren.[100]

Seit Jahresbeginn 1933 ist überdies eine neue Dienstordnung für die Museen in Kraft. Sie sieht sieben Arbeitsstunden vor, von 8 bis 15 Uhr.[101] Eine Pendeluhr aus den Beständen des päpstlichen Lagerhauses hängt neuerdings bei der Garderobe an der Wand: Alle sind jetzt dazu verpflichtet, bei Dienstantritt und Dienstende ein Präsenzblatt zu unterschreiben. Mit Blick auf den erwarteten und eingetroffenen Besucherandrang im Heiligen Jahr wurde die Zahl der Kustoden und der Arbeiter aufgestockt. Stellen beim Papst sind unter Römern begehrt, und so wählte eine eigens gebildete Kommission die Männer aus den zahlreichen Bewerbern aus. 16 neue Kustoden legten am 9. Januar 1933 ihren feierlichen Diensteid ab. Sie schworen dem Gouverneur des Vatikanstaates Treue, Fleiß und Verschwiegenheit.

Ebenfalls seit Jahresbeginn ist eine neue Uniform aus grauem Tuch im Gebrauch. Nicht betroffen von der Uniform- und Pendeluhr-Pflicht ist der neue Angehörige der Generaldirektion, Filippo Magi. Der junge Gelehrte aus Florenz wird am 1. Oktober 1933 Assistent für die klassische archäologische

Sektion und übernimmt auch die Verantwortung für die neugeschaffene Bibliothek der Generaldirektion. In seiner ersten Arbeitswoche genießt er das Privileg, nichts anders zu tun als mit den gedruckten Führern der Skulpturen- und der Etruskersammlung durch die Säle zu gehen und sich alles einzuprägen. Diese Weisung zumindest hat der abwesende Nogara seinem Stellvertreter Quadrani für den neuen Assistenten gegeben.[102]

Um neun Uhr morgens sind die Kustoden positioniert, die Pforte öffnet sich, und alles strömt die neue Wendeltreppe herauf der Sixtina entgegen. Die Hauskapelle des Papstes ist allerdings recht häufig für Besucher geschlossen, etwa zu Todestagen von Päpsten, Kardinalskreierungen oder Heiligsprechungen. Kommen Staatsgäste, so kann es geschehen, dass einzelne Säle vorübergehend unzugänglich sind. Die gesamten Museen bleiben sonntags und feiertags geschlossen, wobei zu den Feiertagen auch der Jahrestag der Papstkrönung und der Faschingsdienstag zählen, außerdem Neujahr, Erscheinung des Herrn, Josef der Arbeiter, Peter und Paul, Christi Himmelfahrt, Mariä Himmelfahrt, Allerheiligen und Allerseelen, Unbefleckte Empfängnis und der Staatsfeiertag am 11. Februar; Weihnachten, Ostern und Pfingsten ohnehin.

In der Direktion klagt man nicht über Unterbeschäftigung. Immer wieder sagen sich Staatsgäste an, die kundig durch die Sammlungen zu führen sind. Kardinalswohnungen, Büros, Kirchen oder Nuntiaturen, also diplomatische Vertretungen des Papstes auf der ganzen Welt, sind mit geeigneten Kunstobjekten auszustatten, wissenschaftliche Veröffentlichungen müssen betreut werden, und leicht lesbare Reiseführer werden gebraucht. Die Fachleute der Museen sind es, die man ruft, wenn im Vatikanstaat oder auf den exterritorialen Gebieten Fundstücke aus Roms reichem Boden auftauchen. Ende 1934 erweitert Pius XI. die Zuständigkeiten der Generaldirektion ein weiteres Mal:[103] Für die Aufstellung, Restaurierung und Instandhaltung aller Kunstwerke in Vatikan-Besitz ist neuerdings ein Gutachten der Museumsdirektion einzuholen. Das bedeutet mehr Arbeitslast und mehr Verantwortung für Nogaras Leute, und es erfordert eine weitere Professionalisierung des Mitarbeiterstabs. Sich die Mitarbeit einer Archäologin und erprobten Foto-Fachkraft wie Hermine Speier zu sichern, ist grundsätzlich sinnvoll.

9. Das Fotoarchiv der Museen ab 1934

Ein deutscher Jude namens Ernst Nussbaum ist provisorisch im entstehenden Fotoarchiv der Museen beschäftigt, als Hermine Speier dort anfängt. An ihn erinnert sich Antonio Nogara nach Konsultation des Familienarchivs.[104] Sein Vater habe den jungen Deutschen, der mit Erlaubnis der Jesuiten an der von ihnen geführten Päpstlichen Universität Gregoriana Vorlesungen hören durfte, fachlich auf Herz und Nieren geprüft und für qualifiziert befunden. „Er arbeitete Hermine Speier [an der Fotothek] ein und während ihrer kurzen gemeinsamen Präsenz hing über der Bürotür ein Schild: ‚Hier spricht man Deutsch'". Die Zusammenarbeit mit Nussbaum währt offenbar nur kurz, zumindest hat sie in den Museen kaum eine nachweisbare Spur hinterlassen.

Unter Hermine Speiers kundiger Führung wächst das Fotoarchiv der Vatikanischen Museen langsam zu einer benutzbaren Einrichtung heran. Museumsdirektor Nogara kann aufatmen. Er muss nicht länger, wie es vor der Einstellung seiner neuen Mitarbeiterin der Fall war, höchstpersönlich nach den Fotos fahnden, um die Kunsthistoriker ihn bitten. In seiner Sommerkorrespondenz bis einschließlich 1934 nahmen Fotowünsche jeweils breiten Raum ein. Im September 1934 schlägt Francesco Quadrani in seinen Monatsberichten aus den Museen buchstäblich eine neue Seite auf: Er kreiert die Unterkategorie „Direzione Generale – Archivio fotografico".[105] Dort berichtet er nun regelmäßig, die Erfassung der vorhandenen Negative und Abzüge durch „la Signorina Speier" schreite voran.

Bis 1936 sind rund 10.300 Negative registriert, was 20.600 Registerkarten entspricht, „weil für jedes Negativ mindestens zwei Registerkarten zu erstellen sind, eine davon mit einer fortlaufenden Inventarnummer, während die andere Nummer der topografischen Ordnung folgt", resümiert Nogara in seinem Tätigkeitsbericht 1935/1936.[106] Im Vergleich zu Hermines Arbeitsvorschlag hat sich noch eine dritte Serie von Registerkarten für Fotos von Portraitdarstellungen hinzugesellt, führt Nogara aus.

„Die gesamte Arbeit muss auf rund 60.000 Registerkarten berechnet werden, was einem Material von etwa 30.000 Negativen entspricht, ohne die Neuzugänge zu berücksichtigen. Die Erstellung der Registerkarten geht mit einer nicht unbeträchtlichen Recherchearbeit einher, weil vielen Negativen ein Hinweis auf den Ort und das dargestellte Objekt fehlt oder vorhandene Hinweise ungenau oder fehlerhaft sind."

In seinem nächsten Bericht, der den Dreijahreszeitraum 1936 bis 1939 umfasst, heißt es nur noch allgemein über das Fotoarchiv, die Archivierung und Neuordnung schreite gut voran, und das „Interesse der Gelehrten und die häufige Nachfrage nach Abzügen" beweise den „Nutzen dieser Arbeiten".[107] Tatsächlich wird das Archiv binnen weniger Jahre recht effizient bei der Beschaffung von Fotomaterial, sei es aus den existierenden Beständen oder bei eigens angefragten Neuaufnahmen.[108] Dabei hatten die Vatikanischen Museen in den 1930er Jahren keinen angestellten Hausfotografen.

Hermine Speier erteilt in solchen Fällen Rat, empfiehlt Fotografen oder fragt vermittelnd bei diesen an, ob sie einen bestimmten Auftrag in der vorgegebenen Zeit übernehmen können. Häufig gerufene Fotografen vonseiten der Museen sind Arturo Faccioli und Renato Sansaini. Letzteren scheint Hermine Speier weniger zu schätzen. „Durch Sansaini sind Photographien in absehbarer Zeit zu erhalten", schreibt sie 1939 an Erich Boehringer. „Aber sie sind dann auch oft danach, wenigstens die Skulptur. ... Ich wäre dann natürlich dabei, wenn Sansaini die Aufnahmen macht, aber ich kann keine Garantie übernehmen."[109] Namentlich bei deutschen Archäologen geschätzt ist hingegen der alte Cesare Faraglia, den die Fotothekarin seit ihren ersten römischen Wochen kennt und gerne weiterempfiehlt.

Das Procedere bei Fotowünschen ist bereits geregelt. Benötigt ein Kunsthistoriker Bilder aus den Päpstlichen Sammlungen, so schickt er eine formelle Anfrage an den Museumsdirektor, die dieser an das Fotoarchiv weiterleitet. Schneller zum Ziel gelangt, wer sich direkt an Hermine Speier wendet, ein Vorgehen, das sie befreundeten Archäologen ausdrücklich empfiehlt.[110] Bezahlt werden die Bilder vorab an die Generaldirektion. Die Fotografen sind verpflichtet, den Museen gratis zwei Abzüge zu überlassen, ab Mitte der 1930er Jahre auch das Negativ, also die Glasplatte. „Die Kosten für Aufnahmen im Vatikan sind aussergewöhnlich hoch", erklärt der Zweite Direktor des DAI in Rom, „da die Vatikanischen Sammlungen als einzige Stelle neben den üblichen zwei Pflichtabzügen stets auch die Überlassung eines Negativs erfordern."[111]

Somit kommt abgesehen vom vorhandenen Bildmaterial laufend neues hinzu, das die Fotothekarin ebenfalls einzuarbeiten hat. Diese Zweigleisigkeit setzt ein, noch bevor Hermine Speier ihr Amt antritt. So hat der Fotograf Domenico Anderson 1933 gerade einen riesigen Auftrag der Museumsdirektion abgewickelt: das 260 Quadratmeter große Michelangelo-Fresko vom „Jüngsten Gericht" in der Sixtinischen Kapelle in 200 Negativen abzulichten. Nogara hat diese langwierige und anspruchsvolle Arbeit nicht für den Verkauf von Postkarten angeordnet, sondern als dokumentarische Grundlage für eine bevorstehende Restaurierung. Das „Jüngste Gericht" war bis dahin zwar Reinigungen, aber noch nie einer Restaurierung unterzogen worden.[112]

Wie bald klar wurde, genügte das Tageslicht nicht zum Fotografieren des Kunstwerkes. Also bauten die Techniker des Vatikanstaates vor dem „Jüngsten Gericht" ein leichtes Metallgerüst, auf dem sich die Fotoapparate in einem vorab berechneten idealen Abstand zum Fresko anbringen ließen. Anderson studierte die innovativsten Beleuchtungstechniken, damit die Wiedergabe der Kontraste nicht leide. Von Juli bis Oktober 1933 arbeitete er auf dem Gerüst, ohne dass die Sixtina fürs Publikum geschlossen werden musste.[113] 1935 gibt Anderson, wie im Vertrag geregelt, 200 Glasplatten im Format 21x27 mit je zwei Abzügen in der Generaldirektion ab,[114] wo Hermine Speier sie in Empfang nimmt. Außerdem hat er eine Gesamtaufnahme des Jüngsten Gerichts in vier Teilen angefertigt. Das gesamte fotografische Material wird in eine Veröffentlichung der Generaldirektion einfließen.

Ein weiterer Fotoankauf der Museen vom März 1937 verdient Erwähnung. Nogara erwirbt 460 Negative der Firma Sansaini verschiedenen Formates: Monumente der Museen, der Vatikanstadt und verschiedene römische Kirchen sind darauf zu sehen. Die Sammlung kostet 1.370 Lire.[115] Und Deoclecio Redig de Campos, 1937 auf einem längeren Heimaturlaub in Brasilien, bringt von dort 340 Fotografien italienischer Kunstwerke vom 16. bis 18. Jahrhundert mit, die ebenfalls dem Archiv einverleibt werden.[116] Angesichts all dieser Neuzugänge regt die ordnungsliebende Hermine offenbar ziemlich rasch die Anschaffung eines Archivschranks an, damit die Glasplatten, das heißt die Fotonegative, sachgerecht und sicher gelagert werden können. Der Schrank wird im Juli 1938 geliefert.[117] Mehrere Heizkörper müssen dem immensen Möbel weichen, das dreieinhalb Meter hoch und 23 Meter breit ist und im Oberstock der vatikanischen Pinakothek einen Gang auf ganzer Länge einnimmt. Noch heute befinden sich die Platten der Sammlung Moscioni und Andersons Sixtina-Negative in der sorgfältigen Hängung von Hermine Speier in diesem Archivschrank.

Die Erfassung des Sammlung Moscioni und der übrigen, ständig neu hinzukommenden Fotos und Negative in Registern ist eine überwiegend „mechanische" Arbeit, wie Hermine es ausdrückt. Doch lernt sie auf diese Weise zum einen die Kunstschätze der Museen, zum anderen die Monumente und Landschaften Roms und seiner Umgebung auf neue Weise kennen, die in der Sammlung Moscioni so meisterhaft festgehalten sind. Für den Reiz der künstlerischen Brechung des Dargestellten durch das Medium Fotografie ist Hermine Speier weniger empfänglich. Sie betrachtet die Abbildung als Hilfsmittel der Wissenschaft und hält sie nicht an sich für „kunstfähig", im Gegensatz zu Stichen oder Gemälden, die dieselben Monumente in denselben Perspektiven zeigen. Möglicherweise behagt ihr auch das entfernt „Touristische" der Moscioni-Fotografien nicht. Dabei muss gesagt werden, dass der bildungsreisende und meist liquide „Grand Tourist" des 19. Jahrhunderts in Italien die Entwicklung des Mediums Fotografie sehr beförderte, was am Ende wiederum der Wissenschaft zugutekam. In allen Kunstmetropolen, die auf den Pfaden der Grand Tour liegen, entstanden Fotoateliers und Druckereien, die ihre professionellen Erzeugnisse gut verkauften. Die Größen der neuen Zunft hießen Alinari, Anderson, Brogi oder eben Moscioni. Mit allen hat Hermine Speier als Fotothekarin zu tun.

Fotografien sind 1934 längst kein neues Medium mehr, aber eines, das in der Wissenschaft zu neuen Ehren kommt. Auch die Farbfotografie ist bereits erfunden und wird am Vatikan sparsam verwendet. Berühmt wird die Farbfotografie des frischgewählten Papstes Pius XII. aus dem Jahr 1939 mit dem Fächer aus weißen Straußenfedern im Hintergrund. Überhaupt standen die Päpste dem Medium Fotografie immer aufgeschlossen gegenüber. Ein als konservativ geltender Papst wie Pius IX. tat sich Mitte des 19. Jahrhunderts als Förderer hervor und lobte einen Fotowettbewerb aus.[118] Sein Nachfolger Leo XIII. dichtete einen lateinischen Gesang auf die Wissenschaft und die Kunst der Fotografie. 1883 bestellte er bei dem Maler Domenico Torti ein Fresko für seine Galerie der Kandelaber – Thema: die von der Religion gesegneten schönen Künste. Unter diesen schönen Künsten figuriert die Fotografie. Somit befindet sich die früheste bekannte Darstellung der Fotografie auf einem Fresko ausgerechnet in den Vatikanischen Museen. Hermine Speier hat diese Abbildung als Kuriosum mit Sicherheit gekannt. Seine Aussage von den „höheren Weihen" der Fotografie durch die Religion empfand die Archivarin hingegen wohl nicht als die ihre.

10. Beschäftigungspolitik im Vatikanstaat der 1930er Jahre

Im Vatikanstaat sind in den 1930er Jahren die Zeiten längst schwieriger geworden für die schönen Künste, die Archäologie, die Musen und die Museen. Die Entschädigungszahlungen Italiens haben den Neubau und die Modernisierung des Papststaates ermöglicht, doch nun kann sich der Vatikan den allgemeinen ökonomischen Entwicklungen nicht mehr entziehen. Die Geldreserven schwinden. Sogar die vielbesuchten päpstlichen Museen schreiben rote Zahlen. Der „segretario economo" Quadrani alarmiert den Generaldirektor Nogara Ende Juli 1935:

„Das zentrale Buchhaltungsbüro hat einen Akt ... mit allen Ein- und Ausgängen und der Vermögenslage aller Stellen des Governatorates zum 30. Juni 1935 geschickt. Um die Wahrheit zu sagen, ist es eine sehr interessante Arbeit, und wenn ich nur an das uns Betreffende denke, kommt heraus, dass wir in sechs Monaten ein Defizit von rund 600.000 Lire haben. Das hatte ich leider schon vorhergesehen, nicht so sehr wegen der Ausgaben als wegen der geringeren Einnahmen; am 31. Dezember wird unser Defizit bei mehr als einer Million liegen. Da die innere und äußere Lage keine Anstalten macht sich zu verbessern, sondern sich eher zu verschlechtern scheint, wird es bei Ihrer Rückkehr Ende September nötig sein, bei der Vorbereitung des Kostenvoranschlags für 1936 die Ausgaben wo immer es möglich ist zu begrenzen, denn die Einnahmen werden geringer als dieses Jahr ausfallen."[119]

Vor diesem Hintergrund wird nachvollziehbar, warum sich der Vatikanstaat schon bald nach seiner Gründung in der Personalpolitik geizig gab. Umso mehr erstaunt, dass es zur Einstellung Hermine Speiers kam, und mehr noch, dass sie über die Jahre hinweg an ihrem Posten bleiben konnte.

Zu ihrem doppelten „Handicap“ als Frau und Jüdin gesellte sich ein drittes: Im Grund hatte der Vatikan für sie kein Geld. Ihre Anwesenheit unterlief wirtschaftliche Weisungen von oben, wenn auch nicht von ganz oben.

Einen ersten generellen Einstellungsstopp verhängte der Vatikanstaat bereits 1930, im Jahr nach seiner Gründung. Unter diesem Jahr findet sich in den Beständen des Geheimarchivs folgende interne Weisung, die keinen Briefkopf, keine Unterschrift und kein Datum trägt:

„Das Governatorat der Vatikanstadt teilt mit: Da nunmehr die Anstellung der nötigen Beamten für die sehr begrenzte Zahl der Büros, die infolge der Gründung des Staates der Vatikanstadt entstanden, abgeschlossen ist, können eventuell noch einlaufende Bewerbungen mit diesem Ziel in keiner Weise mehr berücksichtig werden.“ [120]

Arbeitsgesuche treffen weiterhin ein, zumal die Weisung des Governatorates nur nach innen ging. So entschließt man sich am Staatssekretariat, den Einstellungsstopp Ende 1934 öffentlich kund zu tun. Der „Osservatore Romano“ teilt am 29. Dezember mit, in den Päpstlichen Museen und Galerien sowie in den übrigen Büros des Governatorates sei „kein Posten welcher Kategorie auch immer“ verfügbar. Diese Verlautbarung reagiert auf die „zahlreichen Arbeitsgesuche“, die sowohl in den Museen als auch im Governatorat eingetroffen seien, hält Quadrani in seinem Monatsbericht für Dezember 1934 fest.[121] Hermine Speier ist zu dem Zeitpunkt seit drei Monaten im Dienst.

Die 16 neuen Kustoden zum Heiligen Jahr 1933 bilden den letzten Schwung an Einstellungen bis nach dem Krieg. Nur mit ausdrücklicher Zustimmung des Gouverneurs, der rechten Hand des Papstes für den Vatikanstaat, darf nach 1934 überhaupt noch neues Personal dazukommen, und der Gouverneur hält sich strikt an seine eigene Vorgabe. Das sind harte Bandagen für römische Familien, die nicht selten seit Generationen für den Papst arbeiten und ihre bescheidenen Vatikan-Posten bisher vom Vater auf den Sohn vererbt haben. Einen Fall, in dem eine solche Stellenvererbung trotzdem noch gelang, erwähnt Quadrani extra in seinen Monatsberichten. Ende Februar 1937 wird „mit Einwilligung Seiner Exzellenz des Gouverneurs“ der Gipsformer Luigi Mercatali zum „Gehilfen mit Nachfolgerecht“ seines Vaters Francesco ernannt, der diese Arbeit seit geraumer Zeit zur allgemeinen Zufriedenheit ausübt.[122]

Im vatikanischen Geheimarchiv haben sich aus jenen schwierigen Jahren etliche Blindbewerbungen für den Vatikanstaat erhalten, soweit sie an das Staatssekretariat oder direkt an dessen Leiter Kardinal Eugenio Pacelli gingen. In allen Fällen handelt es sich um Männer mit handwerklicher Ausbildung, die in Krisenzeiten gerne im sicheren Hafen des Vatikans angedockt hätten. Beantwortet werden ausschließlich Bewerbungen, die über kirchliche Mittelsmänner wie etwa Bischöfe laufen, denn ihnen kann man eine Antwort nicht vorenthalten. So empfiehlt der Bischof von Lecce Alberto Costa im März 1933 einen jungen Mann namens Mario Perrotta für einen nicht näher umrissenen bescheidenen Posten im Vatikanstaat. Kardinalstaatssekretär Pacelli antwortet: „Soweit mir berichtet wird, sind leider das Governatorat und alle seine untergeordneten Stellen mit Angestellten in Fülle versorgt, weswegen Arbeitsgesuchen, die weiterhin sehr zahlreich eintreffen, nicht mehr stattgegeben werden kann."[123] Perrotta selbst schickt aus Lecce noch 1939, am 16. März, dem eben zum Papst gewählten Pacelli einen verzweifelten Brief mit der Bitte um Arbeit, der allem Anschein nach nicht beantwortet wurde.

Selbst aus dem Ausland trifft das eine oder andere Stellengesuch im Vatikan ein. Aus Buenos Aires schreibt dem Kardinal zu Weihnachten 1934 die Gräfin Maria Harilaos de Olmos. Pacelli kennt die Adelige persönlich, und er ist ihr zu Dank verpflichtet: Zwei Monate davor war er beim Internationalen Eucharistischen Kongress in der argentinischen Hauptstadt Gast in ihrem Anwesen. Die Gräfin bittet den Kardinal, den Sohn ihres Chauffeurs im Vatikan unterzubringen. Dieser Fahrer, ein Italiener, stand Pacelli bei seinem Aufenthalt in Buenos Aires zur Verfügung. Der junge Mann namens Armando Giacopetti sei gelernter Mechaniker und Elektrotechniker und finde im Land keine Arbeit, schreibt die Gräfin. Pacelli, immerhin „Zweiter Mann" im Vatikan nach dem Papst, empfiehlt den Argentinier tatsächlich im Governatorat, erhält aber einen abschlägigen Bescheid. Gern hätte er dem Kardinalstaatssekretär seinen Wunsch erfüllt, schreibt der Governatore Camillo Serafini, da es dem Kardinal „so sehr am Herzen" liege, den Herrschaften einen Gefallen zu erweisen, deren „exquisite Gastfreundschaft" er in Buenos Aires genossen habe.

„Leider ist die Lage aber so, dass nicht zu sehen ist, wie man Giacopetti anstellen könnte: Freie Posten gibt es keine, absolut nicht. Kürzlich konnten wir nach über einem Jahr des Wartens ausnahmsweise und auf Stundenbasis den Chauffeur von Kardinal Ehrle einstellen, für den so viele Bemühungen auch beim Heiligen Vater gemacht worden sind. Er wurde aus über hundert Bewerbern ausgewählt."[124]

Nicht einmal der wichtigste Mitarbeiter des Papstes vermag im Vatikanstaat 1935 einen neuen Angestellten unterzubringen. Zahllos sind die Arbeitsgesuche einfacher Handwerker und Arbeiter ohne Fürsprecher, die bei Museumsdirektor Nogara eintreffen. Mitte 1935 wendet sich ein tüchtiger römischer Bilderrahmenmacher, Torquato Gaudenzi, sogar ans Staatssekretariat, um in den Museen eine Arbeit zu erhalten. Seiner Bewerbung legt der Mann nicht weniger als sieben Referenzen namhafter früherer Auftraggeber bei, darunter römische Adelsfamilien und der Museumsdirektor der bedeutenden Galleria Borghese. Nogara antwortet dem Staatssekretariat, Gaudenzis Fähigkeit sei bekannt und erwiesen, nur habe er im Moment „und wer weiß für wie lange noch" keine Möglichkeit, den Mann zu beschäftigen.[125]

Anders gelagert und noch aufschlussreicher mit Blick auf Hermine Speier ist die Bewerbung einer Restauratorin, die von hoher Stelle empfohlen wird. Im November 1934, als Hermine seit zwei Monaten das Fotoarchiv ordnet, leitet das Staatssekretariat den Brief eines italienischen Senators und pensionierten Generals an Nogara weiter. Graf Maurizio Ferrante Gonzaga del Vodice empfiehlt darin seine Nichte oder Enkelin – das italienische Wort „nipote" kann beides bedeuten – für eine Stelle bei Chefrestaurator Biagetti. Die 26-jährige Rosalia Alliana aus Paraguay habe Malerei in Turin studiert, und dort arbeite sie derzeit für einen Professor, bei dem sie Gemälde staatlicher Sammlungen restauriere.[126] Die Restaurierungswerkstatt der Museen sei komplett, antwortet Nogara, mehr noch, man müsse zum Ende des Jahres jemanden entlassen. Und weiter: „Generell wäre angesichts der Anlage unserer Werkstatt und der speziellen Art der Arbeit an den Fresken die Beschäftigung von weiblichem Personal weder angemessen noch ratsam."[127]

11. „Weder angemessen noch ratsam": Frauen in vatikanischen Diensten

Eine solche Bemerkung führt uns in das weite Feld der Anfänge weiblicher Beschäftigung im Vatikan. Noch niemand hat in diesem Feld eine systematische Grabung vorgenommen. Sie hätte übrigens nicht wenige technische Hürden zu nehmen. Sofern etwa Personalakten des Heiligen Stuhles überhaupt vorhanden sind, lagern sie in den einzelnen Behörden; ein zentrales Verwaltungsarchiv des Heiligen Stuhles ist nicht eingerichtet, es gälte also bei Dutzenden Stellen anzufragen. Seit wann gibt es Sekretärinnen, Sachbearbeiterinnen oder gar Beraterinnen in den Verwaltungsbüros der katholischen Kirche im Vatikan? Welchen Platz hatten dort Ordensfrauen? Oder besorgten Schwestern höchstens den Haushalt von Kardinälen, was kaum irgendwo aufschien, außer im herausragenden Fall von Schwester Pascalina Lehnert, der Gehilfin bei Eugenio Pacelli?[128] Wie begegneten Kollegen und Vorgesetzte den eventuell vereinzelt vorhandenen Mitarbeiterinnen an den Kurienbüros? Wer entschied über ihre Einstellung oder Nicht-Einstellung, gab es diesbezügliche Anordnungen? Fragen, die vorerst offen bleiben müssen.

Zum Glück war Hermine Speier nicht beim Heiligen Stuhl beschäftigt, sondern beim Vatikanstaat. Die Museen unterstehen dem Governatorat, der „Stadtverwaltung" des Papststaates, dem, vereinfachend gesagt, alle weltlichen Belange des Doppelgebildes Vatikan obliegen. Auch hier steht eine

Untersuchung zu den Anfängen weiblicher Beschäftigung noch aus. Doch gibt es am Governatorat ein zentrales Verwaltungsarchiv, und dieses hat auf unsere Anfrage hin in seinen Akten nach weiblichem Personal in der Anfangszeit des Vatikanstaates und davor gefahndet. Das Ergebnis: Hermine Speier war nicht die erste Frau mit Beschäftigung im Vatikanstaat, sondern die dreizehnte.[129] Sie war aber die erste Akademikerin und die erste Nicht-Italienerin.

Der Primat der ersten offiziell beschäftigten Frau im Vatikanstaat gebührt Anna Pezzoli, einer Hilfsarbeiterin in der „Floreria", dem Lagerhaus für Möbel und Gegenstände aller Art. Den Angaben aus dem Governatorat zufolge tritt sie ihren Dienst am 1. Februar 1915 an. Elf Jahre später kommen die ersten Teppich-Restauratorinnen. Da ist zunächst die bereits erwähnte Emilia Campori, die im Monat darauf eine junge Auszubildende unter ihre Fittiche nimmt. 1928 stößt die Fachkraft Clara Scarpini dazu, 1929 folgen eine weitere Auszubildende bei den Teppich-Schwestern und eine Hilfsnäherin in der Floreria, 1930 abermals eine Hilfsnäherin sowie zwei Etikettiererinnen im vatikanischen Tabakmagazin. Die Teppich-Restauratorin Palmira Grossi, Tochter des Teppich-Meisters Silvio Grossi, nimmt 1931 ihren Dienst auf, verlässt die Stelle aber 1941 wegen „inabilità fisica", wörtlich: „körperlicher Unfähigkeit". Ebenfalls 1931 verstärken zwei weibliche Angestellte das Team der päpstlichen Villen in Castelgandolfo. Dann, 1934, kommt „Speier Erminia, archivista".

All dies sind nackte Personaldaten, denen wir an dieser Stelle nicht weiter nachgehen können. Der Fall der jungen Paraguayanerin, der allem Anschein nach keine Stelle in den vatikanischen Museen vergönnt war, führt uns aber mitten hinein in die Frage, wie es dort eigentlich mit dem Frauenbild bestellt war. Was dachten Männer wie Nogara oder Quadrani, von denen wir Briefe im Museumsarchiv fanden, über die beginnende Berufstätigkeit von Frauen im Allgemeinen und im speziellen Gefüge des höfischen Papststaates, sollte das einen Unterschied machen? Wie lassen sich ihre sporadischen Aussagen darüber interpretieren und systematisieren? In welches Umfeld ist Hermine Speier da überhaupt geraten? Sie ging täglich in den Museen des Papstes ein und aus, war die einzige „sichtbare" weibliche Kraft dort: Wurde sie beäugt, behindert, befördert? Dank welcher Eigenschaften oder Umstände gelang es ihr, sich in einem Kontext zu behaupten, in dem von Haus aus drei institutionelle Gründe gegen sie sprachen, deren einer, ihr Frausein, schlechterdings unübersehbar war? Wir haben wegen der angedeuteten Forschungslücke keine andere Möglichkeit, als unsere aussagekräftigen Zufallsfunde zum Sprechen zu bringen.

Wären die Vatikanischen Museen 1934 ein festgefügtes Gebilde, hätte Hermine Speier kaum eine Chance. Doch der Papststaat ist neu, und ein frischer Wind durchfegt seine altehrwürdigen Institutionen. Die päpstlichen Kunstsammlungen richten sich auf wissenschaftliche Horizonte aus. Inventare entstehen, eine Fachbibliothek, ein Fotoarchiv. Solche Unterfangen können keine Kustoden in Überstunden erledigen. Trotz des Einstellungsstopps von 1930 gelingt es dem Direktor dank seines persönlichen Drahtes zum Papst, über den Kopf des Gouverneurs hinweg zwei neue Assistenten auf regulären Posten zu engagieren. Sie kommen nur wenige Monate vor Hermine ans Haus: Filippo Magi und Deoclecio Redig de Campos, beide ausgewiesene Fachleute, Redig de Campos überdies von internationalem Profil. Im selben Schwung gelangt die hochspezialisierte deutsche Archäologin Hermine Speier in die Museen, wenngleich nur auf Stundenbasis.

Hermines männliche Kollegen stellen ihr Licht nicht unter den Scheffel. Beispielhaft sind die Sommerbriefe Magis an den Chef, die sich in Mailand erhalten haben; dem dortigen „Istituto Lombardo" hat Nogaras Sohn Antonio den Schreibtisch des Vaters mit vielfältiger inliegender Korrespondenz vermacht. Magi nutzt diese Sommerbriefe, um seine Leistungen herauszustellen. Jeden Abend frequentiere er für seine Forschungen die Bibliothek der römischen „American Academy", es sei die einzige, die im Sommer offen stehe, schreibt er dem Direktor 1936 im August,[130] in jenem Monat, in dem die Stadt wie leergefegt ist. Daneben habe er sich schon den Kopf zerbrochen über die Einrichtung der neuen Säle in der etruskischen Sammlung. Er habe dies und jenes Problem angetroffen und sich bereits Abhilfe überlegt, wolle aber die Zustimmung Nogaras abwarten. Für Nogaras bevorstehende Publikation habe er, Magi, indes mit dem Gouverneur, dem Leiter der vatikanischen Bibliothek Kardinal Mercati und mit Ludwig Curtius gesprochen. Er sei allein in der Direktion zurückgeblieben „wegen der Abwesenheit nicht nur Fräulein Speiers sondern auch Redig de Campos, und so muss ich auch einige Erledigungen ihrer Arbeit übernehmen". Das alles lenke ihn aber nicht weiter von seinen eigenen Hauptvorhaben ab, besonders der „Angelegenheit Kaschnitz".

Die „Angelegenheit Kaschnitz" meint den bedeutenden Katalog der Skulpturen im vatikanischen Magazin, den der Archäologe Guido Kaschnitz von Weinberg besorgt.[131] Mit dieser Publikation ist auf Museumsseite freilich mindestens so sehr Hermine Speier wie Filippo Magi befasst. Genau ein Jahr nach Magi schreibt sie ihrerseits einen Sommerbrief an Nogara, in dem es um den nunmehr fast abgeschlossenen Katalog geht. Die noch fehlenden Skulpturen seien „in den verschiedenen Magazinen alle bis auf drei gefunden" worden; „sie wurden vermessen und die Ergebnisse Kaschnitz mitgeteilt".[132] Hermine wählt für diese Informationen die grammatikalische Form des Passivs. Sie verschleiert, dass sie selbst es war, die in Abwesenheit Magis und Nogaras die fehlenden Skulpturen in den Archiven fand, wozu Ortskenntnis und wissenschaftlicher Sachverstand gehören. In epochentypischer weiblicher Zurückhaltung aber stellt Speier ihre Arbeit nicht zur Schau. Beiden, Hermine Speier und Filippo Magi, wird der Autor in seinem Vorwort für die von ihnen empfangene Hilfe danken.

Die Assistenten sind im Haus „il dott. Magi“ und „il dott. Redig de Campos“. Die Fotothekarin hingegen scheint, ihres akademischen Titels beraubt, stets als „la signorina Speier“ auf, selbst dann, wenn alle drei in einem Zug genannt werden. So ist es in Quadranis Monatsberichten nachzulesen. Hermine stößt sich nicht daran, pflegt mit allen freundschaftlichen Umgang; den Florentiner Magi macht sie zum Protagonisten der Dante-Abende in ihrem Salon, mit Redig de Campos wechselt sie Briefe in herzlichem Tonfall. Mit „Dott.ssa Speier“ allerdings zeichnet sie selbst ihre dienstlichen Schriftstücke. Sie leitet faktisch das Fotoarchiv. Doch nach und nach gesellt sich ihr auf dem Papier Redig de Campos zu, der sie schließlich, abermals auf dem Papier, überholt. Im November 1934 heißt es noch: „Während des Monats November hat Fräulein Speier ihre Arbeit der Neuordnung der Negative und Positive im Fotoarchiv der Generaldirektion fortgesetzt“.[133] Einen Monat später: „Während des Monats Dezember hat Fräulein Speier, unterstützt vom Assistenten Dr. Redig de Campos, ihre Arbeit der Neuordnung der Negative und Positive im Fotoarchiv der Generaldirektion fortgesetzt.“[134] Im Juli 1937: „Fräulein Speier hat in Abwesenheit von Dr. Redig de Campos, auf Dienstreise, die Ordnung des Fotoarchivs fortgesetzt.“[135] Im Februar 1938: „Dr. Redig de Campos und Fräulein Speier haben das Inventar der Negative und Positive im Fotoarchiv und in der Werkstatt für Gemälderestaurierung begonnen.“[136]

Als Besucherinnen sind Frauen in den Museen natürlich allgegenwärtig. Sie haben sich züchtig zu kleiden: Strümpfe am Damenbein sind selbst am heißesten Sommertag Pflicht. Im Juli 1937 erlaubt Nogara den „Frauen und Fräulein“ Besucherinnen erstmals Kniestrümpfe.[137] Das Problem scheint ein tief empfundenes. Schon Ende der 1920er Jahre kennt und fürchtet man im Vatikan den Anblick mangelhafter weiblicher Beinbedeckung US-amerikanischer Touristinnen in der Sixtinischen Kapelle: „Viele Karawanen von Amerikanerinnen, die, von Reiseführern und Agenturen vorbereitet, obenherum gut bedeckt kommen, leider gilt das nicht für untenherum, und auch der Abschied von den Bänken in der Sixtina hat der Zurschaustellung mehr oder weniger krummer Beine keine Abhilfe geschaffen“, seufzt Nogara in einem Brief an Quadrani.[138] Der Fairness halber sei hinzugefügt, dass diese Bemerkung die einzige ihrer Art in Nogaras Briefen ist, soweit wir sie einsahen.

Ansonsten wirkt der Museumsdirektor in seinen schriftlich überlieferten Äußerungen nicht nur korrekt, sondern auch maßvoll offen für das Novum der Frauen in der Forschung und überhaupt im bürgerlichen Berufsleben.

Auswärtige Kunsthistorikerinnen und Archäologinnen erfahren in der Generaldirektion der Vatikanischen Museen augenscheinlich dieselbe Unterstützung und Zuvorkommenheit wie ihre männlichen Kollegen.[139] Im Gegensatz zu Quadrani erhebt Nogara auch keine Einwände gegen eine weibliche Aushilfs-Schreibkraft in den Museen. Die für diesen Dienst vorgeschlagene Tochter eines Kollegen habe sich schließlich schon einmal bewährt, gibt Nogara zu bedenken. Sein Verwaltungsleiter will lieber auf einen Kustoden als Schreibkraft zurückgreifen.[140] Ungenannte Schicklichkeitsgründe schwingen mit.

Nebenan an der vatikanischen Bibliothek ergibt sich ein ähnliches Bild. Papst Leo XIII. öffnete das dort angeschlossene Geheimarchiv 1881 der Forschung, und wissenschaftlich arbeitende Frauen dürfen sowohl die Bibliothek als auch das Archiv der Päpste benutzen. Nur im Sommer gilt das offenbar als anstößig. Ein Briefwechsel über einen solchen Fall hat sich im vatikanischen Geheimarchiv erhalten. Im Juli 1930 fragt eine italienische Studentin namens Linda Grillenzoni beim Papst an, ob sie trotz Sommerpause das Archiv noch ein paar Tage benutzen kann, sie müsse nämlich im Oktober ihre Abschlussarbeit über die „Aufstände von Rimini 1845" abgeben.[141]

Während des Sommers kann das Archiv mit einer Sondererlaubnis benutzt werden, davon ausgenommen sind allerdings „signore e signorine", verfügte bei seiner Abreise der Präfekt des Geheimarchivs, Monsignore Angelo Mercati. Was tun? Im Fall Grillenzoni liegen Empfehlungen vor, und deshalb wird ein Weg gesucht, die Studentin trotz gegenteiliger Weisung zuzulassen. Befürwortend schaltet sich ein vatikanischer Bibliothekar ein, Enrico Benedetti. Er beruft sich auf die besondere Empfehlung der Studentin durch einen im Vatikan wohlgelittenen Forscher und erinnert an einen glücklich gelösten Präzedenzfall:

„Letztes Jahr befand sich ein anderes Fräulein in derselben Lage, und es wurde ihr erlaubt, ihre Arbeit im Saal zu erledigen, der über der Bibliothek liegt ... von einem Saaldiener wurde ihr jeden Tag der Band gebracht, den sie brauchte. Die Handschriften verließen auf diese Weise nicht die Bibliothek, und die Lesesäle waren nicht mit Frauen durchmischt [‚contaminate', wörtlich: ‚verunreinigt']. / Man könnte aber auch den Band, den Frau Ghislanzoni [sic] braucht, in den Saal des Sekretärs bringen, der, wie Sie wissen, sich derzeit nicht in der Bibliothek aufhält, und auch dieser [Saal] steht Frauen offen."

Einen überraschenden Sachverhalt nennt der Schreiber am Rande: An der Vatikanbibliothek sind zu jenem Zeitpunkt – im Sommer 1930 – drei Frauen beschäftigt. Benedetti formuliert in launigem Tonfall an seinen Adressaten im Staatssekretariat:

„Übrigens werden Sie wissen, dass im Moment, obwohl die Bibliothek geschlossen ist, drei Fräulein in der Bibliothek an der Zusammenstellung des Ka-

talogs arbeiten und dafür bezahlt werden: Und so flattern in der Bibliothek neben den langen Soutanen der Kleriker auch die kurzen Kleider der Fräulein."[142]

Die drei Frauen gehen also einer qualifizierten Arbeit nach und erhalten dafür vermutlich ein Honorar auf Stundenbasis, so wie vier Jahre später Hermine Speier an den Museen. Die Bibliothek untersteht dem Heiligen Stuhl, der, wie oben dargestellt, kein zentrales Verwaltungsarchiv hat. Wir fragten also in der Bibliothek nach und durften dort ein altes Personalverzeichnis einsehen. Unter den „Mitarbeitern des Manuskripte-Index", der ab 1928 entsteht, sind 22 Namen aufgelistet, und darunter befinden sich tatsächlich mehrere Frauen.[143] Jeanne Bignami ist die erste, sie nimmt ihren Dienst am 1. Oktober 1929 auf. Drei Kolleginnen stoßen am 1. Januar 1931 dazu: Maria Moscarini-Gigli, Maria Morseletto und Maria Bertola; weitere zwei ab 1. Oktober 1931: Lea Ricci und Maria-Renata Ausenda, und schließlich Dr. Noemi Crostarosa-Scipioni ab 1. Juni 1932. Das wären sieben vermutlich akademisch gebildete Frauen im Vatikan, die Hermine Speier vorangehen. Der Fund zeigt, dass Hermine Speier zwar die erste Wissenschaftlerin „im Vatikanstaat" war, nicht aber „am Vatikan".

Auch im Fall Linda Grillenzoni triumphiert am Ende der gute Wille. Kardinalstaatssekretär Pacelli genehmigt der Studentin nach einigem Hin und Her, das vatikanische Geheimarchiv für eine weitere Woche zu nutzen. Sie schreibt ihre Abschlussarbeit, und im Herbst 1931 erlangt Linda Grillenzoni glücklich die Lehrerlaubnis für Kunstgeschichte an italienischen Mittelschulen.[144]

Zusammenfassend können wir festhalten: Hermine Speier gelangt in einem Moment an den Vatikan, in dem Papst Pius XI. ein außergewöhnlich günstiges Klima für die Wissenschaft geschaffen hat. Grundsätzliche Vorbehalte gegen die Beschäftigung von Frauen scheinen im Schwinden begriffen, zumindest dort, wo Laien arbeiten, wie an den Museen und an der Bibliothek. Mit dem ungeschriebenen Kleidercode kommt die deutsche Archäologin offenbar von Haus aus nicht in Konflikt, sie erscheint immer mit ordnungsgemäß bedeckten Knien und Schultern zur Arbeit. Hermine Speier pocht nicht auf ihren akademischen Titel, drängt sich nicht in den Vordergrund, neidet ihren Kollegen die wissenschaftliche Betätigung nicht, nach der sie gleichwohl Sehnsucht hat. Sie tut niemandem weh, sie ist hilfreich, und sie ist sich nicht zu schade für manch bescheidenen Dienst, den andere an ihrer Stelle nur widerwillig übernommen hätten. „Dass es nämlich in einem Institut eine ganze Menge von Arbeit gibt, die einen Mann nur aufhält und unnötige Kraft von ihm erfordert während sie von uns armen verkannten Wesen [den Frauen] sehr nett getan werden und uns sogar noch vergnüglich sein kann": Was Hermine Speier 1926 an Curtius schrieb, war nicht nur blanke Überredungskunst. Sie meinte es wirklich so. „Sie war keine Emanze", formuliert Annemarie Schädel, die späte Freundin. Mit diesem Set an Eigenschaften hat Hermine Speier es leichter, als Frau im Vatikanstaat zu bestehen, der zu jenem Zeitpunkt nicht von Priestern, sondern – mit Ausnahme des Souveräns, des Papstes – von männlichen Laien getragen und geleitet wird.

Mit einem Wort: Obwohl äußere Gründe gegen sie sprechen, passt sich Hermine Speier erstaunlich gut in das Umfeld der Päpstlichen Museen ein. Ihr Förderer und Schützer wird Bartolomeo Nogara, der diese Rolle gleichsam von Curtius übernimmt. Diskret und unauffällig erweitert Nogara im Lauf der Zeit Hermine Speiers Zuständigkeitsbereich. So heißt er sie 1935 einen kleinen Aufsatz über Römische Skulptur im Vatikan schreiben.[145] „Die Betreuung durch Magi oder Fräulein Speier wäre schätzenswert gewesen", urteilt er 1937 mit Blick auf die unklare Anordnung der Szenen auf der Trajanssäule in einer archäologischen Fachpublikation.[146] Bemerkungen wie diese zeigen, dass er der deutschen Archäologin fachlich mehr zutraut, als sie, die feste freie Mitarbeiterin, darf.

Unterschiede zu den Assistenten Magi und Redig de Campos bleiben, wenn aber ein Engpass entsteht, wird Hermine gerufen. Kaschnitz von Weinberg war nur der Anfang: Mehr und mehr avanciert Hermine zur allgemeinen Ansprechpartnerin der Museen für Kunsthistoriker und Archäologen deutscher Sprache. Englischkenntnisse sind in den Museen rar; Hermine hat sie ebenso wie die beiden Assistenten. Das verschafft ihr nicht nur englische Fachkorrespondenz, sondern auch Kontakte mit ausländischen Staatsgästen. Im Sommer 1939 zeigt sie dem US-amerikanischen Postminister und seiner Familie die Päpstlichen Sammlungen, „weil der Minister und seine Familie nur Englisch" sprechen;[147] und kurz davor hat sie das Vergnügen mit dem Erbprinzen von Mysore in Indien, der mit „einigen Mitgliedern seiner Familie und 50 Personen im Gefolge" in den Vatikan kommt.[148] „Dr. Magi, Dr. Redig de Campos und Frl. Speier" führen die erlauchte Besuchergruppe durch die Sammlungen des Papstes.

Zum Abschied nimmt die Hoheit aus Indien ein Album mit Farbfotografien der berühmtesten Monumente aus den Vatikanischen Museen entgegen. Das repräsentative Geschenk verdankt sich einer Fotothek auf der Höhe der Zeit, die den Anforderungen der Wissenschaft wie auch jenen der Souvenir-Industrie genügt. Hermine Speiers Tätigkeit als Fotothekarin fällt in eine entscheidende Etappe der „Verbilderung" der Welt. Mit ihrer Arbeit trägt sie dazu bei, die Kunstschätze der Päpste, die über Jahrhunderte ausschließlich Privilegierten zugänglich waren, nicht nur der Forschung und dem Adel exotischer Länder, sondern einem potentiell beliebig breiten Publikum zu öffnen. Es ist die Pionierleistung einer präzise arbeitenden Wissenschaftlerin im Vatikan.

6. KAPITEL

Zuspitzungen: Sentiment und Diktatur

1. Der Druck des Diktators: Emigrationswellen aus Deutschland

Während Hermine Speier die Jahre ab 1934 in den Vatikanischen Museen und mit allerlei gehobenen Nebenjobs zubringt, verschärft sich die Lage in ihrem Heimatland nach der Machtübergabe an Hitler rapide. Dass unter Hermines jüdischen Freunden und Bekannten in Deutschland ab 1933 das Exil zum Thema der Stunde wird, lässt sich dem Nachlass der Archäologin in eindrucksvoller Dichte entnehmen. Einige von Hermines Bekannten wie der Münchner Georgeaner Karl Wolfskehl gehen zunächst ins italienische Exil. Andere erkundigen sich bei ihr nach Arbeitsmöglichkeiten, Lebenskosten, Hindernissen in Italien und bitten sie, die Augen offen zu halten, flüchten aber letztendlich in andere Weltgegenden. Hermines engste Freundinnen aus Jugendtagen sind Lise Salin, Blanche Mastbaum, Annie Fraenkel und Hedwig Strauss. Sie landen nach ihrer Vertreibung aus Frankfurt respektive in der Schweiz, in Swaziland, Palästina und Norwegen. Keine von ihnen lebt 1939 noch in Deutschland.

Am meisten geht Hermine das Schicksal von Lise Salin und ihrer Familie nahe. Die Freundin hat nach ihrem Studienabschluss in Medizin beruflich einigermaßen Fuß gefasst, als sich durch Hitlers Machtübernahme alles ändert. Am 1. April 1933, dem Tag des Judenboykotts, quittiert die junge Ärztin den Dienst in der Frankfurter Frauenklinik, in der sie bisher gearbeitet hat.[1] Das „äußere Geschehen des Jahres“ habe sie „erschüttert“, resümiert sie im November; eine Emigration steht im Raum: „Wenn mir jemand eine sinnvolle Aufgabe außerhalb Deutschlands stellen würde, gut, mich selbst verbannen weiß ich noch nicht ob ich das mag und kann.“[2] Jedenfalls lerne sie jetzt Italienisch. Danach werden auch nur entfernt politisch deutbare Äußerungen in Lises Briefen rar, wohl aus Angst vor fremden Lesern.

Lise lebt in der Bockenheimer Landstraße 69 in der Stadtvilla ihrer Eltern, die so ansehnlich ist, dass es davon sogar Ansichtskarten gibt. Dort richtet sie 1935 eine kleine Arztpraxis ein, hat zwei, drei Privatpatienten, versorgt auch Hermines Tanten medizinisch. Mit der Zeit begreift sie, dass eine Auswanderung nicht zu vermeiden ist, weder für sie selbst noch für ihre Eltern – der Bruder Edgar lebt ohnehin seit etlichen Jahren in Basel. In einem Brief von Februar 1937, der bezeichnenderweise in Norditalien und nicht in Deutschland aufgegeben ist, wird Lise ungewöhnlich direkt.

„Wie sie beide [die Eltern] eine Auswanderung überstehen sollen, kann ich einfach nicht sehen. Meine Mutter meint, es geschehe vielleicht ein Wunder und sie könne doch bleiben. ... Wenn ich meine Mutter wäre, ich hätte bestimmt gesagt, lieber erschlagt mich zu Hause aber fort bringt ihr mich nicht. Allerdings scheinen mir die finanziellen Verhältnisse in die ich zwar keinen Einblick habe, doch so zu liegen, dass sich das Haus in diesem Stil auf keinen Fall aufrecht erhalten liesse. Und wenn sie schon in eine Wohnung müssen, dann können sie auch weiter fort. Ich persönlich sehe ja keinen großen Sinn darin aus einem Land Europas ins andere zu ziehen. Aber schließlich wird es entweder Italien oder England sein. ... Es war ein so schwerer Schlag für mich, als ich ... im September merkte, dass dieser ganze Einsatz von vier Jahren meinen Eltern und uns das Elternhaus zu erhalten umsonst war, dass ich mich davon einfach noch nicht erholt habe.“[3]

Kurze Zeit später schaut Lise mit ihrem Onkel aus London zu einem Blitzbesuch bei Hermine in Rom vorbei. Auch Hermine rät den Salins, ihr Herz in einer solchen Lage nicht an ein Haus zu hängen. Tatsächlich verkauft Alfred Salin die Frankfurter Villa noch 1937, und im Jahr darauf verlässt die Familie Deutschland für immer. „Mir brichts das Herz fortzugehen und meine Patienten – unter ihnen gerade Deine Tanten – im Stich zu lassen“, gesteht Lise der Freundin in Rom.[4] Eine lakonische Schilderung der Emigration reicht sie nach:

„Schon in den ersten Julitagen zog ich in die [Pension] Bleibtreu, etwas verfrüht, da mich Frau Schwarzschild herauswarf – wofür ich sie in späteren Tagen segnete, da ich sonst nie rechtzeitig fertig geworden wäre. So klappte es gerade. Mein Vater fuhr am 31. früh mit der Bahn + meine Mutter + ich nachts um 10 Uhr mit dem Auto ... Zum Frühstück in Freiburg, dort noch schnell einen Hut erstanden, zum Tee in Basel.“[5]

Aus der Schweiz zieht die Familie zunächst weiter nach Chambéry in Frankreich. Doch dort wird Lise als Deutsche zweimal interniert, einmal im berüchtigten Lager Gurs. Erschrocken kehren die Salins zurück in die Schweiz und werden sie nie mehr verlassen.

Auch Hermines Familie entschließt sich ab 1937 zur Flucht aus Deutschland. Über die näheren Umstände ihrer Emigration sind wir nur in groben Zügen informiert, da im Speier-Nachlass am Deutschen Archäologischen Institut Rom nahezu die gesamte Familienkorrespondenz fehlt.[6] Andeutungsweise lässt sich das Schicksal der einzelnen Familienmitglieder aus Briefen

Lise Salins und anderen, sporadischen Quellen rekonstruieren. So erfahren wir, dass der Vater Leopold Speier schon 1937 sich „9 Monate von 12" in London aufhält.[7] Hermines jüngerer Bruder Erich heiratet im selben Jahr und wandert unmittelbar danach mit seiner Frau Henny nach New York aus. Im Oktober 1938 verschleppen die Nazis Hermines älteren Bruder Paul ins Konzentrationslager Dachau.[8] Vermutlich nach dem Novemberpogrom wird Paul Speier nach Buchenwald überstellt.[9] Er kommt Anfang 1939 frei, woraufhin er zu seinem Vater nach London, später in die USA flüchtet. Hermines beiden Tanten rät Lise im August 1938 dringend zur Ausreise; dass sie ihnen von der Schweiz aus gar nicht mehr helfen könne, tue ihr sehr Leid.[10] Fälschlich denken die beiden Schwestern, Hitlers Judenverfolgung werde wenigstens ältere Menschen verschonen. Aus diesem Grund bleiben Hermines Tanten bis zu einem fortgeschrittenen Stadium der Nazidiktatur in Frankfurt. Erst 1941 emigrieren sie offenbar mit der Hilfe von Paul Speiers Frau Rahel via Kuba in die USA.[11] In Hermines Nachlass findet sich eine Karte Rahels aus Frankfurt vom März 1940, in der sie der Schwägerin in Rom für eine Dose Milch dankt und berichtet, den „lieben Tanten" gehe es gut, sie wäre aber glücklich, „wenn die Bürgschaften der l. Tanten" und ihre „eigene Bürgschaft schon hier wären".[12] Es sei „sehr wichtig, dass sie bald kommen".

Angesichts solcher Umtriebe ist man versucht, Hermines Dasein in Rom trotz aller Widrigkeiten für vergleichsweise komfortabel zu halten. Die Ausläufer der nationalsozialistischen Rassenpolitik erreichen freilich auch sie. Nicht nur ihre Entlassung ist hier zu nennen, sondern auch ihre Ächtung als Wissenschaftlerin zu einem Zeitpunkt, als sie das Deutsche Archäologische Institut längst verlassen hat. Hermine Speier ist dazu eingeladen, einen Aufsatz zu einer Festschrift für Ludwig Curtius beizusteuern; mit solchen wissenschaftlichen Sammelbänden ehrt die akademische Welt ihre Protagonisten zu runden Geburtstagen, und gewöhnlich sind es Schüler und Kollegen, die eine Festschrift organisieren und Texte liefern. Curtius begeht seinen 60. Geburtstag am 12. Dezember 1934 in Rom mit einem opulenten Fest. Obwohl Hermine Anfang des Jahres entlassen wurde, ist sie dabei, als die große Gesellschaft im Hotel Eden den Direktor des Deutschen Archäologischen Instituts feiert.[13] Vom akademischen Ritus der Festschrift aber wird Hermine ausgeschlossen, weil sie Jüdin ist.

Im Juni 1936 erhält sie ein Schreiben des Verlegers Heinrich Bulle, der als alter Freund von Curtius die Festschrift herausgibt.[14] Es würde als „unvereinbar" mit der „Stellung eines aktiven Reichsbeamten" angesehen werden, wenn sich „Kollegen, die aus ihren deutschen Ämtern ausgeschieden sind, an der öffentlichen Ehrung eines Reichsbeamten" beteiligten, schreibt Bulle. Das würde dem Geehrten schaden. Die Archäologin möge darin einwilligen, dass ihr „Beitrag nicht in die Festschrift aufgenommen wird". Hermine ist

„schwer getroffen".[15] Bei der kleinen Feier zur Übergabe der Festschrift ist ihre Anwesenheit unerwünscht, nur als Sonderdruck darf sie dem Lehrer ihren Aufsatz schenken. Bulles denkwürdiges Schreiben geht übrigens nicht nur ihr zu, sondern auch den jüdischen Kollegen Eduard Fraenkel, Ernst Kantorowicz, Karl Lehmann-Hartleben und Franz Rapp. Fraenkel ist 1934 nach England ausgewandert, Lehmann-Hartleben 1935 in die USA; Kantorowicz und Rapp leben einstweilen auf Abruf und werden wenig später ebenfalls die Flucht antreten. Hermine ist die einzige, die in Italien bleibt. Dabei spielt ein Held aus Fleisch und Blut eine entscheidende Rolle.

2. Umberto Nobile II: Der Verlobte

Kurz vor Weihnachten 1936 ist der Luftfahrtingenieur Umberto Nobile nach Rom zurückgekehrt.[16] Die letzten viereinhalb Jahre hat er in Moskau zugebracht, weil ihm das faschistische Italien nach seiner Havarie am Nordpol 1928 jede berufliche Perspektive verwehrt hatte. Bei seiner Heimkehr fand Nobile das Mussolini-Regime auf dem Höhepunkt seiner Macht: Der siegreiche Abessinienfeldzug 1935/36 hatte aus Italien wieder ein „Kaiserreich" gemacht, die glorreichen Zeiten der römischen Antike schienen neu angebrochen. Sogar Nobiles Tochter Maria hatte „in ihrer jugendlichen Begeisterung", wie der General in seinen Memoiren freizügig erzählt, „Gold und Kupfer verkauft und eine große Italienfahne erstanden, die sie am Tag der Ausrufung des Kaiserreiches an einem unserer Fenster hisste".[17]

Ab und zu hatte Maria ihren Vater in Moskau besucht, und umgekehrt war Nobile selbst auf Heimaturlaub in Rom. Bei solcher Gelegenheit erhielt auch sein Umgang mit Hermine neue Facetten, wie in gespiegelter Form aus Antwortbriefen Erich Boehringers hervorgeht.[18] Dass Nobiles Frau Carlotta im Juli 1934 starb, blieb Hermine nicht verborgen; auch Märit beeilte sich, der Freundin den Todesfall zu vermelden.[19] Nobile ist Witwer. Insofern können ab Weihnachten 1936 die Karten neu gemischt werden. Und das werden sie.

Noch ist Nobile nicht aus Moskau zurück, da taucht er in Briefen an Hermine schon im Kontext „Eheschließung" auf.[20] Dann schreibt im Mai 1937 aus Frankfurt die jüdische Jugendfreundin Blanche Mastbaum, deren Familie sich unter dem Druck der nationalsozialistischen Diktatur gerade nach Palästina und Südafrika zerstreut:

„Dass N. wieder da ist, freut mich für Dich. Verlebt ihr schöne Stunden und seid viel zusammen? Es muss doch für Dich eine Wohltat sein, mit jemandem zusammen zu sein, für den die Probleme, die uns heute bedrücken, gar keine Probleme sind, der ganz frei und unbeschwert von ihnen ist."[21]

Besser auf dem Laufenden ist Friedrich Krauss. Hermine hat den nachdenklichen Architekturhistoriker im Mai 1929 am Römischen Institut kennen gelernt,[22] und er wird einer ihrer treuesten Wegbegleiter, wenngleich die beiden zeitlebens beim „Sie" bleiben. Sehr eng ist die Freundschaft in den 1930er Jahren, wovon nicht weniger als 150 Briefe von Krauss im Speier-Nachlass zeugen. Leider scheint sich im Gegenzug nicht ein einziges Poststück Hermines an den „Federigo" genannten Freund erhalten zu haben.[23] Krauss darf in der Herzenssache Umberto zugehörig zum Kreis der Besteingeweihten gelten, und wie sich zeigt, sind seine Urteile treffsicher. Zu Ostern 1937 kann sich Krauss in Rom selbst ein Bild von der „seltsamen Freundschaft" machen, wie er sich ausdrückt. Lange denkt er über dieses ungleiche Paar nach und kann sich des Eindrucks nicht erwehren, die gemeinsame Zukunft der Archäologin und des Nordpolfahrers stehe auf dünnem Eis, wie er der Freundin schonend beizubringen versucht:

„Spinni, ich kann's mir nicht anders denken, als dass sich diese Beziehung doch langsam lösen wird, wenigstens und richtiger sich so (und vielleicht ganz sanft) ändern wird, dass Ihre Entfernung zu einer neuen und anderen Form des Zusammenseins führen wird. ... Er ist in seinen Grenzen ausgefüllt und fertig – Sie haben noch andere und weitere Räume und vielleicht auch noch Wege. ... Er ist auch zu vage, zu unwirklich in mancher Hinsicht. Daraus kommt ja auch seine Sehnsucht nach dem arktischen Eise, statt nach dem satten vollen ... Licht. Er ist schön, aber traumhaft kindlich und nicht ganz da im bewussten Leben. Spinni, das sag ich im Vertrauen darauf, dass es recht ist, ein Gefühl dort auszusprechen, wo man ganz teil nimmt und ganz verstanden wird. Sie wissen, dass ich keinen falschen Einfluss nehmen will, aber wohl wünsche, und sehr, dass bei Ihnen alles recht und gut gelingt. Wir haben eben unsere Basis in einer Lage, die er nicht einsehen kann."[24]

Gut gemeint, doch bös zu lesen. Hermine sieht sich nach der eben durchlaufenen Serie gescheiterter Liebschaften nicht in der Lage, von Anfang an zu verzichten. Sie schlägt Federigos unausgesprochenen Rat in den Wind, folgt ihrem Herzen und gibt der Sache mit Nobile eine Chance. Der Anfang der neuen Romanze gerät rosig. Man verbringt viel Zeit miteinander, ist gegenseitig zu Gast, unternimmt Landpartien und nächtliche Spaziergänge durch Rom.[25] Zwar liegen Arktis und Griechenland auf getrennten geistigen Kontinenten, doch Hermine wie Umberto sind allem Anschein nach genug voneinander angetan, um Brücken der Neugier zu bauen. Eine dieser Brücken ist die schöne Literatur, der beide zugetan sind. Sie beginnen miteinander Romane zu lesen, eine Gewohnheit, die sich – dann schriftlich – bis in Nobiles Zeit in den USA hinein fortsetzen wird. Manzoni, Tolstoi, Victor Hugo, Goethes „Faust", Jack Londons „Wolfsblut" und Pearl S. Bucks „Ostwind – Westwind" stehen auf der breit gefächerten Leseliste.[26] Umberto erhält einen Schlüssel zu Hermines Wohnung in der Salita di Sant'Onofrio. In ihrer Abwesenheit gibt er den Türöffner für anreisende Freundinnen.[27]

Vielleicht inspiriert von Nobile, ruft Hermine ungefähr zur gleichen Zeit eine wöchentliche Dante-Lesung bei sich zu Hause ins Leben. Freunde und Bekannte kommen in ihrem Wohnzimmer mit dem unvergleichlichen Blick über Roms Kuppeln und Dächer zusammen, und aus den Gesängen der berühmten „Divina Commedia" liest Filippo Magi. Hermines Kollege an den Museen stammt aus Florenz, der Heimatstadt Dantes, in der zugleich das reinste Italienisch der Halbinsel gesprochen wird; Puristen wie Hermine Speier nehmen solche Übereinstimmung als Geschenk des Lebens hin. „Manchmal kam auch ich mit, etwas widerstrebend", erinnert sich Maria Nobile. „Ich glaube, ich war nicht besonders davon angetan."[28]

Mehr Anklang bei Maria finden die gemeinsamen Grammophon-Abende. In den 1930er Jahren gilt das Hören von Konzerten aus der Konserve, sei es via Radio oder von der Schallplatte, noch als Alternative zum Konzertsaal. Hermine, die sich immer für klassische Musik begeistert und ihr Hörempfinden bei den stets genussreichen Soireen im Hause Curtius verfeinert hat, steckt nun auch die Nobiles an.

„Fast jeden Abend drehten sich bei uns zu Hause auf dem Grammophon, bei abgeschaltetem Licht, Schallplatten von Haydn, Mozart, Beethoven. Es war eine Zeit intensiven Zuhörens für die ganze Familie. Am Ende ging das Licht wieder an, Hermine neigte den Kopf zur Seite und rief bewegt: ‚Ach!' Von ihren feinen Gesichtszügen hob sich die starke Adlernase ab, die sie sehr bekümmerte, bis sie eines Tages entdeckte, dass auch Schiller eine solche Nase gehabt hatte."[29]

„Die Fotografien [von Dir] habe ich gerne mitgenommen, auch wenn Du mir bei weitem lieber bist als sie: Es ist zu viel Licht auf Deinem Gesicht, was dem Ausdruck eine Rohheit verleiht, die Dir glücklicherweise fehlt", schreibt Nobile im Herbst 1937 an die in Deutschland weilende Hermine. In ihrer Abwesenheit hat sie Umberto zum Sachwalter ihrer Wohnung gemacht und auf ihrem Schreibtisch einen Brief und eine Handvoll Fotos für ihn zurückgelassen. Seine Antwort ist ein Liebesbrief; das Bekenntnis eines verstörten Mannes, der sich voll Hoffnung seiner Geliebten zuwendet.

„Es tat gut, in Deinem Zimmer zu sein und ruhig an Deinem Schreibtisch zu sitzen. Ich hätte Dir gern geschrieben, aber ich habe umsonst ein Stück Papier gesucht! Also schreibe ich Dir jetzt, auch wenn es nicht dasselbe ist, und die Dinge, die ich Dir gerne gesagt hätte, sind nicht schön. – Als ich zu S. Onofrio hinaufging, habe ich an Dich gedacht. Ich dachte an den immer wichtigeren Platz, den Du in meinem Leben einnimmst. Aber ich fühle mich Deiner teuren Freundschaft noch unwürdig. – Es sind noch Krusten auf meiner Seele, noch nicht entfernte. – Und doch scheint mir trotz allem, dass Du über meinen Geist

herrschst. In diesen letzten Monaten habe ich immer mehr gespürt, wie ich mich Dir annäherte: ein langsames Voranschreiten, aber vielleicht eben deshalb sicherer."[30]

Gerade Sicherheit lassen Hermines übrige Lebensumstände vermissen. Sie arbeitet weiterhin halbtags im Vatikan, was ihr finanzielles Rückgrat bildet; ansonsten gibt sie privaten Sprachunterricht,[31] erstellt 1937 den Index für ein Buch ihres Lehrers Curtius,[32] macht Übersetzungen und liest Gaetano De Sanctis vor. Sie kommt gerade über die Runden, aber sowie sie die Augen hebt, muss sie erkennen: die Aussichten sind düster. Wenn sie sich dennoch in Rom geborgen fühlt, dann dank des Geliebten. Trotz aller widrigen äußeren Umstände für sie wie für ihn gelingt es beiden, aneinander heiter und leicht zu werden. Etwas auf diese Art schreibt Hermine an Friedrich Krauss; dieser antwortet:

„Und Umberto: ich verstehe das sehr. Ich freue mich auch, dass Sie das alles ganz ohne Krampf nehmen und es sein lassen wie's ist. Was Sie zum Ruhme Aphrodites sagen verstand ich auch und mit einigen Seufzern. Ich könnte noch lang kein Coelibad [sic] geloben und lebe doch wie ein Mönch."[33]

In Briefen an Dritte bezeichnet Hermine den Geliebten mit dem Kürzel „gG" für „guter General".[34] Sie greift damit eine familieninterne Bezeichnung für Nobile auf und wendet sie ins Positive: „der General", so nennen die Nobile-Frauen ihr autoritäres Familienoberhaupt in dessen Abwesenheit. Der Haushalt des Nordpolbezwingers setzt sich, abgesehen von diesem selbst, ausschließlich aus Frauen zusammen: zwei Schwestern, eine Schwägerin, die Tochter Maria und das – bayerische – Dienstmädchen Amabile. Mit ihnen gibt es für Hermine manch atmosphärische Reibung. „Die familiäre Bindung als eine Naturkraft ist etwas ganz anderes [als Freundschaften], und vielleicht muss sie sich natürlicherweise einer Verbindung wie der unseren ein wenig entgegenstellen. Sieh, Umberto, hier müssen wir den rechten Weg finden", schreibt sie dem Geliebten im Oktober 1937.[35] Maria Nobile spricht aus, es sei „instinktiv" nicht ganz leicht gewesen, nach dem Tod der Mutter Carlotta 1934 eine andere Frau an der Seite des Vaters zu akzeptieren.[36]

Hermine wünscht sich Harmonie, und so wird sie allerlei unternehmen, um nicht nur Nobile, sondern auch seiner Familie gefällig zu sein. Als Maria nach Deutschland möchte, um die Sprache zu lernen, aktiviert Hermine ihre dort lebenden Freunde Erich Boehringer und Friedrich Krauss.[37] Mit vereinten Kräften gelingt es, Maria Nobile ab Ende 1937 um 100 Reichsmark monatlich in einem Schwesterninstitut der Englischen Fräulein in München unterzubringen. Sie bleibt dort bis Sommer 1938.[38] An der Universität schaut sie gelegentlich bei den Baugeschichts-Vorlesungen von Krauss vorbei, und dieser vermittelt ihr zwei seiner Studentinnen, die Italienisch lernen wollen,

Bildungstrip zu dritt an die Etruskergräber von Tarquinia, 1937. Umberto Nobile in Uniform, Friedrich Krauss mit Nobiles Hund. Krauss glaubt nicht an ein Happy End der Romanze zwischen der Archäologin und dem General. Er begründet seine Einschätzung mit den Worten, Nobile sei „schön, aber traumhaft kindlich und nicht ganz da im bewussten Leben".

zum gegenseitigen Sprachaustausch.[39] Maria Nobile erinnert sich noch an einen überbordenden Münchner Fasching, bei dem sogar der ernste, asketische Krauss mächtig über die Stränge geschlagen haben soll.[40]

Noch vor dieser Episode hat Friedrich Krauss im September und Oktober 1937 Rom besucht[41] und bei der Gelegenheit auch ein wenig am Alltagsleben des Paares Speier-Nobile teilgehabt. Zu dritt unternehmen sie einen Ausflug nach Tarquinia zu den Etruskergräbern. Dies Ziel hat wohl Hermine ausgesucht, sie hilft soeben bei der Einrichtung eines neuen Museumssaales mit jenen etruskischen Kunstschätzen, die Graf Benedetto Guglielmi 1935 dem Vatikan schenkte; im November 1937 eröffnet Pius XI. persönlich die „Sala Guglielmi". Vom Bildungstrip zu den Etruskern haben sich Fotos erhalten. Auf einem ist Krauss mit Nobiles Hündchen Titina im Arm zu sehen, das zweimal im Luftschiff den Nordpol passierte. Im Hintergrund stemmt Nobile die Arme in die Hüften. Obwohl er bereits 1929 auf seinen Generalrang verzichtet hat, trägt er Uniform und eine militärische Kopfbedeckung. Ein weiteres Foto zeigt Hermine am Eingang eines der kuppelförmigen etruskischen Grabbauten. In den Händen hält sie einen Zweig, am rechten Ringfinger steckt ein Ring.

„Alles ist viel stärker als ich, stärker auch als alles, was ich bisher in meinem Leben empfunden habe", bekennt zu jener Zeit Hermine dem Geliebten.

„Da Du der Punkt und das Zentrum bist, auf das hin sich jetzt alles richtet, was ich denke und tue und fühle, bist Du auch der einzige, der mir helfen kann, und ich werde versuchen, Dich nicht zu belasten."[42]

Eine so intensive Beziehung, wie sie sich hier andeutet, bleibt nur schwer im Verborgenen, gerade für einen vor sich selbst so aufrichtigen Menschen wie Hermine. Dass der Luftfahrtpionier und die Archäologin ein Paar sind, wissen die Freunde spätestens ab Ende 1937, manche auch früher. Im August 1938 wähnt sich Hermine „so gut wie verlobt".[43]

Nobile selbst gerät in den zweieinhalb Jahren in Rom, die zwischen seiner Rückkehr aus Moskau und seiner Abreise in die USA liegen, abermals in die Fänge der faschistischen Interessenpolitik. Den neuen Enthusiasmus des Volkes für Mussolini und dessen siegreichen Abessinienfeldzug findet er befremdlich,

„aber es galt, die instinktive Abscheu zu überwinden, die ich beim Kontakt mit den Leuten hatte, um mir eine Arbeit zu verschaffen, die mir die nötigen Mittel zur Unterstützung meiner Familie und der jüngeren meiner verwitweten Schwestern sicherte."[44]

In diesen Schachtelsatz packt Nobile nüchtern ein moralisches Dilemma von beispielhafter Tragweite. Degradiert und verleumdet, befindet er sich in der ihn demütigenden Lage, seiner Familie keinen angemessenen Lebensstandard mehr bieten zu können. Dies zwingt ihn andererseits zu ebenso demütigenden wiederholten Unterwerfungsgesten vor dem autoritären Regime. Hätte Mussolini den Ex-General erhört, dann wäre aus Nobile ein General der faschistischen Luftfahrt geworden, der für den Diktator nach Abessinien gezogen und mit Italien an der Seite Deutschlands im Zweiten Weltkrieg gekämpft hätte. Die Geschichte wollte es anders.

Unter Einschaltung des Jesuitenpaters Pietro Tacchi Venturi, zuständig für die informellen Kontakte zwischen Mussolini und dem Papst, gelingt es Monate nach Nobiles Rückkehr, ihm eine untergeordnete Stellung in einem privaten Entwurfsbüro für Flugzeugtechnik zu verschaffen.[45] Doch Nobile wirft hin, das „Verstohlene" dieser Position behagt ihm nicht, wie er sich ausdrückt. Keine Auskunft geben seine Memoiren darüber, dass er sich persönlich bei Mussolini für neue Aufgaben zur Verfügung stellt. Mehrere solcher Briefe Nobiles liegen im Zentralen Staatsarchiv in Rom, namentlich im Bestand „Sondersekretariat des Duce".

1934 berichtet Nobile dem Faschistenführer vom Tod seiner Frau. Er sei aus Moskau angereist in der Hoffnung, sie noch lebend zu sehen, habe aber

„eine seit zwei Tagen kalte Leiche umarmt"; nun bliebe ihm nur noch „die Erfüllung von Pflichten. In tiefer alter Verehrung, Umberto Nobile".[46] Im Juli desselben Jahres verlangt er ein persönliches Gespräch mit Mussolini, weil er ihm sagen möchte, er sei „wie immer zu Ihren Diensten" und bitte um Verwendung an einem Posten in Italien mit „höherem Risiko und schwerwiegenderer Verantwortung".[47] Zurück in Rom, ersucht Nobile 1937 als öffentliches Zeichen der Anerkennung um eine Stelle im Aufsichtsrat der staatlichen Eisenbahn; die Bitte wird „vom *Duce* gesehen und zu den Akten gelegt".[48] Wenig später überbringt Tacchi Venturi ein Schreiben Nobiles an Mussolini, in dem der Ex-General seine „erzwungene Untätigkeit" beklagt, in der seine „besten Energien erstickt" würden. Er habe einen „riskanten Posten in Ostafrika" erbeten, weil er „seinem Land mit allen seinen Kräften dienen" wolle. Sollte der Duce nicht geneigt sein einzuschreiten, sehe er, Nobile, sich neuerlich ins Exil gezwungen, da „es ihm praktisch unmöglich gemacht werde, in der Heimat zu leben". Seine Sühne, habe er wirklich Fehler begangen, sei „lang und hart gewesen".[49] Fast zehn Jahre nach dem Unglück, Ende 1937, bittet Nobile den Faschistenführer abermals um ein persönliches Gespräch; er verstehe nicht, warum er untätig bleiben müsse „in einer Zeit, in der alle Techniker Italiens das Höchste ihrer Aktivität und ihres Unternehmungsgeistes geben".[50]

Das Bild ist zwiespältig: Im Rückblick seiner Memoiren wird Nobile sagen, die Macht des Faschismus sei ihm suspekt gewesen, doch mittendrin unternimmt er laut Aktenlage einiges, um wieder mitzumachen zu dürfen. Gleichzeitig hat er eine jüdische Verlobte und pflegt Umgang mit jüdischen Freunden, als ob Juden nicht auch in Italien mehr und mehr politisch unerwünscht wären. Am schärfsten blitzt dieser Widerspruch in einem Gesuch Nobiles an Mussolini vom 18. Mai 1938 auf. Weniger wegen des Inhalts – es ist eine neuerliche Bitte um ein persönliches Gespräch zur Selbstrechtfertigung – als wegen des Datums. Vier Wochen zuvor hat Nobile seine Verlobte Hermine Speier aus einem römischen Gefängnis befreit, wo sie als deutsche Jüdin kurz vor dem Rombesuch des Mussolini-Verbündeten Adolf Hitler eine Nacht in „Schutzhaft" verbringen musste. Nobile versucht sich aus Vaterlandsliebe und Verantwortungsgefuhl für seine Großfamilie einem System wiedereinzugliedern, dessen Methoden ihn auf einer persönlichen Ebene zutiefst irritieren müssen. Mussolini vermerkt auf Nobiles Schreiben fett mit Rotstift: „Me lo mandi M." – schicken Sie ihn mir.[51] Dem Gesuch zufolge will der Ex-General dem Duce sein Buch über die wissenschaftlichen Ergebnisse der verunglückten „Italia"-Expedition vorstellen. Mit seiner eigenen prekären Lage beschäftigt, dürfte Nobile bei jenem Treffen mit Mussolini das fragwürdige Vorgehen gegen jüdische Mitbürger kaum thematisiert haben. Noch im Mai 1942 drängt Nobile, seit drei Jahren im US-Exil, den Duce, ihn „für die Dauer des Krieges in den Dienst zurückzurufen".[52]

Während all der Zeit unterhält Umberto Nobile sehr gute Kontakte zum Heiligen Stuhl, ja, diese werden immer besser, je nachdrücklicher die faschistischen Machthaber in Italien den Ex-General aufs Abstellgleis schieben. Schon in den 1920er Jahren ist da die persönliche Begeisterung von Pius XI. für die arktischen Abenteuer, verbunden mit der Erforschung unbekannter Reviere der Menschheit. Der Ratti-Papst war in frühen Jahren ein Extrembergsteiger. 1889 hat er als erster die Ostwand des Monte Rosa bezwungen. Die Gefahren von Schnee und Eis kennt er von eigenen Touren, die er teils sogar publizistisch verarbeitet hat, und noch als Papst liest er zwischendurch den einen oder anderen arktischen Reisebericht. Mehrmals habe Pius XI. ihn bei Unterhaltungen mit technischem Spezialwissen überrascht, erinnert sich Nobile.[53]

Da Nobiles Frau Carlotta ihrem Gatten das neuerliche Nordpol-Abenteuer nur bei gleichzeitiger Teilnahme eines Priesters erlauben will,[54] erfragt Nobile vom Papst einen geeigneten Mann und bekommt prompt den Jesuiten Giuseppe Gianfranceschi empfohlen, der tatsächlich an der Expedition teilnimmt.[55] Kurz vor dem Abflug in die Arktis, am 31. März 1928, empfängt Pius XI. die gesamte Mannschaft der „Italia" in Audienz. Bei der Gelegenheit überreicht er Nobile jenes Eichenkreuz, das dieser über dem Nordpol abwerfen wird, um „den Gipfel der irdischen Umlaufbahn zu segnen", wie die inliegende lateinische Botschaft besagt.[56]

Als nach Nobiles Rettung aus dem ewigen Eis die faschistische Verzerrungsmaschinerie anläuft, entschließt sich auf der anderen Seite des Tiber Pius XI. zu einer demonstrativen Geste: Er empfängt den gefallenen Helden in Privataudienz und schenkt ihm eine goldene Medaille.[57] Mehr noch, am 16. Dezember 1928 ist Nobile zur Sitzung der Päpstlichen Akademie der Wissenschaften[58] eingeladen. Mussolinis Untersuchungskommission ist bereits am Werk, um das „Italia"-Unglück aus einer für den General möglichst ungünstigen Perspektive zu rekonstruieren, da würdigt Pius XI. bei seiner Akademie-Eröffnungsrede Umberto Nobile als „heldenhaften Ideengeber und Ausführer" der Expedition. Ihre Vorbereitung sei „gewissenhaft" erfolgt, ihre wissenschaftlichen Ergebnisse „wahrhaft groß und wichtig". Der Papst spricht von „hohen Tugenden der Beharrlichkeit, der Zähigkeit, der wahren Stärke, der Geduld, der heroischen Widerstandskraft" und lobt die menschliche Größe der Solidarität, die sich in der Rettungsaktion zeigte.[59] Balsam für den geschundenen Selbstwert des Generals.

Wie sehr das italienische Regime den Nordpolfahrer auch schikaniert: der „wohlwollende Schutz" des Heiligen Vaters verstärkt sich gerade in den Jahren 1929 und 1930, die Nobile zu den schwersten seines Lebens rechnet.

Über Pater Gianfranceschi, „der [den Papst] fast jeden Abend besuchte, ließ er mir väterliche Worte der Ermutigung zukommen".[60] Gianfranceschi leitet zu dem Zeitpunkt auch die päpstliche Akademie der Wissenschaften. Am 14. Februar 1929 wird Nobile dort korrespondierendes Mitglied. Das bleibt er auch von Moskau aus, obwohl sein Engagement im stalinistischen Russland unmöglich auf Gegenliebe im Vatikan stoßen kann. Noch vor seiner Rückkehr nach Italien wird der General am 28. Oktober 1936 zum ordentlichen Mitglied der Akademie ernannt.[61]

In den zweieinhalb römischen Jahren, die nun folgen, gestaltet sich nicht nur Nobiles Kontakt zu Hermine Speier eng, sondern auch jener zum Papst. „Oft" besucht der General den Papst im Vatikan und erzählt ihm von seinen Schwierigkeiten.[62] In dieser Linie liegt auch der bereits erwähnte Mittlerdienst von Pater Tacchi Venturi bei Mussolini, um dem Heimkehrer wieder Lohn und Brot zu verschaffen. Gleichzeitig hat sich Nobiles Verbindung mit der jüdischen Vatikan-Bediensteten Hermine Speier nach außen soweit gefestigt, dass er meint, mit seiner Verlobten dem Papst unter die Augen treten zu können. Also darf Hermine im Jahr 1938 Umberto zwei Mal zu den Eröffnungssitzungen der Päpstlichen Akademie der Wissenschaften begleiten. Davon haben sich Einladungskärtchen erhalten, die der Archäologin derart wertvoll sind, dass sie sie Zeit ihres Lebens aufhebt.[63] Die erste Einladung ist auf den 30. Januar 1938 datiert, die zweite auf den 18. Dezember 1938. Beide sind nummeriert, die zweite zusätzlich ausgestellt auf „Dott.ssa Erminia Speier". Wer den Namen einfügte, war so aufmerksam, die vorgedruckte Formulierung „per il Sig." mit der Hand auf „per la Sig." auszubessern und damit eine weibliche Form einzuführen, auf die der Vatikan in seinem protokollarischen Schriftverkehr nicht vorbereitet war.

Hermine schreitet also im Januar und im Dezember 1938 mit Umberto durch die vatikanischen Gärten zur höchst malerischen Casina Pio IV., dem Sitz der Akademie, nimmt im Vortragssaal Platz und hört die Eröffnungsrede des Papstes. Zumindest bei dieser Gelegenheit sieht sie ihren Arbeitgeber von Angesicht zu Angesicht. Ob Pius weiß, wer die Frau an der Seite des Luftschiffpioniers ist? Wir haben leider keine Möglichkeit, die Antwort zu erfahren. Briefe oder Entwürfe Hermines dazu sind nicht überliefert. Jedenfalls scheint dem Papst jene jüdische Wissenschaftlerin, der er ohne Zögern ab 1934 in seinen Diensten Schutz bot, nicht interessant genug, als dass er sie jemals persönlich hätte kennenlernen wollen. Hätte der Papst Hermine Speier so wie Umberto Nobile in Privataudienz empfangen, so wären wir darüber unterrichtet. Zumindest ein Widerhall davon ließe sich in einem der 3.000 Briefe finden.

3. „Schutzhaft" für die deutsche Jüdin

Zwischen den beiden vatikanischen Akademie-Sitzungen von 1938 liegt eine Episode, die Hermine nachhaltig verstört. Es handelt sich um die bereits angedeutete Festnahme der deutsch-jüdischen Archäologin vor dem Besuch Adolf Hitlers in Rom. Drei Augenzeugen haben den Vorfall aus nächster Nähe beobachtet: Ludwig Curtius, Anneliese Rieß und Umberto Nobile. Zwei davon, Rieß und Nobile, haben ihn in ihren Lebenserinnerungen festgehalten.[64] Rieß veröffentlichte ihren Text 2001 und damit gut drei Jahrzehnte nach Nobile, scheint dessen detailreichere Version aber nicht gekannt zu haben. Beide erzählen aus ihrer jeweiligen Warte und in ihrem eigenen Stil, doch inhaltlich ergeben die Berichte, wenn man sie wie zwei Folien übereinander schiebt, ein Bild, in dem alle Details widerspruchslos passen.

Anneliese Rieß, geboren 1910 in Hamburg, ist eine junge deutsche Jüdin aus der preußischen Provinz Posen, die sich noch im Jahr der Machtergreifung Hitlers 1933 nach Italien abgesetzt hat.[65] Sie hat in Berlin bei Rodenwaldt Archäologie studiert und in Rom mit viel Zielstrebigkeit promoviert, wobei sie dank ihres sympathischen Wesens mit allen Angehörigen des Deutschen Archäologischen Instituts Freundschaft schloss. Seit September 1937 lebt sie in der Salita di Sant'Onofrio 23 als Untermieterin bei Hermine Speier. Die Frankfurterin nimmt sich in geradezu mütterlicher Weise der zwölf Jahre jüngeren Anneliese Rieß an, die so wie sie selbst Grund hat, die Nationalsozialisten zu fürchten. Hermine vermittelt der angehenden Archäologin Gelegenheitsarbeiten und Kontakte, etwa zu Boehringers in Genf. Am 21. April 1938, so erinnert sich Anneliese Rieß,

„klingelte es nachts um elf Uhr bei uns an der Tür. Draußen standen zwei Polizisten in Zivil, die nach Spinni fragten. Bei Spinni war gerade Curtius zu Besuch und bei mir [meine Schwester] Elsa aus Turin, die zur Osterwoche gekommen war. Der [21.] April ist ein nationaler Feiertag, Roms Geburtstag (Natale di Roma), das angeblich im Jahre 753 v.Chr. gegründet worden war. Curtius sprach mit den beiden Männern; sie bestanden darauf, Spinni mitzunehmen. Ich ging mit. Wir landeten in einer Polizeistation in Trastevere, einem Stadtteil von Rom. Nach einer Weile wurde Spinni in ein Taxi geschoben und verschwand mit den beiden Männern. Es war fast Mitternacht. Ich fand ein Telefon, rief Nobile an und ging zu ihm. Er bekam von der Fremdenpolizei keine Auskunft. Am nächsten Tag stellte sich heraus, daß Spinni im Frauengefängnis war und daß ihre Verhaftung mit Hitlers Besuch in Rom zu tun hatte. Man hatte sie aus Versehen einen Tag zu früh abgeholt; die ‚anderen' sollten alle am nächsten Tag geholt werden. Die anderen – das waren fast alle deutsch-jüdischen Emigranten in Rom und anderswo, zu denen Spinni ja gar nicht gehörte. Spinni wurde durch Nobiles Beziehungen nach vierundzwanzig Stunden befreit. Nobile und

ich waren am nächsten Morgen zum Gefängnis gegangen und hatten ihr einen Kamm und ein Taschentuch gebracht. Wir dachten, das würde ihr zeigen, daß wir wüßten, wo sie war.“[66]

Der Retter, Umberto Nobile, erinnert sich folgendermaßen an den Zwischenfall:

„Im Frühling 1938 hielt mich ein Ischias-Anfall mehrere Wochen zu Hause fest. Ich war noch nicht wieder hergestellt, als eines Nachts an der Tür geläutet wurde. Eine junge Jüdin, Annaliese [sic] Riess, die seit einigen Monaten Gast von Fräulein Speier war, kam, blass im Gesicht und aufgeregt, um mich zu informieren, dass vor einer Stunde Polizisten zu Erminia nach Hause gekommen waren und sie festgenommen hatten.

Ich stand auf und bereitete mich vor, das Haus zu verlassen; aber was ich für die arme Freundin mitten in der Nacht tun konnte, das wusste ich wirklich nicht. Irgendetwas musste ich aber unternehmen. So rief ich Ignazio Lodato an, einen alten Freund, Staatsanwalt, der mir immer nah gestanden hatte. Er kam sofort (er wohnte unweit von mir), und gemeinsam begaben wir uns zum Kommissariat für öffentliche Sicherheit in Trastevere. ‚Wir haben eine Anordnung der Quästur befolgt‘, sagten sie uns dort. ‚Den Grund für die Festnahme kennen wir nicht.‘

Wir gingen zur Quästur auf der Piazza del Collegio Romano. ‚Nichts zu machen‘, erklärte uns der diensthabende Beamte. ‚Die Anweisung kam vom Ministerium.‘

Am Morgen darauf fiel mir ein, dass einer der Polizeichefs, Doktor Barletta [Gesualdo Barletta, Generalinspektor der Öffentlichen Sicherheit], der Onkel eines jungen Ingenieurs war, der oft zum Schachspiel zu mir kam. Ich rief den Ingenieur an, und gemeinsam gingen wir zum Viminal [Innenministerium]. Doktor Barletta empfing mich höflich: ‚Wir können nichts tun‘, sagte er. ‚Wegen des Hitlerbesuchs in Rom hat uns die Gestapo eine Liste von 1500 zu verhaftenden Personen gegeben. Wir haben das ungern getan, aber wir konnten uns nicht weigern.‘ ‚Aber‘, wandte ich ein, ‚das Fräulein ist eine Archäologin, die im Vatikan arbeitet. Wie kommt man darauf, dass sie gefährlich sein könnte?‘ ‚Mag sein, aber der Nazi-Polizei ist das gleichgültig.‘

Am Ende setzte sich der gesunde italienische Menschenverstand durch, und es wurde eine Lösung gefunden. Das Fräulein könne ja zum Urlaub in die Schweiz reisen, schlug ich vor. ‚Wenn Sie schriftlich die Verantwortung dafür übernehmen, dass das Fräulein sich für einige Wochen außerhalb Italiens aufhält‘, sagte Barletta, ‚dann gebe ich Order, die freizulassen.‘

Die Order wurde ausgestellt. Jubelnd nahm ich das Blatt und begab mich zum Mantellate-Gefängnis. Ich musste ein wenig warten, aber schließlich erschien Erminia, strahlend vor Freude, wieder in Freiheit zu sein nach einer Nacht, die sie unter Prostituierten verbracht hatte: ‚Sie waren aber nett und zuvorkommend mit mir‘, sagte sie.“[67]

Hermine Speier wird die Episode erst nach dem Krieg schriftlich erwähnen. Sie tut das mutmaßlich nur deshalb, weil sie ausdrücklich darum gebeten wird. In ihrem Nachlass finden sich fünf Entwürfe für sogenannte Reputationen, eine spezielle Kategorie von Dokumenten: Es handelt sich um eidesstattliche Erklärungen, ausgestellt für Bekannte aus Deutschland, die nach dem Krieg behördlich nachweisen müssen, in den zwölf Jahren der braunen Diktatur nicht auf der Seite der Nazis gestanden zu haben. Die fünf Reputationen im Speier-Nachlass beziehen sich auf den Diplomaten Ernst von Weizsäcker, die beiden Archäologen Erich Boehringer und Armin von Gerkan, auf das Ehepaar Hajo und Gioia Jappe sowie auf Mercedes Gaffron, die Lebensgefährtin von Friedrich Krauss. Um glaubwürdig zu sein, müssen diese Erklärungen das Unrecht hervorheben, das die Nationalsozialisten der Schreibenden angetan haben, und so erwähnen zwei der Textentwürfe die „Schutzhaft". „Im April 1938 wurde ich anlässlich des Besuchs von Hitler in das römische Gefängnis gebracht", schreibt Hermine Speier in ihrer Erklärung für Mercedes Gaffron;[68] und Erich Boehringer habe sie „noch bis zum Sommer 1943, als er das letzte Mal durch Rom kam" regelmäßig besucht, „obwohl er genau wusste, dass ich seit 1938 – als ich während des Hitlerbesuches in das römische Gefängnis gebracht worden war – stets überwacht wurde".[69]

In den verschiedenen behördlichen Archiven Italiens haben sich hingegen keine Dokumente zu Hermines Nacht im Frauengefängnis finden lassen. Das Römische Staatsarchiv schweigt ebenso zu der Episode wie das Zentrale Staatsarchiv, wo die Akten des italienischen Innenministeriums verwahrt sind. Die Gestapo-Liste mit den 1.500 festzunehmenden Deutschen, die Barletta im Gespräch mit Nobile erwähnt haben soll, ist unauffindbar. Hermine Speier fühlte sich nach dieser Episode von der Polizei „stets überwacht". Auch das lässt sich anhand der Akten nicht belegen. Tausende Beobachtungsprotokolle der faschistischen Geheimpolizei liegen, säuberlich nach Namen geordnet, im Zentralen Staatsarchiv. Der Name Speier, zuzüglich aller denkbaren Schreibvarianten, taucht im Register nicht auf. Nachweislich im Visier der Geheimpolizei und ihrer Spitzel standen hingegen Bartolomeo Nogara, Deoclecio Redig de Campos, Eugénie Strong (unter „Strang") und erst recht Umberto Nobile. In seiner umfangreichen Akte fehlt jede Spur der Verlobten Hermine Speier.

Der einzige in einem Archiv auffindbare Hinweis auf Hermine Speiers Festnahme vor dem Hitlerbesuch ist ausgerechnet auf Seiten ihres Arbeitgebers zu verzeichnen. Quadrani schreibt in seinem Monatsbericht vom April 1938 unter dem Punkt „Direzione Generale – Archivio Fotografico":

„Dr. Redig de Campos hat, unterstützt von Frl. Speier, die Ordnung der Negative und Abzüge des Photo-Archivs fortgesetzt. ... Von 23. April an hat Frl.

Speier die Arbeit unterbrochen, weil sie Rom verlassen und sich ins Ausland begeben musste."[70]

Warum Hermine Hals über Kopf abreiste, ist allen Kollegen in der Generaldirektion klar, auch wenn der dürre Satz jeder Einordnung entbehrt. Wie singulär er ist, zeigt sich erst bei der Lektüre weiterer Monatsberichte. Hermine Speier taucht zwar seit 1934 beständig über Jahre hinweg auf, aber immer nur in der kaum je variierten Formulierung, sie habe „die Ordnung der Negative und Abzüge des Foto-Archivs fortgesetzt". In keiner anderen Rubrik seiner Monatsberichte hält Quadrani jemals eine ähnliche Begebenheit für irgendeinen anderen Bediensteten fest. Zwar vermerkt er unter dem Punkt „Personal" penibel Krankheitsfälle und sonstige Vorkommnisse unter den Kustoden, aber niemals Hermine Speier betreffende, auch weil sie nicht als reguläre Kraft, sondern bloß als „fixe freie Mitarbeiterin" auf Stundenbasis angestellt ist.

„Von 23. April an hat Frl. Speier die Arbeit unterbrochen, weil sie Rom verlassen und sich ins Ausland begeben musste": Gerade in seiner sachlichen Strenge scheint der Satz ein gewisses Maß an Anteilnahme auszudrücken. Wie Hermine selbst, so stehen vielleicht auch ihre Kollegen in der Museumsleitung unter Schock. Eine unbescholtene deutsche Wissenschaftlerin und Vatikan-Bedienstete, die nachts von der faschistischen Polizei aus ihrer Wohnung abgeführt wird aus keinem anderen Grund als weil sie Jüdin ist, das übersteigt das Vorstellungsvermögen der Kollegen, die im Vatikanstaat, auch das muss in Rechnung gestellt werden, wie auf der sprichwörtlichen Insel der Seligen leben.

Wenn eine „Schutzhaft" unter politischem Vorzeichen der Einschüchterung dient, dann hat die Maßnahme bei Hermine Speier Wirkung gezeigt. Wie in solchen Fällen üblich, musste sie bei ihrer Freilassung wohl versprechen, den Zwischenfall niemals zu erwähnen. Daran hat sie sich gehalten. Aus der Zeit unmittelbar nach diesem beängstigenden Geburtstag Roms sind etliche Briefe Hermine Speiers auf uns gekommen. Wüsste man nicht aus den beiden Augenzeugenberichten, was ihr an jenem 21. April 1938 widerfuhr, man könnte es zwischen ihren Zeilen nicht lesen.

Anneliese Rieß, ebenfalls Jüdin und damit von der Festnahme bedroht, verlässt sofort nach der Verhaftung ihrer Freundin Rom und fährt mit der Schwester nach Turin, wo diese lebt. Dorthin schickt ihnen Hermine zwei Tage nach ihrer Freilassung eine Postkarte, deren beiläufig klingende Grußzeilen in Wirklichkeit die Nachricht enthalten, sie sei nicht mehr im Gefängnis, müsse aber für unbestimmte Zeit verreisen:

„Tausend Grüsse, Euch Riesenkindern, und vieles Gedenken. Ich bin beim Packen und Aufräumen. Lassen Sie mich bald etwas hören. Ihre Spinni. U. [Umberto Nobile] will versuchen Casella [in der norditalienischen Provinz Genua] zu erreichen."[71]

Tags darauf reist Hermine Speier ab, so wie Nobile es bei der Polizei für sie ausgehandelt hat. Vielleicht begleitet der Verlobte sie bis Norditalien, wofür der Hinweis sprechen würde, Nobile versuche Casella zu erreichen. Ursprünglich hat Hermine während des Hitler-Besuchs in Italien von 3. bis 9. Mai 1938 vorgehabt, gleichsam gegen den Strom zu schwimmen und ihre Tanten in Frankfurt zu besuchen, wo sie bis zu ihrem Geburtstag Ende Mai bleiben wollte; dass der Staatsbesuch des Diktators in Rom ihr zum Nachteil gereichen könne, hat sie also geahnt. Zusammen mit Nobile beschließt sie nun, ihren Plan zu ändern und vorerst in die reine Luft der Schweiz zu reisen, wo sie mit Robert Boehringer und seiner Familie in Genf ein sicheres Ziel hat.

Beim Zwischenstopp in Mailand entwirft Hermine einen Brief an den Verlobten,[72] und dieses Schreiben in mehreren Etappen fällt insgesamt sogar noch verhaltener aus als das Kärtchen an Anneliese. Nobile weiß sich selbst unter Beobachtung. Mit Sicherheit hat er Hermine beschworen, in ihrer Korrespondenz auch nicht andeutungsweise auf das Geschehene einzugehen. Und so schreibt sie im verzweifelten Bemühen um Banalität vom Frühstück in Mailand, vom Kaufen des Fahrscheins nach Genf, vom leeren Zugabteil. Allenfalls die Formulierung „ich bin ohne Schatten“ in diesem ersten Brief nach dem Zwischenfall lässt eine doppelte Lesart zu: Hermine fühlt sich nicht unter Beobachtung; auf Italienisch bleibt die Redensart jedoch unverständlich. Im Brief vom Tag darauf steht unvermittelt der Satz: „Ich möchte so vieles sagen, aber ich fühle ganz stark, dass es für diesen Grad der Dankbarkeit keine Worte mehr gibt, weil alles in uns selbst liegt.“ Dann wieder füllt Hermine eine ganze Seite mit Ergüssen über die Lieblichkeit des Frühlings in der Schweiz, um mittendrin mitzuteilen, sie sei mit Boehringers übereingekommen, nicht vor dem 12. Mai nach Deutschland weiterzureisen: „Ich kann hier bleiben, so lange ich Lust dazu habe“.[73] Im nächsten Brief, abermals versteckt in einer Abfolge diverser Leichtigkeiten:

„Ich denke sehr über das nach, was vor genau einer Woche geschah, und dann erneuert sich mein Gefühl einer grenzenlosen Dankbarkeit, dass es Dich gibt und dass es uns geschenkt ist, einander das zu sein, was wir uns sind.“[74]

Unterdessen warten die beiden Tanten in Frankfurt längere Zeit vergeblich auf ihre Nichte. Hermine informiert vage ihre Freundin Lise Salin, die den Tanten als Hausärztin beisteht. Natürlich kann Hermine nicht direkt schreiben, was ihr in Rom widerfahren ist. „Ich weiß wohl einfach nicht, was vorgegangen ist“, muss Lise zugeben,[75] und vorher noch:

„Infolge Deiner Karte war ich schon auf mancherlei vorbereitet, ohne natürlich zu ahnen welches die Ursachen für Dein verzögertes Eintreffen sein könnten. Deine Tanten haben Dein Zimmer schon frisch geputzt Deiner harrend und wollten es kaum glauben, dass Du nicht schon Mittwoch oder Donnerstag kom-

men willst. ... Aber bekanntlich lässt sich da wenig raten. Die Luft ist zweifellos reiner in Genf, aber solche Unfälle wie Du ihn hattest werden hier wohl nicht passieren.“[76]

In Genf bieten Boehringers Hermine einen ruhigen und sicheren Ort, wenn er auch nur vorläufig sein kann. Sie berät sich mit Robert, steht dessen jüdischer Frau Margrit zur Seite, spielt mit der kleinen Konstanze, und als die Sechsjährige einen Fieberanfall bekommt, ist es Hermine, die nachts an ihrem Bett wacht und währenddessen Briefe an Umberto aufsetzt. Auch und gerade in die neutrale Schweiz dringen immer unheimlichere Nachrichten aus Deutschland und dem mittlerweile „angeschlossenen“ Österreich. Andauernd kommen Rat suchende Menschen ins Haus des gebürtigen Schwaben Robert Boehringer, der nicht nur Anteil nimmt, sondern auch so gut es geht seine Netzwerke als Intellektueller und Manager nutzt, um zu helfen. In Hermines Worten liest sich das so:

„Glücklicherweise können wir einander trösten; denn weißt Du, wir hören viele unschöne und wenig würdige Dinge. Dann vergisst man die eigenen Leiden schnell, wenn man von den viel größeren und fataleren Schwierigkeiten so vieler anderen hört. Hier hat man wenigstens den Trost, in einem Haus zu sein, wo man dauernd daran denkt, anderen zu helfen und ein wenig Erleichterung zu verschaffen. – So oft wünsche ich mir, ein wenig mit Dir darüber sprechen zu können. Mir hilft es immer, Deine große Klarheit und Sicherheit zu spüren.“[77]

Anmerkungen dieser Art müssen bereits an der Grenze des Vertretbaren gewesen sein, weil klar wird, dass Hermine am Schicksal der gedemütigten, verfolgten und in die Emigration getriebenen deutschen Juden in ihrer Heimat Anteil nimmt. So viel Entschlüsselbarkeit ist selten. Texte, die Zensur fürchten müssen, gewinnen allgemein ihre Tiefenschärfe erst, wenn der Leser sie um bestimmte, vorsorglich ungenannte Informationen ergänzt, die ihm zugänglich sind, was wiederum der Schreiber wissen muss. Für dieses subtile Ineinandergreifen von Dargebrachtem und Unausgesprochenem findet sich im zuletzt genannten Brief an Nobile ein schönes Beispiel: Scheinbar nebenbei erwähnt Hermine, sie habe in der Zeitung gelesen, am darauffolgenden Dienstag sei Feiertag – „gut für Dein Bein“. Die gewollte Interpretation der Aussage, das also, was ein Zensor herauslesen soll, lautet: so brauchst du mit deinem Ischiasleiden das Haus nicht zu verlassen. Die in Wirklichkeit getroffene Aussage geht etwas anders. Mussolini hat während des Hitlerbesuchs in Rom Feiertage ausgerufen, um der arbeitenden Bevölkerung die Möglichkeit zu geben, den deutschen Diktator zu bejubeln. Dass Nobile sich dabei nicht blicken lässt, ist Hermine klar. Und beide wissen, dass es nicht am Ischias liegt. Tatsächlich antwortet er seiner Verlobten an einem jener Tage, in denen Hitler sich in Rom aufhält, ganz nebenbei, es gehe ihm „heute viel besser“, er könnte sogar, wenn er wollte, „aufstehen und ausgehen. Aber draußen ist nichts was mich interessiert."[78] Seine Tochter Maria übrigens geht mit ihren Tanten, der Linie des Hauses trotzend, an jenem Abend aus Neugier zum fackelbeleuchteten Hitler-Quartier, dem Quirinalspalast, und erstattet dem Vater Bericht.

Warum ausgerechnet die unpolitische Hermine Speier vor dem Hitlerbesuch verhaftet wurde, lässt sich nur mit einer Weisung des Innenministeriums erklären, ausnahmslos „alle Juden" festzuhalten, „wenn man ein Unglück verhindern will". Hermine selbst mutmaßte allem Anschein nach lange, ihre frühere Freundin Märit Furtwängler-Scheler habe die Schutzhaft-Episode auf dem Gewissen. Die Archäologin ist zu vornehm, einen solchen Verdacht, und sei es Jahre danach, schriftlich zu fixieren, doch geht er aus einem späteren Selbstzeugnis Märits hervor. Die Sekretärin am DAI ist 1938 längst auf die Linie der braunen Machthaber in Berlin eingeschwenkt und unterstützt nach Kräften den neuen Zweiten Direktor des Instituts, Siegfried Fuchs, einen überzeugten Parteigenossen und Ortsgruppenleiter.[79] Einer Aussage des sonst so getragenen Robert Boehringer zufolge werden Fuchs und Furtwängler-Scheler im Institut als „Siegfried und der Drache" apostrophiert.[80] Nach dem Krieg schreibt Märit in einer undatierten Aufzeichnung, die dem Nachlass ihres Bruders Wilhelm Furtwängler in Berlin beiliegt:

„Als Hitler nach Rom kommen wollte, entstand grösste Aufregung in der deutschen Botschaft u. Kolonie, weil so sehr viel deutsche Juden dahin geflüchtet waren u. alle Deutschen mussten überprüft werden, ob sie Juden sind. Mit aller Energie, die ich aufbringen konnte, setzte ich mich dafür ein, dass Frl. Speier unbehelligt blieb, was auch von der Botschaft zugesichert wurde. Als aber dann Hitler kam verloren die Italiener die Nerven u. sperrten alle Juden, auch Frl. Speier, ins Gefängnis, bis er wieder abgereist war. Und wieder hiess es in Rom, ich *hätte dafür gesorgt, dass Frl. Speier für 3 Tage ins Gefängnis kam! Als sie nach dem Krieg einmal nach Heidelberg kam, frug sie mich, warum ich das getan hätte. Ich war fassungslos ausser mir über eine so infame Lüge, dass sie mir glaubte, dass ich alles getan hatte um es zu verhüten. Auch Dr. Fuchs hatte man auf der Botschaft versprochen, dass ihr nichts geschehe – dass es doch geschah ging von den Italienern aus."*[81]

Das eine ist die politische und moralische Verantwortung für den Zwischenfall, das andere Hermines unmittelbares Erleben. Obwohl die Prostituierten im Frauengefängnis sie nach Nobiles Zeugnis freundlich behandelten, scheint die 40-jährige Archäologin das Erlebnis jener Nacht als echte existentielle Bedrohung wahrgenommen und nur langsam verarbeitet zu haben. „Es war ein absolutes Trauma für sie", sagt Ulrike Diener.[82] „Was sie dort drin erlebt hat, weiß ich nicht, aber es muss etwas Schlimmes für sie geschehen sein."

4. Adolf Hitler reist nach Rom

Die Visite im faschistischen Italien ist der einzige Staatsbesuch, den Adolf Hitler als Reichskanzler überhaupt unternimmt. Weil er Mussolini auf eine gemeinsame Linie totalitärer Politik einschwören will, muss Hitler zunächst die Wogen glätten, die er in Italien durch den „Anschluss" Österreichs am 13. März 1938 geschlagen hat. Mussolini war gegen die formale Auslöschung des Nachbarstaates. Durch den „Anschluss" haben Italien und Deutschland nun in den Alpen eine gemeinsame Grenze, was heikel sein könnte. Hitler schnürt ein Gastgeschenk. Vom Balkon des Palazzo Venezia aus wird er öffentlich seinen Verzicht auf das deutschsprachige Südtirol erklären.

Italien will sich vor dem Staatsgast aus Berlin von seiner besten Seite zeigen. Die Vorarbeiten sind gewaltig. Zum würdigen Empfang des „Führers" lässt Mussolini in Rom den Bahnhof Ostiense bauen, der binnen weniger Monate fertig gestellt ist und lupenreine faschistische Architektur bietet. Die Sicherheitsvorkehrungen entsprechen dem übrigen Aufwand. Zwei Wochen vor Hitlers Ankunft geraten nicht nur polizeibekannte Antifaschisten unter verschärfte Kontrolle, sondern auch Ausländer, besonders Deutsche, und Juden. Das italienische Innenministerium informiert am 16. April 1938 die zuständigen Polizeistellen, also die Präfekturen in Neapel und Florenz sowie die Quästur in Rom, dass:

„anlässlich des Besuches des Führers in Italien die Juden etwas sehr Schwerwiegendes organisieren. Juden, die sich momentan in Italien als einfache Touristen aufhalten, hetzen im Verein mit anderen ... gegen den Führer, den sie als Grund für ihren finanziellen Ruin sehen. ... Konzentriert auf die Städte, in denen Hitler sich aufhalten wird, sollen 200 verlässliche Personen, und das werden nicht zu viele sein, Männer und Frauen gleichermaßen, die unbedingt jüdisches Deutsch sprechen müssen, postiert werden ... und ohne Ausnahme sollen alle Juden festgehalten werden, wenn man ein Unglück verhindern will. Der Erfolg [der Aktion] hängt von der Geschwindigkeit und der raschen Verfügbarkeit vieler Personen ab, ehe der Feind Stellung bezieht."[83]

Hitler reist in einem Sonderzug nach Italien, mit einem dicken Hakenkreuz vorn an der Lokomotive. An den Bahnhöfen vom Brenner südwärts feiern die Volksmassen, gesteuert von der faschistischen Propaganda, den Führer auf seiner Fahrt in die Hauptstadt des Imperiums. Sein Einzug in Rom am Abend des 3. Mai 1938 gerät so bombastisch wie der Rest der Staatsvisite, die Hitler auch nach Neapel und Florenz führen wird. Bei seiner Ankunft in der italienischen Hauptstadt erleuchten zehntausende Fackeln den Bahnhof Ostiense, das Kolosseum und sämtliche Monumente auf dem Weg zum Quirinalspalast, der Residenz des Königs, wo der Staatsgast logiert. In allen Straßen, die Hitler während seines Besuchs passiert, zeigen die

Mietshäuser frisch getünchte Fassaden, Hakenkreuzfahnen wehen, Bürger jubeln. Das Programm sieht Aufmärsche etlicher zehntausend Jugendlicher vor, eine Kriegsflottenschau in Neapel, eine Flugvorführung mit simulierten Luftkämpfen in Furbara vor Rom sowie eine Militärparade mit 30.000 Männern und 400 Panzern in der römischen Via dei Trionfi.[84]

An einem Regentag besteht Hitler, der sich als verkannten Künstler betrachtet, auf dem Besuch etlicher Museen. Im Palazzo delle Esposizioni an der Via Nazionale hat der faschistische Kulturapparat schon im Jahr davor mit gewaltigem Aufwand eine Ausstellung über den römischen „Friedenskaiser" Augustus eingerichtet. Auch die Doyenne der angelsächsischen Archäologie in Rom, die Britin Eugénie Strong, hat daran mitgewirkt,[85] eine indirekte Stellungnahme pro Mussolini, die ihr Jahrzehnte währende posthume Ächtung einbringen wird. Anliegen der Schau ist es, die Epoche des Faschismus mit Mussolini an der Spitze als natürliche Fortsetzung der römischen Kaiserzeit zu präsentieren, was nach dem siegreichen Abessinien-Feldzug und der Ausrufung des neuen italienischen Imperiums umso besser gelingt.

Hitler findet die Augustus-Ausstellung inspirierend und sieht sie sich zwei Mal an. Anschließend besichtigt er die Kapitolinischen Museen mitsamt dem dort eingerichteten „Mussolini-Museum" sowie die Engelsburg. Von dort kann er den neuen Weg zum Vatikan sehen, den von Mussolini mit Einverständnis des Papstes abgerissenen mittelalterlichen Straßenzug Spina di Borgo; die auf den Petersdom zulaufende Bresche wird später zur „Via della Conciliazione", zur „Straße der Versöhnung". Das Pantheon sieht der Führer, den Pincio-Hügel über der Piazza del Popolo, die Galerie der Villa Borghese und eingehend das Thermenmuseum mit Fragmenten der Ara Pacis, des „Friedensaltars" von Kaiser Augustus. Zu Hitlers Begleiter haben die faschistischen Behörden ausgerechnet den Klassischen Archäologen Ranuccio Bianchi Bandinelli bestimmt, wohl weil er gut Deutsch spricht. Hermine Speier kennt den zwei Jahre jüngeren Kollegen von Begegnungen am Archäologischen Institut; er ist ein Kritiker des Regimes und wird 1944, kaum dass die Nazis aus Rom vertrieben sind, der kommunistischen Partei beitreten.

Nur eine einzige Kunstsammlung in Rom, die bedeutendste, bleibt während des Hitlerbesuchs geschlossen. Für Mai 1938 vermerken die Monatsberichte der Vatikanischen Museen trocken:

„Wegen der Abwesenheit von Frl. Speier aus Rom wurde in diesem Monat die Ordnung der Negative und der Abzüge des Photoarchivs unterbrochen. ... Die Päpstlichen Museen und Galerien waren am 26. Mai wegen Christi Himmelfahrt geschlossen. Auf Höhere Anordnung wurden die Museen und die Galerien an den Tagen 5., 6., 7. Mai für das Publikum geschlossen."[86]

Die „Höhere Anordnung" stammt von Pius XI. Der Papst selbst hat sich drei Tage vor der Ankunft des Gastes aus Berlin demonstrativ in seine Sommerresidenz Castelgandolfo abgesetzt. Er will Adolf Hitler nicht sehen. Die Luft in Rom bekomme dem Heiligen Vater nicht, schreibt hintersinnig die Vatikanzeitung „L'Osservatore Romano", die den sechstägigen Italien-Besuch des deutschen Reichskanzlers mit keinem Wort erwähnt. Dass Päpste sich mitten im Jahr nach Castelgandolfo zurückziehen, ist unüblich, und seit Menschengedenken nicht vorgekommen ist eine Totalschließung der Museen von Donnerstag bis Samstag. Doch das sind bloß zwei weitere äußere Zeichen der unverhohlenen Abneigung, die Pius XI. mittlerweile Mussolini und seinem Verbündeten aus Deutschland mit ihrer degenerierenden Politik entgegenbringt.

Zur Vorbereitung des Hitlerbesuchs hat Pius auf seinen diplomatischen Kanälen bestimmte Anweisungen an das kirchliche Personal erlassen. So verbietet der Papst allen italienischen Bischöfen, „angesichts der religiösen Verfolgung in Deutschland" Einladungen zu Hitler-Zeremonien anzunehmen.[87] Damit nicht genug, entsendet Kardinalstaatssekretär Pacelli einen Prälaten zu jenen Bischöfen, in deren Diözesen Hitler mit seinem Sonderzug halt machen wird, und lässt ihnen ein Papier vorlegen, das sie dazu auffordert, sich nicht an der Bahn oder bei sonst einem Hitler-Anlass zu zeigen.[88] Dass diese Order nicht verschickt, sondern von einem Boten zur Kenntnisnahme vorgelegt und wieder mitgenommen wird, zeigt die Vorsicht, die das Staatssekretariat bei der heiklen Mission walten lässt.

In Rom selbst, wo zum Hitlerbesuch unzählige Hakenkreuzfahnen an öffentlichen und privaten Gebäuden wehen, fordert der Heilige Stuhl die papsttreuen unter den römischen Adeligen dazu auf, ihre Paläste keinesfalls mit solchen Fahnen zu beflaggen und überdies Einladungen zu Hitler-Feiern zu ignorieren.[89] Hinterher wird registriert, wer von den Adeligen und den Prälaten sich den Weisungen des Heiligen Vaters widersetzte. „Sieben oder acht deutsche Kleriker" seien zum Empfang Hitlers für die in Italien lebenden Deutschen in der Maxentius-Basilika auf dem Forum Romanum gegangen, darunter Bischof Alois Hudal, der Rektor der deutschen Nationalkirche Santa Maria dell'Anima, und Monsignore Hermann Maria Stoeckle, der Rektor des Campo Santo Teutonico, heißt es in einer internen Note des Staatssekretariats.[90]

Rom ist eine doppelte Hauptstadt: jene Italiens und jene der katholischen Weltkirche. Als der deutsche Reichskanzler Rom besucht, schwenkt Mussolini auf ihn ein, während der Papst sich immer weiter von ihm abwendet. Doch Pius XI. ist krank. Ihm bleibt nur noch ein knappes Jahr.

5. „Mit brennender Sorge“: Der Vatikan und die braune Diktatur

Überraschen kann das brüske Auftreten des Papstes gegenüber Hitler bei dessen Rombesuch nicht. Ein Jahr davor, im März 1937, hat Pius in seiner Enzyklika „Mit brennender Sorge“ den Nationalsozialismus öffentlich gebrandmarkt. Kein anderes Dokument aus dem Vatikan, weder vorher noch nachher, wird Hitler gegenüber derart deutlich.

Über die rassistischen Umtriebe in Deutschland seit 1933 ist der Heilige Stuhl über seine diplomatischen und seine kirchlichen Kanäle informiert. Deutsche Bischöfe machen in Rom auf die Besorgnis erregenden Entwicklungen aufmerksam, und der Berliner Nuntius Cesare Orsenigo hält Kardinalstaatssekretär Pacelli in – qualitativ allerdings schwankenden – Berichten auf dem Laufenden. „Wenn, wie es den Anschein hat, der nationalsozialistischen Regierung lange Dauer beschieden sein wird, sind die Juden dazu verurteilt, aus dieser Nation [Deutschland] zu verschwinden“, analysiert er treffend im September 1935 nach dem Erlass der Nürnberger Gesetze.[91] Doch im Blickpunkt des Heiligen Stuhles stehen zuerst die Katholiken. Die kirchenfeindliche Schlagrichtung des Nationalsozialismus ist von Anfang an evident und verschärft sich zusehends. Dennoch will man im Vatikan vorerst glauben, mit Hitler sei zu verhandeln.

Generell ist das Pontifikat von Pius XI. leidgeprüft im Umgang mit Diktatoren. Dass er nicht über lange Strecken den Weg der Versöhnung gesucht habe, braucht der alte Papst sich nicht vorzuwerfen. Als Oberhaupt der katholischen Kirche hat er nacheinander mit Lenin, mit Mussolini, mit Hitler verhandelt. Gegen Ende seines Lebens muss Pius einsehen, dass er gegen die immer tollwütiger auftretenden totalitären Ideologien verloren hat. 1937 markiert den Wendepunkt in seiner Strategie. Mit nur wenigen Tagen Abstand verurteilt Pius XI. in zwei Enzykliken – „Mit brennender Sorge“ und „Divini Redemptoris“ – zum einen den Nationalsozialismus, zum anderen den Kommunismus.

Der offene Affront gegen Hitler-Deutschland ist ein gewagtes Unternehmen. „Mit brennender Sorge“ schreibt Pius XI. an die Gläubigen in Deutschland. Sein Brandbrief wird in Tausenden Kopien nach Deutschland geschmuggelt und am Palmsonntag des Jahres 1937 von allen katholischen Kirchenkanzeln des Landes verlesen. Das allein ist eine Brüskierung des nationalsozialistischen Überwachungsapparates, der sich zu Recht überrumpelt fühlt. Inhaltlich verurteilt das päpstliche Lehrschreiben in Bausch und Bogen die braune Herrschaftspraxis und ihre weltanschaulichen Grundlagen. Die Nationalsozialisten führen in Deutschland einen Vernichtungskampf gegen die katholische Kirche, heißt es im ersten Teil, der Bestandsaufnahme. Im zweiten, dem lehramtlichen Teil, bringt der Papst dogmatisch verbindliche Kernaussagen der Kirche gegen die als Irrtümer gebrandmarkten Positionen der nationalsozialistischen Ideologie in Stellung.

„Mit brennender Sorge" ist das bisher einzige päpstliche Lehrschreiben, dessen Originalsprache Deutsch ist. Die engere Arbeit an dem Dokument begann im Januar 1937. Kardinalstaatssekretär Pacelli lud einige deutsche Bischöfe, darunter den Münchner Kardinal Michael Faulhaber, nach Rom, um über die Lage in Deutschland zu beraten. Diese Treffen fanden teils am Krankenbett des bereits geschwächten Pius XI. statt. Den ersten Entwurf schrieb Faulhaber, Pacelli überarbeitete ihn. Von Pacelli, der aus seinen zwölf Jahren als Nuntius in München und Berlin hervorragend Deutsch sprach, stammt auch der Titel. Alles geschah in engem Kontakt mit Pius XI., der die Enzyklika mit seiner Unterschrift zur Veröffentlichung freigab. Sollte jemand noch Zweifel an der Haltung Papst Pius' XI. zu Hitler gehabt haben, so haben diese ab Palmsonntag 1937 keine Grundlage mehr. Die Nationalozialisten erhöhten umgehend den Druck auf die Kirche: Festnahmen und Verhöre von Priestern, Hausdurchsuchungen, Konfiszierungen, Schikanen. Jede Möglichkeit einer Verständigung zwischen Hitler und dem Heiligen Stuhl ist dahin. Dass Pius XI. den Diktator aus Berlin bei dessen Rombesuch ein Jahr später nicht sehen will, ist nachvollziehbar.

6. Die Rassengesetze in Italien

Im Herbst 1938 setzte Mussolini in Italien nach nationalsozialistischem Beispiel eine Reihe antijüdischer Rassengesetze in Kraft. Viele Zeithistoriker betrachten sie als Folge des Hitlerbesuchs in Italien, während die jüngere Forschung Mussolinis Antisemitismus auf frühere Jahre datiert.[92] Rund 50.000 Juden lebten laut faschistischer Volkszählung vom August 1938 in Italien. Knapp 10.000 davon kamen aus dem Ausland, unter anderem jene, die seit Hitlers Machtergreifung 1933 hauptsächlich aus Deutschland, Polen und anderen mittel- und osteuropäischen Ländern in Italien Zuflucht gefunden hatten. Die neuen Gesetze umfassten ähnlich wie in Deutschland Entrechtungen aller Art bis hin zu vielfältigsten Schikanen und Demütigungen. In der Geschichte Italiens hatten Juden immer wieder Perioden und Episoden der Verfolgung durchlitten, mitbedingt durch soliden kirchlichen Antijudaismus. Doch kein Papst war auf so breiter Front wie Mussolini vorgegangen. Die Juden sollten gründlich die Lust daran verlieren, in Italien zu leben. Mittelfristig zielten die Maßnahmen darauf, das Land „judenfrei" zu machen,[93] wenn auch nicht mit dem Mittel des Mordes.

Als Einstimmung auf die antijüdischen Gesetze ließ Mussolini am 15. Juli 1938 im „Giornale d'Italia" ein „Manifest der Rasse" veröffentlichen. Erarbeitet und unterschrieben hatten es zehn „arische" Universitätsdozenten. „Es ist an der Zeit, dass die Italiener sich zum Rassismus bekennen", liest man darin, und: „Die Juden gehören nicht der italienischen Rasse an". Schlussfolgerungen zog das Manifest keine, und man konnte es notfalls in die antisemitische Propaganda der Zeit einreihen. Einer der wenigen, die hellsichtig die Stoßrichtung des Manifests erkannten, war Papst Pius XI., und er behielt Recht. In der ersten Septemberwoche 1938 führte Italien in sein Justizsystem die ersten antijüdischen Gesetze ein. Der Jesuit und Zeithistoriker Giovanni Sale analysiert:

„Erstmals in der Geschichte des vereinten Italien [seit 1870] hatte ein Gesetzestext einen Teil der Bürger des Staates zum Objekt, der aufgrund rassischer Kriterien identifiziert und mit bisher nicht gekannter Gewalt und normativer Radikalität getroffen wurde. Der faschistische Gesetzgeber ging nicht so weit, den ‚Bürgern' jüdischer Rasse formal die Staatsbürgerschaft zu entziehen, aber de facto beraubte er sie binnen weniger Monate sämtlicher ... ziviler und politischer Rechte und entriss sie bis auf die Wurzel dem Körper der Nation, dem sie seit der Gründung des Königreiches Italien angehört hatten."[94]

Ganz Italien war aus den Sommerferien zurückgekehrt, und die Kinder bereiteten sich auf den Wiedereintritt in die Schule vor, als am 5. September 1938 ein Gesetz erschien, das jüdischen Kindern und Jugendlichen den Schulbesuch verwehrte und jüdische Lehrer entließ. Dasselbe galt für die Universitäten. Unter die Kategorie „jüdisch" fielen dabei auch die Söhne und Töchter getaufter Juden. Schon zwei Tage später wurde es ausländischen Juden verboten, in Italien zu wohnen. Gleichzeitig widerrief das Regime sämtliche Einbürgerungen dieser Personengruppe, die nach dem 1. Januar 1919 erfolgt waren. Alle nicht-italienischen Juden wurden dazu aufgefordert, das Land binnen sechs Monaten zu verlassen.

Diese Regelung betraf mehrere Tausend in Italien gestrandete Juden auf der Flucht vor Hitler, aber auch jene, die bereits vor Jahrzehnten ins Land gekommen waren und die Staatsbürgerschaft entweder nie oder vor weniger als 20 Jahren angenommen hatten: Berufstätige und ihre Angehörigen, die in Italien lebten, arbeiteten und Steuern zahlten, ihre Kinder auf italienische Schulen schickten und gut in die Zivilgesellschaft integriert waren. Unter ihnen waren zahlreiche ausländische Freiberufler, besonders Mediziner, wie der aus Berlin stammende Leibarzt der italienischen Königsfamilie Erwin Stuccoli, früher Stückgold, der während der deutschen Besatzung im Vatikan Zuflucht finden sollte, aber auch Gelehrte wie der altösterreichische Kunsthändler Ludwig Pollak. Hermine Speier war von dem Gesetz ebenso betroffen wie Hunderte weitere Archäologen, Historiker und Kunsthistoriker jeden Alters und erst recht jüdische Nichtakademiker, die sich vor den Verfolgungen aus Nazideutschland in den Süden geflüchtet hatten. Im „Land wo die Zitronen blühn“ hatten sie sich bis zu jenem Tag im sicheren Exil gewähnt oder Italien zumindest als gefahrloses Transitland für ihre weitere Emigration betrachten können.

Am 17. November 1938 folgte – nach einer Ankündigung des „Faschistischen Rates“ von Anfang Oktober – das faschistische Ehegesetz, das Hermine Speier in die Seele getroffen haben muss: Mischehen zwischen „Ariern“ und Juden wurden verboten, so wie übrigens auch Ehen zwischen italienischen und ausländischen Staatsangehörigen, die fortan der Genehmigung des Innenministeriums bedurften. Bereits geschlossene Mischehen galten als aufgelöst. Daneben war es Juden nicht länger erlaubt, große Unternehmen oder Grundstücke zu besitzen. Sie durften nicht mehr in öffentlichen Ämtern wirken.

Bei den „arischen“ Italienern stießen die antijüdischen Gesetze keineswegs auf breite Zustimmung. Im Grund, resümiert Giovanni Sale, „verstanden sie weder die Fundamente noch den Nutzen“ der Rassentrennung.[95] Die 40.000 italienischen Juden waren und fühlten sich in jeder Hinsicht als echte Italiener, hatten – ähnlich wie ihre Glaubensgenossen in Deutschland – die Geschicke ihres Volkes in Freud und Leid geteilt. Italienische Juden hatten im Ersten Weltkrieg gekämpft und mitgejubelt, als Italien mit der Eroberung Abessiniens wieder „Kaiserreich“ wurde, und sie hatten mit ihrem Einsatz und beruflichen Geschick an der Modernisierung Italiens mitgewirkt. Dass Juden keine Sommerkurorte mehr besuchen sollten, kein „arisches“ Personal beschäftigen, keine Radioapparate und keine Vögel im Käfig besitzen,[96] keine Bücher publizieren und keine öffentlichen Vorträge halten duften, ja nicht einmal Amtsgebäude betreten sollten,[97] mit einem Wort, dass sie bis in den Alltag hinein gedemütigt wurden, war für die Mehrheit der Italiener nicht nachvollziehbar.

7. KAPITEL

Das Schutzschild: Als Jüdin in Diensten des Papstes

1. Pius XI. und die antijüdischen Gesetze in Deutschland und Italien

Die Beziehung zwischen Mussolini und dem alten Papst erreichten mit dem „Manifest der Rasse" vom Juli 1938 einen neuen Tiefpunkt. Als am 5. September das Gesetz publik wurde, das jüdische Schüler und Dozenten aus allen staatlichen Bildungseinrichtungen Italiens verwies, platzte dem Papst der Kragen. Man muss es als Wortakt des Widerstands gegen die Rassenideologie deutscher wie italienischer Machart und gleichzeitig als Manifest spiritueller Solidarität mit den Juden begreifen, was am Tag danach aus ihm herausbrach. Pius empfing in Castelgandolfo eine Pilgergruppe des belgischen katholischen Radios. Einer der anwesenden belgischen Prälaten, der Chefredakteur des Senders, notierte, der Papst habe mit den Tränen gekämpft, als er von sich gab:

„Der Antisemitismus ... ist eine abstoßende Bewegung, eine Bewegung, an der wir Christen in keiner Weise teilhaben dürfen. ... Durch Christus und in Christus stammen wir geistlich von Abraham ab. Nein, es ist den Christen nicht möglich, am Antisemitismus teilzunehmen. Wir gestehen jedem das Recht zu, sich zu verteidigen und Maßnahmen zu ergreifen, um sich vor allem zu schützen, was seine rechtmäßigen Interessen bedroht. Aber der Antisemitismus ist unzulässig. Geistlich sind wir alle Semiten."[1]

Im August hatte ein Dekret den katholischen Zeitungen Italiens verboten, Papstreden zu drucken; die staatlichen Medien taten das zu jenem Zeitpunkt ohnehin nur noch auf verzerrte Weise, wenn überhaupt. Seltsamerweise strich die Vatikanzeitung „L'Osservatore Romano" ausgerechnet diesen Passus der Papstrede vor den belgischen Pilgern. So erfuhren italienische Katholiken über den Umweg ausländischer Zeitungen, was Pius XI. da Unerhörtes gesagt hatte.

Inzwischen trafen im Vatikan dutzende Schreiben ein, in denen Juden, Katholiken, teils sogar Faschisten die Rassengesetze beklagten und den

Papst aufforderten, etwas für die Juden zu tun. In der Frage der Mischehen glaubte der Heiligen Stuhl über eine rechtliche Handhabe zu verfügen. Das Heiratsverbot zwischen Juden und „Ariern" und die Nichtigkeit bereits geschlossener Mischehen war nämlich ein Bruch des Konkordats, also des 1929 geschlossenen Abkommens zwischen Italien und Heiligem Stuhl zu bestimmten staatskirchlichen Rechtsfragen. Kirchlich geschlossene Ehen waren – und sind – in Italien dem Konkordat zufolge auch vor dem Staat gültig. Auf vielfältige Weise und mit hohem Aufwand angesichts der wenigen Mischehen in Italien versuchte die päpstliche Diplomatie, Mussolini zur Rücknahme dieser Regelung zu bringen. Der Erfolg blieb aus. Mussolini wollte sich nicht die Blöße geben, hinter dem deutschen Bündnispartner zurückzustehen, was den harten Umgang mit den „Nichtariern" und ihre Abtrennung vom übrigen „Volkskörper" betraf.

Auf einer praktischen Ebene setzte das Staatssekretariat auf Pater Pietro Tacchi Venturi, jenen Jesuiten, der uns schon im Zusammenhang mit Umberto Nobile und Mussolini begegnete. Tacchi Venturi war der informelle Mittelsmann zwischen Heiligem Stuhl und italienischer Regierung und entfaltete ein verstecktes diplomatisches Wirken, das die Funktionen des italienischen Botschafters beim Heiligen Stuhl und des Nuntius bei Mussolini vereinte, wie Robert Maryks zutreffend anmerkt.[2] Der Jesuit genoss das volle Vertrauen des Papstes, er war gewissermaßen ein Relikt aus einfacheren Tagen, in denen es noch gelang, mit unberechenbaren Politikern zu belastbaren Übereinkünften zu kommen. Tacchi Venturi hatte einen beachtlichen Sieg bei Mussolini errungen, als dieser neu ernannter Außenminister war. Der Papst hatte den Jesuiten als Verhandlungsträger zur Rückgabe der wertvollen Chigi-Bibliothek zu Mussolini geschickt. Diese gehörte seit 1916 Italien. Statt sie zu verkaufen, schenkte Mussolini die Bibliothek 1922 dem Papst. Auf diese Weise wurde Tacchi Venturi ein Vater des Versöhnungsprozesses zwischen Vatikan und Italien, der 1929 zum Abschluss der Lateranverträge führte.[3]

Ein anderes Genre freilich war die diplomatische Vermittlung auf politisch vermintem Gebiet, einschließlich und insbesondere mit Blick auf die Rassengesetze. Tacchi Venturis Nachlass liegt im Archiv des römischen Generalates des Jesuitenordens. Er zeigt, wie breitgefächert und kleinteilig über die Jahre seine Eingaben bei faschistischen Regierungsangehörigen waren. Da ging es um Aktionen gegen „freimaurerische und protestantische Propaganda" genauso wie um Gnadengesuche, Staatsbürgerschaftsangelegenheiten, die „Italianisierung" der früher österreichischen Region Südtirol, um Kauf, Verkauf oder Neubau von Kirchen und Klöstern, um die muslimische Gefahr in Albanien, um moralisch anstößige Kinofilme, Religionsunterricht an öffentlichen Schulen und vieles mehr. 3600 Einzelpositionen weist das

Register aus, und in mindestens 800 Fällen geht es um Milderungen nach dem Erlass der italienischen Rassengesetze, die Tacchi Venturi von Einzelfall zu Einzelfall verhandelte. Das sorgfältig erstellte Namensregister des Bestandes Tacchi Venturi enthält nicht den Namen „Speier", aber beispielsweise die Namen „Fiedler" und „Pollak".[4]

Was die Inhalte der antijüdischen Gesetze Italiens anlangt, konzentrierten sich die Bemühungen des Heiligen Stuhles umgehend auf die getauften Juden. Sie erhielten jüdischerseits keinen Schutz und galten der Kirche zumindest formell als Katholiken ohne Abstriche. Beispielhaft ist das Schreiben, das Tacchi Venturi der faschistischen Regierung im September 1938 überbrachte.

„Der Heilige Vater vertraut darauf, dass die zukünftigen Normen, um die Juden im italienischen Staat zu bezeichnen, nicht auf jene angewendet werden, die die Taufe empfangen haben und so nicht weniger wie jeder arische Gläubige Mitglieder der Katholischen Kirche wurden und sind. / Infolgedessen hofft er: 1) dass die Juden italienischer Staatsbürgerschaft und katholischer Religion nicht betroffen sind von den Maßnahmen, die auf nicht getaufte Juden anzuwenden sind; 2) dass die ausländischen, aber getauften Juden das Recht auf Aufenthalt in Italien haben so wie jeder andere ehrliche Ausländer arischer Rasse."[5]

Die damit getroffene Aussage ist aus heutiger Sicht problematisch, worauf Giovanni Sale zu Recht hinweist. Der Heilige Stuhl bat die faschistische Regierung nicht etwa darum, auf die Absonderung der Juden vom Rest der Bevölkerung zu verzichten, sondern er wollte den Trennstrich einfach an einer anderen Stelle gezogen haben: nicht bei der Abstammung, sondern beim Religionsbekenntnis, nicht beim „Blut", sondern beim „Geist". Sales Randbemerkung ist hier unbedingt zuzustimmen:

„Für den katholischen Historiker scheint es heute schmerzvoll, besonders nach den Öffnungen des II. Vatikanischen Konzils in dieser Hinsicht, mit moralischen oder religiösen Kategorien eine solche Geisteshaltung und ein solches Vorgehen zu rechtfertigen. ... Die Aufgabe des Historikers ist es aber, das historische Ereignis soweit als möglich objektiv zu rekonstruieren und ohne Vorab-Erwägungen ideologischer Art die Mentalität und die Kultur der jeweiligen Akteure zu verstehen. Der ‚unnachgiebigen' katholischen Kultur der Zeit entsprechend, schien es, wenn auch nicht alle mit diesem Prinzip einverstanden waren, Aufgabe der Kirche, vor allem die eigenen Gläubigen zu schützen, ohne aber den Sinn für Gerechtigkeit und Nächstenliebe zu vernachlässigen, der allen menschlichen Wesen geschuldet ist."[6]

„Geistlich sind wir alle Semiten": Dieser Ausbruch des alten Papstes fand in den diplomatischen Bemühungen des Staatssekretariats kein direktes Echo. Pius XI. aber gab nicht auf. In seinem Zwergstaat fand eine nennenswerte Anzahl „nichtarischer" Forscher Lohn und Brot, wie noch zu sehen sein wird. Für die unvergleichlich größere Schar jener, denen er auf diese Weise nicht helfen konnte, versuchte er anderswo auf der Welt eine Perspektive zu finden. Im Dezember 1938 ließ Pius bei den Regierungen Nord-, Mittel- und Südamerikas sowie Australiens anfragen, inwieweit sie jüdische Emigranten aus Europa aufnehmen würden. Der Rücklauf war erschreckend gering.[7] Die Korrespondenz lief wie in solchen Fällen üblich über die Nuntiaturen. Koordinator im Vatikan war Kardinalstaatssekretär Pacelli. Er sollte wenig später als Papst eine ähnliche Anfrage für die Einwanderung von Juden in Brasilien starten, und sie sollte ähnlich erfolglos bleiben wie die seines Vorgängers.

Pius XI. aber startete noch zwei weitere Versuche, der Knechtung der Juden durch braune und schwarze Ideologien Einhalt zu gebieten oder sie zumindest zu verurteilen. Zum einen plante er eine Antirassismus-Enzyklika. Sie war bereits begonnen, als in Italien die antijüdischen Gesetze erschienen und in Deutschland in der Reichspogromnacht vom 10. November die Synagogen brannten. Am 22. Juni 1938 hatte Pius XI. den amerikanischen Jesuiten John La Farge beauftragt, ein solches Dokument für ihn zu entwerfen. Unterstützt wurde der junge Ordensmann von einem deutschen und einem französischen Mitbruder, Gustav Gundlach und Gustave Desbuquois. Ob und welche Kurienmitarbeiter Pius XI. in sein Vorhaben einweihte, ist bisher unklar. Hubert Wolf meint, der Papst habe absichtlich weder das Heilige Offizium noch seinen Kardinalstaatssekretär Pacelli zu Rate gezogen,[8] weil er glaubte, diese wollten ihn bremsen.

Tatsächlich galt Pius XI. in der letzten Phase seines Pontifikates bei einigen seiner Mitarbeiter als zunehmend unberechenbar. Dass er die Rassenideologie persönlich ablehnte, bedrängten Juden in seinem Staat Schutz bot und sich bemühte, emigrierenden Juden die Wege in bestimmte Übersee-Länder zu ebnen, war weniger das Problem. Den kurialen Apparat scheint vielmehr das immer kompromisslosere, das gewissermaßen „unpäpstliche“ Auftreten des Papstes nach außen irritiert zu haben. Man fürchtete, der explosive Pius könne es sich mit der totalitären Politik so sehr verderben, dass diese den Heiligen Stuhl in die Handlungsunfähigkeit treiben werde; damit sei den Juden nicht geholfen und den Katholiken geschadet, da eine politische Ausschaltung des Heiligen Stuhles den Weg freimache für eine Kirchenverfolgung im großen Stil. In Deutschland, dem Bündnispartner Italiens, war eine solche nach der Enzyklika „Mit brennender Sorge“ von 1937 ohnehin schon Wirklichkeit.

Überdies arbeitete Pius XI. selbst bis zu seinen letzten Tagen persönlich an einer Generalabrechnung mit dem Faschismus. Dazu wollte er eine öffentliche Ansprache am 11. Februar 1939 nutzen, dem zehnten Jahrestag der Unterzeichnung der Lateranverträge. In der Nacht zuvor starb er. Pacelli vernichtete die Unterlagen, seinem Auftrag als Kardinalkämmerer gemäß.

Wenig später stand Pacelli als Papst Pius XII. selbst am Steuerrad des Schiffes Petri. Auf das Vorhaben der Antirassismus-Enzyklika kam der vorsichtige Diplomat nicht zurück. Die Entwürfe für die Enzyklika aber tauchten Jahrzehnte später in Archiven auf. Dabei zeigte sich, dass sie auch problematische Aussagen zur Judenfrage enthielten. So wurde zwar der rassistische Antisemitismus abgelehnt, der religiöse Antijudaismus aber gutgeheißen. Ein Nein zu Rassismus und Verfolgung also, gleichzeitig aber ein Ja zur Abgrenzung der Juden von der nichtjüdischen Bevölkerung. Nach Ansicht von Thomas Brechenmacher hätte dies der nationalsozialistischen Propaganda die Möglichkeit gegeben, das päpstliche Schreiben durch verzerrte Darstellung und Zitierung zu ihren Gunsten auszulegen.[9] Überdies habe Pius XII. im Gegensatz zu seinem Vorgänger in der angespannten Lage Europas vor dem Kriegsausbruch weniger verurteilen als für den Frieden eintreten wollen.

2. Reaktionen auf die Rassengesetze in den Briefen an Hermine

Hermine Speier hat ihren Verlobten, sie hat ihr Bouquet an Beschäftigungen, und sie hat im Vatikan ihre Vorgesetzten – Pius XI. wie Bartolomeo Nogara –, die schützend die Hände über sie halten, als in Italien ungesunde Winde aufziehen. „Die Juden gehören nicht der italienischen Rasse an", nimmt das „Manifest der Rasse" im Juli 1938 bedrohlich vorweg. Doch selbst ein informierter und politisch sensibler Beobachter im neutralen Genf, Robert Boehringer, bescheinigt Hermine in Rom vorerst keine große Gefahr.

„Was sonst dort [bei Hermine Speier] vorgeht wird sich hoffe ich zum Guten für Sie wenden, weil es vielleicht Entschlüsse beschleunigt. Im übrigen betrifft Sie unmittelbar vermutlich nichts. Dennoch: Sie wissen wozu ich riet u. rate. Das Eine können Sie von sich aus tun. Zum andern brauchts den Andern."[10]

Der doppelte Rat Robert Boehringers bezieht sich mutmaßlich auf die Taufe und auf die Hochzeit Hermine Speiers mit Nobile. Beides setzt er in Bezug zu der sich abzeichnenden Judenverfolgung in Italien. Dass Hermine davon unmittelbar nicht betroffen sei, erweist sich als irrige Einschätzung. Anfang September erscheinen die ersten antijüdischen Gesetze, die ausländische Juden des Landes verweisen. Hermines Freunde und Bekannte sind fassungslos. Da ist Armin von Gerkan, der Zweite Direktor des Archäologischen Instituts. Spätere Generationen weisen ihm eine gewisse Anpassung an die Gegebenheiten der nationalsozialistischen Diktatur nach.[11] Doch mit Hermine Speier zeigt sich von Gerkan 1938 spontan solidarisch. Im Gegenzug nimmt sie den früheren Vorgesetzten nach Kriegsende in Schutz und formuliert in einem Entlastungsschreiben:

„Als 1938 auch in Italien die Rassengesetze eingeführt wurden, und das Ganze gleich mit der Drohung anfing, alle Nichtarier müssten Italien innerhalb weniger Monate verlassen, kamen Herr und Frau von Gerkan sofort in tiefster Empörung zu mir nach Hause, boten mir Geld und jegliche Art von Hilfe an, baten mich ganz über sie zu verfügen, wenn sie mit [i]rgend etwas behilflich sein könnten und boten mir an, falls ich wirklich Rom verlassen müsste, meine Sachen bei ihnen unterzustellen. Jede Empfehlung, die ich brauchen könnte, hat Prof. von Gerkan mir jeder Zeit geschrieben."[12]

Aus seinem Südtiroler Urlaub wendet sich der Institutsbibliothekar Jan Willem Crous mit einem eindringlichen Brief an Hermine. Er zeigt sich schockiert von „dieser barbarischen Brutalität", die „wohl keiner von uns in dieser Schärfe und unverhüllten Grausamkeit für möglich gehalten hätte", und er schreibt von Scham darüber, „willenlos mitschuldig sein zu müssen, ohnmächtig in der Rotte der wilden Tiere".[13]

„Wie wird Ihr Schicksal sich gestalten? Die Dienstentlassung wird Sie im Vatikan nicht treffen – aber werden Sie auf den Boden des vatikanischen Staates übertreten können, des einzigen, dessen Oberhaupt heute noch Tolleranz [sic] und Humanität als ethische Forderung öffentlich verkündet? Werden Sie dort, als Gefangene wie einst der Papst selbst, ein Asyl finden? Ach, liebe Spinni, nicht mehr gefangen als wir andern alle, die wir unser ehrliches Fühlen und Denken verbergen müssen, um am Leben zu bleiben!"

Friedrich Krauss am Tag der Veröffentlichung des Gesetzes, wonach ausländische Juden binnen sechs Monaten Italien zu verlassen haben:

„... nun wird plötzlich Ihre Existenz ungewiss. Wie steht es? Sind Sie betroffen oder sind Sie Cittadina [Vatikanbürgerin]? Oder ändert sich nun doch alles grundsätzlich zum guten [sic] und wird gar so wie Sie es sich wünschen? Ist das überhaupt noch möglich? Könnten Sie in der Salita bleiben und doch als Cittadina gelten? / Mich hat das alles arg betroffen und ich denke seit Tagen heftig an Sie. Die um sich greifende Unmenschlichkeit ist grauenhaft und man sieht auf jedem Schritt die Folgen. Auch Ihnen wird, wenn selbst alles wie bisher bleiben kann, viel Freude vergällt werden. Wie geht es [Umberto]?"[14]

Lise Salin aus dem frischen Exil:

„Ich mache mir natürlich viel Gedanken deinetwegen. Wenn du nicht in die Città [del Vaticano] ziehen kannst, müsstest du doch auch in 6 Monaten fort. Im übrigen meine ich, wenn N. [Nobile] überhaupt an eine Bindung denkt, so müsste es wohl bald geschehen."[15]

Zwei Gedanken kristallisieren sich für alle Briefeschreiber heraus: Muss Hermine als deutsche Jüdin, wie vom Gesetz vorgesehen, Italien verlassen, oder ist sie hinreichend geschützt durch den Vatikan, vielleicht sogar im Vatikan? Und: Wird Nobile sie heiraten und mit ihr ins Exil gehen? Die zweite

Frage stellt sich schon wenig später unter anderem Vorzeichen. Am 17. November 1938 verbietet das nächste antijüdische Gesetz Eheschließungen zwischen Juden und „Ariern". Inwiefern sich Hermine Speiers Taufe vielleicht in diesen Rahmen spannen lässt, wird zu erörtern sein. Wenden wir uns zunächst der Frage zu, wie es ihr als in Italien wohnender, aber im Vatikan beschäftigter Jüdin nach dem Erlass der italienischen Rassengesetze ergeht.

3. Eine jüdische Dienstnehmerin im Vatikan

Dass Hermine Speier Jüdin ist, weiß man in der Generaldirektion der Museen von Anfang an. Im Governatorat hingegen, der übergeordneten Stelle, weiß man es amtlich nicht vor Februar 1938, drei Monate vor dem Hitlerbesuch in Rom und sieben Monate vor dem Erlass der ersten antijüdischen Gesetze. Am 14. Februar 1938 beantragt Hermine Speier einen Vatikan-Ausweis und bringt damit einen internen Abklärungsprozess ins Rollen, von dem sie sicher nichts ahnt. Nur einen Tag später holt das Personalbüro des Governatorates bei der päpstlichen Gendarmerie, Abteilung Polizei, Erkundigungen ein: „Es wäre nötig, in vollkommen vertraulicher Weise Informationen rund um Fräulein Dr. Erminia Speier einzuholen [...] und speziell zu überprüfen, ob dieselbe israelitischer Religion ist."[16] Eine Woche brauchen die päpstlichen Gendarmen für die Abklärung. Am 22. Februar 1938 beehrt man sich mitzuteilen, die Genannte sei „von guter moralischer und politischer Führung und israelitischer Religion ", wie es in dem vatikanischen Behördenschriftstück heißt. In anderen Worten, sie ist jüdisch, unbescholten und nicht kommunistisch. Im März 1938 erhält Hermine Speier anstandslos ihren Vatikan-Ausweis.[17] Der Papststaat duldet und deckt jetzt wissentlich eine Jüdin unter seinen Angestellten.

Den Gesetzen vom Herbst 1938 zufolge müsste Hermine bis 12. März 1939 ultimativ Italien verlassen. Sie selbst rechnet mit ihrem Weggang. „Von mir ist es schwer zu berichten, da noch alles unentschieden ist. Aber so sehr gross ist die Hoffnung zu bleiben nicht", schreibt sie Mitte Oktober 1938 an die eben in die Staaten emigrierte frühere Arbeitskollegin Elisabeth Jastrow.[18] Unterdessen bemüht sich Bartolomeo Nogara auf den diplomatischen Kanälen des Heiligen Stuhles darum, eine Ausweisung seiner deutschen jüdischen Mitarbeiterin aus Italien abzuwenden. Die schwache Hoffnung ist die, bei den italienischen Stellen eine Ausnahme für Speier erwirken zu können. Parallel dazu hat Hermine Speier bereits ihre Taufvorbereitung aufgenommen, was im diplomatischen Schriftverkehr natürlich keine Rolle spielt; es ist überdies offen, ob Nogara zu dem Zeitpunkt davon weiß.

STATO DELLA CITTÀ DEL VATICANO

GOVERNATORATO

GENDARMERIA PONTIFICIA

UFFICIO DI POLIZIA

№ 042 P/U.P.Ris.

Risposta al № 20 ris.

del 15 - 2 - 1938.

OGGETTO

Dott.ssa SPEIER Erminia: informazioni riservate.

Allegati N. ----

All'Onorevole

UFFICIO CENTRALE PERSONALE

e STATO CIVILE

CITTA' del VATICANO

Città del Vaticano, li 22 Febbraio 1938.

In risposta al controdistinto foglio di cotesto On.le Ufficio Centrale, si ha il pregio di comunicare che la Dott.ssa Erminia SPEIER di Leopoldo e di Giovanna Orschel, nata a Francoforte sul Meno il 28 Maggio 1898, residente in Roma alla Salita S.Onofrio 23/4 - di buona condotta morale civile e politica - é di religione israelita .

Con osservanza

il Segretario

G. Fazio

COMANDO DELLA GENDARMERIA PONTIFICIA – UFFICIO DI POLIZIA

Der Vatikan will wissen, wer Hermine Speier ist, die seit bald vier Jahren hier arbeitet. Am 22. Februar 1938 beehrt sich die Päpstliche Gendarmerie mitzuteilen, die Genannte sei „von guter moralischer und politischer Führung und israelitischer Religion". Der Papststaat duldet und deckt jetzt wissentlich eine Jüdin unter seinen Angestellten.

Am 21. November kommt Umberto Nobile in die Museen und tauscht sich mit dem Vorgesetzten seiner Verlobten über deren missliche Lage aus.[19] Zwei Tage später trägt Nogara die „Causa Speier" im Rahmen einer Audienz bei Giovanni Battista Montini vor.[20] Dabei rät der Substitut seinem Freund und Nachbarn, dem Anliegen eine schriftliche Form zu geben, damit die Dinge im päpstlichen Verwaltungsapparat ihren ordentlichen Gang nehmen können. Noch am selben Tag setzt Nogara einen Brief an Montini auf, der in Speiers Personalakte in den Vatikanischen Museen erhalten ist. „Fräulein Dr. Speier", die 1928 als Angestellte der römischen Abteilung des Deutschen Archäologischen Instituts nach Rom gekommen und „aus Rassegründen" entlassen worden war, so schreibt Nogara,

„wurde von der Generaldirektion für die Ordnung und Katalogisierung des Fotoarchivs angestellt, eine Arbeit, der sie seit 1934 jeden Tag nachgeht und für die sie eine hervorragende Qualifikation mitbringt. Man könnte sie nicht ersetzen ohne großen Schaden für die Arbeit, die noch mindestens drei Jahre dauern wird. Ich wäre sehr froh, wenn Fräulein Speier von den Vorkehrungen gegen die nach 1919 eingewanderten Juden ausgenommen werden könnte, die auch sie im kommenden März treffen würden." [21]

Die vatikanische Rettungsaktion für Speier läuft an. Montini leitet Nogaras Brief auf dem Dienstweg an Monsignore Domenico Tardini weiter, den Sekretär der Kongregation für Außerordentliche Kirchliche Angelegenheiten (Sacra Congregazione degli Affari Ecclesiastici Straordinari), einer damals existierenden Kurienbehörde für politische Fragen. Tardini antwortet Nogara zwei Tage nach dessen Brief, er habe „sofort" Monsignore Borgongini Duca mit der Sache befasst.[22] Francesco Borgongini Duca ist der Botschafter des Papstes in Italien. Am 30. November spricht Nogara im Staatssekretariat erneut über „il caso Speier", diesmal mit Montinis Sekretär Angelo dell'Acqua.[23] Das neue Jahr bricht an. Am 16. Januar 1939 ruft dell'Acqua bei Nogara an: Speier selbst möge bei der Präfektur eine Ausnahmeregelung beantragen.[24] Diesem Rat kommt sie nach.[25]

Am 31. Januar geht es in derselben Konstellation erneut „pro Speier". Dell'Acqua informiert Nogara bei diesem Telefonat offenbar darüber, dass soeben Kardinalstaatssekretär Pacelli „pro Speier" aktiv wird. Die rechte Hand des Papstes setzt nochmals an den Botschafter in Italien nach. Dieser antwortet Pacelli am 3. Februar, er habe die „verehrten Depeschen Seiner Ehrwürdigen Eminenz" erhalten.[26] Der Diplomat listet sie auf, es sind zehn Depeschen mit insgesamt 22 namentlich genannten Schützlingen, darunter auch „Erminia Speier". Alle betreffen „Personen semitischer Rasse, nicht eingeschlossen jene nicht wenigen weiteren Fälle, die mir direkt oder über die Exzellenzen Bischöfe zugegangen sind". Borgongini Duca berichtet Pacelli, auf welche Weise er für diese 22 Personen, die in irgendeiner Weise den

Schutz des Heiligen Stuhles genießen, im italienischen Innenministerium „vorgefühlt“ hat.

„Eure Eminenz trug mir auf, bei der zuständigen Kommission im Innenministerium Meldung zu machen, und gestern ging ich zum Viminal [Innenministerium] und habe im Gespräch mit einem hohen Beamten, dessen Namen ich Eurer Eminenz mündlich mitteilen werde, das Terrain sondiert. / Ich habe ihm einige der oben angeführten Fälle vorgelegt und nach seiner Einschätzung gefragt. / Er antwortete mir etwas schüchtern, fast wie aus Furcht mich zu beleidigen, aber im Interesse, wie er sagte, die guten Beziehungen zwischen dem Heiligen Stuhl und Italien anzufachen, dass solche Eingriffe, besonders von einem Diplomaten, die Mitglieder der Kommission irritieren würden, die dem Heiligen Stuhl gegenüber gewiss nicht günstig eingestellt sind wegen dessen Haltung in der Rassenfrage, und [diese Eingriffe] würden den Eindruck erwecken, dass sich der Heilige Stuhl zum Beschützer der Juden gemacht habe. / Andererseits merkte er an, dass das Gesetz ist, was es ist, und dass es der Kommission keine Möglichkeit gibt, ihr Urteil zu ändern, weil die Kriterien der Unterscheidung bindend sind ... infolgedessen wären die Meldungen, die in Wirklichkeit Empfehlungen sind, vollkommen zwecklos und überdies schädlich für den, der sie macht. ... / Er hat mir auch anvertraut, dass einige Fälle, mit denen die Kommission befasst war, sehr hohe Persönlichkeiten und gewaltige Kapitalmengen betreffen, und dessen ungeachtet wurde das Gesetz mit Strenge angewandt.“[27]

In der erwähnten diplomatischen Begegnung auf untergeordneter Ebene findet die Pattstellung zwischen Pius XI. und Mussolini ihren direkten Widerhall. Der alte kanke Papst, der sieben Tage später sterben wird, gilt in der faschistischen Regierung schon seit Jahren als Starrkopf, dem man vielleicht das eine oder andere Zugeständnis hätte machen können, wäre er nur mit etwas Nachsicht gegenüber dem Faschismus aufgetreten. Doch wurde Pius im Gegenteil immer deutlicher. Diplomatisch ist hier nichts mehr zu holen. Für die 22 vom Vatikan genannten Juden einschließlich Hermine Speiers gibt es gerade deshalb, weil sie vom Vatikan genannt werden, keine Hilfe, mehr noch, der Vatikan schadet sich selber mit solchen Anfragen, lässt der Beamte im Innenministerium durchblicken. Aus diesem Grund ist der Heilige Stuhl für Botendienste zwischen Papst und Mussolini immer mehr dazu übergegangen, als informellen Mittelsmann Pater Tacchi Venturi ins Rennen zu schicken, der wegen seiner konzilianten Haltung bei Mussolini nicht ganz so schlecht angeschrieben ist. Auch die lakonische Mitteilung aus dem Staatssekretariat an Hermine Speier, sie solle doch selber bei der italienischen Polizei eine Ausnahmeregelung für sich beantragen, zeigt nichts anderes als das Bewusstsein weitgehender Ohnmacht, das sich im Ostflügel der „Terza Loggia“ breitgemacht hat, wo die politischen Anliegen des Heiligen Stuhles verhandelt werden.

Im Vatikan wird Hermine Speiers persönliche Situation als Jüdin in päpstlichen Diensten mit den italienischen Rassengesetzen 1938 Gegenstand der Erörterung in höchsten kurialen Kreisen. Drei Päpste, ein regierender und zwei zukünftige, wissen von ihr und ihrem Geschick: Pius XI., Pacelli und Montini. Dem Substituten wird Hermine Ostern 1941 zum Dank ein Büchlein mit Kreuzwegmeditationen schenken, zweifellos eine Anspielung auf den Kreuzweg so vieler Menschen im Krieg. Montini schickt Hermine Speier einen freundlichen Antwortbrief: das Kreuzweg-Büchlein mache ihm „Ihre Wünsche sogar noch teurer und bedeutsamer".[28] Zu Weihnachten 1942 steht man abermals kurz im Austausch. Auch ein direktes Zeugnis Pacellis zu Hermine Speier ist erhalten: ein Glückwunschtelegramm zu ihrer Taufe im Mai 1939.[29] Pacelli sitzt seit zwei Monaten als Pius XII. auf dem Stuhl Petri. Noch kurz vor seiner Wahl hatte er als oberster päpstlicher Diplomat die „Causa Speier" auf dem Schreibtisch. Hermine hätte kaum Aussicht auf ein so rares Telegramm gehabt, wäre ihr Name dem neuen Papst kein Begriff gewesen.

Pius XII. verfügt nach seiner Wahl auf den Stuhl Petri organisatorische Veränderungen für den Vatikanstaat. Er unterstellt das Governatorat, das bisher von Laien geführt war, einer Kardinalskommission. Somit wandern auch die Kunstsammlungen des Papstes unter klerikale Regie. Zum Leiter der Kommission bestimmt der neue Papst Kardinal Nicola Canali (1874–1961), eine komplexe Persönlichkeit.

Canali wirkte zu Beginn des Jahrhunderts als Sekretär des spanischen Kardinalstaatssekretärs Rafael Merry del Val (1865–1930), eines Kirchenmanns mit nachweislich antijüdischen Einstellungen. Canali sei „roh und flegelhaft", urteilte kein geringerer als Benedikt XV., der bei seinem Amtsantritt als Papst 1914 den noch jungen Monsignore aus dem Staatssekretariat entfernte.[30] Mehr noch: Faschistische Polizeiakten über Canali zeigen dessen Sympathien für das Mussolini-Regime. Als später die Frage nach Schutzraum für verfolgte Juden im Vatikan auftaucht, wird Canali unter jenen sein, die eine solche Rettung ablehnen. Während der deutschen Besatzung Roms verstirbt der Sakristan des Petersdoms, der in seiner Privatwohnung im vatikanischen Kanoniker-Palast vier jüdische Flüchtlinge versteckt. Canali will die Leute noch in derselben Nacht vor die Tür setzen. Pius XII. persönlich legt dem Kardinal per Telefon das Handwerk. Dieser Kardinal Nicola Canali also ist es, der im Juni 1939 von Nogara Auskunft über Hermine Speier verlangt.

Nogaras Antwort an Canali ist erhalten.[31] Die geballten Argumente, die der Museumsdirektor „pro Speier" ins Feld führt, verdeutlichen, dass er sehr gut weiß, mit wem er es zu tun hat. Nogara arbeitet seit 40 Jahren im Vatikan, er kennt die Akteure und die Lager, er ist bestens vernetzt. Doch lebt sein Freund und Schutzherr Pius XI. nicht mehr, der ein atypisches Beschäftigungsverhältnis wie das der jüdischen Archäologin durchwinkte. Nogara schreibt aus einer Verteidigungshaltung heraus. Sein Brief an den Kardinal ist ein Schlüsseldokument für die Beschäftigung der Jüdin Hermine Speier im Papststaat.

Hermine Speier sei am 1. [sic] September 1934 „mit dem Einverständnis des Hl. Vaters“ für einen eng umrissenen Auftrag „in einen zeitlich befristeten Dienst“ gerufen worden, informiert Nogara den Kardinal, nämlich für „die Identifizierung und Katalogisierung der Foto-Negative der Direktion, die mit dem Erwerb der Sammlung Moscioni ein wissenschaftliches Material von bemerkenswerter Bedeutung und ungemeinem Wert darstellten.“ Diese Arbeit sei den Museen von einer höheren vatikanischen Stelle quasi auferlegt worden, erklärt Nogara. Schon der Ankauf der 15.000 Platten umfassenden Foto-Sammlung sei ein gutes Geschäft gewesen, „nur rund 35.000 Lire“. Den Löwenanteil von 25.000 Lire habe die Päpstliche Kommission für Sakrale Kunst übernommen, diesen Akt der Großzügigkeit aber mit der Auflage verbunden, einen Katalog zu erstellen. Der Katalog, schreibt Nogara und übernimmt damit die Strategie von Hermine Speiers Arbeitsplan, sei den Wissenschaftlern nützlich und schaffe die Grundlage für den Verkauf der Bilder, der den Museen zugutekomme.

Es sei nicht möglich gewesen, diese Arbeit den „fest angestellten Assistenten“ aufzuladen, weil sie das von ihren sonstigen Aufgaben abgehalten und unnötig Zeit gekostet hätte. Man habe eine Kraft gebraucht, die Erfahrung mit ähnlicher Arbeit habe und der Aufgabe täglich einige Stunden widmen könne. Ludwig Curtius, Direktor des Deutschen Archäologischen Instituts, habe „Fräulein Speier“ empfohlen. Speier habe mehrere Jahre das Fotoarchiv jenes Institutes geleitet, sei aber „aus Gründen der Rasse entlassen“ worden. „So kam es, dass Fräulein Speier von dieser Direktion angestellt wurde“, freiberuflich und – Nogara betont es neuerlich – für eine Arbeit, die ein absehbares Ende haben werde. Ihr Stundenlohn betrage 6 Lire (nicht etwa 7 wie bei Dienstbeginn ausgemacht), ihr maximales Honorar pro Halbjahr liege unter 3.600 Lire. „Ich muss festhalten, dass das Fräulein der Empfehlung von Prof. Curtius auf hervorragende Weise gerecht wurde, aufgrund ihres Auftretens, ihres Fleißes und ihrer wissenschaftlichen Qualität.“ Dann schwenkt Nogara auf die religiöse Argumentationslinie ein.

Schon vor mehreren Jahren hätten ihn Dritte darüber ins Bild gesetzt, dass Hermine Speier „katholisch werden“ wolle. „Ich erklärte, dass mich dies grundsätzlich freue, dass dieser Schritt aber keinen Einfluss haben könne auf ihre Position in den Museen“, die „einer außerordentlichen Arbeit zeitlich begrenzten Charakters“ untergeordnet sei. Jedenfalls habe Fräulein Speier, „gebührlich unterwiesen von den Benediktinern von S. Anselmo“, vor einem Monat „abgeschworen“ und „Taufe, Erstkommunion und Firmung“ empfangen. „Die Angehörigen unserer Direktion wohnten der Zeremonie bei und waren davon erbaut."

Aufgrund der jüngsten Maßnahmen gegen die Juden hätte auch Fräulein Speier Italien verlassen müssen, schreibt Nogara weiter. „Über das Staatssekretariat Seiner Heiligkeit bat ich um eine Aufenthaltserlaubnis von drei Jahren", jene Zeitspanne, in der die ihr anvertraute Arbeit zu erledigen sei. „Wie es aussieht, wurde diese Erlaubnis erteilt: zumindest ist keine anderslautende Weisung gekommen." Die Fotoarchivarin „sollte also für unsere Direktion im Dienst bleiben", und deshalb habe er, Nogara, „die Bestätigung für die betreffende Zahlungsanweisung angefordert". „Ich hege Vertrauen, dass Eure Eminenz die Gründe der Bestätigung anerkennen wird und, gebeugt zum Kuss des Heiligen Purpurs" – eine häufige Schlussformel jener Zeit für Briefe an Kardinäle – „verbleibe ich Bartolomeo Nogara."

Klar scheint Nogaras Versuch auf, alle Argumente zu parieren, die der Kardinal oder sonst jemand im Papststaat gegen seine Mitarbeiterin in Stellung bringen könnte. Es geht um den bewussten Dreiklang Frau, Jüdin, Kostenfaktor. So zielt die Anmerkung über Hermines passendes „Auftreten" auf ihr Frausein und meint das ehrerbietige Benehmen, das dezente Wesen, die hochgeschlossene Kleidung: wie eine „Ordensschwester in zivil" wirkt sie auf Bartolomeo Nogaras Sohn Antonio.[32] Das Kostenargument – am Vatikanstaat herrschen mittlerweile eiserne Sparvorschriften – versucht der Museumsdirektor auf mehreren Ebenen zu entkräften: Die Sammlung Moscioni war billig zu haben und wird eines Tages eine reich sprudelnde Einnahmequelle sein, allerdings erst dann, wenn der Katalog gemacht ist. Fünf Jahre Zeit und Geld wurden bereits hineingesteckt, es fehlen nur noch drei, Hermine Speiers Stellung ist befristet, wie Nogara nicht müde wird zu betonen, und ihr Honorar gering. Fachlich ist die Archäologin die beste aufzutreibende Kraft für diese Arbeit, erfahren, flink und sachkundig. Empfohlen wurde sie von einem namhaften Archäologen, den Nogara nebenbei als „praktizierenden Katholiken" ausweist, wie um zu sagen, dass auch andere praktizierende Katholiken, hier obendrein einer aus Deutschland, keine Einwände gegen gelehrte jüdische Frauen im Mitarbeiterstab hatten, als das gesetzlich noch tragbar war.

Ebenfalls in die Waagschale wirft Nogara Hermine Speiers Notlage. Sie habe damals als Jüdin ihre Stelle verloren, und sie an den päpstlichen Museen zu beschäftigen, war schließlich – was subtilerweise unausgesprochen bleibt – ein Akt christlicher Nächstenliebe. Nun spielt Nogara den Trumpf aus: Das Hauptargument gegen Hermine Speier im Vatikan fällt neuerdings weg. Sie ist seit einem Monat getauft. Nicht aus Berechnung, wie Nogara mit dem Satz andeutet, die gesamte Generaldirektion habe der Taufe beigewohnt und sei davon „erbaut" gewesen. Zudem verdeutlicht er dem Kardinal, die

Konversion werde selbstverständlich nicht zu einer regulären Anstellung führen. Canali soll nicht denken, er, Nogara, habe seine Mitarbeiterin zur Taufe gedrängt, ihr vielleicht gar einen Posten versprochen, den es nicht gibt. Endlich sind auch die politischen Schwierigkeiten mit Italien im Fall Speier bereits ausgeräumt, wie Nogara darlegt. Der diplomatisch versierte Kardinal braucht sich also keine Sorgen zu machen, die Beschäftigung der deutschen Jüdin könne dem Heiligen Stuhl von außen schaden.

Mit einem Wort, von ihren drei „Handicaps" bleibt allein Hermines Frausein unüberwindlich. Angesichts der Notlage einer Katholikin, die qualifizierte Arbeit für den Papst leistet und keine Ansprüche stellt, entschließt sich Kardinal Canali, darüber hinwegzusehen. Eine Antwort des Kardinals ist nicht überliefert, jedenfalls aber darf Hermine Speier weiterhin als einzige „sichtbare" Frau an den Päpstlichen Museen arbeiten. Im Winter 1943, in Kriegszeiten, wird sie dem Kardinal dafür danken. Sie zeigt sich erkenntlich, dass Canali eine den Vatikanangestellten zugestandene Ausgleichszahlung für steigende Lebensmittelpreise auch ihr, der freien Mitarbeiterin, gewährt.

„Möge der Herr vergelten, was Eure Eminenz in der Vergangenheit für mich getan hat und heute noch tut. Hingekniet zum Kuss des Heiligen Purpurs bekennt sich als Eurer Eminenz sehr ergeben: Erminia Speier."[33]

4. Eine vatikanische „Achse des Widerstands durch Beschäftigung"

Wie hätte Canali geurteilt, wäre Hermine 1939 noch nicht konvertiert gewesen? Wäre das Fehlen eines Taufscheins ihr wirklich zum Verhängnis geworden, weil einflussreiche Monsignori Nichtkatholiken im Papststaat nicht dulden wollten? Hier kann es aufschlussreich sein, den Blick auf ein vatikanisches Paralleluniversum zu weiten, in dem nicht wenige rassisch verfolgte Wissenschaftler ein Auskommen fanden: an der Vatikanischen Bibliothek.

Weil Papst Pius XI. die Rassenideologie des Nationalsozialismus und des Faschismus ablehnt, ist es natürlich, dass es in seinem Staat zu so ungewöhnlichen Beschäftigungsverhältnissen wie dem von Hermine Speier kommt. In der Tat ist sie nicht die einzige Person jüdischer Herkunft, die zwischen 1933 und 1945 am Vatikan diese Art von Schutz erfährt. Einschlägige Kreise in Rom wissen davon. So schreibt der jüdische Gelehrte Ludwig Pollak, den Hermine Speier persönlich kennt, in seinen Memoiren:

„Niemand war aber gegenüber Andersdenkenden toleranter als der hochherzige Papst Pius XI. selbst. Er stellte im Vatican wegen ihrer nicht rein ‚arischen' Abstammung aus Deutschland Vertriebene oder von selbst Weggegangene an."[34]

Die Architekten dieser unerschrockenen Beschäftigungspolitik waren die Brüder Mercati, die mit Einverständnis des Papstes handelten. Angelo Mercati war Präfekt des Vatikanischen Geheimarchivs, Giovanni war Kardinalbibliothekar, also Leiter sowohl der vatikanischen Bibliothek als auch des Archivs, damit übrigens Vorgesetzter seines Bruders. Paolo Vian, Historiker an der Vatikanbibliothek, beschäftigt sich seit Jahren mit den Brüdern Mercati. Er zählte anhand der Archivdokumente die Forscher, denen die Mercati-Brüder damals Beschäftigung und Sold im Vatikan verschafften, und kam auf „zwei bis drei Dutzend".[35] Darunter waren sowohl „Nichtarier" als auch politisch verfolgte Kommunisten, aus Deutschland wie aus Italien.

Teils erkundigten sich die verzweifelten Wissenschaftler selbst bei den Mercati-Brüdern, die sie vom täglichen Kontakt in Bibliothek oder Archiv kannten, nach Arbeitsmöglichkeiten. In anderen Fällen empfahlen Gelehrte ihre in Deutschland entlassenen Schüler an den Vatikan, so wie es bei Hermine Speier der Fall gewesen war. Und noch eine auffallende Parallele liegt in der äußeren Form der Beschäftigung. Vian:

„Eine Eingliederung in den regulären Stellenplan war oft nicht möglich, weil fast nie Stellen frei wurden. Was also geschah? Man beschäftigte diese Leute als ‚wissenschaftliche Mitarbeiter' im Vatikan. Sie gehörten nicht zum regulär angestellten Personal, sondern waren an der Vatikan-Bibliothek jeweils mit einem bestimmten Auftrag beschäftigt. Dafür gab es einen kleinen Geldbetrag und vor allen Dingen einen Ausweis, der ihn – oder sie – gegenüber den italienischen Autoritäten schützte."

Da der Vatikan seit Anfang der 1930er Jahre kompromisslos sparte, gerade beim Personal, wurden Sonderwege gefunden, die Forscher zu entlohnen. Privatstipendien entstanden. So kam Giovanni Mercati für den Historiker Hubert Jedin (1900–1980) auf. Dem jungen Kirchenrechtler Stephan Kuttner (1907–1996), einem konvertierten Juden aus Frankfurter Familie, bezahlte der Papst persönlich den Sold.[36] Kuttner hatte Pius einen lateinischen Brief geschrieben, in dem er ihm ein großes Forschungsprojekt zur kirchlichen Rechtsgeschichte auf der Basis der vatikanischen Handschriftenbestände unterbreitete. Der gelehrte Papst war Feuer und Flamme. 1934 nahm Kuttner im Alter von 27 Jahren an der Vatikan-Bibliothek seine Forschung auf. Sein Repertorium der Kanonistik erschien 1937. Es bot erstmals einen Überblick über die kirchenrechtlichen Handschriften des Hochmittelalters, und Kuttner durfte sein Werk dem Papst persönlich überreichen. Nach einer abenteuerlichen Flucht 1940 mit seiner Familie über Portugal in die USA, wobei sich verschiedene kirchliche Stellen keinen Ruhmestitel erwarben, wurde Kuttner der nach einhelliger Fachmeinung bedeutendste Kirchenrechtler des 20. Jahrhunderts.

Die ersten „wissenschaftlichen Mitarbeiter", die, weil in der Heimat verfolgt, beim Papst Beschäftigung fanden, kamen bereits 1933 an der Vatikan-Bibliothek an. Vian nennt aus dem deutschen Sprachraum neben den bereits Erwähnten Herbert Bloch, Charlotte Busch, Jacob Hess, Paul Oskar Kristeller, Gerhart B. Ladner, Friedrich Lenz und Richard Walzer.

Hermine Speier kannte die meisten von ihnen. Mit dem Philosophen Kristeller hat sie in Heidelberg bei Karl Jaspers studiert, mit Hess und Bloch stand sie persönlich, später brieflich im Austausch. Der Kunsthistoriker Jacob Hess (1885–1969) war, so wie Kuttner, 1934 nach Rom geflüchtet und fand Aufnahme an der Vatikan-Bibliothek. Nach dem Erlass der antijüdischen Gesetze in Italien geht er zum zweiten Mal ins Exil. Er landet in London beim Warburg Institute. Von dort dankt er Hermine Speier im März 1940 nicht nur für wissenschaftliche Hilfestellungen, sondern auch für ihren Einsatz um seine Möbel, die seine römische Vermieterin kassieren wollte.[37] 1946 knüpfen beide den Kontakt wieder an. Zwei Jahre später kommt Hess nach Rom zurück, erhält abermals ein Forschungsstipendium der Vatikan-Bibliothek und zählt zu Hermines weiterem Bekanntenkreis.[38]

Noch mehr Anteil nimmt Hermine am Schicksal des Altphilologen Herbert Bloch (1911–2006). Auch ihn drängen Mussolinis Gesetze zum zweiten Mal ins Ausland, Hermine erwähnt seine bevorstehende Abreise in Briefen an Anneliese Rieß. Anfang Februar 1939 setzt Bloch mit dem Dampfer „Rex" nach New York über, in der Tasche zwei Briefe Hermines, einen an ihre frühere Arbeitskollegin Elisabeth Jastrow, den anderen an den Bruder Erich Speier.[39] Monate später meldet er sich bei Hermine, berichtet über seinen schwierigen Start, seine Einsamkeit, schreibt von gemeinsamen, ebenfalls in den USA gestrandeten Bekannten wie Kristeller und Lehmann, dem seinerzeit so wie Hermine ein Beitrag zur Curtius-Festschrift verwehrt wurde, und erinnert sich wehmütig zurück an die „gemütlichen Abende auf Ihrer Terrasse" und überhaupt die „gemeinsam verbrachten Stunden". Noch 1971 trifft sich Hermine mit ihrem alten Freund, als er in Rom vorbeikommt.[40] Nach den mühseligen Anfänge in den Staaten hat Bloch Karriere an der Harvard Universität gemacht. Seine Zeit an der Vatikan-Bibliothek unter Kardinal Mercati hat dafür die Basis geschaffen.

Beide Brüder Mercati beherrschten ausgezeichnet die moderne Gelehrtensprache Deutsch. Dass sie sich für Wissenschaftler – und nicht für andere Kategorien Verfolgter – einsetzten, war ihrem Arbeitsumfeld geschuldet: Es waren die Menschen, mit denen ihr Beruf sie zusammenführte. Ihr Engagement für die von den Nazis verfolgten Wissenschaftler blieb zunächst still. Doch konnten sie auch anders. Giovanni Mercati erlangte am 17. Juni 1936 die Kardinalswürde. Dabei hielt er eine bemerkenswerte Festrede. Er denunzierte den Ausschluss von Menschen aufgrund ihrer Rasse und eine „vielförmige neue Barbarei, die hochentwickelte Gesellschaften heimsucht mit der verrückten Arroganz, das Maß oder gar die einzige Quelle der Wahrheit und des Rechts zu sein." Das war ein sauber gezielter Schlag gegen den Faschismus, der im Juni 1936 nach dem Abessinien-Feldzug auf dem Höhepunkt seiner Popularität stand, und gegen den Nationalsozialismus, den der Papst einige Monate später mit seiner Enzyklika „Mit brennender Sorge" öffentlich verurteilen wird. Die Rede kostete den Kardinal die in Aussicht gestellte Mitgliedschaft in der italienischen Akademie der Wissenschaften.

Was die Brüder Mercati sagten und taten, geschah mit ausdrücklicher Einwilligung von Papst Pius XI. Den Kardinalbibliothekar empfing Pius zu regelmäßigen Audienzen, über die Aufzeichnungen vorliegen. Dass die „Privatstipendien" für die „nichtarischen" Forscher von oben abgesichert waren, ermöglichte sie überhaupt erst. Nicht nur bestimmte Monsignori wie Canali sahen die jüdischen Forscher ungern. „Besonders von italienischer Seite gab die Operation Anlass zu Verstimmung", sagt Paolo Vian. Dass ausgerechnet an der Vatikan-Bibliothek der Christdemokrat und notorische Antifaschist Alcide de Gasperi Unterschlupf fand, einer der späteren Gründungsväter der Europäischen Union, führte zu einer diplomatischen Krise zwischen Italien und Vatikan.

„Wir wissen, dass 1932/33 in einem Moment der Krise zwischen dem faschistischen Regime und dem Vatikan der Nuntius Borgongini Duca den vatikanischen Autoritäten den Wunsch überbrachte, diese Gastfreundschaft für die Parteimitglieder zu beenden. Aber der Wille des Papstes war ein anderer. Pius XI. sagte im Scherz, der Vatikan sei ein ‚Refugium für Sünder' geworden. Und das gilt für die Parteimitglieder wie für jene von ihrem Land geächteten Juden."

Zwei bis drei Dutzend Gelehrte auf Extra-Stellen im Vatikan unterzubringen: von außen betrachtet, keine große Tat angesichts Tausender, die in den 30er Jahren gehen mussten, weil sie Juden waren. Das war auch den Mercati-Brüdern klar, und sie sannen auf weitere Abhilfe. Im Dezember 1938 schrieb Kardinal Giovanni Mercati einen privaten Brief, worum ihn ein mit ihm bekannter jüdischer Gelehrter aus Litauen gebeten hatte, Elias Avery Lowe. Dieser hatte in München studiert und war dann in die USA gegangen. Aus dem Kontakt mit Lowe entstand bei Mercati die Idee, die amerikanischen Universitäten auf jene bedrängten Forscher aufmerksam zu machen, die Deutschland und Europa verlassen mussten. Diese Initiative schätzte Papst Pius XI. so sehr, dass er sie sich im Januar 1939 zu eigen machte. Paolo Vian:

„Pius ließ Mercatis Brief auf Latein übersetzen und schickte ihn an alle nordamerikanischen Kardinäle, legte ihnen diese Forscher ans Herz, die eine Stellung in der amerikanischen Welt suchten. Das war nicht einfach, denn es waren Personen, das sagt Mercati klar in seinem Brief, die von ihrer Herkunftswelt abgelehnt und gleichzeitig nirgendwo aufgenommen werden. Er fühlt das Drama dieser

Ablehnung, und nicht nur das menschliche Drama, sondern auch die Gefahr, dass diese enormen wissenschaftlichen Ressourcen verloren gehen sollten. Das entsetzt nicht nur den Christen, sondern auch den Gelehrten in Mercati."

Von den Vorgängen nebenan in der Bibliothek und im Archiv wusste Museumsdirektor Nogara. Von ihnen fühlte er sich legitimiert, Hermine Speier an ihrem Platz zu halten, ob nun ein Kardinal Canali dafür oder dagegen war. Eine vatikanische „Achse des Widerstands durch Beschäftigung" zog sich durch Bibliothek, Archiv und Museen, und möglicherweise durch weitere päpstliche Institutionen, deren Aktivitäten in den 30er und 40er Jahren noch nicht untersucht sind. Jedenfalls zeigt sich: Die frühere Herren-WG mit den Brüdern Mercati, Nogara und Ratti erwies sich als ausgesprochene Wohltat für rassistisch und politisch Verfolgte.

5. Hermine empfängt die Taufe

Wer von den heute Lebenden Hermine Speier gekannt hat, erinnert sich an ihre tiefe, von innen strahlende Religiosität. „Eine ganz überzeugte, und ja, lebensvolle Katholikin" sei sie gewesen, drückt es Frank Gebhard Zander aus, dem sie 1959 als Patin bei seinem Übertritt aus der evangelischen in die katholische Kirche zur Seite stand.[41] Zander glaubt wie manche andere, Hermine Speier habe ihre eigene Taufe kurz nach Kriegsende empfangen, und den letzten Ausschlag dafür hätten die Monate ihres Versteckes bei den Benediktinerinnen an den römischen Priscilla-Katakomben gegeben. Zum Zeitpunkt der Recherche für dieses Buch lebt im Priscilla-Kloster an der Via Salaria noch eine Augenzeugin, die Hermine Speier aus jenen Jahren 1943/44 gekannt hat: Schwester Giovanna Piccillo, Jahrgang 1923. Sie sagte uns, die junge deutsche Archäologin, die damals auf der Flucht vor ihren Landsleuten im Kloster versteckt lebte, sei bereits katholisch gewesen, habe der Heiligen Messe beigewohnt und die Kommunion empfangen.[42]

Die Archivdokumente geben der betagten Nonne Recht. Hermine Speier tat den Schritt aus dem Judentum in die katholische Kirche bereits vor dem Krieg. Nach elf Jahren in Italien ließ sie sich taufen. Sie stand kurz vor ihrem 41. Geburtstag.

„Samstag, 13. Mai [1939]. Heute Morgen hat sich in der Kirche S. Anselmo auf dem Aventin Fräulein Doktor Hermine Speier – deutsche Reichsbürgerin – zum Christentum bekehrt. ... Eine erlesene Schar an Persönlichkeiten war anwesend, darunter General Nobile mit Tochter, Herr Direktor Nogara und Gattin, P. Mohlberg und Prof. Curtius, der frühere Direktor des Deutschen [Archäologischen] Instituts. / Höchst suggestive und berührende Zeremonie; von bewundernswerter spiritueller Tiefe; besonders die Taufe. / Eine weitere gute und wis-

sende Seele – bekehrt zu unserem Gott der römischen Katholizität. / Speier hat die Taufe, die Erstkommunion und die Firmung empfangen.“[43]

Soweit ein Auszug aus dem unveröffentlichten Tagebuch von Deoclecio Redig de Campos, Hermines brasilianischem Arbeitskollegen im Vatikan. Ihr Vorgesetzter Bartolomeo Nogara erwähnt die Taufe ebenfalls in einer privaten Aufzeichnung. Ihm zufolge waren auch Gaetano De Sanctis, Vatikan-Erzbischof Pietro Pisani sowie die beiden italienischen Archäologinnen Margherita Guarducci und Luisa Banti präsent.[44] Nicht genannt, aber bei der Feier anwesend ist Jan Willem Crous. Als Bibliothekar des Deutschen Archäologischen Instituts ist er ein früherer Kollege Hermines und darüber hinaus ein Freund, dem es gegeben ist, an Wendepunkten ihres Lebens mit den richtigen Worten menschlicher Anteilnahme zur Stelle zu sein. Crous gehört der mennonitischen Kirche an. Dem nationalsozialistischen Gedankengut steht er aus tiefer christlicher Überzeugung fern. Am Abend der Taufe schickt er Hermine folgende Karte:

„Meine liebe Spinni,
noch ganz erfüllt von der ernsten Schönheit und dem tiefen Gefühl des ewigen Geistes, das mir die heilige Handlung eingeflößt hatte, ging ich heute morgen den Aventin hinab und fühlte den lebhaften Wunsch, Ihnen mit mehr als dem kurzen Händedruck, der allein möglich gewesen war, meine Anteilnahme an der bedeutsamen Wendung Ihres inneren Lebensweges zu bezeigen. Möge Ihnen ... ein dauerndes inneres Glück entstehen, jene sichere Heiterkeit des Geistes, die uns in den Stand setzt, alle Zufälle und Wechsel der Tage als ein bloßes Ungemach hinzunehmen, indem wir den unverrückbaren metaphysischen Grund unserer Existenz als ein Element der Ruhe und Weltüberlegenheit unter dem Ablauf des Alltags spüren. Sie haben durch die schlichte und unbeirrbare Einrichtung Ihres Lebens eine Tat der Überwindung des Schicksals vollbracht, die in sich wahrhaft christlich ist, und – lassen Sie es mich sagen – ein Beispiel und Trost für andere, die sich in widrigen Umständen schwer tun.

Ich wünsche Ihnen, daß die stille und ausgeglichene Heiterkeit, die Ihren Freunden im Umgang mit Ihnen so wohltuend ist, immer tiefer und immer echter Ihr Herz durchdringt und Ihnen etwas von dem wahren Glück der Liebe und des Geistes bringt, das alle suchen und so wenige zu finden wissen. Ich grüße Sie von Herzen Ihr Jan W. Crous.“[45]

Der Benediktiner Anselm Stolz spendet das Sakrament. Er war es auch, der Hermine in den vergangenen Monaten seit Advent 1938 auf die Taufe vorbereitet hat. Für diese Aufgabe empfohlen wurde ihr der junge deutsche Ordensmann mündlich von Ludwig Curtius und schriftlich von Theodor Klauser, dem Priester und Archäologen, der nach seinen römischen Jahren in Bonn Fuß gefasst hat. Ende November 1938 bekennt Klauser Hermine Speier, er habe lange gezögert, ihr „in der bewussten Angelegenheit einen bestimmten Namen" zu nennen, weil er meinte, den „nach allen Richtungen hin völlig überzeugenden Mann" noch nicht gefunden zu haben.

„Aber von L. Curtius hörte ich vor einigen Tagen, dass Sie auf einen baldigen Bescheid rechnen; ausserdem merkte ich zu meiner Verwunderung, dass er selbst an den nämlichen Mann dachte wie ich – dies und C.'s Versprechen, dass er mit dem ‚Kandidaten' erst reden will, zerstreuen meine Bedenken, die vor allem darin bestehen, dass mir Anselm Stolz etwas zu scholastisch = eng scheint oder auch zu juristisch. Aber er ist frisch, sehr intelligent, menschlich sympathisch, das wird auch wichtig sein."[46]

Auffallend ist die Wortwahl, die Klauser in diesem Brief trifft. Zwar ist von Hermines Wunsch zur Taufe die Rede, doch ohne dass das Wort „Taufe" oder eine Umschreibung wie „Konversion" oder „Religionswechsel" vorkämen. Auch der Begriff „Sakrament", die Nennung eines bestimmten Klosters oder die Anrede für Ordenspriester „Pater" fehlen, wie überhaupt jeder Verweis auf Kirchliches mit Ausnahme des Adjektivs „scholastisch", das Klauser sich beeilt, ins Allgemeine zu biegen. Die Vorsicht des Priesters ist bezeichnend. Im Jahr davor ist er aus Rom ins nationalsozialistisch aufgepeitschte Deutschland zurückgekehrt; dort nimmt er die Kirchenverfolgung nach der Papstenzyklika „Mit brennender Sorge" wahr, die Unterdrückung der Religion, die Auswirkungen der infamen Rassenpolitik. Von den antijüdischen Gesetzen in Italien vom Herbst 1938 hat Klauser mit Sorge gelesen, als ihn wenig später Hermines Bitte erreicht, ihr in Rom einen geeigneten Priester für ihre Taufe zu nennen. Jeder Anhaltspunkt, der einem Zensor erlauben würde, auf die Konversion einer Jüdin zu schließen, muss da tunlichst unterbleiben. Ähnliche Vorsicht spricht auch aus anderen Briefen rund um diese Taufe, einschließlich jener von Hermine selbst. So bittet sie die frisch nach New York emigrierte Anneliese Rieß am 1. Mai 1939, an sie zu denken, da bald ihre „Feier in S. Anselmo" sei.[47]

Die Taufvorbereitung bei Pater Anselm Stolz auf dem Aventin scheint Hermine Speier zügig aufgenommen zu haben. Zwei Monate nachdem Klauser ihr den Namen des Benediktiners nannte, erwähnt Friedrich Krauss Hermines „Benediktgespräche", die sich in ihrer Darstellung „ganz friedvoll" ausnähmen.[48] Im Speier-Nachlass hat sich auch der Umschlag dieses Briefes aus München erhalten. Er trägt den Hakenkreuzstempel „München, Hauptstadt der Bewegung", so wie alle Schreiben aus der bayerischen Metropole seit 1936.

Pater Stolz ist zu jener Zeit ein vielversprechender, noch nicht 40-jähriger Dogmatik-Professor, beschäftigt sich also mit den Grundlagen der katholischen Glaubenslehre. Man kann davon ausgehen, dass er die Vorbereitung für seinen Täufling gründlich betreibt. Außerdem scheint er die richtige Saite anzuschlagen. Hermine stellt ihrem Religionslehrer ein gutes Zeugnis aus.

Mit Blick auf ihre bevorstehende Taufe habe sie „bis jetzt nur Würdiges und Erfreuliches und Menschlich-Rührendes erfahren".[49] Welche Wege genau der Benediktinerpater wählt, um Hermine Speier zur katholischen Kirche hinzuführen, was sie lernt und einübt, was sie beschäftigt, woran sie zweifelt, ist nicht mehr festzustellen. In ihrem Nachlass findet sich keine Spur einer katechetischen Unterweisung. Was Anselm Stolz betrifft, wird er jung sterben. Am 19. Oktober 1942 erliegt er in seinem Klosterzimmer auf dem Aventin dem Typhus. Aus Furcht vor Ansteckung verbrennen die Mitbrüder noch am selben Tag alle Unterlagen in seinem Besitz.[50]

Am 13. Mai 1939 wird also Hermines Fest in Sant'Anselmo begangen. Morgens um halb acht empfängt sie in der Kirche auf dem malerischen Hügel Taufe, Firmung und Erstkommunion. Zum Abschluss haben die Mönche eine kleine Agape im Kreuzgang des Klosters bereitet. Hermine ist in die große Gemeinschaft der katholischen Gläubigen aufgenommen. Das kostbarste Geschenk, neben dem Sakrament, macht ihr an jenem Tag Pater Stolz. Der Benediktiner hat sich im Vatikan um einen Segen des Papstes für seinen Täufling bemüht und diese seltene Auszeichnung tatsächlich erhalten. Am Vortag der Feier trifft das an ihn adressierte Telegramm im Kloster ein. „Der Erhabene Pontifex verleiht Erminia Speier am glücklichen Tag ihrer Taufe erflehten Apostolischen Segen und Wünsche wachsender Tugenden – Verdienste Tröstungen in ehrenvoller Zugehörigkeit zum mystischen Leib Christi" heißt es in dem Schreiben. Im Namen des seit zwei Monaten amtierenden Papstes Pius XII. ist es von Kardinalstaatssekretär Luigi Maglione unterzeichnet.[51]

„Ich hätte nicht geglaubt, daß es so schön und einschneidend wäre. Wie hab ich Sie herbeigewünscht!", schreibt Hermine Speier wenig später an Anneliese Rieß und kündigt einen ausführlicheren Bericht über ihr „Fest in S. Anselmo" an.[52] Das ist die einzige Aussage Hermine Speiers über die vollzogene Taufe, die sich finden lässt. Der Folgebrief an Rieß, der hier interessiert hätte, ist nicht erhalten. Auch anderen Adressaten berichtet Hermine über die Taufzeremonie, etwa Klauser in Bonn, Schefolds in Basel, Boehringers in Genf. Alle antworten in demselben freudigen Ton, in dem offenbar Hermine ihre Konversion geschildert hat, aber niemand von ihnen scheint den jeweiligen Originalbrief Speiers für die Nachwelt bewahrt zu haben.[53]

„Gottes Segen über Sie!", freut sich überschwänglich und jede Vorsicht ablegend Theodor Klauser, hier ganz Priester: „mögen Sie im Reiche Christi alles überreichlich finden, was Sie suchten, vor allem die volle pax animae!"[54] Schefolds melden sich aus dem Schweizer Exil. Dorthin sind sie aufgrund von Mariannes „halbjüdischem Blut" geflüchtet. Mit dementsprechender Sensibilität wägen sie die Worte und vermeiden gewisse Schlüsselvokabeln. Zunächst Marianne:

„Meine liebe Gute! Wie mich der Gruss erfreute und welche wichtige Neue Dinge er enthielt. Wenn es Sie erfüllt wenn es Sie erschüttert so ist es sicher recht wie es es von aussen gesehen bestimmt ist und als Frucht so langen Lebens im Süden tief verständlich wird."

Karl fügt im gleichen Brief seine Glückwünsche „aus nah empfindendem und dankbarem herzen" hinzu:

„Möge alles vertrauen sich nach dieser schweren entscheidung belohnen! Ich bin glücklich über das fest in S. Anselmo und den segen und denke dabei an schönstes eigenes aventinisches erleben. Dass ich N. [Nobile] noch sah ist mir doch eine grosse freude."[55]

Die für den Stefan George typische Rechtschreibung kennzeichnet auch den Glückwunsch Robert Boehringers. Der Nachlassverwalter des Dichters weiß, was er seinem Amt schuldet: sein Text ist die sprachlich und inhaltlich ausgesuchteste Würdigung von Speiers Taufe, die sie empfängt. Hier Boehringers Schreiben, zur Gänze wiedergegeben, mit Poststempel vom 12. Mai 1939, was die Zuordnung zum sonst ungenannten Themenfeld Taufe erleichtert:

„G[enf] am Tag der Ankunft da drüben
Und morgen sollen auch Sie drüben ankommen! Und was anfangs leichthin gesagt wurde hat ein ernstes schönes und tröstliches gesicht für Sie gewonnen. Und so wird Ihre art, die Goethe empfiehlt – nichts unbedeutend zu nehmen – aufs gewichtigste belohnt. Fürs innerste und fürs äusserste – hab ich's Ihnen lang schon gewünscht. Sie schienen mir dafür bestimmt und drum musste auch beides zusammen treffen. Es ist wirklich ein neuer stand. Der stand der gnade. Und es wird Sie bis an Ihr Ende nicht verlassen. Nun belebt sich Ihnen Rom wieder ganz neu. Wer hätte das für möglich gehalten? Treppen und durchblicke, atrien und cellen sehen Sie mit neuen und *mit alten augen*

Denn das ist ja das geheimnisvolle dass die Kontinuität *für Sie dadurch noch fester wird noch reicher und lebendiger. Santa Maria sopra Minerva! Die liebevolle bewahrung der früheren kulte, die aufnahme und weiterführung der geheiligten bräuche wird Ihnen auch die* Antike *nicht fremder sondern – wenn das möglich ist – noch teurer machen. Bildersturm ist das wüsteste.*

Wie werden Sie nun San Onofrio betreten und Ihre arbeit an dem vornehmsten orte des erdballs tun? Seien Sie froh und vertrauen Sie... Ihr Robert Boehringer."[56]

Motive zur Konversion

Warum ließ Hermine sich taufen? Meinte sie, Verfolgung entgehen zu können wie viele andere verzweifelte Juden in Italien, die sich nach den Rassengesetzen vom Herbst 1938 gezwungen sahen, dem Glauben ihrer Väter abzuschwören? Hatte jemand im Vatikan es ihr nahegelegt, oder tat sie es aus Dankbarkeit für den Schutz, den sie dort erfuhr? Kurz, war es eine echte Konversion oder eine äußerlich bedingte?

Die These, die in dieser Biographie aufgestellt werden soll, lautet: Hermine Speier war zum Zeitpunkt ihrer Taufe im Inneren tatsächlich bereits Katholikin geworden. Zwei äußere Gründe allerdings könnten ihre Konversion beschleunigt haben. Zum einen suchte sie angesichts der gesellschaftlichen Entwicklungen der 1930er Jahre und der Unbeständigkeit ihrer persönlichen Lage spirituellen Halt. Zum anderen wollte sie es Umberto Nobile erleichtern, sie zu heiraten.

Wenden wir uns den denkbaren äußeren Gründen für Hermines Taufe zu. Zunächst: Im Vatikan scheint niemand sie wegen eines Religionswechsels bedrängt zu haben. Hermine wurde „katholisch, ohne je einen Druck des Vatikans gespürt zu haben, wie sie mir sagte", hält die jüdische Freundin Anneliese Rieß fest.[57] Ebenso ergeht es den anderen jüdischen Wissenschaftlern, die wie Hermine Speier als Verfolgte des Nationalsozialismus in den 1930er Jahren etwa in der vatikanischen Bibliothek Beschäftigung und Schutz finden. Keiner von ihnen berichtet später über vatikanische „Einladungen" zur Taufe.

Freilich ist anzunehmen, dass Hermine Speier vor dem Krieg nur wenig vatikanischen Umgang pflegt, der über die Museen hinausginge. In ihren ersten vier Jahren ist sie allem Anschein nach nicht mit maßgeblichen Prälaten im Staatssekretariat oder in der Glaubenskongregation bekannt. Dort herrschen variable Ansichten in Fragen des Umgangs mit den Juden, wie eine Reihe neuer Arbeiten aus den heute zugänglichen Dokumenten des Vatikanischen Geheimarchivs bis Februar 1939 nachweist.[58] Sale beispielsweise fasst zusammen:

„Die vorherrschende Mentalität war zu jenem Zeitpunkt an der Kurie und überhaupt beim Großteil der katholischen Welt von einem tiefen Antijudaismus gekennzeichnet, der in vergangenen (und auch neueren) Divergenzen religiöser und politisch-kultureller Art wurzelte: Für viele war es sicher nicht einfach, einen solchen geistigen Mantel abzustreifen und im Juden den ‚großen Bruder' zu sehen, den es zu respektieren und, besonders in jenem heiklen Moment, zu schützen galt."[59]

Mit anderen Worten, bestimmte Persönlichkeiten vom Schlag eines Kardinal Canali hätten einer Jüdin im Vatikan durchaus Schwierigkeiten machen können; Ähnliches gilt übrigens für ihr Frausein, das weitaus mehr ins Auge sticht als ihre jüdische Herkunft.[60] Doch zu ihrem Glück steht Hermine Speier in ihrer Position nicht im Blickfeld. Sie ist keineswegs ein „U-Boot", aber als Fotothekarin auf Stundenbasis leistet die junge Deutsche einen technisch-wissenschaftlichen Hilfsdienst, der weder herausgehoben noch in irgendeiner Weise heikel ist. Sie bekleidet „ein sachlich entscheidendes, aber nach außen hin unscheinbares und schlecht bezahltes Amt".[61] Ihr Vorgesetzter Nogara behandelt die ungewöhnliche Personalangelegenheit am Arbeitsplatz mit Umsicht und Diskretion. Die Angehörigen der Museumsdirektion wie Quadrani, Magi und Redig de Campos wissen Bescheid über ihre Identität und werden alle ihrer Taufe beiwohnen. Doch wie weit sich die Kenntnis über Hermines Religionszugehörigkeit etwa in den Kreisen der Kustoden fortsetzt, muss offen bleiben.

Nicht ausschließen, aber nirgends erhärten lassen sich Mutmaßungen, Hermine Speier sei „wohl aus Dankbarkeit" für ihren päpstlichen Arbeitgeber konvertiert.[62] Aus Dankbarkeit hingegen wird sie nach dem Krieg in den Diensten des Papstes bleiben. Nach der Wiedereröffnung des Deutschen Archäologischen Instituts 1953 hätte sie die Möglichkeit, dort im Zug der Wiedergutmachung eine Stellung zu erhalten. Diesen Weg will sie letztlich nicht gehen und begründet dies unter anderem mit dem „Gefühl, dass man wenn man auf eine so aussergewöhnliche Weise wie ich eine ‚serva Sancti Petri' [Dienerin des Heiligen Petrus, also des Papstes] geworden ist, vielleicht nicht davon gehen dürfe".[63] Aus Dankbarkeit dem Arbeitgeber treu bleiben – aber aus Dankbarkeit konvertieren? Weder in den Briefen, die sie empfing, noch in den von ihr geschriebenen aus dieser oder späterer Zeit finden sich Anhaltspunkte dafür. Im Gegenteil sagt Eva-Maria Jung-Inglessis später aus, Hermine Speier sei katholisch geworden „nicht um einen Posten zu bekommen, den hatte sie ja, nicht aus Dankbarkeit, sondern wirklich aus innerer Überzeugung."[64]

So kommen wir zu den Punkten, die für eine „echte" Konversion sprechen könnten. Vorab: Aussagen zu ihrer eigenen Religiosität trifft Hermine Speier erst nach dem Krieg. Doch lohnt es sich, in der Frage ihrer Taufe jene „Spiegelungen" in den Blick zu nehmen, die in früheren Briefen an Speier gelegentlich aufleuchten. Aus ihnen geht hervor, dass sich die Frankfurterin bereits in jüngeren Jahren zur katholischen Kirche hingezogen fühlt. „Ich kann nicht behaupten, dass ich mich freuen würde, wenn Du katholisch wirst", schreibt in gewohnter Aufrichtigkeit die Schulfreundin Lise Salin vier Monate vor Hermines Taufe.

„Aber ein Grund zum Abwenden ist dies gewiss nicht. Das wäre ja lächerlich. Dann hätte ich ja gar nicht mit Dir befreundet sein können. Denn ich kann es ja nicht unlogisch finden, wenn Du zu der Religion auch tatsächlich übertrittst, zu der Du Dich schon lange geistig und seelisch hingezogen fühlst, und deren Wesen Dir vertrauter und erstrebenswerter erscheint von jeher als die jüdische Religion."[65]

„Es ist gut, wenn das alles sich richtig und schön vollendet",[66] befindet wenig später Friedrich Krauss im Zusammenhang mit den „Benediktgesprächen". Robert Boehringer: „Sie schienen mir dafür bestimmt."[67] Anneliese

Rieß: „Sie hatte sich schon früh zur katholischen Kirche hingezogen gefühlt und öfter darüber gesprochen.“[68] Das Katholische habe zu Hermine gepasst, sie sei „ein schwärmerischer Mensch“ gewesen,[69] sagt Ulrike Diener, die evangelische Freundin, deren Vater Hermines Studienkollege in Heidelberg war und die lange Jahre in der Salita im Nachbarhaus lebte. Diener fügt hinzu:

„Im jüdischen Glauben war sie nicht sehr zuhause, er wurde wohl auch im Elternhaus nicht sehr ausgeübt. Ich weiß durch Frau Langlotz,[70] dass [Hermine Speier] schon früh Überlegungen in Richtung der katholischen Kirche hatte, wohl als sie noch studierte.“

Diese Aussage wird gestützt von einer Postkarte, die Hermine Speier, wenn auch Jahrzehnte nach ihrer Taufe, an den inzwischen ebenfalls konvertierten Ernst Langlotz schickt. Das Schreiben hat den schönen Anlass eines Jahrestages: Rund um Allerheiligen 1923 war das seinerzeitige Liebespaar in der Toskana gewesen.

„Mein lieber Ernst, wie an Allerheiligen 1923 war ich heute ... in Fiesole. ... Achtunddreissig Jahre sind seitdem vergangen, aber die Erinnerung war so leuchtend und gegenwärtig, dass ich Dir noch gleich einen Gruss schicken muss. Manches hat sich freilich ringsum verändert, aber der süsse franziskanische Friede und die unaussprechliche Zartheit strahlen in der kleinen Kirche und den Kreuzgängen ihre Kraft aus. Und ich empfand das Gnadengeschenk des Glaubens, das wir vielleicht schon damals im Geheimen suchten, mit ergriffenem Dank.“[71]

Getönte Vergangenheit einer erst später überzeugten Katholikin? Nicht auszuschließen. Menschliches Erinnerungsgut passiert Filter, und was davon übrig bleibt, ist für anschließende Deutungen, ja Manipulationen zugänglich. Doch stehen eben auch die Aussagen der zitierten Zeitgenossen, die den Beginn von Hermine Speiers Weg zur Kirche so früh ansetzen, wie sie selbst es 1961 tat. Das Christentum ist „die Religion“, zu der Hermine sich „schon lange geistig und seelisch hingezogen“ fühlt, und deren Wesen ihr „vertrauter und erstrebenswerter erscheint von jeher als die jüdische Religion“: als Lise Salin diese Aussage trifft, kennt sie ihre beste Freundin Hermine seit drei Jahrzehnten.

Den „einen wahren“ Grund für Hermine Speiers Hinwendung zum Gott der Christenheit zu jenem spezifischen Zeitpunkt kann es nicht geben. Heikel ist die Taufe einer Jüdin 1939 in Italien allemal und immer noch. Ein Taufschein Hermine Speiers ist nirgendwo aufzufinden, nicht in ihrem Nachlass und nicht in ihrer Personalakte im Vatikan, was noch weitaus bemerkenswerter ist, da sie ihre dienstliche Situation mit der Taufe gewissermaßen sanierte. Die Taufregister für diese Fälle der Konversion sind zumindest im Bistum Rom bis heute zur Einsicht gesperrt, weil unter den jüdischen

Konvertiten auch solche waren, die den Schritt in die Kirche – wenn auch verständlich – in einer Lage äußerer Bedrohung, aber ohne innere Überzeugung taten. Wir können mit gutem Grund annehmen, dass dies auf Hermine Speier nicht zutrifft. Das gewichtigste Argument dafür ist nicht, dass sie sich irgendwie immer schon zum Katholizismus hingezogen fühlte, sondern vielmehr ihr außerordentlich redlicher Charakter. Sie weiß, dass ein Religionswechsel – in ihrem Fall ist es der bewusste Eintritt in eine religiöse Zugehörigkeit – den ganzen Menschen betreffen muss.

Briefe sind immer auch Instrumente der Selbstdarstellung, in denen manch Zwiespältiges unausgesprochen bleibt. Doch wer die heute erhaltenen Briefe und Entwürfe Hermine Speiers liest – die uns vorliegenden belaufen sich auf ungefähr 300, zusammengetragen aus 21 Archiven in Deutschland, Italien, dem Vatikan, der Schweiz, den USA und Großbritannien –, kommt um eine Einsicht nicht herum: Aus ihren Schreiben gleich welcher Zeit spricht ein eindrucksvolles Maß an Aufrichtigkeit mit sich selbst und anderen. Ihr Hinsehen auf inneres Geschehen, ihr Ringen um Wahrhaftigkeit zeigt sich in Briefen, die Herzensdinge betreffen, aber auch in Hermines Zeilen an den Nationalsozialisten Werner Körte oder in jenem seltsamen Ratschlag an die Freundin Marianne von den Steinen, auf die Ehe mit Karl Schefold zu verzichten (ein Brief, der uns noch in diesem Kapitel beschäftigen wird). Hermine Speiers Rechtschaffenheit entzieht Hypothesen, die an eine äußerlich bedingte Konversion glauben, weitgehend den Grund.

Ein Parallelbeispiel: Als 1933 Adolf Hitler in Deutschland an die Macht kam, war Hermine in Rom mit dem Archäologie-Kollegen Walter Hahland nach einer ad acta gelegten Liaison immer noch befreundet. Hahland aber hielt es mit dem neuen starken Mann in Berlin, und folgerichtig ging die Freundschaft zu Hermine allmählich in die Brüche. Noch davor entwickelte Hahland mit Blick auf die antijüdischen Maßnahmen in Deutschland die Idee, Hermine könne ihre Staatsbürgerschaft ablegen und die italienische annehmen: so käme sie den Demütigungen in ihrer Heimat zuvor und umschiffe das Risiko, in Rom ihre Stelle zu verlieren.[72] Hermines Reaktion auf diesen Vorschlag ist in einem Brief aus Heidelberg von Märit Furtwängler-Scheler überliefert. Auf dem Umschlag fordert die braune Macht per Poststempel zum Besuch der „NS-Grenzland-Kundgebung Karlsruhe 9.–27. Sept." auf, im Inneren berichtet Märit der Mitbewohnerin:

„Über [Hahlands] Vorschlag Italienerin zu werden sprach ich mit ihm [Hahland] und vorher mit Lise [Salin]. Alle beide sehen ein, dass Du es innerlich nicht kannst, woran ich nie gezweifelt habe."[73]

Trotz der Vorgänge in der Heimat mit all den beängstigenden Nachrichten, die sie aus Frankfurt erreichen, will Hermine von ihrer Staatsbürgerschaft nicht lassen. In ihrem Wesen ist „alles was uns deutsch heisst wirklich",[74] wie Friedrich Krauss formuliert. Sie denkt und empfindet deutsch, glaubt an das „geheime Deutschland" Stefan Georges, und widerwärtig muss ihr die Gleichsetzung von deutsch und nationalsozialistisch sein. Hermine Speier ist unpolitisch, aber prinzipientreu; sie hat Rückgrat. Hätte sie solches in einer noch weitaus intimeren Frage wie dem Religionsbekenntnis nicht haben sollen? Hätte sie wirklich sechs Jahre später die Taufe empfangen, wenn sie „es innerlich nicht kann"?

Im Gegenteil spricht manches dafür, dass ihre christliche Überzeugung bereits 1939 recht ausgereift war. Nur zwölf Tage nach ihrer eigenen Taufe wird Hermine Speier selbst zum ersten Mal Taufpatin. Am barocken Baptisterium des Petersdoms wird die kleine Erica Claudia Fiedler am 25. Mai 1939 in die Kirche aufgenommen.[75] Ihre Mutter stammt aus jüdischer Familie, der Vater ist der aus Bad Tölz gebürtige Bildhauer Anton Fiedler, der nach dem Auslaufen seines Stipendiums an der deutschen Künstlerakademie Villa Massimo in Rom mit seiner Frau in Italien geblieben ist. Unmittelbar nach der Feier entsteht vor der mächtigen Fassade des Petersdoms ein Erinnerungsfoto. Zwei Säuglinge und elf Erwachsene sind darauf zu sehen, die Damen einschließlich Hermines sämtlich mit Hut, die Herren im eleganten Anzug. Unter ihnen ist Ludwig Curtius, den die Nazis als Direktor des Archäologischen Instituts zwangspensioniert haben und der seine Freundschaft mit den „rassisch gemischten" Fiedlers auf seine jüdische Schülerin Hermine Speier gleichsam übertragen hat. Bei der extravaganten hochgewachsenen Frau ganz links im Bild handelt es sich[76] um eine nach Italien geflüchtete Berliner Jüdin, verehelicht mit dem faschistischen Architekten Concezio Petrucci, der in Mussolinis Auftrag die Reißbrett-Städte Aprilia, Pomezia und Fertilia hochzieht. Die gemeinsame Tochter Flaminia Petrucci ist auf dem Foto als Baby im Arm ihrer Mutter zu erkennen. Sie wird später aus der Sicht des kleinen Mädchens, das sie zu Kriegszeiten war, die Geschichte ihrer Eltern in einem autobiografischen Roman[77] schriftstellerisch aufarbeiten.

Kann es sich bei der Gruppe wirklich um eine symbolische Notgemeinschaft der in Rom lebenden deutschjüdischen Konvertiten und ihrer Getreuen handeln, in der einer dem anderen bedeutet, sich äußerlich „anzupassen" sei nicht verwerflich, sondern klug, schließlich habe man schwierige Zeiten zu überstehen? Mindestens zu Hermine Speier will eine solche, wenngleich in Maßen nachvollziehbare Denkweise meiner Einschätzung nach nicht passen. In einer Anordnung wie jener auf dem Bild am Petersplatz hätte Hermine Speier ein hohes Maß religiöser Gleichgültigkeit oder innerer Wendigkeit, vielleicht sogar Unverfrorenheit aufbringen müssen, um ohne geistliche Überzeugung Taufpatin zu werden. Der Petersdom ist nicht irgendeine Kirche. Für Hermine Speier als Katholikin und Papstbedienstete gilt das in doppelter Weise.

Nur zwölf Tage nach ihrer eigenen Taufe im Mai 1939 wird Hermine Speier – hier die Dritte von links – erstmals Taufpatin. Das Bild entstand vor dem Petersdom, in dem die kleine Erica Claudia Fiedler das Sakrament empfing. Flankiert von den Eltern, dem Ehepaar Fiedler, hält Ludwig Curtius den Täufling.

In Rechnung zu stellen ist allerdings, dass die äußere Lage ihren Weg in die Kirche abgekürzt haben mag. Der „Arierparagraph", der zu Speiers Entlassung in Rom führte, war in Deutschland nichts anderes als der Fanfarenstoß der neuen Ära, der nach Hitlers wahnsinnigem Willen die einen ins nationalsozialistische Weltreich, die anderen in die Vernichtung der Brennöfen führen sollte. Den Juden ging es in ihrer wirtschaftlichen Existenz als erstes und systematisch an den Kragen. Hermine in Rom liest ab 1933 die Briefe, die von Unterdrückung und Emigration bald nur noch andeutungsweise handeln, sie notiert sich neue Adressen ihrer Freunde in fremden Ländern und Kontinenten. Jeden Sommer bis einschließlich 1938 reist sie in die Heimat und macht sich selbst ein Bild. Hermine fragt sich, was aus ihrem Land und ihrem Leben wird.

Die Familie in Frankfurt kann ihr schon lange nicht mehr unter die Arme greifen. Der Halbtagsjob beim Papst bietet ihr keine wissenschaftlichen Höhenflüge, aber eine wenn auch schmale wirtschaftliche Basis, und diesen Sachverhalt muss sie als glückliche Fügung betrachten, wenn sie sich mit ihren Schulfreundinnen vergleicht. Lise Salin, Annie Fraenkel, Blanche Mastbaum, Heddy Strauss: alle haben Deutschland spätestens 1938 verlassen, weil sie weiterleben wollen, und keine weiß, was aus ihr wird.

Auch was ihr Privatleben betrifft, fühlt sich Hermine wohl nicht ganz hinlänglich versorgt. Wenn der Vatikan ihre wirtschaftliche Basis ist, dann stellt in ähnlicher Weise der Verlobte Nobile ihre emotionale Grundversorgung sicher. Ohne Zweifel ist die ihre eine Liebesgeschichte. Doch der Ex-General sieht sich vom faschistischen Apparat in ein Gehege des sozialen Todes gedrängt. Mitten in Rom lebt er wie in Verbannung. „Während jener Zeit der Schwierigkeiten und Enttäuschungen fand ich Trost im Umgang mit einigen nahestenden Freunden und besonders mit einer gebildeten deutschen Archäologin, Erminia Speier, die einer alten jüdischen Familie angehörte", heißt es aseptisch in Nobiles Erinnerungen.[78] Der Witwer lässt sich aufmuntern vom warmen, klugen, fraulichen Wesen seiner deutschen Freundin. Doch umgekehrt kann er ihr in den Stürmen ihres Geschicks keinen Hafen bieten.

Kaum hat ihre Liebesgeschichte begonnen, wird Hermine immer unruhiger, nervöser, gereizter, fährt dem „guten General" jetzt manchmal gehörig in die Parade. Im Herbst 1937 schreibt sie ihm: „Du musst verzeihen, dass ich in diesen Tagen so wenig ausgeglichen bin und Dich mit meinen Gefühlen störe". Gleichzeitig bekennt sie, was ihr mit ihm widerfahre, sei „stärker als alles, was ich bisher in meinem Leben empfunden habe ... für mich gibt es jetzt etwas, das wichtiger ist als alles andere".[79] Ein anderes Mal bittet sie den Geliebten um Vergebung für ihren „schlimmsten Fehler", den Jähzorn, lädt ihn ein, nicht immer gleich in Opposition zu gehen, wenn sie ihm Vorhaltungen macht, und schließt auch hier mit einer Liebeserklärung in Moll:

„Als ich dann gestern Abend den Fluss entlang im Mondlicht nach Hause ging, konnte ich mich nicht fassen vor Schmerz darüber, dass ich Dich so sehr ermüdet und gereizt hatte, ohne es zu wollen. Und dann kam mir ein Gefühl zu Hilfe, das mich erfüllte bis in die feinsten Wurzeln meines Seins, dass ich Dich nämlich liebe ohne irgendeine Grenze."[80]

Eine Verbindung mit Widerhaken. Wo aber Gefahr ist, wächst das Rettende auch. Wer weiß, wie oft Hermine in jenen Jahren dieser Vers Friedrich Hölderlins in den Sinn kommt. Sie verehrt den deutschen Romantiker und schreibt ihm die geistige Grundlage des „wahren" Deutschland zu, an das sie trotz aller braunen Umtriebe glaubt.[81] Hermine sucht das Rettende auf einer spirituellen Ebene und in etwas ihr Naheliegendem: in der katholischen Kirche. Und sie setzt auf den Katholiken, der ihr am nächsten steht: Nobile. „Manchmal", schreibt sie ihm, „fühle ich unsere Verbindung so stark, dass sich mir die Seele erfüllt mit der Hoffnung, neue spirituelle und Lebenskräfte könnten für uns beide entstehen".[82] Doch nicht nur der Verlobte wird Begleiter ihrer Konversion. Eine ebenso hinführende Rolle hat Ludwig Curtius, der sie mit ihrem Taufpriester Anselm Stolz bekannt machen wird.

Curtius fühlte sich in jüngeren Jahren selbst zum Priestertum hingezogen,[83] nun ist er ein nicht übertrieben frommer, aber selbstverständlicher Katholik des bayerisch-barocken Typus. Als dem Schönen heftig zugeneigter Zeitgenosse geht er gern zur Messe bei den Benediktinern in Sant'Anselmo und pflegt Umgang mit den dort lebenden gelehrten Mönchen wie dem jungen Anselm Stolz. Namentlich Weihnachten begeht Curtius alljährlich auf dem Aventin, und zur Mitternachtsmette am 24. Dezember bringt er mit, wer sich eingeladen fühlt.

So besucht Hermine Speier nachweislich seit 1931 die Weihnachtsmette in Sant'Anselmo,[84] deren Liturgie mit dem gregorianischen Gesang der Mönche schon viele andere vor ihr beeindruckt und bewegt hat. Sie beginnt, die christlichen Feste mit Neugier nach ihren Inhalten zu befragen. Und sie findet eine innere Fülle, die sie überrascht und gänzlich neu ausrichtet. Im Herbst 1938 nimmt sie die Taufvorbereitung auf. Mussolinis antijüdische Rassengesetze sind bereits veröffentlicht, und rund um sie bereiten Juden ihre teils zweite Emigration vor, da geht Hermine Speier an die Einrichtung ihrer Seelenburg. Sie fühlt sich beschenkt. Nach der Taufe wird die Archäologenkollegin Margarethe Gütschow ihr von Berlin aus schreiben, sie habe oft mit Freude an Hermine gedacht, da diese bei ihrem letzten Treffen „so glücklich, seelisch zu innerst bewegt" gewesen sei, und sie wünsche ihr, dass der „seelische Reichtum", den „das letzte Jahr" ihr gebracht habe, „sich immer weiter entfaltet".[85]

Konversion als Vorstufe der Hochzeit?

„Sie wissen wozu ich riet u. rate. Das Eine können Sie von sich aus tun. Zum andern brauchts den Andern", schrieb Robert Boehringer 1938 seinem unglücklichen römischen Schützling.[86] Der Mentor hält Taufe und Hochzeit für ein Schutzschild gegen die Unbill der Rassenverfolgung. Auch wer von den Freunden Hermine Speier zu ihrem vollzogenen Eintritt in die katholische Kirche gratuliert, nennt den Akt der Taufe und die Person Nobile in einem Atemzug. Es geht nicht darum, dass der General bei der Feier am 13. Mai mitsamt seiner Tochter anwesend war. Am deutlichsten spricht Lise Salin aus, was alle wissen.

„Ich ersehe daraus [aus der Taufe] auf alle Fälle, dass Du jedenfalls doch noch an eine dauernde Verbindung denkst und sie nicht für undurchführbar hältst. Wie weit einem das allerdings wirklich gelingt den Glauben oder die Religion zu wechseln, weiss ich nicht, ich würde denken, dass Du erst wirklich ganz der neuen Religion angehören würdest, wenn Du ein Kind hättest."[87]

Hermine Speier sieht in ihrer mit der Taufe sichtbar gewordenen Konversion auch eine Vorstufe zur Hochzeit mit Nobile. Sie will dem Verlobten die Hürde, sie zu heiraten, ein wenig niedriger legen. Nobile kämpft selbst um seine soziale Existenz, nun soll er nach dem antijüdischen Schwenk der faschistischen Regierung nicht auch noch eine Jüdin ehelichen müssen. Erst nachdem sie ihre Herkunft äußerlich abgelegt hat, so denkt Hermine, darf sie auf eine „dauernde Verbindung“ mit Nobile hoffen und braucht sie nicht länger für „undurchführbar“ zu halten. Dies ist freilich eine Annahme, die sich gleich mehrfach als falsch erweisen wird.

Erhellend ist in diesem Zusammenhang, was Hermine Speier sechs Jahr zuvor an Marianne von den Steinen geschrieben hat. 1933 war die Hochzeit der „halbarischen“ jungen Frau mit ihrem „arischen“ Verlobten Karl Schefold geplant. Der begabte 28jährige Nachwuchs-Archäologe konnte auf eine Beschäftigung im Reichsdienst, als Assistent am Deutschen Archäologischen Institut in Athen hoffen. Doch dann „kam die Nachricht von dem ‚Arierparagraphen‘, nach dem ich keine Anstellung erhalten könnte, weil Mariannes Mutter aus einer jüdischen Familie stammte“, schreibt Karl Schefold in seinen Lebenserinnerungen.[88] Am Institut in Athen macht Schefold „eine Revolution“; „der Arme“ sei „offenbar etwas kopflos geworden“, wird Hermine zugetragen.[89] „Aus Briefen mehrerer Freunde, auch solcher, die sich später anständig benommen haben, ist bekannt, dass sie meinem Vater abgeraten haben, meine Mutter zu heiraten“, fügt Dian Schefold hinzu.[90] Mit demselben Rat wendet sich Hermine an die Braut. Aus Liebe, um Karl nicht „aus seiner Bahn zu bringen“, solle Marianne stark sein und auf ihn verzichten.

Es ist ein Doppelbrief. Karl, an den die Sendung geht, schreibt sie: „Wenn ich Ihm doch ein ganz klein wenig abnehmen könnte von all der Bedrängnis die Ihn umtoben mag“ und bittet ihn, Marianne den an sie gerichteten inliegenden Brief nur dann auszuhändigen, „ wenn ihr noch *nicht* geheiratet habt. Wenn ja, bitte ich ihn zu zerreissen.“ Noch ist die Ehe nicht geschlossen. So liest Marianne das folgende Schreiben ihrer Freundin aus Rom; ein ehrlicher, schwerer, spürbar durchlittener Text.

„Mein Liebes, da ich keinen Morgen aufwache und keinen Abend einschlafe ohne Gedanken an Euch und da durch die unseligen Gesetze in Deutschland mir die Unruhe und Sorge täglich wächst und weil schliesslich mein erstes Gefühl, als ich das Euch betreffende Wahnsinnsgesetz hörte, sich mir immer mehr bestätigt und fordernd vor mich tritt, so will ich es doch auch aussprechen, so schwer es mir ist.

Liebe, es ist schrecklich was ich sage: aber wenn ich an Ihrer Stelle wäre und die Heirat wär noch nicht geschlossen, ich würde alle alle liebende Kraft zusammennehmen und würde darauf verzichten und wenn es Sch. nicht zuliesse oder es sonst alles gar zu schwer wäre, so würde ich still weggehen. Hier in Rom ist immer Platz für Sie und offene Arme.

Ich weiss, was ich sage, weiss dass es ein fast Unmögliches ist, und doch habe ich ein unabweisbares Gefühl, es müsste möglich gemacht werden. Ich wollte es in all den Tagen immer wieder abweisen und ich kann es nicht. Es scheint mir eine so ungeheure Last der Verantwortung, die Sie auf sich nehmen und ich weiss nie ob eine Frau nur aus dem eigenen Bereich heraus diese Verantwortung wird auslösen können. Denn es heisst doch nun, wenn Ihr heiratet, so irrsinnig es klingt, Sch. aus seiner Bahn zu bringen. Seiner äusseren Bahn wird Sie mir mit Recht antworten. Aber das Fürchterliche ist, dass sich die Dinge heute so zugespitzt haben, zu einer solchen Gespensterrealität gekommen sind, dass immer etw. haften bleibt, sie dennoch weiterwirken. Wärt Ihr in der ersten Leidenschaft, so wie sie Aphrodite unmittelbar schickt, verhängt, so wäre jedes Wort vergebens, denn dann lebt man auf einem solch anderen Stern, dass jede Stimme des unseren ungehört verhallt und die Getroffenen blind zu Verhängnis oder Erfüllung schreiten müssen. Ihr aber habt nun durch all die Jahre so zukunftswillig und zukunftsbedenkend alles aufgebaut, auf dass Euer Bund auch zukunftsträchtig und sinnvoll werden solle. Dies ist nun gewaltsam aufs höchste gefährdet, wenn nicht gar zerstört. Und da kommt die fürchterliche Angst, dass Eure Verbindung nicht mehr eine Stärkung sondern eine Schwächung für Euch bedeuten müsse.

Ich spreche so zu Ihr, da ich weiss, dass Sie die Gesetze höchster Freundschafts-Liebe kennt und ahnt, dass sie noch eine höhere Gültigkeit haben, als die der schönsten erfüllendsten Geschlechterliebe.

Aber Sie muss auch letzten Endes am besten wissen, wenn Sie sich mit Ihrer so schönen und von mir so geliebten Ehrlichkeit fragt ob es für Sch. – der für sehr heftige Stürme und Sinnlosigkeiten des äusseren Lebens nicht gewachsen ist – erträglich sein wird, so aus der Bahn und der Zukunftsmöglichkeit herausgerissen zu werden. Von Ihr sprach ich hier nicht in erster Linie, weil ich glaube, dass Sie an diesem Punkt die Stärkere ist, die mit dem Leben leichter fertig wird. Ich ahne zwar auch Ihre grossen Gefahren aber ich glaube noch mehr an Ihre Kraft auch diese zu besiegen.

All diese Worte sind dürftig, arm und hart, aber man verstummt ja vor so grosser Qual. Und wenn ich jetzt selbst schon für Euch unaufhörlich gequält bin, wie schrecklich muss erst Eure Qual sein jetzt den Entscheid zu treffen. Aber wenn Sie an Ihre und seine besten und schönsten Kräfte denkt, so wird Sie gewiss die Kraft finden, das Rechte zu tun.

Meine Liebe und Freundschaft für Euch bleibt, wie Ihr auch entscheidet, denn ich hab das Vertrauen, dass Ihr stets, was Ihr auch tun werdet, es in würdiger Weise erfüllet. Aber mein Gefühl und meine Angst zwingen mich halt den bitteren Rat zu geben.

Ich habe lange mit Frau Brendel gesprochen, die ihre tiefe Erschütterung wirklich tapfer trägt. Aber dennoch ist die Erschütterung und die Betroffenheit und das Übermaass der Verantwortungslast so gross, dass ich immer wieder an Sie denken musste mit der Angst, ob es nicht fast Frevel sei, dies alles gerade in diesem Augenblick auf sich zu laden.

Ob Sie mir nun für immer zürnen werden, mein Mariannenkind? Ich könnte es verstehen und bitte Sie doch innig es nicht zu tun. Sehen Sie ich wage es, Ihnen all das zu sagen, weil ich Ihnen wirklich nah und ganz nachfühlend zu sein glaube. Ins Innerste unseres Daseins kann und darf dies alles nicht reichen. Ich glaube unumstösslich an das ‚Dies ist reich des Geistes, abglanz Meines reiches hof und hain. Neugestaltet umgeboren Wird hier jeder: ort der wiege Heimat bleibt ein märchenklang'. Aber es ist gegenwärtig ein verhängnisschwerer Augenblick und vielleicht dem Verhängnis nur zu entgehen, wenn wir ihm bis zu einem gewissen Grad Rechnung tragen und ihm nicht trotzen.

Aber nun hab ich mehr als genug gesagt und es sei auch nur dieses eine Mal davon gesprochen. Vergesse Sie nicht, dass ich immer für Sie da bin und lass Sie sich in Liebe umarmen und ein ganz klein wenig von all der Bitternis wegküssen von Ihrer Spinni."[91]

Ein starkes Stück Brief, nicht nur aus heutiger Sicht. Folgen hat es keine. Schefolds heiraten im Februar 1935 in Athen und emigrieren in die Schweiz, und die Freundschaft mit Hermine hält bis zum Ende. „Nie gewankt – nicht einmal gewippt!" habe diese Verbindung in all den Jahren, schreibt Marianne zum 70. Geburtstag ihrer Freundin nach Rom.[92] Doch befragen wir den Brief von 1933 auf seine mögliche Aussage für die Konversion Hermine Speiers sechs Jahre später.

Hermine spricht zu einer Frau und als Frau, aber sie denkt zuerst an den Mann. Der Mann – Schefold wie später Nobile, wovon Hermine 1933 noch nichts weiß – sei einer solchen „Mischehe" nicht gewachsen, weil sie ihn „aus der Bahn und der Zukunftsmöglichkeit" herausreißen, also an seinem beruflichen Fortkommen hindern würde. Sie nennt das Beispiel der gemeinsamen Freundin Maria Brendel, auch sie Jüdin, auch sie in junger Ehe verheiratet mit einem „arischen" Archäologen.[93] Es sind äußere Gründe, die Hermine geltend macht, keine inneren, und erst recht keine Gründe „des Blutes"; stillschweigend übergeht sie die rassistische Argumentation der Nazis, die sie ablehnt. Ihre Haltung ist idealistisch: In der Ehe sei der eine dem anderen keine Bürde – selbst wenn es ein schändliches Gesetz ist, das definiert, was eine Bürde sei, und selbst wenn es Dritte sind, die in der „Gespensterrealität" eines solchen Gesetzes wirklich an die Höherwertigkeit der einen und die Minderwertigkeit aller anderen „Rassen" glauben.

Das Gesetz als solches diskutiert Hermine nicht, sondern sagt realistisch, ihm zu trotzen führe ins Verhängnis. Sie denkt aber auch, dass eine solche juristische Regelung am Menschen gewissermaßen vorbeigehe: „Ins Innerste unseres Daseins kann und darf dies alles nicht reichen." In der wahren, der inneren Welt zählt nicht, ob jemand jüdischer Abstammung ist oder nicht. Denn dort, im „reich des Geistes", kann Abstammung „umgeboren" werden, wie Stefan George formuliert hat. In der Bedrängnis der äußeren Welt aber steht aus Hermines Sicht zur Wahl: entweder auf die Ehe mit dem „Arier" zu verzichten, wie der Rat an Marianne lautet, oder sich vor der Hochzeit taufen zu lassen, sofern die inneren Voraussetzungen dazu gegeben sind, wie es bei ihr selbst der Fall ist. Marianne von den Steinen hingegen hat keinen Bezug zum Christentum.[94] Deshalb kommt es Hermine nicht in den Sinn, der Freundin zur Konversion zu raten.

Freilich erliegt sie einem Trugschluss, wenn sie meint, die Abkehr vom jüdischen Glauben in Form der Taufe mache aus Sicht des Rassendenkens irgendeinen Unterschied. Der Nationalsozialismus kennt ausschließlich Kriterien des „Blutes", religiöse Bekenntnisse haben dagegen keinen Bestand, und erst recht existiert in dieser Logik kein „reich des Geistes", in dem Menschen „umgeboren" werden könnten. Im Fall Deutschlands muss Hermine Speier ihren Irrtum spätestens mit den Nürnberger Gesetzen von 1935 eingesehen haben. Italiens antijüdische Rassengesetze von 1938 lassen sich ähnlich radikal an. Doch anscheinend hofft Hermine Speier 1938 noch – wie viele in Italien lebende Juden – auf den Schutz des Papstes zumindest für konvertierte Juden und überhaupt auf eine abgemilderte, eine „italienische" Variante der Rassenverfolgung.

Teilweise wird sie mit dieser Hoffnung Recht behalten. Mit Pius XI. ist bis zu seinem Tod am 10. Februar 1939 ein Papst im Amt, der an seiner Abscheu für totalitäre Ideologien auch öffentlich keinen Zweifel lässt. Sein Nachfolger Pius XII. denkt ebenso, bewegt sich jedoch vorsichtiger. Er wird, wie wir sehen werden, in einer singulären diplomatischen Aktion versuchen, für 3.000 konvertierte deutsche Juden Visa nach Brasilien herauszuschlagen. Was die Judenverfolgung in Italien anbelangt, so ist der faschistische Apparat schon bei der ersten Gelegenheit damit überfordert, die Gesetze zu exekutieren. Das Ultimatum, das ausländischen Juden gesetzt ist, um das Land zu verlassen, verstreicht ungeahndet. Zum Zeitpunkt des Kriegseintritts Italiens im Juni 1940 hält sich die Hälfte der ausländischen Juden nach wie vor im Land auf.[95]

Die Ehe von Karl und Marianne Schefold sollte übrigens eine besonders glückliche werden, wie als Nachtrag angemerkt sei. Das Geschenk eines solchen Bundes ist Hermine Speier, mit oder ohne Taufe, nicht beschieden.

6. Bleiben oder gehen? Verheiratet oder ledig? Vor Nobiles Abreise in die USA

Nur wenige Wochen nach Hermines Taufe wandert Umberto Nobile in die USA aus, ohne die Verlobte geheiratet zu haben. „Ich glaube, es war eine Tragödie für sie", erinnert sich seine Tochter Maria Nobile.

„Und ich sage Ihnen noch mehr. Ich habe eines Tages in unserer Wohnung in der Via Sabotino in einer Kommode einen oder zwei Eheringe gefunden. Ich weiß nicht, ob das ein Eheversprechen oder eine gewissermaßen symbolische Sache war. Aber da waren diese Ringe mit den eingravierten Namen. Das heißt, die Idee [der Heirat] gab es, zumindest hoffte Hermine sehr darauf."[96]

Insgeheim hat Hermine nicht nur gehofft, sondern auch damit gerechnet, Nobile nach Amerika zu begleiten; und in diesem Fall, so denkt sie, wäre es wohl angebracht, vorher zu heiraten. Jedenfalls ist sie bereit, sein Schicksal des vorübergehenden, vielleicht auch dauerhaften Exils zu teilen. Erste Andeutungen darüber macht sie noch vor der Einführung der antijüdischen Gesetze in Italien in Briefen an Anneliese Rieß. „Im Übrigen ist von mir so mancherlei und Kompliziertes zu erzählen, dass ich es lieber aufs Gespräch aufhebe", schreibt Hermine der Freundin in Turin, und: „wer weiss ob nicht alle Pläne von einem Tag auf den andern über den Haufen geworfen werden? Naja!"[97] Ähnlich zwei Wochen später im Zusammenhang mit einer Leberkur in Chianciano: „Und wer kann heute überhaupt Pläne machen?"[98] Während ihres Kuraufenthaltes werden die italienischen Rassengesetze veröffentlicht, Hermine schreibt: „Herrliche Spaziergänge, ganz einsam quer durchs Land gibt es; ich laufe zwei bis drei Stunden am Tag. – Aber es gibt so viel zu denken und zu aufregende Lage [sic]."[99] Fünf Tage später, immer noch aus Chianciano:

„Bis jetzt habe ich es sehr genossen hier, aber nun fängt eine grässliche Unruhe in mir an: Was werden die nächsten Tage bringen? Also kommen Sie mal noch schnell, damit wir uns wenigstens noch sehen. ... [Langlotz] hat von Mailand geschrieben, dass er der Lage wegen gleich nach Hause gefahren sei."[100]

Bleiben oder gehen? Die Zukunftsfrage stellt sich für Hermine in zugespitzter Form gerade zu dem Zeitpunkt, als ihr Vorgesetzter Bartolomeo Nogara sich auf den diplomatischen Wegen des Heiligen Stuhles für ihren Verbleib in Italien einsetzt, wovon bereits die Rede war. Da sie eine nichtitalienische Jüdin ist, müsste sie das Land bis zum 12. März 1939 verlassen. Vier Monate vor dem Stichtag formuliert Hermine mit verschleiernden Abkürzungen und erstaunlicher Gelassenheit:

„Bei mir ist's nach wie vor unentschieden da Nog. [Nogara] sich nicht rührt; aber die Aussichten sind vielleicht etwas günstiger. M's zuversichtliche Äusserungen kommen wohl von De S. [De Sanctis], der ganz rührend ist und in seinem

Optimismus meint eine negative Lösung dürfe für mich gar nicht in Frage kommen. Ich selbst weiss eigentlich gar nicht, was ich wünschen soll. Wenn gG's [Umberto Nobiles] Pläne gelingen, wäre es vielleicht wünschenswerter, wegzugehen. Er lässt Sie sehr grüssen. Es geht im Grossen Ganzen wie immer."[101]

Neben Nogara sorgt sich also auch der große Gaetano De Sanctis um den Verbleib der deutschen Jüdin. Sie kennt den großen alten Mann der italienischen Geschichtsschreibung seit vier Jahren; dank Curtius Vermittlung liest sie dem erblindenden Gelehrten Fachliteratur vor und fühlt sich seinem geistigen Umfeld zugehörig. Aus Bemerkungen wie jenem in Hermines Brief und vielleicht auch aus ihrer Abgeklärtheit wird deutlich, dass sie in ihren „vatikanischen Zirkeln" eine andere, eine wirksamere Form von Schutz genießt als die meisten ihrer deutschjüdischen Kollegen in der Wissenschaft.

In Hermines nicht-vatikanischem Umfeld nämlich ist das große Packen ausgebrochen. Viele „nichtarische" Flüchtlinge aus Deutschland, die sich seit 1933 vor Hitler nach Italien geflüchtet und subjektiv sicher gefühlt haben, sehen sich binnen weniger Jahre zum zweiten Mal von einer Diktatur ins Exil gezwungen. So auch Anneliese Rieß, die gegen endlose bürokratische Schwierigkeiten kämpft und nicht weiß, ob und welches der angefragten Länder sie am Ende einreisen lässt. Über einige gemeinsame Bekannte, die in die USA auswandern, informiert Hermine die Freundin:

„Wenn's gut geht, kann Bl. [Herbert Bloch, Althistoriker, emigriert 1939] vielleicht schon im Januar fahren! Er ist in eifrigen Verhandlungen. Frl. J. [Elisabeth Jastrow, Archäologin, soeben ohne Aufenthaltstitel in den USA angekommen] hat nur telegraphiert ich möchte ihr dies buona condotta [Führungs-] Zeugnis besorgen, aber bei der anagrafe [Meldestelle] sagen sie, sie sei nie eingetragen gewesen und da könnte sie auch das Zeugnis nicht bekommen. Wissen Sie einen Rat?"[102]

Umberto und Hermine unterstützen auch Anneliese selbst zu jener Zeit bei ihren Bemühungen auszuwandern. Die junge Jüdin hat über Hermine die Genfer Familie von Robert und Margrit Boehringer kennengelernt. Die beiden haben Anneliese 1937 in der Schweiz eine außerordentlich intensive Ausbildung zur Säuglingskrankenschwester ermöglicht. Wohin sie mit ihrem Diplom nun geht, kann sie nicht von eigenen Vorlieben abhängig machen, sondern ausschließlich von der Verfügbarkeit eines aufnehmenden Landes oder aufnehmender Personen. Eine Emigration nach Schweden, die bereits feststeht, platzt durch einen tragischen Todesfall in der Familie, bei der Anneliese als Kindermädchen anfangen soll.[103] Nobile schreibt Briefe in ihrem Anliegen nach Finnland und Kopenhagen,[104] und in Neapel geht er für sie auf das amerikanische Konsulat. Mit mäßigem Erfolg:

„Das Konsulat kann leider nichts Geschriebenes, was Versprechen enthält von sich geben. Es besteht aber sehr viel Möglichkeit dass Sie bis gegen April

das Visum bekommen. Trotzdem dürften Sie ‚not depend on it', sondern müssten Vorkehrungen treffen, als ob es auch nicht so sein könnte.“[105]

Daneben erwähnt Hermine der Freundin gegenüber, „Mom.“ sei bei ihr gewesen. Damit ist Arnaldo Momigliano (1908–1987) gemeint, bei dem Anneliese studierte. Der brillante italienische Historiker, unwesentlich älter als seine deutsche Schülerin, hat mit nur 25 Jahren einen Lehrstuhl erhalten. Da er ein akademischer Zögling De Sanctis' ist, kennt ihn auch Hermine. Momigliano entstammt einer orthodoxen jüdischen Familie. Anders als im Fall der deutschen Archäologin, die bereits den Schutz des Vatikans genießt, ist De Sanctis nicht in der Lage Momigliano zu helfen. Vier Monate nach der Begegnung mit Hermine muss er, 30 Jahre alt, Italien verlassen und geht mit einem kleinen Stipendium und minimalen Englischkenntnissen nach Oxford. Seine Eltern wird er in den Gräueln von Auschwitz verlieren. Momigliano bleibt den Rest seines Lebens im Exil.

Kurz, Hermine Speier wird der Gedanke der Emigration in der Zeit nach September 1938 so geläufig, dass sie sich „oft über sich selbst“ wundert, noch hier zu sein und „so verhältnismässig still“ abzuwarten. „Nur suche ich mich so sehr als möglich innerlich vorzubereiten, wenn dann doch der Sturm und das Verschlagen-Werden kommen: Ob das aber nützt?“[106] Bei Anneliese Rieß hat sie schon zuvor einen wichtigen Rat eingeholt: „Was muss man eigentlich schreiben, wenn man sich in N. [Neapel, wohl: beim US-amerikanischen Konsulat] anmelden will?“, erkundigt sie sich. „Ich möchte es jetzt doch auch für alle Fälle tun, um vorzubauen.“[107] Wenig später scheint eine Rückmeldung eingetroffen:

„Heute ist nun doch bei mir der *Schritt getan. Möge es gelingen. Aber mein Bruder ist verreist*[108] *und er hat bisher keinerlei Nachricht gegeben, sodass wir nicht wissen, wo.“*[109]

Einer beiläufigen Bemerkung entnehmen wir, dass Hermine sogar in Kauf nehmen würde, das Feld der Wissenschaft, der Kunst und des Schönen großflächig zu räumen: „Ich bin eigentlich innerlich ganz zum Hausmädchen entschlossen; es müsste nur sein, wo Sie [Anneliese] Nurse sind.“[110] Hermine kann nicht kochen. Sie hat immer selbst Hausmädchen beschäftigt.

Es muss eine Zeit der absurdesten Gleichzeitigkeiten für Hermine Speier gewesen sein. Morgens spaziert sie den Gianicolo hinunter und betritt, als ob nichts wäre, das Fotoarchiv der Päpstlichen Museen. Sie besorgt Bilder für publizierende Kunsthistoriker und Archäologen, begleitet Fotografen durch die Raumfluchten, lernt die päpstlichen Sammlungen zwischen Sixtina, Griechen, Römern, Etruskern, Ägyptern und Barockmalern täglich besser kennen; sie überprüft mögliche Entstehungsdaten, konsultiert Fachliteratur, vergleicht, korrespondiert, gibt Auskunft über Kosten, Termine, Formate und Fotografen. Ein solcher Geschäftsbrief an den befreundeten Archäologen Erich Boehringer ist vom 3. Januar 1939 erhalten. Am Ende schreibt Hermine:

„Von mir gibt es noch immer nichts Neues zu berichten, warte noch auf Entscheidung. Andere Kontakte, die ich versuche sind bisher, wie Du Dir denken kannst, ohne Aussicht. Vielleicht findet U. [Umberto Nobile] eher einen Weg. ... Dies alles muss sich aber in allernächster Zeit entscheiden. Hast Du, habt Ihr nicht wieder Rom-Pläne? Das wäre für mich sehr schön, pourvue che ça dure [vorausgesetzt es dauert an] ...“[111]

Nachmittags bessert Hermine ihre Einkünfte auf, gibt Stunden, liest Gaetano De Sanctis vor, erfährt und berichtet, wer alles auswandert und wohin. Auf den Aventin geht sie zur Taufvorbereitung, dringt ein in die verzweigten Mysterien der katholischen Glaubenslehre. Im Dezember 1938 darf sie mit dem Verlobten zum zweiten Mal ihrem Chef, dem Papst unter die Augen treten. Im Januar 1939 erfährt sie, ihr großer Bruder Paul in Deutschland sei nach drei Monaten aus dem „Lager“ freigekommen;[112] es war Buchenwald.[113] Da hat sie es in Rom vergleichsweise gut, bloß am Deutschen Archäologischen Institut in der Via Sardegna kann sie sich nicht mehr blicken lassen, weil der von Berlin eingesetzte neue Vizedirektor Siegfried Fuchs, der kürzlich noch als Hilfsassistent die Fotothek betreute, die Anwesenheit „nichtarischer“ Forscher für unzumutbar hält.[114] Hermine frequentiert also andere Institute, wenn sie wissenschaftliche Hilfsdienste für ihren Genfer Gönner Robert Boehringer leistet, dem sie wieder bei römischen Recherchen zu Homer assistiert. Zwischendurch erfreut sie sich am Briefwechsel der ineinander verkeilten Dichter Stefan George und Hugo von Hofmannsthal, den Boehringer 1938 herausgegeben hat: „Aber was mir vielleicht nicht stark genug darin ausgedrückt schien, ist das tief Erschütternde, tragische im antiken Sinn fast, eines schicksalhaft sich nicht Erfüllenkönnens.“[115] Da ist der Bruder noch im KZ.

Überhaupt, es mangelt weder an intellektuellen Stimuli noch an weltlichen Annehmlichkeiten. Bei Curtius fließt immer noch reichlich Wein nach den Hauskonzerten, immer noch lauscht man bei Hermine montags Magi Dante lesen und blickt über Tiber und Kuppeln bis zur Engelsburg, immer noch schaffen gemeinsame Lektürestunden mit Umberto eine Form von Zweisamkeit, wie Hermine sie liebt. Sie hofft, bald zu heiraten, und sie rechnet mit dem Exil. Nobile hat es noch immer nicht ganz aufgegeben, bei Mussolini die Aufhebung seiner sozialen Verbannung zu betreiben, gleichzeitig hat er Papst Pius XI. gebeten, ihm einen Posten in Nordamerika zu verschaffen: „Ci penseremo Noi“, Wir werden uns darum kümmern, hat der ihm geantwortet.[116] Der Februar 1939 bringt „himmlische Frühlingstage und die Stadt duftet wirklich nach Mimosen“.[117] Dann stirbt der Papst, der eine deutsche Jüdin in seinen Diensten zuließ, und Hermine, auf dem Weg zum Eintritt in die katholische Kirche, vermerkt:

„Die Ewigkeit der Stadt und ihre einzigartige geschichtliche Mächtigkeit ist jetzt in diesen Tagen durch den Tod des Papstes geradezu mit allen Sinnen zu erfassen. Da hört der Tod auf Tod zu sein.

So ists halt hier, und so ist mir auch der leise Hauch von Bitterkeit, den ich seit dem Herbst [wohl: aufgrund der Rassengesetze] doch hatte – selbst gegen die Stadt – wieder ganz geschwunden."

Dem guten alten Vater von Lise Salin schickt Hermine einen Satz der begehrten Sedisvakanz-Briefmarken ins französische Exil. Dorthin hat es den einst wohlhabenden jüdischen Industriellen im Alter von 79 Jahren mit seiner Frau und seiner Tochter Lise verschlagen. Mit Wehmut empfängt Alfred Salin das Geschenk aus dem Vatikan. Hermines Aufmerksamkeit, so bedankt er sich, rühre ihn aufrichtig, gleichzeitig habe er

„Kummer, weil ich doch meine Markensammlung – oh Hittler [sic], Himmler + Göbbels [sic] gesegneten Angedenkens – aufgeben musste + nun nicht wusste, wem von wirklich verdienstvollen Menschenfreunden ich sie geben solle."[118]

Gelassen, nahezu heiter, hat Alfred Salin begriffen, dass es in seiner Lage keinen Zweck mehr hat, Dinge festzuhalten. Die in Frankfurt zurückgelassene Briefmarkensammlung steht für den gesamten materiellen Besitz seines Lebens.

Nicht nur in Frankfurt, auch in Rom dünnt sich Hermines physisch anwesender Freundeskreis aus. In jenem Frühjahr 1939 pflegt sie in Rom nur noch mit Nobile, Curtius und Fiedlers Umgang.[119] Eine Ausnahme bildet die Landpartie, die rund um die beiden Taufen stattfindet, ihre eigene und jene des Fiedler-Babys zwölf Tage später. Familie Fiedler, Hermine, Umberto, seine Tochter und einige weitere Nobiles machen einen Ausflug zur alten Römerstraße Via Appia am südlichen Stadtrand. Dabei entstehen die vermutlich einzigen Fotos, die Hermine Speier und Umberto Nobile zusammen zeigen.[120] Eines ist ein Gruppenbild. Auf dem anderen halten Hermine und Umberto in ihrer Mitte das entzückende Baby, Frau Fiedler, die Mutter, assistiert lächelnd. Wie hat Lise Salin ihrer besten Freundin geschrieben? „Ich würde denken, dass Du erst wirklich ganz der neuen Religion angehören würdest, wenn Du ein Kind hättest."[121]

Umgang mit „rassischen" Juden zu pflegen, ist 1939 in Italien nicht mehr unproblematisch. Gerade ausländische Juden geraten in jenen Monaten in eine nie erfahrene Isolation, wie etwa Ludwig Pollak verbittert registriert. Es spricht für Nobile, dass er die infamen Regeln der Rassengesetze einfach ignoriert. Denn dass ihm ein Ausflug wie dieser einen weiteren Aktenvermerk einträgt, muss er einkalkulieren. Selbst verfemt, scheut er sich nicht, mit Verfemten umzugehen. Andererseits weiß er zu dem Zeitpunkt wohl bereits, dass seine Tage im Land ohnehin gezählt sind.

Demonstrative Idylle und seelischer Abgrund bei einer Landpartie zur römischen Via Appia im Frühjahr 1939: Umberto Nobile steht kurz vor der Abreise ins US-amerikanische Exil. Hermine (im weißen Kleid) möchte ihn heiraten und mitkommen. Doch sie wird nicht gefragt.

Im diffusen Warten auf Schriftstücke und Entscheidungen anderer verfließt die Zeit. Hermine lebt in einer Stille, von der sie meint, sie gehe auch in ihrem Fall dem „Sturm" und dem „Verschlagen-Werden" voran. Allein, es geschieht nichts: keine Ausweisung, kein Bescheid, kein Visum, kein Angebot. Nicht für sie. Für Nobile hingegen hat der todkranke Papst Pius XI. seinem Versprechen gemäß noch rasch einen Job in Amerika gefunden.

„Etwas später ließ mich der Kardinalstaatssekretär rufen, der damals Pacelli [wenig später Papst Pius XII.] war. ... Es erschien die hohe, elegante, vergeistigte Gestalt des Kardinals. Als er mich sah, sagte er: „Kommen Sie, kommen Sie! Ich freue mich Sie zu sehen!" ... Kardinal Pacelli informierte mich über die Einladung Kardinal Mundeleins, der mir vorschlug, mich in Chicago niederzulassen, um die Fakultät für Luftfahrttechnik der Lewis Holy Name School für Luftfahrt in Lockport bei Joliet aufzubauen und zu leiten. Ich nahm an, und gegen Ende Juni 1939 zog ich Richtung Nordamerika los, diesmal mit der Absicht, ganz dort zu bleiben."[122]

Nobiles Emigration steht demzufolge spätestens Anfang Februar 1939 fest. „Es wird mir verdammt schwer", schreibt Hermine in einer Wortwahl, die keine Parallele in ihren übrigen Briefen hat.[123] Und jetzt wächst ihre innere Anspannung: Sie will heiraten, mitkommen, neu anfangen. Doch sie wird nicht gefragt. Drei Monate vor Umbertos Abreise in die USA kränkt sie sich in einem Brief ganz offen darüber, dass er nach wie vor keine Anstalten macht, um ihre Hand anzuhalten. Sie freue sich ja über seinen bevorstehenden beruflichen Neustart, schreibt sie dem Geliebten, aber gleichzeitig „fühle ich in mir eine schreckliche Angst um uns: Dich und mich."[124] Sie spricht von einer „Entscheidung", die diesmal „klar und deutlich" ausfallen müsse, fügt hinzu, sie schäme sich ein wenig, die Sache von sich aus anzusprechen, denn „im Grund müsstest Du es sein, der darauf besteht, nicht ich". Es seien schon „verschiedene Gelegenheiten" verstrichen.

„Wenn wir [auch diese Gelegenheit] verstreichen lassen und sagen, wir schauen einmal, wie die Dinge laufen, warten wir noch ein, zwei Jahre, sollte es nötig sein, oder drei, wenn es jetzt so kommt, dann wäre das, wie wenn einer auf einer abgelegenen Insel alle Schiffe vorbeifahren lässt, die ihn aufnehmen könnten."

Ob Hermine klar ist, dass ein solches Sprachbild bei Nobile unglückliche Erinnerungen wecken muss? Als sie sieht, dass er auf ihr Flehen und Werben nicht in der gewünschten Weise reagiert, schaltet sie einen Gang zurück. „Schau, Umberto, Du hast Dich verändert", schreibt sie einen Monat vor seiner Abreise, gleichzeitig zwei Tage vor ihrer Taufe. Sie liest es an Kleinigkeiten ab wie einem versprochenen, dann unterlassenen Telefonanruf und ähnlichen Lauheiten. Nichts von Tiefgang, aber „festhalten" will sie es schon, denn – und wieder wählt sie eine Metapher, die dem sachlichen Luftfahrtingenieur etwas sagt – „ich habe immer gesehen, dass das gute und gewissenhafte Lesen von Barometern von großem Wert ist, in der Wissenschaft ebenso wie in den Herzen und Seelen".[125] Sie beide seien jetzt gleichsam im Winter,

„und Du hast wie immer keine großen Schwierigkeiten, die Winterkälte zu ertragen. Aber weißt Du, ich leide sehr an Kälte und Frost; und ich gestehe Dir, ich wusste nicht, dass der Winter des Herzens so schwer und schmerzhaft ist, besonders wenn von zwei Herzen eines im Winter und das andere im Sommer ist; denn in meinem fühle ich Flammen."

Wann genau Hermine realisiert, dass aus der Ehe nichts wird, und wie lang darüber hinaus ihre Hoffnung auf diese „amour fou" doch noch währt, ist nicht zu sagen. Doch sieht sie ein, dass sie die Dinge nicht erzwingen kann. Die letzten gemeinsamen Monate einschließlich ihrer Taufe stehen unter dem Stern des Abschiednehmens. Toni Fiedler, der Bildhauer, muss kommen und einen Porträtkopf in Bronze von Nobile anfertigen, sodass Hermine nicht mit Briefen und Fotos vorlieb zu nehmen braucht, sondern, wenn schon nicht den Verlobten selbst, so wenigstens sein lebensgroßes Haupt als Kunstwerk zu Hause hat. Hermine liebt die Skulpturen der griechischen Antike, diese mit höchstem Raffinement gemeißelten oder gegossenen Formen, die den Kanon des Schönen, des Harmonischen und des Ebenmaßes bis heute bestimmen. Und Nobile war ein gutaussehender Mann, wie übrigens alle Männer, in die Hermine sich verliebte. Massiv, schwer und schön ist die Büste Umberto Nobiles, die Hermine von nun an jeden Tag betrachtet. Doch Bronze ist kalt. Ende Juni 1939 begleitet die 41 Jahre alt gewordene Verlobte zusammen mit Nobiles Tochter Maria und den übrigen Familienangehörigen den Auswanderer nach Neapel. Dort schifft er sich auf der „Conte di Savoia" nach New York ein.

7. Hermine plant die Emigration nach Brasilien

Ende Mai 1940 bekommen die Briefe Hermine Speiers an Umberto Nobile in den USA eine neue Richtung. Hermine erwägt allen Ernstes, nach Brasilien zu emigrieren und von dort zum Geliebten in die Staaten weiterzuwandern. Die Sache drängt, denn sie wäre Teil eines größeren Evakuierungsprogrammes, das der Heilige Stuhl eingefädelt hat. Hermine sitzt an der Quelle. Die gebotene Eile ist keine günstige Ausgangslage, den zögerlichen Nobile jetzt noch zu überzeugen, wie Hermine wohl weiß. Doch sie sieht keinen anderen Weg. Sie setzt sich hin und entwirft drei Briefe an den Verlobten, am 24., 25. und 26. Mai 1940, als der Kriegseintritt Italiens unmittelbar bevorsteht.

„Lieber Umberto, gerade im Augenblick größter Ungewissheit präsentiert sich eine Frage, die entschieden werden muss, und gleichzeitig die Gelegenheit, Dir diesen Brief über einen amerikanischen Archäologen zu schicken, der eben [aus Rom] abreist. Vielleicht erreicht Dich dieser Brief nicht mehr rechtzeitig vor Deiner Abreise [aus den USA nach Italien] – ich hoffe es. Aber vielleicht gelingt es Dir auch gar nicht mehr abzureisen, und für diesen Fall ist es vielleicht gut, wenn ich ihn schreibe.

Es handelt sich um folgendes: Quadrani und Nogara [der Verwaltungsleiter und der Generaldirektor der Vatikanischen Museen] sind in gewisser Sorge wegen meines Verbleibs hier angesichts der aktuellen Lage (auch bezüglich des Ambientes in meinem Büro), und nun ist eine Möglichkeit aufgetaucht, die uns helfen könnte: Man könnte – mit der Hilfe des Heiligen Stuhles – ein Verfahren einleiten, um ein Visum nach Brasilien zu erhalten, aber in dem Fall müsste ich die Entscheidung treffen, sofort zu gehen. Das – so denke ich, aber ich werde mich darüber noch informieren – würde es mir ermöglichen, zumindest mit einem Besuchervisum in die USA zu kommen; und wenn ich einmal dort bin, könnte man vielleicht auch Wege finden, dort bleiben zu können. Was sagst Du dazu, lieber Umberto?"[126]

Als Hermine Speier diese Zeilen zu Papier bringt, liegen die Anfänge der von ihr erwähnten vatikanischen Auswanderungsinitiative für getaufte Juden aus Deutschland nach Südamerika schon ein Jahr zurück. Die Rede ist von der so genannten „Brasilienaktion". Vermittler war der frisch ins Papstamt gewählte Pius XII., der sein ganzes diplomatisches Gewicht in die Waagschale warf, am Ende aber nur einen bescheidenen Teilsieg für die ausreisewilligen getauften Juden erreichen sollte. Zum Zeitpunkt der Abfassung dieses Buches liegen die Akten aus dem Pontifikat Pius XII. im vatikanischen Geheimarchiv noch unter Verschluss. Doch gerade die „Brasilienaktion" ist in ihrem diplomatischen Hin und Her gut abbildbar, denn ein Großteil der Korrespondenz findet sich in der elf Bände umfassenden Aktensammlung aus dem Geheimarchiv bezüglich des Zweiten Weltkriegs, die vier Historiker aus dem Jesuitenorden im Auftrag des Vatikans zwischen 1965 und 1981 veröffentlichten.[127]

Es war Hermines Landsmann Kardinal Michael Faulhaber von München, der die „Brasilienaktion" direkt bei Papst Pius XII. anregte. In einem langen, auf Deutsch verfassten Brief schreibt er am 31. März 1939 von der Not der „zur Auswanderung Verurteilten" und zielt speziell auf die Katholiken „nichtarischer Abstammung". In Brasilien stünden seinen Erkundigungen nach die Chancen auf ein Einwanderungskontingent für getaufte Juden aus Deutschland am besten. Und so bittet Kardinal Faulhaber

„Euere Heiligkeit in tiefster Ehrfurcht, beim Herrn Staatspräsidenten Getulio Vargas in Rio de Janeiro die Ausstellung von 3000 Visa in Gnaden zu befürworten, sodass noch in den nächsten Monaten dieses Jahres 3000 christliche Nichtarier in Brasilien einwandern könnten. Damit wäre die grösste Not behoben und es wäre ein säculares Werk der Humanität geschaffen..."[128]

Der Papst greift die Idee sofort auf. Über seinen „zweiten Mann", Kardinalstaatssekretär Luigi Maglione, weist er den Nuntius in Rio de Janeiro an, bei Brasiliens Präsidenten nach Visa für 3000 getaufte Juden zu fragen.

Die Sache lässt sich zunächst unerwartet gut an. Am 20. Juni 1939 kommt aus Rio eine Zusage, 3000 „nichtarische" Katholiken aus Deutschland dürfen in Brasilien einwandern. Freilich sind die Auflagen streng. Rio will ausschließlich Familien mit mindestens drei Personen ins Land lassen, und jede Familie muss bei der Ankunft beim Banco do Brasil die stolze Summe von 20 Contos de Reis deponieren,[129] was rund 20.000 Lire und damit zwei durchschnittlichen Jahreseinkommen entspricht. Der Vatikan versucht darauf hinzuwirken, dass die Geldsumme etwa auch in Form von Arbeit bei einer zu bestimmenden brasilianischen Firma abgeleistet werden kann. Zäh gehen die Verhandlungen zwischen Rom und Rio hin und her, und der Vatikan mahnt mehrmals zur Eile. Fast ein Jahr verstreicht. Endlich, Anfang März 1940, genehmigt Brasilien auf dem Papier die Visa für die bedrängten getauften Juden aus Deutschland. Doch bald tauchen neue Schwierigkeiten auf: Die ersten Einwanderer des Kontingents sind dem Gastland nicht katholisch genug.

In den Tagen, in denen Hermine Speier an ihrem Arbeitsplatz in den Museen von ihren Vorgesetzten über die „Brasilienaktion" unterrichtet wird und man ihr zu diesem Weg rät, in den Tagen, in denen sie ihre drei Briefenwürfe an den fernen Verlobten Nobile aufs Papier wirft, erscheint – am Abend des 20. Mai 1940 – der brasilianische Botschafter beim Heiligen Stuhl im Staatssekretariat. Seine Exzellenz Ildebrando P. Accioly Pinto habe „sehr gereizt" gewirkt, vermerkt Monsignore Domenico Tardini in einer internen Note.[130] Der Botschafter trägt den Grund seines Unmuts vor: Die ersten in Brasilien angekommenen Juden hätten einen üblen Eindruck gemacht, viele von ihnen seien wohl erst 1939 getauft worden. Er habe im Namen des brasilianischen Staatspräsidenten mitzuteilen, dass die „nichtarischen" deutschen Einwanderer „seit mindestens einigen Jahren getauft" sein müssten und dass es Ausnahmen davon nur in „seltenen und wohlbegründeten" Fällen geben könne.

Von dieser Begegnung nebenan im Apostolischen Palast erfährt die Museumsmitarbeiterin Hermine Speier aus erster Hand. Sie selbst ist erst seit einem Jahr getauft, gewiss nicht aus jenen Opportunitätsgründen, die den frisch eingewanderten „nichtarischen" Katholiken aus Deutschland von den brasilianischen Behörden unterstellt werden. Ihr muss Brasilien mindestens so sehr als sentimentaler wie als existentieller Fluchtpunkt erscheinen. Wohlgemerkt, sie schreibt diese SOS-Briefe an Nobile, obwohl auch ihr Bruder Erich und seine Frau bereits seit gut einem Jahr in den USA leben.[131] Ob Hermine via Brasilien in die Staaten auswandert, macht sie nicht vom Bruder, sondern vom Verlobten abhängig. „Sag mir also, was ich tun soll, denn die Entscheidung liegt bei Dir", schreibt sie ohne Umschweife im ersten ihrer Entwürfe. Und weiter: „Sollte ich wirklich gezwungen sein, Italien zu verlassen, wäre es auf jeden Fall eine große, das heißt die einzige Hilfe."

Als Hermine diesen Notruf an Nobile absetzt, steht Italien vor dem Kriegseintritt. Das Säbelrasseln ist nicht mehr zu überhören, selbst für Köpfe ohne politisches Wahrnehmungsvermögen, zu denen die Archäologin gehört. Wie um ihr Drängen, das sie selbst als „unweiblich" empfinden muss, vor dem Verlobten zu rechtfertigen, schildert Hermine ihm, was sie wahrnimmt:

„Die italienischen Dampfschiffe haben ihre Fahrten schon eingestellt. Die Stadt liegt halb im Dunkeln, und jeder freie Platz an den Mauern und auf den Straßen ist bedeckt mit schreienden Plakaten, die ein ziviles und friedliches Volk dazu anstacheln sollen, dass die Menschen einander hassen und sich berauschen, damit sie bereit sind, sich gegenseitig zu töten und abzuschlachten, um sich danach Helden nennen zu lassen. ... Ich bin bitter, verzeih. Aber für

mich sind diese Eindrücke das Schrecklichste und Düsterste, was ich in meinem Leben gesehen habe. Sie lassen mich bis auf den Grund jenen alten griechischen Mythos verstehen, der davon erzählt, wie jeder zu Stein wird, der Medusa ansieht; es gibt Anblicke von einer derart entsetzlichen Rohheit, dass jeder, der ihnen ins Gesicht schaut, vor Schreck versteinert und sich nicht mehr rühren und nichts mehr fühlen kann. So ist unsere Zeit."[132]

Während Hermine auf Antwort von Nobile wartet, geht in der „Brasilienaktion" das diplomatische Tauziehen zwischen Vatikan und Rio weiter. In Berlin schaltet die brasilianische Botschaft, die noch kein einziges Visum für getaufte Juden ausgestellt hat, jetzt sogar noch einen Gang zurück: Sie stellt klar, dass sie das auch weiterhin nicht tun werde und beruft sich auf fehlende Anweisungen ihrer Regierung. Beim kirchlichen St. Raphaelsverein in Hamburg, der die „Brasilienaktion" koordiniert, wird man jetzt nervös. Pater Alexander Menningen, der Vorsitzende des – übrigens bis heute bestehenden – katholischen Hilfswerks, schlägt im Vatikan vor, statt der Berliner solle doch die vatikanische Brasilien-Botschaft die Visa vergeben. Mit diesem Anliegen reist Menningen sogar persönlich nach Rom und spricht am 10. Juli 1940 in der brasilianischen Botschaft beim Heiligen Stuhl vor.[133] Dort antwortet man ihm, leider könne man hier nichts machen, vielmehr müsse der Vatikan über seinen Nuntius Druck auf die brasilianische Regierung ausüben, damit diese ihren Botschafter in Berlin anweise, die Visa auszugeben.

Genau das tut der Heilige Stuhl: er schickt seinen Nuntius in Rio auf die Barrikaden. Und endlich kommt aus Übersee wenigstens ein Zugeständnis. Von den 3000 zugesagten, aber blockierten Einreisegenehmigungen dürfen 1000 konvertierten Juden zugute kommen, die Deutschland bereits verlassen haben und in einem anderen europäischen Land der Dinge harren. Visa und Transitwege für getaufte deutsche Juden sind, so die Hoffnung, außerhalb Deutschlands leichter zu organisieren als innerhalb von Hitlers Machtbereich. Wie Menningen vorgeschlagen hatte, werden diese 1000 Ausreiseplätze auf Vermittlung des päpstlichen Staatssekretariates von der brasilianischen Botschaft beim Heiligen Stuhl vergeben. Unter dieses Kontingent würde Hermine Speier fallen.

Freilich liegt ihre Taufe erst ein Jahr zurück. Fast wie auf sie persönlich gemünzt wirkt die Bitte des Kardinalstaatssekretärs vom 12. Juli 1940 an den Nuntius in Rio, sich in Brasilien dafür einzusetzen, dass „zumindest ausnahmsweise" auch erst kürzlich getaufte Juden einreisen dürfen, „wenn ihre ehrliche Konversion von der kirchlichen Autorität bestätigt wird".[134] Hermine Speier schreibt Nobile von dem Hindernis der Taufe, die fünf Jahre zurück liegen müsse, fügt aber hinzu, diese Regelung sei in ihrem Fall wahrscheinlich durch eine Bürgschaft von Pater Stolz zu umgehen. In Rio spricht der päpstliche Diplomat mit dem brasilianischen Außenminister und muss nach Rom melden, dieser lehne die Einwanderung von erst kürzlich getauften Juden ab, „da er, wie er mir sagte, nicht an die Konversion der Juden glaubt".[135] Am 30. September 1940 schließlich teilt Brasilien dem Heiligen Stuhl amtlich mit, es werde ausschließlich solche konvertierte Juden ins Land lassen, die ihre Taufe vor 1935 empfangen haben.[136]

Die 2000 Visa, die in Deutschland selbst zu vergeben sind, werden am Ende ungenutzt bleiben. Brasilien gibt sie einfach zu spät frei. Das Vorrücken der deutschen Armee nach Mai 1940 macht es vielen „Nichtariern" unmöglich, aus den von Hitlertruppen besetzten Gebieten zu flüchten. „In Deutschland selbst war die ‚Brasilienaktion' komplett umsonst", resümieren trocken die Herausgeber der vatikanischen Dokumentensammlung.[137] Anderes gilt für das Vatikan-Kontingent der übrigen 1000 Visa, die Brasiliens Vatikan-Botschaft für bereits aus Deutschland und den besetzten Gebieten geflüchtete „nichtarische" Katholiken ausstellen kann. „Nur noch ganz wenige davon" seien zu vergeben, schreibt Maglione Ende Oktober 1940 dem Nuntius in Bern.[138] Mit anderen Worten, 1940 gelang rund 1000 getauften Juden, die aus Nazi-Deutschland bereits zuvor geflüchtet waren, dank der Vermittlung von Papst Pius XII. die Auswanderung nach Brasilien. Hermine Speier war nicht unter ihnen. Warum?

Was die diplomatischen Wendungen der ganzen „Brasilienaktion" anlangt, muss man sich Hermine Speier als durchgehend informiert vorstellen. Ihr Freund und Arbeitskollege, der Brasilianer Deoclecio Redig de Campos, wirkt nicht nur als Kunsthistoriker an den vatikanischen Museen, sondern auch als Diplomat an der Botschaft seines Landes beim Heiligen Stuhl. Mit ihm hat übrigens der Generalsekretär des Raphaelsvereins Menningen zu tun, als er sich, wie erwähnt, im Juli 1940 in die brasilianische Vatikan-Botschaft in Rom vorwagt.[139] Speier selbst schildert in einem ihrer drei Briefentwürfe an Nobile, Redig de Campos sei derjenige, der an der brasilianischen Botschaft mit dieser speziellen Visa-Angelegenheit zu tun habe.[140] Die Unterredungen, die Speier in diesen Wochen mit Redig de Campos führt, mag man sich ausmalen, etwa in der Frage, „wie katholisch" die getauften Juden nach Brasiliens Vorstellungen zu sein haben. Und während all diese kleinteiligen, von außen blickdichten Kommunikationsriten der Diplomatie mit ihren Notenwechseln, Besprechungen und internen Memoranden ablaufen, wartet Hermine auf Antwort von „drüben". Sie wartet gegen alle Hoffnung auf ein Ja von Nobile.

Auf vatikanischer Seite gedeihen die Vorbereitungen für Hermines Emigration nach Brasilien weit. Anscheinend versucht der Heilige Stuhl in den Monaten nach dem italienischen Kriegseintritt generell, den „Nichtariern" in seinen Diensten verstärkt zur Weiterreise in sichere Drittländer zu verhelfen. In einer Notiz der Deutschen Botschaft vom 7. August 1940 an das

Auswärtige Amt heißt es, „dass dem Vatikan zur Zeit anscheinend daran gelegen ist, sich der bei ihm beschäftigten Juden zu entledigen."[141] Als Beispiele werden Stephan Kuttner und Wolfgang Fritz Volbach genannt.

So stellt Museumsdirektor Nogara am 7. Juni 1940 eine „Erklärung pro Speier" aus.[142] „Natürlich, für Sie wäre es besser, Sie würden in die Staaten gehen", sagt er ihr mündlich, „denn was sollen Sie schon in Brasilien tun?"[143] Eigenhändig gibt Nogara seine Erklärung bei dell'Acqua im Staatssekretariat ab. Von dort gelangt sie in die brasilianische Botschaft, wo Redig de Campos sie in Empfang nimmt; er hat Hermine beschworen, trotz aller Zweifel die Sache in die Wege zu leiten, denn zurücktreten könne sie immer noch.[144] Welchen Weg das Dossier der deutschen Archäologin an der brasilianischen Botschaft nimmt, was darin steht und ob letztendlich irgendein Bescheid an Hermine Speier ergeht, ist heute offenbar nicht mehr festzustellen: Laut Auskunft der brasilianischen Botschaft beim Heiligen Stuhl findet sich im dortigen Archiv nicht nur kein Eintrag mit Speiers Namen, sondern kein einziger Name der Ausreisewilligen von 1940.[145] Die 34 Nachlass-Kisten der Archäologin schweigen gar zur gesamten „Brasilienaktion".

Welchen der drei Entwürfe Hermine Speier am Ende eigentlich als Brief an Nobile abschickte, und was Nobile ihr nach Rom antwortete, weiß der anonyme Käufer, der den Briefwechsel Speier-Nobile am 19. oder 20. November 2012 in Hamburg beim Auktionshaus Ketterer ersteigerte; wir hingegen wissen es vorerst nicht. Wir haben aber ein anderes Zeugnis, und dieses ist womöglich aussagekräftiger, als ein Nobile-Brief aus den USA es sein könnte. Es handelt sich um einen Brief an Hermine Speier von Pater Anselm Stolz, abgeschickt in Barcelona, das heißt an einem Ort, an dem sich der Schreiber vor dem Zugriff der Zensur sicher wähnte. Pater Anselm übernimmt bei einem Aufenthalt in Katalonien für seine Landsfrau Botendienste mit Amerika. Der in Rom stationierte deutsche Benediktiner, der Hermine Speier im Jahr zuvor auf dem Aventin getauft hat, ist über die delikate Herzensangelegenheit zwischen der Archäologin und dem General auf dem Laufenden. Nobile war bei Hermines Taufe anwesend, die beiden sind – oder waren – verlobt. Am 28. August 1940 schreibt Pater Anselm Stolz aus dem Benediktinerkloster Montserrat bei Barcelona:

„Sehr geehrte Fr. Speier,[146] kurz nach meiner Ankunft habe ich nach Roch. [Rochester, Nobiles Aufenthaltsort] geschrieben und gestern bekam ich die Antwort, die am 19. August abgegangen war. Er freute sich, hierher offener schreiben zu können, seine sonstigen Briefe sind auch von anderen gelesen, was ihn stark hemmt. Er hat aus Erm. [Hermines] letzten Briefen den Eindruck grösserer Ruhe .... Das brasilianische Visum betrachtet er als eine Rückendeckung, falls sich ähnliche Dinge wie damals [bei der Festnahme Speiers vor Hitlers Italienbesuch] vorbereiten bzw. abspielen sollten. [Die folgenden Teile auf Italienisch

dürften direkte Zitate aus dem Nobile-Brief sein]. Ma credo che una tale decisione dovrebbe venir riservata solo ad un caso di necessità, quando si trattasse di metterla al riparo. [Aber ich glaube, eine solche Entscheidung sollte nur für den Notfall aufgespart werden, wenn es darum geht, sie zu verstecken.] Nur um die Wartezeit abzukürzen, sollte sie die Reise nicht unternehmen, weil das gegenteiligen Effekt haben könnte."

Wenn der Krieg über das laufende Jahr 1940 hinaus andauere, werde seine Lage in Rochester noch prekärer, schreibt der General an den Benediktinerpater, und dieser leitet die Nachricht an Hermine weiter. Ausserdem gibt Nobile zu bedenken, dass ein Besuchsvisum aus Brasilien für die USA eventuell Hermines Einwanderungserlaubnis für später belasten könnte, räumt aber gleichzeitig ein, er wisse darüber „noch nicht genau Bescheid". Dann kommt der Satz, den Hermine als Kernbotschaft ansehen muss: „Jedenfalls hält er es für richtig, an Ort und Stelle zu bleiben, so lange das möglich ist". In einer Mischung aus Deutsch und Italienisch, indirekte Wiedergabe und direkte Zitate aus Nobiles Brief nahtlos nebeneinander stellend, fährt Pater Stolz fort:

„Wie Sie sehen, bin ich [Nobile] in dieser Frage völlig unschlüssig. Ich möchte in der Zwischenzeit schon einmal einige Punkte klären; aber hier in Rochester fällt mir das schwer. Er will an einen Vetter Hermines schreiben und er wird nochmals schreiben. Weit weg von meinem Land und den mir teuren Menschen zu sein, ist in dieser Zeit sehr schwer. Das verflossene Jahr war kein glückliches Jahr. Und wenn alles gut läuft, vergeht noch ein weiteres Jahr, bevor ich nach Italien kommen kann. Und inzwischen werde ich immer älter. Wenn Sie wieder in Rom sind, bitten Sie Hermine, auf ihre Gesundheit zu achten, und sagen Sie ihr, sie möge Geduld haben. Im Grunde hat sie es wohl leichter als ich, immerhin ist sie von Freunden umgeben, die sie gerne haben. ... [Punkte im Original] Sobald sie hier ist, können wir leicht das tun, was wir uns wünschen. ... [Punkte im Original] Wenn aber ich [Nobile] zuerst nach Italien komme, dann muss ich [Pater Stolz?] dafür sorgen."[147]

Mit der letzten Wendung könnte eine Hochzeit angedeutet sein. Pater Stolz, er ist zu jener Zeit wohl auch Hermines Beichtvater, weiß zweifellos von den seelischen, moralischen und existenziellen Nöten seines Täuflings. Die 42 Jahre alte Hermine, „nichtarische" Katholikin, ist verlobt mit dem verwitweten General Nobile, der mit seinen 55 Jahren in prekären Verhältnissen als Dozent einer amerikanischen Provinzhochschule lebt und ihre Liebe nur noch lau erwidert. Doch nicht nur auf der Ebene ihres privaten Geschicks sieht Hermine einer ungewissen Zukunft entgegen. Mussolinis Rassengesetze von 1938 haben Juden, und als solche gilt Hermine trotz ihrer Taufe, nach und nach auch in Italien in die Isolation getrieben.

Hinzu kommt, dass ausländische Juden neuerdings von Italien in Lagern interniert werden. Denn in der Zeit, die zwischen Hermines Briefen an Nobile und Nobiles Antwort via Pater Stolz liegt, ist Mussolini im Juni 1940 an der Seite Hitlers in den Krieg eingetreten. Nach dem Grundsatz „deine Feinde sind meine Feinde" gelten die nach Italien geflüchteten Juden und politisch Andersdenkenden aus Deutschland nun als gefährliche Elemente. Die italienischen Internierungslager haben zwar nichts mit KZs deutschen Zuschnitts gemein, doch sind sie Stätten erzwungenen Aufenthaltes. Auch Hermine Speier fürchtet ab Juni 1940 die Einweisung in ein solches Lager. Ihr Freund Friedrich Krauss und dessen Lebensgefährtin, die gerade in Rom befindliche deutsch-peruanische Ärztin Mercedes Gaffron, besorgen ihr für diesen Ernstfall das Nötigste, packen ihr ein Köfferchen und besprechen die dann zu unternehmenden Schritte.[148]

Nach außen hin schützt ihre Beschäftigung im Vatikan die „nichtarische" Deutsche vor den gehässigsten Zumutungen, gewiss, und sie erfährt demonstrative Solidarität von manchen Kollegen und vom Vorgesetzten. Doch welche Zukunft die Teilzeitstelle beim Papst hat, ist offen. Vollends scheidet das außer Rand und Band geratene, kriegführende, judenverfolgende Hitlerdeutschland als Perspektive aus. Hermines Brüder und der Vater sind nach Jahren der Nazi-Unterdrückung emigriert wie Hunderttausende andere Juden. Heimat ist dort nicht mehr.

Inmitten dieses Panoramas dumpfer existenzieller Bedrohung muss Hermine die Ehe mit Nobile wie ein goldener Anker vorkommen. Ein Abgrund tut sich auf vor ihr, sie sucht die Hand des italienischen Generals, sie wünscht sich einen Helden. Doch wird sie nicht vor den Traualtar schreiten, und das ahnt sie seit mindestens einem Jahr. Noch sucht Pater Stolz Hermine zu beruhigen: „Jedenfalls scheinen mir Zweifel nicht berechtigt, selbst wenn man versucht ist, im einen oder anderen Punkt anders [als Nobile] zu denken", beschwichtigt er seinen Schützling in Rom. Mit einer Prise Realismus fügt er hinzu, er hoffe, Hermine habe „notwendigen Trost und Stütze dort gefunden ..., wo sie einzig zu finden sind", also in der Hinwendung zu Gott und nicht etwa zu einem Helden.

Doch so subtile Signale kommen bei Hermine nicht mehr an. Schon aus ihren Briefentwürfen vom Mai, drei Monate vor der Antwort via Barcelona, spricht eine ernst und offen alle Schwierigkeiten erörternde Hermine in der Schwebe zwischen Hoffen und Wissen. „Es gibt gewisse Dinge, die Du ein für allemal für Dich klären musst, und nicht einfach Hoffnungen und vage Wünsche weiterlaufen lässt", heißt es an einer Stelle.[149] Sie erinnert ihn daran, wie er sie 1938 aus dem Gefängnis befreit und dabei sein „Leben riskiert" habe: „Hast Du diesen Geburtstag Roms wirklich vergessen können?", redet sie ihm ins Gewissen.[150] Leider habe er sich seither „nicht dazu entschließen können, für mich und unsere Dinge irgendein Risiko einzugehen". Das sei ein Konflikt, der „mit dem Voranschreiten der Dinge immer bitterer" werde.

„Ich habe kein Recht, etwas gegen Dich zu sagen, aber sicherlich hättest Du, wenn es anders wäre, in diesem Jahr die Möglichkeit gefunden, uns zu vereinen."[151]

Und so verläuft die „Brasilienaktion" für Hermine im Sand ihrer Liebe. Aus ihrer Emigration wird ebenso wenig wie aus ihrer Ehe. Die Trauringe, an die sich Umberto Nobiles bald hundertjährige Tochter Maria noch heute erinnert, verschwinden für immer in einer Schublade der geräumigen Wohnung des Generals. Und mangels eines anderen Auswegs bleibt Hermine in Rom.

Wie gefährdet sie hier lebt, kann sie kaum ahnen. Just zur Zeit ihrer Entwürfe an Nobile gehen zwischen dem Innenministerium und der Quästur Schriftwechsel über Hermine Speier hin und her.[152] Die eine Instanz will von der anderen wissen, wie mit jener deutschen, im Vatikan beschäftigten Jüdin zu verfahren sei. Nogara im Vatikan registriert am 21. April 1941 eine „neue Bedrohung für Speier" und bekommt anderntags im Staatssekretariat von dell'Acqua die Weisung für Hermine: „stillhalten, nicht rühren."[153] Am 2. August 1941 greifen italienische Polizisten sie in der Eisenbahn von Civitavecchia nach Rom auf. „Speier Hermine Sara", auf diesen Namen lautet jetzt ihr Pass, wird aufs Revier am Bahnhof Termini begleitet. Die Beamten bitten um Order, doch erhalten sie keine Antwort, zumindest liegt keine im betreffenden Akt. Ist es ihr Vatikan-Ausweis, der Hermine an jenem Tag vor dem Abtransport ins Internierungslager schützt? Im Jahr darauf, September 1942, erfährt sie von einer dramatischen Wende bei Lise Salin. Weil ihnen die Schweiz zu engstirnig war, sind Salins nach Chambéry in Frankreich weitergewandert. Als Jüdin ist Lise nun – die Eltern sind zum Glück schon zu alt dafür – in ein französisches Lager deportiert worden, Gurs oder Rivesaltes. Hermine läuft zu Nogara,[154] der Lise kennt: 1937 besuchte sie in sehr viel besseren Zeiten die Schulfreundin im Vatikan, zusammen mit ihrem ebenfalls jüdischen Onkel, der den Päpstlichen Museen wenig später aus London ungebleichte Wolle zum Restaurieren kostbarer Barberini-Wandteppiche stiftete.[155] Wieder spricht Nogara im Staatssekretariat vor. Dell'Acqua will den päpstlichen Botschafter in Vichy pro Salin einschalten. Lise kommt frei, und Salins flüchten zurück in die sichere Schweiz. Nicht ein Wort zu diesen Vorgängen steht in Lises Briefen an Hermine.

In Rom aber tritt genau ein Jahr später, im Sptember 1943, der Fall ein, für den Hermine gerne emigriert wäre. Die Deutschen besetzen die Ewige Stadt. Die italienischen Faschisten haben die Juden schikaniert, verfolgt und systematisch ihrer Rechte beraubt, aber nicht ermordet. Erst als ihre Landsleute in Rom einfallen, muss die „Volljüdin" Hermine Speier um ihr Leben fürchten.

8. KAPITEL

Die braune Macht in Rom

1. Tage des Umbruchs

Am Abend des 8. September 1943 verkündet Marschall Pietro Badoglio, der im Juni den abgesetzten Mussolini als Regierungschef Italiens beerbt hat, einen Waffenstillstand mit den Alliierten. Mit diesem Akt bricht die so genannte Achse Berlin-Rom. Deutschland und Italien werden von Verbündeten zu Feinden im Krieg. Ein vor Wut schäumender Hitler sinnt auf Rache. Seine Truppen besetzen zwei Tage später Rom.

Neun Monate wird dieser Alptraum dauern, September 1943 bis Anfang Juni 1944, die Spanne eines Schuljahres. Rom wird den Krieg weitgehend heil überstehen, doch vorherzusehen ist das nicht. Die deutsche Wehrmacht tritt in Rom im Großen und Ganzen zivilisiert auf, doch sie verschärft bei der Bevölkerung den äußeren und inneren Ausnahmezustand, den Hunger, die Angst, das Gefühl der Sinnlosigkeit. Der blanke Horror aber erwartet die Juden. Nicht die Wehrmacht, sondern die Schergen der SS führen am 16. Oktober 1943 in der Ewigen Stadt eine Großrazzia durch. Zwei Tage später fahren 1.022 jüdische Bürgerinnen und Bürger in Viehwaggons nach Auschwitz. Nur 16 werden zurückkommen. Um es vorwegzunehmen: Hermine Speier ist für dieses Mal nicht unter den Festgenommenen.

Am Tag nach der Ausrufung des Waffenstillstandes ist die italienische Regierung Badoglio mitsamt der Königsfamilie heimlich Richtung Süden geflüchtet. Die Soldaten bleiben ohne Führung noch Weisung zurück. So haben die Nazis leichtes Spiel. Am 10. September besetzen sie Italiens Hauptstadt. Nur noch die geistliche Führung der Stadt ist in Stellung: Papst Pius XII., Bischof von Rom und Oberhaupt der katholischen Weltkirche. Die diplomatische Maschine des Heiligen Stuhles ist alarmiert. Was, wenn der wahnsinnige Diktator nicht nur Rom, sondern auch den Vatikanstaat besetzen lässt? Was, wenn die Nazis den Papst entführen und damit die katholische Weltkirche regelrecht enthaupten? Noch bevor die Deutschen in Rom eintreffen, bestellt der Kardinalstaatssekretär den deutschen Botschafter beim Heiligen Stuhl ein, Ernst von Weizsäcker. Rom und die Vatikanstaat müssen „respektiert“

werden, schärft Kardinal Maglione dem Vertreter Berlins bei dieser Unterredung ein.[1]

Weniger in Sorge scheint paradoxerweise die jüdische Gemeinde der Stadt. Viele römische Juden fühlen sich nicht übermäßig bedroht, als die Wehrmacht sich in ihrer Stadt breitmacht. „Ich weiß von niemandem, der [zwischen dem 8. September und dem 16. Oktober 1943 aus Rom] weggegangen wäre", erzählte eine Überlebende Jahrzehnte nach den tragischen Deportationen.[2] Andere sagten: „Aus dem Ausland kamen hin und wieder Leute, die Andeutungen machten... aber hier in Rom haben wir nicht daran geglaubt, zum einen, weil wir mit der nichtjüdischen Bevölkerung gut zusammenlebten, zum anderen, weil auch die jüdische Gemeinde selbst nicht ... an bestimmten Personen zu zweifeln begann"; „manchmal traf ich Leute aus Polen, die von Konzentrationslagern sprachen, aber wir waren uns nicht klar über die Gefahr"; „meine Eltern wussten wohl etwas über ihre Verwandten aus Parma, oder von Einwanderern oder Freunden, aber von der Existenz von Vernichtungslagern ahnten sie natürlich nichts"; „auch während der neun Monate, in denen wir uns versteckten, konnte es geschehen, dass wir ausgingen, um einen Spaziergang zu machen: wir dachten nicht, dass das eine solche Gefahr bedeutete, man hatte bloß Angst vor der Zwangsarbeit für die Männer, zum Beispiel jene an den Ufern des Tiber."

Ein ähnliches Maß an Arglosigkeit und Fehleinschätzung spricht aus einem Brief, den Hermine Speier just in den ersten Septembertagen 1943 ihrer Freundin Lise Salin schreibt.[3] Hermine liegt mit einer Grippe im Bett und hängt düsteren Gedanken nach. Nicht etwa eine tödliche Bedrohung ist es, die sie plagt, sondern Einsamkeit. Sie fühle sich „an allen Gliedern zerschlagen" und sehne sich „wie ein Kind nach ein bisschen Pflege und Zärtlichkeit", schreibt sie der Freundin in die Schweiz. Ihr „Hausgeist" sei gerade in Ferien, nur die Nachbarin schaue gelegentlich vorbei; „was ich sonst an getreuen Bekannten habe, ist verreist oder in diesen Zeiten schwer zu erreichen oder selber krank".

„Und da fragt man sich natürlich, wenn man so im Fieber herumliegt: wozu bist Du eigentlich da, es wäre doch genau so gut, wenn Du jetzt Dein seliges Ende fändest. Im gewöhnlichen Tagesleben, wenn man von einer seiner mehr oder weniger unnötigen Beschäftigungen zur andern eilt, hat man glücklicherweise keine Zeit zu solcher Trübsalblaserei und ich habe ja auch immer die gute Gabe möglichst alle Dinge von ihrer netten Seite anzusehen. Aber wenn man dann einmal Zeit hat, allem mehr auf den Grund zu gehen, was bleibt dann? Zumal wenn man wie ich immer fester und tiefer zu der Überzeugung kommt dass das, was in dieser unserer entsetzlichen Welt wirklichen und freudigen Sinn hat die menschlich ganz dichte Verbundenheit und gegenwärtige Nähe der Geliebten ist. Und das entbehre ich nun seit über vier Jahren mit Ausnahme

der kurzen Tage ab und zu, wo der Federigo [Friedrich Krauss] kam und einiger Wochen mit Schef. [Karl Schefold] vor zwei Jahren, wo es wirklich so etwas wie gemeinsame Tage gab. Ich wäre undankbar im höchsten Grade wollte ich die viele schöne und erfreuliche Freundschaftlichkeit, die ich hier habe, nicht auch kennen. Aber es ist doch etwas Anderes, Du verstehst es gewiss. Dieses völlige innere Ausruhenkönnen, was ich habe, wenn Du in meiner Nähe bist oder einer von Euch und wie es früher einmal bei U. [Umberto Nobile] war, das habe ich doch nun nirgends. Immer ist man irgendwie auf dem ‚qui vive', vielleicht am meisten vor sich selbst, um eben solche Dinge, wie sie mir da jetzt heraussprudeln, nicht herauszulassen. Und somit denn: basta!"

Nur zwei flüchtige Andeutungen verorten diesen Brief im konkreten historischen Geschehen. Am Monte Cavo in den Albaner Bergen, den Hermine von ihrem Salonfenster aus sieht, habe sich eine zarte Mondsichel „zum erstenmal für diesen Monat erleuchtet. Aber wir lieben ja nun leider die Mondnächte nicht mehr, denn sie bringen Unruhe und Grausen." Und ganz am Ende kommt Hermine auf die lebenstechnischen Niederungen der Lage zu sprechen und stellt der Freundin eine „unbescheidene Frage: Könntest Du wohl mal was Nahrhaftes schicken? Du kannst Dir wohl kaum vorstellen, was wir alles nicht haben." Der Brief ist adressiert und frankiert, auf der Rückseite hat Hermine sorgsam die Nummer ihres vom faschistischen Bildungsministerium ausgestellten Ausweises notiert. Doch abschicken getraut sie sich den Brief wohl nicht mehr. Er liegt in ihrem eigenen Nachlass.

2. Untertauchen im Kloster an den Katakomben

Hermine Speier taucht nicht sofort unter, als Deutschland zum Feind Italiens wird. Am Vormittag jenes 8. September, an dem Italien den Waffenstillstand erklären wird, versieht sie in gewohnter Weise ihren Dienst in den Museen. Doch etwas kündigt sich an, und zu denken gibt ihr besonders eine Vorkehrung ihres Lehrers Curtius, mit dem sie gerade in letzter Zeit viel und lange gesprochen hat, wie sie Lise Salin schreibt. Curtius nämlich bringt an jenem 8. September um 9 Uhr morgens seine private Kunstsammlung in die Vatikanischen Museen, damit sie dort, in einem neutralen Staat mit gutgeschützten Depots, vor aller dräuender Gefahr in Sicherheit sei. Der Vorgang ist in den Monatsberichten der Museen festgehalten,[4] im Anhang befindet sich eine Liste mit 29 Objekten der „collezione Curtius", darunter ein Zeuskopf „im Stil des Phidias", ein Mädchenkopf, „griechisches Original aus der Schule des Praxiteles, Höhe 0,21 m", ein Pantherkopf aus Terrakotta und ein etruskisch-archaischer Männerkopf „ohne Bart in Marmor". Auf dieser Liste vermerkt Hermine Speier von Hand mit rotem Bleistift Datum und Uhrzeit:

„8 sett. 1943 alle ore 9". Den kleinen Kunsttransport beobachten Curtius, seine Tochter, Magi und Speier, notiert sich Nogara in sein Tagebuch.[5]

„Während des Krieges stand vieles Kostbare bei uns im Magazzin [sic]", wird Hermine Speier später schreiben. Tatsächlich öffnen die Museen des Papstes ihre Depots privaten und öffentlichen Kunstsammlungen. Die „collezione Curtius" ist exquisit, aber ein geringfügiger Posten im Vergleich mit den Hunderten Kisten, die in den folgenden Monaten im Vatikan mit Einverständnis des Papstes und unter Vermittlung der deutschen Botschaft beim Heiligen Stuhl eingelagert werden.

Museumsdirektor Bartolomeo Nogara erweist sich als weitsichtig und zupackend in Fragen des Kunstschutzes, aber auch in Fragen der persönlichen Sicherheit seiner Mitarbeiterin Hermine Speier. Aus Sicht der Kirche ist sie nach ihrer Taufe – zumindest theoretisch – ohne Abstrich Katholikin, aus Sicht der Rassenideologie hingegen „Volljüdin", und Nogara ahnt, dass Faschisten und Nationalsozialisten ihre antijüdischen Gesetze eines Tages bis zur letzten Konsequenz ausschöpfen könnten. Er will Hermine an einem sicheren Ort wissen. Bereits nach Mussolinis Absetzung am 25. Juli 1943 hat Nogara in Sachen Speier bei den Schwestern der Teppich-Restaurierungswerkstatt vorgesprochen.[6] Auf Vermittlung Kardinal Eugène Tisserants öffneten die Schwestern ihre Klausur. Allem Anschein nach boten die Franziskanerinnen ihrer Museumskollegin Hermine Speier vorübergehend Schutz in ihrer Gemeinschaft innerhalb des Vatikans. Dieser Befund zumindest ergibt sich für Antonio Nogara nach dem Studium verschiedener Aufzeichnungen im Familienarchiv.

Am 10. September installiert sich die Wehrmacht in Rom. Tags darauf will ein priesterlicher Freund Hermine Speier beistehen: der aus Breslau stammende Kirchenhistoriker Hubert Jedin (1900–1980), „Halbjude" und somit selbst ein Opfer der braunen Macht. Jedin wohnt im Priesterkolleg am Campo Santo Teutonico im Vatikan und geht an jenem Tag „gegen Abend nach St. Onofrio, um Frl. Speyer [sic] zu beruhigen; sie war aber bei einer Freundin."[7] Möglicherweise hält sie sich da in Wirklichkeit nicht bei „einer Freundin" auf, sondern bereits bei den Nonnen der römischen Priscilla-Katakomben. Denn zwei Tage später schreibt Nogara in sein Tagebuch:

„Fräulein Speier hat beschlossen, bei den Schwestern von Mons. Belvederi unterzutauchen und sich dort auch zu kurieren. Sie händigt den Schlüssel des Fotoarchivs aus, wo sie etwas Geld und Schmuck aufbewahrt."[8]

Die „Schwestern von Mons. Belvederi" sind eine Gemeinschaft von Benediktinerinnen, die der Priester, Archäologe und Katakombenforscher Giulio Belvederi (1882–1959) gegründet und mit der besonderen Aufgabe versehen hat, das Gedächtnis der frühchristlichen Grabkammern Roms zu bewahren.[9] Belvederi wirkt als Sekretär des Päpstlichen Institutes für Christliche

Archäologie. Auch der Päpstlichen Römischen Akademie für Archäologie gehört Belvederi an, als deren Vizepräsident Bartolomeo Nogara fungiert. Seine Wohnstatt aber hat der Priester im Konvent der Benediktinerinnen. Die Nonnen pflegen und verwalten die Priscilla-Katakomben, die zu den größten christlichen Totenstädten Roms zählen: 13 Kilometer unterirdische Gänge auf mehreren Ebenen, mit Abertausenden Gräbern, sehr einfachen und etlichen reich geschmückten. Die Priscilla-Katakomben liegen am nördlichen Stadtrand an der Via Salaria 430. Das alte römische Recht verbot es, Tote innerhalb der bewohnten Bezirke zur letzten Ruhe zu betten. So wie alle anderen frühchristlichen Katakomben Roms, rund 65 an der Zahl, gehören auch die Priscilla-Katakomben nach den Lateranverträgen zum Verantwortungsbereich des Vatikans.

Zwei Tage nach dem Einmarsch ihrer Landsleute in Rom also taucht die deutsche Archäologin, die formal keine Deutsche mehr ist,[10] buchstäblich unter. Hubert Jedin erfährt am 17. Oktober von Hermines Aufenthalt und notiert erleichtert in sein Tagebuch: „Nachmittags bei Ortenstein mit Dr. Crous zusammen. Frl. Speyer [sic] ist in Sicherheit."[11] In seinen Lebenserinnerungen hält er fest:

„Es war für mich eine große Beruhigung, daß Hermine Speier bei den Schwestern der Casa delle Catacombe an der Via Salaria gut versteckt war; der Hausherr, Mons. Belvederi, ein Neffe des päpstlichen Zeremonienmeister Respighi, hatte sie dort untergebracht. Das Versteck war deshalb so vorzüglich, weil sie und die anderen ‚imboscati' [Untergetauchten] im Falle einer Haussuchung durch einen geheimen Zugang in der benachbarten Katakombe verschwinden konnten, die auf diese Weise eine ähnliche Funktion erhielt wie in der Zeit der Christenverfolgung."[12]

Unklar bleibt, auf welchen Wegen Hermine Speier gerade in dieses Versteck gelangt. Nogara erwähnt in seinen Tagebüchern nicht, dass er bei Belvederi den Unterschlupf für seine Fotothekarin angeregt hätte. Naheliegend ist allerdings die Vermutung, Giulio Belvederi und Hermine Speier kennen einander von beruflichen Kontakten. Belvederi hat für die Päpstliche Kommission für Sakrale Archäologie ab 1925 eine Fotosammlung angelegt, die den Denkmälerbestand und die Grabungen in Katakomben dokumentiert. Im September 1942 schenkt der Priester den Vatikanischen Museen 18 vollständige Jahresausgaben der Zeitschrift „Rivista di Archeologia Cristiana" im Tausch gegen „einige Fotografien, die ihm vom Fotoarchiv ausgehändigt werden sollen".[13] Damit war höchstwahrscheinlich Hermine Speier befasst.

Zwei weitere Persönlichkeiten, die Hermine zu schützen trachten, kennen Belvederi: Ludwig Curtius und Eugénie Strong. Beide gehören so wie der Bologneser Priester der Päpstlichen Römischen Akademie für Archäologie an. Seit sie der harschen Britin nicht mehr als Assistentin dient, hat sich

Hermine mit der inzwischen über 80-jährigen, kinderlosen Eugénie Strong geradezu angefreundet. Einträge wie „Speier per Mrs. Strong" scheinen in Nogaras privaten Aufzeichnungen zwischen 1940 und 1943 rund zehn Mal auf. Hermine hilft der Grande Dame der Archäologie bei einem letzten Buch über den Papstpalast im Vatikan, verschafft ihr Arzneien und Mitfahrgelegenheiten und hilft ihr offenbar im Schriftverkehr zur Schenkung ihrer Bibliothek:[14] Die verarmte Gelehrte muss sich aus Platzgründen von ihrer Büchersammlung trennen. Sie vermacht sie zwei vatikanischen Instituten, zum einen der Päpstlichen Römischen Akademie für Archäologie, zum anderen dem Päpstlichen Institut für Christliche Archäologie. Der Sekretär der letztgenannten Einrichtung ist niemand anderer als Giulio Belvederi. Er hat Büchern der Britin bereits 1941 Asyl gewährt und auch den Transport der Bibliothek von Strongs aufgelassener Wohnung ins Institut übernommen.[15]

Wenig später sind es bedrängte Menschen, denen Belvederi Asyl gewährt. Er öffnet das Schwesternhaus über den Katakomben an der Via Salaria nicht nur für Hermine Speier, sondern auch für andere Verfolgte. „Zehn, vielleicht elf" Personen finden Zuflucht im Konvent, [16] erinnern sich Jahrzehnte später zwei der Benediktinerinnen, darunter die Deutsche Maria Serena Maier: neben „Signorina Spayer [sic], die im Vatikan arbeitete und vor dem Krieg konvertiert war", seien das mehrere italienische Deserteure gewesen, überdies „ein Marschall, an dessen Namen ich mich nicht erinnere, dann ein Minister der Badoglio-Regierung, Visconti di Modrone"[17] sowie die dreiköpfige italienische Familie Camerino nebst ihrer kleinen Tochter: „Der Mann war ein vor dem Krieg konvertierter Jude ... er war sehr exponiert, denn er betrieb auf dem Markusplatz einen Handel mit Mosaiken, er konnte nicht bleiben." Auch an einige fahnenflüchtige slawische Soldaten erinnern sich die beiden Schwestern. Um diesen Männern wieder zur Freiheit zu verhelfen, bedient man sich einer List. Ein eingeweihter Pfarrer schickt einige Mädchen ins Kloster, und nach und nach begleitet jedes von ihnen als „falsche Ehefrau" einen der Soldaten hinaus. „Das waren gefährliche Momente. Denn ihre Uniformen und Waffen haben wir in die Katakomben geworfen, während wir all diese Gäste hatten; die Deutschen kamen, um sich die Katakomben anzusehen", [18] erinnert sich Schwester Anna.

Weder Hermine Speier noch einer der übrigen Untergetauchten leben in den Katakomben selbst. Mehr noch, als einmal italienische Deserteure an die Tür klopfen und dieses Ansinnen vorbringen, fühlen sich die Schwestern verpflichtet, sie wegzuschicken, weil im feuchten Dunkel der unterirdischen Gräberstadt „kein Leben" sei. Alle Versteckten wohnen im Schwesternkonvent selbst; sie schlafen,

„wo Platz [ist], die Armen, einige auch unter der Treppe, vor allem besteht das Haus aus zwei mit einem Korridor verbundenen Gebäudeteilen, der damals

ganz aus Glas war, und jedes Mal, wenn sie ihn passierten, liefen sie gebückt, aus Angst gesehen zu werden; denn rund um die [gegenüberliegende] Villa Savoia standen Wachen."

Für Hermine Speier beginnt bei den Nonnen eine angstvolle Zeit des Wartens und des Angewiesenseins auf Informationen zweifelhafter Belastbarkeit. Kurz nach ihrem Abtauchen ins Kloster erhält sie die Nachricht vom Tod Eugénie Strongs, die in ihrem Hotelzimmer in der Via Veneto verschied, umgeben von Manuskriptstapeln und den letzten ihr verbliebenen Büchern und bis zuletzt an ihrem Werk über den Papstpalast arbeitend.[19] Wieder muss Hermine innerlich Abschied nehmen von einer Mentorfigur;[20] es ist das dritte Mal in einem Jahr. „Im Laufe von 3 Wochen starb Comm. Quadrani der im wahrsten Sinn des Wortes *gute* Segretus und der von mir immer mehr geliebte und verehrte Benediktinerpater [Anselm Stolz], der mich in S.Ans. getauft hat", hat Hermine im Oktober 1942 in einem Brieffragment geschrieben, das schon im Schriftbild Erschütterung zeigt.[21] „Der Tod so im nah [...] des täglichen Lebens hat mich sehr erschüttert und mir zwei fühlbare Lücken gerissen", teilt Hermine ihrem Gönner Robert Boehringer mit und entschuldigt sich für ihr langes Schweigen.

In der Zwischenzeit hat freilich ihre eigene Lebenslage eine dramatische Wende genommen. Sie ist untergetaucht auf der Flucht vor Zeitgenossen, die ihr ein vorerst nicht näher nennbares Böses wollen. Jeder der drei verstorbenen Mentoren stand für einen anderen Schutzraum in Hermines Leben. Eugénie Strong imponierte der deutschen Archäologin als Pionierin ihrer gemeinsamen Zunft: Keine andere Frau ihrer Generation – Strong war Jahrgang 1860 – hatte sich in der Welt der Antikenwissenschaft eine derartige Hochachtung erworben wie die Britin. Quadrani verteidigte zusammen mit Nogara Hermine Speiers Anwesenheit im Vatikan. Pater Stolz öffnete ihr den Raum des Glaubens und war bis zuletzt ihr Ratgeber in der Herzenssache Nobile. Kurz, Hermines wissenschaftliche, ihre berufliche und ihre geistliche Welt sind ausgerechnet jetzt um tragende Stützen ärmer. Ihr Beichtvater und Seelenführer wird ein Mitbruder von Pater Stolz: Pater Augustinus Mayer, der zukünftige Kardinal. Auch er wohnt in Sant'Anselmo, auch er ist Dogmatik-Professor der dort befindlichen päpstlichen Hochschule der Benediktiner.

Die benediktinische Lebensregel „ora et labora", bete und arbeite, fasziniert Hermine schon im Kloster der Benediktinerinnen von Priscilla aus unmittelbarer Anschauung. Gebet und Arbeit bestimmen den Tagesablauf der Nonnen, und Hermine teilt etwas von beiden mit ihnen. Zum einen besucht sie in der Kapelle die Heilige Messe, zum anderen schafft sie in der Klosterbibliothek Ordnung und studiert in den archäologischen Fachpublikationen, die Giulio Belvederi dort angesammelt hat.[22] Auch in die Katakomben selbst geht sie gelegentlich zur Besichtigung. Um zur Treppe zu gelangen, die in die unterirdische Totentstadt hinabführt, muss sie den Hof überqueren, der allerdings hinter dem Klostertor verborgen und damit von außen uneinsehbar liegt. Die Katakomben sind zu diesem Zeitpunkt noch nicht allgemein zugänglich, das werden sie erst 1950.

Benannt ist die Gräberstadt nach der römischen Adligen Priscilla, die der christlichen Gemeinde seinerzeit das Grundstück für den Friedhof stiftete. Die Katakomben an der Via Salaria überraschen mit besonders schönen frühchristlichen Wandmalereien. Hermines Fachgebiet ist die klassische, nicht die christliche Archäologie, doch bietet die Ablöse der römischen durch die christliche Kunst Überlagerungen, die sie nicht gleichgültig lassen. Ins Auge springen Hermine bei ihren Rundgängen die zerstreuten Fragmente eines frühchristlichen Sarkophags aus Marmor. Ihrem geschulten Blick entgeht weder die Qualität der Arbeit noch die Identität der dargestellten Figuren: Es sind Musen, Schutzgöttinnen der Künste. Zehn Jahre nach ihrem Versteck im Kloster lässt sie zum Dank für Giulio Belvederi, der sie dort aufnahm, die Fragmente des Sarkophags durch ihren Schüler Bernard Andreae zusammensetzen und publiziert ihre Analyse des Stückes in einer Festschrift für Belvederi.[23] Auf dem Manuskript vermerkt sie mit der Hand: „A Mons. Giulio Belvederi con profonda filiale gratitudine e devozione", an Monsignore „in tiefer töchterlicher Dankbarkeit und Verehrung".[24]

In ähnlicher Form zeigt sich auch der jüdische Mosaikenhändler Vincenzo Camerino erkenntlich für den Schutz, den er mit seiner Familie durch die Schwestern und den Monsignore genießt. Als der Krieg vorbei ist, stiftet er ein großes Mosaik für die Altarseite der Klosterkapelle. Es stellt das Letzte Abendmahl Jesu im Kreis seiner Jünger dar. Die Tochter Camerino empfängt während ihrer Zeit im Versteck die Erstkommunion. An diese Feier erinnert sich jede der befragten Schwestern: „Ein Fest für die ganze Gemeinschaft" ist es;[25] der Gärtner der Villa Savoia bringt rote Rosen, die die Schwestern in die Katakomben tragen.[26] Die Erstkommunion des Mädchens findet dort unten statt, an jenem verborgenen Ort des frühen Christentums mit seinen 1700 Jahre alten Gräbern, in denen der Überlieferung zufolge besonders viele zu Tode gefolterte Christen – Märtyrer – ihre letzte Ruhestätte fanden. Der Gegensatz zwischen der geistlichen Handlung und der extremen äußeren Bedrohung, besonders nach der Judendeportation vom 16. Oktober, muss haarsträubend gewesen sein.

Zu Familie Camerino, Mann, Frau und Tochter, hat Hermine Speier im Kloster engen Kontakt. „Ich weiß, dass sie miteinander die Mahlzeiten einnahmen, auch gemeinsam mit Monsignore", erinnert sich Schwester Giovanna. „Sie aßen in diesem kleinen Wohnzimmer, das wie in einer Familie war, und das auch unserer Gemeinschaft diente." Die Nonnen hätten alle gewusst, dass die deutsche Archäologin ihrer jüdischen Herkunft wegen bei ihnen war. Fragen aber habe sie, Schwester Giovanna, ihr nicht gestellt. Sie sei eine 20 Jahre alte Novizin gewesen.

Rund 15 Schwestern umfasst die Gemeinschaft zu dem Zeitpunkt.[27] Die Anwesenheit von etwa zehn Versteckten fällt ins Gewicht. Eine der Nonnen sorgt bei Ausgängen für die täglich benötigten Nahrungsmittel, doch sie sind knapp. Wenn Monsignore Belvederi im Vatikan zu tun hat, bringt er „gelegentlich etwas Essen mit, ein paar Brotlaibe", und alle „freuen sich, diese Dinge zu haben." Acht Tage vor Weihnachten bittet Hermine Speier ihren Chef Nogara, der im Vatikan in erträglicher Versorgungslage lebt, um Brot und Milch für ihre versteckte Hausgemeinschaft; er möge das Verlangte ins Päpstliche Institut für Christliche Archäologie bei der Basilika Santa Maria Maggiore schicken, von wo Belvederi es dann weiterbefördern werde.[28]

Die Schwestern betreiben in ihrem Konvent eine kleine Druckerei. Dort entstehen die Publikationen des Instituts von Monsignore Belvederi, zur Zeit der deutschen Besatzung aber möglicherweise auch gefälschte Personalausweise.[29] Im Kloster hört Hermine Erfreuliches über ihren Landsmann Sigismund von Braun, dessen Bekanntschaft sie wenig später machen wird: Der Diplomat, Mitarbeiter des deutschen Vatikan-Botschafters Ernst von Weizsäcker, wird „wegen seiner Hilfsbereitschaft und Unermüdlichkeit, vatikanische Ausweise im Interesse von gefährdeten jungen Italienern [auszustellen] gerühmt."[30] Diejenigen, vor denen solche Ausweise schützen sollen, lassen sich freilich ebenfalls blicken. Mindestens zweimal kommen deutsche Soldaten im Kloster an der Via Salaria vorbei, einmal offenbar, um sich aus Bildungseifer die Katakomben anzusehen. Sie freuen sich sehr, dort eine Landsfrau vorzufinden, die sie in ihrer Sprache führen kann, nämlich Schwester Maria Serena Maier; „brave Leute", erinnert sich diese.[31] Ein anderes Mal sehen sich die Schwestern „von Deutschen umzingelt" und wittern Gefahr: „Wir haben die Gäste in die Katakomben geschickt, wir fürchteten, [die Soldaten] könnten Hunde dabei haben, aber glücklicherweise sind sie nicht gekommen."[32] In der Erinnerung Schwester Giovanna Piccillos verknüpfen sich die Besuche deutscher Soldaten zu diesem Bericht:

„Einmal kamen die SS mit einem Hund. Aber da war diese deutsche Mitschwester, die sie nicht hineingelassen hat. Sie gingen in die Katakomben. Sie haben ihre Pflicht getan. Wir waren gelassen. Wir fühlten uns von Gott beschützt."

Der Architekt Frank Gebhard Zander, dessen Taufe in den Priscilla-Katakomben 1959 Hermine Speier als Patin begleitete, sagt:

„Sie hat mir erzählt, sie hat mindestens zwei Razzien dort erlebt, aber ihr war das Ordensgewand angezogen worden, sie war immer im Ordensgewand in dem Kloster, und dann wurde festgestellt, das ist Schwester Hermine, das

ist Schwester soundso, das ist nicht weiter aufgefallen. Dadurch hat sie diese Nazizeit unbeschädigt verlebt.“[33]

Umso überraschender ist, dass Hermine Speier in den neun Monaten der deutschen Besatzung Roms nicht andauernd versteckt im Kloster lebte. Nicht nur, dass sie möglicherweise einige Zeit auch in der Niederlassung der Schwestern im ländlichen Montefiolo zubrachte.[34] „Sie ging manchmal auch hinaus“, erinnert sich Schwester Giovanna, im Gegensatz zu Familie Camerino, die das Kloster an der Via Salaria während der deutschen Besatzung niemals verlassen habe. Und wohin geht Hermine? Zur Arbeit und zu geistlichen Verpflichtungen. Wie es scheint, erweist sie Eugénie Strong die letzte Ehre und besucht deren Totenmesse am 18. September morgens um 9 Uhr in der Kirche San Martino ai Monti auf dem Esquilin-Hügel,[35] bei der auch Nogara, Curtius und Jedin anwesend sind. Von November 1943 bis März 1944 steht sie mindestens sechs Mal gemeinsam mit Jedin dessen sterbender Mitarbeiterin Leonie Ortenstein bei,[36] die seinerzeit – so wie Hermine selbst – als Jüdin in Rom ihre Stelle verloren hat; Ortenstein war Sekretärin des deutschen Vertreters beim Internationalen Institut für Landwirtschaft, der heutigen FAO.[37] Doch damit nicht genug. Hermine kommt „jeden zweiten Tag“ an ihren Arbeitsplatz in den Museen,[38] er habe sie heute gesehen, notiert ihr Vorgesetzter Nogara am 15. Oktober 1943 in sein Tagebuch. Der 15. Oktober ist der Vortag der großen römischen Judenrazzia durch die SS.

So unbegreiflich es klingt: Nicht einmal die Deportation von mehr als 1.000 jüdischen Frauen, Männern und Kindern und die Gefahr weiterer Judenrazzien hält Hermine Speier davon ab, ihr Versteck bei den Nonnen gelegentlich zu verlassen. Dass sie von den Vorkommnissen keine Kenntnis hat, ist auszuschließen: Ganz Rom weiß vom Abtransport der Juden. Zwar bleibt es die einzige Großaktion dieser Art, doch gelangen bis zum Ende der Besatzung nach und nach rund 600 weitere jüdische Bürger in die Fänge der Deutschen, meist durch Denunziation. Etliche tausend haben Zuflucht in Klöstern, kirchlichen Schulen, Pfarreien gefunden. Einen Monat nach der Großrazzia erwähnt Nogara, Fräulein Speier sei gekommen und habe dem Kustoden Pinzauti die Ordnung des Fotoarchivs erklärt. Als ob nichts wäre, nimmt sie den gefährlichen und nicht kurzen Weg von der nördlichen Peripherie Roms zum Vatikan auf sich. Doch niemand weiß, wie sich ihre zukünftige Anwesenheit gestalten wird. So versucht sie für den Fall des Falles einen Ungelernten notdürftig einzuarbeiten. Am selben Tag überbringt Hermine Speier dem Museumsdirektor „gute Informationen über von Kessel.“[39]

Der deutsche Diplomat Albrecht von Kessel (1902–1976) wird über Jahre eine Hauptrolle in Hermines Freundeskreis spielen. Sie hat ihn bereits bei seinem ersten Rom Aufenthalt 1930 bis 1932 flüchtig kennen gelernt, wohl bei Curtius. Kessel ist nun seit Juni 1943 abermals in Rom, auf ausdrücklichen Wunsch Ernst von Weizsäckers.[40] Der neue deutsche Botschafter beim Heiligen Stuhl, der ebenfalls im Juni in die Ewige Stadt kam, erbat sich Kessel, den er von früheren gemeinsamen Einsätzen kennt, als wichtigsten Mitarbeiter. Von Anfang an haben Weizsäcker und Kessel bei ihrer Mission im Vatikan kein leichtes Dasein. Beide sind kaum in Rom angekommen, als sich mit Mussolinis Absetzung vom 25. Juni 1943 die politischen Vorzeichen ändern. Mit der Ausrufung des Waffenstillstands durch Badoglio und dem Einmarsch deutscher Truppen in Rom wird die diplomatische Mission beim Papst äußerst diffizil.

Hermine Speier freundet sich gerade zu jener Zeit der deutschen Besatzung Roms mit Albrecht von Kessel und – in etwas geringerem Maß – mit den Familien von Weizsäcker und von Braun an; auch Sigismund von Braun, dessen Kunde schon im Kloster zu Hermine drang, gehört der deutschen Vatikan-Botschaft an. Weizsäcker kennt sie dem Namen nach seit mindestens zehn Jahren, denn er ist mit Robert Boehringer befreundet.[41] Das politische Parkett ist Hermine fremd, und diplomatische Vorgänge verfolgt sie zwar mit Interesse, doch ohne besondere Passionen, wie gerade an ihrer Freundschaft zu Kessel ablesbar werden wird. An dem aus Niederschlesien stammenden Adeligen schätzt Hermine vieles: sein Engagement für Deutschland einschließlich einer unbeugsamen Ablehnung des braunen Terrors, seine Menschlichkeit, sein kultiviertes Auftreten, sein Interesse für die Künste und seine vollendeten Umgangsformen.

Für die Angestellten des Vatikanstaates haben Weizsäcker und Kessel einen Monat nach dem Einmarsch der Deutschen in Rom Ausweise ausgestellt, die ihren Trägern Schutz garantieren sollen. Der Vatikan ist nicht Italien: Er ist ein neutraler Staat, auch wenn bis zuletzt nicht klar ist, wie weit Hitler diesen völkerrechtlichen Sachverhalt zu akzeptieren gewillt ist. Die deutschen Diplomaten beim Heiligen Stuhl tun ihr Möglichstes, um den Mitarbeitern des Papstes Belästigungen zu ersparen, wenn sie die engen Staatsgrenzen des Vatikan verlassen und in Rom unterwegs sind. Am 8. Oktober, so heißt es in den Monatsberichten der Museen, verteilt das vatikanische Einwohneramt an das gesamte Personal „besondere Ausweise", die auf Deutsch geschrieben sind und das Visum der Botschaft Deutschlands beim Hl. Stuhl tragen.[42]

Die Vatikanischen Museen sind aufgrund des Kriegs und der feindlichen Besatzung seit der Sommerpause geschlossen. Sie werden erst im Oktober 1944, nach dem Abzug der Deutschen, wieder ihre Pforten öffnen. Manchmal kommen mit Sondererlaubnis Diplomaten oder Soldaten, um die Kunstsammlungen der Päpste zu sehen. Am 22. Oktober 1943 etwa besichtigen „einige höhere Dienstgrade der deutschen Streitkräfte" die Vatikanischen Museen.[43] Gerade acht Tage sind seit der großen Judenrazzia verstrichen.

Vor dem Besuch ihrer Landsleute ergeht, wie man annehmen muss, an Hermine Speier die nachdrückliche Empfehlung, sich nicht blicken zu lassen.

Noch einen weiteren Ausweis, der sie vor ihren Landsleuten schützen soll, erhält die jüdischstämmige Archäologin zu jener Zeit, und zwar über Umberto Nobile. Der nunmehr Verflossene ist sofort nach Mussolinis Sturz aus den USA nach Rom zurückgekehrt, wo seine Tochter Maria ihr erstes Kind erwartet.[44] In seinen Erinnerungen schreibt er:

„Vor allem galt es, die gelehrte deutsche Archäologin jüdischer Abstammung vor der Gestapo in Sicherheit zu bringen, die es mir im Mai 1938, am Vorabend der Ankunft Hitlers in Rom, gelungen war aus dem Frauengefängnis zu befreien. Jetzt, während der deutschen Besatzung Roms, war sie in einem Schwesternkonvent in einem römischen Vorstadtviertel aufgenommen worden. Aber jeden Tag musste sie einen langen Weg zurücklegen, um zu den Vatikanischen Museen zu gelangen, wo sie arbeitete. Wäre sie von der Polizei der SS angehalten und als deutsche Jüdin erkannt worden, hätte es ihr nichts genützt, im Vatikan beschäftigt zu sein. Wir besorgten ihr einen Personalausweis von der Post, aus dem hervorging, wie ein mit mir befreundeter Artillerieoberst und ich selbst bezeugt hatten, sie sei italienische Staatsbürgerin reinen Blutes; sie hatte Vor- und Nachnamen einer meiner Nichten angenommen.“[45]

Ende Januar 1944 legen die herbeigesehnten angloamerikanischen Truppen in Anzio südlich von Rom an und beginnen die Deutschen nach Norden zurückzudrängen. Am 15. Februar 1944 kommt es auf halber Strecke zwischen Rom und Neapel zu einer der verheerendsten Bombenattacken des Zweiten Weltkrieges. Weil sie denken, deutsche Soldaten hielten sich darin verschanzt, nehmen die Alliierten den Montecassino unter Beschuss: das Mutterkloster der Benediktiner, die Wiege des abendländischen Mönchtums, gegründet von Benedikt von Nursia im 6. Jahrhundert. Rund 250 Flüchtlinge und Mönche finden den Tod in den Trümmern. Die Abtei wird bis auf die Grundfesten zerstört. Hermine denkt an ihren Beichtvater. Pater Augustinus Mayer hält sich an jenem Tag in Rom auf, aber in den vergangenen Monaten war er damit beschäftigt, alle mobilen Kunstwerke, Bücher, Inkunabeln, Archivalia aus der Abtei abzutransportieren und in Sicherheit zu bringen, gegen die Einwände eines zögerlichen Abtes, der den Montecassino für ungefährdet hält.[46] Zwei Wochen nach der Bombardierung schreibt Hermine an Pater Augustinus:

„Verehrter lieber Pater Augustinus, ... Ich wollte Ihnen auch gerne sagen, dass ich in dieser ganzen Zeit seit dem erschütternden Ereignis von Monte ganz besonders an Sie und Ihre Mitbrüder denke. Es ist ein so tiefer Einschnitt, dass man gar nicht aufhören kann nach dem inneren Sinn einer so ungeheuren Prüfung zu fragen. Von ganzem Herzen möchte ich mitbeten, dass durch die Gnade Gottes den Betroffenen und allen aus dem Geist d. H.B. [des

Heiligen Benedikt] Lebenden ein neues grosses Licht entzündet werden möge. / Ich würde sehr gerne nächste Woche einmal kommen. Vielleicht könnten Sie den Schwestern sagen, wann es Sie am wenigsten stört. Ich könnte vormittags: immer ausser Montag und nachmittags ausser Montag Dienstag und Freitag."[47]

Wohl ein Beichtgespräch soll hier vereinbart werden. Hermine scheint ihr Seelenheil über ihre leibliche Unversehrtheit zu stellen. Ist ihr nicht klar, dass sie mit jedem Schritt aus dem Untergrund ihr Leben riskiert? Wähnt sie sich hinreichend geschützt durch ihre diversen echten und falschen Ausweise? Hat sie Zusicherungen von sonstiger höherer Stelle? Überliefert ist auch, dass sie bei akuter Gefahr – deutsche Soldaten in Sichtweite – in weiteren kirchlichen Einrichtungen Zuflucht fand, so mehrmals in jener Kirche, die ihrem Wohnhaus am nächsten liegt: Sant'Onofrio, wo sie einmal sogar über Nacht bleibt.[48] Hermine Speier hat ihr Versteck bei den Nonnen unbegreiflicher Weise immer wieder verlassen. Hätte sie unseren heutigen Erkenntnisstand gehabt, so wäre sie wohl nicht einmal zwei Schritte freiwillig vor die Tür ihres Klosters getreten, solange ein deutscher Soldat in Rom war.

3. Die Judenrazzia vom 16. Oktober 1943: Wo ist Hermine?

Die „Endlösung der Judenfrage", das heißt die geplante Ausrottung des jüdischen Volkes durch den Nationalsozialismus, steht seit 1940 fest. Auf der Wannseekonferenz 1941 haben die deutschen Ministerien ihre Mechanik zur Erfassung und Suche nach allen europäischen Juden verfeinert, mit dem Ziel, sie im Osten zu ermorden. Italien steht ebenfalls auf der Agenda. Hitler akzeptiert jedoch die Souveränität des italienischen Bündnispartners. Deshalb bleiben die Juden auf italienischem Boden bis zum 8. September 1943 von Deportation weitgehend verschont. Mit diesem Stichtag aber geraten sie jäh ins Visier der deutschen Vernichtungspolitik.

Die neuen Herren Roms verlieren nicht viel Zeit. SS-Sturmbannführer Herbert Kappler nimmt Quartier in der Ewigen Stadt. Am 26. September teilt er der jüdischen Gemeinde Roms mit, sie habe 50 Kilo Gold abzuliefern, andernfalls würden 200 Personen deportiert. Papst Pius XII., den Oberrabbiner Israele Zolli um Hilfe bittet, will sich an dem vermeintlichen Freikauf beteiligen, doch findet sich die geforderte Menge Gold auch ohne sein Zutun.[49] Kapplers Angebot ist von ausgesuchter Perfidie: Es wiegt die Juden in Sicherheit, während ihre Vernichtung bereits in die Wege geleitet ist. Entscheidend sind die Adresslisten von Juden aus dem italienischen Innenministerium. Die faschistischen Gesetze haben die Juden vom Rest der italienischen Bevölkerung abgesondert. Die Nationalsozialisten führen den Schlag aus, der ohne diese Vorbereitung nicht möglich wäre.

Der 16. Oktober 1943 ist ein Sabbat und der letzte Tag des Laubhüttenfestes, ein gewissermaßen doppelter jüdischer Feiertag. Es nieselt. Um 5:30 Uhr morgens beginnen deutsche Polizisten die Ewige Stadt systematisch nach Juden zu durchkämmen. Dafür zuständig ist eine eigens aus Deutschland abkommandierte Sonderabteilung unter Theodor Dannecker, Hitlers bestem Mann für die Abwicklung von Judenvernichtungsaktionen. Die 300 beteiligten Einsatzkräfte sind keine Soldaten, sondern überwiegend Reservisten der deutschen Ordnungspolizei. Die Operation findet in ganz Rom statt, Zentrum aber ist das alte jüdische Viertel, in dem die Synagoge erst seit 40 Jahren ihr markantes Kuppelhaupt in den römischen Himmel erhebt.

Die Männer dringen in die Häuser ein, die auf ihren Listen stehen, und nehmen ganze Familien fest, die sie oft noch im Schlaf überraschen. 1.259 Juden – Frauen, Männer, Kinder, Kranke – werden auf einem Platz unweit der Synagoge zusammengetrieben. Nach und nach bringen Lastwagen sie ins Collegio Militare in der Via Lungara am Tiber, unweit des Vatikans. Zwei Tage bleiben sie dort, zwei Tage, in denen die Deutschen mehr als 200 ihrer Gefangenen wieder freilassen müssen, weil sie „Halbjuden“ sind oder in gemischter Ehe leben. Die übrigen, exakt 1.022, werden am 18. Oktober 1943 am Bahnhof Tiburtina in 24 Viehwaggons verfrachtet und nach Auschwitz deportiert. Nur 16 werden zurückkommen.

Unter den Deportierten sind der altösterreichische Kunsthändler Ludwig Pollak und seine Familie. Pollak lebt seit 40 Jahren in Rom und hat sich dank seiner Kennerschaft einen beachtlichen Wohlstand erarbeitet. Die Deutschen holen den 75-Jährigen mit seiner Frau und zwei erwachsenen Kindern aus ihrer Wohnung im Adelspalast der Colonna auf der Piazza dei Santi Apostoli unweit der Piazza Venezia. Pollak ist in seiner italienischen Wahlheimat immer ein gläubiger Jude geblieben. Seine Tagebücher, die mit einem Eintrag ungefähr eine Woche vor seiner Festnahme abreißen, merken jeweils mit besonderem Interesse an, ob diese oder jene bedeutende Persönlichkeit Roms jüdischen Glaubens ist. Pollak frequentierte die jüdische Gemeinde Roms. Daher stand er wohl auf der Adressliste der SS.

Einer vereinzelten Quelle zufolge ist an jenem „schwarzen Samstag“ auch Hermine Speier unter den Festgenommenen. In einer Fußnote zu den Memoiren Ludwig Pollaks schreibt deren Herausgeberin Margarete Merkel-Guldan:

„Daß Pollak sich in der Zeit der Verfolgung dem Judentum als ethnischer Gruppe zugehörig fühlte, wurde neuerdings bestätigt durch die Erinnerungen von Hermine Speier (gest. 1989), von denen Helga von Heintze am 10. Dezember 1990 in einem Gespräch mit Christoph Luitpold Frommel Nachricht gab (Ton-

bandaufzeichnung im Archiv der Bibliotheca Hertziana in Rom). Das Zeugnis von Hermine Speier ist ganz besonders wertvoll, denn sie wurde wie Pollak in der Nacht vom 16. Oktober 1943 festgenommen und traf Pollak mit seiner Familie auf der Quästur. Hermine Speier war also eine der letzten überlebenden Bekannten Pollaks, mit der er gesprochen hat. Von diesem Gespräch hat sie später Helga von Heintze berichtet. Der Vatikan hat Hermine Speier, die damals mit dem Aufbau des dortigen Fotoarchivs betraut war, die Möglichkeit geboten, der Deportation zu entkommen unter der Bedingung, daß sie katholisch würde. Da sie nie eine innere Bindung zum Judentum empfunden hatte, war sie sofort gewillt, die Hilfe anzunehmen. Auch Pollak und seiner Familie wurde die Rettung durch den Vatikan angeboten, und Hermine Speier versuchte, ihn im Gespräch auf der Quästur davon zu überzeugen, daß er diese Chance – auch seiner Familie wegen – wahrnehmen sollte. Pollak dagegen war entschlossen, das Schicksal seines Volkes auf sich zu nehmen, und versuchte seinerseits, Hermine Speier von der Richtigkeit dieser Entscheidung zu überzeugen und sie zum Bleiben zu bewegen. Ihre Standpunkte erwiesen sich als unvereinbar, und so trennten sich noch in derselben Nacht nach diesem denkwürdigen Gespräch ihre Wege.“[50]

Im Kern ist hier ausgesagt, Hermine Speier sei am 16. Oktober von den SS festgenommen und wenige Stunden später wieder freigelassen worden, weil sie in dieser Lage in die Taufe eingewilligt habe. Der Vatikan habe – so wird angedeutet – mit den deutschen Besatzern ausverhandelt, Pollak und Speier sowie möglicherweise alle anderen Juden kämen frei, sofern sie zur Taufe bereit wären.

Diese Aussagen lassen sich nirgends erhärten. Richtig ist, dass der Heilige Stuhl versuchte, jüdische Gefangene der Razzia freizubekommen, wovon noch zu sprechen sein wird. Doch verlangte der Vatikan im Tausch für die Rettung keine Konversion. Dies wäre nichts anderes als Erpressung gewesen. Auch hätte ein solcher Handel keine Grundlage gehabt: Ob getauft oder nicht, Juden galten den Nationalsozialisten als Juden.[51] Generell operierte die Kirche zur Zeit der Judenverfolgung unter Hitler nicht mit der Taufe als Lockmittel, von Einzelfällen abgesehen. Sie verschloss aber auch nicht die Tür, an die bedrängte „Nichtarier“ klopften. In Italien – wie auch anderswo – konvertierten nicht wenige der unter enormen Druck geratenen Juden nach 1938 „freiwillig“, weil sie sich von diesem Schritt Schutz durch die Kirche erhofften.

Vom politischen zum individuellen Aspekt der Zeugenaussage Helga von Heintzes: Anders als von ihr angegeben, muss es als äußerst unwahrscheinlich gelten, dass Hermine Speier bei der großen Razzia vom 16. Oktober wirklich unter den Festgenommenen war.

Voranzuschicken ist, dass es die genannte Tonbandaufzeichnung im Archiv der Bibliotheca Hertziana in Rom nicht gibt, weshalb der Wortlaut der Interviewpassage nicht rekonstruierbar ist. Christoph Luitpold Frommel kann weder die Existenz eines Tonbandes noch die Aussage Helga von Heintzes (1919–1996) bestätigen.[52] Die Archäologin war Mitarbeiterin Hermine Speiers am „Helbig". Drei weitere Mitarbeiter an diesem Werk sagen übereinstimmend im Interview, Hermine Speier habe über ihre Zeit im Krieg mit ihnen so gut wie nie gesprochen.[53] Das Versteck bei den Nonnen habe sie beiläufig erwähnt, niemals aber eine Festnahme bei der Judenrazzia. Sie selbst seien zu jung gewesen, um Näheres zu erfragen, so die interviewten Archäologen; allgemein habe diese Generation die Vorkommnisse des Krieges viel zu lange nicht zum Gegenstand persönlicher Gespräche gemacht.

Auf die kleineren sachlichen Unstimmigkeiten der zitierten Fußnote sei nur kurz eingegangen. Die römische Judenrazzia fand nicht nachts statt, sondern morgens. Sie war um 14 Uhr abgeschlossen. Die Deutschen brachten die Festgenommenen nicht auf die Quästur, sondern auf die Kadettenschule am Tiber, das Collegio Militare, ehe sie von dort deportiert wurden. Eine wirkliche Ungereimtheit ergibt sich indes aus der Bemerkung, Hermine Speier sei „sofort gewillt" gewesen, die Hilfe des Papstes im Tausch gegen die Konversion anzunehmen: Zu dem Zeitpunkt war sie seit viereinhalb Jahren getauft.

Helga von Heintzes Aussage siedelt sich in jenem dramatischen Zeitraum zwischen der Festnahme und der Deportation der römischen Juden an. Es ist wahr, dass die Deutschen im Collegio Militare fast 240 Personen gehen ließen. Während aber die Identität aller 1.022 schlussendlich deportierter römischen Juden geklärt ist, lässt sich dasselbe nicht von den im letzten Moment Freigelassenen sagen.[54] Solange die Adressliste, nach der die SS bei der Razzia vorging, nicht gefunden ist, bleibt es Spekulation, ob Hermine Speier in der Salita di Sant'Onofrio 23 auch nur im Visier der Menschenjäger vom 16. Oktober stand und der Verhaftung entkam, weil sie sich bei den Nonnen versteckt hielt. Dass sie aber tatsächlich nicht verhaftet wurde, ergibt sich als Summe einer hinreichenden Zahl von Indizien.

Möglicherweise war Hermine Speier vorgewarnt, und zwar durch Albrecht von Kessel. Sie selbst deutet diesen Sachverhalt in einem Briefentwurf von 1946 an Marianne von Weizsäcker an. Darin lässt Hermine die ihr seit 1943 zugedachten Wohltaten der deutschen Vatikan-Diplomaten zum Abschied nochmals Revue passieren. Leonore von Lichnowski, eine gemeinsame Freundin Kessels und Speiers, habe „beim Abschied im Sommer 1943, als sie sich über mein Schicksal im Falle einer Judenverfolgung hier in Rom Sorgen machte, mit Herrn von Kessel verabredet, dass ich gewarnt würde."[55] Kessel versuchte zwei Mal auch die jüdische Gemeinde Roms vor der bevorstehenden Razzia zu warnen, wurde aber nicht ernst genommen.[56]

Keiner ihrer Freunde jener Zeit weiß von einer Festnahme Hermine Speiers am 16. Oktober 1943 zu berichten. Anneliese Rieß und Umberto

Nobile beschreiben in ihren Memoiren Hermines Festnahme vor dem Hitlerbesuch im Frühjahr 1938. Beide blieben mit ihr ein Leben lang in Kontakt, wären also im Bilde gewesen, nicht zuletzt weil eine Festnahme von 1943 bei der Judenrazzia als direkte Fortsetzung der „Schutzhaft"-Episode hätte gelten müssen. Auch hätten Rieß wie Nobile keinen Grund gehabt, die neuerliche und diesmal lebensbedrohliche Festnahme zu verschweigen, im Gegenteil.

Umberto Nobile verfolgt mit seinen Memoiren das Ziel der Selbstverteidigung nach den nie versiegten Vorwürfen, er habe seine Kameraden auf dem Nordpol im Stich gelassen. Hermine Speier ist nur eine Randfigur seiner Erinnerungen. Doch ein so dramatisches Ereignis wie die Festnahme der „gebildeten deutschen Archäologin Erminia Speier, die einer alten jüdischen Familie angehörte", an jenem verhängnisvollen Sabbat hätte mit Sicherheit Eingang in seine Memoiren gefunden, zumal Nobile angibt, er habe der bedrohten Freundin nach seiner Rückkehr aus den USA 1943 einen gefälschten Ausweis verschafft, um sie zu schützen. Die Judenrazzia erfolgte nur wenige Monate später.

Anneliese Rieß legt eine hohe Sensibilität für die Belange ihrer jüdischen Freunde aus Deutschland an den Tag. Ihre 2001 veröffentlichten Lebenserinnerungen anhand von Briefen scheinen geradezu mit dem Ziel geschrieben, die dramatischen Schicksale ihrer Angehörigen und Freunde vor dem Vergessen zu bewahren. Ihren Nachlass vererbte sie dem Leo Baeck Institute, das die Geschichte des deutschsprachigen Judentums dokumentiert, mit Schwerpunkt auf der Holocaust-Forschung. Auch rund zwei Dutzend Briefe Hermine Speiers an Anneliese Rieß werden dort aufbewahrt. Nicht alle: so fehlt der Brief, in dem Hermine ihre Taufe beschreibt. Anneliese Rieß legte der Auswahl jener Schriftstücke, die sie der Nachwelt hinterlassen wollte, möglicherweise das Kriterium zugrunde, dass der Inhalt über eine private Mitteilung hinausgehen und auf ein überindividuelles Shoah-Schicksal verweisen sollte. Ein solches wäre aber die Festnahme der Freundin am 16. Oktober 1943 einwandfrei gewesen. Es kann nur einen Grund geben, warum Anneliese Rieß wie Umberto Nobile die Episode nicht wiedergeben: Zu einer Festnahme Hermine Speiers bei der römischen Judenrazzia ist es nicht gekommen.

Dieser Befund erhärtet sich beim Blick auf Hermine Speiers rare Selbstaussagen. Wie wir sahen, erwähnte sie ihre Inhaftierung vor dem Hitlerbesuch von 1938 zu wenigen, präzise umschreibbaren Anlässen nach Kriegsende. Nie aber erwähnt sie eine Festnahme bei der Judenrazzia von 1943, und zwar nicht einmal dann, wenn es ihr zum Vorteil gereichte. Im Zug ihres Antrags auf Wiedergutmachung legt Hermine 1957 eine Eidesstattliche Erklärung ab. Darin schreibt sie von:

„Gesundheitsschäden, die ich durch die dauernde schwere Belastung psychischer Art – fast alle meine Verwandten sind in der nationalsozialistischen Zeit umgekommen – erlitten habe. Ich selbst war zeitweilig in Haft gesetzt und musste mich vor allem in den letzten Kriegsjahren verborgen halten.“[57]

Bei dieser Darstellung übertreibt die Antragstellerin sogar etwas. Mindestens ihre acht engsten Verwandten – der Vater, die beiden Brüder mit ihren Ehefrauen, die Nichte, die beiden Tanten – sind in der nationalsozialistischen Zeit nicht umgekommen, sondern haben glücklicherweise im Exil überlebt. Hermine erwähnt ihr neun Monate währendes Versteck bei den Priscilla-Nonnen, und sie schreibt, sie sei „zeitweilig in Haft“ gewesen. Damit muss die Nacht im Frauengefängnis 1938 gemeint sein, vielleicht auch die kurze Festsetzung 1941 auf der Polizeistation am Bahnhof Termini. Hätten die SS-Kräfte sie wirklich bei der großen römischen Judenrazzia 1943 abgeführt, wäre sie also dem Todeszug nach Auschwitz nur um Haaresbreite entronnen, dann wäre dieser Text der Ort gewesen, das zu benennen. Eine Verhaftung am 16. Oktober müsste dann geradezu der Trumpf ihres Antrags auf Wiedergutmachung sein.

Auch in den Vatikanischen Museen ist nichts von einer Festnahme Speiers bekannt, sehr wohl aber weiß man von der Festnahme Ludwig Pollaks. Der brave Bartolomeo Nogara schreibt eigenhändig an die deutschen Besatzer und versucht sie zu überreden, den jüdischen Antikenhändler freizulassen. Sein Brief hat sich im Museumsarchiv erhalten.[58] Er trägt kein Datum, ist aber wahrscheinlich am Montag, den 18. Oktober entstanden, weil von der Festnahme „vom vergangenen Samstag“ die Rede ist. Am 18. Oktober kurz nach 14 Uhr wird sich der Zug der Unglücklichen Richtung Auschwitz in Bewegung setzen, noch aber befinden sich die Gefangenen dem Wissensstand des Schreibenden nach im Collegio Militare. Es ist genau die Zeitspanne, in der die – nunmehr fiktiv zu nennende – Aussage Helga von Heintzes anzusiedeln ist, wonach Pollak und Speier sich an der Sammelstelle vor der Deportation getroffen hätten.

Pollak sei „vergangenen Samstag“ mit seiner Frau und zwei erwachsenen Kindern – „vier Personen von schwacher Gesundheit“ – verhaftet und weggebracht worden, „weil sie jüdischer Rasse sind“, leitet Nogara ein. Da die Maßnahme „einer Revision unterzogen und somit rückgängig gemacht werden“ könne, bitte er darum, für Pollak und seine Familie „eine Ausnahme“ zu machen. Der Antikenhändler wohne seit fast 50 Jahren in Rom, sei unpolitisch, genieße den besten wissenschaftlichen Ruf und sei vor vielen Jahren zum Ehrenmitglied des Deutschen Archäologischen Instituts erhoben worden. Nicht nur die italienischen, sondern speziell auch die Vatikanischen Museen schätzten Pollak außerordentlich. Nogara schreibt sogar, Pollak habe den berühmten, jahrhundertelang verschollenen Arm der Laokoon-Gruppe entdeckt, gekauft und dem päpstlichen Museum geschenkt. Deshalb sei es nur natürlich, „dass der Unterzeichnende, der ... mit Pollak seit mehr als 40 Jahren in freundschaftlicher Gewohnheit verbunden ist, sich des Falles annimmt und vorschlägt, dass [Pollak] und die drei Personen seiner Familie ihrem Haus zurückgegeben werden." Noch eine weitere festgenommene Jüdin versucht Nogara mit einer brieflichen Intervention aus den Klauen der SS zu lösen, Alina Cavalieri, 62 Jahre alt, Gründerin einer Schule für Krankenschwestern in Rom.

Ob Nogaras Briefe den Vatikan verlassen, ob sie ankommen und jemand in der römischen SS-Zentrale sie zur Kenntnis nimmt, muss offen bleiben. Alina Cavalieri und Familie Pollak jedenfalls werden in den Gaskammern sterben.[59] Wenn Nogara aber von der Festnahme dieser Personen weiß, muss er sich an jenem Tag erst recht um seine Mitarbeiterin Hermine Speier sorgen, die 1934 ja gerade deshalb Zuflucht an den Museen fand, weil sie aus rassischen Gründen verfolgt war, und um deren Verbleib Nogara nach den antijüdischen Gesetzen Italiens kämpfte. Das Damoklesschwert, das seit zehn Jahren über ihr hängt, droht an jenem 16. Oktober 1943 auf sie herabzufallen. Noch am 15. Oktober hat Nogara seine Mitarbeiterin im Dienst gesehen. Als sie tags darauf nicht zur Arbeit erscheint, erkundigte er sich – wie man annehmen darf – nach ihrem Wohlergehen und erfährt, dass sie in Sicherheit ist. Erst einen Monat später taucht Hermine Speier wieder in Nogaras Tagebuch auf, mit dem vergleichsweise harmlosen Hinweis, sie erkläre dem Kustoden Pinzauti di Ordnung des Fotoarchivs.

Die Tatsache, dass der vatikanische Museumsdirektor offenbar aus eigenem Antrieb fünf jüdische Mitbürger vor der Deportation zu schützen sucht, wirft die Frage auf, wie sich diese Initiative in einen größeren Maßstab einordnet. Wann und wie erfahren Papst Pius XII. und sein Apparat von der Deportation, was können sie über das Ziel dieser Festnahme wissen, und wie reagieren sie? Es sind Fragen, die heute noch mit ungeheurer emotionaler Wucht debattiert werden und, von dieser deformiert, oft parteiische Antworten hervorbringen. Die Literatur zum Themenkomplex „Pius XII. und Judenrazzia in Rom" ist reichhaltig. Wir beschränken uns auf die Nachzeichnung der Fakten.

4. Der Vatikan und die römische Judendeportation

Über seine diplomatischen Kanäle ist Papst Pius XII. nach heutigem Erkenntnisstand nicht über eine konkret bevorstehende Judenrazzia in seiner Bischofsstadt informiert. Er erfährt davon im Morgengrauen des 16. Oktober selbst. Mit dem Wagen kommt die Prinzessin Enza Pignatelli d'Aragona Cortes in den Vatikan und bittet dringend, zum Papst vorgelassen zu werden. Pacelli gehört dem römischen Adel an und kennt die Prinzessin. So darf sie hinauf. Enza Pignatelli schildert, dass die Juden im Ghetto zusammengetrieben werden. Die Aktion ist noch am Laufen. Pius XII. schickt unverzüglich nach dem deutschen Botschafter beim Heiligen Stuhl. Inzwischen berät er sich mit Kardinalstaatssekretär Maglione.

Von Weizsäcker bekommt zu hören, dass die Aktion abzubrechen sei und sich nicht wiederholen dürfe. Auch droht Maglione mit einem öffentlichen Protest des Papstes. Es sei „schmerzhaft für den Heiligen Vater, schmerzhaft über alle Maßen, dass gerade in Rom, unter den Augen des gemeinsamen Vaters, so viele Personen einzig wegen ihrer Zughörigkeit zu einer bestimmten Rasse leiden müssen“, heißt es in einer Aufzeichnung des Kardinals.[60] Der Heilige Stuhl wolle nicht in die Lage versetzt werden, seine Missbilligung zu äußern. Weizsäcker, der sich selbst als Hitlergegner präsentiert, beschwört den Kardinal, bei der bisher gepflegten Linie absoluter Neutralität zu bleiben. Das sei auch für die Kirche besser: „Ich denke“, sagt der deutsche Botschafter, „an die Folgen, die ein solcher Schritt des Heiligen Stuhles hätte“, die Order zur Judenrazzia käme schließlich „von sehr hoher Stelle“. Weizsäcker bittet darum, von der Unterredung mit Maglione nichts nach Berlin melden zu müssen. Der Kardinal antwortet, wenn das den Gefangenen helfe, sei er einverstanden. Nochmals aber schärft er dem Diplomaten Hitlers ein, der Heilige Stuhl dürfe nicht in die Lage gebracht werden, zu protestieren. Müsse er aber eines Tages seine Stimme öffentlich erheben, so würde er sich „der göttlichen Vorsehung anvertrauen“. Das bedeutet, der Vatikan würde Unannehmlichkeiten auch extremer Art in Kauf nehmen.

Am Nachmittag oder Abend des 16. Oktober schickt Papst Pius XII. einen Unterhändler ins Collegio Militare, um die Freilassung möglichst vieler Gefangener zu erwirken.[61] Pater Pancratius Pfeiffer, der aus dem Allgäu stammende Ordensobere der Salvatorianer, verhandelt dort mit dem Razzia-Boss Dannecker. Pfeiffer versucht, „mit konkreten Argumenten Verhaftete freizubekommen“. Wesentlich scheint die Nennung von Namen; der Pfeiffer-Biograf Stefan Samerski nennt das die „Strategie der konkreten Nachfrage“. So tritt der deutsche Ordensmann etwa für die sechsköpfige Familie Terracina ein, vier Frauen und zwei Kleinkinder. Sie sind „Volljuden“. Dannecker lässt sie nicht gehen. Alle sechs werden im Gas sterben.

Tags darauf, am Sonntag, schickt Maglione einen Mitarbeiter zu den gefangenen Juden in das Collegio Militare. Dem Priester gelingt es zwar, sich Zutritt in die Räumlichkeiten der Kadettenschule zu verschaffen, wo „sich viele arme Juden in demütigen Umständen befinden“.[62] Er kann ein Lebensmittelpaket dort lassen, darf aber mit niemandem sprechen. Den Vorgesetzten im Vatikan teilt Don Igino Quadraroli seine Eindrücke mit:

„Ich habe sie von weitem in den Hallen gesehen, wie sie sich um Brot anstellten. Ich habe eine Frau bemerkt, die einem der Wachposten ein Zeichen machte, weil ihre kleine Tochter austreten musste. Ich habe gesehen, wie der Mann es entschieden verwehrte. Auch habe ich gesehen, wie ein Wagen mit einigen Ärzten vom Krankenhaus Santo Spirito wegfuhr, die jene armen Gefangenen versorgten. Als ich wegging, wurde mir gesagt, dass eine arme Frau wegen einer vorzeitigen Entbindung litt ... Nach Aussagen einiger Leute, die draußen waren und die Internierten kannten, sind anscheinend auch bereits getaufte Personen unter ihnen, gefirmte, und in kirchlicher Ehe vereinte."[63]

Am Montag, während nebenan in den Museen Nogara seinen Brief zur Freilassung Ludwig Pollaks aufsetzt, wird dem Papst ein Schreiben mehrerer jüdischer Persönlichkeiten vorgelegt.[64] Sie erbitten vom Papst, der „jenseits jedes religiösen Bekenntnisses der gemeinsame Vater aller seiner Kinder ist", für ihre Glaubensgenossen im Collegio Militare einzutreten.

„Wir wagen es nicht, Eurer Heiligkeit vorzuschlagen, welches in diesem tragischen Moment das geeignetste Mittel wäre, jenen armen gemarterten Seelen zu helfen ... man fürchtet von einem Moment auf den anderen die Überstellung in andere, unbekannte Aufenthaltsorte, und wir flehen daher, dass diese noch beängstigendere Vorkehrung vermieden werde ..."

Was mit den römischen Juden geschehen soll, ist weder den Gefangenen selbst noch ihren Angehörigen klar. Alle fürchten ein Internierungslager oder Zwangsarbeit. Was sie in Wirklichkeit erwartet, ahnt kaum jemand von ihnen. Besser ist die Informationslage im Vatikan. Über seine diplomatischen Kanäle weiß Pius XII. von der geplanten „Endlösung der Judenfrage". Er weiß aber auch, dass er schlechte Karten gegenüber den neuen starken Männern Roms hat, mit denen er anderswo schon übelste Erfahrungen gemacht hat. Nur ein Beispiel: Im KZ Dachau sitzen Hunderte katholische Priester ein, und nicht einmal diese bekommt er frei. In Rom hat dem Papst nicht zuletzt die Aktion von Pater Pancratius Pfeiffer verdeutlicht, wie gering sein Verhandlungsspielraum ist. Pius versucht es trotzdem, wieder über die „Strategie der konkreten Nachfrage". Noch am Tag des Briefes der römischen Juden – es ist der Tag, an dem der versiegelte Zug nach Auschwitz abfährt – lässt er Botschafter Weizsäcker eine Liste mit den Namen von 29 festgenommenen Juden aushändigen, die freizulassen sind.[65] Am 22. Oktober folgt eine Liste mit fünf getauften Juden, deren Taufscheine im Staatssekretariat liegen, tags darauf eine Liste mit weiteren fünf Namen.[66] Pater Tacchi Venturi ist allgegenwärtig mit Interventionsversuchen zugunsten der Deportierten. Noch im November und Dezember fragt der Kardinalstaatssekretär den deutschen Botschafter wiederholt nach Nachrichten über die römischen Juden. Die meisten von ihnen sind zu diesem Zeitpunkt bereits ermordet.

Ein schwedischer Diplomat kommt am 30. Oktober 1943 ins Staatssekretariat und sagt, „ein öffentlicher Akt des Heiligen Stuhles gegenüber diesen Vorkehrungen gegen das Leben von Menschen würde gut aufgenommen werden".[67] Der Papst aber entscheidet anders. Er verachtet die nationalsozialistische Diktatur und ihre infernale Vernichtungspolitik. Doch er erhebt nicht die Stimme gegen die Deportation der römischen Juden. Keine Protestnote aus dem Vatikan geht nach Berlin.

Allerdings hat Papst Pius unmittelbar zuvor, am 25./26. Oktober, in seiner Zeitung, dem „Osservatore Romano", auf der ersten Seite einen Leitartikel über „die Nächstenliebe des Heiligen Vaters" setzen lassen. Seine universale Sorge mache nicht Halt vor Grenzen der Nationalität, Religion oder Rasse. Gerade in letzter Zeit habe er eine Reihe von Aktionen unternommen, um das Leiden der Unglücklichen zu lindern. Alle, die lesen, verstehen. Weizsäcker beeilt sich, den Text für Berlin zu entschärfen, um den Heiligen Stuhl und die Untergetauchten – wie seine Bekannte Hermine Speier – nicht zu gefährden.

Alles in allem werden seine Einflüsterungen sich zumindest nicht als krasser Misserfolg erweisen, wenn auch Weizsäcker selbst mit seiner schwierigen Doppelstrategie „das odium und das Missverstehen der äusseren Welt auf sich" nimmt, wie Hermine Speier treffend erkennt.[68] Doch faktisch bleibt es in Rom bei dieser einen großen Judenrazzia, möglicherweise wegen des äußeren Stillhaltens des Papstes, zu dem Weizsäcker so eindringlich rät. In den neun Monaten der deutschen Besatzung der Ewigen Stadt werden „unter den Fenstern des Papstes" (Weizsäcker) rund 1.600 Juden gefasst, deportiert und bestialisch ermordet. Doch mehr als 11.000 überleben; die Hälfte von ihnen deshalb, weil sie nach jenem schauerlichen schwarzen Sabbat in kirchlichen Einrichtungen Zuflucht finden.

5. Juden in römischen Klöstern

Klöster, Pfarreien, Seminare Roms als Versteck für verfolgte Juden: Noch im September 1943 hält man das im vatikanischen Staatssekretariat für keine gute Idee, weil die Zufluchtsorte nicht sicher genug scheinen.[69] Die Deutschen würden weder die Neutralität des Vatikanstaates noch jene der Klöster, Pfarreien oder Seminare respektieren, so die Sorge in der Politik-Abteilung des Papstes. Wirklich sind deutsche Soldaten schon am ersten Tag der Besetzung Roms in das von Belvederi geleitete Päpstliche Institut für Christliche Archäologie eingedrungen. Am Staatssekretariat wird der Zwischenfall mit einem Hauch Nervosität registriert.[70] Zwar ist das Archäologie-Institut keine exterritoriale Besitzung und somit kein Teil des neutralen Vatikanstaates, aber dennoch deutlich als päpstliche Einrichtung gekennzeichnet. In den folgenden Tagen wiederholen sich ähnliche Episoden. Gravierend sind sie nicht. Doch niemand kann absehen, ob es nicht zu weitaus schwerwiegenderen Zwischenfällen kommen wird, auch im Vatikan selbst.

In Rom müssen zur Zeit der deutschen Besatzung viele Leute untertauchen, angefangen von Wehrdienstverweigerern und Deserteuren. Schätzungen sprechen von 200.000 bis 400.000 Menschen in allen denkbaren Verstecken.[71] Demgegenüber nimmt sich die Zahl von 13.000 Juden in Rom gering aus.[72] Auch sind die Juden, wie wir sahen, vorerst nicht übermäßig alarmiert. Einige von ihnen sind dennoch bereits untergetaucht: Hermine Speier etwa, die seit zehn Jahren liest und hört, wie die Nationalsozialisten in ihrem Heimatland und anderswo den Juden nachstellen. Entgegen der vatikanischen Bedenken hält sie sich seit Mitte September 1943 im Kloster versteckt.

Mit dem 16. Oktober ändert sich die Lage radikal. Nach der großen Razzia begreifen die römischen Juden, dass sie, wenn überhaupt, dann nur im Untergrund unbehelligt bleiben werden. Im Vatikan hält man sich nun nicht länger mit Erwägungen auf, ob die religiösen Häuser „sicher genug" vor den Deutschen sind. Man gibt Anweisung, sie zu öffnen. Nichts anderes als diese Art von Gastfreundschaft meint der „Osservatore", wenn er zehn Tage nach der Razzia von der Nächstenliebe des Papstes schreibt, die nicht vor Rassenschranken halt mache. Das Vatikan-Blatt wird in den italienischen Klöstern und im Klerus oft als einzige Zeitung gelesen. Die Ordensleute und Priester sind nun zweifelsfrei über die Wünsche des Papstes im Bild. Verbürgt sind auch Boten, die den Klöstern die Anweisung zur Öffnung mündlich mitteilen.[73] Das äußerliche Nichtagieren, das „laute Schweigen" des Papstes geht einher mit einer stillen Öffnung der Klöster und Pfarreien, der kirchlichen Schulen und Krankenhäuser für die verfolgten Juden. Auch um sein Rettungswerk nicht zu gefährden, schwieg Pius, so lautet heute die Einschätzung vieler – aber nicht aller – Zeithistoriker.

Während also Radio Roma die Ankündigung der Todesstrafe für jene Bürger wiederholt, die Verfolgten und Flüchtlingen helfen,[74] verstecken Ordensleute, Priester und katholische Laien in Rom Tausende Menschen in Not. Wie viele gerettete Juden auf das Konto römischer Kirchenleute gehen, ist nicht leicht herauszufinden, wie die Ordenshistorikerin Grazia Loparco einräumt, die das Thema seit langen Jahren erforscht.[75] Mehr als 4000 waren es aber allein in den rund 750 römischen Klöstern, nicht gerechnet die Pfarreien, die von Diözesanpriestern betreut wurden, und nicht gerechnet die übrigen Kircheneinrichtungen.

„Ganze jüdische Familien oder Einzelpersonen gelangten über direkte Bekanntschaft an die religiösen Häuser, nicht selten weil sie ihnen als Lieferanten dienten, oder dank anderer Ordensfrauen und Ordensmänner, oder über jene

Listen von Klöstern, die die Bischöfe an die jüdischen Hilfsorganisationen verteilten. Viele erhielten Hinweise von Priestern oder Bekannten, andere hingegen tauchten spontan auf, klopften an die Tür und wiederholten ihre Anfrage um Aufnahme, bis sich ein Platz fand. Einige brachten Empfehlungsschreiben, teils von einflussreichen Persönlichkeiten, andere nicht; sie verließen sich auf Hinweise von Personen, die auch nur vage von der Existenz eines solchen Hauses wussten."[76]

Schilder mit der Aufschrift „Exterritorial", „Eigentum des Heiligen Stuhles" oder „Vatikanischer Besitz" finden sich bereits ab Ende September an Klosterpforten. Sie stammen vom Staatssekretariat, manchmal vom Vikariat,[77] gehen aber auf deutsche, hitlerkritische Kreise in Rom rund um Herbert von Veltheim zurück. Der Luftwaffenattaché der Deutschen Botschaft fertigt rund 550 solcher mit Stempel versehenen Bescheinigungen und lässt sie über den österreichischen Bischof Alois Hudal, Rektor der deutschen Nationalkirche Santa Maria dell'Anima, dem Neffen des Papstes, Carlo Pacelli, zur Weiterverbreitung zukommen.[78] Kardinalstaatssekretär Luigi Maglione und Gouverneur Camillo Serafini, die päpstlichen Verantwortlichen für den Heiligen Stuhl und den Vatikanstaat, unterzeichnen die Schilder ebenfalls.[79] Sie sollen das Eindringen deutscher Soldaten in kirchliche Einrichtungen vereiteln, und in den meisten Fällen erfüllen sie ihren Zweck. Ob ein solches Schild auch auf der Klosterpforte der Benediktinerinnen an der Via Salaria hing, kann die einzige verbliebene Zeitzeugin Schwester Giovanna Piccillo nicht mehr mit Bestimmtheit sagen.[80] Doch erreichten in diesem Fall scheinbar auch resolute deutsche Mitschwestern dasselbe, wenn Landsleute in Uniform an der Pforte Einlass begehrten. Hitlers Soldaten drehten ab.

Auch im Vatikan selbst finden Verfolgte Unterschlupf. Andrea Riccardi spricht von 160, davon rund 50 Juden, von ihnen wiederum 15 getauft.[81] Ungleich mehr aber können sich in den Außenstellen des Vatikans und in weiteren kirchlichen Gebäuden verstecken, etwa im Lateran, dem Sitz des römischen Bischofs, das heißt des Papstes. Hundert Juden sind im Palazzo San Callisto untergetaucht, ein halbes Dutzend im Päpstlichen Bibelinstitut, das der deutsche Jesuit Augustin Bea leitet, ein zukünftiger Kardinal und Brückenbauer des christlich-jüdischen Dialogs. Nebenan an der Päpstlichen Universität Gregoriana leben rund 60 Juden im Untergrund. Pius XII. weiß von der Aktivität der Jesuitenpatres an der Universität. Den Rektor, Pater Paolo Dezza, bittet er, aus politischen Gründen an der Universität keinen Deserteuren Unterschlupf zu gewähren. „Aber den anderen gern: Zivilisten, Juden, Verfolgten". Großes in der Aufnahme von Flüchtlingen leisten die vielen Frauenklöster.

Ein besonderes Biotop wächst mit Beginn der deutschen Besatzung in einer deutschen Enklave im Vatikan heran: im Campo Santo Teutonico, dem deutschen Friedhof. Dieses winzige Gelände südlich vom Petersdom liegt auf italienischem Staatsgebiet, gehört aber seit den Lateranverträgen rechtlich zum Vatikanstaat, von dessen Mauern es umschlossen ist. Am Campo Santo ansässig ist die Erzbruderschaft zur Schmerzhaften Muttergottes, ein Priesterwohnheim und eine deutsche katholische Forschungseinrichtung für Geschichte, das Römische Institut der Görres-Gesellschaft.

Das deutsche „Schwalbennest am Petersdom“ (Erwin Gatz) bietet über die gesamten zwölf Jahren des braunen Alptraums zwischen 1933 und 1945 hinweg vielen Wissenschaftlern Zuflucht, die sich vor den Nazis ins Exil retten, aber auch jeder erdenklichen weiteren Kategorie Verfolgter. Tür an Tür leben am Campo Santo Regimegegner, deutschkonservative Geistliche mit Sympathien für den Nationalsozialismus, römische Adelsfamilien und so filmreife Gestalten wie der irische Priester Hugh O'Flaherty, der für Juden Ausweise fälscht und Dutzenden damit das Leben rettet. Rektor in jenen schwierigen Jahren ist Hermann Maria Stoeckle, den die meisten Beobachter als schwache Figur schildern. Unter den Priestern ragt Hubert Jedin hervor, der „Allvater“ am Campo Santo, wegen seiner Autorität so etwas wie der geheime Rektor.

Im Herbst 1943, schreibt Jedin, füllt sich der Campo Santo mit „Gästen“.[82] Darunter sind Rom-Deutsche, die sich „wegen ihrer politischen Einstellung draußen nicht mehr sicher genug“ fühlen, wie der Journalist Edmund Raitz von Frentz oder der Buchhändler Oriol Schaedel, „die als Mitglieder der Bruderschaft ein gewisses Anrecht auf Unterbringung“ besitzen. Auf Verlangen verschiedener Vatikan-Kardinäle gelangen immer mehr Italiener an den Campo Santo, auch „Angehörige der Geburts- und Geldaristokratie“. Die römischen Prinzen und Prinzessinnen unternehmen in Jedins Darstellung nicht viel, um die hohen Schulden des Hauses mitzutragen, die auch durch sie entstehen.

Am anderen Ende der sozialen Skala rangiert die Deutsche Eva-Maria Jung, der die Nazis wegen ihrer regimekritischen Einstellung auf den Fersen sind.[83] Sie darf im November 1943 als Küchengehilfin bei den Ordensschwestern im Campo Santo anfangen, weil Rektor Stoeckle Mitleid mit ihr hat. Zum Schlafen wird der Deutschen – „ein alleinstehendes junges Mädchen, während die anderen Frauen ein kanonisches Alter oder einen Ehemann“ haben – erst die Waschküche, dann ein dreieckiger Museumsraum mit Sarkophagfragmenten an den Wänden zugewiesen, beides Räume möglichst weit weg von den Priestern. Im Frühjahr 1944, so erinnert sich Eva-Maria Jung, steigt die Zahl der Zufluchtsuchenden im Campo Santo immer mehr.

„Ganze Familien kamen mit ihren Kindern, meistens unter falschem Namen, Deutsche und Italiener, Arier und Juden. Ich habe sie nicht gezählt, aber ich schätze, daß es etwa 50 Personen waren zusätzlich zu den rund 20 Priestern

und den sieben Schwestern, die den Haushalt versorgten. Der Rektor fand immer neue Schlupfwinkel, und immer neue Gesichter tauchten unvermutet hinter einer Tür auf. Es gab gar nicht genug Betten für alle. Die jungen Italiener, die vor der Einziehung zum deutschen Militärdienst geflüchtet waren, ... schliefen in Ermangelung von Betten in den leeren Sarkophagen des großen Museums. ... Einer dieser jungen Männer kam aus einem Eiergeschäft im Borgo Pio. Seine Eltern versorgten zum Dank das Kolleg mit Eiern. Das war damals ein guter Tauschhandel."[84]

Die Bedrohungen sind vielfältig. Einmal taucht Papstsekretär Pater Robert Leiber auf, um Eva-Maria Jung zu warnen, auf keinen Fall den Vatikan zu verlassen. Im Fall von Hubert Jedin präsentiert sich die Gefahr noch handfester. Zwei Männer in Zivil, die ihre Namen nicht nennen wollen, verlangen den Breslauer „Halbjuden" draußen vor der Tür sprechen.[85] Jedin lässt sich nicht blicken und entgeht so möglicherweise der Deportation. Das Klima im heillos überbelegten Campo Santo ist hitzig und labil. Man verdächtigt sich gegenseitig der Spionage oder droht, andere bei der SS zu denunzieren.[86] Ohnehin rechnen alle „Gäste" jederzeit mit einer Hausdurchsuchung, seit klar ist, dass die Deutschen nicht in allen Fällen die Exterritorialität vatikanischer Einrichtungen respektieren. So stürmen deutsche Einsatzkräfte in der Nacht auf den 4. Februar 1944 den Komplex Sankt Paul vor den Mauern. Dass der Campo Santo ungeschoren davonkommt, ist im Rückblick nicht so selbstverständlich, wie es heute wirkt.

Eva-Maria Jung wird unmittelbar nach Kriegsende an der Päpstlichen Schule für Paläografie und Archivkunde im Vatikan ein Diplom erwerben. So lange darf sie auch im Campo Santo bleiben. Im Herbst 1947 geht sie in die Vereinigten Staaten. In ihren vier Jahren im Campo Santo hat sie alle dort verkehrenden Personen kennen gelernt, unter ihnen eine Frankfurter Archäologin, die an den Vatikanischen Museen beschäftigt ist. Einem Interview mit Eva-Maria Jung-Inglessis verdanke ich die Anregung, mich mit der Vita Hermine Speiers zu beschäftigen.

6. Die Vatikanischen Museen während des Krieges

Im Gegensatz zu den anderen römischen Museen bleiben die Vatikanischen Museen bis weit in den Krieg hinein geöffnet. Mit Ausnahmen allerdings, denn einige Galerien werden vorübergehend zu Schlafsälen oder zu Lebensmittellagern für die notleidende römische Bevölkerung umfunktioniert. Erst als die Deutschen im September 1943 Rom besetzen, ordnet Pius XII. zum Schutz der päpstlichen Kunstschätze eine Schließung der Museen an. Gleichzeitig werden sie zu einem Depot für Kunstwerke aus allen Teilen Italiens.

Die Vorhut der ersten Einlagerungen kommt bereits mit dem Kriegseintritt Italiens: Polens Botschaft beim Heiligen Stuhl schafft im Juni 1940 mit dem Einverständnis des Staatssekretariats 19 Gemälde in die Museen.[87] Im selben Monat lässt Nogara unterirdische Bunker herrichten, in die sich die Besucher und Beschäftigten im Fall von Luftangriffen flüchten können. Glücklicherweise sind Bombenangriffe auf Rom rar. Am 21. und 22. Juli 1941 aber ist es so weit. 250 Menschen flüchten sich am ersten Tag in die Bunker.[88] Zwei Jahre später werden sie wieder gebraucht. Am 19. Juli 1943 nehmen US-amerikanische Kampfflugzeuge das Arbeiterviertel San Lorenzo unter Beschuss. Während die wenigen Besucher und das Personal sowie in die Museen drängende Passanten drei Stunden im Bunker ausharren, fallen 4.000 Bomben auf das Gebiet östlich des Stadtzentrums. Papst Pius XII., der mit seiner Heimatstadt Rom leidet, setzt eine für die damalige Zeit unerhörte Geste: Er fährt mit Montini im Wagen in die noch rauchende Trümmerlandschaft von San Lorenzo und versucht die Überlebenden zu trösten.

Das Tagesgeschäft an den Museen wird mit Einschränkungen aufrecht erhalten. Sofern die Männer nicht zum Krieg eingezogen sind, versehen sie ihren Dienst beim Papst. Die verbliebenen Kustoden schieben Wache und sprechen über Politik, die Direktion disponiert, die Restaurateure restaurieren, Hermine Speier arbeitet – bei schwindender Hoffnung auf eine Auswanderung – immer noch an der Katalogisierung des Fotoarchivs. Fotografen kommen vorbei, um Kunstwerke abzulichten. Ab und zu tauchen sogar Filmteams auf, die ersten Vorboten einer Massenkommunikation der bewegten Bilder.

Ab November 1941 sorgen in den Museen Sensationsfunde aus vatikanischem Erdreich für Aufsehen: Bei den in aller Stille begonnenen Grabungen am Petrusgrab unter dem Boden des Petersdoms sind die ersten Münzen ans Licht gekommen. Vatikan-Archäologe Enrico Josi händigt der Direktion 190 heile und 43 Bruchstücke römischer Münzen aus, die in der Werkstatt für Metall und Terrakotten zu restaurieren sind,[89] und fast jeden Monat kommen neue hinzu. Nicht wegen ihres materiellen Wertes ragen die Münzen hervor, sondern wegen ihrer Datierung. Sie sind Zeitgenossen des ersten Papstes. Der Apostel Petrus erlitt 64 oder 67 nach Christus auf heutigem Vatikangelände das Martyrium. Pius XII. hat 1939 die erste archäologische Untersuchung des mutmaßlichen Petrusgrabes angeordnet, jenes bescheidenen Erdgrabes, über dem sich der größte Dom der Geschichte erhebt.

Hermine begeistert sich als Konvertitin zunehmend auch für christliche Archäologie. Hellhörig verfolgt sie Debatten und Funde. Sie kommt in Kontakt mit den Ausgräbern, unter ihnen der deutsche Jesuit Engelbert Kirschbaum, der nach dem Krieg ein regelmäßiger Gast von Hermines Leseabenden wird. Wann sie das erste Mal selbst in die Grabung unter den Grotten des Domes hinabsteigt, ist nicht verbürgt. Die Arbeiten rund um das Petrusgrab laufen unter höchster Geheimhaltung ab, während ringsherum der Weltkrieg immer lauter tobt.

Dramatisch ändert sich die Lage in Rom im September 1943 mit dem Einmarsch der Deutschen. Schien der Krieg die Ewige Stadt bisher verschonen zu wollen, so zeigt er nun seine bedrohliche Fratze auch in der Kapitale Italiens. Die Museen reagieren auf die neue Notlage. Auf höhere Anordnung bleiben die Pforten der Päpstlichen Sammlungen geschlossen. Die schönen Künste überlassen das Feld dem Kampf gegen Hunger und Zerstörung: Lebensmittel und fremde Kunstwerke werden im großen Stil eingelagert.

Im September schafft nicht nur Ludwig Curtius seine private Kunstsammlung zur sicheren Verwahrung in die Vatikanischen Museen. Auch Prinz Don Enrico Barberini beeilt sich, Gemälde, Teppiche und sorgsam in Körben verpackten Hausrat unterzustellen.[90] Wer immer Kunstgut und Beziehungen zum Vatikan hat, versucht letztere in dieser Stunde zu nutzen. Klingende Namen sind unter jenen, die ihre Schätze beim Papst zwischenlagern dürfen, wie die der Prinzen Chigi und Altieri, aber auch weniger bekannte Sammlerehepaare und der Antiquitätenhändler Giorgio Sangiorgi. 23 Kisten Kunst kommen aus der Kathedrale San Marco in Venedig, 15 Kisten aus weiteren Kirchen der Lagunenstadt, elf Kisten aus Kirchen der Marken.[91]

Die meisten Kunstwerke zur schützenden Aufbewahrung liefert das italienische Bildungsministerium:[92] Nach und nach gelangen gut 700 Kisten dieses Absenders in die Museen, Hermine Speier hat sie gezählt. „Viel Kostbares" stehe „bei uns im Magazzin [sic]", schreibt sie wenig später, „z.B. auch der Ludovisische Thron (übrigens auch fast alle Tiziane Italiens, Raphaels sposalizio u.s.w.)." Sie schleicht „oft um die Kisten herum". Ein „seltsames Gefühl" sei das.[93] In den Museen des Papstes liegt während der Monate der deutschen Besatzung ein nennenswerter Teil aller überhaupt transportfähigen Kunstwerke Italiens. Sie sind bedroht von den Bomben eines mörderischen Krieges, den Deutschland angezettelt hat, doch sind es auch deutsche Stellen, nicht italienische, die den Kunstschutz organisieren. Und eine von Deutschland verfolgte deutsche Archäologin, die nicht mehr deutsch, sondern staatenlos und im Vatikan untergekommen ist, streicht um die fachmännisch verpackten Kisten. Dass da ein „seltsames Gefühl" aufkommt, lässt sich verstehen.

Im übrigen legen einige Archivfunde, unter anderem in Hermine Speiers Nachlass,[94] die Vermutung nahe, dass sie in diesem Vorgang des Kunstschutzes eine wenn auch bescheidene Mittlerrolle zwischen der deutsch-vatikanischen Diplomatie und Bartolomeo Nogara hat. Über sie tritt anscheinend Albrecht von Kessel als rechte Hand Weizsäckers mit Nogara in Verbindung. „Fräulein Speier ist gekommen ... und bringt gute Informationen über von

Während des Krieges öffnet Pius XII. seine Museen für Vorräte, bedrohte Römer und gefährdete Kunst. Das über Nacht angeschwollene Pseudo-Corps der Palatingarde schläft unter frühchristlichen Grabinschriften, und Schätze aus ganz Italien werden beim Papst zwischengelagert. Hermine streift ab und zu mit einem „seltsamen Gefühl" um die verpackten Kunst-Kisten.

Kessel",[95] notiert der Museumsdirektor am 17. November 1943. Gesichert ist, dass Kessel dem Museumsdirektor wenig später Bernhard von Tieschowitz vorstellt, Mitarbeiter des Militärischen Kunstschutzes, und so die Zwischenlagerung der italienischen Kunstgüter im Vatikan einfädelt.[96] Am 27. November gelangen die ersten 16 Kisten des italienischen Bildungsministeriums in den Vatikan.[97]

Das betreffende Dokument im Speier-Nachlass gehört in die Serie der Eidesstattlichen Erklärungen zur Entlastung Ernst von Weizsäckers im Wilhelmstraßenprozess. Allem Anschein nach war es Hermine Speier, die in einem Brief an Kessel anregte, im Verfahren gegen den Botschafter den Kunstschutz als Argument auf der Haben-Seite anzuführen.[98] Der Entwurf im Speier-Nachlass ist auf Deutsch im Namen Bartolomeo Nogaras ausgestellt, zeigt aber die Handschrift Hubert Jedins, der offensichtlich die römischen Entlastungsversuche Weizsäckers koordiniert. Am Ende des Entwurfs hat Hermine Speier handschriftlich die Zahl der betreffenden Kunstschutz-Kisten sowie den ersten und den letzten Tag der Einlagerungen vermerkt: 714 Kisten vom 27. November 1943 bis zum 3. Juni 1944. Hermine kann im Nachhinein nicht umhin, die Rolle Weizsäckers bei dieser Schutzaktion zu rühmen. Die mehreren Tausend Werke aus ganz Italien sind, so schreibt sie, „z.T. mit grössten Schwierigkeiten durch den deutschen Kunstschutz in den Vatikan gebracht worden. Das sollte man doch wirklich anerkennen."[99]

Zurück zu den Museen. In den Magazinen also lagern die Kunst-Kisten, andere Räume dienen als Lebensmittellager, wieder andere werden zur Kaserne der Ehren-Palatingarde Seiner Heiligkeit umfunktioniert. Am 26. November 1943 öffnet Nogara den Haupteingang der – für das Publikum geschlossenen – Museen, um eine Flut Bewerber für die Palatingarde einzulassen. Vier Museumsmänner müssen die Masse in Schach halten.[100] Die Palatingarde ist ein Ehrenkorps römischer Bürger. Die Bewerber rechnen sich aus, dass sie nicht von der Straße weg zur Zwangsarbeit abgeführt werden können, wenn sie sich als Gardisten im Vatikan aufhalten. Zudem ist bekannt, dass man im Vatikan nicht hungert. Als Schlafsaal dient dem Korps unter anderem die Galleria Lapidaria. In dem pompösen Museumsgang sind Dutzende Feldbetten aufgeklappt. Dort schlafen die Gardisten unter Inschriftentafeln aus frühchristlichen Totenstädten.

Gleichzeitig mit dem Ansturm der neuen Palatingardisten werden das Skulpturenmuseum, die Galleria del Braccio Nuovo und das Museo Chiaramonti zu Lebensmittellagern umfunktioniert, und statt Büsten römischer Statthalter stehen nun Kisten mit Nudeln und Weizen in den weitläufigen Museumsräumen.[101] Aus diesen Beständen lässt der Papst Bedürftige in- und vor allem außerhalb der Vatikanstadt speisen, etwa die in Klöstern Untergetauchten. Auch die Garderobe der Kustoden wird zum Lebensmittellager. Gut, dass die Männer wegen der Museumsschließung ohnehin keine Uniform tragen und daher ihre Spinde nicht brauchen. Allein der provisorisch in der Garderobe untergeschlüpfte Kustode Federici, der zu Hause ausgebombt wurde, muss sich ein neues Notquartier suchen. Mit Nogaras Einverständnis zieht er in das Büro des Vize-Chefkustoden des Skulpturenmuseums um. Tag für Tag sehnt ganz Rom die Befreiung durch die Alliierten herbei.

9. KAPITEL

Ende, Anfang, Atmen: Der Neubeginn

1. Kriegsende in Rom: Neue Bekanntschaften im Vatikan

„Ich erinnere mich, als die Deutschen dann aus Rom flüchteten", erzählt Schwester Giovanna. „Wir haben eine kleine Druckerei. Und wir sahen die letzten, die flüchteten, die Italiener jagten sie weg." Namenlose Erleichterung machte sich breit, ein „Gloria" wurde angestimmt. Langsamer als erwartet war es den Allierten gelungen, vom Süden her Richtung Hauptstadt vorzudringen. Am 4. Juni 1944 endlich zogen die deutschen Truppen kampflos aus Rom ab. Der Journalist Gustav René Hocke, der sich zuletzt beim Oberen des Salvatorianerordens Pater Pancratius Pfeiffer im Generalat gegenüber dem Petersplatz versteckte, erlebte den Augenblick so:

„Ich stand auf der Dach-Terrasse des Salvatorianer-Hauses. Der Anblick dieses geschlagenen Heeres ließ die hasserfüllten Römer vor Mitleid verstummen. Todmüde Soldaten eilten, zum Teil mit zerlumpten Uniformen und ohne Schuhwerk, am Petersplatz vorbei zu den nördlichen Ausfallstraßen Roms. Verwundete hockten nicht nur auf Lastwagen, sondern auch auf Mauleseln. Ein paar Frauen reichten diesen Kriegern, die meist Kindergesichter hatten, Wasser. Und auf einmal wurden im Norden hinter der Peterskuppel englische Spitfires sichtbar. Sie setzten zum Sturzflug an, um Hitlers geschlagenen jungen Wozzeks in den Rücken zu fallen, obwohl Rom zur offenen Stadt erklärt worden war. ... Als der letzte deutsche Soldat Rom verlassen hatte, wurde es plötzlich für ein paar Augenblicke totenstill."[1]

Für Rom ist der Weltkrieg zu Ende, fast ein Jahr vor der bedingungslosen Kapitulation Deutschlands. Mit dem Abzug der Deutschen beginnt für die Stadt die ersehnte Rückkehr zu einem Leben, das wohl noch Hunger und Not, aber keine Todesangst mehr kennt. Die Untergetauchten kommen aus ihren Verstecken mit allen Gefühlen, die sich einstellen können, wenn große Gefahr überstanden ist. An der Via Salaria 340 verabschiedet sich Hermine Speier von ihren Wohltäterinnen.

Sie wird den Nonnen Zeit ihres Lebens herzlich verbunden bleiben. Oft besucht sie die Benediktinerinnen in ihrem Kloster, lädt sie auch einmal zur

Führung durch die Vatikanischen Museen ein, die junge Schwester Giovanna ist dabei. Jedes Jahr in der Karwoche zieht Hermine sich für einige Tage der geistlichen Betrachtung nach Montefiolo zurück, wo die Priscilla-Nonnen eine Niederlassung haben. Mit ihrem Aufsatz über den „Musensarkophag" für die Festschrift von Monsignore Belvederi, der ihr in Zeiten der Not die Klosterpforten geöffnet hat, überreicht die Archäologin ein nachträgliches Gastgeschenk. Vielleicht war es schon in der römischen Antike ein Bekenntnis, auf einem Sarg ausgerechnet die Musen darzustellen, die Göttinnen der Künste und Hüterinnen des Schönen, das erhaben bleibt über Zeit und Tod. Vielleicht hat aber auch die tödliche Bedrohung dieser Kriegsmonate im Untergrund Hermines Blick für das Schöne neu geschärft, eine Tiefendimension in ihm freigelegt.

Sie habe „in der Zeit des Versteckspielens" alle möglichen Notizen über profane Dinge wie Abrechungen vernichtet, schreibt sie Jahre später an Robert Boehringer, auf dessen Kosten sie immerhin in der Salita lebt.[2] Es ist in allen ihren erhaltenen Briefen der einzige Hinweis auf die Zeit im Untergrund. Zweifellos markieren die neun Monate bei den Nonnen die innere Zäsur in Hermine Speiers Biografie. Beendet ist die Abfolge der großen Liebe, eine nach der anderen, zu je einem einzigen Menschen. Sie weiß, dass sie nicht mehr heiraten, keine eigene Familie haben wird. „Fräulein Doktor" bleibt die Anrede, auf die sie nun und noch als alte Dame Wert legt.[3] Dem zurückgekehrten Nobile schenkt sie ohne Wehmut jene Bronzebüste, die sie vor seiner Abreise anfertigen ließ. Seine Briefe aber behält sie. Ihr innerer Reichtum, ihre Haltung, ihre Liebe sind gereift und haben höhere Ziele gefunden.

Hermine ist 46 Jahre alt, als sie das Versteck bei den Nonnen verlässt. Die Hinwendung zu Gott, die lange zuvor in ihr angelegt war, erfüllt sie immer stärker. Auch ihre fruchtbarste wissenschaftliche Periode fällt in die Jahre nach dem Krieg. Mit Eifer nimmt sie ihre Arbeit in den Museen wieder auf, die über das Katalogisieren der Fotos jetzt hinausgeht. Hermine hat Ideen und zeigt Initiative, möchte ihre bisherige Arbeit in einem Katalog der vatikanischen Skulptur-Fotografien zugänglich machen.[4] Noch sind die Päpstlichen Sammlungen für das Publikum geschlossen, doch Direktor Nogara bereitet die Öffnung vor, die im September 1944 stattfindet. In seinem Auftrag übersetzt Hermine Speier die von ihm verfasste „Guida breve" durch die Museen ins Deutsche,[5] legt also, bildlich gesprochen, ihr von Kriegstrümmern begrabenes Wissen über die päpstlichen Kunstschätze wieder frei. Und schon wenige Tage nach der Befreiung Roms durch die Alliierten führt sie britische Soldaten und den Grafen Visconti di Modrone durch die Museen, jenen Mann, der so wie sie selbst bei den Benediktinerinnen von Priscilla untergetaucht war.[6]

Im Vatikanstaat ergeben sich nach dem ersehnten Einzug der Alliierten in Rom neue Nachbarschaften. Die deutsche Botschaft beim Heiligen Stuhl zieht in den Vatikan um. Es ist ein fliegender Wechsel: Während der deutschen Besatzung bot der Papst den Diplomaten der Alliierten Asyl. Amerikaner, Engländer und Franzosen können nach der erfolgten Befreiung Roms gefahrlos im Papststaat ihre Wohnungen räumen, was sie freilich nur zögerlich tun, weil die Immobilien in der Ewigen Stadt in den Kriegsjahren wenig komfortabel sind. Nach und nach werden die Vatikanwohnungen für die Diplomaten der „Achsenmächte" frei: Japaner, Ungarn, Slowaken, in erster Linie aber Deutsche übersiedeln in den Papststaat, fort aus dem Bannkreis der Siegermächte.

Von außen betrachtet ist es ein moralisch bemerkenswerter Vorgang. Die letzten römischen Diplomaten Hitlers erhalten beim Papst Asyl so wie noch wenige Tage zuvor Verfolgte des Hitler-Regimes, die ihrerseits nun wieder Freiheit genießen können. Doch sind die Gesandten aus Berlin nach Anschauung des Papstes eindeutig keine Kriegsverbrecher. Pius XII. wirkte als Nuntius selbst zwölf Jahre der Zwischenkriegszeit in Deutschland. Er hat eine Vorstellung davon, wie heikel die Mission der deutschen Vatikan-Diplomaten ist, die die Politik ihres obersten Dienstherren Hitler ablehnen und seine Methoden zutiefst verabscheuen. Die Botschaft besteht im Kern aus drei Männern, alles Protestanten: Ernst von Weizsäcker, Albrecht von Kessel und Sigismund von Braun. Die beiden letzteren sind im Urteil der Nachwelt über jeden Zweifel erhaben. Weizsäcker nicht. Er wird in den Nürnberger Prozessen zu einer Haftstrafe verurteilt, weil er 1942 – vor seiner Entsendung nach Rom – den Transport von 6.000 französischen Juden nach Auschwitz abzeichnete, obwohl er den Erkenntnissen des Gerichts zufolge von der „Endlösung", also der geplanten Vernichtung aller Juden, gewusst haben muss.

Anfang Juli 1944 übersiedeln die deutschen Diplomaten in den Vatikan.[7] Das Ehepaar Weizsäcker erhält eine Wohnung im vatikanischen Gerichtsgebäude zugewiesen, dem Palazzo dei Tribunali. Legationsrat Braun mit Frau und zwei kleinen Kindern, ein drittes kommt alsbald zur Welt, ziehen vorerst in den Palazzo della Canonica, der sonst den Domherren von Sankt Peter als Wohnstatt dient, und nach einigen Monaten ebenfalls in den Gerichtspalast. Von Kessel, der als Funker ausgebildete Sekretär Bruno August Buyna und die Botschaftssekretärin Lotte Rahlke übersiedeln in das Hospiz Santa Marta. Alle Gebäude liegen in Nachbarschaft zum Campo Santo Teutonico, dem deutschen Friedhof mit angeschlossenem Priesterkolleg. Begünstigt durch sprachliche wie räumliche Nähe in der Enklave Vatikan, wachsen im Lauf der Monate Freundschaften zwischen Diplomaten, Priestern und anderen vatikanischen Persönlichkeiten, unter ihnen Hermine Speier.

„Weizsäcker lud mich zuweilen zum Essen ein“, erinnert sich Hubert Jedin,

„und dann konnte man sich der Gesellschaft seiner warmherzigen Gattin erfreuen; er nahm mich auch manchmal zu Spaziergängen im Vatikanischen Garten mit, den die in der Vatikanstadt internierten Diplomaten außerhalb der Besuchszeiten des Papstes benutzen durften.“[8]

Ähnliches schreibt Hermine Speier in einem Briefentwurf von 1946 an Marianne von Weizsäcker. Sie bedankt sich zum Abschied für die so oft genossene Gastfreundschaft im Diplomatenhaushalt,

„wo man mit solcher Wärme und Aufmerksamkeit umgeben wird, dass man sich gleich heimisch fühlen muss. Nie ging ich von Ihnen weg, ohne mich unendlich bereichert zu fühlen ...“[9]

Eine besonders enge Freundschaft entsteht zwischen Hubert Jedin, Albrecht von Kessel, Lotte Rahlke und Hermine Speier. „Konventikel“ nennt Hermine diese Begegnungen im kleinen Kreis,[10] was mit „Klösterchen“ zu übersetzen ist und im Ganzen auf die Verhältnisse im Vatikanstaat anspielt. Dienstags und samstags trifft man sich im Hospiz Santa Marta bei Kessel zum Tee oder zum Abendessen, Begegnungen, auf die der Diplomat sich immer schon im voraus freut.[11] Der Vatikan versorgt die internierten Botschafter mit Lebensmitteln und schafft damit die materielle Voraussetzung für solche Gastfreundschaft, „so daß die allmählich regelmäßigen Abende bei von Kessel, an denen Fräulein Rahlke und unsere gemeinsame Freundin Fräulein Dr. Speier teilnahmen“, eine „angenehme Abwechslung der im Camposanto noch immer bescheidenen Speisekarte bildeten“, erinnert sich Hubert Jedin.[12] Noch einen Grad bescheidener ist der Tisch wohl bei Hermine Speier in der nahegelegenen Salita di Sant´Onofrio bestellt. Die Pakete ihrer Tanten aus Amerika treffen erst nach dem allgemeinen Kriegsende ein.

Sowohl der Priester als auch der Diplomat schätzen an der Archäologin ihre Bildung, auch die des Herzens, und ihre menschliche Klugheit. Für Jedin wird sie „in jenen Jahren eine verständnisvolle und warmherzige Freundin, der ich alles anvertrauen konnte, was mich bewegte“.[13] Kessel hingegen baut „auf zahlreichen Gängen durch die Museumssäle ... unter ihrer Leitung meine lückenhaften archäologischen Kenntnisse aus.“

„Holte ich sie in ihrem Büro ab, um mit einem kleinen Umweg durch die Vatikanischen Gärten bei uns zu Mittag zu essen, so war mein stärkster Eindruck, daß sie jene unerschütterliche charakterliche Festigkeit ausstrahlte, die den Besten ihrer Rasse zu eigen ist. War ich schweigsam, so fand ich abends in meinem Zimmer ein paar Zeilen vor. Sie habe das Ausmaß meiner Trauer, ja Verzweiflung, wohl gespürt. Wenn sie mir auch nicht helfen könne, so solle ich doch wenigstens wissen, daß sie an meiner Seite stünde. Dichterisch sehr, wie man heute sagen würde, engagiert, schrieb sie mir in ihrer schönen, vom

George-Kreis, dem sie nahe stand, beeinflußten Handschrift ihre und meine Lieblingsgedichte ab: aus dem West-östlichen Diwan oder von Hofmannsthal und George. Durch diese handschriftliche Wiedergabe erhielten die Gedichte ein eigenes Gewicht.“[14]

Doch tauscht man nicht nur Schöngeistiges und Zwischenmenschliches aus. Vom missglückten Attentat auf Hitler am 20. Juli 1944 erfährt Hermine Speier direkt von Kessel, der Kontakte zu Deutschlands militärischen Widerstandskreisen hat. Kessel ist „Mitwisser“.[15] Genau eine Woche nach dem Attentatsversuch erläutert er Hermine die Hintergründe. Claus Schenk Graf von Stauffenberg, ein Bruder des Tübinger Althistorikers und Georgeaners Berthold Stauffenberg, habe bereits seit 1937 auf den Sturz Hitlers hingearbeitet, sagt Kessel der Georgeanerin Hermine Speier.[16] Beide Stauffenberg-Brüder haben 1933 Totenwache am Grab des Dichters in Locarno im Tessin gehalten. Hermine weiß davon. Ihr Gönner Robert Boehringer als Erbe Stefan Georges hat die Totenwache organisiert.

Hubert Jedin, ein bedeutender Kirchenhistoriker, arbeitet in jenen Jahren an seiner großen Geschichte des Konzils von Trient, und im Vergleich zu Kessel ist er damit gut ausgelastet. Die deutschen Diplomaten im vatikanischen „Exil“ und ihre Familien sehen sich manches Mal der blanken Langeweile ausgeliefert. Kessel umschreibt es vornehm: „Ein Merkmal unseres Lebens im goldenen Käfig der Vatikanstadt war ein Übermaß an freier Zeit.“[17] Die jeweiligen Pflichten sind in wenigen Stunden erledigt, danach gehe jeder seinen Liebhabereien nach. Während im Rest der Welt noch Kriegsgemetzel herrscht, malt Weizsäcker in den vatikanischen Gärten „still versonnen nach englischer Art“ Aquarelle oder bringt in der Vatikan-Bibliothek seine Gedanken für ein Deutschland nach dem Krieg zu Papier. Braun beschäftigt sich mit seinen kleinen Töchtern und nimmt Sprachstunden bei einem russischen Priester,[18] gemeinsam mit Kessel kratzt er sein Schullatein zusammen, und hingestreckt auf den Rasen des Papststaates müht man sich mit einer Übersetzung der Vergilschen Aeneis.

Hermine Speier führt nicht nur Kessel durch die Museen, sondern hält auch einmal wöchentlich einen archäologischen Nachmittag für Diplomaten, deren Familien und die Belegschaft des Campo Santo,[19] woran nicht zuletzt die Vortragende selbst Gefallen findet: „sehr viel Freude“ macht ihr diese kleine Vorlesung, die sie mit „aegyptischen und kretisch-mykenischen Beispielen“ beginnen und beim Parthenon enden lässt.[20] Dem Priester Jedin erteilt sie ab Juli 1944 Englisch-Unterricht,[21] den dieser in der neuen Lage mit den Alliierten in der Stadt wohl für nötig hält. Die Unterrichtsbehelfe dieser Lektionen bei Hermine Speier auf der Dachterrasse sind so vielfältig wie improvisiert: In der ersten Einheit wird ein Aufsatz von Francis Bacon gelesen, in der zweiten ein Brief von Hermines Bruder Erich aus New York.[22]

Im Gegensatz zu Jedin und Hermine Speier dürfen die deutschen Diplomaten die Grenzen des päpstlichen Zwergstaates nur mit Genehmigung der Alliierten überschreiten. Was macht man unter den Fenstern des Papstes? Man spielt Schach und Bridge, liest miteinander die mehrbändige Geschichte Roms von Gregorovius und findet, obwohl oder weil allesamt protestantisch, Geschmack an den ausgedehnten päpstlichen Liturgien, die Hilde von Braun in ihren Tagebüchern als Laufstege und Tuschelbörsen beschreibt, zumindest in den Rängen der Vatikan-Diplomaten. Die kleinen Braun-Töchter spielen mit Inbrunst katholische Prozessionen in den Gärten nach und begrüßen dunkelhäutige Priester aus dem äthiopischen Priesterkolleg im Vatikan mit ausgesuchter Ehrerbietung. Einzig die Kinder leiden nicht am Gefühl des Eingeschlossenseins. Für sie ist es ein Paradies, das nach Mimosen riecht, wie Christina von Braun in ihrem Buch „Stille Post" anrührend beschreibt.

Anders verhält es sich mit einer Gruppe deutscher Landsleute, die den Vatikan ausdrücklich nicht verlassen wollen: Deserteure. Sieben von ihnen haben es im Herbst 1943 binnen weniger Wochen unter abenteuerlichen Umständen geschafft, sich in den Vatikanstaat zu flüchten,[23] wo man sie durchfüttert und in der Kaserne der päpstlichen Gendarmerie schlafen lässt, Tür an Tür mit Deserteuren der Feindnationen. Gendarmen und Monsignori zeigen sich enerviert, doch die Fahnenflüchtigen aller Couleur dürfen im Vatikan bleiben. Ausgerechnet in einer römischen Entbindungsstation klagt Monsignore Montini der Diplomatengattin Hilde von Braun, die soeben ihre zweite Tochter zur Welt gebracht hat, sein Leid mit einem „deutschen Kriegsgefangenen", der den im Vatikan ohnehin beschränkten Raum nun auch noch mit seiner Präsenz belaste.[24] Wenn die Episode stimmt, ist sie kein Meisterstück seelsorgerlicher Einfühlung durch den zukünftigen Papst: Auch Familie von Brauns Übersiedlung in den Vatikanstaat steht unmittelbar bevor, und Montini weiß es.

Die deutschen Diplomaten im vatikanischen Exil nehmen ihre desertierten Landsleute „mit offenen Armen auf", erinnert sich Kessel.[25] Die Soldaten selbst wiederum sind „nur allzu froh, sich von den Mitgliedern einer deutschen Botschaft, von deren Existenz sie keine Ahnung hatten, verwöhnen zu lassen." Bald aber entsteht eine peinliche Lage. Die Fahnenflüchtigen wollen im Vatikan bloß Hitlers „Endsieg" abwarten, schreibt Kessel. Dass ein solcher nicht stattfinden wird, ja die Niederlage Deutschlands unmittelbar bevorsteht, erfahren sie durch die Diplomaten. „Natürlich gerieten wir dadurch in ihren Augen in ein schiefes Licht: Von Hitler bezahlt und auf ihn vereidigt, lebten wir in Saus und Braus und verübten tagtäglich Hoch- und Landesverrat." In seiner präzisen und überraschend undiplomatischen Sprache bringt Kessel hier ein Dilemma auf den Punkt, dessen Aufarbeitung Zeithistoriker bis heute beschäftigt.

Die deutschen Internierten nennen sich selbst „Die goldenen Sieben", und auch Hermine Speier lernt das flotte Grüppchen kennen, das sich im päpstlichen Zwergstaat zwischen Friedhof und Kaserne den Tag zu vertreiben sucht. Im Nachlass der Archäologin findet sich ein Heft, auf dessen hektographierten Seiten die Männer mit viel Situationskomik beschreiben, wie sie es über die Vatikanmauern schafften, was man alles in einem päpstlichen Fahrstuhl erleben kann, wie man sich etwas so Exotisches wie einen Weihnachtsbaum in den vatikanischen Gärten beschafft oder was passiert, wenn man dort in einer Sommernacht in einem Brunnen ein unerlaubtes Bad nimmt.[26] Das launige Heftchen von rund 60 Seiten stellt einen etwas derben Geschmack zur Schau, lässt aber die surreale Stimmungslage in der dicht besetzten Enklave Vatikan jener letzten Kriegsmonate erahnen. Eine Widmung an die „Hochverehrte Gnaedige Frau" weist das Erzeugnis als Dankschreiben „fuer viele schoene und unvergessliche Stunden" aus, „die wir in Ihrem werten Kreise verleben durften". Mutmaßlich ist damit Marianne von Weizsäcker gemeint, die das Heft bei ihrem Abschied aus Rom im Sommer 1946 der Freundin Hermine Speier überlassen haben könnte. Denkbar ist aber auch, dass die „goldenen Sieben" der Archäologin, die auch ihnen ein wenig antike Kunstbildung zu erteilen gewillt war, ein eigenes Exemplar der vervielfältigten Schrift überreichten.

2. Hermines lebenslanger Lehrer: Ludwig Curtius

Mit von der Partie im Vatikan ist auch der alleweil gesellige Ludwig Curtius. Sowohl Weizsäcker als auch den jüngeren Albrecht von Kessel kennt Curtius schon lange bevor die Diplomatie sie – im Fall Kessels bereits zum zweiten Mal – nach Rom führt,[27] und als gesellschaftlich Hochbegabter versteht es der Archäologe wie immer, an alte Zeiten wieder anzuknüpfen. Ohnehin bedeutet Curtius „in seiner überwältigenden Vielseitigkeit, seiner temperamentvollen Menschlichkeit einen Höhepunkt jedes Freundeskreises", urteilt Hilde von Braun in ihren vatikanischen Aufzeichnungen.[28] Für Albrecht von Kessel sind „Professor Ludwig Curtius und seine Schülerin, Fräulein Dr. Hermine Speier", zuzüglich Hubert Jedin, „die größte moralische Stütze" jener römischen Tage.[29] Kessel beschreibt Hermines Lehrer als „Exzentriker des Typus, wie ihn die Engländer seit jeher hegen und pflegen". Jeden Mittwoch kommt er in den Vatikan, um der Diplomatenkolonie, die das Staatsgebiet nicht verlassen darf, die Zeit auf angenehme Weise zu verkürzen: erst zu Weizsäckers zum Mittagessen, dann zu Kessel und Rahlke zum Tee, oder umgekehrt. Kessel, ein guter Beobachter und ein ebenso guter Schreiber – er wird seiner diplomatischen Laufbahn eine journalistische folgen lassen –

erinnert sich, wie er Curtius jeden Mittwoch um ein Uhr auf den Stufen des Petersdoms empfängt:

„Zuerst hörte man nur den hellen Klang der Eisenspitze seines Knotenstokkes auf dem Pflaster, dann bog er auf den Petersplatz ein und stimmte, sobald er mich erblickte, ein Indianergeheul an. Im Sommer trug er einen Anzug aus Tonkingseide, der zuletzt in seiner frühesten Jugend mit einem Bügeleisen Bekanntschaft gemacht haben konnte. Im Winter betrat er mit einem wehenden Mantel und einem Sombrero die Szene. Aber ob Sommer oder Winter, ob im Tagesanzug oder Smoking, immer trug er kanariengelbe Halbschuhe, in deren ungeputzten Falten der Dreck – sit venia verbo – hellblau aussah, ein Phänomen, das Goethe im Hinblick auf seine Farbenlehre entzückt hätte. Und obendrein ließ sich Curtius nur einmal in der Woche rasieren mit dem Erfolg, daß dieser rundliche – aber keineswegs fette – und sehr agile Mann mit seinen wachen Schlitzaugen das Ebenbild eines antiken Fauns darstellte."

Hinter dieser „ein wenig skurrilen Fassade" verbirgt sich „eine schon damals kaum mehr anzutreffende klassische Bildung" und eine besondere Menschlichkeit, „eine Art paradiesische Unschuld", notiert Kessel. In den zurückliegenden Jahren ist diesem Ludwig Curtius ein Status als „letzter großer Rom-Deutscher" zugewachsen. Die finstere Kriegszeit hat er wie andere dazu genutzt, Lebenserinnerungen aufzuzeichnen. Ähnliches tun auch Weizsäcker und Kessel während ihrer erzwungenen Untätigkeit im Vatikan. Doch nur bei Curtius geschieht es, dass das häppchenweise Verlesen seines Manuskripts zu einem gesellschaftlichen Ereignis wird. An jedem Mittwoch im Vatikan, wahlweise auch bei sich zu Hause, gibt er vor Publikum das jüngste Kapitel zum Besten. Der „Memoirenkreis" ist geboren.[30] Curtius' Lebenserinnerungen mit dem Titel „Deutsche und antike Welt" werden ein Sensationserfolg des deutschen Buchhandels der 1950er Jahre.[31]

Curtius erlebt 1944 ein schwieriges Jahr. Unmittelbar nach der Befreiung Roms gerät er ins Visier der alliierten Behörden: Seine Tochter hält zu Hause offenbar ohne Wissen des Vaters drei deutsche Deserteure versteckt. Die Episode findet in Bartolomeo Nogaras unveröffentlichten Tagenbüchern Erwähnung.[32] Wie es scheint, verbringen Vater und Tochter zwischen 6. und 9. Juni 1944 einige Tage in Haft. Hermine ist alarmiert, und Nogara versucht über das Staatssekretariat und den US-Diplomaten Harold Tittmann zu helfen, der ebenfalls im Vatikan interniert ist. Wenig später kommen erst der Vater, dann die Tochter frei. Speier, Curtius und Kessel bitten Nogara, sich zur Lagebesprechung in dessen vatikanischer Dienstwohnung treffen zu dürfen, wo man sich unbeobachtet fühlt.

Im Winter ist ein wenig Gras über die Episode gewachsen. So kann der 70. Geburtstag von Ludwig Curtius am 13. Dezember 1944 ein wirklicher „Lichtblick in diesen dunklen Monaten" für Hubert Jedin und viele andere werden.

Hermine Speier fällt die Aufgabe zu, zwei Reden zu halten, eine stellvertretend für alle Schüler, und eine zweite persönlichere. Über ihren alternden Lehrer hat sie schon im Jahr zuvor in einem Brief an Lise Salin nachgedacht.

„C. ist ja auch so etwas Grossartiges jetzt im bewussten Altwerden. ... Ansehen tut man ihm sein Alter ja nicht, aber mir scheint jetzt manchmal von Woche zu Woche, dass er weiser und gütiger werde. Dabei bleibt immer der Reichtum seiner Farbigkeit, die einem ja früher manchmal zu viel werden konnte. ... gerade in der letzten Zeit, wo wir mehr allein waren, haben wir viele wunderbare Gespräche gehabt, aber dann gibt es doch immer wieder Punkte, wo ich ihn in seinem sprühenden, nicht zu umgrenzenden Wissen, seiner kühnen Phantasie und seiner niemals versagenden Lebendigkeit aufs freudigste bewundere. Aber irgend etwas Ungelöstes bleibt dann doch.“[33]

Curtius stand seiner Schülerin in all den Jahren seit Heidelberg schützend zur Seite. Er promovierte sie, wenn auch nicht mit der Bestnote, die seiner Überzeugung nach nur Männer verdienten. Er holte Hermine aus der „sibirischen Verbannung“ ins ersehnte, beglückende, einzig wahre Rom. Als er sie dort nicht länger am Institut halten konnte, vermittelte er ihr die Stelle im Vatikan und Dutzende von Nebenaufträgen, dank derer Hermine in Rom einigermaßen würdig leben, ja sogar einige kleinere Arbeiten an Anneliese Rieß abtreten konnte. Als einer von wenigen scheute sich Curtius auch im fortgeschrittenen Stadium der Nazi-Diktatur nicht, Umgang mit Juden zu pflegen. „Meines Wissens“, schreibt Jedin, wurde Curtius’ Absetzung als Direktor „durch seinen Verkehr mit Nichtariern verursacht“.[34] In diese Kategorie fallen Jedin wie auch Speier.

Hermine ist zu diesem Zeitpunkt bereits aus der Rolle der Schülerin heraus- und in jene der immer ansprechbaren Freundin hineingewachsen, die nicht nur Indices für Curtius-Publikationen erstellt, eine ausgemachte Mühsal, sondern nach dem verfrühten Tod von Edith Curtius im Dezember 1932 auch bei den Töchtern gelegentlich nach dem Rechten sieht. Es ist eine Freundschaft mit viel Alltag. In Curtius’ unveröffentlichten Tagebüchern taucht Hermine Speier allein zwischen 1945 und 1948 nicht weniger als 387 Mal auf.[35] Gleichzeitig fühlt sie sich von ihrem Lehrer immer intellektuell angeregt. Sein groß ausschreitender, neue Weiten öffnender Geist ist ihr seit fast 25 Jahren Gewinn und Genuss.

Nun also der Geburtstag des berühmten Rom-Deutschen. Hermine hilft die Feier vorbereiten, involviert Nogara, lädt Ende November den Direktor des schwedischen Instituts zur Vorbesprechung.[36] Die Curtius-Feier wird dort stattfinden, weil das neutrale Schweden sein Kulturinstitut als einzige ausländische Akademie in Rom während des Krieges offen hält. Die Feier für Ludwig Curtius beginnt jedoch bereits frühmorgens im Haus des Geehrten. Hubert Jedin über jenen 13. Dezember 1944:

„Mit Fräulein Speier, Wüstenberg und Berndorff [zwei weiteren Priestern aus dem Campo Santo] fuhr ich schon früh um 8 Uhr zu ihm; als Überraschung für ihn war vom ‚Memoirenkreis' ... ein Flötenkonzert von Mozart vorbereitet worden, das ihn zu Thränen rührte; die Musik, sagte er anschließend, ist die in der Natur nicht hergestellte Harmonie. Um 11 Uhr begleitete ich ihn zur Papstaudienz, von der er sehr befriedigt nach etwa 20 Minuten wieder zurückkam; nachmittags um 15 Uhr gab der Direktor des schwedischen Institutes, Sjöqvist, ihm zu Ehren einen Empfang, an dem etwa 120 Personen aus 16 Nationen teilnahmen. Es sprachen: der Generaldirektor der Vatikanischen Museen, Nogara, Herr von Salis für das Rote Kreuz, Mingazzini für die Italiener, Fräulein Speier für seine Schüler; ... In diesem historischen Augenblick war die Curtius-Feier mehr als eine Huldigung des einzigen Mannes: ein Bekenntnis zum geistigen Deutschland jenseits aller von Hitler und seinen Gesellen verübten Greuel."[37]

Von den Schülern des Archäologen kann einzig Hermine Speier kommen, alle anderen haben auf unterschiedliche Weise mit dem Krieg zu kämpfen oder sind emigriert. Mit „großem Stolz und tiefer Dankbarkeit" bekenne sie sich dazu, Schülerin ihres Meisters zu sein, sagt Hermine auf Italienisch vor der Feiergemeinde. Seit den Heidelberger Tagen vor fast 25 Jahren habe es Curtius verstanden, eine „enge, brüderliche, vollkommen aufrichtige und herzliche Freundschaft" zu seinen Schülern wachsen zu lassen; Hermine nennt Jan Willem Crous, Otto J. Brendel, Reinhard Herbig, Rudolf Horn und den im Krieg gefallenen Werner Technau. Was Curtius als Lehrer weitergab, sei niemals nur bloß Stoff gewesen. Hermines Worte gewinnen an dieser Stelle einen nicht zu überhörenden politischen Unterton.

„Keiner derer, der aus dieser Schule kommt, hat sich den Geist verdunkeln lassen oder im Meer der Verwirrung unserer gnadenlosen Epoche die spirituelle Orientierung verloren. ... Nichts Wertvolleres und Beständigeres hätte uns unser Meister geben können. Alle sind wir heute von Leid im großen Maß gezeichnet. Jeder hat seine eigene Kategorie des Schmerzes. Aber über jede Bitternis hinweg bleibt der Weg des wahren ‚Humanisten' unangreifbar, der Weg, der uns mit Gelassenheit in die Zukunft zu führen vermag."[38]

In ihrer zweiten Ansprache zum Geburtstag des Lehrers würdigt Hermine ihn auf Deutsch. „Nie in meinem Leben habe ich bisher Reden gehalten, und nun soll ich auf einmal zwei halten", setzt sie an und fügt einen Satz hinzu, den man als Bescheidenheitstopos abtun könnte, wäre er nicht so bezeichnend für den Charakter der Sprecherin: „Das ist nicht einfach, zumal ich schon so viele und wunderbare Reden von Ihnen, lieber Herr Prof., gehört habe und also weiss, wie sie sein müssten und doch dastehe und es nicht kann." Es ist für Hermine das 20. Mal, dass sie bei einer Curtius-Geburtstagsfeier anwesend ist, und so erzählt sie die bisherigen aus ihrer Sicht. Den 60. Geburtstag beging man im Hotel Eden, auch da war Hermine dabei;

es war das Jahr ihres Wechsels an den Vatikan aus politischen Gründen. Curtius wurde

„in einer Art von weltweitem Glanze gefeiert, durch den die unübersehbare Schar Ihrer Freunde und Anhänger Ihnen ihre Huldigung erweisen und Ihr Schaffen bestätigen wollten. Die damals erschienene Festschrift ist ein ganz einmaliges Zeugnis dafür.– –"

Die beiden Gedankenstriche am Ende dieser Passage sind sprechend. Die „Corolla" erschien zum 60. Geburtstag des Geehrten, aber mit drei Jahren Verzögerung 1937. Es war die Festschrift, an der die Jüdin Hermine Speier zu ihrem Kummer nicht mitwirken durfte. Das „reich des Geistes", invadiert und entweiht von der Ideologie des Blutes. Hermine übergeht die sieben Jahre zurück liegende Aggression gegen sie. Mehr als zwei im Vortrag unhörbare Gedankenstriche räumt sie der Sache nicht ein. Den Namen des Verlegers Heinrich Bulle, der ihr 1936 mitteilte, man werde auf ihren Beitrag in der Festschrift verzichten, nennt sie in derselben Ansprache in der Reihe jener Freunde, die viel gegeben hätten, an diesem Tag für Curtius anwesend zu sein. Das ist Größe.

Die letzte Passage ihrer Festrede ist die persönlichste. Hermine Speier benennt das „unaussprechliche Glück", die Freundschaft des Lehres „seit soviel Jahren und in immer wachsender Vertrautheit geniessen zu dürfen." Ihm verdanke sie „alles, was ich in meiner Existenz Reichtum und Fülle des Lebens nennen darf", Äußeres wie ihr Dasein in Rom, besonders aber Geistiges.

„Drum sind Sie in diesen herzzerreissenden Jahren immer wie ein Leuchtturm, der in feststehendem Rhythmus unbeirrbar sein Licht aussendet durch Nebel und Sturm auf hochgehenden Wogen. So waren Sie für uns alle hier gerade in diesem letzten ereignisschweren Jahr. Und damit haben Sie uns allen Vorbild und Kraft gegeben. Was auch geschah, man wusste, Sie sitzen an Ihrem Schreibtisch, das geistige Dasein in irgend einer Weise in Form bannend, sei es wissenschaftlich forschend und Probleme stellend und lösend, sei es, wenn Sie an Ihren Memoiren schrieben, um eine Brücke zu bauen zwischen Vergangenheit und Zukunft für diejenigen, die von der Zeit europäischen und deutschen Glanzes keine lebendige Erfahrung haben."

Hier ist es wieder, das „reich des Geistes". Hermine beschwört es in beiden Jubelreden auf Curtius als einziges Gegenmittel zur politischen Entartung der eben überstandenen Jahre, und sie nennt Curtius einen Mann, der mit humanistischen Werten und pädagogischem Talent seine Schüler vor dem Abdriften in die schmutzigen Wasser des Diktators bewahrte. Heute publizierende Archäologen entdecken in Schriften von Ludwig Curtius Einflüsse nationalsozialistischer Sprache und Gesinnung.[39] Diesen Vorwurf hätte seine Schülerin nicht aus Dankbarkeit, sondern aus Überzeugung zurückgewiesen.

Dass die Deutschrömer sich in jenen Tagen über die Zukunft ihres einmal besiegten, befreiten Heimatlandes sorgen und streiten, liegt auf der Hand. Curtius, charismatisches Zentrum der deutschrömischen Intelligenz, glaubt geradezu kindhaft an ein Wiedererstehen seiner Nation, deren geistig-kulturelles Erbe er als zu reich empfindet, als dass Deutschland nach verlorenem Krieg und Ansehen innerlich auch nur Schaden nehmen könne. Auch politisch unbegabte Köpfe wie Hermine Speier können und wollen sich der Zukunftsdebatte nicht entziehen. „Nachm. bei Frl. Speyer [sic]: langes Gespräch über das Schicksal Deutschlands", notiert sich Hubert Jedin nach einem seiner Spaziergänge in die Höhen der Salita.[40]

Über das unfassbare Ausmaß der Menschenvernichtung, die ihre Landsleute zur Stunde immer noch vorantreiben, ist zu den Deutschrömern 1944/45 wenig durchgesickert, das sie als glaubhaft und unparteiisch einstufen würden. Ein seltsamer Wortwechsel, den Albrecht von Kessel wiedergibt, wirft auf diese Informationslage ein Schlaglicht. Die Begegnung findet auf der Dachterrasse des Campo Santo statt, wo man die gewaltige Kuppel des Petersdomes kaum sieht, weil sie so nahe ist. Auch in dieser deutschen Vatikan-Enklave wird jetzt „Heimat" durchdekliniert. Im Sommer 1944 hat man es sich dort in größerer Runde bei einem Glas Wein nach Kräften gemütlich gemacht. Ein niederländischer Benediktiner fragt die neben ihm sitzende Hermine Speier nach ihrer Nationalität.

„Als er sich überrascht zeigte, eine Deutsche von so dunklem Typ kennen zu lernen, antwortete sie, sie sei eine deutsche Jüdin. Erwidernd fragte er, ob dies wirklich der Fall sei oder ob sie sich nur dazu bekenne, weil dies zur Zeit im dekadenten Westen ‚schick' sei?"[41]

Eine solche Bemerkung – Hermines Reaktion ist nicht überliefert – zeigt über alle Unverschämtheit hinaus ein tragisches und typisches Maß an Ahnungslosigkeit.

Umgekehrt bricht auch unter den Rom-Deutschen die Frage nach einer Gesamtverantwortung ihres Volkes an der Gewaltherrschaft der Hitlerzeit immer wieder auf. Einmal kommt das sperrige Thema nach einer Englisch-Stunde für Jedin in Hermines Wohnzimmer auf den Tisch.[42] Sie lehnt den Gedanken einer deutschen „Kollektivschuld" ab und weiß sich darin einer Meinung mit Jedin und Kessel, dem politisch versiertesten ihrer Freunde. Bei einer anderen Gelegenheit widerspricht sie entschieden dem aus Wien geflohenen jüdischen Kunsthistoriker Kurt Rathe, der mit Blick auf einen deutschen Gesandten äußert: Wer sich jemals in der Hitler-Partei NSDAP um Aufnahme bemüht hat, sei für ihn „erledigt". Speier differenziert und nimmt den Gesandten in Schutz. „Unangenehme Szene", vermerkt Jedin.[43] Auch er, der schlesische Priester und Sohn einer getauften Jüdin, der allerdings immer eine nationalbewusste Haltung eingenommen hat, gerät in den

Verdacht, den Nationalsozialismus gebilligt zu haben. Ein ähnliches Fazit ist wohl auch im Fall Hermine Speiers zu ziehen. Hätte sie als Jüdin nicht nachweislich – und mehr als Jedin – unter der monströsen Vernichtungspolitik der Nationalsozialisten gelitten, so stempelte ihr unendliches Verständnis für die Nöte vieler Deutscher sie aus heutiger Perspektive wahrscheinlich zur „Mitläuferin".

3. 1945: Den Blick heben

Für Italien kommt das Ende des Krieges am 2. Mai 1945. Die bedingungslose Kapitulation der deutschen Wehrmacht vom 8. Mai bedeutet das Ende des Krieges in Europa. Hitler ist tot, acht Tage zuvor hat er Suizid verübt. Rund 60 Millionen Menschenleben hat dieser irrwitzige Krieg gekostet, der drei Viertel der Weltbevölkerung in seine Fänge zog. Nun ist der Alptraum vorbei.

Rom hebt wieder den Blick. Die Ewige Stadt ist tatsächlich verschont geblieben. Man denkt in kleinen Horizonten, an heute, morgen, übermorgen. Die Post arbeitet noch nicht wieder zuverlässig; wie alle anderen ist auch Hermine seit etlicher Zeit ohne Nachricht von ihren deutschen Freunden. Sogar von der neutralen Schweiz ist man seit Frühjahr 1944 praktisch abgeschnitten, sodass Hermine nichts über das Wohlergehen der Boehringers oder Lise Salins weiß. Schon sechs Wochen vor Kriegsende hat sie in Rom Luigi Einaudi getroffen, der sich während seines Schweizer Exils mit Lises Bruder Edgar Salin angefreundet hat. Einaudi ist Ökonom wie Salin und leitet seit kurzem die italienische Zentralbank. 1948 wird er Staatspräsident werden. Am 27. März 1945 stattet Hermine dem Intellektuellen einen kurzen Besuch ab, und Einaudi findet ihre Geschichte so bemerkenswert, dass er sie in seinem Tagebuch skizziert:

„Fräulein Speyer [sic] ist an den vatikanischen Museen angestellt und kümmert sich um die fotografische Dokumentation. Sie besitzen mehr als 70.000 Fotografien von Monumenten, Statuen etc. ... Zuvor war sie am Deutschen Archäologischen Institut; aber dann musste sie als Jüdin gehen und wurde im Vatikan beschäftigt. Sie wohnt im letzten Haus in der Salita di S. Onofrio; es ist ein Arbeiterviertel, hat aber eine herrliche Sicht. / Sie ist nicht – wie wir dachten – eine Kusine von Prof. Salin. Die Schwester von Prof. Salin ist eine enge Freundin von ihr, und so hat sie auch viel Zeit im Hause Salin verbracht. / Sie dachte, dass die Salins, so wie sie es vorgehabt hatten, ihren Landsitz im Kanton Basel-Land verkauft hätten. Wir versichern ihr, dass Prof. Salin jeden Sonntag aufs Land geht und sich mit Vorräten eindeckt."[44]

Von Hermine Speier haben sich aus der unmittelbaren Nachkriegszeit zwei Briefe an Ernst Langlotz erhalten. Freudig erleichtert vergewissert sie sich, dass der frühere Verlobte mit seiner Familie in Deutschland den Krieg heil überstanden hat. Von sich selbst erzählt Hermine wenig. Nicht ein Wort verliert sie über die Widrigkeiten der vergangenen Jahre, über Verfolgung, Verstecke, Bedrohung und Angst. Es gehe ihr es „ganz gut", soweit man das sagen könne „mit all der Trauer und Erschütterung im Herzen".[45] Abgesehen von der „völlig wahnsinnigen Teuerung" lebe es sich in der Ewigen Stadt „fast wieder normal", und Rom bleibe „halt immer Rom, wenigstens diesmal ist es noch geblieben." Hermine gibt kurze Auskünfte über gemeinsame Bekannte weiter, wie um zu sagen, niemand sei umgekommen: ihre Tante Jenny in New York frage immer nach Langlotz, ebenso Käte Bruckmann, Langlotzens jüdische Ex-Freundin, die jetzt in Israel sei und zwei Kinder habe; Robert Boehringer leite das Vereinigten Hilfswerk des Internationalen Roten Kreuzes, auch Curtius gehe es gut. Persönliches Missgeschick nicht einmal andeutend, beschwört sie das Ewige, das kein Krieg zerstören kann:

„Ach, lieber Ernst, es gäbe so viel zu sagen, aber es gibt ja dann doch keine Worte. Das Einzige ist mutig und hell zu bleiben im Glauben an die Dinge, die uns immer gross und wichtig schienen, und an denen hat sich ja auch nichts geändert. Und dazu gehört auch die Feundschaft und das liebevolle Gedenken, das man ja doch über alle Zerstörung hinweg und zu jeder Stunde zu den Menschen, die man liebt schicken kann."

Den zweiten Brief an Langlotz versendet Hermine Speier nicht mit der Post, sondern „mit dem Kardinal".[46] Gemeint ist der Kölner Erzbischof Joseph Frings, den Papst Pius XII. im Februar 1946 als einen von 32 Bischöfen der Weltkirche zum Kardinal macht. Dieselbe Ehre widerfährt den übrigens miteinander verwandten Bischöfen von Berlin und Münster, Konrad von Preysing und Clemens August von Galen. Die Kardinalserhebung dreier deutscher Kirchenmänner wird in ihrer Heimat freudig begrüßt und als Zeichen päpstlichen Wohlwollens gedeutet: Inmitten der Zerstörung, des Hungers und all der Debatten um Niederlage und Schuld verdienen auch Deutsche Kardinalshüte. Galen, den „Löwen von Münster", kennt ganz Europa als Hitlergegner, der furchtlos von der Kanzel die Ermordung behinderter Menschen brandmarkte. Am 18. Februar nehmen die Bischöfe im Petersdom aus den Händen des Papstes den purpurroten Hut als Zeichen ihrer Kardinalswürde entgegen. Hermine Speier ist bei der Feier anwesend und lässt sich von ihrer „grossartigen Pracht" ganz ergreifen. Nicht „leere Pracht" sei es gewesen, sondern

„einmal etwas, was die Völker zusammenführte nicht aus Hass und gegenseitigem Sichübervorteilen und schädigen Wollen, sondern aus einem einheitlichen inneren grossen Sinn und Willen zur Liebe. Den grössten, durch die ganze Basilika lange tönenden Applaus hatte der Kardinal von Galen, als er, wie ein Turm zu dem thronenden Heiligen Vater emporstieg."

Der Stil der Zeremonie im Petersdom steht im denkbaren Gegensatz zu den Lebensumständen der Schreibenden wie des Empfängers. „Könnte ich Euch nur etwas schicken", seufzt Hermine. „Sicher braucht Ihr die notwendigsten Dinge des täglichen Lebens, und man kann nichts tun, um Euch auch nur ein bisschen zu helfen." Es verursacht ihr fast ein schlechtes Gewissen, dass in Rom alles wieder in seinen alten Bahnen läuft. Hermine hungert, doch sie lebt; und sie lebt in Rom, das heil davon gekommen ist.

„Ich blicke über die so gut wie unversehrte ‚urbs' und lass mich dann doch voller Rührung von der Wohligkeit, die doch auch jetzt noch ihrer aeternitas [Ewigkeit] entströmt, anhauchen. – Aber ich würde mich scheuen, Dir davon zu sprechen, wenn ich nicht dächte, dass es Dir vielleicht doch auch ein Trost sein könnte, zu wissen, dass es das noch gibt, dass es über kurz oder lang doch einmal wieder auch Dir vergönnt sein möge, mit eigenen Augen es anzuschauen. Und dass ich selbst es hier noch immer so haben darf, nehme ich nicht als Genuss, sondern als Aufgabe, da ich doch mit dem erhalten Gebliebenen auch erhalten bin. Glaub mir, ich mein es nicht überheblich."

Die Stadt holt nun lang entbehrte Kunstgenüsse nach. Im Krieg durfte Hermine in den Prunksälen der Vatikanischen Museen sein, doch alle anderen Häuser waren verbarrikadiert und entleert. Schon kurz nach der Vertreibung der Deutschen haben die Alliierten im Palazzo Venezia, dem ehemaligen Sitz Mussolinis, eine Gemäldeausstellung organisiert, die Hermine sich unverzüglich mit einer Freundin ansieht.[47] Mitte März 1946 steht sie zum ersten Mal nach sechs Jahren wieder im Thermenmuseum. Es ist noch geschlossen, doch als Fachkollegin darf Hermine vorbeikommen, wie sie Karl Schefold schreibt.[48] Rundherum arbeiten Packer und bringen die Skulpturen, die teils in den Vatikanischen Museen zwischengelagert waren, wieder an ihren alten Platz.

„Als ich in den grossen Kreuzgang kam ..., sind mir dann doch die Tränen gekommen. Alles im Blühen, die Vögel zwitscherten, als gäbe es keine Zeit. Wie ist Er mir da gegenwärtig gewesen, und alle unsere Gänge, all unser Streben von damals. Als ich aber dann die Niobide und den Ludovisischen Thron wiedersah, hörte alles ‚Sentimentale' auf vor dem Glück dieser *Vollkommenheit. Und es wurde mir noch unbedingter und absoluter klar, was mir ja schon immer klar ist, dass wirklich das Vollkommenste, was diese nun so fürchterliche Welt dennoch von Menschlichem besitzt, die griechische Plastik ist. ‚Und ausgeglichen ist eine Weile das Schicksal.'"*

Hermine braucht diese Vollkommenheit als Gegenbild des realen Lebens, wie Freunde es ihr aus Deutschland schildern. Ihre geliebte Heimatstadt Frankfurt wurde im Krieg komplett zerstört, so wie Königsberg, das ihr fremder ist, um das sie aber ebenso – mit Bernhard Schweitzer – trauert. Aus Frankfurt erhält Hermine Nachricht von mehreren Freunden. So schreibt Marie Luise Kaschnitz:

„Persönlich haben wir wirklich nicht zu klagen … aber wie vielen Menschen geht es ganz erbärmlich und die Hoffnungslosigkeit, die Apathie und die moralische Haltlosigkeit haben durch die Not in einem erschreckenden Maasse zugenommen."[49]

Die Zeilen der Dichterin entstehen in den Ausläufern des Hungerwinters 1946/1947, der Hunderttausende Deutsche das Leben kostete. Ihr Mann Guido Kaschnitz von Weinberg, Lehrstuhlinhaber in Frankfurt, verkauft seine Medaillensammlung, um Frau und Tochter den Hunger zu ersparen.[50] Eine eindrückliche Momentaufnahme aus dem zerstörten Frankfurt erhält Hermine von Edelgard Morgner. Die künstlerisch begabte junge Frankfurterin war in der Salita eine ihrer Haustöchter.

„Wie sehr musste ich an Sie denken als ich durch die traurige Altstadt und über die Maibrücke ging … Auf dem Römerplatz, auf dem wie zum Hohn noch die scheussliche kleine Gerechtigkeit sitzt sonst nur noch die ausgebrannte Nikolaikirche, ein Teil Römer-Fassade und die Ruinen des Schwarzen Sterns, war ein 25 Meter hohes Seil mit aller dazu nötigen Takelage und dem Fangnetz aufgespannt – nie habe ich seit meiner Ankunft etwas Traurigeres gesehen als diese Seiltänzer vor den hohlen Augen würdiger Gebäude. Ich musste an die posaunenden Herolde auf den Balkons denken, einst, heute ein Drahtseil vor einem grauen Regenhimmel, im Hintergrund das jenseitige Mainufer mit der Drei-Königskirche, dazwischen haushohe Trümmer."[51]

Sobald sie kann, schickt Hermine liebevoll zusammengestellte Hilfspakete an Freunde und Kollegen. In den Genuss solcher Fürsorge kommen unter anderem Langlotz, Liesel Fischer, Klauser, Kessel, Krauss, Kaschnitz, Wedeking. Hermine versendet ihre persönlichen Care-Pakete mit Vatikanpost. Sie enthalten Zucker, Fett, Schokolade oder Dosenfisch, zumeist Waren aus den USA, die ihr Anneliese Rieß und Tante Jenny geschickt haben. Auf einem kleinen Zettel vermerkt sie sich eventuelle Vorlieben und Abneigungen. Albrecht von Kessel mag kein Marzipan, ihm schickt sie dafür Zigaretten, Klauser erhält eine Wärmflasche obendrauf, Liesel Fischer ein getragenes Kleid, das deren Tochter sich umschneidert.[52] Die Dankesbriefe an Hermine gehen noch dem heutigen Leser zu Herzen.

Drei Jahre lang ab September 1946 führt Hermine Korrespondenzlisten.[53] Sie belegen, dass Tante Jenny in Amerika einer ihrer häufigsten Kontakte in jener Zeit ist. Auch mit ihrem älteren Bruder Paul und dessen Frau Rahel sowie mit ihrem Vater in London steht Hermine im regen Austausch; weniger mit dem jüngeren Bruder Erich und seiner Frau Henny. Neu geknüpft wird indes das zerschnittene Band zu Märit Furtwängler-Scheler, der ehemals überzeugten Nationalsozialistin.

4. Richtig und falsch: Hermines Nachsicht in moralischen Urteilen

Hermine Speier hat eine hohe Begabung zu verzeihen. Das wurde bereits deutlich. Sie selbst denkt nach dem Krieg augenscheinlich viel über Vergebung und Versöhnung nach, und sie wählt dafür eine entschieden christliche Herangehensweise. In wenigen, aber starken Sätzen fasst sie ihre Erkenntnis 1947 so zusammen:

„‚Das ist der Fluch der bösen Tat, dass sie fortzeugend Böses muss gebären'. ... Ich habe mich aufs tiefste überzeugt, dass es nur Ein Einziges gibt, das diesem Fluch entgegentreten, ihn siegreich bekämpfen kann: die Liebe. Das Verzeihen aller gegen alle, das Verstehen und – selbst wo das Verstehen aufhört – das Begraben des Hasses, des sinnlosen Vergeltenwollens und des überheblichen Richtenwollens."[54]

Diese Einsicht lässt sich entweder als Basis oder als Folge von Hermines Aussöhnung mit Märit Furtwängler-Scheler deuten. Am 7. Oktober 1946 hat Hermine den Eingang eines Briefes von „Märchen" registriert. Seit acht Jahren hat sie nichts mit der früheren Wohnungsgenossin zu schaffen, doch muss Hermine mit einer Zuschrift von ihr gerechnet haben. Eine gemeinsame Freundin hat sie darauf vorbereitet. Liesel Fischer hat sich in Köln mit Märit getroffen, ihr lange zugehört und ihr geraten, Hermine zu schreiben.[55] „Märchen hat es schwer jetzt", appelliert Liesel an Hermines Gewissen; wie sie andeutet, will Märit Abbitte leisten, so bei Theodor Klauser und Ludwig Curtius. Gerade über Hermine habe man viel gesprochen, „und ich meine die Liebe kann alles überwinden und verzeihen".

„Ich kann nur sagen: Wenn es Ihnen möglich ist, so helfen Sie ihr, geben Sie ihr Halt. Sie können das so gut! ... Und ich glaube M. hat wirklich innerlich zu ihrem alten Glauben zurück gefunden. Jedenfalls habe ich alles Frühere beiseite geworfen und glaube ihr und liebe sie vorbehaltlos."

Hermine zögert. War es nicht die willige NS-Mitläuferin Märit, die an ihrer, Hermines, Verhaftung im April 1938 Schuld trug?[56] Doch zwei Monate später fasst sie sich ein Herz und antwortet der früheren Freundin. Es kommt zu einer Aussöhnung, von der sich keine Spuren auffinden lassen. Märits erster erhaltener Nachkriegsbrief an Hermine datiert von Pfingsten 1947.[57] Die Schwester des berühmten Dirigenten wohnt nun in Heidelberg, lebt von Schreibarbeiten und hungert wie ganz Deutschland. Im November 1941, mitten im Krieg, hat sie all ihr Hab und Gut in Rom zurück gelassen und ist in die Heimat aufgebrochen, und nun bittet sie Hermine, nach „ihren" Möbeln zu fahnden. Erst einen Brief später fällt Märit ein, dass es sich dabei um gemeinsam mit Hermine gekaufte Möbel handelt.[58] Wie es scheint, kann die Wahlrömerin, die immer eine gute Verhandlerin war, die Rückgabe etlicher Stücke für die mittellose Freundin erwirken.[59]

Welche Mechanismen bei der Aussöhnung zwischen Hermine und Märit greifen, bleibt im Halbdunkel. Erahnen lässt sich allenfalls, dass religiöse Überzeugungen eine Rolle spielen. Märit trat vor langer Zeit vom Protestantismus zur katholischen Kirche über. Es ist hier nicht der Ort zu urteilen, ob sie wirklich bereut, wie sie sich in den zwölf Jahren der Nazidiktatur verhielt, ob sie schuldhaftes Verhalten einsieht oder sich bloß als verführtes Opfer betrachtet, wie es bestimmte Selbstaussagen Märits im Nachlass ihres Bruders nahelegen.[60] Jedenfalls bekennt die Konvertitin Märit der Konvertitin Hermine, sie habe sich inzwischen „immer mehr ganz nur religiösen Fragen zugewandt", und es erfülle sie mit Glück, „immer erneut zu wissen, dass Du ... jetzt die Grösse und Heiligkeit der [katholischen] Feste mit mir zugleich erlebst, wir darum eins sind."[61] Hermine findet den Weg, dieser zutiefst unglücklichen und realitätsverlorenen Frau mit Barmherzigkeit zu begegnen. Das Sonntagskind vergibt der Schwierigen. Diesmal hält die Freundschaft bis zum Schluss. Zwei Monate vor Märits Tod am 17. Juni 1971 begegnen sie einander in Heidelberg zum letzten Mal.

Anders liegen die Dinge bei der Causa Ernst von Weizsäcker. Wie alle ihre deutschen Bekannten in Rom ist Hermine Speier der Überzeugung, der letzte deutsche Botschafter des „Dritten Reiches" beim Heiligen Stuhl sei in seinem Verhalten während des Krieges moralisch über jeden Zweifel erhaben. Dass er bei den Nürnberger Prozessen nun als mutmaßlicher Kriegsverbrecher auf der Anklagebank sitzt, findet Hermine empörend. Weizsäcker und seine Frau haben den Schutzraum Vatikan am 25. August 1946 Richtung Deutschland verlassen und an jenem Tag noch eine letzte Postkarte in einen vatikanischen Briefkasten eingeworfen. Die Briefmarke ziert ein Konterfei des regierenden Papst Pius XII., die Karte geht in die Schweiz an Familie Boehringer und Hermine Speier. Weizsäckers danken für „gute Nachbarschaft", telegraphische Abschiedsgrüße und „Wünsche, die wir wohl brauchen können".[62]

Hermine Speier antwortet in einem längeren Brief an Marianne von Weizsäcker, sie sehe in dem Diplomaten und seiner Frau „Vorbilder tiefer gütiger Menschlichkeit und des ganz lauteren bis ins Letzte gewissenhaften Lebens".[63]

„Dass auf einer solchen Stufe hoher Menschlichkeit und Geistigkeit so etwas wie ‚Rassenfragen' bei Ihnen nicht existiert, bedarf eigentlich keiner Erwähnung. Ich wusste von Ihrer Gesinnung und dem stetigen Kampf des H.B. [Herrn Botschafters] gegen den Wahnsinn durch unsere gemeinsamen Freunde in Genf [Boehringers] lange bevor Sie nach Rom kamen. Seit ich aber nun das große Glück habe, Sie selbst kennen und mit Ihnen so offen unsere Gesinnungen austauschen zu dürfen, habe ich erst ganz begriffen, in welchem Maass Sie dem entsetzlichen Nazitum entgegenstehen mussten."

Hermine rühmt den Diplomaten vor seiner Frau als Muster an „Opferbereitschaft und Pflichterfüllung". An seinem Posten ausharrend, habe er „das odium [den Hass] und das Missverstehen der äusseren Welt auf sich" genommen, „um sich schützend und rettend vor so viel Bedrohtes zu stellen." Dass die Ewige Stadt heil blieb, schreibt Hermine Speier direkt dem Vermittlungsgeschick des Diplomaten bei seinen nationalsozialistischen Dienstherren zu.

Die geballte Rechtfertigungsrhetorik in diesem Brief irritiert. Sie ist allenfalls aus Hermine Speiers Verblüffung über den Umgang der Alliierten mit Weizsäcker erklärbar. Aus ihrer Sicht ist der Mann, den die Nürnberger Richter eines Kriegsverbrechens überführen wollen, nichts anderes als ein selbstloser Held. Inhaltlich steht sie hier auf einer Linie mit ihren Bekannten: Robert Boehringer, Ludwig Curtius, Pater Augustinus Meyer und vor allem die beiden politischen Köpfe des „Konventikels", Hubert Jedin und Albrecht von Kessel. Letzterer war Weizsäckers engster Mitarbeiter in Rom. Nun ist er zurück in Deutschland, versorgt Hermine mit überraschend positiven Eindrücken des Seelenzustands ihrer Landsleute sowie düsteren politischen Prognosen und versucht Weizsäckers Geschick zu mildern. Auch Jedin in Rom beschäftigt die „Causa Weizsäcker" sehr. Er vergisst dem Diplomaten nicht, dass dieser noch 1943 bei seinem Dienstantritt in Rom ihm, dem „Halbjuden", unvoreingenommen, ja freundschaftlich begegnete. Mit anderen deutschen Gesandten machte Jedin die gegenteilige Erfahrung.

Im Juli 1947 wird Weizsäcker in Nürnberg verhaftet und vor Gericht gestellt. Nun koordiniert Jedin von Rom aus in Absprache mit Kessel offenbar eine Rettungskampagne für den angeklagten Freund und Spitzendiplomaten. Der Prozess gegen Weizsäcker ist ein fortwährendes Thema unter den Deutschrömern, und auch Hermines schöne Wohnstatt durchziehen oft genug Gesprächsfetzen über die Causa. Eines Tages bei Tisch im Hause Speier stiftet Jedin sogar Margherita Guarducci dazu an, Monsignore Montini auf die Entwicklungen im Weizsäcker-Prozess anzusetzen.[64] Offenbar traut Jedin ihr viel Einfluss auf das Staatssekretariat des Papstes zu. Montini ist Guarduccis Beichtvater. Er wird es der Archäologin fünf Jahre später ermöglichen, sich in die höchst heiklen Arbeiten am Petrusgrab unter dem Petersdom einzuschalten.

Bald wird klar, dass im Prozess die Aussage einer deutschen Jüdin zugunsten Weizsäckers hilfreich sein könnte. Zu Weihnachten 1947 schreibt Hermine an Marianne von Weizsäcker, sie sei zu allem bereit, „womit ich in irgend einer Weise für Sie und Ihren Herrn Gemahl nützlich sein könnte".[65] Ist mit einer persönlichen Aussage als Zeugin in Nürnberg gedient? Hermine sondiert die Frage bei Kessel, doch dieser winkt ab.[66] Ein Entlastungsschreiben für Ernst von Weizsäcker aber bringt Hermine Speier auf den Weg. Das Dokument ist Teil eines kaum überschaubaren Dickichts von 80.000 Schriftstücken der Verteidigung im Weizsäcker-Prozess.[67] Der fast gleichlautende Entwurf hingegen hat sich in Hermine Speiers Nachlass erhalten. Er trägt nicht ihre Handschrift, sondern jene Hubert Jedins, die Archäologin hat nur wenige Ergänzungen eingefügt.

„Ich habe während der Jahre 1944 und 1945 im Hause des damaligen Botschafters Frh. Ernst v. Weizsäcker [häufig] verkehrt, aber bei ihm niemals eine Spur antisemitischer Anschauungen festgestellt. ... In Gesprächen erfuhr ich, dass Botschafter Frh. v. Weizsäcker während der deutschen Besatzungszeit darüber unterrichtet war, dass in zahlreichen Klöstern u. anderen geistlichen Häusern Roms Juden versteckt waren. Er schützte die Immunität dieser Häuser gegen Eingriffe der Besatzungsmacht u. rettete dadurch vielen Gefährdeten das Leben."

Auch in jüdischen Kreisen setzt sich Hermine für Weizsäckers Rehabilitierung ein. Im Spätherbst 1947 besucht sie London, „um nach 9 Jahren meinen 81-jährigen Vater wieder zu sehen und im [British Museum] zu arbeiten".[68] Sie findet ihn nach den Kriegsjahren, „Gott sei Dank, bei bester Gesundheit".[69] Im jüdischen Umfeld des Vaters macht sich Hermine eigenen Aussagen zufolge für die Ehrenrettung Weizsäckers stark. An Marianne von Weizsäcker schreibt sie:

„Ich hatte öfter Gelegenheit von Ihrem Herrn Gemahl und seiner rettenden Tätigkeit in Rom zu erzählen und von dem was mir auch persönlich all die Freundschaftlichkeit bedeutet, die ich in Ihrem Hause erfahren durfte. Es wird Sie gewiss interessieren, dass ich gerade in orthodoxen jüdischen Emigrantenkreisen – ich erzählte Ihnen ja wohl früher, dass ein Teil meiner Familie noch ganz orthodox ist – nach Ihrem Herrn Gemahl gefragt wurde, da man dort von seiner Hilfsbereitschaft und seiner Haltung gegenüber dem Nazitum gehört hatte."[70]

Kessel spielt in seinen Briefen an Hermine gelegentlich auf den Weizsäcker-Prozess an. Noch im November 1947 hält er einen „klaren Ausgang", das heißt einen Freispruch, für möglich,[71] vermerkt aber wenig später bitter, dass „unsereins in Nürnberg mit Hohn und Verachtung überschüttet" werde.[72] Im Februar 1948 bittet Kessel die Freundin um Vermittlung bei ihrem Vorgesetzten Nogara. Der Museumsdirektor soll eine eidesstattliche Erklärung über Weizsäcker als Protektor des Kunstschutzes abgeben. Möglicherweise stammt die Idee dazu von Hermine.[73] Darauf deutet Kessels einleitender Satz hin, eine solche Erklärung von Nogara „wäre in der Tat zu begrüßen". [74]

Als Erinnerungshilfe für Nogaras Entlastungsbrief fasst Kessel die Eckdaten zusammen: Im September 1943 hätten zwei deutsche Archäologen die Überführung der Museumsdepots zwischen Neapel und Rom besorgt. Tieschowitz, der Leiter des deutschen Kunstschutzes, habe in Italien die volle Unterstützung Weizsäckers erfahren, der die entscheidende Unterredung zwischen Nogara und Tieschowitz vermittelt habe. Und in der Sache jener 16 Kisten mit Kunst aus Neapel, die unter der Bewachung von Görings Division „verschwunden" waren, habe Weizsäcker ein Jahr lang Telegramme nach Berlin geschickt.

Hermine gibt Kessels Ansinnen an Nogara weiter. Insgesamt treffen mehr als 150 Entlastungsschreiben aus Italien in Nürnberg ein, und eine Vielzahl katholischer Persönlichkeiten stellt Weizsäcker ein sehr gutes Zeugnis für sein Wirken in Rom aus. Doch was dem Diplomaten zur Last gelegt wird, hat sich vor seiner römischen Zeit zugetragen. 1942 hat er als Staatssekretär im Auswärtigen Amt den Abtransport von 6.000 Juden aus Frankreich nach Auschwitz abgezeichnet. Am 14. April 1949 verurteilt das Gericht den Diplomaten wegen Beihilfe zum Völkermord zu fünf Jahren Haft.

Im Jahr darauf wird Weizsäcker begnadigt, was Hermine „eigentlich als Kränkung" empfindet:[75] „Als ob man in einem solchen Fall und mit einem *solchen* Menschen einen derartigen Kuhhandel treiben könnte." Jedenfalls freut sie sich für die Familie, und gemeinsam mit Curtius schreibt Hermine dem Heimkehrer einen Brief. Ernst von Weizsäcker antwortet:

„Ich weiss sehr wohl, was ich Ihnen und dem Professor an stiller und fühlbarer Assistenz in den letzten Jahren zu verdanken hatte, und bewahre Ihnen diese Dankbarkeit. Im übrigen wollen wir aber so tun, als wäre in diesen drei Jahren überhaupt nichts passiert. Ich habe manchmal meiner Frau gesagt, ich ginge auf eine Nordpolexpedition, und nun bin ich eben wieder da. Was ich in der Zwischenzeit mit Robben, Pinguinen und Walrössern zu tun hatte, verdient kein besonderes Interesse."[76]

Der Diplomat verstirbt bereits 1951, doch Hermines Kontakt mit seiner Witwe wird nie abreißen. Die Archäologin dehnt ihre Verbundenheit mit der Familie auf die nächsten beiden Generation der Weizsäckers aus. Richard von Weizsäcker hat sie noch in den Kriegsjahren als jungen Soldaten in Rom kennen gelernt.[77] 1952 verbringt er mit seiner Frau einige Tage zu Gast bei Hermine in der Salita.[78] Im Jahr darauf verpasst man sich knapp in der Ewigen Stadt, Richard von Weizsäcker sucht Hermine zuerst an ihrem Arbeitsplatz in den Museen, dann zu Hause, doch sie weilt auswärts. „Die Erinnerung an alle mit Ihnen verbrachten Augenblicke und Ihre Freundschaftserweise ist so lebendig", schreibt der zukünftige deutsche Bundespräsident der Archäologin.[79] Noch 1971 empfängt Hermine in Rom zwei Enkelkinder Ernst und Marianne von Weizsäckers und schickt mit ihnen gemeinsam einen Gruß in die Familienvilla an den Bodensee.[80] Der letzte Brief aus Lindau in Hermine Speiers Nachlass stammt aus dem Jahr 1975.

5. Der Pferdekopf: Ein Sensationsfund im Vatikan

Die deutsche Forschungslandschaft bei Kriegsende bietet ein erbarmungswürdiges Bild. Alle jüdischstämmigen Wissenschaftler sind 1945 emigriert oder ermordet, auch der Aderlass an nichtjüdischen Forschern ist beträchtlich. Wer nicht flüchten oder kämpfen musste, hatte sich überwiegend „Rassenstudien" und anverwandten Disziplinen zu widmen oder verfiel in eine Schockstarre. Auch Hermine hat schon lange nicht mehr „etwas richtig gearbeitet", gesteht sie Anfang 1946 Ernst Langlotz: „Du wirst wohl böse auf mich sein".[81] Mit „richtig arbeiten" meint Hermine das wissenschaftliche Publizieren, zu dem Langlotz sie immer so nachdrücklich ermuntert hat. Doch noch im selben Jahr macht sie einen Aufsehen erregenden Fund. Wie es dazu kam, schildert Hermine ihrem Lehrer Bernhard Schweitzer, der mittlerweile Rektor der Universität Leipzig ist.

„Im Herbst [1946] wurden aus sämtlichen Kellern, Souterrains u.s.w. des vatikanischen Palastes die Fragmente und alten Magazinstücke herausgeholt ... [und] kunterbunt in einem Hof zusammengeschichtet. Ich ging immer wieder neugierig hin, um zu sehen, was herauskam. So oft ich nun an einem dieser Marmorhaufen vorbeikam, zog mich ein etwas überlebensgrosses Pferdekopffragment gewaltig an. Es musste griechischer pentelischer Marmor und griechische Arbeit sein. Schliesslich liess ich es herausholen und so bald es allein auf einem Mäuerchen im Hof stand, merkte man seine Grossartigkeit. Doch dachte ich mit keinem Gedanken an die unerhörte Möglichkeit des Parthenon. Erst als ich den herzförmigen Ohrmuskel beobachtete, der so typisch für alle Parthenonpferde ist, bekam ich einen gewaltigen freudigen Schreck."[82]

Hat Hermine in diesem Haufen staubiger alter Bruchstücke aus diversen Vatikan-Kellern wirklich einen Pferdekopf entdeckt, der einst einen Giebel des Parthenon in Athen zierte? Ein Werk aus der Hand des größten aller Bildhauer der griechischen Antike, Phidias? Und wenn ja, wie gelangte das exquisite Stück in den Vatikan und landete in einem Keller?

Insgesamt zwölf überlebensgroße Pferde zierten ursprünglich die beiden Giebel des Parthenon. Der Tempel aus dem fünften vorchristlichen Jahrhundert war Athena, der Schutzgöttin Athens, geweiht und gilt als bestes Bauwerk der griechischen Klassik, ja als Ikone europäischer Architektur schlechthin. Der Ostgiebel zeigte die Geburt der Athena aus dem Haupt des Zeus und somit ein Thema, auf das Hermine jahrelange Forschung verwendet hat. Eingerahmt war diese Darstellung von zwei Viergespannen, die das Fließen der Zeit verdeutlichten: Links stieg mit seiner Quadriga der Sonnengott Helios aus dem Meer empor, während rechts die Mondgöttin Selene mit ihrem Gespann niedertauchte. Der Westgiebel hingegen zeigte den Streit des Meeresgottes Poseidon mit Athena um das attische Land. Neben den Figuren stand je ein Zweiergespann. Von den acht Pferdeköpfen des Ostgiebels sind bisher sieben bekannt, von den vier Pferdeköpfen des Westgiebels drei. Bleibt je einer im Osten und im Westen. Welches Pferd nun ist der vatikanische Fund?

Der „freudige Schreck" katapultiert Hermine in einen neuen Lebensabschnitt. Vorbei sind die Jahre der Lähmung. Die Fotothekarin wird wieder Archäologin. Sie nutzt „jede freie Minute", um „die bergartige Parthenonliteratur" durchzuarbeiten.[83] „Ganz besessen davon" ist sie. Sie untersucht ihr Pferd mit den Augen, mit der Lupe, mit den Händen, bei unterschiedlichen Lichtquellen. Die Oberfläche besitzt „fast in jedem Millimeter jenen nie ganz glatten, flaumgleichen Hauch atmender Haut", der „nur griechischen Originalen eigen ist".[84] Sofort identifiziert sie den wichtigsten Teil des Erhaltenen: „das erregte und erregende Auge" des Pferdekopfes, das „seine Macht im schlichten, klaren und zarten Reichtum der Einzelformen bestätigt". Sie misst ihr Objekt, vergleicht die Angaben mit jenen der übrigen Parthenon-Giebelpferde: Sie sind fast identisch. Sie besorgt sich Fotos der anderen Pferde, das berühmteste davon ist als Abguss im Vatikan bereits vorhanden. Es handelt sich um eines aus dem Vierergespann der Selene, jenes, das kein Geringerer als Goethe wegen seiner elektrisierenden Aura als „Urpferd" rühmte, wie Hermine natürlich weiß. Der Dichter sprach von einem „der herrlichsten Reste der höchsten Kunstzeit". Die Vorstellung, einen unerkannten Zwilling des Goethe-Pferdekopfes entdeckt zu haben, lässt der Archäologin den Atem stocken. Hat sie wirklich den vierten, verlorenen Selenekopf unter den Händen?

Zur Klärung dieser Frage tritt Hermine bald mit Bernard Ashmole in Korrespondenz, Kurator der Antikensammlung des British Museum in London. Dort liegen die meisten erhaltenen Parthenon-Skulpturen. „Elgin Marbles" heißen sie, benannt nach dem britischen Diplomaten, der sie in den ersten Jahren des 19. Jahrhunderts in Athen absägen und nach England verschiffen ließ. Bartolomeo Nogara, hocherfreut über den Kellerfund in seinem Haus, ermöglicht seiner Mitarbeiterin eine Auszeit für eine Forschungsreise nach London, die Robert Boehringer bezahlt.[85] Es sind jene drei Wochen im November und Dezember 1947, die Hermine auch das Wiedersehen mit dem Vater bescheren; der greise Leopold Speier trägt seiner Tochter auf, Nogara in seinem Namen zu danken für den Schutz, den er Hermine im Krieg angedeihen ließ.[86] In London kann die Archäologin zweifelsfrei klären, dass es sich bei ihrem Fund tatsächlich um ein Giebelpferd aus dem Parthenon handelt. Doch nocheinmal: welches?

Zurück in Rom, entdeckt Hermine an der linken Seite des Pferdekopfes einen feinen Kanal. Regenwasser? Mit Hilfe vatikanischer Arbeiter lässt sie das kostbare Stück wieder ins Freie schaffen und vorsichtig in verschiedene Positionen drehen, in denen es vom Giebeldach darüber diese stetigen höhlenden Tropfen empfangen haben könnte. Dadurch ergibt sich eine bestimmte Neigung und ein bestimmter Platz des Kopfes. Hermine Speier kann nachweisen, dass der vatikanische Pferdekopf zwar nicht zum „Urpferd"-Gespann der Selene, doch zum Zweiergespann der Athena gehört. Wegen der Wasserspuren muss das Speier-Pferd das vom Betrachter aus äußere Tier im Westgiebel sein.

Wie gelangte das Stück in die Vatikanischen Museen? Hermine kann eine lückenlose und plausible Rekonstruktion vorlegen. Sie beginnt 1688 mit dem „venetianischen Eroberer Athens, dem General Capitan Morosini".[87] Dieser habe beim Abzug einige Skulpturen des Westgiebels als Trophäen mit nach Venedig nehmen wollen, darunter „zwei sehr schöne Pferde". Eine andere griechische Antike, ein Reiterrelief im Museo Chiaramonti, kam nachweislich via Morosini in den Vatikan, nämlich über die Adelsfamilie Giustiniani und den Kunstkenner Camuccini, der das Stück um 1820 Papst Pius VII. Chiaramonti verkaufte. Dass das Reiterrelief zunächst für ein Parthenonfragment gehalten wurde, stützt Hermines These, ihr Pferdekopf sei im selben Schwung an den Vatikan gelangt. Ein letztgültiger Nachweis aber fehlt und „wird wohl nie zu finden sein", wie Hermine an Bernhard Schweitzer schreibt:

„denn wer sollte sich je die Mühe gemacht haben so eine ‚testa spaccata' [gespaltener Kopf] wie die Fragmente von alters in den verschiedenen vatikanischen Kellern genannt werden, zu inventarisieren."[88]

Schon am 9. Oktober 1947 präsentiert Hermine Speier ihre Entdeckung erstmals in der Öffentlichkeit. Sie hält einen Vortrag „mit zahlreichen Diapositiven" im römischen Archäologenverein „Romana Gens" auf der Piazza Cenci 56 im jüdischen Ghetto.[89] Parallel dazu aber muss sie ihre Erkenntnisse aus wissenschaftlicher Sicht noch wasserdicht machen. Dabei kommt ihr zugute, dass sie nun nach Jahren wieder am Deutschen Archäologischen Institut arbeiten kann. Ende Februar 1948 präsentiert Hermine ihren Fund vor der Päpstlichen Römischen Akademie für Archäologie. Freunde und Kollegen kommen in Scharen zu dem öffentlichen Vortrag. „Nachm. Vortrag von Frl. Speier in der Päpstl[ichen] Akademia (Cancelleria); der Saal zu groß u. zu hoch; ich verstand wenig", notiert sich Hubert Jedin.[90] In dem Saal des Kanzleipalastes finden die Vorträge der Akademie bis heute statt, und die Akustik ist auch durch moderne Technik kaum besser geworden. Hermine hatte nach dem Zeugnis ihrer Freunde überdies eine leise Stimme. Der Erfolg ihres Vortrags aber ist „brillant".[91]

Wenige Monate später spricht sie auf Deutsch und unter besseren Bedingungen über ihren Sensationsfund. Hermine Speier ist im Juli 1948 zu einem Gastvortrag an ihre alte Universität Heidelberg eingeladen. Es ist die Jahrhundertfeier der Archäologischen Sammlungen, die mit einem Symposion

Die Fotothek der Vatikanischen Museen war 32 Jahre lang Hermine Speiers Arbeitsplatz. Das Bild entstand 1950. Der Pferdekopf vom Parthenon, den Speier im Herbst 1946 unter allerlei anderen Bruchstücken in einem Hof der Museen fand, überblickt das aufgeräumte Ambiente als Gipsabguss links über dem Büroschrank.

und einer Ausstellung über „Die Welt der Griechen" begangen wird. Zum ersten Mal seit jenem denkwürdigen Besuch 1938 nach ihrer Festnahme in Rom reist Hermine wieder nach Deutschland. „Wieviel Schmerzliches mich erwarten wird", sorgt sie sich vorab gegenüber Erich Boehringer;[92] und sie zaudert, bis Albrecht von Kessel sie zur Zusage überredet. „Unbedingt" müsse sie sich „offenbares Elend und geheimen Reichtum unsrer seltsamen Existenz" in Deutschland ansehen.[93] Und wirklich, zum Fest wird nicht nur das Wiedersehen mit den alten Freunden, mit Kessel, Langlotz, Märit, Krauss, Kaschnitzens und manch anderen Kollegen: Mit Neugier und Wohlwollen betrachtet Hermine auch das wieder erstehende Land, das ihr noch drei Jahre davor die elementarsten Rechte einschließlich jenes auf Leben absprach. Die Universität Heidelberg war vorübergehend „Dem Deutschen Geist" statt wie davor „Dem lebendigen Geist" gewidmet, und am Eingang hatte der Nazi-Reichsadler Pallas Athene vom Sockel gestoßen. Es lässt sich geradezu als Akt der Rück-Weihe lesen, wenn Hermine Speier ihre wissenschaftliche Entdeckung vom Athena-Heiligtum schlechthin als Gastgeschenk dieser ihrer Universität mitbringt.

Im Vatikan erbittet Hermine von Mercatali zwei Gipsabgüsse ihres Pferdekopfes. Einer schmückt von da an ihr Schlafzimmer in der Salita, der andere die Fotothek in den Museen. Das Original ist bis heute in den Vatikanischen Museen ausgestellt. Als griechisches Glanzstück steht es in der ersten Sektion des Gregorianischen Museums profaner Kunst, und der 2013 erschienene „Allgemeine Führer zur Vatikanstadt“ nennt „H. Speier“ als Entdeckerin. In der deutschen Übersetzung des Buches allerdings wurde aus „H.“ ein „er“.[94] Noch im 21. Jahrhundert ist es scheinbar schwierig, sich vorzustellen, dass eine Entdeckung dieses Kalibers einer Frau glücken kann.

10. KAPITEL

Stabilitas loci: Hermines Wege nach dem Krieg

Hermine Speier blieb bis zu ihrer Pensionierung zum Jahresende 1967 an den Vatikanischen Museen beschäftigt. Ganz so glatt aber, wie sich dieser biografische Befund erzählt, ging es nicht zu. An einem bestimmten Punkt waren die Weichen für einen Abgang Hermine Speiers vom Vatikan bereits gestellt. Sie erwog den Wechsel an ein deutsches Forschungsinstitut in Rom.

1. Die Frage der deutschen Institute in Rom

Vier geisteswissenschaftliche Institute besaß – und besitzt – Deutschland in Rom: Das Archäologische Institut, das Historische Institut, das Römische Institut der Görres-Gesellschaft und die Bibliotheca Hertziana. Es sind Forschungseinrichtungen ersten Ranges, deren hochspezialisierte Bibliotheken seit ihrer Gründung zu den umfangreichsten auf italienischem Boden gehörten. Nominell deutscher Besitz, waren sie integraler Bestandteil der Forschungslandschaft in Rom. Im Zug des Ersten Weltkriegs hatte Italien diese deutschen Institutsbibliotheken enteignet, gab sie aber zurück, vor allem dank des Einsatzes italienischer Intellektueller wie Benedetto Croce. Damit ging die Selbstverpflichtung von Seiten des Deutschen Reiches einher, die Bibliotheken auch in Zukunft der internationalen Wissenschaft offen zu halten. 1943/44 aber schlossen auf „Führerbefehl" die deutschen Institute in Rom ihre Pforten. Der Vatikan unter Pius XII. versuchte das noch in letzter Sekunde zu verhindern: Man machte sich erbötig, die Schutzherrschaft über die Institute zu übernehmen. Museumsdirektor Bartolomeo Nogara, Hermine Speiers Vorgesetzter, schrieb dazu eine Begründung: Die Institute – es geht auch um jene Ungarns und Rumäniens – sollen geöffnet bleiben und nach Kriegsende geordnet übergeben werden, entweder den Gründernationen oder jenen Einheiten, denen sie im Zug neuer internationaler Abkommen zufallen.[1] Hitler blieb taub. Die Bibliotheken wurden in Rom verpackt, nach Norden verfrachtet und in alpinen Salzstöcken und Bergstollen eingebunkert.

Acht Jahre vergehen nach Kriegsende, bis alle deutschen Institute in Italien wieder regulär geöffnet und die Besitzverhältnisse geklärt sind. Bis dahin bieten sich drei mögliche Szenarien. Das unwahrscheinlichste ist eine Rückgabe der Institute an den Vorbesitzer, den Kriegsverlierer Deutschland. Bessere Aussichten hat der Plan einer kompletten Internationalisierung: Die deutschen Bibliotheken sollen in den Besitz einer 1946 eigens gegründeten Dachorganisation übergehen, der „Unione Internazionale degli Istituti di Archeologia, Storia e Storia dell'Arte in Roma". Das dritte Szenario sieht eine Übergabe an Italien unter Aufsicht der „Unione" für 99 Jahre vor. Zahlreiche Akteure der Westalliierten und des werdenden Deutschland werfen sich mit heißen Köpfen in die Nachkriegsschlacht. Um den Geldwert der Bibliotheken geht es nur am Rande. Die Kernfragen sind anderen Typs: „Verdient" Deutschland seine Auslandseinrichtungen zurück? Waren die Institute in den Händen der Nazis nicht in erster Linie Propagandainstrumente? Und wenn ja: Darf man – trotz allem – Kulturgüter enteignen?

Anfang 1946 kehren indes zwei der deutschen Bibliotheken zurück nach Rom, darunter die des Archäologischen Institutes. „Die Bücher sind in ihren Kisten in dem Museo di Arte Moderna in Valle Giulia untergebracht", informiert Hermine Ernst Langlotz,[2] und: „Ob es möglich sein wird, sie an ihrer alten für sie befreiten Stelle wieder aufzustellen, was alle vernünftig und rechtlich Denkenden wünschen, ist noch sehr ungewiss."[3] Wenige Wochen später malt sie einen Silberstreifen an den Horizont: „Es scheint zu hoffen, dass die Bücherkisten nun doch wieder ins Institut gebracht werden, vorerst aber unausgepackt bleiben. Wir wären schon für diesen Schritt froh."[4] Über die Rückkehr der deutschen Bibliotheken berichtet sogar die Papstzeitung „L'Osservatore Romano",[5] zum Kummer nicht weniger Rom-Deutscher, die mit Presseberichten bloß die Begehrlichkeiten der „Siegermächte" auf die Bibliotheken genährt sehen. Hubert Jedin etwa versucht über Hermine Speier den früheren Institutsdirektor Curtius dazu anzustiften, einen Brief an den „Osservatore" zu schreiben, „um die Interessen ruhigzustellen."[6] Aus Sicht der deutschen Gelehrten gilt es, auf Zeit zu spielen, denn eine sofortige Lösung der Frage würde auf eine glatte Enteignung hinauslaufen. Hermine Speier formuliert das sehr direkt:

„Über das Institut gibt es gar nichts Neues. ... im Augenblick schläft alles. Wir halten dies gegenwärtig für das Günstigste, denn wenn heute Entscheidungen getroffen würden, würden sie gewiss noch recht ungünstig für unsere Wünsche ausfallen. Mit der Zeit aber wird vielleicht manches anders. Auf jeden Fall, scheint mir und auch erfahreneren Leuten als ich bin, dass jedes Drängen oder auch nur in Erinnerung bringen von unserer Seite mehr schaden als nützen kann.[7]

Im Winter 1947/48 kann Hermine nach neun Jahren wieder an ihrem geliebten römischen Archäologie-Institut arbeiten,[8] das nachmittags geöffnet ist, auch wenn die Besitzfrage ungeklärt und die Bibliothek noch lückenhaft ist. Es unterstehe gegenwärtig der UNESCO, der Kulturabteilung der Vereinten Nationen, sie habe aber, so schreibt Hermine an Erich Boehringer, „immer die Hoffnung dass es mit geduldigem Zuwarten wieder zurückkommen wird. Es sah freilich manchmal trostlos damit aus." Auch ihre Deutschlandreise vom Sommer 1948 nutzt Hermine, um sich mit Fachkollegen über die Frage der Institute auszutauschen. Albrecht von Kessel fädelt für sie bei dieser Gelegenheit ein Treffen in München mit Krauss und Ludwig Heinrich Heydenreich ein.[9] Hermine scheint dabei die Rolle eines sondierenden Bindeglieds zwischen dem Vatikan und bestimmten deutschen Stellen zu spielen.

Der Heilige Stuhl nämlich schaltet sich abermals in die Debatte um die deutschen Institute in Rom ein. Papst Pius XII., die Brüder Mercati und Bartolomeo Nogara – also jene drei Vatikan-Männer, die von Amts wegen den meisten Kontakt mit internationalen Gelehrten haben – befürworten eine Rückgabe der Institute an Deutschland.[10] So kommt es, dass der Vatikan sechs Jahre lang die obdachlos gewordene Bibliothek des Deutschen Historischen Institutes einlagert und pflegt. Eine noch zu klärende Rolle pro Deutschland übernimmt Hermines väterlicher Freund Pater Engelbert Kirschbaum, der erste Nachkriegsdirektor des Römischen Instituts der Görres-Gesellschaft; die am Campo Santo ansässige Einrichtung ist gewissermaßen die katholische Schwester des protestantischen Deutschen Historischen Instituts in Rom.

Mit der Gründung der Bundesrepublik 1949 wendet sich das Blatt zum besseren. Nun gibt es auf deutscher Seite einen rechtsstaatlich organisierten Verhandlungspartner. Politisch werden die konfiszierten Forschungseinrichtungen zum Testfall: Gilt Deutschland als Partner auf Augenhöhe? In deutsch-römischen Gelehrtenkreisen wachsen Ungeduld und Anspannung. Einen etwas gereizten Tonfall offenbart ein Briefentwurf Hermine Speiers von 1949, in dem sie entschiedene Argumente für die Rückgabe der archäologischen Bibliothek an Deutschland vorbringt. Das Schreiben ist an den britischen Professor William George Constable gerichtet und steht im Zusammenhang mit einer ähnlichen Eingabe Robert Boehringers an denselben Adressaten.[11] Wie Boehringer dem Briten darlegt, war die Abteilung Rom des Deutschen Archäologischen Instituts kein Nazi-Nest. Auch über die Ära Curtius hinaus, die 1937 endete, hätten Forscher aller Nationen dort frei und inspiriert arbeiten können, denn der 1938 eingesetzte nationalsozialistische Vizedirektor Siegfried Fuchs habe lediglich zwei Anhänger am Institut gehabt, nämlich „Mrs. Scheler-Furtwängler" und den Verwaltungsdirektor Edgar Kübber. In diesem Kontext nun steht das Schreiben Hermine Speiers, das Boehringer seinem eigenen Brief beilegt. Ähnlich wie bei den Entlastungsschreiben führt sich Hermine als Opfer der braunen Politik ein, um ihrer Aussage Gewicht zu verleihen.

„Meine Meinung ist, dass die Deutschen Institute in Rom und besonders das Archäologische Institut mit seiner einzigartigen Geschichte von mehr als hundert Jahren echter Altertumswissenschaft [das Wort steht auf Deutsch in dem englisch verfassten Brief] – was sicher einer der Schlüssel europäischer und internationaler Kultur ist – niemals als eine Art Kriegsbeute betrachtet werden sollte.“[12]

Die Bedeutung des Instituts für Gelehrte und Studierende „über so viele Jahre hinweg“ gehe fraglos auf die „spirituellen und intellektuellen Anstrengungen“ deutscher Wissenschaft zurück, schreibt Hermine und reklamiert damit ein geistiges mehr noch als ein materielles Anrecht auf den Besitz der Bibliothek. Boehringer setzt in seinem Schreiben hinzu, Gelehrte anderer Nationen würden die Arbeit nicht in derselben Weise fortführen können. Es sind die gängigen Argumente der Deutschen in der Debatte über die Rückgabe der Institute. Constable antwortet, es sei bereits beschlossene Sache, dass die deutschen Institute unter internationale Kontrolle kämen, nur noch die Modalitäten seien zu definieren.[13] Doch der Mann täuscht sich.

Mitte 1952 scheint für Hermine Speier festzustehen, dass sie beruflich zurück ans Deutsche Archäologische Institut wechseln wird, um dort wissenschaftliche Aufgaben zu übernehmen. Ein Wechsel war bereits sieben Jahre früher ins Auge gefasst, als die Bibliothek gerade erst nach Rom zurück gekommen war. Hermine soll an der „Unione“ Bibliothekarin werden, so sieht es ein Plan vor, den sie selbst im Herbst 1946 zusammen mit Nogara und dem Kirchenhistoriker Pater Robert Leiber, Privatsekretär von Papst Pius XII., schmiedet.[14] Doch auch sieben Jahre später fühlt sie sich nicht ganz behaglich bei dem Gedanken, den Vatikan zu verlassen.

„Ich möchte doch eigentlich garnicht weg von meinem tief geliebten Museum. Ich weiss auch gar nicht ob ichs leichter hätt im Inst. Im Gegenteil und es ist mir garnicht danach, noch einmal wieder aufzubauen. Das kann man mit 54 nicht mehr so leicht als in früheren Jahren, und nun hab ichs doch schon dreimal gemacht (Königsberg, Institut und Vatikan). Ausserdem habe ich das Gefühl, dass ich allen viel mehr helfen kann, wenn ich im Vatikan bin. Denn was im Inst. zu tun ist, das können andere sicher viel besser als ich, aber was ich im Vatikan seit 18 Jahren ganz langsam in Gang gebracht habe, das setzt so leicht niemand anders fort, ganz und gar nicht, wenn ein Italiener mein Nachfolger würde oder wenn gar – was keineswegs ausgeschlossen wäre – die Stelle cassiert würde. Auf der anderen Seite (nämlich Inst) wäre freilich die günstigere finanzielle Versorgung und – was ich keineswegs unterschätze – die mehr wissenschaftliche Arbeit.“[15]

Im Februar 1953 schließlich erreicht die Bundesrepublik die Rückgabe der Forschungsinstitute. Ein Seufzen der Erleichterung entringt sich den

Zirkeln der deutsch-römischen Gelehrtenwelt, und gleich danach beginnt die Suche nach einem neuen Direktor der Abteilung Rom. Der 74jährige Ludwig Curtius kommt nicht mehr in Frage. Die jüngere Garde hält seine Art, Kunstarchäologie zu betreiben, für peinlich überholt; Curtius selbst empfand sich schon im Krieg als Epigone seiner eigenen Schule humanistischer Gelehrsamkeit. Sogar die loyale Hermine Speier wendet sich insgeheim gegen die Wiedereinsetzung ihres Lehrers. Davon könne „gar keine Rede sein", schreibt sie Langlotz schon 1946.[16] Hermine freut sich über die Ernennung Guido Kaschnitz von Weinbergs 1952: Mit ihm und seiner Frau Marie Luise kommen alte Freunde zurück nach Rom. Präsident des gesamten Deutschen Archäologischen Instituts mit Sitz in Berlin wird wenig später Erich Boehringer. Für ihn, den tatkräftigen Manager und herausragenden Archäologen, haben sich die Kreise rund um Hermine mit Erfolg stark gemacht.

Die Bestellung von Kaschnitz und Boehringer wäre nun eigentlich eine Einladung an Hermine, als letztendlich siegreiche Kriegsheimkehrerin an die Abteilung Rom zu wechseln. Sie versucht mit sich selbst ins Reine zu kommen. Zu bedenken ist vielerlei, Neigung, Eignung und Besoldung. Auch wenn sie den Gedanken von sich schiebt, muss sich die 55-Jährige jetzt mit der Absicherung ihrer Zukunft beschäftigen. Der Papststaat honoriert sie nach wie vor auf Stundenbasis – und nicht eben großzügig. Mitte der 1950er Jahre erhält sie monatlich rund 60.000 bis 80.000 Lire,[17] was ungefähr 330 bis 440 DM entspricht. Die beiden deutschen Botschaften in Rom, jene für Italien und jene für den Vatikan, versuchen im Verein mit Theodor Klauser und Guido Kaschnitz von Weinberg, eine Zuzahlung aus deutschen Mitteln für Hermine Speier zu erlangen, weil sie die zentrale Anlaufstelle für deutsche Kunsthistoriker und Archäologen im Vatikan ist und als wissenschaftliche Geburtshelferin zahlreiche deutsche Publikationen mit auf den Weg bringt.[18]

Doch reicht das aus? Hermine fragt Robert Boehringer, dem sie ein unbestechliches Urteil zutraut. Die Argumente, die sie dem Freund und Gönner gegenüber anführt, zeigen deutlich, wie gerne sie im Vatikan bliebe. Sie spricht von einem „Verwachsensein" nach 20 Jahren hier; sie benennt „die ganz einzigartige Freude, die die Museumstätigkeit mit sich bringt, der dauernd lebendige Umgang mit den Werken"; sie rühmt die kommoden vatikanischen Arbeitszeiten, die neben den Vormittagen bloß zwei Nachmittage pro Woche beanspruchen. Und sie benennt ausdrücklich ihre Dankbarkeit für die Päpste, die sich in Zeiten der Verfolgung schützend vor sie stellten. Hermine Speier hat

„das Gefühl, dass man wenn man auf eine so aussergewöhnliche Weise wie ich eine ‚serva Sancti Petri' [Dienerin des Heiligen Petrus, also des Papstes] geworden ist, vielleicht nicht davon gehen dürfe."

Boehringer indes gibt sich unempfänglich für solche Sentimentalitäten. Im Vatikan sei Hermine „miserabel entlohnt" und ohne Pensionsansprüche.[19] Als Beamtin im Archäologischen Institut würde sie mindestens dreimal so viel verdienen, und „Ihr Alter wäre gesichert". Im Vatikan zu bleiben, hält der gute Rechner Boehringer geradezu für fahrlässig, „denn für eine Altersrente ... würde selbst bei Wiedergutmachung und Helbig-Auftrag nicht genug Kapital verhanden sein."

Mit „Wiedergutmachung und Helbig-Auftrag" sind zwei Projekte benannt, die Hermine inzwischen ebenfalls in Angriff genommen hat. In beiden erfährt sie Unterstützung durch Carl Weickert, Erich Boehringers Vorgänger als Präsident des Instituts, und beide kommen zu einem guten Abschluss, wovon noch die Rede sein wird. Aus einer Rückkehr Hermine Speiers ans Deutsche Archäologische Instituts aber wird nichts.

Ob es an ihrem halbherzigen Vorgehen liegt oder an anderen Widerständen scheitert, ist nicht mehr herauszufinden. 1957 schreibt sie dem deutschen Innenminister, sie verzichte auf eine Rückkehr in den deutschen öffentlichen Dienst.[20] Einen fachlichen und einen persönlichen Grund führt sie an, und beide sprechen für ihr hohes Arbeitsethos: Sie möchte „im Interesse der deutschen Wissenschaft diese Tätigkeit nicht aufgeben", könne also im Vatikan den Forschungsvorhaben ihrer Landsleute besser dienen; und sie dürfe „als einzige Deutsche in der Generaldirektion der vatikanischen Museen" die ihr „1934 zuteil gewordene Hilfe nicht vergessen". Wie schon damals in Königsberg fragt Hermine Speier mehr nach dem Nutzen für andere als nach dem Nutzen für sich selbst. Sie bleibt im Vatikan. Die „stabilitas loci" hat in ihre ein treue Anhängerin. „Beständigkeit des Ortes" geloben Benedikterinermönche und -Nonnen bei ihrem Eintritt ins Kloster. Entsagungsvoll, wenn auch nicht im Mindesten mönchisch, gestalten sich Hermine Speiers kommende Berufsjahre.

2. Die „Wiedergutmachung"

Die mögliche Rückkehr an die Abteilung Rom des Deutschen Archäologischen Instituts steht im Zusammenhang mit der Frage nach Wiedergutmachung. Als Opfer der nationalsozialistischen Diktatur hat Hermine Speier gesetzlichen Anspruch auf Entschädigung. Mitte Februar 1953 nimmt sie die Sache in Angriff. Es ist ihr eine Last. Zum einen entsinnt sie sich der Vorgänge rund um ihre Entlassung vom Institut

„in Einzelheiten merkwürdig wenig, ... wohl aus den psychologischen Gründen, dass ich damals nur den einen Wunsch hatte, all das gräuliche Zeug aus meinem Sinn wegzudrängen."[21]

Ein Reflex, den sie mit einer ganzen Generation teilt. Hermine scheut überdies den amtlichen Schriftverkehr, das Fordernde und gleichzeitig Bittstellende eines Entschädigungsantrages. Für Geld interessiert sie sich grundsätzlich nicht, braucht jedoch welches. Ihre Karten stehen zunächst schlecht. Hermine Speier war am Institut niemals verbeamtet, und im Jahr vor ihrer Entlassung 1934 arbeitete sie formal nur noch als freie Mitarbeiterin. Allerdings, so argumentiert sie, sei eine Aufwertung der Position in der Fotothek in eine Beamtenstelle vorgesehen gewesen.[22] Widersprechen muss da ausgerechnet Armin von Gerkan,[23] dem Hermine einen Persilschein für sein Wirken als Direktor der Abteilung Rom unter Hitler ausgestellt hat. Gerkan hält aber immerhin als Tatsache fest, „dass Ihre Entlassung durch den Nazismus veranlasst wurde".

Der kommissarischer Leiter der Zentraldirektion des Instituts in Berlin, Carl Weickert, rät Hermine, das Gesuch zurückzuhalten, um es später mit besserer Dokumentation auf den Weg zu bringen, denn die Rückgabe des Instituts an Deutschland steht bevor.[24] Hermine reicht den Antrag auf Wiedergutmachung dennoch ein – und erhält eine Absage. Weickert bedauert, ihr mitteilen zu müssen, dass sich „eine gesetzliche Handhabe für eine Anfechtungsklage nicht finden lässt".[25] Man könne aber zusammen „vielleicht überlegen, ob man auf dem Gnadenwege unter Berücksichtigung besonderer Verhältnisse eine Aufbesserung des Wiedergutmachungsbescheides erreichen könnte." Hermine dankt ihm herzlich für seinen Einsatz, will den Gnadenweg in der Tat beschreiten, „da ja jederlei Entschädigungssumme eine Hilfe für mich bedeutet" – und leitet taktisch klug sogleich zum Projekt der Neuausgabe des „Helbig" über, dem Weickert aufgeschlossen gegenübersteht.[26]

Erich Boehringer, der 1953 die Präsidentschaft des Instituts übernimmt und Hermines zurückhaltendes Wesen seit einem Vierteljahrhundert kennt, ermuntert sie zu mehr Hartnäckigkeit. „Bleibe der Sache auf den Fersen; es ist jetzt der Zeitpunkt, sie durchzuziehen", rät er ihr im Sommer 1954.[27] Er wird auch selbst für sie aktiv. Namentlich verweist er sie an den neuen Botschaftsrat der Botschaft beim Heiligen Stuhl, Rudolf Salat. Dieser leitete zuvor die Kulturabteilung des Auswärtigen Amtes, war also Ansprechpartner für die Belange des Instituts. Hermine habe ein Anrecht auf eine gleichwertige Stelle wie früher, schärft ihr Boehringer ein: „Diese rechtliche Situation musst Du im Auge behalten und auch bei den weiteren Verhandlungen verwerten."

Drei Jahre später kommt die Entschädigungs-Causa zu einem erfreulichen Abschluss. Zunächst erklärt Hermine, wie erwähnt, ihren Verzicht auf eine Rückkehr ans Archäologische Institut. Unmittelbar darauf stellt sie einen neuerlichen „Antrag auf Grund des Bundesgesetzes zur Entschädigung für Opfer der nationalsozialistischen Verfolgung".[28] Sie fordert eine ihrem „Werdegang" und ihrer „Vorbildung angemessene Altersrente" ab der Pensionsgrenze oder bei Berufsunfähigkeit. Gleichzeitig deutet sie an, dass dieser Fall ziemlich bald eintreten könnte, denn sie wünscht „eine amtsärztliche Untersuchung zwecks Feststellung der Gesundheitsschäden", die sie im Krieg „durch die dauernde schwere Belastung psychischer Art" erlitten habe.[29] Welche Berater es waren, die Hermine Speier zu dieser Strategie und dem weinerlich-fordernden Tonfall überredeten, ist offen, doch erweist sich beides als effizient. Für das ihr angetane Unrecht erhält Hermine Speier fortan eine Wiedergutmachung von monatlich 630 DM, auch rückwirkend; später erhöhen sich die Bezüge auf 700 DM.[30]

Im übrigen wird sich auch eine pessimistische Einschätzung Robert Boehringers zu ihrer finanziellen Absicherung im Papststaat nicht bewahrheiten: „Dass der Vatikan Ihnen anständige Bedingungen und Pension einräumt, scheint ausgeschlossen."[31] 1959 wird Hermine Speier endlich ihre Festanstellung beim Papst erlangen, wobei man ihr für die Pension sämtliche Dienstzeiten seit September 1934 anrechnet. Zusammen mit der Wiedergutmachung, den Helbig-Honoraren und dem freien Wohnen dank der Großzügigkeit Robert Boehringers kann Hermine Speier einen von Geldnot unbelasteten Lebensabend genießen.

3. Salita di Sant'Onofrio 23: Das offene Schneckenhaus

Man ginge zu weit, würde man behaupten, Hermine Speier sei wegen ihrer Wohnstatt geliebt, geschätzt und gern besucht worden. Dass aber „die Salita" sich aufs erfreulichste ins innere Rom-Bild aller jener einpasste, die jemals dort waren, tönt geradezu im Chor aus dem Speier-Nachlass. Hermine schien nach Art einer Schnecke wie mit ihrer Wohnstatt verwachsen, doch war ihr Schneckenhaus offen: ein Ort zum Verweilen nicht nur für sie selbst, sondern auch für Freunde und Wahlverwandte, Mitarbeitende und Durchreisende. Ein Ort des Rückzugs, der Geselligkeit, der anregenden Debatte und des schönen menschlichen Austausches gleichermaßen. Ein Ort der Annehmlichkeiten. Ein einprägsamer Ort.

Die Salita di Sant'Onofrio führt vom westlichen Tiberufer auf den Hügel Gianicolo. Ziemlich steil und mit einer Windung auf halber Höhe steigt die Gasse an. Sie ist zu eng, um Autos bequeme Durchfahrt zu gewähren, und so erhebt sie sich – bis heute – inselgleich über das rundum brandende Getöse dieser lauten Stadt. Nummer 23 ist das Haus an der höchsten Stelle und an der richtigen Seite. Von Hermines Fenstern und erst recht von ihrer Dachterrasse bietet sich ein Ausblick, den Marie Luise Kaschnitz „viel unverwechselbarer römisch"[32] als den von ihrer eigenen Wohnung bei der Spanischen Treppe nennt. Die Dichterin findet mit ihrem Mann „so oft und manchmal monatelang" bei der Freundin in der Salita gastfreundliche Aufnahme.

Salita di Sant'Onofrio. Fast fünf Jahrzehnte lang lebte Hermine Speier in dieser stillen Gasse, ein Schleichweg auf den Hügel Gianicolo. Das obere Ende der Salita mündet in ein terrassenartiges Klostergärtlein mit Ausblick über Rom und jener Kirche samt Kreuzgang, die der Gasse den Namen gab.

„Hier hat man die Roma eterna zu seinen Füßen, das alte, von so vielen Gärten und Alleen durchzogene Rom mit seinem vielfach gewundenen Fluß, seinen goldbraunen Palästen, seinen Kuppeln und Dachgärten, seinem zuckerweißen Monument und seiner riesigen Leuchtflasche, die oberhalb der Piazza Barberini allnächtlich für einen Vermouthwein wirbt. Das Panorama reicht vom Aventin bis zur Villa Medici auf dem Pincio und zur Milvischen Brücke, mond-

weiß und klein, aber völlig deutlich sind die Heiligenstatuen auf dem Gesims von San Giovanni in Laterano zu erkennen.“[33]

Genau gegenüber dem Eingang zum Haus Salita di Sant'Onofrio 23 betreiben die Dorotheen-Schwestern einen Kindergarten und eine Schule, daran angrenzend liegt das stattliche Haus, das seinerzeit die Herren-WG von Monsignore Stanislas Le Grelle mit Bartolomeo Nogara, den Brüdern Mercati und Achille Ratti beherbergte. Das obere Ende der Salita mündet in ein terrassenartiges Klostergärtlein mit Ausblick, Springbrunnen und jener Kirche samt Kreuzgang, die der Gasse den Namen gab. „Die Salita hinauf werden die Täuflinge getragen, buntes Spielzeug ist auf den schwarzen Pflastern zum Verkauf ausgelegt“, heißt es bei Kaschnitz.[34] Neben dem Kloster Sant'Onofrio liegt das Kinderkrankenhaus Bambino Gesù. Ein Spaziergang parallel zum gleichbleibend malerischen Rom-Panorama mit Kuppeln und Palästen führt zur Aussichtsterrasse des Gianicolo. Dort, im Schatten der Reiterstatue Giuseppe Garibaldis, hat Hermine Speier ihre Stamm-Bar, in der sie am liebsten ihren Milchkaffee einnimmt.

Im unteren Teil der Salita liegt ein Gemischtwarenladen, der Linsen, Reis, Brot, Pasta und Waschmittel feilbietet. Nach Hause trägt man die Waren in gelbes, starkes Papier aus Stroh gewickelt.[35] Unten am Fluss führt eine Fußgängerbrücke von 1863 aus Stahl über den Tiber zur Kirche San Giovanni dei Fiorentini. Die Römer nennen sie „Ponte del soldino“, Geldchenbrücke. Für ihre Benutzung werden fünf Centesimi fällig, ein Betrag, der auch in den 1930er Jahren so gut wie nichts ist. Für Hermine Speier ist der kürzeste Weg ins Zentrum auf der anderen Seite des Tibers diese Brücke, bis sie 1941 demoliert und durch die heute noch bestehende ersetzt wird, eine Autobrücke in glatter faschistischer Architektur.

Die Salita di Sant'Onofrio entstand im 17. Jahrhundert und gehört wie der ganze Gianicolo zum Bezirk Trastevere, in dem überwiegend Arbeiter und Handwerker mit ihren Großfamilien leben. „Schattenkühle im Sommer, Holzfeuergeruch im Winter“ hängt in der steilen Gasse, „und der Ruf des Erdnußverkäufers, der sein Tischchen dort aufgebaut hat, wo die Stiege beginnt“.[36] Diese Treppe führt an der Südseite von Hermines Haus vorbei, und nachts sind dort „vom Liebesgeflüster bis zur Messerstecherei alle Bekundungen menschlicher Leidenschaften“ anzutreffen, schreibt Kaschnitz. Für sie verdichtet sich die Atmosphäre der Salita in der Gestalt der einfachen Portiersfrau von Nummer 23:

„In der Portierswohnung aber erfährt man alle Einzelheiten, geflüstert von der Göttin Fama, in diesem Falle der kleinen Signora Elisa, in Goldschmuck und Marderschwänzchen am Sonntag, in der Woche mit wirrem Haar, im verwaschenen Kittel, Einkaufstaschen schleppend, treppauf und treppab. Von ihr erfährt man, wer über Nacht zu Geld gekommen ist und wem das Wasser an der

Kehle steht. ... Hier macht man sich einen Begriff, wie in kleinen Geschäften und kleinem Wucher das kleine Geld umläuft und, wenn auch nur mit Stockfisch und Suppe aus gelben Erbsen, seinen Mann ernährt.“[37]

Die Salita di Sant'Onofrio 23 ist ein Eckhaus, schmalbrüstig und keineswegs repräsentativ. Ein Treppenhaus, das zu eng für einen Aufzug wäre, führt drei Stockwerke in die Höhe. Hermine Speier bezieht am 1. Juli 1936 eine Mietwohnung im zweiten Stock.[38] Ein später entstandenes Register listet die übrigen Bewohner des Hauses auf; ein Maurer mit Frau und Sohn sind darunter, ein Gemeindebediensteter mit Gemahlin und vier Kindern, eine Krankenschwester des Hospitals Santo Spirito in Sassia. Hermine hat den mit Abstand höchsten Bildungsgrad, begegnet „kleinen Leuten“ aber mit grundsätzlicher Sympathie. So schreibt sie in ihren Erinnerungen an Erich Boehringer, den fürstlichen Namen „Principe“ habe ihm am Institut „unser entzückendes abbruzzesisches Hausmädchen Marguerita gegeben, die Analphabetin war, aber alles immer richtig zu tun und im Gedächtnis zu behalten wußte.“[39]

Das Herzstück der Salita di Sant'Onofrio 23 ist zweifellos die Dachterrasse. Diese gehört, wie allgemein üblich, der ganzen Hausgemeinschaft: Jede Wohnung hat ihren abgesteckten Anteil, der mehr oder weniger frequentiert und gehegt wird. Was Hermine betrifft, hat man sie sich als eifrige Nutzerin ihrer Parzelle mit Rom- und Himmelblick vorzustellen. Schon ihre früheren römischen Quartiere wählte die Archäologin weniger nach Komfort, denn nach Kriterien wie Licht, Balkon und Panorama aus. Die Salita ist in diesem Punkt schlechterdings unüberbietbar. Hermine fühlt sich 1936 wie im Götterbezirk des Wohnens angelangt.

Nach dem Krieg rückt sie dem Himmel noch auf eine Treppe näher. Am 6. Juli 1950 erwirbt Hermine Speier von der Witwe Rosa Micarelli die Dreizimmerwohnung Nummer 6 und 7 im obersten, dem dritten Stock.[40] Die Dokumente benennen Hermine Speier als Käuferin, doch ist es Robert Boehringer, der ihr die Mittel zur Verfügung stellt.[41] Vorerst bleibt sie allerdings im zweiten Stock, denn die Altmieter der gekauften Wohnung erweisen sich als tief eingewurzelt. 1953 strengt Hermine ein Räumungsverfahren an und erhält Schwarz auf Weiß Recht.[42] Robert Boehringer, der schon 1951 eine Renovierung von Rohrleitungen und Terrassen-Parzelle um gut 100.000 Lire beglich, greift abermals tief ins Portemonnaie. Denn fast zeitgleich mit dem Hinauswurf der Mieter im dritten Stock droht das ganze Haus in sich zusammenzufallen. Es muss „mit riesigem Balkenwerk von aussen gestützt werden und wird nun auch von innen verankert und die Mauern teilweise erneuert“, schreibt Hermine bestürzt an Hubert Jedin, der an seiner neuen Stelle in Bonn sehnsuchtsvoll an die Terrassen-Nachmittage bei Hermine zurückdenkt.[43] Alle Mieter müssen das Haus verlassen, ohne Garantie auf Rückkehr. „Bitte denken Sie im Gebet manchmal daran, dass ich doch wieder meine Häuslichkeit an der doch auch von Ihnen gern gesehenen Stelle möchte haben dürfen", schreibt die ihres offenen Schneckenhauses beraubte Hermine dem Priester.

In der Zwischenzeit findet sie Unterschlupf bei Freunden in der nahe gelegenen Via Santa Maria Mediatrice 5, idyllisch hinter dem Vatikan gelegen, inklusive Blick auf die Kuppel des Petersdoms, ein visueller Leckerbissen, der in der Salita nicht zu haben ist. Hermine fühlt sich wie in der Sommerfrische und sehnt sich doch zurück nach Hause. Die Gebete werden erhört. Und der Genfer Gönner rät und bezahlt eine Renovierung auch der neuen Salita-Wohnung. Hermine listet ihm auf einem Zettelchen „unumgängliche" und „umgängliche" Arbeiten auf.[44] Auch die „umgänglichen" sollen ausgeführt werden, urteilt Boehringer, Hermine möge sich nicht scheuen, ihre zukünftige Wohnstatt „wie eine italienische Luxus-Klinik" zu gestalten, worunter er lautlos schließende Türen und eine Heizung versteht.[45] Eine solche ist im Rom der 1950er Jahren keineswegs Standard und kostet satte 400.000 Lire. Da Boehringer seinen römischen Schützling mit manch praktischen Dingen des Lebens überfordert weiß, erteilt er Hermine zugleich Anweisungen, wie man unverbindliche Kostenvoranschläge einholt und verbindliche daraus macht, Handwerker überwacht und am Ende die Arbeiten mitsamt den Rechnungen kontrolliert. Hermine nimmt es sich zu Herzen. Sie legt sogar eine kleine Vokabelliste an, um besser für den Umgang mit den italienischen Bauarbeitern gewappnet zu sein. Auf diesem Schokoladenpapier finden sich so exotische Vokabeln wie Nut, Ausklinkung, Rinnleiste, Hohlkehle und hochkant.[46]

Hermine Speier darf die Salita auf Lebenszeit frei nutzen. Aus dieser Tatsache erklärt sich ihre Verfügbarkeit für worum immer Boehringer sie bittet. „Dank für den Auftrag, denn ich bin ja so froh, wenn ich irgendetwas für Sie tun darf. Und nun habe ich auch alles Nötige über die Michelangelostelle gefunden", schreibt sie ihm 1950 aus dem Urlaub an der Amalfiküste.[47] Ist entlegene Fachliteratur zu resümieren, gibt sie sich sofort die Ehre, einmal sogar mit einem niederländischen Werk, wobei sie die Sprache mehr errät als versteht.[48] Benötigt Boehringer eine Fachkraft, die in ein römisches – oder auch Mailänder – Museum eilt, um eine bestimmte Büste zu vermessen, schwärmt Hermine aus. Wünscht er sich italienische Streichhölzer, schickt Hermine sie ihm nach Genf. Braucht der Georgeaner und Exilant Karl Wohlfskehl, der 1938 von Italien nach Neuseeland weiterflüchtet, Geld, so leitet Boehringer es ihm via Hermine zu.[49]

Die natürliche Form, sich erkenntlich zu zeigen, ist Hermines Gastfreundschaft. Bereitwillig öffnet sie ihr Haus nicht nur dem Gönner selbst, sondern auch Gästen, die er empfiehlt. Um ihr Leben durch fortwährenden Besuch nicht länger durcheinander zu bringen, kauft Boehringer 1958 um weitere 500.000 Lire ein Zimmer mit Bad, das gegenüber Hermines Wohnungstür auf demselben Treppenabsatz liegt.[50] Die von Kaschnitz erwähnte pittoreske Portiersfrau Elisa leitet dabei wichtige Mittlerdienste, denn auch die Eigentümer dieses Zimmerchens trennen sich nur ungern von ihrem Besitz.

In besonderer Weise nimmt Hermine eine Nichte Boehringers unter ihre Fittiche: Julie Boehringer, genannt Lalla. Sie möchte als Fotografin in Rom Fuß fassen, und der Onkel lässt seine Kontakte spielen, um der talentierten, aber unsicheren jungen Frau zu helfen.[51] Die tragende Stütze dabei ist, wie könnte es anders sein, Hermine mit ihrer Erfahrung, ihrem Taktgefühl und ihrer selten versiegenden Güte. Im Januar 1956 kommt Julie mitsamt einer vom Onkel gestifteten Foto-Ausrüstung in Rom an und nimmt in Hermines früherer Wohnung im zweiten Stock der Salita Quartier. Sie soll für das Archäologische Institut, aber ohne feste Auftragsbindung noch Bezahlung frei arbeiten, gleichsam als Geschenk Robert Boehringers an die Abteilung Rom, deren Zentrale in Berlin sein Bruder Erich seit zwei Jahren leitet.

Hermines Arbeiten zum „Helbig" sind bereits angelaufen, und Julie soll sich einbringen, indem sie Fotos der Kunstwerke für die Bestandsaufnahme liefert. Doch das viele Neue, das in Rom auf sie einstürmt, macht ihr Angst. „Einem so liebenswerten, innerlich so unendlich sauberen und gütigen Menschen möchte man doch so viel irgend möglich helfen und ihm die Schwere seiner Natur etwas erleichtern", schreibt Hermine an Robert Boehringer und zeigt sich zugleich ratlos.[52] Dem ergebnisorientierten Institutspräsidenten Erich Boehringer gegenüber wird ihr Bemühen spürbar, die junge Frau vor einem Zuviel an Anforderungen in Schutz zu nehmen. Man müsse Julie „vor allem sehr viel Zeit und Ruhe lassen", dann werde sie sich hineinfinden.[53]

Hermine bittet die beiden erfahrenen Fotografen Renato Sansaini und Ernst Nash, Julie in die Geheimnisse der Objektfotografie einzuführen. Und sie behält Recht mit ihrer Einschätzung. Julie Boehringer wird mehrere Bildbände veröffentlichen. Etliche Jahre bleibt sie in Rom. Dann tritt sie auf gewisse Weise an die Stelle von Robert Boehringers einziger Tochter Konstanze, die sich 1960 das Leben nimmt. Julie Boehringer heiratet den Witwer Konstanzes und wird den vier Kindern aus dieser Ehe eine engagierte Mutter. Die Fürsorge Hermine Speiers vergisst Lalla nie. Beim Tod der Archäologin wird der Name Julie Boehringer neben dem Ulrike Dieners auf der Todesanzeige in der „Frankfurter Allgemeinen Zeitung" stehen, dort, wo normalerweise die Familienangehörigen aufscheinen.

4. „Salon Salita" und die Institution der Haustochter

45 Jahre ihres Lebens wohnt Hermine Speier mit Leib und Seele in der Salita. Sie isst gerne gut, niemals bloß kalte Küche, täglich zur selben Stunde, stilvoll von Florentiner Cantagalli-Geschirr, mit Stoffserviette und einem Gläschen Wein dazu. Auch Zigaretten verschmäht sie nicht. Eine gute Hausfrau aber gibt Hermine nicht ab. In ihrem Nachlass liegen abertausende Zettel mit wissenschaftlichen Notizen, aber nur ein einziges Kochrezept (für Nudelauflauf). Kochen und wirtschaften musste sie als Bürgerstochter in ihrer Jugend nicht lernen, und solche Bildung nachzuholen, drängt es sie später nicht eben heftig. In Rom waren von Beginn an andere für die Mühen ihres Haushalts zuständig. Mit Märit bezahlte sie ein Stubenmädchen, und in der Salita nimmt sie Au-pairs, damals „Haustöchter" genannt, in ihre Dienste.

Es sind junge Mädchen aus guter deutscher Familie, die bei ihr wohnen dürfen, ihr Gesellschaft leisten, sich um Küche und Gäste kümmern und bei alledem genügend Freizeit für Sprachkurs und Stadterkundung haben. Ein Jahr bleibt ein solches Mädchen meistens. Die Stelle ist beliebt, mehrere Bewerbungsschreiben haben sich erhalten. Seine Barbara sei – „im Hinblick auf Ihre Bedürfnisse sei es gesagt – fast schon eine perfekte Köchin!", rühmt ein Vater die Qualitäten seiner 18-jährigen Tochter.[54] Daneben sei sie „Gottseidank, ein schlichtes deutsches – und christliches – Mädchen ohne alle die Albernheiten und Torheiten eines großen Teils der sogenannten ‚Teenagers'." Im übrigen werde Barbara „nach guter alter Vätersitte erzogen". Das ist eine Haustochter nach Hermines Geschmack.

„Sie liebte die Welt ihrer Studien und alles Schöne. Gleichzeitig hatte sie eine moralische Strähne und konnte unduldsam, streng und aufgebracht sein, wenn ihre Haustöchter Sitten und Gebräuche entwickelten, die sich von ihren unterschieden. Daß jemand bei Radiomusik arbeitete, mißfiel ihr und ebenso, daß die jungen Frauen zum Lernen lässig auf dem Boden saßen."[55]

So erinnert sich die Mitbewohnerin Anneliese Rieß an ihre Freundin. Dieser Bescheibung eingedenk, verwundert es nicht, dass Hermine im Sommer 1971 eine junge Goldschmiedin „sehr skeptisch" aufnimmt. Lilly Liebig (*1950) stammt nicht „aus intellektuellen Universitätskreisen" wie die anderen Haustöchter.[56] Ihr Vater ist Arzt bei der Bundeswehr, die Brücke zur Archäologin legt der Militärattaché der deutschen Botschaft. Unter all den küchentechnisch versierten Speierschen Haustöchtern scheint Lilly „wohl die erste, die ein bisschen aufmüpfig" ist. Prompt zieht es sie in Rom statt in die Oper zum Pink Floyd-Konzert. Die Hausherrin habe „gedacht, um Gottes willen, da werde ich entführt und vergewaltigt und ermordet, aber meine Eltern sagten, na klar geh hin", so Lilly Liebig. Trotz solcher Dissonanzen gestalten sich ihre drei Monate in der Salita harmonisch. Bei geselligen Abendessen im Restaurant „Tre Scalini" auf der Piazza Navona heißt man die aus der Reihe tanzende Haustochter willkommen, und Lilly kann sich ungeniert in die heiter-gelehrten Debatten einbringen. Nachmittags kocht sie für Hermine Tee, den man mit Orangenmarmeladetoasts auf der Dachterrasse zu sich nimmt. Interessiert erkundigt sich die alte Dame nach den Fortschritten im Italienischkurs, den neuen Freunden, dem aufkommenden Rom-Gefühl. „Sie war einfach da und man hat sich wirklich ein bisschen als Tochter gefühlt", erzählt Lilly Liebig vier Jahrzehnte nach ihren Sommermonaten auf dem Gianicolo.

Plant eine Haustochter sich ein entlegenes Kirchlein irgendwo in Rom anzuschauen, öffnet Hermine das Wohnzimmerfenster und weist den Weg durchs Gassengewirr zu ihren Füßen. Es ist ein sprechendes Bild. Hermine Speier hilft einer Reihe dieser jungen Frauen beim Flüggewerden. Sie zeigt ihnen von erhöhter Warte, was es alles gibt und wie man hingelangen kann. Mit ihrem Salita-Aufenthalt verlassen viele dieser behüteten Mädchen zum ersten Mal ihr Elternhaus. So markiert Hermine Speier in den Biografien ihrer Haustöchter einen Punkt des Übergangs, eine Schwelle zur Selbständigkeit. Möglicherweise fühlt sie sich dabei an ihre eigene Jugend erinnert: eine 21-jährige Frankfurterin, die nach ertrotztem Abitur ihrer Wege geht und sich eine kluge und beherzte Mentorin an ihrer Seite vielleicht gewünscht hätte; allein es gab keine. Nun wird Hermine Speier selbst zur Lebenslehrerin. Sie, die keine leiblichen Kinder hat, gewinnt eine Reihe von Ziehtöchtern auf Zeit.

Einige von Hermines Au Pairs gehören dem Adel an, eine Prinzessin Elisabeth von Fürstenberg ist darunter.[57] Nach dem Krieg kommt die Tochter des Schriftstellers Werner Bergengruen, Lidia; noch davor Edelgard Morgner, genannt Ega, eine junge Frankfurter Bekannte Hubert Jedins. „Sie macht mir durch ihre geistige und seelische Begabung sehr grosse Freude", schreibt Hermine,[58] und das lässt sich bei der Lektüre von Egas Briefen nachvollziehen, die frisch, beherzt im Ton und sicher im Beobachten daherkommen. Sie siezt Hermine, doch Anreden wie „Meine liebe Spinni" zeigen große Vertrautheit. Dazu tragen auch die Gegebenheiten in der Salita bei. Die Wohnung ist nicht übermäßig groß, das Zusammenleben auf Gemeinsamkeit angelegt. Als einmal eine Haustochter sich darauf kapriziert, allein zu frühstücken und somit der Gastgeberin ihre Gesellschaft verweigert, wird das mit hochgezogenen Augenbrauen zur Kenntnis genommen,[59] denn im ungeschriebenen Arbeitsvertrag steht Anderes. Zu den Aufgaben der Haustöchter gehört es auch, Hermine morgens um Punkt sieben zu wecken und ihr Traubensaft zu pressen, ehe um Viertel vor acht ein Fahrer kommt und sie zur Arbeit bringt.[60] Schon am Vorabend sind Hermines Strümpfe bereit zu legen. Alles durchaus persönliche Dienstleistungen.

Mit mehreren ihrer Haustöchter pflegt Hermine ein geradezu inniges Verhältnis, so auch mit Ulrike Diener, der Tochter des im Krieg gefallenen Archäologen Werner Technau, die 1957 zu ihr kommt und später mit ihrer Familie Quartier in einem Nachbarhaus nimmt. Ohne die Pflichten der Mutter zu haben, wird Hermine zur mütterlichen Freundin, die auch streng sein darf. Sie rät in Lebensfragen, nimmt Anteil an sich entwickelnden Liebesgeschichten, führt immer wieder gerne zur Kunst hin und ist glücklich, wenn ihre Anregungen fruchten. So hängt sie sich mit Stolz eine Zeichnung der Marc Aurel Statue vom Kapitol aus der Hand der Haustochter Ike Hübner ins Wohnzimmer, neben zwei Piranesi-Stichen, einem Foto der Akropolis und einer Aquarell-Vedute Frankfurts zur Zeit Goethes.[61] Welche hohe Auszeichnung das 1961 für sie war, weiß Ike noch heute. Ebenso lebendig ist ihr der wortreiche Unmut der Dienstherrin in Erinnerung geblieben, wenn sich die Haustochter als allzu „aushäusig" erwies. Mit einer Freundlichkeit oder einem besonders guten Essen lässt Hermine sich aber wieder besänftigen.[62]

Empfängt Hermine Speier Gäste, was nahezu täglich geschieht, so verantworten die Haustöchter die bereitstehenden Häppchen, doch mehr noch freut sich die Gastgeberin über Interesse an den verhandelten Themen. Die Archäologin liebt und pflegt den intellektuellen Stimulus, bevorzugt in Gesellschaft. So öffnet sie ihr Wohnzimmer regelmäßig für private Soireen. Es ist die Fortführung der Institution „Salon" mit bescheideneren räumlichen Mitteln. Salons, geistig anregende Treffen, zu denen gebildete Damen in ihre Empfangszimmer luden, erlebten in vielen Städten Europas im 19. Jahrhundert ihre große Blüte, und Hermine Speier scheint sich selbst zumindest locker in dieser Tradition zu sehen.[63] Bis zum Ersten Weltkrieg bot auch Rom mehrere von Damen geleitete internationale Salons, etwa jenen der archäologisch gebildeten Gräfin Ersilia Lovatelli Caetani oder der Deutschen Henriette Hertz im Palazzo Zuccari oben an der Spanischen Treppe, dem späteren Sitz des Kunsthistorischen Instituts der Bibliotheca Hertziana. In der atemberaubenden Villa Lante auf dem Gianicolo, wenige Minuten von der Salita entfernt, empfing die russische Prinzessin Nadine Helbig, die Frau Wolfgang Helbigs. Den letzten großen Salon Roms betrieb die von Hermine bewunderte und in ihren Macken ertragene Eugénie Strong. Bei den Salita-Soireen geht es weniger mondän, kulturell aber mindestens so ertragreich zu.

In Hermines Heidelberger Studientagen war es in Georges Gefolge das gemeinsame Lesen von Gedichten, in Rom ist es zunächst das gemeinsame Hören von Dantes „Göttlicher Komödie", nicht in Georges Übersetzung, sondern naheliegender Weise im italienischen Original. Filippo Magi gibt die Gesänge mit seinem reinen Florentiner Idiom in Hermines Wohnzimmer zum Besten. Dieses Montags-Ritual setzt bereits 1936 ein und erlebt nach dem Krieg eine Neuauflage. Es ist die Zeit, in der Hermines kleiner Salon mit Rom-Panorama zum Treffpunkt der deutsch-römischen Elite wird, die sich hier mit wechselnden Elementen zu anregender Gesellschaft vermengt. „Jeden Montagabend mit Magi zwei Stunden Dante zu lesen und die Gesänge nach und nach interpretiert zu erhalten, das war für mich doch eines der ganz großen Kulturerlebnisse meines Lebens", bekundet der Archäologe Bernard Andreae (*1930), den Hermine gleich nach seiner Ankunft in Rom 1955 zu ihren Abenden einlädt.[64] Dort trifft er unter anderem auf Hermines früheren Institutskollegen Adolf Greifenhagen, der nach Jahren in russischer Kriegsgefangenschaft wieder in Rom ist. Mit dem letzten Vers aus Dantes „Hölle" widmet Greifenhagen der Gastgeberin Hermine sein Buch über Eros: „E quindi uscimmo a riveder le stelle", „Dann grüßten wir beim Austritt neu die Sterne". Damit meint Greifenhagen seinen Austritt aus der russischen Hölle zurück nach Rom „in die Wärme von Hermine Speier".

Ein zweiter Zyklus des „Salon Salita" widmet sich Johann Joachim Winckelmann (1717–1768). Ludwig Curtius ist ein Bewunderer dieses Gelehrten der deutschen Klassik, und in seinem Gefolge ist es auch Hermine. In Rom fand der aus kleinen Verhältnissen stammende Winckelmann als Bibliothekar der Villa Albani seine Lebensstellung. Er ahnte als erster, dass die meisten in Rom befindlichen Skulpturen römische Kopien nach griechischen Originalen sind. Neuartig ist seine Einteilung von Werken nach Stilmerkmalen statt wie bisher nach Künstlern und Gattungen. Deshalb gilt Winckelmann als Allvater, als Begründer der wissenschaftlichen Archäologie. Seine Schriften aber sind schwere Kost. Er erweiterte das Repertoire der sprachlichen Darstellung antiker Kunst: „Aus dem neuen Erleben folgt ihm der neue Begriff", schreibt Curtius,[65] und: Winckelmann habe als erster „durch den hohen Stil der Beschreibung etwas vom Wesen des Kunstwerkes wiederzugeben" versucht. Eben deshalb nimmt ihn sich Hermine vor. In der Auseinandersetzung festigt sich Wissen. Bei den Soireen spüren die älteren Semester an den Beiträgen der jüngeren den Puls der Zeit, und die jüngeren gewinnen Einblick in die fein gestaffelten Horizonte der älteren. Bernard Andreae kann Winckelmann eingangs nicht leiden. Bei Spinni im „Salon Salita" fängt er Feuer für den vielschichtigen Ur-Archäologen. In späteren Jahren wird Andreae, der elf Jahre lang auch die „Abteilung Rom" leitet, eine neue Winckelmann-Ausgabe mit auf den Weg bringen.

Hermine weiß Archäologen, Prälaten, Künstler, Diplomaten und junge Leute miteinander in Verbindung zu bringen. Ihr Haus gilt nicht bloß als offen, sondern als liberal: nach Bekenntnis und Weltanschauung wird niemand gefragt,[66] sehr wohl aber zählt intellektuelle Neugier auf die Meinung der anderen. Hermines benediktinischer Beichtvater Augustinus Mayer kommt zu den Salita-Abenden, der Jesuit Engelbert Kirschbaum, archäologischer Erforscher des Petrusgrabes, der Kirchenhistoriker und ebenfalls Jesuit Friedrich Kempf, selten auch sein Bruder, der Limburger Bischof Wilhelm Kempf; scherzeshalber verfällt Hermine im Gespräch mit diesen beiden Priestern aus ihrem Heimatbistum in hessische Sprachmelodien. Es kommt das Ehepaar Schädel, das die Herder-Buchhandlung auf der Piazza Montecitorio betreibt, es kommen Dieners von nebenan, es kommen Archäologen des Instituts und mitunter deutsche Diplomaten, es kommen alteingesessene und immer wieder neue Studierende auf Rombesuch. „Auf diese Weise lernte ich durch Hermine Speier eine ganze Reihe von Leuten kennen und wurde hier ein bisschen heimischer", erinnert sich Paul Zanker; „und da es auch junge Mädchen darunter gab, war das alles eine ganz wunderbare Sache."[67] Unter Hermines wohlwollendem Blick nehmen in der Salita gemeinsame Unternehmungen der Haustöchter und der jungen Archäologen ihren Anfang. Klug und für kaum jemanden spürbar wählt die Gastgeberin aus, wen sie zu ihren Soireen bittet. Sie selbst versteht sich als Mittlerin mehr denn als Mittelpunkt. „Sie war nicht dominierend, sie war nicht ironisch, sie war eigentlich wie eine Eminenz im Hintergrund."[68]

Hermine Speier „war die Deutsche in Rom, die alle kannten und die alle zusammenhielt." Es war ihr gewinnendes Wesen, das solches vollbrachte, aber auch ihre stabilitas loci, die Treue zu ihrer im Wortsinn herausgehobenen Wohnstatt. Studenten, Professoren und Direktoren wechselten, Hermine Speier blieb. So wurde „die Salita" zu einem stehenden Begriff für mehrere Generationen Klassischer Archäologen deutscher Sprache. „Die Salita" gehört „in alle Zeiten", wie Marie Luise Kaschnitz treffend festhält. So lange Hermine Speier dort lebt, ist die Salita „auch immer dieselbe geblieben, so hoch über den Dächern liegt sie, es kann ihr nichts geschehen."[69]

5. Wissenschaftliches Werk und akademische Ehren

Hermine Speier hat kein umfangreiches wissenschaftliches Œuvre hinterlassen. Wie sie selbst klar erkannte, hätte sie bei einem Wechsel zurück ans Archäologische Institut mehr publizieren können. Vor allem aber hielt die Herausgabe des „Helbig"-Führers – ihre wissenschaftliche Lebensleistung – Hermine Speiers Kräfte gebunden. Ihre eigenen Veröffentlichungen lassen sich in drei Kategorien einteilen: Archäologische Fachaufsätze, Texte im Grenzgebiet zwischen Archäologie und Journalismus sowie Lexikoneinträge.[70]

Verstreute Publikationen

Nach ihrer Entdeckung des Pferdekopfes aus dem Parthenon-Giebel macht Hermine Speier einen ähnlichen, weniger bedeutenden Fund in den Vatikanischen Museen: sie kann einen in der „Sala degli animali" gezeigten Maultierkopf als griechisches Original nachweisen. Noch davor publiziert sie den bereits erwähnten Musen-Sarkophag aus den Priscilla-Katakomben und im selben Jahr 1954 eine Schale aus der Werkstatt des bedeutenden Vasenmalers Euphronios, letztere in einer Festschrift zum 60. Geburtstag ihres Königsberger Vorgesetzten Bernhard Schweitzer, mit dem sie in gutem Kontakt geblieben ist. 1955 wird in den „Römischen Mitteilungen" ihr Aufsatz gedruckt, der in der Curtius-Festschrift 1937 nicht erscheinen durfte. Sie beschreibt darin das „Fragment eines tarentinischen Tonreliefs in römischem Privatbesitz", das heißt, in ihrem eigenen Besitz.

An einer Hand abzuzählen sind die journalistischen Texte aus der Feder Hermine Speiers. Nicht nur vom Genre, sondern auch vom Fach her geht sie hier fremd: Aus der Klassischen Archäologin wird eine Christliche Archäologin, eine Metamorphose, die ihr vatikanisches Arbeitsumfeld naturgemäß begünstigte. Drei ihrer Artikel handeln von der Entdeckung des Petrusgrabes unter dem Petersdom und sind auch in ihrer religiösen Hinwendung nach dem Krieg zu verorten. Der erste dieser Texte erscheint im Rheinischen Merkur zu Weihnachten 1949, zwei weitere in der katholisch inspirierten Wiener Kulturzeitschrift „Wort und Wahrheit". Ein vierter journalistischer Text schließlich gibt 1957 einen groben Überblick über die Bestände der Vatikanischen Museen für „Merian". Einen Artikel über die „Musei Pontifici" schreibt Hermine Speier bereits 1949 auch für die bibliographische Archäologie-Zeitschrift „Fasti archaeologici". Er ist mit drei Seiten so knapp und informationslastig, dass er am ehesten wie ein Lexikoneintrag wirkt.

Zum dritten verfasst Hermine Speier mehrere Einträge für Nachschlagewerke, einen über Ludwig Curtius, der zu Hermines Kummer 1954 verstorben ist, einen weiteren über Wolfgang Helbig. 1960 folgt ein Lexikoneintrag über „Eros" in der „Enciclopedia dell'Arte Antica". Später koordiniert sie eine Reihe von Artikeln in demselben Nachschlagewerk: Verschiedene Autoren aus den Vatikanischen Museen schreiben über die von ihnen jeweils verantworteten Sammlungen. Hermine Speier verfasst den Eintrag über die Antikensammlung und zeichnet verantwortlich für das gesamte Paket.

Warum Hermine Speier nur wenig publizierte, zeigt sich exemplarisch an ihren Lexikoneinträgen. Bereits im April 1951 erhält sie von der renommierten „Enciclopedia dell'Arte Antica" den Auftrag, zwei Texte zu verfassen: einen über Eros, den anderen über Hermes, je drei Spalten lang. Diesen Auftrag verdankt sie Gaetano De Sanctis. Der erblindete Althistoriker, dem Hermine in ihrer römischen Not-Zeit ihr Augenlicht und ihre Stimme lieh, indem sie ihm vorlas, ist 1947 bis 1954 Präsident des Instituts, das die Enzyklopädie verantwortet. Doch die Herausgabe des Nachschlagewerkes gerät ins Stocken. Im September 1955 erhält Hermine Speier ein Scheiben von De

Sanctis' Nachfolger, Aldo Ferrabino, mit der neuerlichen Einladung, die beiden Artikel zu verfassen, da beschlossen wurde, die „Enciclopedia dell'Arte" nun mit Schwung neu in Angriff zu nehmen. Sie könne den Eintrag über Eros bis Mitte Januar 1956 liefern, antwortet Hermine, aber nicht jenen über Hermes. Als Verfasserin für Hermes schlägt sie die junge Archäologin und „Helbigianerin" Erika Simon aus Mainz vor. Den versprochenen Artikel über Eros gibt Hermine Speier tatsächlich ab, allerdings verspätet und mehr als doppelt so lang wie vorgesehen.[71]

Erhalten sind Hermine Speiers Vorarbeiten zu diesem Eintrag.[72] Es handelt sich um kleine und kleinste Zettelchen mit Aufzeichnungen, pro Blatt eine Eros-Darstellung, alphabetisch nach Attributen geordnet von „Eros-Altar" über „Eros Apfel pflückend" und „Eros mit Ball" bis hin zu „Eros weiss". Insgesamt trägt Hermine mehr als 100 Erotendarstellungen zwischen Vatikan, Toronto, Istanbul, Wien, New York und Leningrad zusammen. Sie benutzt abwechselnd die Rückseiten alter Kalenderblätter, Schulhefte, Abreißblöcke, Zettel aller Art sowie als Ordnungsinstrumente Heftklammern, eingeklebte halbe Seiten und heute längst zerfallene Gummiringe. Dieses Konvolut zeigt wie viele andere in ihrem Nachlass: Hermine neigte dazu, sich zu verzetteln.

Zu kleinteilige Vorarbeit, zu viel Text, zu spät abgegeben: Nach diesem Muster lief es auch mit den Lexikoneinträgen über Curtius und Helbig. Ersteren soll sie auf Empfehlung von Theodor Klauser an das „Lexikon für Theologie und Kirche" liefern.[73] Gefragt sind 14 Zeilen, Abgabefrist: drei Monate später. Kurz vor Ablauf bittet die Autorin um Aufschub. Der Text, den sie einreicht, ist um die Hälfte zu lang, weil es „nicht gut möglich ist über Ludwig C. in 14 Zeilen etwas zu sagen ausser der reinen [D]atenangabe", rechtfertigt sich Hermine. Der Artikel erscheint gekürzt. Auch ihr Eintrag zu Wolfgang Helbig für die Neue Deutsche Biographie, herausgegeben von der Historischen Kommission bei der Bayerischen Akademie der Wissenschaften, gerät zu ausführlich, und sie gibt ihn mit Entschuldigungen für „die grosse Verspätung" ab.[74] Inhaltlich überzeugt der Text, denn Hermine wird im Dankesbrief dazu eingeladen, weitere Einträge beizusteuern. Sie selbst aber fühlt sich dem nicht gewachsen. Hermine Speier hat ihre liebe Not mit Artikeln, in denen Lebensleistungen oder vielgestaltige künstlerische Darstellungen auf penible Datenwiedergaben einzuschnurren sind. Sie kann nicht auf Termin arbeiten, und ihre Texte geraten jedesmal zu lang. Nicht nur die kräfteraubende Arbeit als Herausgeberin des „Helbig" ab 1954, sondern auch Hermine Speiers Arbeitsweise sind der Grund für ihre wenigen Publikationen.

Manches, das weitaus attraktiver als ein Lexikonartikel wäre, muss sie wegen ihrer Herausgeberpflichten liegenlassen. 1956 werden in den Vatikanischen Museen antike Statuen vom Dach der Sala Rotonda genommen. Zwei dieser Skulpturen, so genannte Auren, identifiziert Hermine mit sicherem Blick als griechische Originale, und wieder ist sie Feuer und Flamme. „Lange Zeit hat das kein Archäologe angefasst, um es zu publizieren, weil man wusste, das ist Spinnis Erkenntnis, und sie muss den Aufsatz schreiben", erinnert sich Erich Boehringers Sohn Christoph.[75] Doch dazu kommt es nicht. Über Jahre plant Hermine, einen wissenschaftlichen Bildband über die griechischen Originale in Rom zu veröffentlichen; mit der Idee liegt Langlotz ihr seit ungefähr 1930 in den Ohren. Hermines Vorarbeiten sind erhalten.[76] Mit seiner editorischen Macht versucht Robert Boehringer, 1952 ein paralleles Buchvorhaben – ein hochwertiges Werbegeschenk für Ärzte – zu verhindern. Das Konkurrenzwerk erscheint trotzdem, Hermine hat das Nachsehen, doch hätte sie ihren Bildband vermutlich ohnehin nie fertig stellen können.

Es bedarf auch „oft des Ansporns", einen „Beitrag für die Festschrift eines geschätzten Lehrers oder Kollegen zu leisten", heißt es in einem Nachruf auf Hermine Speier.[77] So muss eine Festschrift für die ältere, aber im Gegensatz zu ihrer vatikanischen Fachkollegin sehr produktive Museumsarchäologin Gisela Richter (1882–1972) aus den USA ohne Text von Hermine Speier auskommen; diese Einladung nimmt sie Anfang der 1960er Jahre gar nicht erst an.[78] Sogar ein fix vereinbarter Beitrag zur Festschrift zum 70. Geburtstag Robert Boehringers steht auf der Kippe.[79] Hermine will ihren Mentor ursprünglich mit einem Aufsatz über einen Wandteppich mit Darstellung der Katharina von Medici ehren, schwenkt dann aber auf ihren neuesten Fund um, den Maultierkopf. Bei bereits verstrichenem Abgabeschluss informiert sie den Herausgeber der Festschrift, Margrit und Erich Boehringer, Frau und Bruder des Geehrten, seien beide „über persönliche Schwierigkeiten, die mich an der Arbeit an meinem Beitrag verhindert haben, unterrichtet", und man habe vereinbart, sie werde nur die Bilder und die Beschreibung des Maultierkopfes liefern. Da sich die sehr massive Festschrift aber ohnehin um drei Jahre verzögert, kann Hermine am Ende doch noch einen ihren Standards genügenden Aufsatz liefern.

Die wissenschaftliche Leistung des identifizierten Pferdekopfes allerdings trägt ihr verdiente akademische Ehren ein. Als erstes zeigt sich der Vatikan erkenntlich. 1950 wird Hermine Speier korrespondierendes Mitglied der Päpstlichen Römischen Akademie für Archäologie. Sie ist nicht die erste Frau, der diese Auszeichnung zuteil wird. Dieser Primat gebührt Eugénie Strong 1921, gefolgt von den Italienerinnen Margherita Guarducci, Medea Norsa, Lorenzina Cesano, Luisa Banti und Paola Zancani.[80] Die Archäologen-Einrichtung ist damit jene Päpstliche Akademie, die am frühesten Frauen in ihren Reihen zulässt. Im fernen Jahr 2003 wird sie – mit Letizia Ermini Pani – übrigens auch die erste weiblich geführte Päpstliche Akademie sein.[81] Eine weitere akademische Ehrung für Hermine Speier folgt 1953, diesmal aus Berlin. Die Zentraldirektion des Deutschen Archäologischen Instituts fasst den einstimmigen Beschluss, die Vatikan-Archäologin „zur nächsten Feier des Winckelmanntages, den 9. Dezember 1953, zum Ordentlichen Mitglied des Instituts zu ernennen".[82] Ordentliches Mitglied in der Päpstlichen Römischen Akademie für Archäologie wird sie 1963.

Ab den 1950er Jahren weitet sich Hermine Speiers Wirkungskreis in den Museen deutlich aus, überwiegend, aber nicht ausschließlich zu ihrer Freude. Bereits im Heiligen Jahr 1950 klagt sie über „Bandwurmarbeiten", die an ihr „zehren und zu keinem Ende kommen".[83] Bei Umgestaltungen ist ihr Sachverstand gefragt, so bei der Neuordnung des Gregorianisch-Etruskischen Museums 1952/1953. Längst ist sie nicht nur für die Fotothek zuständig. Hermine erbittet die Zuarbeit eines fixen Assistenten. Nach 20 Jahren, so schreibt sie in diesem Antrag, habe die Fotothek „heute eine hohe Bedeutung nicht nur für Forscher, sondern auch für Herausgeber, Schulen, kirchliche und kulturelle Stellen auf der ganzen Welt".[84] Genau im selben Zeitraum hat sie sich dazu entschlossen, diesem entsagungsreichen Arbeitsplatz treu zu bleiben. Als Grund benennt sie auch die „ganz einzigartige Freude, die die Museumstätigkeit mit sich bringt, der dauernd lebendige Umgang mit den Werken".[85]

Diese Freude versteht sie weiterzugeben. Immer öfter ist sie es, die im Auftrag Nogaras hohe Gäste durch die Kunstsammlungen der Päpste führt. 1948 geleitet sie den „Kaiser von Siam" durch die Museen,[86] 1951 empfängt sie Angehörige der Königsfamilie von Großbritannien, wobei der deutsche Monsignore Ludwig Kaas, die graue Eminenz des Petersdoms, als Führerin für Prinzessin Margaret ausdrücklich „Fräulein Speier" anfordert.[87] Im selben Jahr zeigt sie Bundeskanzler Konrad Adenauer die Päpstlichen Sammlungen, dem Außenminister Ägyptens, dem US-amerikanischen Botschafter und der Tochter des US-Präsidenten Harry S. Truman,[88] drei Jahre später auch Truman selbst, der mittlerweile nicht mehr im Amt ist; 1955 führt sie die „Kaiserin und Königin Regina" von Habsburg durch die Museen,[89] 1957 Bundespräsident Theodor Heuss.[90] Weniger Erfolg hat sie bei Schülern. Als sie 1953 eine Horde 17-Jähriger aus Deutschland durch die Antikensammlung führt, unter ihnen den ältesten Sohn der Schefolds, erläutert Hermine mit Hingabe die künstlerische Sublimität einer bestimmten Stele und erwartet, dass „alle in großem Staunen verharren".[91] Das ist nicht der Fall. „Sie ließ niemanden an sich ran, der nicht so tickte wie sie. Das schuf ein bisschen Distanz", erinnert sich Dian Schefold.

Im Juni 1954 verstirbt im Alter von 86 Jahren der immer noch amtierende Museumsdirektor Bartolomeo Nogara; hohe vatikanische Dienste sehen mindestens bis in die 1960er Jahre hinein auch für Laien noch die lebenslange Tätigkeit vor. Die Leitung übernimmt nun Hermines geschätzter Kollege Filippo Magi, bis ihm 1961 ein anderer vorgesetzt wird, was Magi zum Quittieren des Dienstes veranlasst. In der Zeit aber, in der er Hermines Chef ist, öffnet sich das Spektrum ihrer Verantwortungen in den Museen immer weiter.[92] 1958 verfasst sie den Fünfjahresbericht über die Tätigkeit der Museen, eine Aufgabe, die in früheren Jahren Direktor Nogara übernahm. Wenig später kann sie einen lang gehegten Traum verwirklichen. Sie gestaltet einen Raum mit allen griechischen Originalen der Museen, die sie aus den verschiedenen Abteilungen zusammentragen lässt. Ihr Pferdekopf von der Akropolis ist eines der Glanzstücke. Die Eröffnung des Raumes der griechischen Originale fällt in das Jahr 1960, passend zu den Olympischen Sommerspielen in Rom.

Inzwischen hat man sich am Vatikan im Sommer 1959 dazu durchgerungen, Hermine Speier eine Anstellung zu gewähren. 25 Dienstjahre waren dazu nötig. „Evviva il Papa Giovanni", es lebe Papst Johannes XXIII. (Pontifikat 1958–1963), schreibt begeistert Lise Salin:

„Das ist ja wunderbar, daß Du nun festangestellt bist. ... Und die Pensionsberechtigung ist mir ein rechter Stein vom Herzen. Denn die Sendungen von Deutschland mögen vielleicht doch eines Tages sistieren. Noch 4 Jahre und Du wirst 30 Jahre beim Vatikan sein, falls die [Monate] im Kloster nicht abgerechnet werden."[93]

1961 verbleibt Hermine Speier nach Magis Abgang als einzige Archäologin an den Vatikanischen Museen. „Mit der Antikenabteilung bin ich nun allein", teilt sie in einer Mischung aus Ehrfurcht, Stolz und Resignation mit.[94] Das „neue Regime" von Graf Paolo Dalla Torre del Tempio di Sanguinetto behagt ihr nicht: „es wächst die Bürokratie und es verschwindet die Wissenschaft und Kunst." Hermine verficht nach wie vor den freien Eintritt in die Museen für Wissenschaftler und „verzankt" sich darüber nach eigener Aussage im Haus.[95] Überhaupt:

„Der Vatikan wird dauernd eine schwerere [...] Last, die ich in dem mich betreffenden grossen Teil allein tragen muss. Es wäre aber noch immer tragbar wenn man nicht bei der neuen Museumsdirektion vor einer zwar freundlichen aber völlig undurchdringlichen Mauer von Verständnislosigkeit stünde. Es handelt sich um lauter Dinge, die ich als einzige, die noch mit den antiken Abteilungen Bescheid weiss, nicht im Stich lassen kann."[96]

Was Hermine so belastet, ist die Auflösung des Lateranmuseums. Die Stücke vom Bischofssitz des Papstes, darunter zahlreiche antike Skulpturen, werden „von dort in täglichen Transporten in Baracken gebracht, die in einem der grossen Höfe im Vatikan sehr provisorisch errichtet worden sind." Eine ungeeignete Zwischenlagerung, denkt Hermine, die Ähnliches zuletzt im Krieg gesehen hat. „Erdrückend" lastet das „Gefühl der grossen Verantwortung den Denkmälern und der Archäologie gegenüber" auf ihr. Gleichzeitig klagt sie über den „unsinnigsten Kleinkram von Hindernissen und Schwierigkeiten, die gar nichts mit der Sache zu tun haben", über „Streitigkeiten" und „Chaos alla italiana". Im Auftrag dalla Torres schaut sie sich nach einem jungen Archäologen als Helfer und Nachfolger um, dem Generaldirektor wäre sogar „ein Deutscher oder Schweizer" genehm. Doch findet sich vorerst keiner, „bei der völligen Unklarheit, was dies für eine anzubietende Stelle sein soll, wie ihre Ausbaufähigkeit, mit welcher Bezahlung".

Hermine ist 65 Jahre alt, als sie ihren Unmut zu Papier bringt. Sie sehnt den Abschied aus dem Vatikan herbei, auch um besser den Mühen des „Helbig" gewachsen zu sein, an dem sie immer nachmittags arbeitet. Sie fühlt ihre Kräfte schwinden. Doch Dalla Torre bittet seine Mitarbeiterin zu bleiben,[97] und seufzend fügt sie sich. Als Gegengabe wird ihr 1965 eine hohe vatikanische Auszeichnung zuteil. Sie erhält den päpstlichen Orden „Pro Ecclesia et Pontifice", für den sie sich „mit tief bewegter Seele" bei Papst Paul VI. Montini bedankt.[98]

Eine weitere, vergleichsweise mondäne Auszeichnung nimmt sie 1966 entgegen, den „Premio Internazionale Isabella d'Este" in der Sparte Kultur. Benannt ist die Auszeichnung nach der hochgebildeten Renaissancefürstin aus Mantua, die mit Begeisterung antike Skulpturen sammelte und in der Politik mitmischte. Die Ehrung geht jedes Jahr an elf Frauen, die sich laut Statuten „besonders in der Ausübung ihrer Tätigkeit hervorgetan" haben.[99] Allerdings scheint der etwas mysteriöse „Premio Internazionale Isabella d'Este" überhaupt nur zweimal vergeben worden zu sein, 1965 und 1966. Im August 1966 erhält Hermine eine Mitteilung der Deutschen Botschaft im Auftrag des Preiskomitees, sie habe die Auszeichnung erhalten, unter der Auflage allerdings, ihn bei der Preiversleihung zwei Wochen später in Mantua persönlich abzuholen, Reisekosten zu Lasten der Geehrten, Preisgeld: keines. Nichtsdestotrotz, ein solches Geschenk nimmt Hermine mit Freuden an. Sie lässt sich drei Tage beurlauben, trommelt mit Lise Salin und den Mastbaums, die inzwischen aus Afrika in die Schweiz übersiedelt sind, ein paar alte Freunde zusammen und fährt nach Mantua.

Es muss ein rauschendes Fest gewesen sein. Die Preisverleihung findet am 17. September 1966 im Herzogspalast zu Mantua statt, die darauf folgende Party in einem exquisiten Park in Valeggio sul Mincio, von dessen reizenden Besitzern, den Signori Sigurtà, Lise Salin noch lange schwärmt. Auch die übrigen Geehrten können sich sehen lassen.[100] Zugleich mit Hermine Speier holen sich unter anderem die Filmschauspielerin Giulietta Masina, die Sopranistin Renata Scotto, die britische Pilotin Sheila Scott und die norwegische Justizministerin Elisabeth Schweigaard ihre Majolika-Büste von Isabella d'Este ab. Ein Sonderpreis geht an die Modedesignerin Mary Quant. Ihre Innovation, der Minirock, findet Hermines Wohlwollen sicherlich nicht, doch das tut dem Fest in Mantua keinen Abbruch. Für Lise Salin ist es „einer der unvergesslichen Momente des Lebens“.[101]

Zurück in Rom, bittet Hermine Speier in der Museumsdirektion nachdrücklich um ihre Pensionierung aus gesundheitlichen Gründen. Auch ein Nachfolger hat inzwischen angebissen, Georg Daltrop. Diesmal hat ihr Vorstoß Erfolg. Mit Jahresende 1966 tritt Hermine Speier nach 32 Dienstjahren und vier Monaten in den Ruhestand. Ihr Herausgeberwerk jedoch wird noch mehrere Jahre andauern.

Der „Helbig“

„Im übrigen hoffe ich ja, dass ganz abgesehen von allen Papierangelegenheiten [zur Wiedergutmachung] aus dem Helbigplan etwas Fruchtbares und Sinnvolles werden möchte.“[102]

So schreibt Hermine Speier im Herbst 1953 an Carl Weickert. Damit beginnt ein Kapitel in ihrer Laufbahn, dessen Ruhm sie lange überleben wird. Es geht um die vierte Auflage des „Führers durch die öffentlichen Sammlungen klassischer Altertümer in Rom“, der nach dem Herausgeber der ersten drei Auflagen als „der Helbig“ bis heute bekannt ist. Die dritte Auflage ist 1912 erschienen. Seither ist das Werk in Hermines Worten „ebenso für die Gelehrten wie für gebildete Laien ein unentbehrliches Nachschlags- und Erklärungswerk“ geblieben.[103] Generationen von Klassischen Archäologen auf der ganzen Welt nutzen es, Hermine lernte es in Heidelberg kennen und hat zu Hause ein Privatexemplar. Vier Jahrzehnte und zwei Weltkriege später braucht „der Helbig“ dringend eine neue Fassung, denn: „Die Fragestellungen an antike Werke und das methodische Vorgehen hatten ... erhebliche Veränderungen erfahren“, so der Helbig-Mitarbeiter Dietrich Willers.[104] Vergriffen ist das Werk seit Jahrzehnten ohnehin.

Dass eine Neuausgabe schön wäre, schwebt als Wunsch und Sehnsucht gewissermaßen schon in den Räumen des neu eröffneten Archäologischen Instituts.[105] In einem Hotel bei der Stazione Termini schmieden im Sommer 1953 Hermine Speier, Erich Boehringer und Reinhard Lullies recht konkrete „erste Pläne für die Neubearbeitung des Helbig“.[106] Boehringer sieht seiner „hoffentlich gelingende(n) Präsidentschaft“[107] entgegen und muss an einem solchen Vorzeigeprojekt schon aus strategischen Gründen interessiert sein. Lullies rät, auf junge Mitarbeiter zurückzugreifen, und Hermine kann sich vorstellen, die Elaborate zu koordinieren. Nur wenige Monate später ernennt das DAI sie zum Ordentlichen Mitglied, eine Dankesgeste im Voraus. Denn dass die Neubearbeitung des „Helbig“ eine kostbare Gabe an die Forschergemeinde, zugleich aber eine unerhörte Plage für den Herausgeber sein würde, wissen alle. Hermine Speier stellt sich dieser Plage. Abermals kalkuliert sie ihre Kosten-Nutzen-Rechnung zugunsten der Allgemeinheit. Hier ihr Arbeitsplan:

„Es müssten vor allem die Veränderungen, Neuaufstellungen und Vermehrungen in den römischen Museen festgestellt und kontrolliert und die Bibliographie für die einzelnen Stücke vervollständigt werden. Zu diesem Zwecke wäre eine Kartothek der im Helbig vorhandenen und der neu hinzukommenden Denkmäler anzulegen. Schliesslich müssten die Texte, wie sie in der letzten Ausgabe stehen, durchgesehen und in vielen Fällen den heutigen Methoden der Wissenschaft entsprechend neu redigiert werden. Für die Neufunde müssten die Texte neu gemacht werden.“[108]

Was mit der Zeit entsteht, geht über dieses erste Programm weit hinaus. So werden aus den fünf Jahren, die Hermine im zitierten Brief für das gesamte Opus veranschlagt, neunzehn und aus den „etwa zwei“ Mitarbeitern, mit denen sie auszukommen hofft, allein für den ersten Band etwa elf.

Sowie die Mittel gesichert sind, macht sich Hermine ans Werk. Sie steht vor „einer sehr verantwortungsvollen Aufgabe“, schreibt sie 1956 ihrer Kollegin Gerda Bruns.[109] Helga von Heintze, die „tüchtig und (bis jetzt) gern dabei“ ist, unterstützt Hermine als Mitarbeiterin der ersten Stunde. Die übrigen jungen Mitarbeiter gewinnt sie nach und nach durch Empfehlungen. Damit geht sie ein Risiko ein, denn an wissenschaftlichen Arbeiten haben diese Nachwuchskräfte bisher, abgesehen von ihren Dissertationen, in den meisten Fällen wenig oder nichts vorgelegt. Die Verantwortung für die Texte aber liegen vollständig bei der Herausgeberin.

Die erste inhaltliche Aufgabe ist eine Bestandsaufnahme der Objekte, die in die neue Helbig-Fassung Eingang finden sollen. Es kommt Hermine entgegen, dass der erste Band ihrem ureigensten Gebiet gilt, den Päpstlichen Sammlungen im Vatikan und Lateran. Mit ihren Mitarbeiterinnen und Mitarbeitern, die nach Vorbildung und Interesse jeweils ein Fachgebiet übernehmen, einigt sie sich auf exakt 1.160 Objekte, Skulpturen, Reliefs, Mosaiken, Inschriften, Kult- und Alltagsgegenstände. Und sie schwärmen aus: Bernard Andreae, Tobias Dohrn, Werner Fuchs, Helga von Heintze, Ekkehard Meinhardt, Klaus Parlasca, Hellmut Sichtermann, Erika Simon und Hans von Steuben. Bald gefunden ist die Gruppenbezeichnung „Helbigianer“, aus Hermines Sicht auch „Helbig-Kinder“. Die Herausgeberin leistet ihnen allen Schützenhilfe, sie ist ja im Haus, in der Generaldirektion der Vatikanischen Museen, hilfreich und jederzeit ansprechbar.

Die Texte entstehen „mit dem Rückblick auf die oft meisterhaften alten Beschreibungen“ der dritten Helbig-Ausgabe, wie Hermine in ihrem Vorwort erklärt.[110] In der Praxis aber zeigt sich bald, dass diese Einträge wissenschaftlich überholt sind. Fast alle Texte werden also neu geschrieben. Die Herausgeberin garantiert nicht nur den fachlichen, sondern auch gleichsam den literarischen Standard. In guter alter Curtius-Tradition sollen die Texte leicht lesbar und anschaulich sein. Eben das Anschauen wird so zur Grundhaltung der „Helbigianer". Bevor sie sich den ihnen zur Behandlung anvertrauten Werken wissenschaftlich nähern, sollen sie sie aufsuchen, mustern, wahrnehmen, umrunden, vermessen und befragen. Dann folgt das Studium in der Bibliothek und in der Fotothek, und darauf wieder das Betrachten des Originals; eine Methode der Erkenntnisgewinnung, die immer mehrere Zyklen durchläuft. Fachliteratur und Fotografien allein genügen nicht.

Überhaupt erstaunt die Skepsis, die Hermine Speier Reproduktionen von Bildwerken entgegenbringt. Helbig vier weist keine Fotografien auf, obwohl diese im Gegensatz zu Helbig drei technisch gut möglich gewesen wären. Warum die Entscheidung gegen Fotos? Die angestrebte Handlichkeit der Bände allein ist nicht der Grund. Die Herausgeberin selbst verdeutlicht im Vorwort, man sei mittlerweile „fast überverwöhnt mit Bildbänden". Sie warnt vor der Gefahr,

„dass das Auge zu schnell über die Abbildungen hingleitet, zu sehr auf das blickend, was eben ‚ins Auge fällt' und dabei verlernt, was doch gerade bei allen plastischen Werken so wesentlich ist: das körperliche Sehen."[111]

Hermine Speiers Arbeit als Kunst-Fotothekarin mag diese Beobachtung in ihr verfestigt haben. Wer viele Bilder eines Kunstwerkes vor sich hat, nimmt das Kunstwerk paradoxerweise weniger wahr. So sieht Hermine Speier wohl zu Recht mit der Chance der Verbreitung das Risiko der Verflachung. Diesem Risiko möchte sie als Liebhaberin der antiken Kunst entgegenwirken, und mit dem Helbig bietet sich ihr das ideale Medium für ihre Mission. Das Werk, das unter ihrer Leitung entsteht, hat ein doppeltes erzieherisches Anliegen: Es will nicht bloß Kenntnisse über Kunstwerke vermitteln, sondern zugleich auf eine Weise sehen lehren, die Mitte des 20. Jahrhunderts bereits auszusterben droht.

Dieses alte neue Sehen nimmt den Umweg über das Hören. Dem Sehen als Grundhaltung der „Helbig-Kinder" gesellt sich das Hören Hermine Speiers zu: Hörend nimmt sie die Texte ab. Sobald ein Beitrag fertig geschrieben ist, begibt man sich gemeinsam vor das betreffende Kunstwerk. Bernard Andreae:

„[Hermine Speier] hat sich ganz darauf beschränkt, ... die Autoren zu ermuntern und mit ihnen in die Museen zu gehen und vor jedem Stück, das beschrieben wurde, sich die Beschreibung vorlesen zu lassen – also die Texte, die wir verfasst haben. ... Sie kam mit, und wenn kein Stuhl zur Stelle war, blieb sie auch stehen vor dem Sarkophag oder dem Portrait, das beschrieben wurde, und gab dann immer sehr kluge Anweisung, wie das zu kürzen oder prägnanter zu fassen sei; oder auch wie es dem Publikum näher gebracht werden sollte. [Es war] keine Archäologie für Archäologen, sondern Archäologie für ein großes Publikum."[112]

Diese Methode behält die Herausgeberin auch für die übrigen drei Bände bei. Mit fortschreitendem Alter und entfernter liegenden Museen geht Hermine Speier dazu über, sich die fertigen Texte in der Salita vorlesen zu lassen. Paul Zanker, der an den Bänden zwei bis vier mitwirkte:

„Man gab die Texte nicht ab, sondern man begab sich mit den Texten zu ihr nach Hause, und dann wurde Tee getrunken, und dann hat man ihr die Texte vorgelesen. ... Und dann saß sie da, stützte den Kopf und hörte intensiv zu und ... griff dort ein, wo ihr etwas nicht gefiel oder wo sie meinte, dass etwas fehlte – ganz rührend, wenn man das heute sehen würde. ... Ich denke, auch die anderen fanden diese Nachmittagsanhörungen besonders angenehm und erfreulich. Man hat über die Sachen geredet und hat das in einer vermutlich ein bisschen altertümlichen Weise behandelt."[113]

Wenn viele der Helbig-Texte bis heute ansprechen, dann deshalb, weil ihnen die Methode des Sehens und des Hörens eingeschrieben ist. Sie lassen sich geradezu als Vorläufer des Mediums Audioguide lesen, das erst später entsteht. Ausgehend von dem, was an dem Kunstwerk selbst ersichtlich ist, führt der Text in die Höhen der Interpretation und der Einordnung.

Hermine Speiers Archäologie war „eine sehr konservative, wie sich auch darin zeigt, dass sie so ein großes Werk wie den Helbig ... überhaupt auf sich genommen hat", erklärt der emeritierte Archäologe Wolf-Dieter Heilmeyer, der am Ende des ersten Bandes mit Eifer als studentische Hilfskraft mitwirkte. Auch andere würdigten den „Helbig vier" als Werk „in der guten Tradition des 19. Jahrhunderts, wie es in unserer Wissenschaft nur mehr ganz selten überhaupt möglich ist".[114] Dem ist schon deshalb zuzustimmen, weil neuere Fragestellungen der Archäologie, die seit den 1950er Jahre aufbrachen, im „Helbig vier" keinen Widerhall finden.

Guido Kaschnitz von Weinberg etwa forciert bis zu seinem Tod 1958 die so genannte Strukturanalyse als wissenschaftliche Methode der Archäologie. In dieser Theorie interessiert das Einzelwerk ausschließlich in bezug auf das Ganze seiner Epoche, seiner Gattung oder sonst einer gegebenen Einheit. „Da ist Spinni sicher keinen Schritt mitgegangen", so Heilmeyer. Halb bewusst, halb instinktiv – und jedenfalls zu Recht – habe sie in der Strukturanalyse eine wissenschaftliche Sackgasse gesehen, ergänzt Willers. Auch sozial orientierte Fragen an Kunstwerke, wie sie zeitgleich Ranuccio Bianchi Bandinelli und andere einbringen, geraten bei Hermine Speier nicht ins Blickfeld. Wie das Alltagsleben römischer Haussklaven zur Zeit des Augustus aussah, und was sich darüber an zeitgenössischen Darstellungen ablesen lässt, ist keine Frage, die sie interessieren würde.

Parallel zum Werden des „Helbig vier" findet in der Archäologie ein „Kulturwandel" statt, erklärt Willers. Hermine Speiers Methode ist es, „vom Einzelobjekt her auch die Methode des Zugangs zu entwickeln". Heutiges

Arbeiten beginnt am entgegengesetzten Ende, bei der Abstraktion. Es gilt, „theoriegeleitet“ ans Objekt zu gehen. Sich einem Kunstwerk „naiv“ zu nähern, ist das Privileg des Publikums, aber derzeit unzulässig in der Wissenschaft. Zu ihrer Zeit hält Hermine Speier in ihrer ganzen Herangehensweise daran fest, sich auf die Werke „unmittelbar einzulassen, sich Begeisterung, ja Betroffenheit nicht zu versagen“,[115] was sie als Schülerin Stefan Georges ausweist. Ihr Anliegen als Herausgeberin des „Helbig vier“ ist es, ein Werk vorzulegen, das den Ansprüchen sowohl der Wissenschaft als auch des gebildeten Romreisenden genügt. Für die Archäologie ist der „Helbig vier“ – eine fünfte Ausgabe ist nie erschienen – immer noch unersetzlich; gedruckte Museumsführer allerdings sehen heute anders aus.

Die zentralen Orte, an denen die Helbig-Texte entstehen, sind drei: die Museen, die Salita und das Institut. Die Abteilung Rom stellt der Herausgeberin einen Arbeitsraum zur Verfügung, die scherzhaft so genannte „Helbigstanze“. Hermine Speier nutzt sie nachmittags, nach Dienstschluss beim Papst. Die Mitarbeiter und Mitarbeiterinnen erhalten ein festes monatliches Honorar und kommen bei Bedarf auch am Institut unter. Startschwierigkeiten aller Art werden miteinander gemeistert. Als Dietrich Willers bedauernd mitteilt, er müsse Hermine Speiers Einladung zur Mitarbeit ausschlagen, weil er gerade heirate und seine Frau in Rom wohl nicht willkommen wäre, entbietet Hermine Glück- und Segenswünsche, stellt ein erhöhtes Honorar in Aussicht und bindet auch Gisela Willers mit bezahlten Hilfsarbeiten in den „Helbig“ ein.[116]

Die jungen Archäologen erhalten beim „Helbig“ eine Ausbildung fürs Leben. Ausnahmslos werden sie ihrem Fach treu bleiben, fast alle erringen Universitätslehrstühle. Auf einer beruflichen Ebene hilft Hermine Speier ihren „Helbig-Kindern“ in ähnlicher Weise wie ihren Haustöchtern auf einer persönlichen Ebene. Sie fördert gezielt, verschafft kleine Folgeaufträge, nennt Namen ihres ausgedehnten Netzwerkes, bei denen man sich auf sie berufen kann. Fachliche Einwände äußert sie freundlich, aber unumwunden. Auf diese Art trägt sie zum Reifen der zukünftigen Forscherpersönlichkeiten bei. So zum Beispiel, wenn sie Hans von Steuben auf die ungebührliche Schärfe eines Urteils in seinem Text über den „Ludovisischen Thron“ hinweist. Diese bedeutende griechische Antike hat ein Pendant, den so genannten „Bostoner Thron“, den Steuben nur von Fotos kennt. Sie halte es, schreibt Hermine Speier dem jungen Steuben,

„nicht für möglich in einem Helbigtext ein so entschiedenes Urteil, wie Sie es ausdrücken, abzugeben gegenüber Zweifeln, die sicher Hand und Fuss haben, über die aber jemand nicht so endgültig entscheiden kann, der das Werk nicht gesehen hat. ... Drum ist meine Bitte, dass Sie Ihre Meinung über den „B-Thron“ nicht als die endgültige Lösung der Frage darstellen. Wenn Ihnen viel daran

liegt Ihre Überzeugung von der Entstehung im 5. Jh. auszudrücken, müssten Sie aber dazu sagen, dass Sie das Stück nicht im Original gesehen haben."[117]

Nach innen hin also leitet Hermine Speier ihre Schüler an, nach außen hin nimmt sie sie in Schutz. So ärgert sie sich einmal massiv über Indiskretionen, die vorläufige Texte Helga von Heintzes betreffen. Der Vorwurf gilt Reinhard Herbig, seit 1956 Nachfolger Kaschnitz von Weinbergs als Erster Direktor der Abteilung Rom. Von Heintzes Texte seien zwar tatsächlich „bei allem Fleiss und aller Gelehrsamkeit die wenigst guten [sic] und unlebendigsten", was für sie, Hermine, „eine rechte Sorge" sei; „aber ich finde es nicht richtig, dass man – ehe die Sache fertig ist – in dieser Weise herumschwätzt."[118] Und weiter: „Von mir wird Geschwätz über meine Mitarbeiter, solange die Arbeit nicht fertig ist, ganz gewiss nicht gemacht." Der im Affekt hingeworfene Nachsatz erscheint der Schreiberin selbst so kriegerisch, dass sie ihn wieder durchstreicht.

Unterdessen ziehen sich die Arbeiten zum ersten Band des „Helbig vier" in ungebührliche Länge. In der Zwischenzeit hat der Papst beschlossen, das Lateranmuseum aufzulösen und die Bestände in den Vatikan zu transportieren. Die „Helbigianer" müssen sich mit damit abfinden, dass die mühsam erstellte Abfolge des Bandes für den Lateran schon bei Drucklegung veraltet sein wird. Zugleich läuft ihnen die Zeit zum Vermessen der Objekte davon. In leiser Panik heuert Hermine Speier nun zwei neue Mitarbeiter an: den jungen Archäologen Klaus Fittschen sowie Wolf-Dieter Heilmeyer, der noch Student ist. Heilmeyer eilt ins bereits geschlossene Lateranmuseum und kann dort gerade noch, ehe die Packer anrücken, die 160 fraglichen Kunstwerke vermessen und die letzten Kontrollen an den Texten vornehmen.[119] Mehrere Wochen braucht er dazu, es ist Winter, die Räume sind nicht geheizt. Die klammen Finger, aber auch die faszinierende Aura jener zum Abtransport bestimmten Antiken, denen er zum Anfassen nahe kommt: Heilmeyer hat diese Wochen „in glänzender Erinnerung".

Anders Klaus Fittschen. Er wird als Schlussredakteur ins Boot geholt,[120] und seine Aufgabe ist undankbar: Er muss die formalen Angaben der Texte aller neun Autoren vereinheitlichen. Sollen die „Römischen Mitteilungen" in den Zitaten als „RM" oder „Röm. Mitt." figurieren? Über Kleinigkeiten dieser Art kommt es zu „endlosen Debatten" mit Hermine Speier, die solche Vorgaben – in Fittschens Erinnerung – mehrmals ändert und sie nicht hinreichend an die Autoren weitergibt. Der Redakteur sitzt jeweils bis spät in die Nacht über den Korrekturen, mit wachsendem Groll, „ein ziemliches Gequäle". Nur als Dekan einer Fakultät habe er später eine solche Arbeitsbelastung erlebt, klagt Fittschen. Vier Monate schuftet er in Rom und am Ende einen in Tübingen, wo er die Produktion begleitet. Bis in die Druckfahnen hinein muss er Formfehler korrigieren, was den Verleger Günther Wasmuth wegen der Kosten und Mühen „erbittert". Aus Sicht ihres Mitarbeiters Klaus Fittschen ist Hermine Speier dem Organisatorischen ihrer Herausgeberpflichten nicht gewachsen.

Dem ersten Band ist also eine komplizierte Geburt beschieden. Doch schließlich ist das Kind Ende 1963 auf der Welt, wohlgeraten und putzmunter. Noch bevor die Glückwünsche sie ereilen, denkt die „Helbig-Mutter" darüber nach, wie sie sich der Herausgeberschaft der übrigen Bände entledigen kann.[121] Robert Boehringer vernimmt „mit wachsender besorgnis ... seit monaten von Ihrer überlastung"[122] und rät ihr dazu, eines ihrer beiden Ämter, Vatikan oder Helbig, abzugeben. Eine Standpauke gleichen Betreffs hält Märit Furtwängler-Scheler der Freundin.

„...auf die Art, wie Du jetzt lebst, zerstörst Du das Beste in Dir selbst, kommst aus dem schlechten Gewissen, nur einem Teil Deiner Pflichten nachkommen zu können, nicht heraus ... Spinni, Du bist ein Mensch, der Grosses, Schönes und Tiefes zu geben und zu schaffen vermag. Aber das geht nur in Ruhe und Gleichmass des äusseren Lebens zu verwirklichen. Nicht aber in der dauernden Hetze, dem nie Alleinsein, sondern täglich mit anderen Menschen sein müssen, der viel zu vielen Geselligkeit in und ausser dem Hause. ... Spinnichen, Du bist 65 Jahre – Gott hat Dir sehr viele Gaben verliehen, es wird Zeit, dass Du die Ernte einbringst! Verzettele Dich nicht so, konzentriere Dich auf das Wesentliche! Du musst vor Gott Rechenschaft über die Dir anvertrauten Talente ablegen – glaubst Du wirklich, dass Du sie recht verwaltest, wenn Du vor Vielfältigkeit der Menschen und Arbeiten weder den Menschen noch den Arbeiten wirklich gerecht werden kannst?"[123]

Märit hat den Nagel auf den Kopf getroffen, wie Hermine einräumen muss. „Wenn ich nur wüsste, wem ich es überlassen könnte, das Ganze in einheitlichem Sinn weiterzuführen", seufzt die Herausgeberin.[124] Doch findet sich niemand. So macht sie weiter. Welch kräftezehrendes Unterfangen der „Helbig" ist, lässt sich noch heute dank der schieren Massen an Helbig-Papieren in Hermine Speiers Nachlass erahnen. Doch immerhin, nach dem Lernprozess des ersten Bandes erscheinen die nachfolgenden im Dreijahrestakt: Band zwei 1966, Band drei 1969 und Band vier, der sich erst bei der Arbeit an Band drei als notwendig erweist, 1972.

Gerade dieser letzte Band, der auch das Register enthält, wird zum letzten Kraftakt für alle Beteiligten. Sämtliche 3.400 Gegenstände der vier Bände müssen nochmals auf ihren jeweiligen Standort kontrolliert werden, der sich unterdessen oft geändert hat. Ein Register zu erstellen ist schon unter ausgeglichenen Bedingungen qualvoll; Hermines nachlassendes Gedächtnis hilft ihr nicht. Ein letztes Mal studiert sie alle Texte vor der Endabnahme, inhaltlich, stilistisch und formal. Sie prüft alles bis hin zur Rechtschreibung und zu buchstäblich jedem Komma: Wieder und wieder knöpft sie sich die Angaben vor, nimmt sie mit in den Urlaub. So findet sich eine Korrekturnotiz auf der Rückseite eines Menüplans vom Oktober 1972 auf Französisch: da ist sie in der Schweiz im Hotel Bonivard, Veytaux, also bei Lise Salin, die in diesem Hotel lebt. Am 25. Oktober 1972 schickt der Verlag, eingeschrieben per Eilboten, die letzten Seiten des vierten Bandes im Umbruch. Zu Weihnachten hält Hermine Speier mit einem Gefühl unendlicher Erleichterung das erste Exemplar des letzten Bandes von „Helbig vier" in Händen.[125] Die „Helbig-Mühe" hat ein Ende.

„Da stehen die vier Bände nebeneinander, und einer ist schöner als der andere", bedankt sich Dietrich Willers für das Exemplar, das die Herausgeberin ihm schenkte:

„Es sind ansehnliche wohlgeratene Kinder geworden! Sie können ruhig sehr stolz auf sie sein. ... Wir alle wissen es sehr gut, daß das Werk – trotz vieler braver und treuer Helfer und Mitarbeiter – ohne Sie nicht geboren wäre und nicht großgeworden wäre. Dafür habe ich Sie immer bewundert und dafür möchte ich auch einmal (mit aller gebotenen Scheu) meinen Dank sagen. – Jetzt sind die Kinder groß und aus dem Haus und müssen sich allein ihren Weg finden. Und Ihnen geht es ein wenig wie der Mutter, deren Töchter das Heiraten gekriegt haben. Wir wünschen Ihnen von Herzen, daß Sie nicht nur die Leere empfinden müssen, sondern auch den Frieden im Haus genießen können!"[126]

Warum das Œuvre immer noch „Helbig" heißt und Hermines Namen nicht im Titel führt, fragten sich schon die Zeitgenossen. Die „Helbig-Kinder" wünschten sich, dass das Werk „unter ihrem Namen, ‚Hermine Speier' erscheint. Aber sie wollte Wolfgang Helbig, den sie auch sehr verehrte, die Ehre lassen."[127] Auch von einem neuen Doppelnamen, „Helbig Speier" analog zur dritten Ausgabe, dem „Helbig Amelung", will sie nichts wissen. Als irrtümlich auf dem Klappentext des zweiten Bandes ihr Name erscheint, empfindet Hermine diese Hervorhebung als ungerecht gegenüber ihren Mitarbeitern. Sie bittet den Verleger, den Klappentext auf ihre Kosten zu ändern, notfalls brachial durch Überkleben.[128] Ruhm und Ehre für sich selbst strebt Hermine Speier nicht an. Sie wählt ausdrücklich den Frondienst der Herausgeberin, das Amt des Planens, Ermutigens, Zusammenhaltens und Abschleifens. Mit Ausnahme des Vorworts zum ersten Band hat Hermine Speier nicht eine einzige Zeile des Helbig selbst geschrieben.

11. KAPITEL

Der Lebensabend

1. Der Glaube

Wenn Glaube lebendig ist, ändert er sich und besteht Prüfungen. Auch Hermine Speiers religiöser Weg ist nicht linear. Die entscheidende Weichenstellung erfolgte offensichtlich zwischen ihrer Taufe 1939 und den Monaten im Katakombenkloster 1943/44. Aus dem Versteck bei den Benediktinerinnen taucht sie mit einer zweifelsfrei katholischen Identität wieder auf. Sie betet katholisch, sie denkt katholisch, sie fühlt katholisch. Gleichzeitig wird sie immer Respekt für den jüdischen Glauben bewahren, dem ihre Vorfahren angehörten.

Unverhüllt spricht Hermine Speiers Hinwendung zu den Lehren und Riten der katholischen Kirche aus ihren Nachkriegsbriefen an Ernst Langlotz. 1946, als Deutschland hungert, besucht sie die Papstmesse im Petersdom, bei der Pius XII. verdiente Kirchenmänner in den Kardinalstand erhebt, unter ihnen drei Deutsche. Manches an dieser Zeremonie, so fällt Hermine auf,

„war ganz wie im Märchen: so die Diamant-Diademe der römischen Prinzessinnen, deren Funkeln weithin sichtbar war und der Mohren Kaplan, der die Schleppe des Kardinals von Mozambique trug. Jeder Kardinal hat eine viermeterlange Purpurschleppe. Doch fürchte ich mich fast, davon zu erzählen. Denn es gibt ja auch die Stimmen, die sagen, mit all diesen Schätzen sollte lieber die unsägliche Not gelindert werden, die es heute in der Welt gibt. Aber ich denke doch, Du denkst darin wie ich: dass es doch vielleicht wichtiger und gültiger ist, dass noch etwas von diesen Dingen der Pracht, Würde und Märchenhaftigkeit lieber bewahrt werden muss.“

Die zu bewahrenden Dinge der Pracht, Würde und Märchenhaftigkeit: Die ganze Glaubensergebenheit der Konvertitin spricht aus solchen Zeilen. Sie lassen ahnen, dass Hermine Speier mit den kirchlichen Entschlackungsprozessen nach dem II. Vatikanischen Konzil (1962–1965) hadern wird. Langlotz empfindet ähnlich. Mit Macht drängt es den Protestanten zum Eintritt in die katholische Kirche; im Dezember 1956 vollzieht er den Schritt. Vor langen Jahren ein Liebespaar, werden Hermine und Ernst nach der Zäsur des Krieges füreinander zur Stütze in Glaubensfragen. Die Kunst tritt hinter diesem neuen Herzensthema zurück. Nicht einmal vom Pferdekopf ist die Rede in den Briefen Hermines, die sich im Langlotz-Nachlass erhalten haben. Doch auch ihr Interesse am Petrusgrab bleibt unerwähnt.

Als Katholikin, Archäologin und Papstbedienstete kann Hermine Speier nicht anders, als sich für diese sensationellen Ausgrabungen unter dem Petersdom zu interessieren, die sie als Besucherin aus eigener Anschauung kennt. Pius XII. verkündet im Heiligen Jahr 1950 feierlich, unter dem Petersdom seien im Zug der Ausgrabungen die Gebeine des heiligen Apostels und Märtyrers Petrus entdeckt worden. Zweifel an dieser Aussage, die sofort laut werden, kann Hermine Speier nicht teilen, mehr noch, für sie stehen solche Zweifel am Rand der Blasphemie. Wie ernst sie ihr Credo nimmt, zeigt sich exemplarisch in einem Brief an den Priester und Archäologen Theodor Klauser, der in Sachen Petrusgrab zu den Skeptikern zählt. Die Meinungsverschiedenheit könne ihre „nun fast dreissigjährige Freundschaft“ nicht „das mindeste trüben“, schickt Hermine ihrer Kritik voran.

„Und wenn ich in dem Fall mit Sankt Peter heftiger bei Ihnen reagiere, so ist es deswegen – darf ichs mal ganz offen aussprechen? – weil ich das Gefühl habe, dass da irgendetwas willentliches bei Ihnen mitspricht, die Fahne der Skepsis ja immer recht hoch zu halten. ... Bei dem ganzen Komplex des Petersgrabes aber habe ich das Gefühl, das Hochhalten der Fahne der Skepsis sei Selbstzweck, ja das eigentliche Ziel geworden. Und das ist es, wogegen ich bei Ihnen reagiere, und zwar wirklich nicht als altes Betweibchen, sondern aus unserer Freundschaft heraus – erst in zweiter, ja dritter, vierter Linie als Archäologin.“[1]

Hermine lebt ihr Bekenntnis zur katholischen Kirche innig, treu und ganz. Dass man sie als „altes Betweibchen“ abtun könnte, nimmt sie in Kauf. Sie geht zur Messe und zu den Sakramenten, ihr Beichtvater ist nach wie vor Pater Augustinus Mayer, der mittlerweile die Benediktinerhochschule Sant'Anselmo leitet. Das Pfingstfest, das an die Herabkunft des Heiligen Geistes und die Gründung der Kirche erinnert, liebt Hermine besonders; es fällt meist um ihren Geburtstag. Oft besucht sie ihre Freundinnen, die Nonnen der Priscilla-Katakomben, in deren Kloster sich eine Gruppe deutschsprachiger Gläubiger nun regelmäßig trifft. In die Ordensniederlassung der Benediktinerinnen nach Montefiolo zieht Hermine sich gern über Ostern zurück. Am deutschen Friedhof Campo Santo im Vatikan ist sie ebenfalls gern zu Gast. Mutmaßlich ist sie am Ende des Krieges der dort ansässigen Erzbruderschaft beigetreten, zu einer Zeit, als der Rektor über Ein- und Austritte nicht Buch führte.

Hermine Speiers Glaubenspraxis übersteigt ihr Interesse an Kirchenpolitik bei weitem. Über einzelne Päpste äußert sie sich fast nie schriftlich, worin man auch einen Hinweis auf ihre unbedingte Treue zu ihren Arbeitgebern und Kirchenoberhäuptern in Personalunion erblicken kann.

Nur eine einzige Passage lässt sich in den auf uns gekommenen Briefen Hermine Speiers dazu finden; es ist der Übergang von Johannes XXIII. zu Paul VI. im Jahr 1963. Die Papstwahl ist für sie kein Grund, während des Sommers in Rom zu bleiben; „kurz nach dem Tode des unvergesslichen Papstes Johannes" fährt sie weg, die Krönung des neuen Pontifex erlebt sie diesmal nicht als Teil der Menge auf dem Petersplatz. Paul VI. ist ihr vierter Papst. Er kennt die deutsche Archäologin persönlich: Als hoher Beamter des päpstlichen Staatssekretariates war Giovanni Battista Montini damals im Krieg mit der „Causa Speier" befasst und trug dazu bei, Hermine im Vatikan zu schützen.

„Er wird kein Papst Johannes sein, aber er wird diesem gewiss im Wesentlichen folgen; vieles Neue, Andere (vor allem Politische) hinzutun. Das völlig über die irdische Ratio Hinausreichende, was Papst Johannes hatte, ist ja nur selten, selten in der irdischen Wirklichkeit der Welt sichtbar geworden. Ich bin von alledem noch so tief beeindruckt; ob es Dir auch so geht? Aber auch von der fest schreitenden Selbstverständlichkeit, mit der die Kirche vom Tod zum Leben schreitet und weiterwirkt."[2]

Eine Konstante in Hermine Speiers Verständnis vom Papstamt deutet sich hier an: Wer und wie der Pontifex ist, das ist aus ihrer Sicht zweitrangig. „Die Person tritt hinter dem Amt zurück und geht in dem Amt auf, das war einer ihrer Lieblingsgedanken", bestätigt der Priester Wilhelm Imkamp, der als Seminarist in Rom die betagte Archäologin öfter in der Salita besuchte.[3] Hermine Speier sei auch von der Papstliturgie der 1950er Jahre beeindruckt gewesen. Mit den kirchlichen Reformen, die das II. Vatikanische Konzil auf den Weg brachte, habe sie Schwierigkeiten gehabt.

In der Tat fällt eines auf: Hermine Speier ist in Rom Nachbarin des II. Vatikanischen Konzils – doch keine Zeile von ihr ist dazu überliefert. Zu ihren Freunden zählt Bischof Wilhelm Kempf (1906–1981) von Limburg, ihr „Heimatbischof", der am Konzil teilnimmt – aus seinen zahlreichen schriftlichen Grüßen an Hermine Speier lässt sich kein Nachhall einer Diskussion über Glaubensinhalte herauslesen, höchstens ist dort von Führungen die Rede, die sie ihm am Petrusgrab macht. Kempf ist unter jenen, die sich Reformen für seine Kirche wünschen. Hermine nicht.

Besonders schmerzt Hermine die neue Art, die Heilige Messe zu feiern, wie sie sich nach dem Konzil entwickelt. Als Konvertitin kommt sie „überhaupt nicht zurecht mit der neuen Liturgie", schildert Imkamp. Das Leiden ist intensiv. Hermine fühlt sich „heimatlos und im Stich gelassen". Ihre „Religionsbriefe" an Langlotz – rund fünfzehn bis 1974 – bestätigen diesen Befund. 1968 schreibt sie von ihrem „grosse[n], oft reissende[n] Schmerz" über

„all den Wahn, der sich jetzt an der Kirche austobt".[4] Imkamp zufolge ist es der „Verfall sämtlicher Formen" im Gottesdienst, der Hermine entgeistert zurück lässt. Natürlich geht es um mehr als nur die „viermeterlange Purpurschleppe" der Kardinäle, die sie 1946 so faszinierte. Das Nüchterne des neuen Gottesdienstes, der Mangel an Weihrauch und Würde, die Entmystifizierung der Gebete durch die Volkssprache: das sind die Punkte, die Hermines Widerstand erregen. Die Kirche, die sie nun erlebt, scheint ihr nicht mehr dieselbe wie die, zu der sie sich mit ihrer Taufe 1939 so glücklich bekannte.

Hermine gesteht sich immerhin ein, dass sie mit ihrem Bedürfnis nach dem unenthüllbaren „Geheimnis des Glaubens" nicht die einzig denkbare Art von Katholizismus verkörpert. Den gesellschaftlichen Wandel der vergangenen Jahrzehnte empfindet sie als so einschneidend, „dass wir Älteren nicht mehr mitkönnen. Aber die Kirche muss mitkönnen. Es ist alles ein Geheimnis: Gottes Geheimnis."[5] Mit einigen Neuerungen der Messe kann sie sich letztendlich sogar anfreunden, etwa mit dem Friedensgruß, den die Gläubigen einander entbieten, ehe sie zur Kommunion schreiten. Zunächst hatte Hermine Abneigung gegen den Friedensgruß empfunden. Das Händeschütteln in einem der andächtigsten Momente der Liturgie kam ihr wie ein „kinohafter Sentimentalismus" vor.

„Aber man erlebt dabei meistens solch eine rührende Treuherzigkeit bei den Menschen, die man ja nicht kennt, dass ich mich ganz damit ausgesöhnt habe. Einmal stand gerade ein Neger neben mir, einmal ein Araber. Da ging mir irgendwie der Sinn dafür auf."[6]

Hermine sucht zu begreifen. So liest sie viel, und als Frucht dieser Lektüre schenkt sie Freunden und Schützlingen, die dafür empfänglich sind, religiöse Literatur: Romano Guardinis „Meditationen über die Kirche" etwa und Walter Niggs „Grosse Heilige" mit dem obligaten Hinweis, der Autor sei zwar Protestant, „aber ich kenne kaum Schöneres über die grossen Heiligengestalten."[7] Langlotz legt ihr den jungen Konzilstheologen Joseph Ratzinger ans Herz; Hermine antwortet, sie scheue sich „gegenwärtig vor den modernen Theologen", wolle es aber in diesem Fall doch versuchen.[8]

Hermines Herz schlägt in der Religion wie in allen anderen Lebensbelangen für das Alte, das Gediegene und das Formvollendete, nicht für das Informelle. Die katholischen Zeitschriften, die sie abonniert, werden im Lauf der Jahre immer konservativer. Zuerst ist es „Der christliche Sonntag", dann „Christ in der Gegenwart" und schließlich die Blätter der katholischen Tradition wie „Nunc et Semper". Sie spendet jährliche Summen an den Verein „Una Voce", der die erneuerte Liturgie ablehnt und nur die alte lateinische Messfeier als gültig anerkennen will. Wie eine seltene Kostbarkeit schneidet sie sich zu Ostern 1970 aus der Zeitung „Il Messaggero" einen Leserbrief aus, der die wenigen römischen Kirchen benennt, in denen die Messe noch in der überlieferten Form zelebriert wird: San Salvatore in Campo und San Girolamo della Carità.[9] Ihre Kalender beweisen, dass sie sonntags „zu grossem Trost und Stärkung" überwiegend diese wenigen Kirchen aufsucht und nicht etwa die deutschsprachigen Messen im Campo Santo oder in Santa Maria dell'Anima bei der Piazza Navona. Bei einem Besuch in Bonn 1974 will sie unbedingt bei Hubert Jedin beichten, „da er noch an die echte priesterliche Beichte glaubt";[10] dass eben dieser Jedin sich seinerzeit als fehlbarer Priester erwies, indem er 1947 eine zwei Jahre währende Affäre mit der Diplomatengattin und dreifachen Mutter Hilde von Braun einging, spielt für Hermine keine Rolle,[11] weil sie das Amt – des Priesters – über die Person stellt. Mit Sympathie verfolgt Hermine Speier die Causa der ultrakonservativen Lefebvrianer, die sich 1975 endgültig von der katholischen Kirche abspalten werden. Sie betet für die Seligsprechung des strengen Kurienkardinals Rafael Merry del Val (1865–1930), der seinerzeit nicht nur jede versöhnliche Geste der Kirche zu Demokratie und Menschenrechten verurteilte, sondern auch ausgeprägte antijüdische Ressentiments hegte. Merry del Val hätte zur Zeit der Diktatur den Schutz einer Jüdin im Vatikan mutmaßlich abgelehnt.

An diesem Punkt stellt sich die Frage: Was bedeutet Hermines Hinwendung zur katholischen Kirche mit Blick auf ihre jüdische Abstammung? Wie sieht sie fortan das Judentum? Und wie stellt sich eigentlich Hermines Familie zu ihrer Taufe?

Dass ihre Konversion das Verhältnis zu ihrer Familie belastete, sagen mehrere ihrer Freunde in den Interviews für dieses Buch. Wie erwähnt, fehlt nahezu die gesamte Familienkorrespondenz in Hermine Speiers Nachlass, sodass eine Differenzierung dieser Aussage nur in Ansätzen gelingen kann. Folgende große Linien aber kristallisieren sich heraus: Hermine Speiers Vater, ihre Tanten und ihre beiden Brüder empfanden Hermines Abwendung vom Judentum in unterschiedlichem Maß als schmerzlich, doch selbst der orthodoxe Bruder Paul scheint ihren Schritt letztendlich akzeptiert zu haben.

Sofort nach dem Krieg – das beweisen die erhaltenen Ein- und Ausgangslisten ihrer Korrespondenz – steht Hermine mit den beiden geliebten Tanten mütterlicherseits, mit Paul und seiner Frau Rahel sowie mit Erich und seiner Frau Henny in brieflichem Austausch. Sie alle sind nach New York geflüchtet und werden dort bleiben. Hermines Vater Leopold Speier hingegen lebt hochbetagt in London. Ihn besucht die Tochter noch zwei Mal: Ende 1947 und im Herbst 1949. Beim ersten Mal hat Hermine Gelegenheit, in orthodoxen jüdischen Kreisen über ihre römischen Erlebnisse im Krieg zu berichten; der jüdische Vater lässt ausdrücklich dem katholischen Museumsdirektor danken, der seiner Tochter so entscheidenden Schutz im Vatikan angedeihen ließ. Zwei Jahre später findet sie den Vater „leider in nicht sehr gutem Zustand".[12] Leopold Speier ist dement. „Das hat mich tief erschüttert und liegt sehr auf mir", bekennt Hermine. Ihren Bruder Paul hat sie seit dreizehn Jahren nicht gesehen, Erich, den jüngeren, seit elf; träfe sie die beiden jetzt, so würden sich „Fremdheiten" ergeben, mutmaßt Hermine. „Aber man kann auch wieder nicht verallgemeinern, denn mit einer Cousine in London hab ich mich erfreulich gut verstanden." Wieviel in diesen Aussagen religiös grundiert ist, also etwa „Fremdheiten" aufgrund von Hermines Taufe meint, ist schwer zu bestimmen, doch schwingt das Thema zweifellos mit: Hermine schreibt diesen Brief einem katholischen Geistlichen, Hubert Jedin, der wegen seiner jüdischen Mutter ins Visier der Nazis geraten war.

Im April 1950 stirbt Leopold Speier in London,[13] und Hermines Familie schmilzt auf die Brüder in New York zusammen. Lange denkt sie darüber nach, diese zu besuchen. Doch Paul, der frömmere der beiden, zögert: Wer sich vom Judentum abgewandt hat, gilt orthodoxen Gläubigen gleichviel wie tot. Durch einen Zufall haben sich in Hermines Nachlass drei Briefe Paul Speiers von 1961 und 1962 erhalten.[14] Aus ihnen spricht große Zuneigung zur Schwester. Doch lassen die Schablonenhaftigkeit der Formulierungen und der gesamte verhaltene Duktus dieser Bruderbriefe erahnen, wie fern die Lebenswelten der beiden Geschwister sind. Paul hat auf den Schlachtfeldern des Ersten Weltkriegs zum orthodoxen Judentum gefunden, Hermine wenig später ihr Studium der antiken Kunst aufgenommen; so früh begann der Wuchs in verschiedene Himmelsrichtungen. Und doch sind sie Geschwister und hängen aneinander. Hermine erringt die Dankbarkeit des Bruders, weil sie die Gräber der Eltern in Frankfurt und London pflegen lässt; zu seinem Geburtstag vergisst sie niemals, per Telegramm zu gratulieren und bei der römischen Herder-Buchhandlung das passende Buchgeschenk auszusuchen. 1961 schickt sie den Bildband „Synagoga – Kulturgeräte und Kunstwerke“ auf die Reise. Ihrem Neffen Schmuli lässt sie zur Bar Mizwah über die Vatikanbank IOR einen Scheck zukommen. Und sie trauert mit ihrem Bruder über den Tod seiner Frau Rahel im Frühjahr 1962.

Eines Tages, schon als Witwer, sucht Paul einen Rabbiner auf und bittet um Rat: Darf er Hermine empfangen? Er bekommt zu hören, die Schwester sei zwar nicht mehr jüdisch, könne es aber wohl wieder werden. Hermine darf kommen. Aufgeregt macht sie sich im Mai 1965 auf die Reise, die Haustochter Ulrike Diener begleitet sie nach Neapel zum Schiff, das die Archäologin im Alter von 67 Jahren zum ersten Mal in die Neue Welt bringt; wie sehr hatte sie einst gehofft, dort mit Nobile und den Brüdern vereint zu sein, und wie lange ist das her. Drei Wochen bleibt Hermine in New York, sieht ihre Familie, aber auch Anneliese Rieß, die mit den Speier-Brüdern in losem Kontakt steht. Am Memorial Day, dem letzten Wochenende im Mai, fährt sie bei strahlendem Wetter mit Erich nach Washington, ein anderes Mal in den Bear Mountain Park. Für die Metropole schlechthin, New York, fehlt Hermine der Sinn. Sie kommt mit Eindrücken einer grässlich lauten und konfusen Stadt zurück an den Tiber. Mit ihren jüdischen Brüdern aber hat sie nach mehr als 15 Jahren Frieden geschlossen. Erich war ihr ohnehin wenig gram; er wird in den Jahren ab 1965 mit seiner Frau mehrmals Europa besuchen und jedesmal die Schwester sehen, sei es in Italien oder der Schweiz. Was Hermines Verhältnis mit Paul betrifft, so hat sich eine einzige, aber sehr schöne Passage in einem ihrer Religionsbriefe an Ernst Langlotz erhalten. Paul Speier stirbt am 30. November 1969 an einer Herzattacke. Hermine schreibt, dass

„sein Schmerz über meine Conversion sehr gross war, er aber dennoch – als ich in New York war – tröstlich duldsam war. Durch das Gemeinsame des Sterbens, aus Frömmigkeit vor Gott zu leben, waren wir uns gerade in der letzten Zeit so nahe gekommen. Und, seltsam, bei dem Schmerz über seinen Verlust ist zugleich eine grosse Ruhe bei dem Gedanken: er ruht nun in Abrahams Schooss, und ich konnte aus unserer bisherigen Totenmesse ... tiefen Trost schöpfen.“[15]

Die vorkonziliare Messe als Trost und Erbauung: Was Hermine Speier ehrlich so empfand, hätte ihr Bruder vielleicht schwer gebilligt. Die alten liturgischen Bücher enthalten einige Formulierungen, die Juden zumindest heute als anstößig empfinden. Als Hermine sich im Krieg bei den Nonnen an den Katakomben versteckt hielt und dort auch zur Messe ging, wurde am Karfreitag selbstverständlich „für die treulosen Juden“ gebetet, damit Gott ihnen „den Schleier der Verblendung von ihren Herzen wegreiße“. Erst Johannes XXIII. milderte 1960 diese Formulierung. Zu bedenken ist allerdings, dass solche binnenkatholischen Fragwürdigkeiten erst in der jüngeren Vergangenheit breit – und sehr erhitzt – debattiert werden. Ob Hermine Speier sich der antijüdischen Note der alten Karfreitagsfürbitte bewusst war und wie sie zur Missionierung von Juden stand, sind Fragen, die sich im Grund nur von außen, von heute an sie herantragen lassen. Antworten darauf geben die uns vorliegenden Zeugnisse nicht einmal im Ansatz.

Im Februar 1963 flammte eine weltweite Debatte über die Rolle von Papst Pius XII. im Holocaust auf. Eugenio Pacelli hatte bis dahin als stiller, aber effizienter Judenretter im Zweiten Weltkrieg gegolten. Nun ließ der streitbare Berliner Autor Rolf Hochhuth in seinem Drama „Der Stellvertreter“ einen Papst auftreten, der sich angesichts der Judenverfolgung feige wegduckte und „aus Staatsräson“ zum Horror der Gaskammern schwieg. Hermine Speier erfuhr von der bombastischen Wirkung des „Stellvertreters“ durch Marie Luise Kaschnitz. Die Schriftstellerin bot an, der Freundin in Rom ein Exemplar des Textes zu schicken.[16] Wie Hermine die Schwarz-Weiß-Zeichnung zu Lasten des Pacelli-Papstes in dem Stück wahrnahm, hat sie möglicherweise mündlich formuliert. Aus eigener Anschauung hatte sie wohl mehr beizusteuern als die meisten, die sich nun über Pius XII. die Köpfe heiß redeten. Sie verdankte ihren Schutz im Vatikan unter anderem Pacelli.

Abseits allen lauten Getriebes: Hermine Speier war eine überzeugte Katholikin, und jeder wusste das. Gerne übernahm sie Pflichten als Taufpatin. So führte sie 1959 den jungen evangelischen Architekten Frank Gebhard Zander hinab in die Priscilla-Katakomben zur Taufe, die Pater Kirschbaum vornahm. 1962 ließ sich in St. Gereon in Köln der „Helbigianer" Tobias Dohrn taufen, und Hermine sorgte für ein Glückwunschtelegramm von Papst Johannes XXIII.[17] Missionierungsversuche an evangelischen Haustöchtern aber unterließ sie. Und das Judentum? Hermines Interesse am Glauben ihrer Vorfahren riss nie ganz ab. So sammelte sie eine lange Zeitungsserie über die Geschichte der Juden in Rom. Ebenfalls in ihrem Nachlass findet sich das Billet einer koscheren Pension in der Via Cavour: Kamen jüdische Gäste, wusste sie ihnen Rat. Hermine hatte Respekt für Religionen, nicht nur für die eigene.

2. Das Verstummen

Gedanken über das Älterwerden macht Hermine sich schon in jungen Jahren. Sie sieht es nicht in einer Optik des Mangels, als Erstarren und schrittweisen Verlust, sondern als inneren Weg der Vervollkommnung. Deshalb empfindet sie das „Ungehobelte" als kränkend, das sie nun immer öfter an Jüngeren wahrnimmt. Randbemerkungen dieser Art fallen bereits, als die Archäologin noch keine 40 Jahre alt ist.

Mit besonderer Faszination sieht sie dagegen dem Reifungsprozess ihres Lehrers zu. Ludwig Curtius sei „so etwas Grossartiges jetzt im bewussten Altwerden", schreibt Hermine über den bald 70-Jährigen.[18] Er werde von Woche zu Woche weiser und gütiger, ohne den „Reichtum seiner Farbigkeit" zu verlieren. „Altern ist eine Leistung", erklärt Curtius ihr in einer seiner bonmothaften Wendungen.[19] 1953 erleidet er einen Schlaganfall, doch Hermine sieht ihn sich „aufschwingen und erneuern", wie er es in seinem Leben immer getan hat.

Die Lektion im Altern ist die letzte, die Ludwig Curtius seiner Schülerin erteilt. Im Jahr darauf stirbt er. Es ist ein herber Verlust für Hermine und unzählige andere. Halb Rom kommt zu seiner Beerdigung am Campo Santo im Vatikan. Zwei Monate später tritt auch Bartolomeo Nogara die letzte Reise an. Die Verabschiedung des vatikanischen Museumsdirektors ist standesgemäß: Von seiner Wohnstatt im Papstpalast wird der Sarg mit Nogaras sterblichen Überresten über den Herzogsaal, den Königssaal und den Belvedere-Hof, wo das Personal der vatikanischen Bibliothek zum letzten Salut angetreten ist, in die vatikanische Pfarrkirche Sant'Anna getragen.[20] Dort findet das Requiem statt, sechs Kardinäle nehmen daran teil, in den hinteren

Reihen Hermine Speier. 1954 muss sie von jenen zwei Männern Abschied nehmen, die sie im deutsch-vatikanischen Schulterschluss vor Verfolgung bewahrten und ihr berufliches Werden am meisten prägten.

Noch ein zweites Jahr der großen Abschiede steht Hermine ins Haus. 1974 sterben erst Robert Boehringer, dann Marie Luise Kaschnitz. Ihren letzten Brief an den erblindenden, alten, einsamen Riesen Boehringer, dessen depressive Frau zwei Jahre davor verschied und dessen einzige Tochter sich jung das Leben nahm, schreibt Hermine zum Geburtstag Stefan Georges am 12. Juli 1974. Sie spricht vom „Grauen der gegenwärtigen Zeit, die der Dichter prophetisch klar geschaut und uns in seiner Dichtung unerbittlich vorausgesagt hat."[21] Sechs Wochen lang hält sich Hermine nach dem Tod Boehringers in der Schweiz auf. Als sie nach Rom zurückkehrt, findet sie die Freundin Marie Luise Kaschnitz sterbend in der Privatklinik Villa Stuart, versucht, mit der Kaschnitz-Tochter Iris „leichteste Kindernahrung" für die Todgeweihte zu finden.[22] Umsonst. Bei der Aufbahrung Marie Luises kann Hermine noch assistieren. Am selben Tag reist sie nach Florenz. Dort wird am 12. Oktober auf seinem Anwesen Robert Boehringer bestattet, während ein apokalyptischer Wolkenbruch niedergeht.

Zwischen diesen beiden bodenlosen Trauerjahren 1954 und 1974 aber liegen für Hermine Speier äußerlich agile und vorwiegend heitere Zeiten. Grob gerechnet, sind es die „Helbig"-Jahre. Neben ihrer doppelten Beanspruchung durch die Herausgebersorge und den Vatikan empfängt sie dauernd Besuch, für den die jeweilige Haustochter ihr Zimmer räumt und auf die Wohnzimmercouch umzieht. Hermine nimmt sich der inzwischen halbwüchsigen Söhne und Töchter alter Freunde an, die sie in Rom für Tage oder Wochen besuchen dürfen und ihr im Gegenzug die exquisite Hausbibliothek ordnen, in der – nach alter Sitte der Georgeaner – „der Meister" neben Goethe und der Bibel steht. Sie reist innerhalb Italiens, nach Venedig etwa, Florenz und Assisi, trifft den Bruder Erich und Dutzende Freunde, und sie lernt ständig neue kennen. Aus eigener Erfahrung berichtend, schreibt sie zur Aufmunterung an Hubert Jedin, der sich in Bonn alt und einsam fühlt,

„dass einem [im Alter] Freunde wohl nicht mehr gewissermassen zufliegen, wie das in der ersten Jugend geschieht. Aber wenn man innerlich bereit ist und sich von sich aus nicht verschliesst, geht es gewiss."[23]

In Rom verabredet Hermine sich ab und zu mit Umberto Nobile. Sie sieht auch seine Tochter Maria, meidet aber seine Ehefrau, die deutsche Bibliothekarin Gertrude Stolp, die Nobile 1959 geheiratet hatte. Vom Schreiben geht Hermine nach und nach aufs Telefonieren über (ein Telefon im Haus ist früh vorhanden, ein Fernseher nie). Geburtstage vergisst sie selten, ihre Geschenke sind legendär, großzügig und mit Liebe ausgesucht. Jedes Jahr erholt sie sich von der „Krankheit des Zuviel auf sich Ladens"[24] bei Kuren in der Toskana, später in Bad Krozingen. Im Advent reist Hermine in die Schweiz: Zu Weihnachten ist sie stets zu Gast bei Boehringers, zu Neujahr bei der besten Freundin Lise Salin in Veytaux, einem Vorort von Montreux.

Zunächst unmerklich schränkt sich Hermines Radius ein. Sie wird behäbig, fällt manchmal hin. Lise macht sich Sorgen. Als Privatärztin ist sie auf die Betreuung alter Menschen spezialisiert und versorgt in Montreux unter anderem den Maler Oskar Kokoschka. So gut es geht, steht sie der Freundin in Rom bei, besucht sie häufiger und holt sie länger zu sich. Die ersten Anzeichen einer Altersdemenz bei Hermine zeigen sich schon gegen Ende der Helbig-Zeit. „Das habe ich ja ganz vergessen", wundert sie sich bisweilen über Dinge, die ihr eines der Helbig-Kinder schon zweimal gesagt hat. Der geistige Abbau, den sie vor zwanzig Jahren an ihrem alten Vater wahrnahm, betrifft sie nun selbst, und trifft sie. Sie steht im Schlafzimmer vor dem Gipsabguss ihres innig geliebten Pferdekopfes aus der Schule des Phidias, den sie einst dem Parthenon zuordnen konnte, und sagt sich: „Wenn mir eines Tages nicht mehr einfällt, wer dieses Meisterwerk geschaffen hat, dann weiß ich, dass ich nicht mehr hier bleiben kann."[25]

Vieles läuft noch weiter, fast reibungslos. Hermine wirkt acht Jahre bis 1973 als ehrenamtliche Bibliothekarin der Päpstlichen Römischen Akademie für Archäologie.[26] Im November desselben Jahres erhält sie das Große Verdienstkreuz der Bundesrepublik Deutschland, wofür angeblich der damalige Parlamentarier Richard von Weizsäcker sorgte; das Bundesverdienstkreuz 1. Klasse hat sie seit 1964 inne. Geldgeschäfte, für die Hermine allerdings nie Talent hatte, wickelt schon lange Hermann Diener für sie ab. Dem sympathischen Salita-Nachbarn, der mit ihrer früheren Haustochter Ulrike verheiratet ist, hat sie eine Bankvollmacht ausgestellt. Hermines 80. Geburtstag am 28. Mai 1978 wird institutionell gefeiert: „Das Deutsche Archäologische Institut in Rom gibt sich die Ehre, aus Anlass des 80. Geburtstags von Frau" – nicht Fräulein – „Dr. Hermine Speier zu einem Empfang in der Platneriana am 18. Juni, 17 Uhr, ergebenst einzuladen." Die Platneriana ist die Bibliothek der Abteilung Rom. Der Helbigianer Paul Zanker hat die Feier für seine Mentorin angeregt. Sie erscheint wie immer elegant zurechtgemacht, mit Hut, eine alte Dame, strahlend und herzlich, von kleiner Statur und großem Format. Allem Anschein nach ist es Hermines letzter öffentlicher Auftritt.

Kurz davor hat ein deutscher Arzt in Rom bei seiner Patientin Hermine Speier eine Reihe typischer Alterserkrankungen diagnostiziert: „Allgemeine Arteriosklerose und Zerebralsklerose, ... Aphasie, Agraphie, Alexie als Ausdruck der Zerebralsklerose."[27] Übersetzt heißt das: Allgemeine Gefäßverkalkung und Durchblutungsstörungen im Gehirn, Sprachstörung, Schreibstörung, Verlust der Fähigkeit zu lesen. Hermine, die in ihrem Leben weit mehr

„Das Deutsche Archäologische Institut in Rom gibt sich die Ehre, aus Anlass des 80. Geburtstags von Frau" – nicht Fräulein – „Dr. Hermine Speier zu einem Empfang ergebenst einzuladen." Die Archäologin selbst erscheint elegant zurechtgemacht in Seidenrobe und Hut. Allem Anschein nach ist die Feier im Frühsommer 1978 ihr letzter öffentlicher Auftritt.

als 3.000 Briefe geschrieben haben muss, lässt Post schon etliche Zeit unbeantwortet. In ihrem Nachlass haben sich Jahreskalender von 1970 bis 1977 erhalten.[28] Während die ersten bestückt sind mit Terminen und Anmerkungen, steht im letzten Kalender nur noch ein einziger Eintrag von Hermines Hand. Es ist eine Schreibübung. Auf dem Feld zum 3. Juni malt sie zittrig bis an den Rand der Lesbarkeit die Großbuchstaben S und P, darunter „Spinni" und „Spini". Nach fünfeinhalb Jahrzehnten hört ihre schöne Handschrift auf zu sein. Hermine verstummt.

Jahre noch überdauert sie in Rom, ein Netz von Freundinnen und Haustöchtern trägt sie durch den schwieriger werdenden Alltag. Nur noch zur Sonntagsmesse verlässt sie die Wohnung, Besucher bleiben aus, die weithin besungene Salita-Terrasse wird instandgehalten, doch nicht mehr benutzt. Wohl Anfang 1983 holt Lise die gleichaltrige Hermine zu sich in die Schweiz.

Seit sie als junge Frau aus Deutschland flüchten musste, lebt Lise Salin im Hotel.[29] Ihre Wahlheimat ist der Großraum Montreux am Genfer See. Zunächst verbrachte sie lange Jahre in Veytaux im Hotel Bonivard, dann im Hotel Gambetta in Clarens. Dort mietet sie nun auch für die Freundin ein Zimmer. Lise pflegt Hermine, mehr noch, sie achtet auf sie: die regelmäßigen Mahlzeiten, das sauber gescheitelte Haar, der Spaziergang, stets mit Hut und Handtäschchen; und wenn Besuch kommt, kleidet sie die Freundin besonders adrett. Kinder – zu denen Hermine immer einen guten Draht hatte – mögen die verwirrte, freundliche alte Dame. Ein Großneffe Lises, Michael, ist „entzückt von Minnis ‚Kindersprache'". Erwachsene verstehen ihre Sätze nicht, der Knirps aber quittiert sie fröhlich lachend mit einem „Ja genau!" oder „Finde ich auch!"

Lises Geist ist ungetrübt und ihre Erinnerung wach. Was ihr und den geliebten Eltern in den zwölf Jahren der Hitler-Diktatur widerfuhr, setzte ihr so zu, dass sie später nie daran dachte, nach Deutschland zurückzugehen. Nicht einmal die deutschsprachige Schweiz zog sie in Betracht. Die Eidgenossenschaft erkannte ihr Ärztediplom nicht an, doch konnte der bürokratische Kleingeist dieser trotz allem grundpositiv gestimmten Frau nichts anhaben. Sie wurde Privatärztin und führte nach dem Krieg im Auftrag des Roten Kreuzes Reihenuntersuchungen an jüdischen Waisenkindern durch. Als Freiwillige arbeitet sie im jüdischen Altenheim, hilft benachteiligten Jugendlichen, erteilt gratis Deutschunterricht; „ein außergewöhnlich guter Mensch", hält der Enkel ihres Bruders fest. Und sie steht im Vergleich zu Hermine mit beiden Beinen im Leben. Lise Salin ist für Neues aufgeschlossen, hat keine Angst vor Technik, bejubelt die Mondlandung, fährt gerne Auto. Den Führerschein erwarb sie – als einzige von Hermines Freundinnen – bereits 1926 in Frankfurt; die Prüfung bestand sie wie das Abitur erst im zweiten Anlauf. Lise saß selbst am Steuer, als sie mit der Mutter als Beifahrerin 1938 in einer Sommernacht Deutschland für immer verließ.

Lise Salin ist Jüdin geblieben. Von ihren Eltern hat sie in Frankfurt „nur bruchstückhaft lernen können, was jüdische Religion und jüdisches Leben sind", doch als reife Frau holt sie Wissen und Praxis nach. 1958 besucht sie zum ersten Mal Israel, und wer weiß, ob sie eine Ausreise dorthin erwog, wäre da nicht die Familie ihres Bruders Edgar, an der sie so hängt. Lise sucht Anschluss an gläubige Juden, assistiert bei religiösen Festen, richtet Pessach für eine Freundin, bäckt Matzen, ungesäuertes Brot; und aus der Tatsache, dass sie solche Details Hermine in Rom schildert, lässt sich ableiten, dass die beiden Freundinnen über Religion gewohnheitsmäßig sprechen. Einmal schickt die Katholikin Hermine der Jüdin Lise das „Gebet für die Automobilisten"; wie gesagt, Lise gilt als geübte Fahrerin. Trotz ihrer unterschiedlichen religiösen Verankerung empfinden die beiden sich als Schwestern.

Ihrem Wunsch gemäß, wird Lise Salin auf dem jüdischen Friedhof in La-Tour-de-Peilz am Genfer See bestattet. Sie stirbt nicht lange, nachdem sie Hermine zu sich geholt hat, am 26. Juli 1983. Am Tag vor ihrem Tod wird ihr Großneffe Wolfgang Bernard Zeuge von Lises letztem Einsatz für die Freundin, die für sich selbst nicht sorgen kann. Lise verbringt einige Stunden am Telefon und organisiert in Montreux ein Altersheim für Hermine. Mit Erfolg. Pflegekräfte holen Hermine ab. Manche, die sie an ihrer letzten Lebensstation besuchen, erzählen, sie habe in ihrer Nacht des Geistes Essen zurückgestoßen, weil es nicht koscher gewesen sei, und vermuten, hier habe sich lange Aufgestautes Bahn gebrochen.[30] Hermine überlebt die treue Freundin Lise um fünfeinhalb Jahre. Am 12. Januar 1989 verstirbt Hermine Speier. Sie wurde 91 Jahre alt.

Wann sie ihr Grab am Campo Santo Teutonico gekauft hat, darüber fehlen Aufzeichnungen. Ihr Leichnam wird in den Vatikan überstellt. Dort findet sie am 21. Januar 1989 die letzte Ruhe, nur wenige Schritte von Petrus, dem ersten Papst, der wie Hermine dem jüdischen Volk entstammte und Christus nachfolgte. Ulrike Diener, die Hermine mit ihrer Familie noch regelmäßig in Montreux besucht hat, organisiert die Beerdigung, der Helbig-Sohn Bernard Andreae hält eine schöne Grabrede. Den Grabstein ziert eine Reproduktion jenes großgriechischen Tonreliefs, mit dessen Publikation Hermine Speier 1937 ihren Lehrer Curtius ehren wollte, aber nicht durfte; Curtius liegt nur wenige Gräber weiter bestattet. Der Sinnspruch „Leben ist Liebe" auf Hermines Stein ist ein verkürztes Zitat aus Johann Wolfgang Goethes „West-Östlichem Divan". Hermine schrieb es, ausgerechnet, dem Nationalsozialisten Werner Körte, als sie ihm ihre Argumente gegen die braune Ideologie nannte.

„Denn das Leben ist die Liebe und des Lebens Leben Geist."

Anmerkungen

1. Kapitel

1 Heuberger, Krohn: S. 96.
2 Für die Übermittlung der anagrafischen Daten von Familie Speier, soweit auffindbar, sowie mancherlei fachlichen Rat danke ich Michael Lenarz, dem Vizedirektor des Jüdischen Museums in Frankfurt/M. Die Überlieferungslage zum Frankfurter Judentum vor 1945 ist spärlich, das meiste Material ging im Krieg verloren.
3 Nobile, Umberto: La tenda rossa, S. 341.
4 Heuberger, Krohn: S. 86.
5 Die Meldedaten stammen aus dem Frankfurter Stadtarchiv.
6 Interview 2 mit Ulrike Diener. Der „Schabbesdeckel" ist die Kopfbedeckung frommer jüdischer Männer.
7 Das Schulgebäude wurde im Zweiten Weltkrieg zerstört und später als Bettinaschule in der Feuerbachstraße wiedereröffnet.
8 „Viktoriaschule 1898–1945 – Bettinaschule Frankfurt." Festschrift zum 150-Jahr-Jubiläum der Bettinaschule, 2005. S. 19. Aus der Webseite www.bettinaschule-frankfurt.de (abgerufen am 27.2.2014).
9 Lebenslauf Hermine Speier, handschriftliche Beilage zum Promotionsgesuch, datiert auf Januar 1925. UA Heidelberg, Studienakte Hermine Speier.
10 Heuberger, Krohn: S. 87.
11 Hedwig Strauss an HS, 1916, 20.7.
12 Oskar Kowalski an HS, 1975, 17.12.
13 Oskar Kowalski an HS, 1978, 18.7.
14 Oskar Kowalski an HS, 1969, 28.12
15 Boehringer, Christof und Ursula: Rom-Panorama, S. 473.
16 Luise Osteroth an HS, 1916, 30.7.
17 Jüdisches Museum Frankfurt am Main – Personen. Robert Gros. ID: 20686.
18 Robert Gros an HS, 1917, 3.10.
19 Hedwig Strauss an HS, 1918, 13.6.
20 Robert Gros an HS, 1918, 17.4.
21 HS an Ernst Langlotz, 1970, 5.1. ULB, Nl Langlotz, 9:54.
22 Robert Gros an HS, 1918, 11.5.
23 Hedwig Strauss an HS, 1918, 13.6.
24 Robert Gros an HS, 1918, 16.7.
25 Robert Gros an HS, 1918, 7.8.
26 Robert Gros an HS, 1917, 22.5.
27 Robert Gros an HS, 1918, 3.5.
28 Pessach fiel 1918 auf den 28. März, Karfreitag auf den 29. März.
29 Robert Gros an HS, 1918, Karfreitag [29.3.].
30 Diener: Lebensdaten von Hermine Speier. Über Hermine Speiers zwei Anläufe zum Abitur haben sich keine Unterlagen in Archiven erhalten, weder an der Schillerschule noch im Stadtarchiv Wiesbaden.
31 Robert Gros an HS, 1918, Karfreitag [29.3.].
32 UA Heidelberg, Studienakte Hermine Speier.
33 Nachweis zu den Personalakten. Nl Speier, E5 Verwaltung III. Mappe: Wiedergutmachung Düsseldorf, Umschlag: Anträge für Wiedergutmachung.
34 UA Frankfurt, Studienakte Hermine Speier, Abt. 604 Nr. 513.

2. Kapitel

1 Robert Gros an HS, 1918, 25.10.
2 Robert Gros an HS, 1918, 2.11.
3 Jüdisches Museum Frankfurt am Main – Personen. Robert Gros. ID: 20686.
4 Lise Salin an HS, 1919, 14.11.
5 Lise Salin an HS, 1919, 25.11.
6 Lise Salin an HS, 1920, 15.9.
7 Lise Salin an HS, 1919, 27.5.
8 UA Gießen, Allg. 1285, Bl. 214v. und Allg. 1270, Bl. 150r.
9 Nl Speier, E2a Notizen 2. Umschlag: Notizbuch Varia.
10 Diener: Tabellarischer Lebenslauf Hermine Speiers.
11 UA Heidelberg, Studienakte Hermine Speier.
12 Albert Aaron an HS, undatiert.
13 Salin: S. 80.
14 Nl Speier, E1 Manuskripte D. Umschlag: Reden anlässlich des 70. Geburtstages von Prof. Curtius.
15 Straub: S. 179.
16 Zweite Rede HSs zum 70. Geburstag von Ludwig Curtius. Nl Speier, E1 Manuskripte D.
17 Curtius: Deutsche und antike Welt, S. 360.
18 Nl Speier, E1 Manuskripte D. Umschlag: Prolog Theaterstück.
19 Curtius: Deutsche und antike Welt, S. 338.
20 Ebd, S. 303.
21 Zweite Rede HSs zum 70. Geburstag von Ludwig Curtius. Nl Speier, E1 Manuskripte D. Die drei Kommilitoninnen lassen sich im UA Heidelberg nachweisen.
22 Curtius: Deutsche und antike Welt, S. 338f.
23 Nl Speier, E2a Notizen 2. Umschlag: Odyssee, Aesops Fabeln, etc.
24 Nl Speier, E2a Notizen 2. Umschlag: Boll Seminar.
25 Nl Speier, E2a Notizen 2. Umschlag: Curtius, Das Antike Porträt, Heidelberg Sommer 1923.
26 Curtius: Deutsche und antike Welt, S. 319.f.
27 HS an Ernst Langlotz, 1923, 28.11. ULB, Nl Langlotz, 1:8.
28 Liese Salin, 10.2.1988–26.7.1983. Ein Konvolut gescannter Dokumente Lise Salins sowie etliche mündlich wie schriftlich festgehaltene Erinnerungen an sie verdanke ich der großzügigen Hilfsbereitschaft der Geschwister Christa Nierenz und Wolfgang Bernard (Rostock), der Großnichte bzw. dem Großneffen Lise Salins. Soweit nicht anders angegeben, stammen alle Angaben zu Lise Salin im vorliegenden Buch aus dieser Quelle.
29 Lise Salin an HS, 1919, 4.9.
30 Heddy Strauss an HS, 1919, 29.5.
31 HS an Annie Fraenkel, 1922, 12.2. Nl Speier, E2a Notizen 4. Schwarzes Heft: Curtius: Ägyptische Kunst; Boll: Hellenistische Literatur; Brief an Annie.
32 Heddy Strauss an HS, 1925, 14.12.
33 Angaben aus dem Institut für Stadtgeschichte, Frankfurt am Main.
34 Interview 1 mit Ulrike Diener.
35 Lise Salin an HS, 1920, 12.9.
36 Lise Salin an HS, 1958, 13.9.
37 Schefold, Bertram: Edgar Salin, S. 194f.
38 Salin: S. 78.
39 Ebd.
40 Ebd.: S. 80.
41 Lise Salin an HS, 1919, 14.10.

42 HS an Ernst Langlotz, 1923, 28.11. ULB, Nl Langlotz, 1:8.
43 HS an Robert Boehringer, 1950, 20.2. SGA.
44 HS an Robert Boehringer, 1964, 12.7. SGA. Der 12. Juli ist Georges Geburtstag. Die Hochpunkte sind Teil der georgeanischen Schreibweise.
45 Rieß: S. 63.
46 Boehringer, Robert: Das Leben von Gedichten. Hirt, Kiel (3) 1955. Die Erstauflage erschien 1932.
47 Ebd.: S. 10f.
48 Ebd.: S. 13.
49 HS an Ernst Langlotz 1923, 7.12. ULB, Nl Langlotz, 1:12.
50 Nl Speier, E2a Notizen 2. Umschlag: Notizbuch Varia.
51 Boehringer, Robert: Das Leben von Gedichten, S. 18f.
52 Wehgartner: Gelehrte Frauen, S. 160.
53 Ebd.: S. 161.
54 Heddy Strauss an HS, 1918, 8.3.
55 Albert Aaron an HS, 1919, 1.9.
56 18 Jahre nach dieser Episode wird Albert Aaron als Jude und Sozialdemokrat von der Nazidiktatur ins Exil gedrängt. Mit seiner Familie flieht er im Herbst 1937 in die USA. Dort nimmt er sich mit seiner Frau kurz nach Kriegsausbruch das Leben. Vgl. Meinl, Zwilling: Legalisierter Raub, S. 95ff.
57 So das Beispiel der angehenden Archäologin Maria Weigert Brendel. Bonfante: S. 2.
58 Heimpel: S. 157.
59 Blanche Mastbaum an HS, 1932, 10.8.
60 Annie Fraenkel an HS, 1924, 21.11. Von Arnold Berney liegen keine Briefe im Speier-Nachlass.
61 Jan Willem Crous an HS, 1926, 2.1.
62 Rudolf Horn an HS, 1933, 2.7.
63 Die gesamte Korrespondenz Speier-Langlotz liegt im Archiv der Universitäts- und Landesbibliothek Bonn. Die Witwe von Ernst Langlotz, Friederike, genannt Maili, hat 1989 gemeinsam mit Ulrike Diener den Nachlass Hermine Speiers in Rom geordnet und dabei die Briefe ihres verstorbenen Mannes an Speier ausgegliedert, um sie mit dem in Bonn verwahrten Nachlass von Ernst Langlotz zusammenzuführen. Während die frühen Liebesbriefe Hermines erhalten sind, fehlen beispielsweise alle ihre – aber nicht seine – Schreiben aus den zwölf Jahren der nationalsozialistischen Diktatur.
64 HS an Ernst Langlotz, 1923, 7.11. ULB, Nl Langlotz, 1:1
65 Ebd.
66 Langlotz, Ernst, Eintrag in: Neue Deutsche Biographie, Band 13, Duncker & Humblot, Berlin 1982. S. 607.
67 Nl Speier, E2a Notizen 2. Umschlag: Curtius, Das Antike Porträt, Heidelberg Sommer 1923.
68 Mit der einzigen Ausnahme eines kurzen Entwurfes an Annie Fraenkel von 1922, 12.2.
69 HS an Ernst Langlotz, 1923, 12.11. ULB, Nl Langlotz, 1:3.
70 Ernst Langlotz an HS, 1931, 31.10. ULB, Nl Langlotz, 8:1.
71 HS an Ernst Langlotz, 1923, 28.11. ULB, Nl Langlotz, 1:8.
72 Ernst Langlotz an HS, 1927, 19.1. ULB Nl Langlotz, 5:22.
73 HS an Ernst Langlotz, 1961, 1.11. ULB, Nl Langlotz, 9:32.
74 Nl Speier, E2a Notizen 4.
75 HS an Ernst Langlotz, 1923, 7.12. ULB, Nl Langlotz, 1:12.
76 Speier: Zweifigurengruppen, S. 1.
77 HS an Ernst Langlotz, 1923, 28.11. ULB, Nl Langlotz, 1:8.
78 Lise Salin an HS, 1923, 18.9.
79 Speier: Zweifigurengruppen, S. 88.
80 Ebd.: S. 75f.

81 Bernhard Schweitzer an HS, 1932, 5.9.
82 Dietrich Willers an die Autorin in einer Mail von 2014, 10.1.
83 UA Heidelberg, Studienakte Hermine Speier.
84 UA Heidelberg, Studienakte Hermine Speier, handschriftlicher Lebenslauf.
85 UA Heidelberg, Studienakte Hermine Speier, Promotionsgutachten.
86 Das Reisestipendium des DAI war bereits 1908 erstmals einer Frau zugestanden worden, und zwar der evangelischen Theologin Carola Barth, die sich auch mit christlicher Archäologie beschäftigte.
87 HS an Lise Salin, 1925, 9.2.
88 HS an Ernst Langlotz, 1924, 25.1. ULB, Nl Langlotz, 1:27.
89 HS an Ernst Langlotz, 1924, 11.5. ULB, Nl Langlotz, 1:53.
90 HS an Ernst Langlotz, 1924, 10.6. ULB, Nl Langlotz, 2:4.
91 Annie Fraenkel an HS, 1925, 24.1.
92 HS an Ernst Langlotz, 1925, 25.5. ULB, Nl Langlotz, 3:6.
93 Briefentwurf von Bernhard Schweitzer, 1928, 14.1. aus Königsberg, Briefkopf: Archaeologisches Seminar und Museum der Albertus-Universität, ohne Anrede. Nl Speier, E1 Manuskripte.

3. Kapitel

1 Ernst Langlotz an HS, 1925, 2.6. ULB, Nl Langlotz, 3:9.
2 Heddy Strauss an HS, 1926, 26.5.
3 Faensen: S. 58.
4 HS an Bernhard Schweitzer, undatierter Briefentwurf. Nl Speier, E2a Notizen 2, Umschlag: Varia.
5 Briefentwurf von Bernhard Schweitzer, 1928, 14.1. Nl Speier, E1 Manuskripte.
6 Von Steuben: Hermine Speier, S. 380.
7 Bernhard Schweitzer, 1928, 14.1. Der Entwurf ist dem institutionellen Schriftverkehr an der Universität Königsberg zuordenbar. Nl Speier, E1 Manuskripte auch fremde, Umschlag: Mythos.
8 Nl Speier, Kiste III Nachlässe Speier, E2a Notizen 3. Kleines blaues Heft, Varia.
9 Kiste III Nachlässe Speier, E2a Notizen 3. Umschlag Varia.
10 Faensen: S. 69.
11 Ebd.: S. 276ff. Die hier folgenden Ausführungen zur Sammlung des archäologischen Seminars beziehen sich, soweit nicht anders angegeben, auf: Nl Speier, E1 Manuskripte, Umschlag: Beschriftungen Museum Königsberg sowie auf: Nl Speier, E2a Notizen 5. Umschlag: Helbig [fälschlich]. Auch Faensen beruft sich in seiner minutiösen Auflistung zum Bestand der Königsberger Abgussammlung in erster Linie auf Hermine Speiers Nachlass.
12 So lautet die Originalbeschriftung von Hermine Speier für diese und die beiden folgenden Replikate.
13 „Im archäologischen Museum. Bemerkungen zur Beschriftung der Kunstwerke." Zeitungsartikel von Rudolf Horn, „Assistent am archäologischen Museum der Universität", Königsberger Allgemeine Zeitung [?], 1928, Nr.194. Der Autor legte den entsprechenden Zeitungsausschnitt einem Brief an HS am 5.5. 1928 bei.
14 Etwa: Nl Speier, E2a Notizen 3. Kleines blaues Heft, Varia.
15 Faensen: S. 74.
16 Nl Speier, E1, Manuskripte A. Umschlag: Zur Wiedereröffnung des Archäologischen Museums der Albertus-Universität [Königsberg].
17 Nl Speier, E2a Notizen 3. Zettelkasten in einer zartgrauen A5-Schachtel mit der Aufschrift „Chocolaterie". Die Zettel sind die geviertelten Flugblätter.

18 Vgl. Schweitzer: Antiken in ostpreußischem Privatbesitz.
19 HS an Bernhard Schweitzer, 1934, 29.12. UA Tübingen, Nl Schweitzer, 691/92.
20 Zahlreiche Notizen und eine 33 Seiten plus Fußnoten lange Reinschrift davon liegen in ihrem Nachlass. Nl Speier, E1 Manuskripte auch fremde, Umschlag: Mythos.
21 Nl Speier, E1, Manuskripte D. Umschlag: Reden anlässlich des 70. Geburtstages von Prof. Curtius.
22 Lise Salin an HS, 1925, 8.10.
23 Lise Salin an HS, 1925, 8.10.
24 HS an Ernst Langlotz, 1926, 2.6.. ULB, Nl Langlotz, 4:33.
25 Ernst Langlotz an HS, 1926, 19.5. ULB, Nl Langlotz, 4:30; HS an Ernst Langlotz, 1926, 2.6. ULB, Nl Langlotz, 4:33.
26 HS an Lise Salin, [1926], 26.6.
27 HS an Ernst Langlotz, 1926, 27.1. ULB, Nl Langlotz, 4:5.
28 HS an Ernst Langlotz, 1925, 16.11. ULB, Nl Langlotz, 3:47.
29 HS an Ernst Langlotz, 1926, 13.3. ULB, Nl Langlotz, 4:17.
30 HS an Ernst Langlotz, 1926, 2.6. ULB, Nl Langlotz, 4:33.
31 Ludwig Curtius an HS, 1926, 18.5. ULB, Nl Langlotz, 4:29.
32 HS an Ernst Langlotz, 1926, 3.6. ULB, Nl Langlotz, 4:34.
33 HS an Ernst Langlotz, 1926, 13.6. ULB, Nl Langlotz, 4:37.
34 HS an Ludwig Curtius, Entwurf, 1926, 12.7.
35 HS an Ernst Langlotz, 1926, 26.9. ULB, Nl Langlotz, 4:55.
36 HS an Ernst Langlotz, 1926, 1.10. ULB, Nl Langlotz, 4:57.
37 Ernst Langlotz an HS, 1926, 28.9. ULB, Nl Langlotz, 4:56.
38 Walter Hahland an HS, 1926, 24.10.
39 HS an Ernst Langlotz, 1926, 26.10. ULB, Nl Langlotz, 5:7.
40 Edith Curtius an HS, 1927, 27.2. Datierung unsicher.
41 Edith Curtius an HS, 1927, 19.12.
42 Ludwig Curtius an HS, 1928, 5.1. Es handelt sich um Fotokopien. Die Originale befinden sich im Archiv des DAI Rom Kasten I.V.Personalakten.
43 Ludwig Curtius an HS, 1928, 16.2. Es handelt sich um Fotokopien. Die Originale befinden sich im Archiv des DAI Rom Kasten I.V.Personalakten.
44 Annie Fraenkel an HS, 1928, 6.1.
45 HS an Robert Boehringer, undatierter Entwurf, datierbar auf 1954, Mitte April.
46 Interview mit Lilly Liebig.

4. Kapitel

1 HS an Ernst Langlotz, 1928, 18.4. ULB, Nl Langlotz, 6:43.
2 Lise Salin an HS, 1928, 10.4.
3 HS an Ernst Langlotz, 1928, 18.4. ULB, Nl Langlotz, 6:43.
4 Curtius: Deutsche und antike Welt, S. 437. Danach das Folgende.
5 Nach anderer Darstellung erhielt das Institut von der Gesellschaft zwischen 1928 und 1932 jährlich 40.000 Reichsmark: Die Geschichte der Fotothek des DAI Rom. Die folgende Darstellung der Geschichte der Fotothek orientiert sich an dieser Quelle.
6 Kopf: S. 154.
7 HS an Ernst Langlotz, 1928, 18.4. ULB, Nl Langlotz, 6:43.
8 Daltrop: Hermine Speier, S. 475.
9 Nl Speier, E2a Notizen 4. Abreissblock „Varia u.a. Kapit. Museen, Achill-Sarkophag".
10 Geschichte der Fotothek des DAI Rom. Danach das Folgende.
11 „Der Felbermax ist ja noch unerwartbarer als die andern [Fotografen]." HS an Erich Boehringer, 1939, 3.1. Archiv Christoph Boehringer.

12 HS an Ernst Langlotz, 1928, 02.07. ULB, Nl Langlotz, 6:53.
13 Geschichte der Fotothek des DAI Rom. Danach das Folgende.
14 Interview mit Bernard und Ute Andreae.
15 Vgl. Maurer: Geschichte des Deutschen Kapitols in Rom.
16 Kaschnitz, Marie Luise: Gesammelte Werke, Bd. 3, S. 450.
17 Marie Luise Kaschnitz an HS, undatiert, datierbar auf 1932.
18 Pinkwart: Erich Boehringer, S. 272.
19 Vgl. Schefold, Bertram: Robert Boehringer.
20 Nachforschungen in der Zentrale des DAI in Berlin und in der Abteilung Rom zur Identität von Frau Dr. Frank blieben ergebnislos.
21 Merkel-Guldan: Pollak, Römische Memoiren, Fußnote S. 95.
22 Furtwängler, Märit: Erinnerungen (masch.), S. 21f. Die „Erinnerungen" sind undatiert, aber mit Sicherheit nach 1946 niedergeschrieben. SBPK MMA. Nl Wilhelm Furtwängler, 55 Nachl 13 / E, Kasten 53.
23 Märit Furtwängler-Scheler, Erinnerungen an Erich Boehringer. In: Zum Tod von Ernst Boehringer. Nl Speier, Varia, zweite Kiste.
24 Straub: S. 172ff.
25 Zitiert nach Straub: S. 174.
26 Furtwängler, Märit: „Dokumente Rom betreffend". SBPK MMA. Nl Wilhelm Furtwängler, 55 Nachl 13 / A, Kasten 13.
27 Speier: Erinnerungen an Erich Boehringer, S. 11.
28 Beglaubigte Erklärung von Märit Furtwängler-Scheler, 1947, 18.11. Nl Speier, E5 Verwaltung II. Umschlag: „Möbelaffäre" 1949.
29 Bonfante: S. 2.
30 Märit Furtwängler-Scheler, Erinnerungen an Erich Boehringer. In: Zum Tod von Ernst Boehringer. Nl Speier, Varia, zweite Kiste.
31 HS an Ernst Langlotz, 1928, 2.7. ULB, Nl Langlotz, 6:53.
32 HS an Ernst Langlotz, 1928, 27.4. ULB, Nl Langlotz, 6:45.
33 HS an Ernst Langlotz, 1928, 18.4. ULB, Nl Langlotz, 6:43.
34 HS an Ernst Langlotz, 1928, 5.5. ULB, Nl Langlotz, 6:47.
35 HS an Ernst Langlotz, 1928, 27.4. ULB, Nl Langlotz, 6:45.
36 HS an Ernst Langlotz, 1928, 17.5. ULB, Nl Langlotz, 6:50.
37 Einzelblatt, datiert auf 8.5.1928. Nl Speier, E2a Notizen 4.
38 Corrado Ricci, Antonio Maria Colini, Valerio Mariani: Via dell'Impero. Collana: Itinerari dei musei, gallerie e monumenti d'Italia, Bd. 24, La libreria dello Stato, Roma 1933. Die deutsche Übersetzung ist nie erschienen. Sie liegt als Durchschlag mit handschriftlichen Korrekturen von Hermine Speier in deren Nachlass: Kiste: III Nachlässe Speier, E1, Manuskripte A. Umschlag: Rom. Friedrich Krauss schreibt 1937, 7.3. an HS: „...wie Sie zu der Zeit meinten, als Sie den Führer der Via del Impero übersetzten (von dem ich übrigens nie etwas sah)."
39 HS an Ernst Langlotz, 1928, 2.7. ULB, Nl Langlotz, 6:53.
40 Nachweis zu den Personalakten der Hermine Speier. Undatiert, wahrscheinlich vor 1934. Aus dem Umkreis des Deutschen Archäologischen Institutes. Nl Speier, E5 Verwaltung III. Blaugrüne Mappe: Wiedergutmachung Düsseldorf.
41 Märit Furtwängler-Scheler, Erinnerungen an Erich Boehringer. In: Zum Tod von Ernst Boehringer. Nl Speier, Varia, zweite Kiste.
42 HS an Ernst Langlotz, 1928, 18.7. ULB, Nl Langlotz, 6:58.
43 Nl Speier, E5 Verwaltung III.
44 Undatierter Entwurf, Anrede: „Lieber Herr Professor". Der Adressat kann mit hoher Wahrscheinlichkeit in Bernhard Schweitzer identifiziert werden.
45 Marianne Schefold (von den Steinen) an HS, 1934, 2.10.
46 Curtius: Deutsche und antike Welt, S. 320.
47 Ernst Langlotz an HS, 1930, 19.1. ULB, Nl Langlotz, 7:27.

48 HS an Gerda Bruns, 1949, 5.7. Nachlass Gerda Bruns, DAI Zentrale Berlin.
49 HS an Ernst Langlotz, 1930, 5.5. ULB, Nl Langlotz, 7:26.
50 Speier: Erinnerungen an Erich Boehringer, S. 12.
51 Schefold, Karl: Erinnerungen eines Archäologen, S. 68.
52 Nl Speier, E2a Notizen 4. Umschlag: (Reise-)Tagebuchnotizen.
53 Nl Speier, E5 Verwaltung II. Umschlag: Schreiben an DFG bezgl. Helbig Neu-Ausgabe. Auf dem Briefumschlag des Antrags hat sich HS ihre Verdienste notiert: „Kostenloser Druck der Dissertation in den „Röm. Mitt.". Wissenschaftliche Reisen nach Paris, Spanien, Griechenland und die Türkei durch das DAI in den Jahren 1929–1932."
54 Charlotte Seidel an HS, 1929, 28.4.
55 Märit Furtwängler-Scheler an HS, 1930, 20.5.
56 Nl Speier, E2a Notizen 4. Schwarzes Heft: Spanischunterricht.
57 Nl Speier, E1, Manuskripte A. Umschlag: Spanien.
58 Nl Speier, E2a Notizen 3. Klebezettel: Spanien. Danach das Folgende.
59 Nl Speier, Varia, zweite Kiste.
60 Nl Speier, E2a Notizen 4. Notiz-Abreissblock Spanien.
61 Edith Curtius an HS, 1930, 2.11.
62 Märit Furtwängler-Scheler an HS, 1930, 28.9.
63 Josef Montebaur an HS, 1930, 17.9. Nl Speier, Varia, zweite Kiste.
64 HS an Karl Schefold, 1930, 26.9. Archiv Bertram Schefold.
65 Karl Schefold an HS, 1930, 28.10.
66 HS an Karl Schefold, 1930, ca. 12.10. Archiv Bertram Schefold.
67 HS an Ernst Langlotz, 1928, 27.04. ULB, Nl Langlotz, 6:45.
68 HS an Karl Schefold, 1930, 16.11. Archiv Bertram Schefold.
69 Lotte Seidel an HS, 1930, 29.8.
70 Ernst Langlotz an HS, 1929, 13.12. ULB, Nl Langlotz, 7:25.
71 HS an Karl Schefold, 1930, 25.8. Archiv Bertram Schefold.
72 Ernst Langlotz an HS, 1930, 10.11. ULB, Nl Langlotz, 7:41.
73 Ernst Langlotz an HS, 1931, 25.8. ULB, Nl Langlotz, 7:59.
74 Ernst Langlotz an HS, 1932, 12.12. ULB, Nl Langlotz, 8:19.
75 Georg Peter Landmann an HS, 1932, 20.2.
76 Undatiert. Nl Speier, E2a Notizen 4. Brauner Umschlag: Varia.
77 Robert Boehringer an HS, 1932, 10.12.
78 Margarete Gütschow an HS, 1932, 3.12. Gütschow schickt Hermine Speier eine Abschrift von Pollaks Brief.
79 HS an Märit Scheler-Furtwängler, 1931, 22.6.
80 Speier: Fragment eines tarentinischen Tonreliefs.
81 Willers: Zwei Hermenköpfe in römischem Privatbesitz.
82 Interview mit Maria Nobile und Carla Nobile Schettino.
83 Interview 2 mit Ulrike Diener.
84 Märit Furtwängler-Scheler an HS, 1930, 23.5.
85 Nobile, Umberto: La tenda rossa, S. 341. Willy Meyers „Der Kampf um Nobile. Versuch einer objektiven Darstellung und Wertung der Leistungen des italienischen Luftschiffers" erschien 1931 in Berlin.
86 Amabile Gremes, geboren 1900 in Lechhausen, heute ein Stadtteil von Augsburg.
87 Märit Furtwängler-Scheler, Erinnerungen an Erich Boehringer. In: Zum Tod von Ernst Boehringer. Nl Speier, Varia, zweite Kiste.
88 Die Ausführungen orientieren sich an Nobile, Umberto: La tenda rossa, S. 149ff., und am Eintrag zu Nobile in der Enciclopedia Treccani: http://www.treccani.it/enciclopedia/umberto-nobile_(Dizionario-Biografico)/ (abgerufen am 27.2.2014).
89 Amundsen leitete die Nordpol-Expedition von 1926 mit Nobile als Piloten. Beide Männer äußerten im Anschluss negative Urteile über den jeweils anderen. Als zwei Jahre später die „Italia" verunglückte, begrub der Norweger das Kriegsbeil, um die Vermiss-

ten der Nobile-Expedition zu suchen.
90 Nobile, Umberto: La tenda rossa, S. 252f.
91 Nobile, Maria: Vorwort zu Umberto Nobile, Il destino di un uomo, S. 13.
92 Eintrag zu Nobile in der Enciclopedia Treccani: http://www.treccani.it/enciclopedia/umberto-nobile_(Dizionario-Biografico)/ (abgerufen am 27.2.2014).
93 Vgl. Nobile, Maria: Animali di buona famiglia.
94 In den Briefen Märit Furtwängler-Schelers an Hermine Speier fällt der Name Nobile zwischen 1930 und 1935 gut 20 Mal, in den Briefen Erich Boehringers bis 1938 acht Mal. Die Gegenkorrespondenz, also die Post Speiers an Märit Furtwängler-Scheler und Erich Boehringer, muss leider als verloren gelten; Boehringer büßte nach Auskunft seines Sohnes Christoph seine Habe bei einem Luftangriff auf Greifswald 1945 ein. Auch Korrespondenz zwischen Speier und Nobile aus der Zeit vor 1937 scheint nicht erhalten. Im Familienarchiv Nobile in Rom findet sich keine Spur Hermine Speiers. Carla Schettino Nobile, die Enkelin Umberto Nobiles, äußerte am 13.5.2013 im Gespräch mit der Autorin die Vermutung, Nobiles spätere Ehefrau Gertrude Stolp habe eventuell vorhandene Briefe Hermine Speiers an Nobile vernichtet.
95 Interview mit Maria Nobile und Carla Nobile Schettino.
96 Märit Furtwängler-Scheler an HS, 1930, 28.5.
97 Märit Furtwängler-Scheler an HS, 1930, 5.9.
98 Erich Boehringer an HS, 1930, 5.9.
99 Märit Furtwängler-Scheler an HS, 1930, 18.9.
100 Nobile, Umberto: La tenda rossa, S. 268.
101 Erich Boehringer an HS, 1930, 5.9.
102 Märit Furtwängler-Scheler, Erinnerungen an Erich Boehringer. In: Zum Tod von Ernst Boehringer. Nl Speier, Varia, zweite Kiste.
103 Erich Boehringer an HS, 1930, 5.9.
104 Märit Furtwängler-Scheler an HS, 1930, 24.9.
105 Märit Furtwängler-Scheler an HS, 1930, 3.10.
106 Märit Furtwängler-Scheler an HS, 1930, 11.12.
107 Erich Boehringer an HS, 1930, 19.12.
108 Andersens Villa mit Atelier ist heute ein staatliches Museum, die Nobile-Büste lagert im Magazin. In der ständigen Ausstellung hängt ein Foto von 1928, das Nobile beim Modellsitzen zeigt.
109 Märit Furtwängler-Scheler an HS, 1930, 9.10.
110 Nobile, Umberto: La tenda rossa, S. 276f.
111 Artikel vom 12. Juli 1931. Märit Furtwängler-Scheler an HS, 1931, 15.7.
112 Artikel vom 14. August 1931. Märit Furtwängler-Scheler an HS, 1931, 18.8.
113 Nl Speier, F Zeitungsausschnitte 1920–1972.
114 Märit Furtwängler-Scheler an HS, 1931, 8.8.
115 Nobile, Umberto: La tenda rossa, S. 280f.
116 Das mutmaßt Ovidio Ferrante in seiner zweibändigen Monografie: Umberto Nobile, Bd. 2, S. 154.

5. Kapitel

1 Nl Speier, E5 Verwaltung III. Blaugrüne Mappe: Wiedergutmachung Düsseldorf. Umschlag: Anträge für Wiedergutmachung 1957. Unterfertigtes Vertragsangebot an HS, datiert auf 1931, 14.2.
2 Lotte Seidel an HS, 1929, 11.6.
3 Erich Speier an HS, 1930, 23.1. Es ist der einzige Brief des Bruders im Nachlass Hermine Speiers.

4 Erich Boehringer an HS, 1932, 20.7.
5 HS an Karl Schefold, 1932, 22.9. Archiv Bertram Schefold.
6 HS an Karl Schefold, 1932, 1.11. Archiv Bertram Schefold.
7 Furtwängler, Märit: „Dokumente Rom betreffend". SBPK MMA. Nl Wilhelm Furtwängler, 55 Nachl 13 / A, Kasten 13.
8 Ebd.
9 HS an Karl Schefold, 1933, 12.3. Archiv Bertram Schefold.
10 Ernst Langlotz an HS,1933, 18.4. ULB, Nl Langlotz, 8:23.
11 Ernst Langlotz an HS,1933, 25.4. ULB, Nl Langlotz, 8:24.
12 Dazu nach wie vor Standard: Voigt: Zuflucht auf Widerruf.
13 Furtwängler, Märit: „Dokumente Rom betreffend". SBPK MMA. Nl Wilhelm Furtwängler, 55 Nachl 13 / A, Kasten 13. Die Schreiberin datiert die Begebenheit erst auf 1934, ist aber auch in anderen Datierungen unzuverlässig. Die Jahreszahl 1933 für den Überraschungsbesuch Erich Speiers bei der Schwester ergibt sich aus Briefen an Hermine, die die Episode streifen.
14 Robert Boehringer an HS, 1933, 4.5.
15 Curtius: Deutsche und antike Welt, S. 482.
16 Märit Furtwängler-Scheler an HS, 1933, 29.7.
17 Märit Furtwängler-Scheler an HS, 1933, 12.8.
18 HS an Karl Schefold, [1933], 25.6. Archiv Bertram Schefold.
19 Werner Körte an HS, 1933, 4.8.
20 Werner Körte an HS, 1933, 6.11.
21 HS an Werner Körte, 1933, 12.11.
22 Werner Körte an HS, 1934, 20.10.
23 Ebd.
24 Märit Furtwängler-Scheler an HS, 1929, 2.8.
25 Märit Furtwängler-Scheler an HS, 1933, 27.7.
26 Märit Furtwängler-Scheler an HS, 1933, 12.8.
27 Märit Furtwängler-Scheler an HS, 1933, 15.8.
28 Furtwängler, Märit: „Dokumente Rom betreffend". SBPK MMA. Nl Wilhelm Furtwängler, 55 Nachl 13 / A, Kasten 13.
29 HS an Liesel Fischer, 1934, 28.2.
30 HS an Marianne Schefold, 1934, 10.3. Archiv Bertram Schefold.
31 Nogara, Antonio: Origini e sviluppi, S. 1. Danach das Folgende.
32 Nogara, Bartolomeo: Affreschi di Michelangelo, S.170.
33 Archivio Nogara, laut schriftlicher Auskunft von Hartmut Benz von 2013, 21.8.
34 Edith Curtius an HS, 1927, 19.12.
35 Gerhart Rodenwaldt an HS, 1934, 21.5.
36 Amedeo Maiuri an HS, 1934, 19.4.
37 Lexikoneintrag zu Gaetano De Sanctis in der Enciclopedia Treccani: http://www.treccani.it/enciclopedia/gaetano-de-sanctis_(Dizionario-Biografico)/ (abgerufen am 27.2.2014).
38 Robert Boehringer an HS, 1934, 24.5.
39 Zu Strongs Biografie vgl. Dyson.
40 Curtius: Eugenia Strong.
41 Ernst Langlotz an HS, 1929, 28.10. ULB, Nl Langlotz, 7:23.
42 Zitiert nach Dyson: S. 173.
43 Marianne Schefold (von den Steinen) an HS, 1935, 18.3.
44 ASMV, Rapporti Mensili, settembre 1934, S. 1304. Ebenso im Brief von Francesco Quadrani an Bartolomeo Nogara, 1934, 24.9., ASMV, Carte Nogara, Busta 5, 1929–1934. Auch Hermine Speier selbst datiert ihren Dienstbeginn im Vatikan auf den 15. September 1934, so in ihrem Antrag auf Wiedergutmachung nach dem Entschädigungsgesetz, 1959, 21.4., Nl Speier, E5 Verwaltung III. Andere Quellen nennen den 13. Sep-

tember 1934, so etwa ihre Personalakte im Archiv des vatikanischen Governatorates.
45 Archivio Nogara, schriftliche Auskunft von Hartmut Benz vom 21. August 2013.
46 ASMV, Carte Nogara, busta 5, 1929–1934. Quadrani an Nogara, 1934, 24.9.
47 Di Pinto: S. 403.
48 Nogara, Bartolomeo: Monumenti 1930–31, 1931–32, 1932–33, 1933–34. S. 60.
49 Di Pinto: S. 402.
50 Di Pinto: S. 402.
51 Di Pinto: S. 414.
52 Nogara, Bartolomeo: Monumenti 1930–31, 1931–32, 1932–33, 1933–34. S. 60.
53 Ebd.
54 Di Pinto: S. 403.
55 NL Speier, E2a Notizen 4, Varia.
56 Di Pinto: S. 404.
57 Beiläufig erwähnt Marie Luise Kaschnitz die Arbeit ihres Ehemannes am Vatikan-Katalog in einem Brief an Hermine Speier. 1934, 14.2.
58 Zitiert nach Di Pinto: Anm. 33, S. 415.
59 Di Pinto: S. 403 und Fußnote S. 416.
60 Di Pinto: S. 403.
61 Die folgenden Ausführungen orientieren sich an Piazzoni: Pio XI.
62 Die folgenden Ausführungen orientieren sich an Montanari: Nuova Città del Vaticano.
63 Montanari: S. 121.
64 HS an Bernhard Schweitzer, 1934, 29.12. UA Tübingen, Nl Schweitzer, 691/92.
65 HS an Ludwig Curtius, 1934, 5.9. DKA, Nl Curtius, Fasz. 143.
66 Norme per il personale iscritto nel „Ruolo speciale", deliberazione di S. E. il Governatore in data 3 marzo 1936, N.2012.
67 ASMV, Rapporti mensili della Direzione. Mai 1935, S. 1336.
68 ASMV, Rapporti mensili della Direzione. Juni 1942, S. 1692.
69 Eugénie Strong an HS, 1934, 25.9. Für das Entziffern der Handschrift Eugénie Strongs danke ich Valerie Scott, der Archivarin der British School at Rome.
70 Karl Schefold an HS, 1934, 4.11. Originale Rechtschreibung.
71 Marianne Schefold (von den Steinen) an HS, 1934, 1.–2.11.
72 Karl Wolfskehl an HS, 1935, 21.3.
73 Michael Kowal an HS, 1934, 11.11.
74 Lise Salin an HS, 1934, 8.7.
75 ASMV, b.013B, f.1, anno 1939. Nogara an Canali, 1939, 26.6.
76 Archivio Nogara, laut schriftlicher Auskunft von Hartmut Benz von 2013, 21.8.
77 Recherchiert von Hartmut Benz.
78 Merkel-Guldan: Pollak, Römische Memoiren, S. 115.
79 ACS, Polizia Politica, fascicoli personali. Bartolomeo Nogara.
80 Dies und die folgenden Details inklusive des wörtlichen Zitats: Interview mit Hartmut Benz.
81 ASMV, Rapporti mensili della Direzione. März 1935, S. 1329.
82 ASMV, Rapporti mensili della Direzione. Dezember 1935, S. 1376.
83 ASMV, Rapporti mensili della Direzione. Mai 1936, S. 1405.
84 ASMV, carte B. Nogara, busta 5. Quadrani an Nogara, 1935, 3.8.
85 Eva-Maria Jung-Inglessis (1920–2007) in einem Beitrag aus der Radio Vatikan-Sendung „Radioakademie" über Frauen im Vatikan von Gudrun Sailer, 2007, 19.6.
86 HS an Ernst Langlotz, 1928, 5.5. ULB, Nl Langlotz, 6:47.
87 Speier: Am Weg zur Sixtina, S. 45.
88 ASMV Carte Nogara, busta 1, Fasc. 9; riapertura Musei 1947.
89 Vgl. De Strobel.
90 ASMV, Elenco del Personale 1933. Die auf dem Einband vermerkte Jahreszahl ist als

ungefährer Orientierungspunkt zu betrachten. Das Verzeichnis ist informell, wurde noch Jahre später aktualisiert und gibt deshalb nur einen ungefähren Eindruck von der Zusammensetzung des Personals Mitte der 1930er Jahre.

91 De Strobel: S. 337.

92 Diesen Hinweis verdanke ich Arnold Nesselrath, Leiter der Abteilung für mittelalterliche, moderne und byzantinische Kunst an den Museen und damit einer von Hermine Speiers Nachfolgern.

93 ASMV, Carte Nogara, busta 5, 1929–1934. Quadrani an Nogara, 1934, 24.9.

94 Bezzini: S. 222.

95 ASMV, Carte Nogara, busta 5, 1929–1934. Nogara an Quadrani, 1934, 27.9.

96 ASMV, Carte Nogara, busta 5, 1929–1934. Quadrani an Nogara, 1934, 4.10.

97 Bezzini: S. 215.

98 Bezzini: S. 176. Zum Vergleich: Im Jahr 2013 verzeichneten die Vatikanischen Museen 5.459.000 Besucher.

99 Bezzini: S. 144.

100 Bezzini: S. 145.

101 Bezzini: S. 137.

102 ASMV, carte B. Nogara, busta 5. Nogara an Quadrani, 1933, 22.9.

103 Nogara, Bartolomeo: Monumenti 1934–35, S. 167.

104 Archivio Nogara, laut schriftlicher Auskunft von Hartmut Benz von 2013, 21.8. Die Informationen des Absatzes stammen sämtlich aus dieser Quelle. Im Archiv der Vatikanischen Museen sind Hinweise zu Ernst Nussbaum nur in einem einzigen, präzise umrissenen Fall vom Sommer 1939 auffindbar; es geht um einen ägyptologischen Aufsatz. Honorarzahlungen der Museen an Ernst Nussbaum lassen sich nicht nachweisen. In den Monatsberichten ist er nicht erwähnt. Nussbaum soll später – laut Benz – auf Nogaras Vermittlung bei Gaetano De Sanctis als inoffizieller Mitarbeiter der Päpstlichen Römischen Akademie für Archäologie gewirkt, an deren Dienstsitz im vatikanischen, aber exterritorialen Palazzo della Cancelleria provisorisch gewohnt und so die deutsche Besatzung Roms überstanden haben. Wie aus den Registern des betreffenden Bestandes im Archiv des Jesuitengeneralates hervorgeht, scheint sich Pater Pietro Tacchi Venturi nach dem Erlass der italienischen Rassengesetze 1938 bei Mussolini für Ernst Nussbaum und seine Frau „Sara Sabine" eingesetzt zu haben.

105 ASMV, Rapporti mensili della Direzione. September 1934.

106 Nogara, Bartolomeo: Monumenti 1935–36, S. 328.

107 Nogara, Bartolomeo: Monumenti 1936–37, 1937–38, 1938–39, S. 224.

108 Di Pinto: S. 410.

109 HS an Erich Boehringer, 1939, 3.1. Archiv Christoph Boehringer.

110 Ebd.

111 Siegfried Fuchs an Zentraldirektion des DAI, 1942, 10.7. DAI Rom, Sachgruppe I, DAI an Zentraldirektion 1926–1943.

112 Vgl. Nogara, Bartolomeo: Affreschi di Michelangelo.

113 Ebd.: S. 170.

114 Bezzini: S. 253.

115 Bezzini: S. 327f.

116 ASMV, Rapporti mensili della Direzione. Juli 1937, S.1503.

117 ASMV, Rapporti mensili della Direzione. Juli 1938, S.1533.

118 Vgl. Interview von Radio Vatikan mit Barbara Jatta: http://it.radiovaticana.va/news/2012/05/27/presentati_due_volumi_sulla_raccolta_fotografica_della_bibliotec/it1-591339 (abgerufen am 27.2.2014).

119 ASMV, Carte Nogara, busta 5. Quadrani an Nogara, 1935, 27.7.

120 ASV, Segreteria di Stato, 1930, rubr. 240A, prot. 86279, fasc. 2, 2.

121 ASMV Rapporti mensili della Direzione. Dezember 1934, S. 1317.

122 ASMV, Rapporti mensili della Direzione. März 1937, S. 1466.

123 ASV, Segreteria di Stato, 1933, rubr. 240, prot. 120701, fasc. 2, 32.
124 Governatore Camillo Serafini an Kardinalstaatssekretär Pacelli, 1935, 21.1. ASV, Segreteria di Stato, 1935, rubr. 240, prot. 140756, fasc. 1, 20–21.
125 ASV, Segreteria di Stato, 1935, rubr. 362, prot. 14626I, fasc. 7, 46–54.
126 ASV, Segreteria di Stato, 1934, rubr. 304, prot. 138133, fasc. 1, 25.
127 ASV, Segreteria di Stato, 1934, rubr. 304, prot. 138133, fasc. 1, 27.
128 Vgl. Schad.
129 Die Anfrage der Autorin von 2011, 9.12. lautete auf Einsicht ins Archiv. Die daraufhin vom Governatorat zusammengestellte, undatierte Liste wurde der Autorin als Fotokopie zugestellt. Sie trägt die Überschrift „Elenco Ex Dipendenti del Governatorato" („Liste früherer Angestellter am Governatorat") und umfasst die Namen und Daten von 49 Frauen, die ihre Beschäftigung am Vatikan zwischen 1915 und 1956 antraten. Fast jede dritte von ihnen wirkte in den „Ville Pontificie", also in den Villen der päpstlichen Sommerresidenz in Castelgandolfo südlich von Rom.
130 Filippo Magi an Bartolomeo Nogara, 1936, 8.8. IL, Archivio. Scrivania di Bartolomeo Nogara.
131 Kaschnitz-Weinberg: Sculture. Der Katalog eschien 1937.
132 HS an Bartolomeo Nogara, 1937, 28.8. IL, Archivio. Scrivania di Bartolomeo Nogara.
133 ASMV, Rapporti mensili della Direzione. November 1934, S. 1312.
134 ASMV, Rapporti mensili della Direzione. Dezember 1934, S. 1316.
135 ASMV, Rapporti mensili della Direzione. Juli 1937, S. 1482.
136 Bezzini: S. 366.
137 ASMV, Rapporti mensili della Direzione. Juli 1937, S. 1483.
138 ASMV, carte B. Nogara, busta 5, 1928. Nogara an Quadrani, 1928, 18.7.
139 Nogara unterstützt 1934 ein Forschungsvorhaben von Margarethe Gütschow, und Magi berichtet dem Vorgesetzten im September 1935 von einem Besuch Gisela Richters in den Sammlungen; beide Archäologinnen waren auch mit Hermine Speier bekannt.
140 ASMV, carte B. Nogara, busta 5. Quadrani an Nogara, 1937, 31.8., und Nogara an Quadrani, 1937, 4.9.
141 ASV, Segreteria di Stato, 1930, rubr. 302, prot. 92860, fasc. 1, 38–46.
142 Ebd.
143 Biblioteca Apostolica Vaticana, Arch. Bibl. 120 Mod. 2.
144 Gazzetta Ufficiale del Regno d'Italia, N. 15, 1933, 19.1.
145 Speiers Aufsatz „Römische Skulptur im Vatikan" erschien 1937 in der vatikanischen Zeitschrift „Illustrazione vaticana".
146 ASMV, Carte B. Nogara, busta 5. Nogara an Quadrani, 1937, 4.9.
147 ASMV Rapporti mensili della Direzione. August 1939, S. 1589.
148 ASMV Rapporti mensili della Direzione. August 1939, S. 1588.

6. Kapitel

1 Lise Salin, Curriculum Vitae. 1954, 10.12. Original im Archiv Christa Nierenz, Kopie im Archiv der Autorin.
2 Lise Salin an HS, 1933, 23.11.
3 Lise Salin an HS, 1937, 17.2.
4 Lise Salin an HS, 1938, 9.5.
5 Lise Salin an HS, 1938, 10.8.
6 Nur vier Briefe ihrer Brüder und eine Karte ihrer Schwägerin Rahel haben sich durch einen Zufall erhalten. Die Erbin, Hermines Nichte Judith (1925–2012), hat beim Tod Hermine Speiers 1989 von ihrem Recht Gebrauch gemacht, den Nach-

lass zu sichten und zu verwerten. Der offensichtlich größte Teil des Briefnachlasses blieb in Rom und gelangte als Schenkung an das hiesige Deutsche Archäologische Institut. Ausgegliedert wurden neben der Familienkorrespondenz etwa das Papst-Telegramm zur Taufe Hermine Speiers, die Briefe und Entwürfe von und an Umberto Nobile sowie die Briefe von Ernst Langlotz an Hermine Speier. Letztere gelangten als Schenkung an die Universitätsbibliothek Bonn, wo sie den Nachlass des Archäologen ergänzen.

7 Lise Salin an HS, 1937, 23.3.

8 Lise Salin an HS, 1938, 27.10. Der Brief spricht von einem Lager. Dass es Dachau ist, weiß Mina Stern, Ehefrau eines Großneffen Hermine Speiers. Mail an die Autorin, 2013, 27.5.

9 Paul Speier scheint nicht in der Häftlingsliste des KZ Dachau auf. Nach Mutmaßung von Michael Lenarz, Vizedirektor des Jüdischen Museums Frankfurt, wurde Paul Speier vermutlich nach dem Pogrom vom November 1938 nach Buchenwald verschleppt, wo er aufgrund der schlechten Quellenlage schwer nachzuweisen ist. Bei der Volkszählung vom 17.5.1939 war Paul Speier nicht mehr in Frankfurt gemeldet. E-Mail an die Autorin, 2013, 28.6.

10 Lise Salin an HS, 1938, 10.8.

11 Diener: Lebensdaten von Hermine Speier.

12 Rahel an HS, 1940, 27.3.

13 Robert Boehringer an HS, 1934, 17.12. und 1935, 13.1.

14 Heinrich Bulle an Eduard Fraenkel, Ernst Kantorowicz, Karl Lehmann-Hartleben, Franz Rapp und an Fräulein Hermine Speier, 1936, im Juni.

15 So in der Erinnerung von Erika Simon, Würzburg. Zitiert nach: Wehgartner: Hermine Speier, S. 156.

16 Nobile, Umberto: La tenda rossa, S. 339.

17 Ebd.: S. 340.

18 Etwa: „Du sprichst von Gesetzen, vom Ethischen, vom Urheiligsten der Ehe ... Umberto werde ich schreiben, in Deinem Sinne, und ihn ansonsten Deiner und unserer dauernden Freundschaft und Hilfsbereitschaft versichern." Erich Boehringer an HS, 1933, 20.1.

19 Märit Furtwängler-Scheler an HS, 1934, 4.8.

20 Friedrich Krauss an HS, 1936, 11.6.

21 Blanche Mastbaum an HS, 1937, 26.5.

22 Friedrich Krauss an HS, 1956, 1.4.

23 Der Teilnachlass von Friedrich Krauss an der Technischen Universität München, Lehrstuhl für Baugeschichte, schweigt über Speier: Auskunft von Kerstin Leicht.

24 Friedrich Krauss an HS, 1937, 7.7.

25 HS an Umberto Nobile, 1937, 19.10.

26 HS an Umberto Nobile, 1940, März oder erste Apriltage, sowie Umberto Nobile an HS, 1937, 30.9.

27 HS an Anneliese Riess, 1937, 19.9. LBI, AR 100/9, 56/37. Die deutsche Schreibweise des Nachnamens Rieß wurde im US-Exil auf „Riess" angepasst.

28 Interview mit Maria Nobile und Carla Schettino Nobile.

29 Nobile, Maria: Vorwort zu: Umberto Nobile: Il destino di un uomo, S. 23.

30 Umberto Nobile an HS, 1937, 1.10., aus Rom.

31 HS an Anneliese Riess, 1938, 20.11. LBI, AR 100/9, 118/38.

32 Ernst Langlotz an HS, 1937, 23.2. ULB, Nl Langlotz, 8:69.

33 Friedrich Krauss an HS, 1937, 15.8.

34 Etwa an Anneliese Rieß ab 1937.

35 HS an Umberto Nobile, 1937, 19.10. Von den Schwierigkeiten mit Nobiles Familie ist auch in Briefen an Dritte die Rede, zB an Anneliese Riess, 1938, 30.8. LBI, AR 100/9, 71/38.

36 Interview mit Maria Nobile und Carla Schettino Nobile.
37 Friedrich Krauss an HS, 1937, 24.11., und 1937, 22.12.; Erich Boehringer an HS, 1937, 29.11. und 1937, Weihnachten.
38 HS an Anneliese Riess, 1938, 30.8. LBI, AR 100/9, 71/38.
39 Friedrich Krauss an HS, 1938, 14.2.
40 Interview mit Maria Nobile und Carla Schettino Nobile.
41 Friedrich Krauss an HS, 1937, 8.8.
42 HS an Umberto Nobile, 1937, 19.10.
43 „Dein Brief vom 12. und 13. freute mich. Wenn Du schreibst, Du seist so gut wie verlobt, so freut mich das natürlich sehr.“ Lise Salin an HS, 1938, 20.8.
44 Nobile, Umberto: La tenda rossa, S. 340.
45 Ebd.: S. 341.
46 ACS, SPD, Carteggio Riservato, busta 59, Nobile atti diversi 1930-1943. Bl. 055889.
47 Ebd.: Bl. 055890.
48 Ebd.: Bl. 055894.
49 Ebd.: Bl. 055893f.
50 Ebd.: Bl. 055895f.
51 Ebd.: Bl. 055897.
52 Ebd.: Bl. 055899f.
53 Nobile, Umberto: L'Italia al Polo Nord. Mondadori, Milano 1930. Zitiert nach: Nobile, Umberto: Il destino di un uòmo, S. 95.
54 Enciclopedia Treccani: http://www.treccani.it/enciclopedia/giuseppe-gianfranceschi_(Dizionario-Biografico)/ (abgerufen am 27.2.2014).
55 Pater Giuseppe Gianfranceschi (1875–1934), ausgebildeter Physiker und Seelsorger bei italienischen Expeditionen, wird sich als Angehöriger der Mannschaft auf der „Italia“ einschiffen, bei deren dritten Teilflug aber nicht an Bord sein und so der Katastrophe über dem Nordpol entgehen. Er wirkt als Rektor der Päpstlichen Universität Gregoriana in Rom und gründet die italienische Pfadfinder-Bewegung. 1930 wird er erster Direktor des neu gegründeten Papstsenders Radio Vatikan.
56 Nobile, Umberto: L'Italia al Polo Nord, S. 96.
57 Offizieller Lebenslauf von Umberto Nobile bei der Päpstlichen Akademie der Wissenschaften: http://www.casinapioiv.va/content/dam/accademia/pdf/cv/nobile.pdf (abgerufen am 27.2.2014).
58 Es handelt sich präzise um die „Päpstliche Akademie der Wissenschaften ‚Nuovi Lincei‘“, die 1936 von der mit neuen Statuten versehenen „Päpstlichen Akademie der Wissenschaften“ abgelöst wird.
59 Nobile, Umberto: Il destino di un uomo, S. 15f.
60 Nobile, Umberto: La tenda rossa, S. 345.
61 Er wird die Mitgliedschaft 1946 zurücklegen, weil er als Abgeordneter der Kommunisten, obschon parteilos, an der Verfassungsgebenden Versammlung teilnimmt.
62 Nobile, Umberto: La tenda rossa, S. 345.
63 Nl Speier, Varia, erste Kiste.
64 Rieß: Exil wird Heimat; Nobile, Umberto: La tenda rossa. Curtius' Lebenserinnerungen hingegen enden mit seiner Zwangspensionierung vom DAI 1937.
65 Die biografischen Angaben sind den Memoiren „Exil wird Heimat“ entnommen.
66 Rieß: S. 81.
67 Nobile, Umberto: La tenda rossa, S. 342f.
68 Nl Speier, Varia, zweite Kiste.
69 Nl Speier, Varia, zweite Kiste.
70 ASMV Rapporti mensili della Direzione. April 1938, S. 1520.
71 HS an Anneliese Rieß, 1938, 24.4. LBI, AR 100/9, 13/38.
72 HS an Umberto Nobile, 1938, 25.4.
73 HS an Umberto Nobile, 1938, 28.4.

74 HS an Umberto Nobile, 1938, 29.4.
75 Lise Salin an HS, 1938, 12.5.
76 Lise Salin an HS, 1938, 2.5.
77 HS an Umberto Nobile, 1938, 1.5.
78 Umberto Nobile an HS, 1938, 6.5.
79 Märit Furtwängler-Scheler an Wilhelm Furtwängler, 1939, 27.8. SBPK MMA. Nl Wilhelm Furtwängler, 55 Nachl 13 / A, Kasten 13.
80 Robert Boehringer an William George Constable, 1949, 31.8. Nl Speier, Varia, zweite Kiste. Korrespondenz bezüglich Zukunft des DAInst Rom nach dem Krieg, 1949.
81 Furtwängler, Märit: „Dokumente Rom betreffend". SBPK MMA. Nl Wilhelm Furtwängler, 55 Nachl 13 / A, Kasten 13.
82 Interview 1 mit Ulrike Diener.
83 ACS, Ministero degli Interni, Direzione Nazionale Pubblica Sicurezza, 1938, busta 17, cat. H3. Zitiert nach Martucci: S. 89.
84 Martucci: S. 58ff.
85 Dyson: S. 183.
86 ASMV, Rapporti mensili della Direzione. Mai 1938, S. 1524.
87 ASV, Segreteria di Stato, 1938, Rubr. stati, 191.
88 ASV, Segreteria di Stato, 1938, Rubr. stati, 191. Datiert 1938, 27.4.
89 ASV, Segreteria di Stato, 1938, Rubr. stati, 191. Datiert 1938, 25.4.
90 ASV, Segreteria di Stato, 1938, Rubr. stati, 191. Datiert 1938, 19.5.
91 Zitiert nach Wolf: Papst und Teufel, S. 232.
92 Etwa: Fabre.
93 Sale: S. 87.
94 Ebd.: S. 83.
95 Ebd.: S. 124.
96 Antonucci et al.: S. 102.
97 Sale: S. 125.

7. Kapitel

1 *„L'antisémitisme ... est un mouvement antipathique, un mouvement auquel nous, chrétiens, ne devons avoir aucune parte. ... Par le Christ et dans le Christ, nous sommes de la descendance spirituelle d'Abraham. Non, il n'est pas possible aux chrétiens de participer à l'antisémitisme. Nous reconnaissons à quiconque le droit de se défendre et de prendre les moyens de se protéger contre tout ce qui menace ses intérêts légitimes. Mais l'antisémitisme est inadmissible. Nous sommes spirituellement des Sémites."* A propos l'Antisémitisme. Pèlerinage de la Radio catholique belge. In: La Documentation Catholique, 1938, 5.12., Sp. 1459f.
2 Maryks: S. 15.
3 Ebd.: S. 7.
4 Da die Jesuiten ihre Archivöffnungspolitik an jene des Heiligen Stuhles koppeln, werden ihre Archivbestände ab Februar 1939 erst dann zugänglich, wenn das vatikanische Geheimarchiv die Akten des Pontifikates von Pius XII. (1939–1958) freigibt.
5 Zitiert nach Sale: S. 212. Ähnlich bei Maryks: S. 272.
6 Sale: S. 89f.
7 Wolf: S. 234.
8 Ebd.: S. 237.
9 Brechenmacher: Die „unterschlagene Enzyklika".
10 Rober Boehringer an HS, 1938, 10.8.
11 Vgl. Fröhlich.

12 Nl Speier, Varia, Zweite Kiste.
13 Jan Willem Crous an HS, 1938, 4.[?]9.
14 Friedrich Krauss an HS, 1938, 7.9.
15 Alfred und Lise Salin an HS, 1938, 5.9.
16 GAdP, fasc. Speier Erminia.
17 Ebd.
18 HS an Elisabeth Jastrow, 1938, 15.10. GRI Special Collections, Elisabeth Jastrow Papers, 1870–1971. Box 11, Folder 8: Speier Hermine to Jastrow.
19 Nogara, Antonio: Origini e sviluppi, S. 6.
20 Archivio Nogara, laut schriftlicher Auskunft von Hartmut Benz, 2013, 21.8.
21 Nogara an Montini, 1938, 23.11. ASMV, Personale Speier.
22 Tardini an Nogara, 1938, 25.11. ASMV, Personale Speier.
23 Archivio Nogara, laut schriftlicher Auskunft von Hartmut Benz, 2013, 21.8.
24 Ebd.
25 Regia Questura di Roma al Ministero dell'Interno, 1939, 13.2. ACS, Fondo Ministero dell'Interno, Direzione Generale P.S., Div. Affari Generali e Riservati, Cat. A16, Sorveglianza Stranieri. 1940-1941, busta 267 SPAR-SPLZ.
26 Borgongini Duca an Pacelli, 1939, 3.2. Archivio Civiltà Cattolica, fondo non ordinato. Zitiert nach Sale: S. 259. Dass es sich bei der angesprochenen „Eminenza Reverendissima" (mit „Eminenz" werden Kardinäle angesprochen) als Adressaten nur um Pacelli handeln kann, ergibt sich aus dem Datum und der kommunikativen Situation: Der einzige Ansprechpartner im Kardinalstand für interne Kommunikation strikt politischer Art ist für einen Nuntius der Kardinalstaatssekretär. Pacelli war als Kardinalstaatssekretär bis zum Tod von Papst Pius XI. am 10. Februar 1939 im Amt.
27 Zitiert nach Sale: S. 259f.
28 Giovanni Battista Montini an HS, 1941, Ostern.
29 Das Telegramm liegt jenem Briefwechsel zwischen Hermine Speier und Umberto Nobile bei, der im November 2012 zur Versteigerung gelangte und sich heute in unbekanntem Privatbesitz befindet.
30 Riccardi: S. 80. Danach das Folgende.
31 Bartolomeo Nogara an Kardinal Nicola Canali, 1939, 26.6. ASMV, b.013B, f.1, anno 1939.
32 Nogara, Antonio: Origini e sviluppi, S. 18.
33 HS an Kardinal Nicola Canali, 1943, 4.2. GAdP, fasc. Speier Erminia.
34 Merkel-Guldan: Pollak, Römische Memoiren, S. 115.
35 Vian, Paolo, in einem Interview für Radio Vatikan, ausgestrahlt 2013, 11.6. Die Informationen dieses Kapitels sind, soweit nicht anders angegeben, diesem Interview entnommen.
36 Vgl. Schmugge.
37 Jacob Hess an HS, 1940, 25.3.
38 „... gerade [war] Hess da und erklärte auch, das müsse er sofort lesen." HS an Hubert Jedin, Ostermontag, wohl 1951. KfZ, Nl Jedin J.I.2.b.
39 HS an Elisabeth Jastrow, 1939, 30.1. GRI Special Collections, Elisabeth Jastrow Papers, 1870-1971. Box 11, Folder 8: Speier Hermine to Jastrow.
40 Kalender 1971, Eintrag am 29.4.: Herbert Bloch: Porta di S. Paolo. Nl Speier, C Tagebücher, Notizbücher.
41 Interview mit Frank Gebhard Zander.
42 Interview mit Schwester Giovanna Piccillo.
43 Unveröffentlichtes Tagebuch von Deoclecio Redig de Campos, mit freundlicher Genehmigung von Arnold Nesselrath, Abteilungsleiter an den Vatikanischen Museen.
44 Archivio Nogara, laut schriftlicher Auskunft von Hartmut Benz vom 21. August 2013.
45 Jan Willem Crous an HS, [1939], 13.5.
46 Theodor Klauser an HS, 1938, 24.11.

47 HS an Anneliese Rieß, 1939, 1.5. LBI, AR 100/9 10/39.
48 Friedrich Krauss an HS, 1939, 28.1.
49 HS an Anneliese Rieß, 1939, 1.5. LBI, AR 100/9 10/39.
50 Auskunft von Abt Pius Engelbrecht OSB, Archivar von S. Anselmo.
51 *„Augusto Pontefice imparte Erminia Speier fausto giorno suo battesimo implorata benedizione apostolica auspicio crescenti virtu . meriti conforti nella onorifica appartenenza corpo mistico di Cristo . Cardinale Maglione"* Das Telegramm liegt jenem Briefwechsel zwischen Hermine Speier und Umberto Nobile bei, der im November 2012 in Hamburg zur Versteigerung gelangte und sich heute in unbekanntem Privatbesitz befindet.
52 HS an Anneliese Rieß, 1939, 21.5. LBI, Riess Collection, AR 100/9, 11/39.
53 Anneliese Rieß überließ ausgesuchte Teile ihres Nachlasses, darunter rund zwei Dutzend Briefe und Karten Hermine Speiers, dem Leo Baeck Institute in New York. Drei Briefe Speiers an Theodor Klauser liegen im Archiv des Dölger-Instituts der Universität Bonn. In den Privatarchiven von zwei der drei Schefold-Söhnen fanden sich insgesamt rund 20 Schreiben Hermine Speiers. Ein Teilnachlass Robert Boehringers liegt im Stefan George Archiv in Stuttgart, wobei die dort aufgefundenen Briefe Speiers zum Gutteil ihre Hilfsarbeiten für Boehringer-Publikationen betreffen; ein weiterer Teilnachlass des George-Erben im Besitz seiner Enkelin Franziska Märki in Dublin scheint keine Post von Hermine Speier zu enthalten (Mail an die Autorin, 2012, 13.10.).
54 Theodor Klauser an HS, 1939, 16.5.
55 Karl und Marianne Schefold an HS, 1939, 31.5. Die Rechtschreibung ist originalgetreu wiedergegeben.
56 Robert Boehringer an HS, 1939, 12.5. Aus dem Konvolut Hermine Speier – Umberto Nobile in unbekanntem Privatbesitz.
57 Rieß: S. 64.
58 Vgl. etwa Hummel/Kißener, Sale, Wolf, Brechenmacher und andere.
59 Sale: S. 99.
60 Eine Untersuchung über eventuelle misogyne Tendenzen im Beamtenapparat von Heiligem Stuhl und Vatikanstaat steht aus.
61 Kessel: S. 125.
62 Interview mit Bernard und Ute Andreae.
63 HS Briefentwurf an Robert Boehringer, Pfingsten [6.6.] 1954, Kiste: III Nachlässe Speier E5 Verwaltung II, Umschlag: Robert Boehringer an Hermine Speier bezgl. Arbeitsplatzwahl.
64 Radio Vatikan, Sendereihe aus der Serie „Radioakademie" über Frauen im Vatikan von Gudrun Sailer, 2007, 19.6.
65 Lise Salin an HS, 1939, 15.1.
66 Friedrich Krauss an HS, 1939, 28.1.
67 Robert Boehringer an HS, 1939, 12.5. Briefwechsel Hermine Speier – Umberto Nobile in unbekanntem Privatbesitz.
68 Rieß: S. 63f.
69 Interview 1 mit Ulrike Diener.
70 Maili Langlotz, Ehefrau des Archäologen Ernst Langlotz, ordnete zusammen mit Ulrike Diener 1989 den Nachlass Hermine Speiers.
71 HS an Ernst Langlotz, 1961, 1.11. ULB, Nl Langlotz, 9:32.
72 Walter Hahland an HS, 1933, 28.8. und 1933, 2.9.
73 Märit Furtwängler-Scheler an HS, 1933, 12.9.
74 Friedrich Krauss an HS, 1938, 15.4.
75 Mündliche Informationen von Erica Claudia Fiedler, geb. 14.3.1939 in Rom.
76 Ebd.
77 Petrucci, Flaminia: Uova di Luce.
78 Nobile, Umberto: La tenda rossa, S. 341. Überhaupt verschleiert Nobile in seinen Me-

moiren die Rolle, die Hermine Speier für etliche Jahre in seinem Leben spielte.
79 HS an Umberto Nobile, 1937, 19.10.
80 HS an Umberto Nobile, undatiert, wohl vom Herbst 1937.
81 HS an Werner Körte, Briefentwurf, 1933, 12.11.
82 HS an Umberto Nobile, undatiert, wohl vom Herbst 1937.
83 Vgl. Curtius: Antwort.
84 Friedrich Krauss an HS, 1940, 20.12.
85 Margarethe Gütschow an HS, 1939, 25.10.
86 Rober Boehringer an HS, 1938, 10.8.
87 Lise Salin an HS, 1939, 15.1.
88 Schefold, Karl: Erinnerungen eines Archäologen, S. 75.
89 Ernst Langlotz an HS, 1933, 1.7. ULB, Nl Langlotz, 8:27.
90 Mail an die Autorin, 2013, 11.7.
91 HS an Marianne Schefold (von den Steinen), 1933, 14.7., Archiv Bertram Schefold.
92 Marianne Schefold an HS, 1968, 24.5.
93 Maria Weigert, Otto J. Brendel, Marianne von den Steinen, Karl Schefold und Hermine Speier studierten alle in kurzem zeitlichem Abstand Archäologie bei Ludwig Curtius in Heidelberg.
94 Marianne von den Steinen war „wegen der freidenkerischen Haltung ihrer Eltern nicht getauft". Überdies sei sie bis an ihr Lebensende „nie kirchlich-religiös" gewesen. Auszug aus zwei Mails von Dian Schefold an die Autorin von 2013, 4.9. und 2013, 28.8.
95 Eintrag „Leggi razziali", Michele Sarfatti, Dizionario del Fascismo, Bd. 2. Einaudi, Torino 2003. S. 23.
96 Interview mit Maria Nobile und Carla Schettino Nobile.
97 HS an Anneliese Riess, 1938, 18.8. LBI, AR 100/9, 65/38.
98 HS an Anneliese Riess, 1938, 30.8. LBI, AR 100/9, 71/38.
99 HS an Anneliese Riess, 1938, 23.9. LBI, AR 100/9, 88/38.
100 HS an Anneliese Riess, 1938, 28.9. LBI, AR 100/9, 91/38.
101 HS an Anneliese Riess, 1938, 2.11. LBI, AR 100/9, ?/38.
102 Ebd.
103 Rieß: S. 80.
104 HS an Anneliese Riess, 1938, 15.11. LBI, AR 100/9, 115/38.
105 HS an Anneliese Riess, 1938, 18.11. LBI, AR 100/9,117/38.
106 HS an Maria Brendel, 1939, 14.2. Briefentwurf.
107 HS an Anneliese Riess, 1938, 20.11. LBI, AR 100/9, 118/38.
108 Damit muss entweder die Ausreise Erich Speiers in die USA oder die Festnahme Paul Speiers gemeint sein.
109 HS an Anneliese Riess, 1938, 22.11. LBI, AR 100/9, 119/38.
110 HS an Anneliese Riess, 1938, 20.11. LBI, AR 100/9,118/38.
111 HS an Erich Boehringer, 1939, 3.1. Archiv Christoph Boehringer.
112 Lise Salin an HS, 1939, 15.1.
113 Vgl. Kapitel 6, Fußnote 9.
114 „Das Institut ist jetzt übrigens wieder jeden Nachmittag geöffnet, und als ich im Winter zum ersten Mal nach neun Jahren wieder dort arbeitete, war es ein grosser Augenblick." HS an Erich Boehringer, 1948, 30.5. Archiv Christoph Boehringer.
115 HS an Robert Boehringer, 1939, 1.1., SGA.
116 Nobile, Umberto: La tenda rossa, S. 344.
117 Briefentwurf HS an Maria Brendel, 1939, 14.2.
118 Alfred Salin an HS, 1939, 3.3.
119 HS an Anneliese Riess, 1939, 8.4. LBI, AR 100/9, 27/39.
120 Mit freundlicher Genehmigung von Erica Claudia Fiedler.
121 Lise Salin an HS, 1939, 15.1.

122 Nobile, Umberto: La tenda rossa, S. 346.
123 HS an Anneliese Riess, 1939, 8.4. LBI, AR 100/9, 27/39.
124 HS an Umberto Nobile, 1939, 15.3.
125 HS an Umberto Nobile, 1939, 11.5.
126 HS an Umberto Nobile, 1940, 24.5.
127 ADSS. Die „Brasilienaktion" ist in Bd. 6 und 8 dokumentiert.
128 ADSS, Bd. 6, S. 64f.
129 Der Nuntius in Rio, Erzbischof Benedetto Aloisi Masella, an Kardinalstaatssekretär Maglione am 28. Juni 1939. ADSS, Bd. 6, S. 99f.
130 ADSS, Bd. 6, S. 313.
131 Der Freundin Anneliese Rieß, die im April 1939 nach New York flüchtet, gibt Hermine Speier ein Päckchen für ihren Bruder mit auf den Weg. Das geht aus dem Brief vom 11.4.1939 hervor, den Hermine der emigrierenden Jüdin auf den Dampfer „Rex" nach Genua vorausschickt, wo diese sich einschifft. Dieser Brief ist übrigens mit einem handschriftlichen Gruß in deutscher Sprache von Umberto Nobile versehen: Hermine und Umberto haben ihn gemeinsam in Rom geschrieben. LBI, AR 100/9, 28/39.
132 HS an Umberto Nobile, 1940, 26.5.
133 ADSS, Bd. 6, S. 360.
134 Ebd.: S. 362.
135 Ebd.: S. 385.
136 Ebd.: S. 423.
137 Ebd.: S. 16.
138 Ebd.: S. 461.
139 Ebd.: S. 360.
140 HS an Umberto Nobile, 1940, 26.5.
141 PAAA, R 72076-583 (letztes Blatt). Zitiert nach Schmugge: S. 160.
142 Archivio Nogara, laut schriftlicher Auskunft von Hartmut Benz von 2013, 21.8.
143 HS an Umberto Nobile, 1940, 26.5.
144 Ebd.
145 Mündliche Information der Brasilianischen Botschaft beim Heiligen Stuhl vom 21. Mai 2013.
146 Von den rund 2.800 Briefen an Speier, die sich in ihrem Nachlass befinden, ist jener von Pater Anselm Stolz der einzige, der sie mit „Frau" und nicht mit „Fräulein" anspricht. – Der Einfachheit halber werden in diesem Brief Ergänzungen und Anmerkungen, die dem besseren Verständnis dienen, in eckigen Klammern direkt ergänzt.
147 *„Come vede, in questa questione sono molto perplesso. Ma intanto io vorrei chiarire molti punti; ma qui a Rochester mi è difficile farlo. Er will an einen Vetter Erm. schreiben e scriverò ancora una volta. Star lontano dal mio paese e delle persone care in questo periodo è assai difficile. Das verflossene Jahr non è stato un anno felice. E se tutto andrà bene, passerà un anno ancora prima che possa venire in Italia. E intanto mi faccio sempre più vecchio. Quando sarà nuovamente a Roma, raccomandi ad E. di aver cura della sua salute, e le dica di aver pazienza. In fondo per lei deve essere più facile che per me, trovandosi in un ambiente di amici, che le vogliono bene. ... [Punkte im Original] Una volta lei fosse qui, potremmo facilmente fare quello che desideriamo ... [Punkte im Original] Se poi verrò prima in Italia, dann muss ich dafür sorgen.]"*
148 Daran wird sich Hermine Speier nach Kriegsende in einem sogenannten Entlastungsschreiben für Mercedes Gaffron zur Vorlage bei den alliierten Behörden erinnern. Nl Speier, Varia, zweite Kiste.
149 HS an Umberto Nobile, 1940, 25.5.
150 HS an Umberto Nobile, 1940, 24.5.
151 HS an Umberto Nobile, 1940, 26.5.
152 ACS, Fondo Ministero dell Interno, Divisione Affari Generali e Riservati, Pubblica Sicurezza, Categoria A16, Sorveglianza Stranieri, 1940-1941, busta 267 SPAR-SPLZ.

153 Nogara, Antonio: Origini e sviluppi, S. 7.
154 Ebd.: S. 8.
155 Otto M. Schiff an HS, 1937, 21.5. und 1937, 18.6.

8. Kapitel

1 ADSS, Bd. 7, S. 614.
2 Alle Aussagen dieses Absatzes sind Interviews mit römischen Juden entnommen. Antonucci et al.: SS. 97, 100, 111, 115, 121.
3 HS an Lise Salin, 1943, 2.9. und 6.9.
4 ASMV, Rapporti mensili della Direzione. September 1943, S. 1726, sowie Beilage.
5 Nogara, Antonio: Origini e sviluppi, S. 8f.
6 Archivio Nogara, laut schriftlicher Auskunft von Hartmut Benz von 2013, 21.8.
7 Jedin: Tagebucheintrag von 1943, 11.9. Fasz. 2, S. 10f.
8 Nogara, Bartolomeo: Tagebucheintrag von 1943, 13.9. Nogara, Antonio: Origini e sviluppi, S. 9.
9 Zu Giulio Belvederi: Heid/Dennert, S. 154ff.
10 Ab 25. November 1941 entzog ein nationalsozialistisches Gesetz deutschen Juden mit Wohnsitz im Ausland automatisch die Staatsbürgerschaft und allen Besitz.
11 Jedin: Tagebucheintrag von 1943, 17.10, Fasz. 3, Seiten nicht nummeriert.
12 Jedin: S. 122.
13 ASMV Rapporti mensili della Direzione. September 1942, S. 1699. Der Monatsbericht mit diesem Hinweis ist der erste, der nicht mehr von Quadranis Hand stammt. Der Verwaltungsleiter starb am 27. September in der Klinik der Schwestern von S. Carlo auf der Via Aurelia an einer Bauchfellentzündung.
14 Nogara, Bartolomeo: Tagebucheintrag von 1942, 30.6. Nogara, Antonio: Origini e sviluppi, S. 9.
15 Eugénie Strong an Gaetano De Sanctis, Bartolomeo Nogara ua., 1941, 15.11. ASMV Carte Nogara, busta 1.
16 Fornari. Im Anhang der Diplomarbeit finden sich 19 von der Autorin eingeholte und vollständig transkribierte Interviews mit Zeitzeugen, darunter eines mit „Schwester Serena und Schwester Anna, Benediktinernonnen von S. Priscilla“, datiert auf 1998, 2.1.
17 Wahrscheinlich handelt es sich um Marcello Visconti di Modrone (1898–1964). Er war ab 1929 faschistischer Bürgermeister Mailands, wurde mehr und mehr zum Regimegegner und gehörte ab September 1943 zum Widerstand.
18 Zitiert nach Fornari.
19 Dyson: S. 189.
20 Eugénie Strong hat Hermine Speier in guter Erinnerung behalten. Sie vermacht der ehemaligen Sekretärin 25 Pfund, was seinerzeit rund 2.000 Lire entsprach: knapp ein dreifacher vatikanischer Monatsverdienst für Hermine Speier. Ich danke Valerie Scott von der British School at Rome für das Einsehen des dort verwahrten Testaments von Eugénie Strong. Hermine Speier, die bis 1957 immer knapp bei Kasse ist, versucht 1952, an diese Summe Geldes zu kommen. Sie bemüht dafür ihre Freundin Gertrud Bing vom Warburg Institute in London. Die Versuche scheitern am britischen Amt für Verwahrung von Feindesgut.
21 HS an Robert Boehringer; abgelegt unter: HS an Guido Kaschnitz von Weinberg. Aus dem Konvolut Marie Luise Kaschnitz – HS. Ohne Datum. Datierbar auf 1942, ca. 15.10.
22 Interview mit Schwester Giovanna Piccillo.
23 Die Festschrift eschien 1954.
24 Nl Speier, E1 Manuskripte B. Umschlag: Un sarcofago delle Muse nelle Catacombe di Priscilla.

25 Interview mit Schwester Giovanna Piccillo.
26 Zitiert nach Fornari.
27 Interview mit Schwester Giovanna Piccillo.
28 Nogara, Bartolomeo: Tagebucheintrag von 1943, 16.12. Nogara, Antonio: Origini e sviluppi, S. 9.
29 Das gibt eine der beiden von Irene Fornari befragten Benediktinerinnen von Priscilla zu Protokoll; die andere hingegen sagt, Giulio Andreotti, der „sehr aktiv" gewesen sei, habe die gefälschten Dokumente ins Kloster gebracht.
30 HS an Marianne von Weizsäcker, undatierter Briefentwurf, datierbar auf 1946. NL Speier, Varia, zweite Kiste.
31 Zitiert nach Fornari.
32 Ebd.
33 Interview mit Frank Gebhard Zander. Ähnlich Lilly Liebig.
34 Vgl. von Steuben.
35 Archivio Nogara, laut schriftlicher Auskunft von Harmut Benz von 2013, 21.8.
36 Jedin: Tagebucheinträge von 1943, 22.11. und 26.12. sowie 1944, 16.1., 26.2., 5.3. und 20.3 Fasz. 4 und 5.
37 Jedin: S. 127.
38 Nogara, Antonio: Origini e sviluppi, S. 9.
39 Nogara, Bartolomeo: Tagebucheintrag von 1943, 17.11. Nogara, Antonio: Origini e sviluppi, S. 9.
40 Kessel: S. 59.
41 Robert Boehringer bat Hermine Speier 1934, bei Eugénie Strong Kontaktmöglichkeiten für Weizsäckers Tochter Adelheid in London zu erfragen. Robert Boehringer an HS, 1934, 30.11.
42 ASMV, Rapporti mensili della Direzione. Oktober 1943, S. 1728.
43 Ebd.
44 Nobile, Umberto: La tenda rossa, S. 375f.
45 Ebd.: S. 378.
46 P. Augustinus Mayer gegenüber Radio Vatikan, 2004, 18.2., Beitrag „Montecassino – 60 Jahre nach der Bombardierung".
47 HS an P. Augustinus Mayer, 1944, 1.3. Kiste: III Nachlässe Speier, E2a Notizen 5. Umschlag: Varia [mit handschriftlicher Hinzufügung: enthält u.a. Briefentwürfe u. Manuskripte von H. Speier]. Pater Augustinus' Brief an Hermine, auf den sie hier antwortet, liegt leider nicht in ihrem Nachlass.
48 Interview mit Christoph Boehringer, dem Sohn Erich Boehringers.
49 Riccardi: S. 109.
50 Merkel-Guldan: Pollak, Römische Memoiren, S. 26, Anm. 13.
51 Aus diesem Grund ist im amtlichen Abschlussbericht der Razzia nicht die Rede von etwa aufgrund ihrer Taufe freigelassenen Juden. Am Ende der Aktion meldet General Wolff am 18. Oktober nach Berlin: „Nach Entlassung der Mischlinge, der Ausländer einschl. eines Vatikanbürgers, der Familien in Mischehen einschl. jüdischen Partners, der arischen Hausangestellten und Untermieter verblieben an festzuhaltenden Juden 1007." Zitiert nach Samerski: S. 126.
52 Mail von Christoph Luitpold Frommel an die Autorin von 2011, 18.5.
53 Bernard Andreae, Wolf-Dieter Heilmeyer, Dietrich Willers.
54 Die gewissenhafte, Archivmaterial und Zeugenaussagen auswertende Aufstellung von Antonucci et al. über „Roma, 16 ottobre. Anatomia di una deportazione" (2006) widmet sich ausdrücklich den Deportierten.
55 HS an Marianne von Weizsäcker, undatiert, datierbar auf 1946. Nl Speier, Varia, zweite Kiste. Albrecht von Kessel kam im Sommer 1943 zu seinem zweiten diplomatischen Einsatz nach Rom.
56 Kessel: S. 72f.

57 Eidesstattliche Erklärung, Belege zum Antrag auf Grund des Bundesgesetzes zur Entschädigung für Opfer der nationalsozialistischen Verfolgung, 1957, 21.4. Nl Speier, E5 Verwaltung III. Blaugrüne Mappe: Wiedergutmachung Düsseldorf.
58 ASMV, Carte Nogara, busta 1, fasc. 3.
59 Antonucci et al. Dass Familie Pollak und Alina Cavalieri unter den Deportierten und in Auschwitz ermordeten waren, ergibt sich aus den grafisch und statistisch aufbereiteten Informationen auf der beiliegenden DVD.
60 ADSS, Bd. 9, S. 505f.
61 Samerski: S. 124.
62 Dies und die folgenden Ausführungen orientieren sich an Riccardi: S. 110f.
63 ADSS, Bd. 9, S. 511.
64 Riccardi: S. 111.
65 ADSS, Bd. 9, S. 513.
66 ADSS, Bd. 9, SS. 517, 521. Um welche Personen es sich handelt, und ob sie unter den Freigelassenen sind, wird sich erst bei der Öffnung des Bestands zum Pontifikat von Pius XII. im Vatikanischen Geheimarchiv prüfen lassen.
67 ADSS, Bd. 9, S. 537.
68 HS Entwurf an Marianne von Weizsäcker, wohl August 1946. Nl Speier, Varia, zweite Kiste.
69 Riccardi: S. 107.
70 ADSS, Bd. 7, S. 619.
71 Riccardi: S. 10.
72 Antonucci et al.: S. 75.
73 Loparco: Dall'arrivo alla partenza, S. 120.
74 Riccardi: S. 15.
75 Loparco: Dall'arrivo alla partenza, S. 111.
76 Ebd.: S. 115.
77 Ebd.: S. 117.
78 ADSS, Bd. 9, S. 518.
79 Hocke: S. 195.
80 Interview mit Schwester Giovanna Piccillo.
81 Riccardi: S. 78. Danach das Folgende.
82 Jedin: S. 123.
83 Vgl. Jung-Inglessis.
84 Jung-Inglessis: S. 6.
85 Jedin: S. 120.
86 Jung-Inglessis: S. 7.
87 ASMV, Rapporti mensili della Direzione. Juni 1940, S. 1620.
88 ASMV, Rapporti mensili della Direzione. Juli 1941, S. 1660.
89 ASMV, Rapporti mensili della Direzione. November 1941, S. 1673.
90 ASMV, Rapporti mensili della Direzione. September 1943, S. 1725.
91 ASMV, Rapporti mensili della Direzione. Januar 1944, S. 1733.
92 ASMV, Rapporti mensili della Direzione. November 1943, S. 1730.
93 HS an Ernst Langlotz, 1946, 28.2. /4.3. ULB, Nl Langlotz, 9:2.
94 Entwurf im Verfahren für E.v.Weizsäcker. Nl Speier, Varia, zweite Kiste.
95 Nogara, Bartolomeo: Tagebucheintrag von 1943, 17.11. Nogara, Antonio: Origini e sviluppi, S. 9.
96 Entwurf im Verfahren für E.v.Weizsäcker. Nl Speier, Varia, zweite Kiste.
97 ASMV, Rapporti mensili della Direzione. November 1943, S. 1730.
98 Albrecht von Kessel an HS, 1948, 5.2.
99 HS an Ernst Langlotz, 1946, 28.2. /4.3. ULB, Nl Langlotz, 9:2.
100 ASMV, Rapporti mensili della Direzione. November 1943, S. 1729.
101 ASMV, Rapporti mensili della Direzione. Dezember 1943, S. 1731.

9. Kapitel

1 Hocke: S. 219.
2 HS an Robert Boehringer, Briefentwurf, 1948, 14.5. Nl Speier, E2a Notizen 5.
3 Interview mit Wolf-Dieter Heilmeyer.
4 Nogara, Bartolomeo: Tagebucheintrag von 1944, 26.9. Nogara, Antonio: Origini e sviluppi, S. 11.
5 Nogara, Bartolomeo: Tagebucheintrag von 1944, 17.10. Nogara, Antonio: Origini e sviluppi, S. 11.
6 Nogara, Bartolomeo: Tagebucheintrag von 1944, 1.7. Nogara, Antonio: Origini e sviluppi, S. 10f.
7 Vgl. Kessel: S. 103., Jedin: S. 139f., Braun: S. 184f.
8 Jedin: S. 139.
9 HS an Marianne von Weizsäcker. Undatierter Entwurf, datierbar auf 1946. Nl Speier, Varia, zweite Kiste.
10 HS an Marianne von Weizsäcker, 1947 (?), 21.3. Nl Speier, E2a Notizen 5.
11 Albrecht von Kessel an HS, 1946, 17.8.
12 Jedin: S. 139.
13 Jedin: S. 104.
14 Kessel: S. 125f.
15 Kessel: S. 93.
16 Jedin: Tagebucheintrag von 1944, 27.7. Fasz. 7, S. 26.
17 Kessel: S. 121.
18 Braun: S. 197.
19 Ebd.: S. 210.
20 HS an Ernst Langlotz, 1946, 28.2. ULB, Nl Langlotz, 9:2.
21 Jedin: Tagebucheintrag von 1944, 2.7. Fasz. 7, S. 29.
22 Jedin: Tagebucheintrag von 1944, 11.8. Fasz. 8, S. 4.
23 Kessel: S. 127.
24 Braun: S. 187.
25 Kessel: S. 127..
26 „Die goldenen Sieben". Mitarbeiter: Hellmuth Lehmann, Hermann Zentner, Erich Schmidt, Bruno Wittenauer, Georg Hüßler, Gerhard Koltermann, Willi Zeeb. Nl Speier, Varia, erste Kiste.
27 1928 auf dem Weg nach Rom zum Dienstantritt als Direktor des Archäologischen Instituts hat Curtius den Diplomaten in Genf getroffen. Curtius: Deutsche und antike Welt, S. 337. Bzw. Kessel: S. 124.
28 Braun: S. 212.
29 Kessel: S. 124.
30 Jedin: S. 143.
31 Vgl. Diebner.
32 Bartolomeo Nogara, Tagebucheinträge von 1944, 5./6.6. und 9.6. Nogara, Antonio: Origini e sviluppi, S. 10.
33 HS an Lise Salin, 1943, 2.9. bzw. 6.9.
34 Jedin: S. 104.
35 Für diese Information danke ich Sylvia Diebner (Mail von 2013, 25.7.), Fotothekarin des Deutschen Archäologischen Instituts in Rom bis 2013.
36 Bartolomeo Nogara, Tagebucheintrag von 1944, 28.11. Nogara, Antonio: Origini e sviluppi, S. 11.
37 Jedin: S. 143. Einer Formulierung von Hermine Speier zufolge, die zum Curtius-Geburtstag zwei Reden hielt, scheint die Feier an zwei aufeinander folgenden Tagen stattgefunden zu haben. „... was ich gestern auszudrücken versuchte..." Nl Speier, E1

Manuskripte D. Umschlag: Reden anlässlich des 70. Geburtstages von Prof. Curtius (incl. Rede v. Prof. B. Nogara).
38 Nl Speier, E1 Manuskripte D. Umschlag: Reden anlässlich des 70. Geburtstages von Prof. Curtius.
39 Etwa: Manderscheid, Opfer; Diebner, Curtius als Schriftsteller.
40 Jedin: Tagebucheintrag von 1944, 27.6. Fasz. 7, S. 10.
41 Kessel: S. 123.
42 Jedin: Tagebucheintrag von 1945, 14.2. Fasz. 9, S. 27.
43 Jedin: Tagebucheintrag von 1944, 15.11. Fasz. 7, S. 32.
44 Einaudi, S. 229.
45 HS an Ernst Langlotz, 1945, 25.10. ULB, Nl Langlotz 9:1.
46 HS an Ernst Langlotz, 1946, 28.2. ULB, Nl Langlotz, 9:2.
47 Jedin: Tagebucheintrag von 1944, 3.9. Fasz. 8, S. 13.
48 HS an Karl Schefold, 1946, 24.3. Archiv Dian Schefold.
49 Marie Luise Kaschnitz an HS, 1947, 7.3.
50 Schefold, Karl: Erinnerungen eines Archäologen, S. 116.
51 Edelgard Morgner an HS, 1948, 19.3.
52 Nl Speier, E2a Notizen 1. Umschlag: Varia.
53 Nl Speier, E2a Notizen 5. Kleines rotes Notizbuch.
54 HS an Robert Boehringer, undatiert, datierbar auf 1947. Nl Speier, E2a Notizen 5.
55 Liesel Fischer an HS, 1946, 9.10.
56 Märit Furtwängler-Schelers Darstellung zufolge handelte es sich dabei um ein Missverständnis, das Jahre später ausgeräumt werden konnte.
57 Märit Furtwängler-Scheler an HS, 1947, 25.5. Die Briefe Hermine Speiers an Märit Furtwängler-Scheler sind offenbar nicht erhalten (freundliche Auskunft ihres Neffen Andreas Furtwängler).
58 Vgl. auch: Nl Speier, E5 Verwaltung II. Umschlag: „Möbelaffäre" 1949.
59 Märit Furtwängler-Scheler an HS, 1956, 16.10.
60 Furtwängler, Märit: „Dokumente Rom betreffend". SBPK MMA. Nl Wilhelm Furtwängler, 55 Nachl 13 / A, Kasten 13.
61 Märit Furtwängler-Scheler an HS, 1947, 25.5.
62 Marianne von Weizsäcker und andere an HS, 1946, 25.8.
63 HS an Marianne von Weizsäcker, undatierter Entwurf, datierbar auf August 1946. Nl Speier, E2a Notizen 5. Umschlag: Varia [handschriftliche Hinzufügung: enthält u.a. Briefentwürfe u. Manuskripte von H. Speier].
64 Jedin: Tagebucheintrag von 1947, 30.10. Fasz. 13.
65 HS, Briefentwurf an Marianne von Weizsäcker, undatiert, Weihnachten 1947. Nl Speier, E2a Notizen 5. Umschlag: Varia [handschriftliche Hinzufügung: enthält u.a. Briefentwürfe u. Manuskripte von H. Speier].
66 Albrecht von Kessel an HS, 1947, 7.11.
67 Hermine Speier, Erklärung. Datiert auf 1947, 28.10. Archiv IfZ. Case Nr.11 Exhibit Nr.321. Ich danke Karl-Joseph Hummel für die Quellenauskunft.
68 HS, Briefentwurf an Marianne von Weizsäcker, undatiert, Weihnachten 1947. Nl Speier, E2a Notizen 5. Umschlag: Varia [handschriftliche Hinzufügung: enthält u.a. Briefentwürfe u. Manuskripte von H. Speier].
69 HS an Bartolomeo Nogara, 1947, 2.12. IL, Teilnachlass Bartolomeo Nogara.
70 HS, Briefentwurf an Marianne von Weizsäcker, undatiert, Weihnachten 1947. Nl Speier, E2a Notizen 5. Umschlag: Varia [handschriftliche Hinzufügung: enthält u.a. Briefentwürfe u. Manuskripte von H. Speier].
71 Albrecht von Kessel an HS, 1947, 7.11.
72 Albrecht von Kessel an HS, 1948, 19.1.
73 Briefe Hermine Speiers an Albrecht von Kessel liegen weder in dessen privaten Nachlass (Auskunft Christiane von Kessels vom 27.2.2013) noch im Politischen Archiv des

Auswärtigen Amtes der Bundesrepublik Deuschland, wo Kessels politisch relevanter Nachlass verwahrt wird.
74 Albrecht von Kessel an HS, 1948, 5.2.
75 HS an Robert Boehringer, 1950, 20.2. SGA.
76 Ernst von Weizsäcker an HS, 1950, 14.11.
77 Interview mit Richard von Weizsäcker.
78 Richard von Weizsäcker an HS, 1962, 14.8. „... wegen eines etwaigen Römer Aufenthaltes von meiner Frau und mir bei Ihnen. ... Gewiß habe ich Ihre Wohnung aus dem Jahr 1952 in schönster Erinnerung und würde mich mit meiner Frau zusammen sehr freuen, wieder kommen zu dürfen..." Nl Speier, E5 Verwaltung III.
79 Richard von Weizsäcker an HS, 1953, 31.10.
80 Marianne von Weizsäcker an HS, 1971, 19.10.
81 HS an Ernst Langlotz, 1946, 28.2. ULB, Nl Langlotz 9:2.
82 HS an Bernhard Schweitzer, 1947, 20.3. Durchschlag. Nl Speier, E2a Notizen 4. Umschlag: Pferdekopf.
83 HS an Robert Boehringer, undatiert, datierbar auf 1947. Nl Speier, E2a Notizen 5. Umschlag: Varia [handschriftl. Hinzufügung: enthält u.a. Briefentwürfe u. Manuskripte von H. Speier].
84 Speier: Fragment eines Pferdekopfes, S. 104.
85 Speier: Fragment eines Pferdekopfes, S. 108, Fußnote 16.
86 HS an Bartolomeo Nogara, 1947, 2.12. IL, Teilnachlass Bartolomeo Nogara.
87 Hermine Speier: Fragment eines Pferdekopfes, S. 114.
88 HS an Bernhard Schweitzer, 1947, 20.3. Nl Speier, E2a Notizen 4. Umschlag: Pferdekopf.
89 Romana Gens. Bollettino dell associazione archeologia Romana. Dezember 1948. Nl Speier, F Zeitungsausschnitte 1920–1972.
90 Jedin: Tagebucheintrag 1948, 26.2. Fasz. 13.
91 Nogara, Bartolomeo: Tagebucheintrag von 1948, 28.2. Nogara, Antonio: Origini e sviluppi, S. 16.
92 HS an Erich Boehringer, 1948, 30.5. Archiv Christoph Boehringer.
93 Albrecht von Kessel an HS, 1948, 15.4.
94 Der Vatikan. Allgemeiner Führer, S. 419.

10. Kapitel

1 Bartolomeo Nogara, 1943, 24.11. ASMV Carte Nogara, busta 1.
2 HS an Ernst Langlotz, 1946. 7.6. ULB, Nl Langlotz, 9:3.
3 HS an Ernst Langlotz, 1946, 28.2. ULB, Nl Langlotz, 9:2.
4 HS an Karl Schefold, 1946, 24.3. Archiv Dian Schefold.
5 „Due preziose biblioteche recuperate e restituite a Roma" von 1946, 7.2.
6 Jedin: Tagebucheintrag von 1946, 8.2. Fasz. 11.
7 HS an Ernst Langlotz, 1946. 7.6. ULB, Nl Langlotz, 9:3.
8 HS an Erich Boehringer, 1948, 30.5. Archiv Christoph Boehringer.
9 Albrecht von Kessel an HS, 1948, 15.4.
10 Zwei aufschlussreiche Vorträge dazu waren bei der Tagung „Orte der Zuflucht und personeller Netzwerke: Der Campo Santo Teutonico und der Vatikan 1933-1955" von 21.-23. März 2013 im Vatikan zu hören. Paolo Vian: I fratelli Mercati e il mondo scientifico di lingua tedesca. Michael Matheus: Vatikan, Campo Santo und der Kampf um die deutschen wissenschaftlichen Institute in Italien (1945–1953). Der Tagungsband erscheint Ende 2014 bei Herder.
11 Robert Boehringer an William George Constable, 1949, 31.8. Nl Speier, Varia, zweite Kiste. Korrespondenz bezüglich Zukunft des DAInst Rom nach dem Krieg, 1949.

12 Erklärung HSs über die Zukunft des DAI Instituts. 1949, 12.7. Nl Speier, Varia, zweite Kiste.

13 William George Constable an Robert Boehringer, 1949, 1.9. Nl Speier, Varia, zweite Kiste. Korrespondenz bezüglich Zukunft des DAInst Rom nach dem Krieg, 1949.

14 Nogara, Bartolomeo: Tagebucheinträge 1946, 18.11. und 4.12. Nogara, Antonio: Origini e sviluppi, S. 14.

15 HS an Marianne Schefold, 1952, 1.6. Archiv Dian Schefold.

16 HS an Ernst Langlotz, 1946. 7.6. ULB, Nl Langlotz, 9:3.

17 Verdienstaufstellung aus dem Vatikan, 1957, 3.12. Nl Speier, E5 Verwaltung III. Blaugrüne Mappe: Wiedergutmachung Düsseldorf.

18 Botschaft der BRD Deutschland beim Heiligen Stuhl, 1954, 16.7. PAAA, Archivband B 130-5139. Außerdem: HS an Robert Boehringer. Nl Speier, E5 Verwaltung II. Umschlag: Robert Boehringer an Hermine Speier bezgl. Arbeitsplatzwahl, Pfingsten 1954.

19 Robert Boehringer an HS. Nl Speier, E5 Verwaltung II. Umschlag: Robert Boehringer an Hermine Speier bezgl. Arbeitsplatzwahl, Pfingsten 1954.

20 HS, Briefentwurf, 1957, 9.4. Nl Speier, E5 Verwaltung III.

21 HS an Armin von Gerkan, 1953, 15.2. Nl Speier, E5 Verwaltung III. Blaugrüne Mappe: Wiedergutmachung Düsseldorf.

22 HS an Carl Weickert, 1953, 15.2. Nl Speier, E5 Verwaltung III. Blaugrüne Mappe: Wiedergutmachung Düsseldorf.

23 Armin von Gerkan an HS, 1953, 19.2. Nl Speier, E5 Verwaltung III. Blaugrüne Mappe: Wiedergutmachung Düsseldorf.

24 Carl Weickert an HS, 1953, 4.3. 19.2. Nl Speier, E5 Verwaltung III. Blaugrüne Mappe: Wiedergutmachung Düsseldorf.

25 Carl Weickert, Zentraldirektion DAI, an HS, 1953, 11.11. Nl Speier, E5 Verwaltung II. Umschlag: Korrespondenz bezüglich Wiedergutmachung.

26 HS an Carl Weickert, 1953. Nl Speier, E5 Verwaltung II. Umschlag: Korrespondenz bezüglich Wiedergutmachung.

27 Erich Boehringer an HS, 1954, 20.7.

28 Antrag auf Grund des Bundesgesetzes zur Entschädigung für Opfer der nationalsozialistischen Verfolgung, 1957, 21.4. Nl Speier, E5 Verwaltung III. Blaugrüne Mappe: Wiedergutmachung Düsseldorf.

29 Eidesstattliche Erklärung, Beilage zum Antrag auf Grund des Bundesgesetzes zur Entschädigung für Opfer der nationalsozialistischen Verfolgung, 1957, 21.4. Nl Speier, E5 Verwaltung III. Blaugrüne Mappe: Wiedergutmachung Düsseldorf.

30 Wiedergutmachungsbescheid des Herrn Bundesministers des Innern, 1957, 11.10. Aktenzeichen II W-6 – 4.9.Spei. Nl Speier, E5 Verwaltung III. Blaugrüne Mappe: Wiedergutmachung Düsseldorf.

31 Robert Boehringer an HS. Nl Speier, E5 Verwaltung II. Umschlag: Robert Boehringer an Hermine Speier bezgl. Arbeitsplatzwahl, Pfingsten 1954.

32 Kaschnitz, Marie Luise: Engelsbrücke, S. 125.

33 Kaschnitz, Marie Luise: Gesammelte Werke, 3. Band, S. 703f.

34 Kaschnitz, Marie Luise: Engelsbrücke, S. 127.

35 Erinnerung von Ulrike Diener, Telefonat 2013, 4.4.

36 Kaschnitz, Marie Luise: Engelsbrücke, S. 127.

37 Kaschnitz, Marie Luise: Engelsbrücke, S. 127f.

38 Nl Speier, E5 Verwaltung I. Umschlag: Registro Inquilini Salita di S. Onofrio 23.

39 Speier: Erinnerungen an Erich Boehringer, S. 11.

40 Nl Speier, E5, Verwaltung I. Umschlag: Salita Condominio.

41 „Da ich nun einmal die Wohnung erworben habe..." Robert Boehringer an HS, 1953, 26.10.

42 Nl Speier, E5 Verwaltung II. Umschlag: Schreiben commissariato.

43 HS an Hubert Jedin, 1953, 2.11. KfZ, Nl Jedin J.I.2.d 1953.
44 Nl Speier, E5 Verwaltung II. Umschlag: 3 Schreiben R. Boehringer an H. Speier bezgl. Renovierungsarbeiten Salita.
45 Robert Boehringer an HS, 1953, 12.12.
46 Nl Speier, E2a Notizen 1. Umschlag: Varia.
47 HS an Robert Boehringer, 1950, 24.9. SGA.
48 Nl Speier, E1 Manuskripte auch fremde. Umschlag: Homer.
49 Robert Boehringer an HS, 1936, 16.5.
50 Robert Boehringer an HS, 1958, 3.1.
51 Hinweise zu Julie Boehringer und anderen Familienmitgliedern verdanke ich Pascal Christian Märki, Basel, einem Enkelsohn Robert Boehringers.
52 HS an Robert Boehringer, 1956, 17.2.
53 HS an Erich Boehringer, 1956, 10.2.
54 Max Breithaupt an HS, 1962, 13.5. Nl Speier, E5 Verwaltung III.
55 Rieß: S. 63.
56 Interview mit Lilly Liebig.
57 Interview mit Frank Gebhard Zander.
58 HS an Marianne von Weizsäcker, Entwurf, 21.3. ohne Jahr, wohl 1947. Nl Speier, E2a Notizen 5.
59 Lise Salin an HS, 1975, 6.7.
60 Interview mit Elsa Pfaff.
61 Nl Speier, E5 Verwaltung I. Umschlag: Wohnungs-Vertrag Kopie 1967.
62 E-Mail von Elsa Pfaff, 2014, 22.4.
63 Interview mit Wolf-Dieter Heilmeyer.
64 Interview mit Bernard und Ute Andreae.
65 Curtius: Winckelmann, in: Torso, S. 140.
66 Interview mit Wolf-Dieter Heilmeyer.
67 Interview mit Paul Zanker.
68 Interview mit Bernard und Ute Andreae.
69 Kaschnitz, Marie Luise: Meine acht römischen Wohnungen. In: Gesammelte Werke, 3. Bd., S. 703.
70 Zu den bibliografischen Angaben s. Literaturverzeichnis.
71 Nl Speier, E1 Manuskripte C. Umschlag: Eros.
72 Nl Speier, E2a Notizen 1. Umschlag: Eros.
73 Nl Speier, E1 Manuskripte B. Umschlag: Lexikon für Theologie und Kirche Artikel über L. Curtius.
74 Nl Speier, E2a Notizen 4. Umschlag: Pferdekopf. [Sic]
75 Interview mit Christoph Boehringer.
76 Nl Speier, E2a Notizen 5. Umschlag: Griech. Originale in Rom.
77 Von Steuben: S. 381.
78 Herbert Hoffmann an HS, 1961, 22.8.
79 Nl Speier, E5 Verwaltung II. Umschlag: Korrespondenz mit Wilhelm Hoffmann Direktor der Württembergischen Landesbibliothek, Stuttgart bezüglich Festschrift Robert Boehringer zu dessen 70. Geb.
80 Pietrangeli: S. 4.
81 Vgl. Sailer: S. 92-99.
82 Carl Weickert an HS, 1953, 5.11. Nl Speier, E5 Verwaltung II.
83 HS an Robert Boehringer, 1950, 20.2. SGA.
84 HS an einen ungenannten Vorgesetzten, 1954, 9.4. GAdP, fasc. Speier Erminia.
85 HS Briefentwurf an Robert Boehringer, Pfingsten [6.6.] 1954, Kiste: III Nachlässe Speier E5 Verwaltung II, Umschlag: Robert Boehringer an Hermine Speier bezgl. Arbeitsplatzwahl.
86 Jedin: Tagebucheintrag von 1948, 7.6. Fasz. 13.

87 Nogara, Bartolomeo: Tagebucheintrag von 1951, 19.4. Nogara, Antonio, Origini e sviluppi, S. 17.
88 Nogara, Bartolomeo: Tagebucheinträge von 1951, 20.6., 29.12., 27.6. Nogara, Antonio, Origini e sviluppi, S. 17.
89 Julius von Magyary an HS, 1955, 4.12.
90 Lise Salin an HS, 1957, 1.12.
91 Interview mit Dian Schefold.
92 Pietrangeli: S. 4f.
93 Lise Salin an HS, 1959, 17.8. Die „iscrizione in ruolo", vergleichbar einer Verbeamtung, erhält Hermine Speier zum 1.1.1964.
94 HS an Theodor Klauser, 1961, 10.9. Archiv des F.J.Dölger-Institutes, Universität Bonn.
95 HS an Erich Dinkler, 1963, 4.2. Nl Speier, E5 Verwaltung III.
96 HS an Robert Boehringer, 1963. Antwort auf den Brief Robert Boehringers von 1963, 31.3.
97 HS an Paolo Dalla Torre del Tempio di Sanguinetto, 1966, 4.10. GAdP, fasc. Speier Erminia.
98 HS an Kardinal Alberto di Jorio, 1965, 24.3. GAdP, fasc. Speier Erminia.
99 Premio Internazionale Isabella d'Este. GAdP, fasc. Speier Erminia. Wer hinter dem Preiskomitee steht, geht aus den Angaben nicht hervor.
100 Heidenheimer Zeitung, 1966, 20.10. Der betreffende Zeitungausschnitt liegt im Archiv der Zentrale des Deutschen Archäologischen Instituts, Berlin, in der Biographica-Mappe Hermine Speiers.
101 Lise Salin an die Herrschaften Goldoni und Sigurtà, Briefentwürfe als Beilage in einem Brief an HS, 1966, 21.9.
102 HS an Carl Weickert, undatiert, datierbar auf 1953, Mitte November. Nl Speier, E5 Verwaltung II. Umschlag: Korrespondenz bezüglich Wiedergutmachung.
103 Hermine Speier an die Deutsche Forschungsgemeinschaft Bad Godesberg, 26.1.1954. Nl Speier, E5 Verwaltung II. Umschlag: Schreiben an DFG bezgl. Helbig Neu-Ausgabe.
104 Dietrich Willers an die Autorin, E-Mail von 2013, 13.3. Über alle Informationen und fachlichen Rat hinaus verdanke ich Dietrich Willers ein persönliches Exemplar von „Helbig vier".
105 Speier: Vorwort zum „Helbig", Band 1, S. IX.
106 Reinbard Lullies an HS, 1973, 8.7.
107 HS an Robert Boehringer, 1953, 28.4. SGA.
108 Hermine Speier an die Deutsche Forschungsgemeinschaft Bad Godesberg, 26.1.1954. Nl Speier, E5 Verwaltung II. Umschlag: Schreiben an DFG bezgl. Helbig Neu-Ausgabe.
109 HS an Gerad Bruns, 1956, 13.1. Nl Gerda Bruns, DAI, Zentrale Berlin.
110 Speier: Vorwort zum „Helbig", Band 1, S. VIII.
111 Ebd.: S. IX.
112 Interview mit Bernard und Ute Andreae.
113 Interview mit Paul Zanker.
114 Reinhard Lullies an HS, 1964, 15.4.
115 Borbein: S. 255.
116 HS an Dietrich Willers, 1967, 22.10. Archiv Dietrich Willers.
117 HS an Hans von Steuben, Entwurf, 1968, 17.6. Nl Speier, E1 Manuskripte D. Umschlag: Ludovisischer Thron.
118 HS an (vermutlich) Robert Boehringer, Entwurf, 1961, 12.3.
119 Interview mit Wolf-Dieter Heilmeyer.
120 Interview mit Klaus Fittschen.
121 HS an Robert Boehringer, Entwurf, 1963, April.
122 Robert Boehringer an HS, 1963, 31.3.
123 Märit Furtwängler-Scheler an HS, 1963, 23.11.

124 HS an Robert Boehringer, Entwurf, 1963, April.
125 HS an Herrn Wasmuth, Entwurf, 1973, Januar, aus Veytaux. Nl Speier, E2a Notizen 5. Umschlag: Helbig III [sic] Verteilung.
126 Dietrich Willers an HS, 1973, 15.2.
127 Interview mit Bernard und Ute Andreae.
128 HS an Günther Wasmuth, Entwurf, 1966, 26.5. Dieser Entwurf liegt irrtümlich im Konvolut Lise Salin an HS.

11. Kapitel

1 HS an Theodor Klauser, 1958, 5.10. Universität Bonn, Archiv des F.J.Dölger-Institutes, Nl Klauser.
2 HS an Ernst Langlotz, 1963, 3.7. ULB, Nl Langlotz, 9:43.
3 Interview mit Wilhelm Imkamp.
4 HS an Ernst Langlotz, 1968, 3.7. ULB, Nl Langlotz, 9:50.
5 HS an Ernst Langlotz, 1966, 3.7. ULB, Nl Langlotz, 9:45.
6 HS an Ernst Langlotz, 1970, 4.7. ULB, Nl Langlotz, 9:55.
7 HS an Ernst Langlotz, 1956, 20.12. ULB, Nl Langlotz, 9:22.
8 HS an Ernst Langlotz, 1970, 5.1. ULB, Nl Langlotz, 9:54.
9 Il Messaggero, 1970, 4.4. Nl Speier, F Zeitungsausschnitte 1920-1972.
10 HS an Ernst Langlotz, 1974, 30.8. ULB, Nl Langlotz, 9:70.
11 Hermine Speier versucht im Mai 1949 Albrecht von Kessel als Mediator in der verhängnisvollen Liebschaft zu aktivieren: Albrecht von Kessel an HS, 1949, 20.5. Ein späterer Brief Speiers an Hubert Jedin, in dem sie dem Priester gegenüber Verständnis für „Stürme" des Lebens aufbringt, die „hereinbrechen" und „mitreissen", bezieht sich offenbar auf die überstandene Affäre Jedins mit Hilde von Braun. HS an Hubert Jedin, 1949, 14.10. KfZ, Nl Jedin J I.1.g) Privates, Bl. 794f.
12 HS an Hubert Jedin, 1949, 14.10. KfZ, Nl Jedin J I.1.g) Privates, Bl. 796f.
13 Maria Nogara an HS, 1950, 18.4. Nl Speier, E1 Manuskripte. Umschlag: Gräber unter St. Peter II.
14 Nl Speier, E5 Verwaltung III.
15 HS an Ernst Langlotz, 1970, 5.1. ULB, Nl Langlotz, 9:54.
16 Marie Luise Kaschnitz an HS, 1963, ohne weitere Datierung. Das Stück hatte am 20. Februar 1963 Premiere.
17 Tobias Dohrn an HS, 1962, 18.12.
18 HS an Lise Salin, 1943, 2.9. bzw. 6.9.
19 HS an Ludwig Curtius, 1949, 11.12. DKA, Nl Curtius, Fasz. 143
20 Archivio Nogara, laut schriftlicher Auskunft von Hartmut Benz von 2013, 21.8.
21 HS an Robert Boehringer, 1974, 12.7. SGA.
22 Kalender 1974. Nl Speier, C Tagebücher, Notizbücher.
23 HS an Hubert Jedin, 1951 (?), Ostermontag. KfZ, Nl Jedin J.I.2.b.
24 HS an Theodor Klauser, 1956, 19.4. Universität Bonn, Archiv des F.J.Dölger-Institutes.
25 Interview mit Frank Gebhard Zander.
26 Nl Speier, E2a Notizen 3. Rostrote Mappe: Varia, ua Pontificia Accademia Romana di Archeologia.
27 Nl Speier, E5 Verwaltung I. Umschlag: Abrechnungen Bargeld 1978.
28 Nl Speier, C Tagebücher, Notizbücher.
29 Alle folgenden Angaben zu Lise Salin verdanke ich Wolfgang Bernard und Christa Nierenz. Sie sind Enkelkinder Edgar Salins, also Großneffe und -Nichte Lise Salins.
30 Interview mit Bernard und Ute Andreae.

Bildnachweise

Schutzumschlag: Collage mit Bild Hermine Speiers, Archiv Dian Schefold. Ss. 33, 73, 329: DAI Rom (Neg. 77.1612, 77.1611, ohne Nr.). S. 41: Nl Speier, Entwurf von HS an Ludwig Curtius. S. 66: Nl Speier, Kiste: Fotos. S. 85: Archiv Bertrawm Schefold. S. 93: dpa picture-alliance. Ss.114, 130, 259, 285: Fototeca Musei Vaticani. S. 162: Nl Speier, Friedrich Krauss an HS, 1937, 6.11. S. 188: GadP, fasc. Erminia Speier. Ss. 208, 220: Archiv Erica Claudia Fiedler. S. 295: Nl Speier, Entwurf von HS an Petra Oxée.

Literaturverzeichnis

Soweit nicht anders angegeben, liegen alle Briefe, aus denen ich in dieser Arbeit zitiere, im Nachlass Hermine Speiers am Deutschen Archäologischen Institut in Rom (Gruppe III Nachlässe Speier). Der Briefnachlass ist geordnet und mit Register erfasst. Nur solche Briefe und Dokumente, die in nicht dem Briefnachlass zuzurechnenden Archivkisten liegen, tragen in diesem Buch die Signatur der entsprechenden Archivkiste.

Die zweite, kleinere Gruppe von Korrespondenzen, die in dieser Arbeit ohne nähere Quellenangabe zitiert werden, sind die Briefe bzw. Entwürfe zwischen Hermine Speier und Umberto Nobile. Nach einer Versteigerung 2012 befindet sich diese Korrespondenz in unbekanntem Privatbesitz. Davor durfte die Autorin mit Zustimmung des Vorbesitzers alle Entwürfe Speiers an Nobile sowie einige wenige Briefe Nobiles an Speier fotokopieren.

Ist bei wörtlichen Zitaten keine Quelle angegeben, so ist die Quelle die zuletzt genannte. Die Autorin verantwortet alle Übersetzungen aus originalsprachlichen Quellen.

Verwendete Abkürzungen

ACS	Archivio Centrale dello Stato, Rom
ADSS	Actes et documents du Saint-Siège relatifs à la Seconde Guerre mondiale
ASMV	Archivio Storico Musei Vaticani
DAI	Deutsches Archäologisches Institut
DKA	Deutsches Kunstarchiv, Nürnberg
GAdP	Governatorato, Stato della Città del Vaticano, Archivio del personale
GRI	Getty Research Institute, Los Angeles
HS	Hermine Speier
IfZ	Institut für Zeitgeschichte, München
IL	Istituto Lombardo, Mailand
KfZ	Kommission für Zeitgeschichte, Bonn
LBI	Leo Baeck Institute, New York
Nl	Nachlass
PAAA	Politisches Archiv des Auswärtigen Amtes, Berlin
SGA	Stefan George-Archiv, Württembergische Landesbibliothek Stuttgart
SBPK MMA	Staatsbibliothek zu Berlin Preußischer Kulturbesitz, Musikabteilung mit Mendelssohn-Archiv

SPD Segreteria Particolare del Duce
UA Universitätsarchiv
ULB Universitäts- und Landesbibliothek Bonn

A. Literatur von Hermine Speier

Zweifiguren-Gruppen im fünften und vierten Jahrhundert vor Christus. In: Römische Mitteilungen 47, 1932. S. 1–94.

Römische Skulptur im Vatikan. In: Illustrazione Vaticana (Monatsschrift). 6, 1935. S. 257–261.

Italienische Fassung: Alcuni esemplari di scultura romana nei Musei Vaticani. S. 601–605.

Fragment eines tarentinischen Tonreliefs in römischem Privatbesitz (1937). Abgedruckt in: Römische Mitteilungen 62, 1955. S. 132–138.

Frammento di una testa di cavallo proveniente dai Magazzini dei Musei Vaticani. In: Atti della Pontificia Accademia romana di archeologia. Rendiconti, Bd. XXIII/XXIV, 1947/1949. S. 58–74.

Die Vatikanische Nekropole. Unter den „Grotten" des Petersdoms. In: Wort und Wahrheit 4/1, 1949. S. 481–489.

Musei Pontifici. In: Fasti archaeologici 2, 1949. S. 38–40.

Die Suche nach dem Petrusgrab. In: Rheinischer Merkur 52, Weihnachten 1949. S. 17f.

Fragment eines Pferdekopfes aus dem Westgiebel des Parthenon. Ein Fund aus den Magazinen des Vatikanischen Museums in Rom. In: Rainer Herbig (Hg.): Vermächtnis der antiken Kunst. Gastvorträge zur Jahrhundertfeier der Archäologischen Sammlungen der Universität Heidelberg. Heidelberg 1950. S. 103–116.

Die neuen Ausgrabungen unter der Peterskirche in Rom. Ebd., S. 199–218.

Memoria Sancti Petri. Die Auffindung des Apostelgrabes. In: Wort und Wahrheit 7/1, 1952. S. 262–272.

Un sarcofago delle muse nel cimitero di Priscilla. In: Miscellanea Giulio Belvederi. Società Amici delle Catacombe presso Pontificio Istituto di Archeologia Cristiana. Città del Vaticano 1954. S. 473–493.

Die Iliupersisschale aus der Werkstatt des Euphronios. In: Reinhard Lullies (Hg.): Neue Beiträge zur klassischen Altertumswissenschaft. Festschrift zum 60. Geburtstag von Bernhard Schweitzer. Kohlhammer, Stuttgart 1954. S. 113–124.

Pferdekopf-Fragment. In: Georg Lippold: Die Skulpturen des Vatikanischen Museums III 2. Berlin 1956. S. 522–523.

Ein griechisches Original aus den Vatikanischen Museen. In: Erich Boehringer/Wilhelm Hoffmann (Hg.): Robert Boehringer. Eine Freundesgabe. Mohr (Siebeck), Tübingen 1957. S. 606–623.

Am Weg zur Sixtina. Die Vatikanischen Sammlungen. In: Rom. Merian, das

Monatsheft der Städte und Landschaften. 10. Jahrgang, Heft 4. Hoffmann und Campe, Hamburg 1957. S. 45–48.

Zusammen mit Filippo Magi und Enrico Josi: Monumenti, Musei e Gallerie Pontificie nel quinquennio 1954–1958. In: Atti della Pontificia Accademia romana di archeologia. Rendiconti, Bd. XXX/XXXI, 1957–59. S. 245–271.

Curtius, Ludwig. Lexikoneintrag in: Lexikon für Theologie und Kirche, Bd. 3. Herder, Freiburg 1959. S.110f.

Eros. Lexikoneintrag in: Enciclopedia dell'Arte Antica, Roma 1960. Abgerufen am 17.3.2014:
http://www.treccani.it/enciclopedia/eros_(Enciclopedia-dell'-Arte-Antica)/

Vaticano, Musei di Antichità / Museo di scultura antica. Lexikoneintrag in: Enciclopedia dell´Arte Antica, Roma 1966. Abgerufen am 17.3.2014:
http://www.treccani.it/enciclopedia/citta-del-vaticano_(Enciclopedia-dell'-Arte-Antica)/

Helbig, Wolfgang. Lexikoneintrag in: Neue Deutsche Biographie 8, 1969. S. 459f. Abgerufen am 31.3.2014: http://www.deutsche-biographie.de/sfz29436.html

Erinnerungen an Erich Boehringer in Rom. In: Robert Boehringer (Hg.): Erich Boehringer. Leben und Wirken. Helmut Küpper, Düsseldorf 1973. S. 11–13.

Als Herausgeberin:

Wolfgang Helbig: Führer durch die öffentlichen Sammlungen klassischer Altertümer in Rom. 4., völlig neu bearbeitete Auflage. 4 Bände. Wasmuth, Tübingen 1963–1972.

B. Literatur über Hermine Speier:

Daltrop, Georg: „Leben ist Liebe". Hermine Speier, 1898–1989. Eine Archäologin erobert die Vatikanischen Museen. In: Antike Welt 29, 1998. S. 473–475.

Pietrangeli, Carlo, und Andreae, Bernard: In memoriam Hermine Speier, 28.5.1898 – 11.1.1989. In: Mitteilungen des Deutschen Archäologischen Instituts. Römische Abteilung 96, 1989. S. 1–6.

Pietrangeli, Carlo: Ricordo di Deoclecio Redig de Campos, Hermine Speier e Filippo Magi. In: Bollettino. Monumenti, musei e gallerie pontificie 9, 1989. S. 443–449.

Von Steuben, Hans: Hermine Speier. In: Gnomon 62, 1990. S. 379–381.

Wehgartner, Irma: Zwischen Anspruch und Wirklichkeit. „Gelehrte Frauen" in der Klassischen Archäologie Deutschlands. In: Sylvie Bergmann/Sibyle Kästner/Eva M. Mertens (Hg.), Göttinnen, Gräberinnen und gelehrte Frauen. Frauen – Forschung – Archäologie 5. Waxmann, Münster 2004. S. 159–169.

Wehgartner, Irma: Hermine Speier – eine jüdische Wissenschaftlerin im

Vatikan. In: Jana Esther Fries, Doris Gutsmiedl-Schümann (Hg.): Ausgräberinnen, Forscherinnen, Pionierinnen. Ausgewählte Porträts früher Archäologinnen im Kontext ihrer Zeit. Waxmann, Münster 2013. S.151–159.

Zanker, Paul: Hermine Speier (1898–1989). Eine Klassische Archäologin am Vatikan. In: Michael Matheus, Stefan Heid (Hg.): Orte der Zuflucht und personeller Netzwerke. Der Campo Santo Teutonico und der Vatikan 1933–1955. Herder, Freiburg 2014. (In Vorbereitung)

C. Weiterführende Literatur

Antonucci, Silvia Haia u.a. (Hg.): Roma, 16 ottobre 1943. Anatomia di una deportazione. Guerini e associati, Milano 2006.

Baumeister, Martin: Eine Hauptstadt für ein Imperium. Rom unter dem Faschismus. In: Rom – Nabel der Welt. Darmstadt 2010. S.173–190.

Bezzini, Marta: Musei e Gallerie Pontificie. Rapporti Mensili Anni 1931–1939. I Musei Vaticani dopo i Patti Lateranensi tra conservazione e innovazione. Vita e attività quotidiana nei Musei della Santa Sede. In: Bollettino dei Monumenti Musei e Gallerie Pontificie, Supplemento N. 3. Città del Vaticano 2012.

Bittel, Kurt u.a. (Hg.): Beiträge zur Geschichte des Deutschen Archäologischen Instituts 1929 bis 1979 – Teil 1. Das Deutsche Archäologische Institut Geschichte und Dokumente Bd. 3. Philipp von Zabern, Mainz 1979.

Blet, Pierre ; Graham, Robert; Martini, Angelo; Schneider, Burkhard (Hg.): Actes et documents du Saint-Siège relatifs à la Seconde Guerre mondiale. Libreria Editrice Vaticana, Città del Vaticano 1965–1981.

Boehringer, Christof und Ursula: Ein Rom-Panorama. Sonderdruck aus: Begegnungen. Frankfurt und die Antike. Marlene Herfort-Koch, Ursula Mandel, Ulrich Schädler (Hg.). Frankfurt 1994.

Boehringer, Robert: Das Leben von Gedichten. Hirt, Kiel (3) 1955. Erste Auflage: Hirt, Breslau 1932.

Boehringer, Robert (Hg.): Erich Boehringer, Leben und Wirken. Küpper, Düsseldorf München 1973.

Bonfante, Larissa: Maria Weigert Brendel 1902–1994. www.brown.edu/Research/Breaking_Ground/bios/Brendel_Maria%20Weigert.pdf (abgerufen am 27.2.2014).

Borbein, Adolf Heinrich: Zur Wirkung Stefan Georges in der klassischen Archäologie. In: Bernhard Böschenstein, Jürgen Egyptien, Bertram Schefold und Wolfgang Vitzthum (Hg.): Wissenschaftler im George-Kreis. Die Welt des Dichters und der Beruf der Wissenschaft. De Gruyter, Berlin New York 2005. S. 239–258.

Brands, Gunnar; Maischberger, Martin (Hg.): Lebensbilder. Klassische Archäologen und der Nationalsozialismus, Bd. 1, VML, Rahden 2012.

Braun, Christina von: Stille Post. Eine andere Familiengeschichte. Propyläen, München 2007.

Brechenmacher, Thomas: Der Vatikan und die Juden. Geschichte einer unheiligen Beziehung. C. H. Beck, München 2005.

Brechenmacher, Thomas: Die „unterschlagene Enzyklika" Societatis unio und Pius XII. In: Römische Quartalschrift (109) 2014. In Vorbereitung.

Breitmann, Richard: Dannecker und Kappler in Rom. Neue Quellen zur Oktober-Deportation 1943. In: Deutsche, Juden, Völkermord. Darmstadt 2006. S.191–204.

Curtius, Ludwig: Antwort auf die von Bartolomeo Nogara, Graf H.W. Salis, Paolo Mingazzini, Hermine Speier an seinem 70. Geburtstag am 13. Dezember 1944 im Schwedischen Institut in Rom gehaltenen Ansprachen. Rom 1945.

Curtius, Ludwig: Deutsche und antike Welt. Lebenserinnerungen. DVA, Stuttgart (2) 1956. Erste Auflage 1950.

Curtius, Ludwig: Torso: verstreute und nachgelassene Schriften. DVA, Stuttgart 1958.

Curtius, Ludwig: Eugenia Strong, commemorazione. In: Atti della Pontificia Accademia Romana di Archeologia. Rendiconti, Bd. XXI. 1945–46. S.29–32.

De Cesaris, Valerio: Vaticano, fascismo e questione razziale. Guerini e associati, Milano 2010.

Der Vatikan. Allgemeiner Führer zur Vatikanstadt. Jaca, Milano 2013.

De Strobel, Anna Maria: Il laboratorio di Restauro Arazzi e Tessuti. In: I Musei Vaticani nell'80 anniversario della firma dei Patti Lateranensi 1929–2009. Edizioni Musei Vaticani, Città del Vaticano 2009. S. 335–344.

Die Geschichte der Fotothek des DAI Rom. http://arachne.uni-koeln.de/fotothek/rom/page/geschichte (abgerufen am 27.2.2014).

Diebner, Sylvia: Ludwig Curtius, ein Archäologe als Schriftsteller. In : Kritische Berichte. Zeitschrift für Kunst- und Kulturwissenschaften. Jg. 37, 1, 2009. S. 127–145.

Dyson, Stephen L.: Eugénie Sellers Strong. Portrait of an archaeologist. Duckworth, London 2004.

Einaudi, Luigi: Diario 1945–1947. Laterza, Roma Bari 1993.

Fabre, Giorgio: Mussolini razzista. Dal socialismo al fascismo: La formazione di un antisemita. Garzanti, Milano 2005.

Faensen, Bertram: Antikensammlungen in Ostpreußen. Bibliopolis, Möhnesee 2011.

Fattorini, Emma: Pio XI, Hitler e Mussolini. La solitudine di un papa. Einaudi, Torino 2007.

Ferrante, Ovidio: Umberto Nobile. 2 Bände. Claudio Tatangelo, Roma 1985.

Foa, Anna: Diaspora. Storia degli ebrei nel Novecento. Laterza, Roma Bari 2009.

Fornari, Irene: L'opera di assistenza e di ospitalità della Chiesa a Roma durante l'occupazione nazifascista. Tesi di laurea, Università degli Studi di Roma, La Sapienza. Facoltà di Lettere e Filosofia, 1997/98.

Fröhlich, Thomas: Armin von Gerkan (1884–1969). In: Lebensbilder. Klassische Archäologen und der Nationalsozialismus, Bd. 1., S. 91–106. Marie Leidorf, Rahden 2012.

Glinski, Gerhard von; Wörster, Peter: Königsberg – Die ostpreußische Hauptstadt in Geschichte und Gegenwart. Westkreuz-Verlag, Berlin Bonn 1992.

Heid, Stefan und Dennert, Martin (Hg.): Personenlexikon zur christlichen Archäologie. Forscher und Persönlichkeiten vom 16. bis zum 21. Jahrhundert. Schnell & Steiner, Regensburg 2012.

Heid, Stefan und Matheus, Michael (Hg.): Orte der Zuflucht und personeller Netzwerke. Der Campo Santo Teutonico und der Vatikan 1933–1955. Herder, Freiburg 2014. (In Vorbereitung)

Heimpel, Hermann: Aspekte. Alte und neue Teste. Wallstein Verlag, Göttingen 1995.

Heuberger, Rachel, und Krohn, Helga: Hinaus aus dem Ghetto. Juden in Frankfurt am Main 1800–1950. Begleitbuch zur ständigen Ausstellung des Jüdischen Museums. Fischer, Frankfurt/M. (2) 1997. Erste Auflage: 1988.

Hocke, Gustav René: Im Schatten des Leviathan. Lebenserinnerungen 1908–1984. Deutscher Kunstverlag, München 2005.

Hummel, Karl-Joseph, und Kißener, Michael (Hg.): Die Katholiken und das Dritte Reich. Kontroversen und Debatten. Schöningh, Paderborn (2) 2010.

I Musei Vaticani nell'ottantesimo anniversario della firma dei Patti Lateranensi, 1929–2009. Città del Vaticano, Giunti-Edizioni Musei Vaticani, Sillabe, 2009.

Jatta, Barbara (Hg.): 1929–2009. Ottanta anni dello Stato della Città del Vaticano. Biblioteca Apostolica Vaticana, Città del Vaticano 2009.

Jatta, Barbara: Presentati due volumi sulla raccolta fotografica della Biblioteca Apostolica Vaticana. Interview von Radio Vatikan mit Barbara Jatta: http://it.radiovaticana.va/news/2012/05/27/presentati_due_volumi_sulla_raccolta_fotografica_della_bibliotec/it1-591339 (abgerufen am 27.2.2014).

Jedin, Hubert: Lebensbericht. Mit einem Dokumentenanhang. Konrad Repgen (Hg.). (= Veröffentlichungen der KfZ., Mainz (3) 1988. Erste Auflage 1984.

Kaschnitz, Marie Luise: Engelsbrücke. Römische Betrachtungen. Claassen, Hamburg 1955.

Kaschnitz, Marie Luise: Gesammelte Werke. Christian Büttrich und Norbert Miller (Hg.). Bd. 3: Die Autobiografische Prosa II. Insel, Frankfurt 1982.

Kaschnitz-Weinberg, Guido: Sculture del magazzino del Museo Vaticano. Città del Vaticano, 1936/37.

Kessel, Albrecht von: Gegen Hitler und für ein anderes Deutschland. Alb-

recht von Kessel (1902–1976) als Diplomat in Krieg und Nachkrieg. Lebenserinnerungen. Böhlau, Wien u.a. 2007.
Kleinau, Elke, und Opitz, Claudia (Hg.): Geschichte der Mädchen- und Frauenbildung. Bd. 2: Vom Vormärz bis zur Gegenwart. Campus, Frankfurt/M. New York 1996.
Klinkhammer, Lutz: Zwischen Bündnis und Besatzung: Das Nationalsozialistische Deutschland und die Republik von Salò 1943–1945. Niemeyer, Tübingen 1993.
Kopf, Barbara: Skulptur im Bild. Visuelle Dokumentation und deren Beitrag zur Entwicklung der archäologischen Wissenschaft. In: Ingeborg Reichle, Steffen Siegel, Achim Spelten (Hg.): Verwandte Bilder. Die Fragen der Bildwissenschaft. Kadmos, Berlin 2007. S. 149–167.
Krohn, Helga, ua: Ostend. Blick in ein jüdisches Viertel. SocietätsVerlag, Frankfurt/M. 2000.
Loparco, Grazia: Gli Ebrei negli istituti religiosi a Roma (1943–1944). Dall'arrivo alla partenza. In: Rivista di Storia della Chiesa in Italia, 1/2004. S. 107–210.
Loparco, Grazia: La protezione degli ebrei nelle case religiose italiane (1943–1945). Mappa, reti di salvataggio, nomi. In: Tiziano Vecchiato (Hg.): Per carità e per giustizia. Il contributo degli istituti religiosi alla costruzione del welfare italiano. Fondazione Zancan, Padova 2011.
Lullies, Reinhard und Schiering, Wolfgang (Hg.): Archäologenbildnisse. Porträts und Kurzbiographien von Klassischen Archäologen deutscher Sprache. Mit Beiträgen zahlreicher Fachgenossen. Von Zabern, Mainz 1988.
Magi, Filippo: Necrologo Bartolomeo Nogara. In: Atti della Pontificia Accademia Romana di archeologia. Rendiconti, Bd. XXVIII (1954–55). S.109–119.
Manderscheid, Hubertus: Opfer – Täter – schweigende Mehrheit: Anmerkungen zur deutschen Klassischen Archäologie während des Nationalsozialismus. In: Hephaistos 27 / 2010. S.41–69.
Martucci, Maurizio: Hitler turista. Viaggio in Italia. Greco & Greco, Milano 2005.
Maryks, Robert A.: Pouring Jewish water into Fascist Wine. Untold stories of (Catholic) Jews from the Archive of Mussolini's Jesuit Pietro Tacchi Venturi. Brill, Leiden Boston 2012.
Matheus, Michael (Hg.): Deutsche Forschungs- und Kulturinstitute in Rom in der Nachkriegszeit. Bibliothek des Deutschen Historischen Instituts 112. Niemeyer, Tübingen 2007.
Maurer, Golo: Preußen am Tarpejischen Felsen. Chronik eines absehbaren Sturzes. Die Geschichte des Deutschen Kapitols in Rom 1817–1918. Schnell und Steiner, Regensburg 2005.
Meinl, Susanne, und Zwilling, Jutta: Legalisierter Raub. Die Ausplünderung der Juden im Nationalsozialismus durch die Reichsfinanzverwaltung in Hessen. Campus, Frankfurt/M. 2004.
Merkel-Guldan, Margarete (Hg.): Ludwig Pollak, Römische Memoiren.

Künstler, Kunstliebhaber und Gelehrte 1893–1943. L'Erma di Bretschneider, Roma 1994.
Merkel-Guldan, Margarete (Hg.): Die Tagebücher von Ludwig Pollak. Kennerschaft und Kunsthandel in Rom, 1893–1934. Verlag der Österreichischen Akademie der Wissenschaften, Wien 1988.
Montanari, Guido: La costruzione della nuova Città del Vaticano. In: Jatta, Barbara (Hg.): 1929–2009. Ottanta anni dello Stato della Città del Vaticano. Biblioteca Apostolica Vaticana, Città del Vaticano 2009. S. 119–130.
Moro, Renato: La Chiesa e lo sterminio degli ebrei. Il Mulino, Bologna 2009.
Nobile, Maria: Animali di buona famiglia. Racconti. Marsilio, Venezia 1996.
Nobile, Umberto: Il destino di un uomo. Pagine autobiografiche. Mursia, Milano 1988.
Nobile, Umberto: La tenda rossa. Memorie di neve e di fuoco. Mondadori, Milano 2002.
Nogara, Bartolomeo: Studi e provvidenze per gli affreschi di Michelangelo nelle Cappelle Sistina e Paolina. In: Atti della Pontificia Accademia Romana di Archeologia. Rendiconti, Bd. IX. Città del Vaticano 1934. S. 167–199.
Nogara, Bartolomeo: Monumenti, Musei e Gallerie Pontificie nel quadriennio 1930–31, 1931–32, 1932–33, 1933–34. I. relazione. In: Atti della Pontificia Accademia Romana di Archeologia. Rendiconti, Bd. X. Città del Vaticano 1935. S. 57–67.
Nogara, Bartolomeo: Monumenti, Musei e Gallerie Pontificie nell'Anno accademico 1934–35. I. relazione. In: Atti della Pontificia Accademia Romana di Archeologia. Rendiconti, Bd. XI. Città del Vaticano 1936. S. 167–182.
Nogara, Bartolomeo: Monumenti, Musei e Gallerie Pontificie nell'Anno accademico 1935–36. I. relazione. In: Atti della Pontificia Accademia Romana di Archeologia. Rendiconti, Bd. XII. Città del Vaticano 1937. S. 321–334.
Nogara, Bartolomeo: Monumenti, Musei e Gallerie Pontificie nel triennio accademico 1936–37, 1937–38, 1938–39. I. relazione. In: Atti della Pontificia Accademia Romana di Archeologia. Rendiconti, Bd. XV. Città del Vaticano 1940. S. 219–227.
Petrucci, Flaminia: Uova di Luce. Pequod, Ancona 2004.
Piazzoni, Ambrogio: Pio XI. Profilo del Pontificato. In: Jatta, Barbara (Hg.): 1929–2009. Ottanta anni dello Stato della Città del Vaticano. Biblioteca Apostolica Vaticana, Città del Vaticano 2009. S. 39–48.
Pinkwart, Doris: Erich Boehringer. In: Lullies, Reinhard und Schiering, Wolfgang (Hg.): Archäologenbildnisse. Porträts und Kurzbiographien von Klassischen Archäologen deutscher Sprache. Von Zabern, Mainz 1988.
Portelli, Alessandro: Non s'è presentato nessuno. I due giorni dei deportati ebrei romani al Collegio Militare di piazza della Rovere. In: Roma, la città del papa. Vita civile e religiosa dal giubileo di Bonifacio VIII al giubileo di papa Wojtyla. In: Storia d'Italia. Annali, 16, Luigi Fiorani und Adriano Prosperi (Hg.). Einaudi, Torino 2000. S. 585–601.

Riccardi, Andrea: L'inverno più lungo. 1943–1944: Pio XII, gli ebrei e i nazisti a Roma. Laterza, Roma 2008.
Rieß, Anneliese: Exil wird Heimat. Erinnerungen. Ergebnisse, Hamburg 2001.
Sailer, Gudrun: Frauen im Vatikan. St. Benno, Leipzig (3) 2008.
Sale, Giovanni: Le leggi razziali in Italia e il Vaticano. Jaca, Milano 2009.
Salin, Edgar: Dem lebendigen Geist. In: Heidelberg. Merian, das Monatsheft der Städte und Landschaften. 20. Jahrgang, Heft 2. Hoffmann und Campe, Hamburg 1967. S. 78–84.
Samerski, Stefan: Pancratius Pfeiffer, der verlängerte Arm von Pius XII. Der Salvatorianergeneral und die deutsche Besetzung Roms 1943/44. Schöningh, Paderborn München Wien Zürich 2013.
Schad, Martha: Gottes mächtige Dienerin. Schwester Pascalina und Papst Pius XII. Herbig, München 2007.
Schefold, Bertram: Robert Boehringer, Unternehmer und Helfer, Wissenschaftler und Dichter. In: Wege und Spuren. Verbindungen zwischen Bildung, Wissenschaft, Kultur, Geschichte und Politik. Festschrift für Joachim-Felix Leonhard. Hg. von Helmut Knüppel. Verlag für Berlin-Brandenburg, Berlin 2007. S. 579–593.
Schefold, Bertram: Politische Ökonomie als „Geisteswissenschaft". Edgar Salin und andere Ökonomen um Stefan George. In: Harald Hagemann (Hg.): Studien zur Entwicklung der ökonomischen Theorie XXVI. – Wissen/The Knowledge Economy. Dunckler & Humblot, Berlin 2011. S. 149–210.
Schefold, Karl: Die Dichtung als Führerin zur klassischen Kunst. Erinnerungen eines Archäologen. Kovac, Hamburg 2003.
Schmugge, Ludwig: Stephan Kuttner (1907–1996). The „Pope" of Canon Law Studies. Between Germany, The Vatican and the USA. In: Bulletin of Medieval Canon Law, (30) 2013. S. 141–161.
Schramm, Percy Ernst: Die fast goldenen Zwanziger. In: Heidelberg. Merian, das Monatsheft der Städte und Landschaften. 20. Jahrgang, Heft 2. Hoffmann und Campe, Hamburg 1967. S.84–86.
Schweitzer, Bernhard: Antiken in ostpreußischem Privatbesitz. Niemeyer, Halle 1929.
Semeraro, Cosimo (Hg.): La Sollecitudine Ecclesiale di Pio XI alla luce delle nuove fonti archivistiche. Libreria Editrice Vaticana, 2010.
Straub, Eberhard: Die Furtwänglers. Geschichte einer deutschen Familie. Siedler, München 2007.
Thomas, Linda: Die Juden im faschistischen Italien. Die Razzien im römischen Ghetto und im Ghetto von Venedig. Lang, Frankfurt/Main 2009.
Tilitzki, Christian: Die Albertus-Universität Königsberg. Ihre Geschichte von der Reichsgründung bis zum Untergang der Provinz Ostpreußen (1871–1945). Bd. 2: 1918–1945. Akademie Verlag, Berlin. (In Vorbereitung)
Vian, Paolo: L'opera del cardinale Giovanni Mercati per gli studiosi perseguitati per motivi razziali. L'appello alle Università americane (15 dic.

1938). In: Miscellanea Bibliothecae apostolicae Vaticanae, Bd. IX., Città del Vaticano 2002. S. 427–500.
Voigt, Klaus: Zuflucht auf Widerruf. Exil in Italien 1933–1945, Clett-Kotta, Stuttgart 1989 (Bd. 1) bzw. 1993 (Bd. 2).
Willers, Dietrich: Zwei Hermenköpfe in römischem Privatbesitz. In: Römische Mitteilungen (76) 1969. S. 313–319.
Wolf, Hubert: Papst und Teufel. Die Archive des Vatikan und das Dritte Reich. C.H. Beck, München 2008.

D. Unveröffentlichte Quellen

1. Konsultierte Archive

1a. Forschungseinrichtungen

1. Deutsches Archäologisches Institut Abteilung Rom
2. Deutsches Archäologisches Institut Zentrale Berlin
3. Archivio Storico Musei Vaticani
4. Archivio Segreto Vaticano
5. Archivio della Segreteria di Stato, Vaticano
6. Archivum Romanum Societatis Iesu, Roma
7. Archivio Centrale dello Stato, Roma
8. Istituto Treccani, Roma
9. Istituto Lombardo, Milano
10. Universitäts- und Landesbibliothek Bonn
11. Archiv des Franz Joseph Dölger-Institutes, Universität Bonn
12. Kommission für Zeitgeschichte, Bonn
13. Institut für Zeitgeschichte, München
14. Universitätsarchiv Basel
15. Universitätsarchiv Frankfurt
16. Universitätsarchiv Gießen
17. Universitätsarchiv Heidelberg
18. Universitätsarchiv Tübingen
19. Politisches Archiv des Auswärtigen Amtes, Berlin
20. Deutsches Kunstarchiv, Nürnberg
21. Literaturarchiv Marbach
22. Stefan George-Archiv, Stuttgart
23. Staatsbibliothek zu Berlin Preußischer Kulturbesitz
24. Warburg Institute, London
25. Leo Baeck Institute, New York
26. Getty Research Institute, Los Angeles

1b. Familienarchive

27. Christoph Boehringer, Göttingen
28. Franz Georg Maier, Zürich
29. Bertram Schefold, Frankfurt
30. Dian Schefold, Bremen
31. Dietrich Willers, Ostermundigen
32. Franziska Winters, Alderney
33. Unbekannter Privatbesitz (Entwürfe Hermine Speiers an Umberto Nobile)

2. Verschiedenes

Archivio Nogara, laut schriftlicher Auskunft von Hartmut Benz von 2013, 21.8.

Diener, Ulrike: Lebensdaten von Hermine Speier (1898–1989). Typoskript, Fotokopie im Archiv der Autorin.

Diener, Ulrike: Tabellarischer Lebenslauf Hermine Speiers. Typoskript, Fotokopie im Archiv der Autorin.

Jedin, Hubert: Tagebücher 1943–1948. Diözesanarchiv Köln.

Jung-Inglessis, Eva-Maria: Meine Jahre im Campo Santo Teutonico 1943–1947. 10 Seiten, datiert auf März 1985. Archiv des Römischen Instituts der Görres-Gesellschaft, Fotokopie im Archiv der Autorin.

Jung-Inglessis, Eva-Maria, gegenüber Radio Vatikan, Sendedatum 2007, 19.6. Frauen im Vatikan. Beitrag aus der Serie „Radioakademie" von Gudrun Sailer, Manuskript im Archiv der Autorin.

Mayer, Pater Augustinus, gegenüber Radio Vatikan, Sendedatum 2004, 18.2. Montecassino 60 Jahre nach der Bombardierung. Beitrag von Gudrun Sailer, Manuskript im Archiv der Autorin.

Nogara, Antonio: Origini e sviluppi del „Caso Erminia Speier". Undatiertes Typoskript, Fotokopie im Archiv der Autorin. Ca. 18 Seiten. Mit freundlicher Genehmigung durch Arnold Nesselrath.

Vian, Paolo, gegenüber Radio Vatikan, Sendedatum 2013, 11.6. Das Rettungswerk der Brüder Mercati. Beitrag von Gudrun Sailer, Manuskript im Archiv der Autorin.

3. Interviews

Bernard und Ute Andreae, 24.2.2012
Hartmut Benz, 30.4.2013
Christoph Boehringer, 9.6.2013
Ulrike Diener, 28.11.2009 und 19.10.2011 und 4.4.2013 (Interviews 1, 2 und 3)
Klaus Fittschen, 7.10.2013

Wolf-Dieter Heilmeyer, 23.1.2013
Wilhelm Imkamp, 8.5.2013
Lilly Liebig, 25.1.2012
Maria Nobile und Carla Schettino Nobile, 28.11.2012
Giovanna Piccillo, 26.4.2011
Elsa Pfaff-Hübner, genannt Icke, 7.4. 2014
Oriol und Annemarie Schädel, 24.4.2009
Bertram Schefold, 12.3.2013
Dian Schefold, 6.5.2013
Richard von Weizsäcker, 26.6.2012
Dietrich und Gisela Willers, 4.2.2013
Frank Gebhard Zander, 13.5.2012
Paul Zanker, 10.2.2012

Zeittafel

1898 28. Mai: Hermine Speier wird in Frankfurt geboren
1918 27. September: Abitur in Wiesbaden
1925 20. Februar: Promotion in Heidelberg bei Ludwig Curtius
1925 1. Juli: Arbeitsbeginn an der Universität Königsberg
1928 10. April: Ankunft in Rom und Dienstbeginn am Deutschen Archäologischen Institut
1930 September/Oktober: Dienstreise nach Spanien
1933 30. Januar: In Deutschland kommt Adolf Hitler an die Macht
1934 1. April: Entlassung Hermine Speiers vom Deutschen Archäologischen Institut
1934 15. September: Dienstantritt im Vatikan
1936 1. Juli: Umzug Hermine Speiers in die Salita di S. Onofrio 23
1938 März: Der Vatikan stellt der Jüdin Hermine Speier einen Dienstausweis aus
1938 21. April: „Schutzhaft" für Hermine Speier einige Tage vor Hitlers Ankunft in Rom
1938 August: Hermine Speier glaubt sich „so gut wie verlobt" mit Umberto Nobile
1939 13. Mai: Hermine Speier empfängt die Taufe
1939 21. Juni: Umberto Nobiles emigriert in die USA
1940 Mai bis August: Hermine Speier erwägt die Emigration in die USA via Brasilien
1943 11. September: Deutsche Truppen besetzen Rom
1943 13. September: Hermine Speier taucht bei den Nonnen an den Priscilla-Katakomben unter
1943 16. Oktober: Judenrazzia in Rom, mehr als 1.000 Menschen werden deportiert und ermordet
1944 4. Juni: Alliierte Truppen befreien Rom
1946 September: Hermine Speier entdeckt im Vatikan einen Pferdekopf vom Parthenon auf der Akropolis
1956 Januar: Beginn der Arbeiten zum „Helbig"
1957 Oktober: Hermine Speier erhält fortan eine Wiedergutmachung für ihr angetanes Unrecht
1959 Sommer: Nach 25 Dienstjahren im Vatikan erlangt Hermine Speier ihre Festanstellung
1965 Mai: Hermine Speier reist zu ihren Brüdern in die USA
1966 mit Jahresende: Pensionierung an den Vatikanischen Museen
1972 Dezember: Der letzte Band des „Helbig" erscheint
1989 12. Januar: Hermine Speier stirbt in Montreux

Danksagung

Vor allem zwei Frauen sind es, die meinem Buch auf die Welt halfen: Ulrike Diener, Freiburg/Breisgau, und Barbara Hallensleben, Freiburg/Schweiz. Ulrike Diener war mit Hermine Speier bis zuletzt befreundet. Sie beantwortete mir heiter, geduldig und über Jahre hinweg auch kleinteiligste Fragen und brachte mich immer auf die richtige Spur. Barbara Hallensleben, Theologieprofessorin an der Universität Fribourg, war schon beim ersten Hören von Hermine Speiers Vita fasziniert. Sie wurde die Mentorin schlechthin für dieses Buchvorhaben, ermöglichte das Sabbatjahr, das ich für die Recherche brauchte, bestärkte und ermutige mich und begutachtete jedes Kapitel, ehe irgend jemand anderer es sah. Eine Persönlichkeit vom Schlag Barbara Hallenslebens muss Papst Franziskus vor Augen gehabt haben, als er sagte, „Autorität“ komme von „augere“, das heißt wachsen lassen, Raum geben.

Ferner danke ich allen, die mir in Interviews Rede und Antwort standen, sowie den vielen Zeitgenossen, die in der einen oder anderen Weise zum Gelingen des Werkes beigetragen haben, sei es durch Anstöße, fachlichen Rat, Archivarbeit, Abtippen, Probelesen oder die staubige Mühe des Durchsehens alter Briefbündel zu Hause:

Constanze Baur, Hartmut Benz, Wolfgang Bernard, Marta Bezzini, Christoph Boehringer, Thomas Brechenmacher, Max Cappabianca, Giovanni Castaldo, Maria Antonietta De Angelis, Sylvia Diebner, Barbara Frale, Thomas Fröhlich, Wolfgang Furtwängler, Pia Gottschaller, Christine Maria Grafinger, Johannes Grohe, Stefan Heid, Miriam Heusel, Karl-Joseph Hummel, Stefan von Kempis, Kurt Koch, Bernie Lauser, Michael Lenarz, Hubertus Manderscheid, Pascal Christian Märki, Verena Mayer, Arnold Nesselrath, Christa Nierenz, Antonio Nogara, Anne Ostermann, Annemarie und Oriol Schädel, Bertram Schefold, Dian Schefold, Ludwig Schmugge, Valerie Scott, Daniela Venner, Guido Vergauwen, Paolo Vian, Gero P. Weishaupt, Dietrich und Gisela Willers, Franziska Winters, Klaus Wyrwoll.

Personenregister